Beutemann '86

Friedrich Kalb

GRUNDRISS DER LITURGIK

FRIEDRICH KALB

GRUNDRISS DER LITURGIK

Eine Einführung
in die Geschichte, Grundsätze und Ordnungen
des lutherischen Gottesdienstes

2. überarbeitete Auflage

Evangelischer Presseverband für Bayern, München

CIP-Kurztitelaufnahme der Deutschen Bibliothek
Kalb, Friedrich:
Grundriss der Liturgik : e. Einf. in d. Geschichte,
Grundsätze u. Ordnungen d. luther. Gottesdienstes /
Friedrich Kalb. – 3. Aufl. – München : Evangelischer
Presseverband für Bayern, 1985.
 ISBN 3-583-30008-4

3. Auflage 1985.
© Evangelischer Presseverband für Bayern, München.
Alle Rechte, auch die des auszugsweisen Nachdrucks,
der photomechanischen Wiedergabe und der Übersetzung,
vorbehalten.
Druck: gwd Hans Venus, München

ISBN 3-583-30008-4

VORWORT

Die Zweckbestimmung dieses Buches hat sich auch bei der 2. Auflage nicht verändert: Es will eine pädagogische Hilfe sein für Studenten der Theologie und Kirchenmusik, für Pfarrer und Kantoren im praktischen Amt, für Gemeindeglieder, die liturgische Entscheidungen zu fällen oder gottesdienstliche Aufgaben zu übernehmen haben (Kirchenvorsteher, Lektoren, Synodale). Seine Grundlage ist nach wie vor das vierbändige Agendenwerk der Vereinigten Evang.-Luth. Kirche Deutschlands, das trotz mancher Infragestellung das gottesdienstliche Leben in den lutherischen Gemeinden bestimmt.

Die vorliegende Arbeit ist keine eigenständige liturgiewissenschaftliche Untersuchung, sondern sie weiß sich den Standardwerken der evangelischen Liturgiewissenschaft, die im Anhang aufgeführt sind, verpflichtet.

Verändert und ergänzt wurden insbesondere die Abschnitte, die sich auf die liturgische Entwicklung in den letzten 20 Jahren beziehen. So mußten vor allem die Liturgiereform der römisch-katholischen Kirche seit dem II. Vatikanischen Konzil, die Konzeption von Gottesdiensten in offenen Formen und die in Gang gekommene Revision des lutherischen Agendenwerks Berücksichtigung finden. Dabei konnten vielfach keine endgültigen Aussagen gemacht, sondern nur Tendenzen aufgezeigt werden. Die gottesdienstliche Landschaft wird sich in 10 bis 20 Jahren möglicherweise schon wieder verändert haben. Im Blick auf alle Veränderungen und Neuerungen gilt aber, was schon im Vorwort zur 1. Auflage gesagt wurde: „Diese Bemühungen werden zum Scheitern verurteilt sein, wenn man sich zuvor nicht der Mühe unterzogen hat, die Geschichte kennen und verstehen zu lernen, die die Christenheit mit ihren gottesdienstlichen Formen durchwandert hat, und die Erfahrungen zu verarbeiten, die dabei gemacht wurden. Nur dann werden neue Formen nicht ein flüchtiges Experiment bleiben, sondern Verheißung für die Zukunft haben."

Dem Landeskirchenrat der Evang.-Luth. Kirche in Bayern, der für die Drucklegung einen großzügigen Zuschuß bewilligt hat, sei herzlich gedankt.

München, im Frühjahr 1982   Dr. Friedrich Kalb

INHALTSÜBERSICHT

Vorwort	5
Einleitung	13
1. Bezeichnung und Begründung des christlichen Gottesdienstes	13
a) Die Bezeichnung	13
b) Der christliche Gottesdienst im heilsgeschichtlichen Zusammenhang	14
2. Die Gliederung des christlichen Gottesdienstes	17

I. TEIL
Der Hauptgottesdienst mit Predigt und heiligem Abendmahl und die sonstigen Predigt- und Abendmahlsgottesdienste

1. KAPITEL: DIE GESCHICHTE DES HAUPTGOTTESDIENSTES	21
1. Die Alte Kirche (Die Liturgie der Ostkirche)	21
2. Das Mittelalter (Die römische Messe)	27
3. Die Zeit der Reformation und Gegenreformation	31
a) Der Gottesdienst in der lutherischen Kirche	31
b) Der Gottesdienst in der reformierten Kirche	35
c) Der Gottesdienst in den anderen abendländischen Kirchen	36
4. Verfall und Erneuerung	37
a) Von der Orthodoxie zur Aufklärung	37
b) Restauration und Reformbewegungen	39
c) Das 20. Jahrhundert	44
2. KAPITEL: DER GOTTESDIENSTLICHE ORT	48
1. Vorstufen	48
2. Die Reichskirche	49
3. Das frühe Mittelalter (700–1100)	50
4. Das Hoch- und Spätmittelalter (1100–1500)	52
5. Von der Reformation zur Aufklärung	53
6. Von der Romantik zur Gegenwart	55
Anhang: Die liturgischen Gefäße und Gewänder	61
3. KAPITEL: DIE GOTTESDIENSTLICHE ZEIT	63
1. Der Sonntag	63
2. Der Osterkreis	64
a) Der jährliche Ostertermin	64
b) Die österliche Freudenzeit	65
c) Die Fastenzeit (Die Passionszeit)	66
d) Vor der Passionszeit	69

3. Der Weihnachtskreis 69
   a) Das heilige Christfest 69
   b) Die Adventszeit 72
   c) Nach Epiphanias 73
4. Die Zeit nach Pfingsten 73
5. Das Kirchenjahr 74
6. Die Heiligentage 76
7. Buß- und Fasttage 77
8. Die Umbildung des Kirchenjahres durch die Reformation 78
   Anhang: Die liturgischen Farben 83

4. KAPITEL: ORDINARIUM UND PROPRIUM 84
1. Die Einteilung 84
2. Die geschichtliche Entwicklung bis zur Reformation 85
3. Von der Reformation bis zur Gegenwart 87
4. Die im Gottesdienst handelnden Personen 90
5. Ordinarium und Proprium im lutherischen Hauptgottesdienst . . . 93
   Anhang: Liturgische Haltung und Gebärden 97

5. KAPITEL: DIE MUSIK DES GOTTESDIENSTES 99
1. Alte Kirche und Mittelalter 99
2. Die Reformation 101
3. Die Zeit der Hochblüte 103
4. Aufklärung und Romantik 104
5. Das 20. Jahrhundert 105

6. KAPITEL: DER HAUPTGOTTESDIENST MIT PREDIGT UND
   HEILIGEM ABENDMAHL 108
1. Hauptgottesdienst mit oder ohne Abendmahl? 108
2. Der Rüstteil (Die Eröffnung) 111
   I. Das Sündenbekenntnis (Confiteor) 112
3. Der Eingangsteil (Die Anrufung) 115
   II. Der Introitus 115
   III. Das Kyrie 118
   IV. Das Gloria 120
       A. Gloria mit Prosatext 122
       B. Liedförmiges Gloria 122
   V. Salutation und Kollekte 123
       A. Die Salutation 123
       B. Die Kollekte 125
       C. Das Amen 127

4. Der Wortteil (Verkündigung und Bekenntnis) 128
   VI. Die Schriftlesungen 129
   VII. Die Gesänge zwischen den Schriftlesungen 134
   VIII. Das Credo 137
   IX. Die Predigt 139
   X. Die Abkündigungen 144
   XI. Das Dankopfer 145
   XII. Das Allgemeine Kirchengebet (Die Fürbitten) 148

5. Der Sakramentsteil 151
   XIII. Die Präfation (Das große Dankgebet) 151
   XIV. Das Sanctus 153
   XV. Das Gebet nach dem Sanctus (Die Epiklese) 155
   XVI. Die Einsetzungsworte (Die Konsekration) 157
   XVII. Das Gebet nach den Einsetzungsworten (Die Anamnese) . 159
   XVIII. Das Vaterunser 160
   XIX. Der Friedensgruß (Die Pax) 161
   XX. Die Austeilung (Die Kommunion) 162
      A. Die Austeilung selbst (Die Distribution) 162
      B. Die Gesänge während der Kommunion
         (Die Musica sub communione) 168
         1. Das Agnus Dei 168
         2. Die anderen Kommunionsgesänge 169
   XXI. Die Schlußkollekte (Postcommunio) 171

6. Der Schlußteil 172
   XXII. Die Entlassung 172
      Anhang: Der gekürzte Gottesdienst 175

7. KAPITEL: DIE SONSTIGEN PREDIGT- UND ABENDMAHLSGOTTESDIENSTE . . 176
1. Der Hauptgottesdienst ohne heiliges Abendmahl am Karfreitag,
   an Buß- und Bettagen und an Bittagen 176
2. Die Feier des heiligen Abendmahls außerhalb des Hauptgottesdienstes 178
3. Der Predigtgottesdienst 179
   a) Der Predigtgottesdienst im Mittelalter 179
   b) Der Predigtgottesdienst der Reformationszeit 180
   c) Der Predigtgottesdienst der Lutherischen Agende 184
4. Der Predigtgottesdienst als Hauptgottesdienst 184
5. Gottesdienste „in offener Form" 184
   a) Der Jugendgottesdienst (Gottesdienst mit modernen Stilmitteln) . 185
   b) Der Kommentargottesdienst 186
   c) Der Familiengottesdienst 188
   d) Das Feierabendmahl 189

II. TEIL

Die Gebetsgottesdienste

8. KAPITEL: DIE TAGESZEITENGOTTESDIENSTE (DIE HOREN) 195
1. Die geschichtliche Entwicklung 195
   a) Die Zeit vor der Reformation 195
   b) Von der Reformation zur Gegenwart 198
2. Der Aufbau des Tageszeitengottesdienstes 201
   a) Überblick 201
   b) Die Ordnungen im einzelnen 202
      I. Die Bereitung und das Sündenbekenntnis 203
      II. Der Eingang 203
      III. Die Psalmodie 204
      IV. Die Verkündigung (Die Schriftlesung) 205
         A. Die Lesung selbst 205
         B. Das Responsorium 206
         C. Die Auslegung oder Väterlesung 207
      V. Der Hymnus 208
      VI. Das Canticum 209
      VII. Das Gebet (Die Oratio) 209
      VIII. Der Beschluß 212
   c) Das Proprium des Tageszeitengottesdienstes 213

9. KAPITEL: DIE ANDACHT, DIE BETSTUNDE, DIE VIGILIEN 215
1. Die Andacht und die Betstunde 215
   a) Die Andacht 215
   b) Die Betstunde 216
2. Die Vigilien (Die Feier der Osternacht) 218

III. TEIL

Die Amtshandlungen

Grundsätzliches zu den Amtshandlungen 225

10. KAPITEL: DIE HEILIGE TAUFE 230
1. Zur Geschichte der Taufliturgie 230
   a) Die Zeit vor der Reformation 230
   b) Luthers Taufbüchlein 232
   c) Die Zeit nach der Reformation 234

2. Die Kindertaufe	235
1. Teil	237
2. Teil	239
3. Teil	240
3. Die Taufe im Hauptgottesdienst	243
4. Die Segnung der Mutter (der Eltern, der Familie)	244
5. Die Erwachsenentaufe	245
a) Die Aufnahme eines Taufbewerbers als Katechumene	245
b) Die Taufe eines Katechumenen	245
c) Die Taufe eines Taufbewerbers	246
6. Die Jäh- und Nottaufe	246

11. Kapitel: Die Konfirmation

11. Kapitel: Die Konfirmation	249
1. Zur Geschichte der Konfirmation	249
a) Die Zeit vor der Reformation	249
b) Die Zeit seit der Reformation	250
2. Zur Theologie der Konfirmation	252
3. Die Ordnung der Konfirmation	256
a) Die Vorstellung der Konfirmanden (Die Prüfung)	256
b) Der Konfirmationsgottesdienst (Die Einsegnung)	257

12. Kapitel: Die Beichte

12. Kapitel: Die Beichte	260
1. Wesen und Formen der Beichte	260
2. Zur Geschichte der Beichte	261
a) Die Zeit vor der Reformation	261
b) Luthers Neuordnung der Beichte	263
c) Die Zeit nach der Reformation	266
3. Grundsätzliches zur Neuordnung der Beichte	268
4. Die Einzelbeichte	269
5. Die Gemeinsame Beichte	271
6. Der Öffentliche Bußgottesdienst	275

13. Kapitel: Die Trauung

13. Kapitel: Die Trauung	277
1. Grundsätzliches	277
2. Die geschichtliche Entwicklung	277
a) Die Zeit vor der Reformation	277
b) Luthers Traubüchlein	279
c) Die Zeit nach der Reformation	281
3. Die Ordnung der Trauung	286

14. KAPITEL: DAS BEGRÄBNIS	291
1. Zur Geschichte des Begräbnisses	291
a) Die Zeit vor der Reformation	291
b) Die Zeit seit der Reformation	292
2. Die Ordnung des Begräbnisses	296
15. KAPITEL: WEITERE AMTSHANDLUNGEN	302
1. Das heilige Abendmahl bei Kranken und Sterbenden	302
2. Der Übertritt zur evang.-luth. Kirche	302
3. Die Wiederaufnahme in die Kirche	304
4. Die gottesdienstliche Feier von Gedächtnistagen	305

IV. TEIL
Die Ordinations-, Einsegnungs-, Einführungs- und Einweihungshandlungen

16. KAPITEL: DIE ORDINATIONS-, EINSEGNUNGS- UND EINFÜHRUNGSHANDLUNGEN	309
1. Grundsätzliches	309
2. Die Ordination	310
a) Zur Theologie der Ordination	310
b) Zur Geschichte der Ordination	313
c) Das Ordinationsformular	315
3. Die Einsegnungshandlungen	319
4. Die Einführung eines Pfarrers (Die Installation)	320
5. Weitere Einführungshandlungen	321
17. KAPITEL: DIE EINWEIHUNGSHANDLUNGEN	323
1. Die Einweihung gottesdienstlicher Gebäude oder Gegenstände	323
2. Die Einweihung sonstiger Baulichkeiten	324
3. Das Formular	325
Anhang: Erklärung liturgischer und kirchenmusikalischer Fachausdrücke und Fremdwörter	329
Literaturhinweise	363

EINLEITUNG

1. Bezeichnung und Begründung des christlichen Gottesdienstes

a) Die Bezeichnung

Liturgik ist die Lehre von der Liturgie. Liturgie ist der Gottesdienst der christlichen Kirche.

Das Wort „Liturgie" entstammt der griechischen Sprache. Es heißt eigentlich „Volksdienst" und bedeutet die besondere Dienstleistung, die reiche Bürger dem Staat zu erweisen hatten (z. B. Finanzierung der sportlichen Wettkämpfe, Ausrüstung eines Kriegsschiffes).

In der Septuaginta (griechische Übersetzung des Alten Testaments) bezeichnet „leiturgia" den kultischen Dienst im Tempel.

Das Neue Testament gebraucht „leiturgia" und die aus demselben Stamm gebildeten Wörter nur 15mal, sowohl zur Bezeichnung des Opferdienstes im Tempel (Luk. 1, 23) als auch allgemein für „Dienst" in seinen mannigfaltigen Formen (Dienst für Gott, Dienst am Nächsten). Daneben hat das Neue Testament für solches Dienen noch eine Anzahl anderer Bezeichnungen. Von einer Definition dieser Begriffe her kann das, was wir unter Gottesdienst verstehen, nicht hinreichend geklärt werden.

Der Gottesdienst der christlichen Kirche kann verstanden werden
1. als Inbegriff christlichen Glaubens und Lebens überhaupt (Röm. 12, 1; Jak. 1, 27; so auch Luther im Großen Katechismus I, 16: Das erste Gebot fordert den rechten Gottesdienst);
2. als Versammlung der christlichen Gemeinde im Namen Jesu.

In diesem zweiten engeren Sinne sprechen wir heute allgemein vom Gottesdienst, wobei zu beachten ist, daß das Neue Testament hierfür aber *nicht* die Bezeichnung „leiturgia" hat, ebensowenig wie die Lutherbibel dann, wenn sie vom „Gottesdienst" redet, die „Versammlung im Namen Jesu" meint.

Das, was wir unter Gottesdienst verstehen, wird im Neuen Testament ausgedrückt durch das Hauptwort „Versammlung", „Zusammenkunft" (griech.: Synagoge!) oder durch die Redewendung „in der Gemeinde sich versammeln, zusammenkommen" (vgl. Matth. 18, 20; 1. Kor. 5, 4; 11, 17 f.20.33 f; 14, 23.26). Gelegentlich deutet auch der Ausdruck „Brotbrechen" (Apg. 2, 42) auf das heilige Abendmahl und damit auf den christlichen Gottesdienst.

Die lateinische Kirche des Mittelalters bezeichnete den Gottesdienst als „Munus" oder „Officium".

Die Reformatoren sprachen ganz unbefangen vom „cultus Dei" und vom „Gottesdienst", wobei sie sowohl die weite als auch die enge Begriffsbestimmung von „Gottesdienst" im Auge hatten. Die Bezeichung „Liturgie" setzte sich in der lutherischen und der römisch-katholischen Kirche erst etwa um 1700 durch.

„Liturgik" als eigene theologische Disziplin gibt es erst seit dem 19. Jahrhundert. Sie ist ein Teil der „Praktischen Theologie".

b) Der christliche Gottesdienst
im heilsgeschichtlichen Zusammenhang

Das Wesen des christlichen Gottesdienstes können wir nur recht beschreiben, wenn wir den Weg der Geschichte Gottes mit den Menschen (Heilsgeschichte), wie er uns aus der Offenbarung der Heiligen Schrift entgegentritt, mitzugehen bereit sind.

1. Der Gottesdienst im Urstand (vgl. 1. Mose 1–2; Ps. 8; 104)

Der ersterschaffene Mensch vor dem Fall (Adam) ist allein durch die Tatsache, daß Gott ihn ins Leben rief, zum „Gottesdienst" berufen. Er soll als Ebenbild Gottes den Willen seines Schöpfers ausführen (Mehrung des Lebens, verantwortungsbewußte Beherrschung und Kultivierung der Welt, Dienst am Nächsten), die Grenze achten, die ihm Gott gesetzt hat (Verbot, vom Baum der Erkenntnis des Guten und Bösen zu essen) und innerhalb solcher Grenzen in Vertrauen und Dankbarkeit die Herrschaft seines Schöpfers anerkennen. Damit gibt er Gott die ihm gebührende Ehre.

2. Der Gottesdienst des Alten Bundes

Infolge der Sünde ist der Mensch aus Gottes Nähe verstoßen (1. Mose 3). Er lebt nun in einer Welt der Gottferne, des Leides und der unentrinnbaren Sünde. Trotzdem gibt Gott der Menschheit die Verheißung neuen Segens. Das Volk Israel wird zum Ausgangspunkt seiner heiligen Gnade erwählt. Gott offenbart sich ihm durch sein Gesetz:
Gott will den Gehorsam gegen seine Gebote (2. Mose 20),
Gott will, daß ihm Opfer dargebracht werden:
Sühnopfer zur Versöhnung für die Sünden,
Dankopfer als Ausdruck der Freude in Gott.
Die *Opfer*gottesdienste konzentrierten sich schließlich auf den einen Ort des jerusalemischen Tempels. In den Synagogen des Landes wurden „das Gesetz und die Propheten" (= Altes Testament) *gepredigt*. Das Gesang- und Gebetbuch der alttestamentlichen Gottesgemeinde war der Psalter.

Das Alte Testamen selbst spricht schon deutlich von dem Irrweg, aus der Darbringung des Opfers ein frommes Werk, eine durch den bloßen Vollzug gottgefällige Leistung zu machen. Gott aber will die Hingabe des ganzen Menschen. Von da aus wird dem Kultus immer wieder das rechte Ethos als der wahre Gottesdienst gegenübergestellt. Auf dieser Linie liegt auch das Wort Jesu, mit dem er Hosea 6, 6 aufnimmt: „Geht aber hin und lernt, was das heißt: ‚Ich habe Wohlgefallen an Barmherzigkeit und nicht am Opfer'." (Matth. 9, 13)

3. Der Gottesdienst des Neuen Bundes

Für die Kirche Jesu Christi gibt es nur den einen Opfergottesdienst zur Versöhnung für unsere Sünden: Das Leiden und Sterben Jesu Christi am Kreuz. Christus ist „das Lamm Gottes, das der Welt Sünde trägt". Er ist zugleich der „ewige Hohepriester", der sich selbst opfert. Darum sind im Neuen Bund alle Sühneopfer ein für allemal abgetan (Hebr. 9, 26).

Christus will, daß die Frucht dieses Opfers (Vergebung der Sünden, Rechtfertigung, Friede mit Gott) in der Predigt des Evangeliums und im Vollzug der Sakramente angeboten und mitgeteilt wird.

Drei gottesdienstliche Handlungen sind uns also kraft der göttlichen Stiftung Jesu Christi um der Seelen Seligkeit willen geboten:

1. Die Verkündigung des Evangeliums. Sie kann auf vielerlei Weise (und auch außerhalb liturgischer Formen) geschehen: durch die Schriftlesung und die sie auslegende Predigt in der Gemeinde (viva vox evangelii) als die Grundform gottesdienstlicher Wortverkündigung; dann durch das missionarische Reden zu Ungläubigen, im persönlichen Zuspruch der Seelsorge, in der Absolution bei der Beichte, im geschriebenen und gedruckten Wort, in der das biblische Wort tragenden, betonenden und ausformenden Kirchenmusik.
2. Die Taufe mit Wasser im Namen Gottes des Vaters und des Sohnes und des Heiligen Geistes.
3. Der Vollzug des Mahles, das Jesus Christus in der Nacht vor seinem Tod eingesetzt hat, bei dem er unter Brot und Wein verborgen seinen für uns dahingegebenen Leib und sein für uns vergossenes Blut dem mitteilt, der dieses Mahl genießt.

Die rechte Verkündigung des Evangeliums und der rechte Brauch der Sakramente sind für die Kirche des Evangeliums die Gnadenmittel. Durch sie allein wird der Heilige Geist, wann und wo es Gott gefällt, dem Menschen übermittelt. Durch den Heiligen Geist wiederum wird der seligmachende Glaube im Menschen gewirkt (siehe CA, Art. V!).

Dieses Handeln Gottes am Menschen und für den Menschen ist in jedem Falle das Primäre. In diesem Sinne ist unser Gottesdienst zuerst „Dienst Gottes am Menschen". Aber er bewirkt dann umgekehrt auch den „Dienst des Menschen für Gott". Der Aktion Gottes folgt die Reaktion des Menschen. Der Mensch, der das Heil Christi glaubend empfangen hat, gibt Antwort auf den Zuspruch und Anspruch Gottes. Das *Gebet*, in dem der Mensch Gott für alle Wohltat Dank sagt, in dem er demütig um Gottes Gnade für sich und die anderen bittet, ist deshalb ebenso Bestandteil des christlichen Gottesdienstes wie Predigt und Sakrament. Soll aber die dankbare Antwort des Menschen auf Gottes Liebe nicht ein Lippenbekenntnis bleiben, wird auch das kommunikative Verhalten und das Opfer von „Geld oder Gut" ein den Gottesdienst prägendes Element sein müssen.

Die christliche Kirche, für die jedes Sühnopfer dahingefallen ist, kennt darum nach wie vor das *Lob- und Dankopfer,* das in der Hingabe des ganzen Lebens an Gott (Röm. 12, 1) und im Dienst der Liebe (Hebr. 13, 16) besteht und dann auch im Lobpreis des Gebetes und des Liedes seinen besonderen Ausdruck findet (vgl. Offb. 5, 8ff; EKG Lied 346, 3). Der erhöhte Christus ist mit seinen Heilsgaben nur gegenwärtig innerhalb der in seinem Namen versammelten *Gemeinde.* Matth. 18, 20: „Wo zwei oder drei *versammelt* sind in meinem Namen, da bin ich mitten unter ihnen."

Diese vier Wesensmerkmale des christlichen Gottesdienstes – Gemeinschaft, Wortverkündigung, Sakrament, Gebet – werden schon für die Urgemeinde bezeugt. Vgl. Apg. 2, 42: „Sie hielten fest an der Lehre der Apostel, an der Gemeinschaft, am Brotbrechen und am Gebet." (Gemeinschaft ist dabei sicherlich nicht nur im Sinn von „Gemeinde" zu verstehen, sondern auch von „Anteilnahme", „Beisteuer", nach Hebr. 13, 16.)

Mit diesen knappen Ausführungen sind nur die den christlichen Gottesdienst bestimmenden Grundstrukturen genannt, deren Ausformung dann in geistgewirkter, schöpferischer Freiheit vor sich gehen darf. Ein wichtiges Ausdrucksmittel der Liturgie sind das bildhafte Wort, das Symbol und die Zeichenhandlung geworden. Das läßt sich auch aus dem Reden und Handeln Jesu ableiten und erinnert daran, daß das im Evangelium offenbar werdende Geheimnis (1. Tim. 3, 16) nicht durch rationale Worte und Begriffe allein hinlänglich zum Ausdruck gebracht werden kann. Wo der erhöhte Christus am Werk ist, wird in symbolischen Worten und zeichenhaften Handlungen Gottes himmlische Gabe auf Erden empfangen, wird heilsgeschichtliche Vergangenheit vergegenwärtigt und die Zukunft der Ewigkeit vorweggenommen. Symbole und zeichenhafte Handlungen sind ein Hinweis darauf, daß der Gottesdienst auch die Leiblichkeit des Menschen mit umgreift, daß er in gleicher Weise sein Denken und sein Fühlen anspricht.

Im Zusammenhang damit wird man bei der Gestaltung des Gottesdienstes immer wieder sorgfältig unterscheiden müssen zwischen dem, was von Christus her geboten bzw. verboten ist, und dem, was unserer freien Gestaltung überlassen bleibt.

Letzteres nannte die altlutherische Theologie „Adiaphora", das sind die „Mitteldinge", die sich bei der Gestaltung des Gottesdienstes als praktische Notwendigkeit ergeben und die Ausformung des Gottesdienstes überhaupt erst ermöglichen. Hierher gehören z.B. die Fragen nach dem Ablauf des Gottesdienstes im einzelnen, die Gestaltung des gottesdienstlichen Raumes und der gottesdienstlichen Zeit, liturgische Texte und ihre Formprobleme, die Bilder, die Musik, die Gewänder, die Gebärden (Knien, Händefalten, Kreuzschlagen usw.). Hier sind grundsätzlich verschiedene Möglichkeiten denkbar. In dieser Beziehung darf kein heilsnotwendiges Gesetz aufgerichtet werden. Auch ist um der Liebe willen Rücksicht auf die Schwachen geboten, die an bestimmten Dingen Anstoß nehmen könnten (Röm. 14). Doch entspricht es dem Wesen der christlichen Gemeinde, daß sie sich ebenso um der Liebe willen unter eine für alle verbindliche Form stellt. Diese der Gestaltung der Gemeinde überlassene Form soll dem Wesen des Evangeliums *angemessen* sein (1. Kor. 14, 40). Sie wird, soweit möglich und dem Evangelium gemäß, sich der Tradition der Kirche verpflichtet wissen, um die Einheit des Verkündigens, Glaubens und Betens über viele Generationen hinweg sichtbar werden zu lassen (Wiederholbarkeit). Sie wird sich andererseits auch dafür offenhalten müssen, daß neue Gestaltungsmöglichkeiten und Ausdrucksmittel im Gottesdienst in Erscheinung treten und somit die Aktualität und Gegenwartsnähe des christlichen Glaubens sichtbar werden lassen. Sie wird ebenso der Aufgabe Rechnung tragen müssen, daß sich der Mensch der jeweiligen Gegenwart mit seinem Lebensgefühl in diesem Gottesdienst wiederfinden und ihn mitvollziehen kann.

4. Der Gottesdienst der Ewigkeit

Der Gottesdienst der christlichen Kirche ist nicht nur nach rückwärts bezogen auf die einmal durch Christus geschehene Heilstat Gottes, sondern zielt auch nach vorwärts auf den Gottesdienst der ewigen Vollendung. Vieler vorläufiger Formen des irdischen Gottesdienstes bedarf es dann nicht mehr (1. Kor. 13, 8–12; Offb. 21, 22). Christus hat verheißen, das Abendmahl mit uns neu zu feiern in seines Vaters Reich (Matth. 26, 29). Dann werden wir Gott von Angesicht zu Angesicht schauen und in ewiger Gemeinschaft mit ihm leben und ihm dienen (1. Kor. 13, 12; 1. Joh. 3, 2). Aller irdische Gottesdienst wird zur Vollendung kommen im ewigen Lobpreis der Erlösten vor dem Thron des dreieinigen Gottes (Offb. 5, 12. 13).

2. Die Gliederung des christlichen Gottesdienstes

Der christliche Gottesdienst schließt in seiner *Vollgestalt* alle aufgeführten Merkmale in sich: Versammlung der Gläubigen, Verkündigung des Wortes Gottes, Sakrament, Gebet, Dankopfer. Eine Gemeinde wird darauf bedacht sein müssen, daß sie regelmäßig solche Gottesdienste feiert, in denen der ganze Reichtum göttlichen Handelns da ist.

Doch können aus dieser Hauptgestalt des Gottesdienstes bestimmte Nebenformen ausgegliedert werden, in denen ein Moment des Gottesdienstes mehr als die anderen betont wird:

a) der Predigtgottesdienst, der die Wortverkündigung besonders herausstellt, ohne daß Gebet und Lied unterbleiben könnten;

b) der Gebetsgottesdienst, der vor allem dem gemeinsamen Beten in seiner Vielfalt Raum gibt, ohne daß die Verkündigung, wenn auch nur in knappster Form als Schriftlesung, dahinfallen soll;

c) der Abendmahlsgottesdienst. Er ist auf keinen Fall denkbar ohne Gottes Wort und Gebet, da es in der evangelischen Kirche kein stummes, sakramentales Handeln geben kann.

Unabdingbar ist für alle Gottesdienste auch die Voraussetzung der „Versammlung", selbst wenn nur zwei oder drei im Namen Christi versammelt sind.

Selbstverständlich kann und soll der einzelne Christ auch in der Stille allein betend vor Gott treten (Matth. 6, 6). Solche persönliche Andacht geschieht aber nur dann recht, wenn sie immer auf den Gottesdienst der Gemeinde bezogen ist, d. h. wenn beide Formen einander ergänzen. Sonst wird ein unbiblischer Individualismus gepflegt und die von Christus gesetzte „Gemeinschaft aller Gläubigen" mißachtet. Mann kann darum die private Andacht des Einzelnen nur im weiteren Sinne als „Gottesdienst" bezeichnen. Im strengen Sinn ist Gottesdienst ohne Gemeinde nicht denkbar. Darum hat Luther auch die römischen „Winkelmessen", die der Priester in Abwesenheit der Gemeinde vollzieht, scharf abgelehnt.

I. TEIL

Der Hauptgottesdienst
mit Predigt und heiligem Abendmahl
und die sonstigen Predigt- und Abendmahlsgottesdienste

1. Kapitel

DIE GESCHICHTE DES HAUPTGOTTESDIENSTES

Die Geschichte des christlichen Gottesdienstes ist nicht abzulösen von der allgemeinen Kirchengeschichte. Es ist für das Verständnis des Folgenden unumgänglich, sich eine allgemeine Kenntnis der Kirchengeschichte wenigstens in ihren Grundzügen zu verschaffen.

1. Die Alte Kirche (Die Liturgie der Ostkirche)

Das Ereignis, das wir mit „christlicher Gottesdienst" bezeichnen, gibt es ohne Zweifel seit den Tagen der Apostel. Doch wissen wir nicht, in welchen Formen die Gottesdienste der ersten Christengemeinden gehalten wurden. Sicherlich geschah dies nicht in einer so festgefügten Ordnung, wie sie für spätere Zeiten selbstverständlich wurde. Die Hoffnung auf das baldige Ende der Welt, die geisterfüllte Bewegtheit der ersten Christen, das Wissen um die Freiheit vom alttestamentlichen Gesetz ließen eine strenge Fixierung der Gottesdienstordnung als unnötig erscheinen. Doch ist schon bei Paulus der Ruf zur Ordnung in aller Freiheit da (1. Kor. 14).

Die Weise, wie die erste Christenheit in vielfacher Form ihre Gottesdienste gehalten hat, kann man nur erschließen, wenn man den zeitgenössischen Synagogengottesdienst und den späteren christlichen Gottesdienst, dessen Wurzeln wahrscheinlich bis in die Zeit der Urchristenheit zurückreichen, zum Vergleich heranzieht.

Der *jüdische Gottesdienst* in den *Synagogen* landauf, landab war, da der Opfergottesdienst dem Tempel in Jerusalem vorbehalten blieb, Lehr- und Betgottesdienst. Vgl. Luk. 4, 16ff. Er hatte folgenden Verlauf:
1. Bekenntnis zum *einen* Gott (das sog. Schemā: 5. Mose 4, 6–9)
2. Gebet, in der Form eines großen Bittgebets
3. Lesung der Thora (= Gesetz: die 5 Bücher Mose)
4. Lesung der „Propheten" (die übrigen Bücher des AT ohne die Lehrbücher)
5. Predigt (in der Regel lehrhaft, bisweilen auch als Bußruf oder Trostwort)
6. Segen (4. Mose 6, 24–26).

Zur Schriftlesung und Predigt war jeder jüdische Mann nach entsprechender Vorbereitung und Verständigung mit dem Synagogenvorsteher berechtigt.

Die ersten Christengemeinden werden, besonders soweit sie judenchristliche Gemeinden waren, nach ähnlicher Ordnung verfahren sein. Das Alte Testament erfuhr nun eine christologische Umdeutung, d.h. es wurde im Blick auf Jesus als den gekommenen Messias gelesen. Dazu trat von Anfang an die Kunde vom Wirken, Leiden, Sterben und Auferstehen Jesu selbst, wie sie in den vier Evangelien ihren Niederschlag gefunden hat. Gleichermaßen gilt daneben das Wort der Apostel, die, sei es mündlich, sei es durch Briefe, deren Verlesung ein Teil des Gottesdienstes war, den göttlichen Sinn des Heilsgeschehens am Kreuz und die daraus sich ergebenden Folgen für das Leben jedes Christen einprägten. Einen einheitlichen Predigttypus gab es keinesfalls.

Eine der Synagogenordnung gegenüber völlig neuartige Erweiterung erfuhr der urchristliche Gottesdienst durch die Feier des heiligen Abendmahls (Eucharistie, Brotbrechen), das in gewisser Weise die Fortführung der von Jesus mit seinen Jüngern und Freunden geübten Mahlgemeinschaft gewesen ist. Mag das „Mahl" zunächst innerhalb eines gewöhnlichen Liebesmahles gehalten worden sein, bei dem sich die Glieder der christlichen Gemeinde ihrer Gemeinschaft und gegenseitigen Hilfsbereitschaft versicherten (Agape), so werden sich doch spätestens nach dem Jahre 70 das Liebesmahl und das sakramentale Mahl voneinander gelöst haben. Das heilige Abendmahl war nicht nur Mahl des Gedächtnisses an Jesus, sondern auch Mahl der Gemeinschaft mit dem erhöhten Herrn Jesus Christus und Ausdruck jubelnden Dankes (Apg. 2, 47).

In der nachapostolischen Zeit vermitteln uns einige Schriften wertvolle Hinweise (die Didachē, die Pliniusbriefe, die Ignatiusbriefe), doch die erste genauere Beschreibung eines christlichen Gottesdienstes liefert uns erst *Justin Martyr* († 165) in seiner Apologie (um 150):

Hier wird zwischen einem *Wortteil* und einem *Sakramentsteil* unterschieden, die aber fest miteinander verbunden sind.

Der Wortteil kennt *Lesungen* aus Apostel- und Prophetenschriften, über die dann auch *gepredigt* wird.

Wahrscheinlich reicht die für spätere Zeiten klar bezeugte Praxis bis in die Anfänge der Kirche zurück, daß die Katechumenen (die noch in der kirchlichen Unterweisung stehenden Ungetauften) nach dem Wortteil mit dem Segenswort entlassen wurden und die „Gemeinde der Gläubigen" bei der Sakramentsfeier unter sich war.

Der Sakramentsteil wird mit einem *Gebet* eröffnet. Dem *Friedensgruß* folgt die *Darbringung* von Brot und Wein zum Altar. Nach einem *Lob-* und *Dankgebet* über den Gaben erfolgt die *Austeilung*, die auch an die Abwesenden erfolgt, denen das Sakrament ins Haus gebracht wird. – Erwähnt wird auch das *Einsammeln* der von vielen mitgebrachten Gaben, hauptsächlich in Brot und Wein bestehend.

In der „Darbringung" (Offertorium) beginnt sich schon der Opfergedanke abzuzeichnen. Die Kirche dankt nicht nur „für" die Gaben Gottes und über ihnen, sie dankt auch „mit" ihnen.

Im 3. Jahrhundert, nachdem die Kirche, wenn auch immer noch in zeitweiliger Verfolgung lebend, ihre äußere und innere Ordnung durch die Ausprägung des biblischen Kanons, durch die Aufstellung des Glaubensbekenntnisses und durch die Institution des Bischofsamtes gefestigt hat, erfahren wir aus der Kirchenordnung des *Hippolyt* von Rom († nach 235), die uns erweitert als 8. Buch der sog. *Apostolischen Konstitutionen* aus dem 4. Jahrhundert vorliegt, Näheres über die Struktur des Lob- und Dankgebetes, des sog. *Eucharistischen Gebets:*

Es hat bereits den Präfationsdialog („Der Herr sei mit euch....", „die Herzen in die Höhe....", „Lasset uns Dank sagen...."), führt dann über das sich anschließende Dankgebet weiter zu den Einsetzungsworten, die also in diesen Gebetsakt eingebettet sind, zur Anamnese, zur Epiklese und schließt ab mit einer Doxologie. Die „Anamnese" ist eine Erinnerung an die Heilstat Christi, die „Epiklese" (Herabrufung) ist die Bitte um die Herabsendung des Heiligen Geistes auf die Opfergaben, die „Doxologie" ist ein hymnischer Lobpreis (vgl. den Beschluß des Vaterunsers).

Die gottesdienstliche Sprache ist bis zum 4. Jahrundert im wesentlichen immer noch, auch in Rom selbst, das Griechische.

Neben der Ausprägung der Sakramentsliturgie hat aber auch die Predigt noch das ihr gebührende Gewicht. Einer der ersten großen Theologen, der in Alexandrien und Caesarea wirkende *Origenes* († 254), prägte den Typus der Homilie (von Vers zu Vers fortlaufende Texterklärung) aus, in der vor allem die Methode der Allegorie Anwendung fand.

Als im Jahre 313 das Christentum zur Staatsreligion erklärt und die Freiwilligkeitskirche zu einer Reichs- und Volkskirche wurde, als die Massen in die Kirche aufgenommen wurden und jeder Staatsbürger zwangsläufig Glied der Kirche sein mußte, hatte dies auch Auswirkungen auf das gottesdienstliche Leben. Der Gedanke des Priestertums aller Gläubigen trat zurück. Der Bischof wurde zum Repräsentanten hoher kirchlicher und staatlicher Würde. Zwischen ihm und dem Kirchenvolk bildete sich der *Priesterstand* heraus, dessen besonderer Rang durch die Distanz im Gotteshaus und im Gottesdienst, aber auch durch das Tragen eigener liturgischer Gewandung unterstrichen wurde.

Auf der einen Seite machte sich vom 4. Jahrhundert ab das verstärkte Bemühen bemerkbar, die Liturgien allenthalben einheitlich zu gestalten. Auf der anderen Seite bilden sich im Bereich der damaligen Kirche Schwerpunkte heraus (Antiochia, Alexandrien, Konstantinopel, Jerusalem, Rom, Mailand), die ihre Sondertradition pflegen und als allgemein verbindlich durchsetzen wollen. So wird auch auf liturgischem Gebiet das Auseinanderbrechen in eine westliche und eine östliche Kirche vorbereitet.

Im Osten stehen zunächst 4 Liturgietypen nebeneinander:
1. die ägyptische Liturgie. Quelle: Papyrus von Dêr Balyzeh. Gebetbuch des Bischofs Serapion von Thmuis.
Die Metropole Alexandrien hatte eine eigene, die sog. Markusliturgie.
2. Die syrische Liturgie. Quelle: Klementinische Liturgie (8. Buch der Apostolischen Konstitutionen), eine Weiterbildung der Ordnung von Hippolyt. Die syrische Liturgie ist die Brücke zwischen Hippolyt und der späteren ostkirchlichen Liturgien.
3. Die jerusalemische Liturgie, die sog. Jakobsliturgie (nur als Überarbeitung aus dem 9. Jahrhundert erhalten).
4. Die byzantinische Liturgie. Sie setzte sich allmählich durch. Bereits im 7. Jahrhundert ist ihre Entwicklung im großen und ganzen abgeschlossen, wenn sie auch ihre endgültige Gestalt erst im 15. Jahrhundert er-

fahren hat. Sie ist bis zum heutigen Tage als die Liturgie der Ostkirche unverändert geblieben.

Die Predigt hatte in ihr zunächst noch eine große Bedeutung, zumindest für die Großstädte. Der gewaltigste Prediger war *Johann Chrysostomus* (Goldmund) († 407), der als ein für seine Zeit moderner, den sozialen Problemen aufgeschlossener Redner die rhetorischen Künste der hellenistischen Bildungswelt in den Dienst der christlichen Verkündigung stellte. Später freilich geriet die Predigttätigkeit sehr in Verfall und spielte seitdem keine Rolle mehr.

Um so mehr Gewicht liegt auf dem liturgischen Handeln, das ein dramatisches Geschehen symbolisiert, welches eigentlich die ganze Heilsgeschichte von der Weltschöpfung bis zur Himmelfahrt Christi, im besonderen aber das Passionsgeschehen zum Inhalt hat. Ohne gründliche Kenntnis der symbolischen Beziehungen bleibt der östliche Gottesdienst dem Betrachter unverständlich.

Grundlegende Voraussetzung ist die eigentümliche Gestaltung des Kirchenraumes, in dem der Altar für die Gemeinde unsichtbar hinter der „Bilderwand" im „Heiligtum" steht. Die Bilderwand versinnbildlicht die Trennung von Himmmel und Erde.

Die „göttliche Liturgie" der orthodoxen Kirche hat in groben Umrissen folgenden Aufbau:

I. Die Proskomidie (Vorbereitung)
  1. Anziehen der priesterlichen Kleider unter Gebet und Schriftworten
  2. Zubereitung der Elemente
II. Die Liturgie der Katechumenen
  1. Litaneiartiges Fürbittgebet
  2. Der kleine Einzug; eine Prozession, bei der das Evangelienbuch vom Heiligtum ins Kirchenschiff und zurück getragen wird
  3. Das Trishagion (Dreimal Heilig), ein Lobpreis des Dreieinigen Gottes mit der Bitte um Erbarmen (nicht zu verwechseln mit dem Sanktus)
  4. Die doppelte Schriftlesung (Epistel und Evangelium). Die früher der Schiftlesung folgende Predigt ist seit dem Mittelalter weggfallen
  5. Gebet und Entlassung der Katechumenen.
III. Die Liturgie der Gläubigen
  1. Cherubshymnus
  2. Der große Einzug; eine Prozession, bei der die Elemente zum Heiligtum durch den Kirchenraum und zurück getragen werden
  3. Opferungsgebet
  4. Das Nicaenum
  5. Das Eucharistische Gebet: Präfation, Sanctus, Wandlungsworte und Epiklese. Auf der Epiklese liegt nun der Hauptakzent. Sie hat konsekratorische Kraft
  6. Gedächtnis der Toten
  7. Lobpreis der Gottesmutter
  8. Gedächtnis der Lebenden
  9. Vaterunser
  10. Brotbrechung

11. Kommunion
12. Danksagung
13. Segen und Entlassung

Wenn die orthodoxe Liturgie auch wesentliche Elemente der frühchristlichen Liturgie bewahrt hat, so ist doch der Verlust der Predigt und das Zurücktreten der Kommunion ein Abweichen von der biblischen Linie.

Auch im *Westen* stehen um 400 mehrere Liturgietypen nebeneinander. Es geht dabei hauptsächlich um das Gegenüber von *gallikanischen* Riten und dem *römischen* Ritus.

Gemeinsam ist diesen Liturgien die *lateinische Kultsprache*, die sich seit etwa 180 ausgebildet und im Laufe der folgenden 2 Jahrhunderte durchgesetzt hat, die Ausprägung der *Kirchenjahreszeiten* sowie die Bezeichnung „Missa" (Messe) für den Gottesdienst.

Missa: Die Herkunft dieses Wortes ist nicht eindeutig geklärt. Wahrscheinlich hängt es mit „dimissio" (= Entlassung) zusammen. Der Segensruf „Ite, missa est" („Geht, die Entlassung findet statt!") wurde zur Bezeichnung für den ganzen Gottesdienst (vgl. das Wort „Abendsegen"). Innerhalb des einen Meßgottesdienst unterschied man zwischen der Missa catechumenorum (Wortteil) und der Missa fidelium (Sakramentsteil).

Die *gallikanischen* Liturgien lassen sich aufgliedern in:
1. die gallische Liturgie; bei den Merowingern beheimatet,
2. die keltische Liturgie; in Irland und Britannien,
3. Die mozarabische Liturgie; in Spanien (eigentlich der Ritus der Arabisierten),
4. Die Mailänder Liturgie; heute noch in Mailand gebräuchlich.

Der *römische* Ritus beschränkte sich zunächst auf den Einflußbereich des römischen Bischofs, der z.Z. des ausgehenden Altertums allerdings noch nach Nordafrika hinüberreichte.

Die Gestalt der römischen Liturgie ist frühestens seit 600 erkennbar. Doch kann man von da aus rückwärts schließen. Die ältesten Quellen sind drei Sakramentare

(Sacramentarium = Verzeichnis der Stücke, die dem das Sakrament vollziehenden Priester zukommen. Dabei ist zu bedenken, daß dem Priester damals noch nicht wie heute *alle* Stücke des Gottesdienstes zufielen, sondern daß er sich mit Lektoren, Kantoren usw. in den Vollzug des Gottesdienstes teilte):
1. Das Leonianum. Angeblich von Papst Leo I. (440–461). Eine Privatarbeit aus der Zeit um 600. Großer Textverlust.
2. Das Gelasianum. Um 700 entstanden, dem Papst Gelasius I. (492–496) zugeschrieben. Für Pippin das autorisierte römische Meßbuch.
3. Das Gregorianum. Geht zurück auf Papst Gregor I. (590–604). Auch Hadrianum genannt, weil es Papst Hadrian I. (772–795) an Karl den Großen gesandt hat.
Weitere Hinweise bieten 15 Ordines des Mittelalters.
(Ordo = ein Buch mit genauen Anweisungen für den Vollzug des Zeremoniells. Diese Anweisungen nannte man später, weil im Missale rot gedruckt, Rubriken.)

Aus diesen Quellen lassen sich folgende wichtige Umformungen und Neubildungen erheben:

Der Wortgottesdienst, der ursprünglich mit den Lektionen begann, bekommt vom 5. Jahrhundert ab einen Eröffnungsteil vorgeschaltet. Er besteht aus dem Introitus und einer Litanei mit dem Kyrie eleison der Gemeinde; die Litanei schrumpft später auf das Kyrie zusammen. Die Fürbitten der Litanei fanden ihren zusammenfassenden Abschluß im Kollektengebet. Das Gloria wurde erst später regelmäßig nach dem Kyrie eingeschoben.

Das Opfer beim Abendmahl bekommt einen neuen Sinn. Es ist nicht mehr Dankopfer der Gemeinde, die für ihre Gaben und mit ihnen dankt, sondern es werden Leib und Blut Christi in Gestalt von Brot und Wein als unblutige Wiederholung des Kreuzopfers Gott dargebracht. Dem Meßopfer wird nun eine sühnende Kraft zugeschrieben. Es ist ein Werk, durch dessen bloßen Vollzug (ex opere operato) auf Gott eingewirkt werden kann. Es kann nur vom geweihten Priester vollzogen werden. Diese unevangelische Modifizierung des Opfergedankens, eine Grundlehre der römisch-katholischen Kirche, findet sich schon bei dem Bischof Cyprian († 258) von Karthago. Luther hat gerade an diesem Punkt mit der Reform des Gottesdienstes eingesetzt.

Seine gottesdienstliche Form hat dieser römisch-katholische Opfergedanke im Canon Missae gefunden. Der *Kanon* ist eine Gruppe von Einzelgebeten, die vom 4.–6. Jahrhundert entstanden sind und zwischen Sanktus und Vaterunser eingeschoben wurden. Sie werden leise gebetet und umrahmen die die Wandlung bewirkende Rezitation der Einsetzungsworte. In ihnen kommt der bittende Anspruch des Menschen um gnädige Annahme des Opfers zum Ausdruck.

Die Epiklese ist in der westlichen Liturgie weggefallen. Ebenso findet sich in ihr kein allgemeines Fürbittengebet, nachdem die Litanei vor dem Kyrie in Wegfall gekommen war.

Zweifellos war die römische Messe jener Zeit, abgesehen von den sich abzeichnenden theologischen Irrwegen, eine gute Gottesdienstordnung, die in ihrer Verbindung von klarer Sachlichkeit und seelsorgerlicher Beschränkung etwas von dem Geist des großen Papstes Gregor I. widerspiegelte.

Die Schwächen dieser Gottesdienstordnung liegen auf der Hand: Die Zahl der ohne Gemeinde vollzogenen Meßopferfeiern kann aus Gründen der Verdienstlichkeit beliebig vermehrt werden. Die urchristlichen Aspekte der Eucharistie, der Communio und der eschatologischen Ausrichtung sind stark zurückgedrängt worden.

2. Das Mittelalter (Die römische Messe)

Die römische Messe, die zunächst durch Gregor I. eine feste Gestalt bekommen hatte, erfuhr im Lauf der folgenden Jahrhunderte eine bedeutsame Umformung, die ihren Abschluß erst im 16. Jahrhundert finden sollte. Sie wurde dann erst wieder in der zweiten Hälfte des 20. Jahrhunderts einer durchgreifenden Reform unterzogen.

In die römische Ordnung, die durch die Initiative *Pippins* und *Karls des Großen* auch im fränkisch-germanischen Raum praktiziert wurde, strömten gallikanische Elemente ein, die sie auflockerten, variierten und erweiterten. Dieser sich im 8. und 9. Jahrhundert ausbildende römisch-fränkische Mischtypus wirkte dann auch nach Italien und Rom zurück und gestaltete die ganze römische Liturgie um.

Wie sah diese Umgestaltung aus? Der Wortteil, dem ohnehin schon die Predigt fehlte, verkümmerte zu einer Vorbereitung auf den Mahlteil (Vormesse). In den Sakramentsteil dringt vom Osten her das Agnus Dei ein. Die Gebete werden breiter in der Sprache, reicher an Symbolen. Sie werden, was bisher nicht der Fall war, auch an Christus gerichtet. Die Messe erfährt auch eine dramatisch-zeremonielle Ausgestaltung. Die schon vom römischen Ritus her übliche Inzensation (Beräucherung) geschieht nicht mehr zu Ehren des Bischofs, sondern ist auf den Altar, auf das Evangelienbuch und auf die Gemeinde bezogen. Im Zusammenhang mit der Evangelienlesung findet ein symbolisch-dramatischer Einzug Christi statt, bei dem sich die das Evangelium umrahmenden Lobpreisungen Christi ausgebildet haben.

Der immer komplizierter werdende Aufbau der Messe mit seiner tiefsinnigen Symbolik macht jetzt Meßerklärungen notwendig (z. B. Amalar von Metz, † um 850).

Überhaupt wird der Abstand zwischen dem Heiligen und den Gläubigen immer größer. Der Altar, der bisher noch an der Grenze von Apsis und Schiff aufgestellt war, rückt zurück an den Scheitelpunkt der Apsis. Das unnahbare Geheimnis der Gegenwart Christi soll nur noch aus der Ferne angebetet werden. Nur der Priester darf dem Heiligtum nahekommen. Bestimmte Gebete werden leise gesprochen und damit den profanen Ohren der Gläubigen entzogen. Dadurch und durch die lateinische Sprache, die nur noch von den Gebildeten verstanden wird, wird einem magischen Verständnis der biblischen und liturgischen Texte Vorschub geleistet. Das Entscheidende im Gottesdienst ist das Tun des Priesters geworden. Das Volk nimmt nur noch von ferne in ehrfürchtiger Anbetung an einem vielfach unverständlichen Geschehen teil.

All diese Umformungen wurden vom 11. und 12. Jahrhundert an auch von Rom selbst übernommen. Das Papsttum erlebte im 10. Jahrhundert einen schmählichen moralischen Tiefstand. Selbst nach dem Wirksamwerden der cluniazensischen Reform war Rom in politischer und liturgischer Hinsicht dem kräftigen Einfluß der deutschen Kaiser und der fränkischen Kultur ausgesetzt. Zur einheitlichen Verbreitung der neuen Ordnung des Gottesdienstes trug dann auch die Tätigkeit der Mönchsorden, vor allem der Franziskaner, bei, die den Ritus des päpstlichen Hofes als ihren maßgebenden Ritus wählten und ihn in einem Großteil der Christenheit, die dem Papst untergeben war, durchsetzten.

Auch dann noch war der Gottesdienst weiteren Wandlungen unterworfen. Das Prinzip der verteilten Rollen verschwindet. Der Priester kann alle Rollen selbst übernehmen. Die Privatmesse nimmt immer mehr überhand. Die Gemeinde ist schließlich gar nicht mehr auf das gottesdienstliche Geschehen bezogen, sondern widmet sich während der Messe ihrer privaten Andacht. Bedeutsam ist für sie der sichtbare sinnliche Vorgang. Die Frömmigkeit richtet sich auf bestimmte konkrete Zeichen. Elevation, Monstranz, Häufung der Kreuzeszeichen, Priestergewandung, liturgische Farben rücken bedeutsam in den Vordergrund. Die Predigt wird aus der Messe hinausgedrängt; sie wird entweder vor Beginn oder nach deren Beendigung gehalten. Die schon seit früheren Jahrhunderten drohende Gefahr der Verdienstlichkeit des Gottesdienstes erfährt eine gewaltige Steigerung. Der Gottesdienst als fromme Leistung mit seinen Bußwerken, Wallfahrten, Stiftungen, Gebeten usw. wird zum Werkzeug des Heilsstrebens des Menschen. Die Häufung der Messen hat eine große Zahl theologisch ungelehrter Kleriker („Meßpfaffen") im Gefolge. Trotzdem wächst im ausgehenden Mittelalter daneben oft eine tief innerliche mystische Frömmigkeit des einzelnen Gläubigen.

Zum besseren Verständnis des reformatorischen Gottesdienstes sei hier bereits die Ordnung der römischen Messe dargestellt, wie sie nach dem Konzil von Trient (1545-63) durch weitere vier Jahrhunderte hindurch verbindlich festgelegt wurde.

DIE RÖMISCHE MESSE (in der tridentinischen Fassung)

I. Die verschiedenen Arten der römischen Messe
   a) Unterscheidung nach der kirchlichen Zeit
      1. Missa de tempore. Die Messen der Sonn- und Festtage in der Ordnung des Kirchenjahres.
      2. Missa de sanctis. Die besonderen Messen an den Heiligenfesten, die durch das Datum des Kalenderjahres festgelegt sind.
      3. Missa votiva. Sie werden gehalten aus besonderer Andacht, zur Ehrung einzelner Geheimnisse, wegen verschiedener Anliegen. Sie werden auf Wunsch eines Pfarrers oder sonstiger Besteller gelesen.
      4. Missa pro defunctis. Requiemmesse. Diese Messen werden gehalten auf Verlangen, für den Allerseelentag, für den Todes-, Begräbnis- und Jahrestag.
      Die Besonderheit einer Messe kommt durch die im Ordinarium vermerkten Varianten zum Ausdruck.

b) Unterscheidung nach der Feierlichkeit
1. Missa publica oder solemnis. Für die pflichtmäßig versammelte Gemeinde bestimmt. Dabei Räucherung, Lichter, Gesang usw. Sie wird auch *Hochamt* genannt. Dem Zelebranten assistieren dabei Kleriker mit niederen Weihen (Leviten). Kann das Hochamt wegen Mangel an Klerikern nur von *einem* Pfarrer gehalten werden, so daß er und der Chor alles singen, so nennt man sie Missa cantata. (Gesungen wurde zunächst nur gregorianisch. Im ausgehenden Mittelalter hatte sich die Frage gestellt, ob und wieweit mehrstimmige Kompositionen in der Liturgie geduldet werden oder erwünscht sein könnten. Diese Frage wurde im Tridentinum schließlich positiv entschieden.)
2. Missa privata. Sie wird nicht gesungen, sondern gelesen (Missa lecta). Die Gegenwart der Gemeinde ist nicht pflichtmäßig, aber wenigstens ein Ministrant (Laie) soll zugegen sein.

Es können mehrere Messen zu gleicher Zeit in einer Kirche gefeiert werden, dabei aber immer nur eine Messe als Missa solemnis. (Luther hat die Messen an den Seitenaltären als „Winkelmessen" abgelehnt.)

II. Die Ordnung der römischen Messe

(Soweit nicht anders vermerkt, sind die aufgeführten Stücke Teile des Ordinariums, d. h. ständig gleichbleibende Stücke. Die nach der Kirchenjahreszeit wechselnden Stücke, das Proprium, sind mit einem (P) gekennzeichnet. Zählung der Psalmen nach der Lutherbibel.)

1. Vorbereitungsgebet (wird an den Stufen des Altars gesprochen)
In nomine Patris....
Psalm 43 (vor allem wegen V. 4: Introibo ad altare Dei)
Schuldbekenntnis (Confiteor)
Salutation
Gebet um Vergebung und Reinheit (am Altar gesprochen)
(Im Hochamt beginnt der Chor bereits während des Staffelgebetes mit dem Gesang des Introitus und des Kyrie.)

A. Vormesse

2. Gebetsgottesdienst
Introitus (P)
Kyrie (Bitte um Erbarmen) (insgesamt neunmal)
Gloria in excelsis (Lobpreis Gottes), (entfällt zu bestimmten Zeiten; es wird im Hochamt vom Priester intoniert und vom Chor weitergeführt)
Salutation
Kirchengebet (Oratio)
3. Lehrgottesdienst
Epistellesung (P)
Zwischengesänge (P): Graduale und Allelujalied bzw. Tractus; gelegentlich Sequenz (im Hochamt vom Chor gesungen)
Evangeliumslesung (P), eingeleitet mit einem Gebet, abgeschlossen mit einem Lobpreis und Vergebungswunsch
Predigt (kann entfallen)
Credo (entfällt an bestimmten Tagen). (Im Hochamt wird es vom Priester intoniert und vom Chor weitergeführt.)

B. Opfermesse

4. Opfervorbereitung (Opferung) I. Hauptteil (Darbringung und Zubereitung der Opfergaben)
Salutation

Opferungslied (Offertorium) (P)
Darbringung des Brotes unter Gebet
Vermischung des Weines mit Wasser unter Gebet
Darbringung des Weines unter Gebet
Gebet (um gnädige Aufnahme der am Opfer teilhabenden Personen)
Gebet (Anrufung des Heiligen Geistes) (Rest der alten Epiklese)
Segnung des Rauchwerks (nur im Hochamt)
Handwaschung des Priesters (dabei wird Psalm 26, 6–12 gebetet)
Aufopferungsgebet zur allerheiligsten Dreifaltigkeit
Aufopferung des Priesters zur Fürbitte um gnädige Annahme des Opfers und die Fürbitte selbst (durch den Ministranten)
Stillgebet (Sekret) (P)
5. Opferhandlung (Wandlung) II. Hauptteil (Verwandlung der Opfergaben)
Präfationseingang (Salutation, Sursum corda, Gratias agamus)
Präfation (P) (Im Hochamt singt der Chor jetzt das Sanctus. Das Benedictus wird erst nach der Wandlung gesungen.)
Sanctus (und Benedictus)
Kanon: (auch Stillmesse, weil alle Gebete vom Priester nur leise gesprochen werden dürfen)
Empfehlung der Opfergaben und Gebet für die Kirche (Te igitur...)
Gebet für bestimmte Gläubige (Memento...)
Gedächtnis der Heiligen (Communicantes...)
Bitte um Annahme der Opfergaben (Hanc igitur...)
Bitte um Verwandlung der Opfergaben (Quam oblationem...)
Verwandlung des Brotes und des Weines (während der Rezitation der Einsetzungsworte) und Elevation der gewandelten Elemente (Qui pridie... Simili modo...) (Im Hochamt folgt jetzt das vom Chor gesungene Benedictus)
Gedächtnis des Erlösungswerkes Christi (Unde et memores...) Die Anamnese!
Bitte um Annahme des Opfers mit Gedächtnis der vorbildlichen Opfer (Supra quae...)
Bitte um unsere Einigung mit dem Opfer Christi (Supplices te...)
Gedächtnis der im Fegefeuer leidenden Kirche (Memento etiam ...)
Bitte um Gemeinschaft mit der triumphierenden Kirche (Nobis quoque...)
Abschluß des Kanons: Lobpreis Gottes (Per quem omnia...)
6. Opfermahl (Kommunion) III. Hauptteil (Genuß der verwandelten Opfergaben)
Vaterunser (Pater noster...) mit kurzer Einleitung. (Die 7. Bitte wird als Responsum vorgetragen)
Weiterführung der 7. Bitte (Libera nos...). Sie wird Embolismus (= Einschaltung) genannt
Brotbrechung mit Friedenswunsch und Vermischung der heiligen Gestalten
Agnus Dei (im Hochamt vom Chor gesungen)
Friedensgebet (im Hochamt mit Friedenskuß)
2 letzte Bitten vor Empfang der Kommunion
Kommunion des Priesters (Selbstkommunion) mit kurzen begleitenden Gebeten und Spendeformeln. Wird, „wie es sich ziemt", auch den Gläubigen die Kommunion ausgeteilt, so wird dann ein Confiteor gebetet, die Hostie den Kommunikanten gezeigt und unter einer Spendeformel ausgeteilt. (Die Laien empfangen also nur das verwandelte Brot.)
2 Gebete bei der Reinigung der Finger und des Kelches. (Im Hochamt beginnt der Chor dabei mit dem Kommunionlied.)
Communio (Kommunionlied) (P) kurzer biblischer Vers, meist aus Psalmen
Salutation
Schlußgebet (Postcommunio) (P), an das sich gegebenenfalls weitere Gebete anschließen

7. Entlassung
Ankündigung der Entlassung (Salutation; Ite, missa est)
Bitte um Annahme des Opfers
Segen („Es segne euch der allmächtige Gott, der Vater und der Sohn und der Heilige Geist. Amen")
Salutation
Schlußevangelium: Joh. 1, 1–14. (Erst seit dem Jahre 1570 in der römischen Messe)
Der Priester betet beim Verlassen des Altars das Benedicite, den 150. Psalm und anderes.

3. Die Zeit der Reformation und Gegenreformation

a) Der Gottesdienst in der lutherischen Kirche

Martin *Luther* (1483–1546) ging es bei seinem großen Werk der Refomation der Kirche nicht um eine grundsätzlich neue und andere Gestalt des Gottesdienstes. Er wußte zu sehr um den rechten Sinn der Tradition und der Katholizität, als daß er das Erbe der Väter mutwillig verschleudert hätte. Andererseits war gerade am Meßgottesdienst die Verfälschung des Evangeliums so stark in Erscheinung getreten, daß starke Eingriffe notwendig wurden, wenn eine evangeliumsgemäße Form wiedergewonnen werden sollte.

Luther entfaltete zuerst in den großen reformatorischen Schriften des Jahres 1520 seine Kritik. Der Hauptangriff wurde gegen die Lehre vom *Meßopfer* geführt. Denn aus der Gabe Gottes an die Menschen, aus dem sacramentum, war eine Gabe der Menschen an Gott, ein sacrificium, geworden; es ging nicht mehr um die Darreichung der Gnade Gottes, sondern um ein Werk, eine Sühneleistung des Menschen, wie es vor allem in den Votivmessen hervortrat. Ebenso wandte sich Luther gegen die Stillmessen, die dem Communio-Gedanken widersprachen. Er beanstandete ferner, „daß man von Gottes Wort geschwiegen und allein gesungen und gelesen hat in den Kirchen", und daß dafür „viel unchristlicher Fabeln und Lügen nebeneingekommen sind".

Er forderte, daß dem verkündigten Wort, der Predigt, wieder ein zentraler Platz im Gottesdienst eingeräumt werde. Dabei war die Predigt für ihn nicht bloß eine Erinnerung oder Ausdeutung des sakramentalen Heilsgeschehens, sondern das Heilsgeschehen selbst. Predigt und Sakrament waren ihm zwei verschiedene Weisen derselben Sache.

In der Torgauer Kirchweihpredigt 1544 hat es Luther noch einmal so formuliert: Das ist evangelischer Gottesdienst, „daß nichts anderes geschehe, denn daß unser lieber Herr selbst mit uns rede durch sein heiliges Wort, und wir wiederum mit ihm reden durch Gebet und Lobgesang".

Die ersten praktischen Reformen hingegen wurden nicht durch Luther selbst ausgelöst. Während er nach dem Wormser Reichstag sich 1521/22 auf der Wartburg verborgen halten mußte, begann man in Wittenberg mit revolutionären Änderungen. Führend hierbei waren der Professor *Karlstadt* und der Augustinermönch Gabriel *Zwilling*. Daneben hat auch der Allstedter Pfarrer Thomas *Münzer* eine evangelische Messe in deutscher Sprache entworfen, ebenso Kaspar *Kantz* in Nördlingen 1522. Bei den in Wittenberg durchgeführten Neuerungen blieben Unruhen, Gewaltsamkeiten (Bildersturm), Übertreibungen und schwärmerischer Enthusiasmus nicht aus, so daß sich Luther im März 1522 genötigt sah, die Wartburg zu verlassen, nach Wittenberg zurückzukehren und in den berühmten Invokavit-Predigten die Ruhe und Ordnung in der Gemeinde wiederherzustellen. Er warnte um der Schwachen willen vor einer Übereilung der Reformen. Vor allem ging es ihm darum, daß die Zeremonien nicht wieder Selbstwert erhielten und als Gesetz aufgerichtet würden. Dadurch blieb zunächst alles beim alten. Immerhin war der zukünftigen Entwicklung die Bahn gewiesen: Die Reform des Gottesdienstes sollte ein vorsichtiger, bewahrender Umbau sein.

In den folgenden Jahren gab Luther in drei liturgischen Schriften praktische Vorschläge heraus:

1. „Von Ordnung Gottesdiensts in der Gemeine" Ostern 1523. Kein Gottesdienst, ohne daß „Gottes Wort gepredigt und gebetet werde"!
Die Feier der Messe am Sonntag, werktags nach Bedarf. An Werktagen soll Matutin und Vesper gehalten werden. Die meisten Heiligenfeste sollen dahinfallen oder gegebenenfalls am Sonntag mitgefeiert werden.
2. „Formula Missae et Communionis" Dezember 1523. Die erst ausgeführte Gottesdienstordnung Luthers. Sie soll nicht verabsolutiert werden. Daneben sollen auch andere Bräuche Platz haben.
Im großen und ganzen behält Luther die alte Meßordnung (und die lateinische Sprache) bei. Doch zeigt sich hier schon die Beschränkung auf das Wesentliche. Der Kanon und alle auf die Opferung zielenden Stücke sind getilgt.
Introitus – Kyrie – Gloria – Kollekte (nur eine) – Epistel – Graduale und Halleluja – Evangelium – Nicaenum – Predigt (in der Landessprache) – Zurüstung – Präfation – Einsetzungsworte, die so an die Präfation angeschlossen sind, daß sie als Inhalt des Präfationsgebetes erscheinen – Sanktus (beachte die Stellung *hinter* den Einsetzungsworten!) – während des Benedictus Elevation – Vaterunser – Friedensgruß – Austeilung mit Agnus Dei – Kommuniongesang – Benedicamus Domino – Segen.
3. „Die deutsche Messe" Herbst 1526.
Erst einige Jahre später als mancher andere wagte sich Luther an die schwierige, aber doch notwendige Aufgabe der Gestaltung einer deutschen Gottesdienstordnung heran. Das war nicht nur ein Übersetzungs-, sondern auch ein musikalisches Problem. Die stille Messe war abgeschafft. Das „Hochamt" war aber (mit Ausnahme der Predigt) nicht anders denn als *gesungener* Gottesdienst denkbar; seine Musik war der gregorianische Choral. Luther mußte also den gregorianischen Choral, der ganz von der lateinischen Sprache her empfunden und gestaltet war, mit deutschen Texten versehen. Gegen eine bloße Unterlegung deutschen Textes unter die überlieferte Musik, wie es vor ihm Thomas Münzer getan hatte, sträubte sich sein sprachliches und musikalisches Empfinden. Er hielt eine vom deutschen Sprachmelos her empfundene Umformung der Gregorianik für notwendig. Die deutsche Messe bringt eine Anzahl genialer, aber eigenwilliger Lösungen. Leider wurde die Entwicklung nicht über die ersten Ansätze hinausgeführt. Das Problem deutscher Gregorianik wurde weder in der Reformationszeit noch später gelöst. Erst in den

letzten Jahrzehnten wurde dieser Fragenkreis neu angegangen. Inzwischen wurde von Otto Brodde eine ausgereifte „Evangelische Choralkunde" (Der Gregorianische Choral im evangelischen Gottesdienst) vorgelegt. (Leiturgia IV, 343–555)
Ein anderer Weg war der, an die Stelle gregorianischer Stücke deutsche Lieder zu setzen. Seit 1524 hatte mit großer Kraft das evangelische Liedschaffen eingesetzt. Viele Lieder waren nichts anderes als liturgische Stücke, die umgedichtet worden waren; das geschah schon deshalb, daß die Gemeinde sie nunmehr mitsingen könne, was bei der gregorianischen Form nur schwer möglich gewesen wäre. So konnte das Kirchenlied als „evangelischer Choral" eine neue Ära der Kirchenmusik einleiten. In dieser Hinsicht war der Kirche der Reformation eine weit in die Zukunft weisende, schöpferische Tat gelungen.
Für die musikalische Arbeit standen Luther der Kantor Johann *Walter* und der Kapellmeister Konrad *Rupsch,* beide aus Torgau, zur Seite.

Luther begnügte sich aber nicht mit textlichen und musikalischen Neuerungen. Er griff stark in die überlieferte Struktur ein. Die „Rechtfertigung aus Gnaden" war das bestimmende Prinzip, das eine weitere Straffung und allerdings auch Streichung wertvollen liturgischen Erbguts zur Folge hatte. Vor allem im Abendmahlsteil verzichtete Luther radikal auf älteste und keineswegs unevangelische Stücke der Liturgie. Im einleitenden Teil finden sich die Mahnungen, keine Gesetze und keine erzwungene Einheit aufzurichten, aber um der Liebe willen „in einer jeglichen Herrschaft den Gottesdienst auf einerlei Weise gehen zu lassen".
Luther will neben der „deutschen Messe" weiterhin die „Formula Missae" gelten lassen und faßt für spätere Zeiten eine weitere Ordnung für die, „so mit Ernst Christen sein wollen", ins Auge.

Die Ordnung im einzelnen:

Introitus	als Lied oder deutscher Psalm im 1. Ton
Kyrie	nicht neunmal, sondern nur dreimal
Gloria	ist nicht aufgeführt; vielleicht hat es Luther beim Kyrie mitgemeint
Kollekte	
Epistel	im achten Ton (mit Regelangaben)
Graduale	als deutsches Lied (z. B. Nun bitten wir den Heiligen Geist...)
Evangelium	im fünften Ton (mit Regelangaben)
Credo	als deutsches Lied (Wir glauben all...)
Predigt	

Vermahnung an die Kommunikanten mit einer
Vaterunser-Paraphrase
Amt oder Dermung (= Konsekration)
  Das Brot soll „flugs" nach den Worten der Segnung gereicht werden. Dabei Gesang des deutschen
Sanctus (Jesaja dem Propheten...) oder deutscher Abendmahlslieder.
  Dann Segnung des Kelches und Austeilung. Dabei deutsche Lieder oder das deutsche
Agnus Dei
Postcommunio
Aaronitischer Segen.

Mit diesen drei liturgischen Schriften hat Luther sowohl die Grenzen abgesteckt, innerhalb deren sich der evangelische Gottesdienst bewegen kann, als auch konkrete Ratschläge gegeben, die keinen Anspruch auf Vollständigkeit erheben. Der Anschluß an die liturgische Ordnung der Alten Kirche, über die Fehlentwicklung des Mittelalters hinweg, ist allerdings nicht hergestellt worden.

Ein Neues der reformatorischen Ordnungen liegt darin, daß sie der *Predigt* wieder ihre zentrale Stellung zurückgegeben haben. Das Mittelalter kannte wohl schon geistesmächtige Prediger. Aber die Predigt war dort nur Vorbereitung und Hinführung auf das Eigentliche, auf das Opfergeschehen der Messe. Auch war sie nicht im strengen Sinn Schriftauslegung. Jetzt kommt eine neue Zeit für die Predigt, die ja nach lutherischer Lehre neben dem Sakrament das Heilshandeln Gottes am Menschen ist. In ihr soll sich die ganze Fülle und Weite der biblischen Offenbarung entfalten. Luther forderte von den Predigern innere Vertrautheit mit dem Wort der Heiligen Schrift, wie er auch bezüglich der Predigttextreihen Vorschläge machte, aufgrund deren der Inhalt des Evangeliums unverkürzt dargeboten werden sollte. Allerdings sollte die Gefahr, daß die Predigt einseitig pädagogisch aufgefaßt würde, mehr und mehr in den Vordergrund treten.

Die in Luthers liturgischen Schriften wurzelnden *Kirchenordnungen der lutherischen Kirche* zeigen in der Folgezeit bis zur Gegenwart keine einheitliche Gestalt des Gottesdienstes. Dabei wirkte sich die Aufspaltung in Landeskirchen unheilvoll aus. Aus den alten Trümmern wurden mehr oder weniger glücklich neue Ordnungen gebaut. Im großen und ganzen hielt man dabei die konservative Linie ein, wie sie in der Formula Missae vorgezeichnet war. Die „deutsche Messe" wurde in der dargelegten Form nicht einmal in Wittenberg völlig durchgeführt. Der Vorschlag, das Brot unmittelbar nach der Konsekration, also vor der Konsekration des Weines, auszuteilen, hat sich nicht durchgesetzt. Immerhin hat man in der Absicht, Einsetzungsworte und Austeilung möglichst nahe zusammenzustellen, das Vaterunser oft vor die Einsetzungsworte gerückt.

Ein großes Verdienst bei der liturgischen Aufbauarbeit kommt Johannes *Bugenhagen* (1485–1558) zu. Er war seit 1523 Stadtpfarrer von Wittenberg, wurde aber immer wieder aus seinen Ämtern beurlaubt, um den zahlreichen Berufungen zur Ordnung des Kirchen- und Schulwesens in Norddeutschland und Dänemark zu folgen. Auch er ging hauptsächlich von der Formula Missae aus. Dasselbe war der Fall bei der nachmals zu großer Verbreitung und Bedeutung gelangten *Brandenburg-Nürnberger Kirchenordnung* von 1533.

An den lutherischen Kirchenordnungen lassen sich folgende gemeinsame Eigentümlichkeiten beobachten:
1. Sie stellen vor den Introitus wieder das Confiteor (vgl. das katholische Staffelgebet).
2. Lateinische und deutsche Fassungen, gregorianische, figurale und liedhafte Ausführung der liturgischen Stücke werden als gleichberechtigte Möglichkeiten nebeneinander angeboten.
3. Kyrie und Gloria bilden eine enge, auch musikalische Einheit.
4. Das Credo steht nun endgültig vor der Predigt und unterbricht damit den Zusammenhang zwischen Evangelium und Predigt.

5. Im Gegensatz zur römischen Messe findet ein großes Fürbittgebet nach der Predigt wieder Eingang.
6. An das Offertorium erinnert wohl noch das zu Beginn des Sakramentsteils gesungene Lied. Aber eine Darbringung der Gaben unterbleibt.
7. In der Reihenfolge der Stücke von der Praefation bis zur Austeilung herrscht große Verschiedenheit.

Neben den mehr oder weniger auf Luther zurückgehenden Ordnungen finden sich besonders im oberdeutschen Raum, in den der Einfluß der Schweizer Reformation hineingewirkt hat, zwei besondere Typen:
die von *Butzer* (Vermittlungstheologe zwischen Luther und den Schweizer Reformatoren) stammende *Straßburger* Ordnung und
die von *Brenz* stammende *schwäbische* Ordnung.

Sie sind aus dem mittelalterlichen Predigtgottesdienst herausgewachsen: Die Predigt nimmt eine dominierende Stellung ein; sie ist von einigen liturgischen Rahmenstücken umgeben; die Sakramentsfeier ist kein organischer Teil dieser Gottesdienstordnung, sondern wird losgelöst für sich als besonderer Gottesdienst gefeiert (Vgl. 7. Kap.).

b) Der Gottesdienst in der reformierten Kirche

Huldreich *Zwingli* (1484–1531), der Schweizer Reformator, hat ebenfalls scharfe Kritik an der römischen Messe geübt, wenn auch z. T. von anderen Voraussetzungen aus als Luther. In seiner Schrift „Aktion oder Brauch des Nachtmahls" 1525 vollzog er schließlich im Gegensatz zu Luther den Bruch mit der Tradition und wagte sich an die eigene liturgische Gestaltung. Der Gottesdienst ist bei ihm in der Regel *Predigtgottesdienst,* bei dem die im Mittelpunkt stehende Predigt von einer Anzahl von Gebeten umgeben ist.

Das Abendmahl, das seines sakramentalen Charakters beraubt und reines Gedächtnismahl ist, soll nur viermal im Jahr gefeiert werden, jeweils für einen bestimmten geladenen Stand der Gemeinde. Dabei soll es denkbar einfach zugehen. Man sitzt im Chor der Kirche. In hölzernen Gefäßen wird Brot und Wein von einem zum anderen weitergereicht. Jeder Gesang ist abgeschafft.

Die Ordnung ist folgende:
Eingangsgebet und Lesung von 1. Kor. 11, 20 ff. – großes Gloria im Wechsel gesprochen – Salutation – Lesung von Joh. 6, 47 ff. – Apostolikum im Wechsel gesprochen – Vermahnung – Vaterunser – Gebet um gesegneten Empfang – Einsetzungsworte (nicht im Sinn einer Konsekration, sondern als Verkündigung zur Gemeinde gesprochen) – Austeilung – Psalm 113 im Wechsel gesprochen – kurzes Dankgebet – Friedenswunsch.

Das durch den frühen Tod des Reformators unterbrochene Werk wurde von Johann *Calvin* (1509–1564) aufgenommen und fortgeführt. Calvin, der nicht Priester und Theologe gewesen war, hatte nicht die innige Beziehung des Zelebranten zur Ordnung der Messe wie Luther und Zwingli. Seine beiden Gottesdienstordnungen aus dem Jahre 1542 sehen als den täglichen Gottesdienst den *Predigtgottesdienst* vor:

Sündenbekenntnis – Psalm – freies Gebet – Predigt – Fürbittgebet – Vaterunser – Paraphrase – Aaronitischer Segen.

Der *Abendmahlsgottesdienst,* der eine zwischen Luther und Zwingli vermittelnde Abendmahlslehre zur Voraussetzung hatte, sollte wohl alle Sonntage gefeiert werden, aber auch hier war man bestrebt, alle „papistischen Greuel" abzutun, zu denen man auch das Orgelspiel, Kerzen, die lateinische Sprache, Meßgewänder, Chormusik und Bildwerk, ja eigentlich alle kultische Form zählte.

Die Ordnung der Abendmahlsfeier:

Kirchengebet – Vaterunser – Apostolikum – Einsetzungsbericht (nach 1. Kor. 11) – Vermahnung – Präfation – Austeilung (dazu Ps. 138) – Dankgebet – Segen.

Ein Fortschritt gegenüber Zwingli war, daß die Musik wenigstens in Gestalt des unbegleiteten Psalmliedes wieder Daseinsberechtigung im Gottesdienst bekam.

Auch in der reformierten Kirche der Schweiz gab es später mannigfaltige Mischformen des zwinglischen und calvinischen Typus. Die in den reformierten Gemeinden Westeuropas gebräuchliche Sakramentsordnung geht auf den eine zeitlang in England wirkenden reformierten Polen Johann a Lasco zurück. Durch den Übertritt einiger deutscher lutherischer Landesherren zur reformierten Kirche (z.B. Brandenburg, Hessen-Kassel) fanden reformierte Gottesdienstauffassung und Gottesdienstordnung in ursprünglich lutherischen Landeskirchen Deutschlands Eingang.

c) Der Gottesdienst in den anderen abendländischen Kirchen

Die *anglikanische Kirche,* die sich zunächst unabhängig von Luther und Zwingli von der römischen Kirche losgelöst hatte, dann aber doch stark in den Einfluß der reformatorischen Bewegung geriet, entwickelte einen eigenen Typ des Gottesdienstes. Ein besonders günstiger Umstand war dabei, daß die Liturgie in einem für alle Anglikaner Verbindlichkeit beanspruchenden Buch niedergelegt wurde, das bis heute noch maßgebend für die gesamte anglikanische Christenheit ist: The Book of Common Prayer and Administration of the Sacraments and other Rites and Ceremonies of the Church according to the Use of the Church of England. Ursprünglich von dem Erzbischof Thomas Cranmer aus verschiedenen ökumenischen Quellen zusammengefügt (1549), erlebte es mehrere Umformungen und fand seine endgültige Gestalt im Jahre 1662. Es enthält neben den Gottesdienstordnungen auch einen kurzen Katechismus, die 39 Glaubensartikel von 1562 und den Psalter. Revisionsversuche, wie sie seit Beginn des 20. Jahrhunderts in der anglikanischen Welt in Gang gekommen waren, scheiterten für England 1929 noch am Einspruch des Parlaments. Nach dem

Zweiten Weltkrieg sind in England, wie in allen anglikanischen Kirchen der Welt, Abwandlungen der Grundordnung und Alternativangebote selbstverständlich geworden, wenn auch in den Grundstrukturen immer noch eine Übereinstimmung zu erkennen ist. Da die Rubriken von Anfang an sehr knapp gehalten waren, war die anglikanische Liturgie schon immer einer unterschiedlichen liturgischen Gestaltung und dogmatischen Interpretation fähig.

Die „Holy Communion" läßt vier Hauptteile erkennen: den Wortteil, das Offertorium, den Canon Missae und den Schlußteil. Auffällig ist, daß das Vaterunser schon an den Anfang des Gottesdienstes zu stehen kommt und dann noch einmal nach der Austeilung gebetet wird. Die einleitenden Gesänge Introitus, Kyrie und Gloria wurden sehr bald durch den Dekalog mit Responsorium der Gemeinde verdrängt. Das Gloria tauchte dann wieder vor dem Segen auf. Gesänge zu den Schriftlesungen fehlen. Das Offertorium kennt wieder das Einsammeln der Gaben, die zum Altar gebracht werden, ebenso die feierliche Bereitstellung von Brot und Wein auf dem Altar. Die erste Fassung hatte noch die klassische Struktur der Abendmahlsliturgie mit dem Eucharistischen Gebet; 1552 wurde im Zuge einer calvinistischen Umformung diese festgefügte Struktur aufgelöst. Den Kanon eröffnete nun das Allgemeine Kirchengebet. Auf eine Exhortation folgten Sündenbekenntnis und Absolution; das Benedictus entfiel.

Die *römische Kirche* war durch die Reformation zu einer Neubesinnung auf ihre Liturgie genötigt. In dem großen Konzil von Trient (1545–1563) wurden aber die dogmatischen und liturgischen Gegensätze nur noch verschärft. Statt daß man auf die berechtigten Anliegen der Reformation einging, versteifte man sich noch mehr auf die Antithese. Die mittelalterliche Auffassung vom Gottesdienst als verdienstvollem „Werk", die Luther zu überwinden strebte, behauptete sich in gesteigerter Weise.

1570 wurde das Missale Romanum vom Papst Pius V. zur allein gültigen Ordnung für die ganze Kirche erklärt. Wohl wurden Heiligenfeste, die sich im Mittelalter neu eingebürgert hatten, großenteils wieder abgeschafft. Dafür aber nahm die Verehrung neuer Heiliger einen großen Aufschwung. Der sinnenfrohe Geist des Barock, die Materialisierung der Frömmigkeit, die nach höfischem Zeremoniell erfolgende Sakramentsverehrung, die pomphafte Entfaltung der Musik und Baukunst bestimmten die weitere liturgische Entwicklung, wie sie besonders von dem neu gegründeten Orden der Jesuiten sehr gefördert wurde. Die Messe hatte ein prachtstrotzendes, überladenes Gewand bekommen, von einer echten Reform im Sinn des Evangeliums und der rechten altkirchlichen und frühmittelalterlichen Tradition blieb sie unberührt.

4. Verfall und Erneuerung

a) Von der Orthodoxie zur Aufklärung

Die der Reformation und Gegenreformation folgenden Zeitepochen kann man in großen Umrissen in drei Abschnitte gliedern: Die Orthodoxie (1580–1700), der Pietismus (1670–1740) und die Aufklärung (1700–1810).

Diese zwei Jahrhunderte bedeuteten für den *evangelischen Gottesdienst* eine Zeit langsamen, aber stetigen Verfalls, so daß man die Geschichte des evangelischen Gottesdienstes auch schon „die Geschichte seiner Auflösung" (Graff) genannt hat. Diese Auflösungserscheinung hat ihre tiefen Wurzeln in der geistesgeschichtlichen Entwicklung. Auf das von Glaubensfragen und Glaubenskämpfen bewegte 16. Jahrhundert folgte eine Zeit, in der man sich von kirchlicher Autorität, vom Offenbarungsglauben und ins Jenseits gewendeter Religiosität mehr und mehr frei machte. Man suchte in dieser unserer Welt den Sinn und die Erfüllung des Lebens zu finden, wobei man bemüht war, „sich seines Verstandes ohne Leitung eines anderen zu bedienen" (Kant). Diese Bewegung der Säkularisierung hatte schon in der Renaissance eingesetzt und auch die christlichen Kirchen mehr oder weniger erfaßt.

Die Orthodoxie, die die Einsichten, Erfahrungen und Ergebnisse der Reformation in scholastische Formeln zu bannen versuchte, öffnete sich in zunehmendem Maße dem Vernunftglauben. Der Pietismus, als Reaktion auf die Orthodoxie, versuchte, der „rechten Lehre" das „rechte Leben" entgegenzustellen. In dem Eifer, kirchlich erstarrte Formen durch verinnerlichte Frömmigkeit abzulösen, konnte es geschehen, daß die ökumenische Verpflichtung der Kirche nicht mehr gesehen wurde und die liturgischen Ordnungen überhaupt aufgegeben wurden. So sehr der Pietismus der Kirche wertvolle geistliche Impulse gab, so sehr hat er andererseits liturgische Auflösungstendenzen begünstigt. Die Aufklärung, die in vielfacher Hinsicht eine notwendige und auch heilsame Epoche gewesen ist, führte die theologische und insbesondere liturgische Entwicklung allerdings auf einen bisher nicht gekannten Tiefpunkt. Die Vernunft, die ratio, triumphierte in allen Stücken über das Evangelium. Vieles, was an gottesdienstlicher Tradition durch die Zeiten hindurchgerettet worden war, wurde nun auch noch leichtfertig über Bord geworfen. So mancher Pfarrer fühlte sich berufen, sich seine Privatagende zu schaffen. In alledem glaubte man, das Werk der Reformation zu vollenden. Wenigstens teilweise, vor allem auf dem Lande, wurden die alten Formen beibehalten und konnten so als Brücke hinüber in die Zeit des wiedererwachenden Glaubenslebens dienen.

Der Gottesdienst hatte sein Daseinsrecht schließlich nur von pädagogischen Gesichtspunkten her. Er war in der Hauptsache Predigt, die nichts weiter als moralische und religiöse Belehrung war. Wer sich „aufgeklärt" wußte, hatte den Gottesdienst nicht mehr nötig. Aus der Gemeinde wurde ein Publikum. Die Predigt war von Liedern und Gebeten umrahmt, die inhaltlich dürftig, aber sehr weitschweifig waren. Soweit man altkirchliches und reformatorisches Gut nicht überhaupt abgeschafft hatte, war es umgebildet, rationalisiert und verflacht worden. Die Kirchenlieder der Reformation mußten sich schauerliche „Verbesserungen" gefallen lassen. An die Stelle der überlieferten Glaubensbekenntnisse traten freie Neuschöpfungen. Dem Altarsakrament stand man verständnislos gegenüber. Es wurde selten und dann als Anhängsel des Gottesdienstes gefeiert. Die Struktur des Kirchenjahres war zerfallen. Die auf die Heilsgeschichte bezogenen Feste wurden als Menschheits- und Naturfeste umgedeutet (z. B. Ostern, das Fest des Wiedererwachens der Natur).

So wie der Kirchenraum als einfacher, lichter und weiter Saalbau gestaltet war, in dem die Kanzel über dem Altar stand und zur besseren Aufnahme der Gottesdienstbesucher Emporen eingezogen wurden (für die Fürsten waren eigene Logen errichtet), so verschwanden nun auch im lutherischen Raum die als „katholisch" und „mittelalterlich" empfundenen Kerzen, liturgischen Farben, liturgischen Gewändern, Paramente, Symbole und anderes. Dort, wo sich Reste der alten Liturgie durch die Aufklärungszeit hindurchgerettet hatten, war das Verständnis dessen, was „Liturgie" ist, verlorengegangen.

Man wird anerkennen müssen, daß die Liturgiker der Aufklärung den Menschen ihrer Zeit gerecht werden wollten, daß sie „das alte Evangelium auf neue Weise" sagen wollten, daß sie die aus ferner Vergangenheit tradierten Texte verständlich und nachvollziebar machen wollten. Aber bei diesem durchaus notwendigen Übersetzungsvorgang war die Wahrheit des Evangeliums doch zu sehr vom Vernunftglauben überlagert worden, so daß das Zugeständnis an den Zeitgeschmack viele anerkennenswerte Bemühungen verdarb.

Für die *römische Kirche* wirkte sich die Aufklärung günstiger aus. Hier bewirkte sie vielfach eine Rückkehr zur urchristlichen Einfachheit. Allzu üppige Wucherungen wurden beschnitten. Durch ihre strenge gesetzliche Fassung wurde die liturgische Ordnung aber vor dem Zerfall bewahrt. Berechtigte Forderungen, wie die nach einem deutschen Hochamt und einer deutschen Singmesse, fanden zweitweise Gehör. Freilich brachte später die mächtig aufbrechende katholische Restauration die gesunden Ansätze wieder zum Ersticken.

b) Restauration und Reformbewegungen

Vom Beginn des 19. Jahrhunderts an zeichnete sich in den beiden Kirchen eine kirchliche und damit auch liturgische Erneuerung ab. In der *römischen Kirche* konnte sie nicht bedeuten, daß Verlorenes wiedergewonnen oder das in Unordnung Geratene neu geordnet würde, sondern es ging dort darum, das Volk, das allzuweit vom Geschehen der Messe abgerückt worden war und das sich seinen eigenen Andachtsübungen hingab, die ohne Beziehung zur Messe waren, zum Verständnis, Miterleben und Mitbeten der Messe hinzuführen. Das Volk sollte nicht mehr *in* der Messe beten, sondern *die* Messe (so später Papst Pius X. 1903–1914, der erste Papst, der solchen Erneuerungsbewegungen gegenüber aufgeschlossen war). Der Ausgangspunkt der liturgischen Erneuerungsbewegung wurde das Benediktinerkloster *Solesmes* in Frankreich (Abt Prosper Guéranger). In Deutschland wurden führend die Benediktinerklöster Beuron und Maria-Laach. Man bemühte sich sowohl um liturgiewissenschaftliche Forschung und ihre Auswertung in der Praxis als schließlich auch darum, im Volk Kenntnis und Verständnis der liturgischen Texte zu wecken. Papst Pius XII. hat in der Enzyklika „Mediator Dei" 1947 zur liturgischen Erneuerungsbewegung der katholischen Kirche Stellung genommen und sie gerade hinsichtlich der evangelisch anmutenden Tendenzen stark in ihre Grenzen verwiesen.

Eine fundamentale Erneuerung ermöglichte die Liturgiekonstitution des II. Vatikanischen Konzils (1963). Sie brach in vielfältiger Hinsicht die Verkrustungen des tridentinischen Meßtypus auf. Sie beschnitt Wucherungen. Sie legte wieder die Grundstrukturen des altkirchlichen Gottesdienstes frei. Der Wortteil wurde aufgewertet. (Er ist nicht mehr „Vormesse".) Der römische Meßkanon besteht nunmehr in einem in sich geschlossenen, die Fülle des eucharistischen Geschehens entfaltenden Hochgebet. Die Landessprache wurde als offizielle liturgische Sprache anerkannt. Die Mitwirkung der Gemeinde durch Akklamationen, Antworten, Lieder und Rufe wurde bewußt erweitert und differenziert. Zahlreiche neue Texte von sprachlicher Schönheit wurden hinzugewonnen. Das Kirchenjahr und der Heiligenkalender wurden vereinfacht.

Bei aller Annäherung von evangelischem und katholischem Abendmahlverständnis, die bei dieser weltweiten Liturgiereform dankbar festgestellt werden darf, bleiben freilich mehrere wesentliche Divergenzen bestehen: im Verständnis des Opfergedankens, im Blick auf die Dauer der Gegenwart in den Elementen von Brot und Wein, in der Austeilung des Mahls unter einerlei Gestalt (nur Brot bzw. Hostie), in der Amtsfrage, also im Blick auf die Person des Pfarrers, der die Mahlfeier leitet, in der Frage der Häufigkeit der Mahlfeier.

Das Meßbuch für die Gemeinde erschien im deutschen Sprachraum 1975 („Der große Sonntagsschott", eine Veröffentlichung der Beuroner Benediktiner). Es enthält im Ordinarium auch den authentischen lateinischen Text. Die Feier der „Gemeindemesse" ist nun folgendermaßen gegliedert:

A) Eröffnung
    Einzug – Gesang zur Eröffnung
    Verehrung des Altars
    Begrüßung der Gemeinde
    Allgemeines Schuldbekenntnis (auch in Form einer Litanei möglich)
    Kyrie (entfällt bei vorausgegangener Kyrie-Litanei)

Gloria
Tagesgebet

B) Wortgottesdienst
1. Lesung und 1. Zwischengesang
2. Lesung und 2. Zwischengesang (Halleluja)
Evangelium (umrahmt von Akklamationen)
Homilie (=Predigt). Sie ist an allen Sonntagen und gebotenen Feiertagen vorgeschrieben, sonst empfohlen.
Credo (Nicaenum oder Apostolicum)
Fürbitten

C) Eucharistiefeier
Gabenbereitung (Gesang zur Gabenbereitung, Begleitgebete zur Gabenbereitung und zur Händewaschung, Gabengebet)
Das Eucharistische Hochgebet (eingeleitet mit Präfation und Sanctus), in dessen Mitte der Einsetzungsbericht (Wandlung) steht. Vier Hochgebete stehen zur Auswahl.
Kommunion
Vaterunser mit Embolismus, Friedensgebet mit Friedensgruß (und einem Zeichen des Friedens und der Versöhnung), Brechung des Brotes mit Agnus Dei, stilles Gebet und Einladung zur Kommunion, Kommunionspendung und Kommunionvers (oder Lied), Besinnung und Dank, Schlußgebet.

D) Entlassung
(kurze Verlautbarungen)
Gruß
Segen und Sendung

Ein großer Vorzug des Meßbuchs ist, daß es nicht nur alle Psalm- und Gebetstexte, sondern auch alle Lesungstexte voll ausgedruckt bietet. Ihm sind 5 Anhänge beigegeben:

I Das sonntägliche Taufgedächtnis
II Kyriale (die gregorianischen Ordinariumsgesänge) einschließlich der marianischen Antiphonen
III Kehr- und Hallelujaverse zur Auswahl
IV Fürbittgebete im Gottesdienst
V Versuche zu beten (Gebete des einzelnen, Hymnen und Sequenzen, Litaneien).

Ziemlich gleichzeitig mit dem Meßbuch erschien, aufgegliedert nach Diözesen, das deutschsprachige Gebet- und Gesangbuch „Gotteslob", in dessen Mitte gleichfalls „Die Feier der Gemeindemesse" abgedruckt ist. Daneben weist dieses Buch eine Fülle von Gebeten und Gesängen für die private Andacht und die gottesdienstlichen Versammlungen auf. Bemerkenswert ist, wie sehr sich das „Gotteslob" der reformatorischen Liedtradition geöffnet hat.

In der *evangelischen Kirche* nahm die liturgische Erneuerung naturgemäß einen anderen Verlauf. Es galt, sowohl mit den vielen Privatagenden aufzuräumen wie auch in den kirchlich zusammengehörigen Gebieten eine neue allgemeinverbindliche Ordnung aufzustellen, die aus der Tradition heraus gestaltet und dem Wesen der evangelischen Liturgie angemessen war.

Eine bedeutsame Rolle spielt dabei der preußische König *Friedrich Wilhelm III.* (1797–1840), der 1817 in seinem Lande eine *Union* zwischen Lutheranern und Reformierten herstellte. Mit der von ihm auf Grund liturgischer Studien selbsterarbeiteten Kirchenagende für die Hof- und Domkirche in Berlin hat er einen großen Schritt nach vorwärts getan. Wohl erfuhr er viel Verständnislosigkeit und Ablehnung. Aber die liturgische Erneuerungsbewegung brach sich Bahn.

Die Struktur seines Gottesdienstes, der sich allmählich in der altpreußischen Union durchsetzte, ist in großen Zügen folgende: Eingangslied – Sündenbekenntnis – Kyrie und Gloria – Salutation – Kollekte – doppelte Schriftlesung, dazwischen das Halleluja – Apostolicum – Sursum corda und Präfation und Sanctus (auch im abendmahlslosen Gottesdienst!) – Fürbitten – Vaterunser – Predigtlied und Predigt (kann auch schon nach dem Apostolicum stehen) – Segen.

Die Abendmahlsliturgie (als Anhang): Exhortation – Sursum corda – Präfation – Sanctus – Gebet – Einsetzungsworte – Friedensgruß – Gebet – Agnus Dei – Austeilung – Dankgebet – Schlußgesang.

Eine Neubearbeitung dieser Ordnung aus dem Jahre 1894 brachte die Änderung, daß das Sündenbekenntnis mit dem Kyrie und das Gnadenwort mit dem Gloria gekoppelt wurde. Präfation und Sanctus wurden im abendmahlslosen Gottesdienst gestrichen, das Agnus Dei wurde nach den Einsetzungsworten eingefügt.

Es war eine Belastung für diese Gottesdienstordnung, daß der König einigen musikalischen Stücken von Dimitri Bortniansky (1751–1825) einen festen Platz in seiner Ordnung einräumte. Sie waren in ihrer Gefühligkeit sehr dem Geschmack ihrer Entstehungszeit verhaftet. Nichtsdestoweniger erfreuten sie sich großer Beliebtheit.

Auch vom wiedererwachten Luthertum gingen starke liturgische Impulse aus:

Wilhelm Löhe (1808–1872), bayerischer Pfarrer und Gründer des großen diakonischen und missionarischen Werkes von Neuendettelsau in Mittelfranken, hat auch um die liturgische Aufgabe der Kirche gewußt. Fest verwurzelt im lutherischen Bekenntnis hat er die reichen Schätze der ökumenischen Liturgie aufzunehmen und zu bewahren verstanden. An der Ausarbeitung der bayerischen Liturgie hat er zwar nicht mitgewirkt; aber durch seine 1844 erschienene „Agende für christliche Gemeinden des lutherischen Bekenntnisses" hat er indirekt großen Einfluß auf die liturgische Entwicklung ausgeübt. In der Anstaltsgemeinde von Neuendettelsau konnte er viele seiner fruchtbaren Vorschläge in die Tat umsetzen und somit beispielgebend für andere Gemeinden wirken.

Der evangelisch-lutherischen Landeskirche in Bayern war (wie den meisten anderen Landeskirchen) vom Zeitpunkt ihres Bestehens an (1818) die Aufgabe gestellt, aus der Vielzahl rationalistischer Agenden, die für die nunmehr in ihr vereinigten kleineren Territorien eigens geschaffen worden waren, eine neue gemeinsame Ordnung zu schaffen. Sie verdankt ihre Agende schließlich hauptsächlich zwei bedeutenden Erlanger Theologieprofessoren, dem späteren Oberkonsistorialpräsidenten Adolf von *Harless* und dem nachmaligen, früh verstorbenen Oberkonsistorialrat Johann Wilhelm Friedrich *Höfling*. 1856 wurde sie endgültig eingeführt. Trotz starken Widerstandes, der sich mancherorts dagegen erhoben hatte, hat sie sich verhältnismäßig rasch durchgesetzt.

Als erste Ordnung war der Hauptgottesdienst mit Predigt und Abendmahl vorgesehen; die zweite Ordnung war der Hauptgottesdienst ohne Kommunion. Da die erste Ordnung doch nur die Ausnahme blieb und die zweite Ordnung der Normalgottesdienst wurde, an den sich gegebenenfalls die Abendmahlsfeier anschloß, hat man später die zweite Ordnung als erste Ordnung bezeichnet und umgekehrt. Bemerkenswert ist, daß der Entwurf die doppelte Schriftlesung und (auch bei dem abendmahlslosen Gottesdienst) Präfation und Sanctus vorgesehen hatte, was dann bei der endgültigen Fassung fallen gelassen wurde.

Die bis zum gegenwärtigen Zeitpunkt in Bayern neben der Ordnung nach Agende I noch geltende „alte" Ordnung hat folgenden Aufbau:
Eingangslied – Introitus – Confiteor – Kyrie – Gnadenwort – Gloria – Salutation – Kollekte – Schriftlesung – Credo – Predigtlied – Predigt – Liedstrophe – Abkündigungen – Liedstrophe – Schlußversikel – Allg. Kirchengebet und Vaterunser – Salutation – Benedicamus – Segen.
Der Abendmahlsteil: Lied (Strophe) – Präfationseingang – Präfation mit Sanctus – (Abendmahlsgebet) – Einsetzungsworte – Agnus Dei – Vaterunser – Friedensgruß – Austeilung – Versikel – Kollekte – Salutation – Benedicamus – Segen.

Auch die anderen deutschen Landeskirchen schufen sich im Laufe des 19. Jahrhunderts ihre Agenden. In den unierten Kirchen wirkten sich die Anregungen der preußischen Agende aus (z. B. Baden 1858/1877), während die lutherisch bestimmten Landeskirchen ähnlich wie Bayern die liturgische Tradition des Luthertums zur Geltung brachten (Hannover 1901, Sachsen 1880, besonders ausgeprägt in Mecklenburg 1867/68, wo der Liturgieforscher Theodor Kliefoth reorganisierend tätig war).

Württemberg begnügte sich in seinem „Kirchenbuch" von 1842 mit einer Sammlung von sorgfältig gestalteten Gebeten, die auch in andere Landeskirchen Eingang fanden. Daneben gab es Kirchengebiete, in denen man keine feste liturgische Ordnung kannte und von Fall zu Fall die Arbeitsergebnisse anderer Kirchen übernahm (Hessen-Darmstadt, Waldeck, Oldenburg, thüringische Kirche).

Auf dem Boden des deutschen Protestantismus haben sich daneben die verschiedensten Reformbestrebungen ausgebildet: Die Katholisch-apostolischen Gemeinden (auch Irvingianer genannt) entwickelten einen reich gegliederten, das Altarsakrament betonenden Gottesdienst. Die Theologieprofessoren Friedrich Spitta und Julius Smend in Straßburg traten für Gottesdienste ein, die auf den modernen Menschen besonders durch künstlerische Gestaltung einwirken sollten. Der Marburger Religionsgeschichtler Rudolf Otto suchte allgemeingültige Grundsätze der Gottesdienste anderer Religionen auf die christliche Liturgie zu übertragen. (Er trat z. B. für ein „Sakrament des Schweigens" ein.)

c) Das 20. Jahrhundert

Unmittelbar nach dem Ersten Weltkrieg setzte, wie auch auf anderen Lebensgebieten, für die evangelische Theologie eine bedeutsame Wende ein. Die „dialektische Theologie" Karl Barths, ein neu gewonnenes Verständnis der reformatorischen Theologie, auch die Jugend- und Singbewegung stellten die evangelische Kirche vor neue Erkenntnisse und Aufgaben. Daraus sind zunächst drei liturgische Bewegungen hervorgegangen:

1. Die *Hochkirchliche Vereinigung* (begründet 1918 von dem ehemals katholischen Professor *Friedrich Heiler*). Geistliche Übung, Einzelbeichte, sakramentale Frömmigkeit, Anschluß an die Meßtradition der Kirche, überhaupt die Forderung einer evangelischen Katholizität, weisen in eine neue Richtung. Fragwürdig bleibt der Verzicht auf eine klare Bekenntnisgrundlage, wie er in dem Rufe nach „evangelisch-katholisch-eucharistischer Gemeinschaft" zu Tage tritt. Der Hochkirchlichen Vereinigung war keine große Breitenwirkung beschieden.
2. Die *kirchliche Arbeit von Alpirsbach,* geleitet von *Friedrich Buchholz,* gründend auf Karl Barths Theologie. Von der Arbeit am Gottesdienst ausgehend will sie die ganze Breite kirchlichen und menschlichen Lebens erfassen. Sie wirkt in der Form der in der Praxis bewährten „Wochen", in denen theologische Reflexion, biblische Besinnung, Gottesdienst, Gemeinschaft und Erholung einander durchdringen. Dem alten gregorianischen Choral der Frühzeit kommt als „hochwertiger Gesangskunst" im Gottesdienst eine wichtige Aufgabe zu.
3. Die *Berneuchener Bewegung* (führend *Wilhelm Stählin, Karl Bernhard Ritter, Rudolf Spieker*) arbeitet seit 1923 an der inneren Erneuerung der evangelischen Kirche, zu der die liturgische Erneuerung als selbstverständlicher Bestandteil gehört. Viele Gedanken der Berneuchener sind, obwohl anfangs sehr kritisch aufgenommen, inzwischen selbstverständliches Gemeingut der evangelischen Kirche geworden. Die 1931 gegründete Evangelische Michaelsbruderschaft ist ein Zusammenschluß von Männern des Berneuchener Kreises, die in einer festen Ordnung des geistlichen Lebens stehen. Die Berneuchener Ordnung der deutschen Messe (1948) (mit dem einheitlichen Eucharistischen Gebet) und viele andere liturgische Ordnungen sind ein wesentlicher Beitrag in der Arbeit an der Erneuerung des evangelischen Gottesdienstes.

Die von den verschiedensten Seiten ausgehenden Reformkräfte führten schließlich zu einem umfassenden liturgischen Aufbauwerk der *Evangelisch-Lutherischen Kirche in Deutschland.* Die Lutherische Liturgische Konferenz, eine freie, aber von den Landeskirchen mitgetragene Arbeitsgemeinschaft, unter dem Vorsitz von Christhard Mahrenholz, arbeitet seit 1932 an dem lutherischen Agendenwerk, das in den Jahren 1951–63 veröffentlicht und Zug um Zug eingeführt wurde. Es ist für alle zu dieser Zeit der VELKD angehörenden Landeskirchen verbindlich geworden.

Es gliedert sich in vier Bände:
I. Band: Der Hauptgottesdienst mit Predigt und Heiligem Abendmahl und die sonstigen Predigt- und Abendmahlsgottesdienste
II. Band: Die Gebetsgottesdienste
III. Band: Die Amtshandlungen
IV. Band: Ordinations-, Einsegnungs-, Einführungs- und Einweihungshandlungen.

Die Ordnung des Gottesdienstes mit Predigt und heiligem Abendmahl hat in großen Zügen folgenden Aufbau:
(Confiteor) – Introitus – Kyrie – Gloria – Salutation und Kollekte – Epistel – Halleluja – Graduallied – Evangelium – Credo – Predigt – Predigtlied – Abkündigungen – Dankopfer – Allgemeines Kirchengebet – Präfation – Sanctus – Vaterunser – Einsetzungsworte – (oder nach dem Sanctus: [Epiklese] – Einsetzungsworte – [Anamnese] – Vaterunser – Friedensgruß) – Kommunion – Postcommunio – Entlassung (Friedenswunsch, Segen).

Wird das heilige Abendmahl nicht gefeiert, so schließt sich an das Allgemeine Kirchengebet unmittelbar das Vaterunser an. Dann folgt die Entlassung.

Innerhalb dieses festen Rahmens ist eine Anzahl von Variationsmöglichkeiten vorgesehen; z. T. kann zwischen den verschiedenen Möglichkeiten jeweils frei gewählt werden, z. T. können sich die Gliedkirchen oder die Gemeinden grundsätzlich für eine der angebotenen Formen entscheiden und die anderen Möglichkeiten ausschließen.

Für die lutherischen Kirchen deutscher Sprache war damit zum erstenmal eine allgemeinverbindliche, auf strenger theologischer und historischer Besinnung beruhende Gottesdienstordnung geschaffen worden, die sich bei aller Verpflichtung gegen das Erbe der Reformation um eine evangeliumsgemäße Katholizität bemüht hat.

Es war von Anfang an nicht beabsichtigt gewesen, diese Agende für viele Jahre sozusagen als ein Jahrhundertwerk unverändert stehen zu lassen. Man hatte sich vielmehr zum Grundsatz gemacht, sie laufend von der gottesdienslichen Praxis her zu überprüfen und bei Bedarf zu revidieren. Bevor aber diese Revisionsarbeit überhaupt in Gang kommen konnte, setzte ziemlich genau zu dem Zeitpunkt, an dem das Agendenwerk abgeschlossen vorlag, eine Art Protestbewegung gegen alle agendarische Einengung und Verfestigung ein.

Zunächst waren es die *„Jugendgottesdienste"* oder *„Gottesdienste mit modernen Stilmitteln"*, die von sich reden machten. Wenn ihnen auch, ohne daß dies bewußt gewollt war, die Struktur des erweiterten Predigtgottesdienstes zugrunde lag, waren sie doch in ihrer Erscheinungsform zunächst so neuartig, daß sie leidenschaftliche Grundsatzdiskussionen über Form und Gestalt des evangelischen Gottesdienstes auslösten. Neu war an ihnen die Ausrichtung des Gottesdienstes auf ein Thema (oft sozialkritischer Art) und damit das Desinteresse am Proprium der Kirchenjahresordnung, die völlige Neuformung gottesdienstlicher Texte, die nur für den jeweiligen Anlaß entworfen und damit nicht auf Wiederholbarkeit angelegt waren, der Einsatz von Medien, das Teamwork aller Beteiligten, ein betont weltlicher Stil des gottesdienstlichen Verhaltens und Redens, der Verzicht auf gottesdienstliche Kleidung, zumeist auch auf den gottesdienstlichen Raum, auf das Gesangbuchlied und auf die traditionelle Kirchenmusik, dafür die Verwendung der Stilmittel der sog. U-Musik und des Jazz. (Deshalb wurden diese Gottesdienste fälschlicherweise auch „Jazzgottesdienste" genannt.)

Daneben entwickelten sich Gottesdienste für andere „Zielgruppen" als die Jugendlichen, vor allem *Familiengottesdienste*, genauer gesagt für Eltern mit Kindern. Eine andere Entwicklungslinie führte über das in Köln von Dorothee Sölle initiierte *„Politische Nachtgebet"* (mit den 4 Teilen: Information, Meditation, Diskussion, Aktion) zu *Kommentargottesdiensten*. Sie setzen an die Stelle einer vom Bibeltext ausgehenden Verkündigung (Predigt) die in Dialog und Diskussion erfolgende Problem- und Konfliktbewältigung, die in ein wegweisendes Bibelwort einmündet. Dieser Prozeß der Infragestellung herkömmlicher, gottesdienstlicher Formen und Inhalte vollzog sich etwa von 1960 – 1970. Er war ebenso von euphorischer Aufbruchstimmung wie von großer Verunsicherung und damit oft auch von überzogener Konfrontation gekennzeichnet.

Inzwischen sind wir in eine Phase der Beruhigung und der Klärung eingetreten, in der sichtbar geworden ist, welche gottesdienstlichen Neuerungen notwendig und gewinnbringend sind. Es hat sich durchaus erwiesen, daß mit einer Reihe von „offenen Formen" sinnvoll und zukunftsweisend gearbeitet werden kann, daß aber andrerseits die gebundene Form keinesfalls als unbrauchbar und überwunden gelten kann. Man versuchte diesen Tatbestand durch die Unterscheidung von „Erstem und Zweitem Programm" des Gottesdienstes auszudrücken. Doch wird es darauf ankommen, die beiden gottesdienstlichen Konzeptionen nicht beziehungslos nebeneinander existieren zu lassen. Das „Erste Programm", also die agendarische Ordnung, will immer wieder von schöpferischen Anregungen erfüllt sein, um dadurch lebensnah zu bleiben, während das „Zweite Programm" bei aller Offenheit und Problemorientierung die Bindung an die biblische Botschaft und an vorgegebene Strukturen braucht. Dabei wird auch die Frage der Wiederholbarkeit von Form und Texten bedeutungsvoll sein.

Diese Erfahrungen und Einsichten sind in die um 1970 in Gang gekommene *Revisionsarbeit am Agendenwerk* eingegangen. Diese bezog sich zunächst auf Band IV und Band I der Agende. Das Ergebnis der Revisionsarbeit schlug sich nicht sogleich in einer veränderten Agende nieder. Vielmehr wurden vorläufig Alternativtexte und Parallelformulare in handlichen Veröffenlichungen („reihe gottesdienst") angeboten, durch die ein flexibler Umgang mit der Agende möglich wurde. Die Texte, die sich bisher noch an der vom Deutsch der Lutherbibel geprägten Gebetssprache orientiert hatten (vgl. Agende II, Anm. 45), wurden stärker dem heutigen Sprachempfinden angepaßt und mehr auf Probleme und Gegebenheiten der gegenwärtigen Wirklichkeit bezogen. Mehr als zuvor wurden Texte anderer Konfessionen und Traditionen berücksichtigt. Die Rubriken wurden lockerer gefaßt.

Eine grundlegende Bedeutung für alle Gottesdienstreformen werden in Zukunft die in der sog. *Strukturdenkschrift* vorgetragenen Überlegungen haben. Diese Studie mit dem Titel „Versammelte Gemeinde – Struktur und Elemente des Gottesdienstes – Zur Reform des Gottesdienstes und der Agende" führt den Nachweis, daß sich bei traditionellen wie neu konzipierten Gottesdienstordnungen gleichartige Grundmuster erkennen lassen. Gottesdienste, die in ihrem Erscheinungsbild sehr verschiedenartig wirken, weisen vielfach eine gemeinsame Grundstruktur auf und können deshalb zueinander in Beziehung gesetzt werden. Der Grundsatz, daß bei jedem Gottesdienst „Grundstrukturen" und „Ausformungsvarianten" zu unterscheiden sind, baut falsche Alternativen ab. Er führt nicht nur zu einer Anerkennung von herkömmlichen und neuartigen Gottesdienstordnungen, sondern ermöglicht auch einen stärker von Freiheit, Abwechslung und Kreativität bestimmten Vollzug der Agende.

Die Aufgabe der Zukunft wird sein, sowohl neues Material und neue Modelle zu erarbeiten, als auch dieses Material so darzubieten, daß es ohne große Mühe zusätzlich zur Agende, aber auch in einer die Agende von Fall zu Fall modifizierenden und bereichernden Weise gottesdienstlich gebraucht werden kann. Die Agende der Zukunft wird sich möglicherweise als eine Art Ringbuch (mit auswechselbaren Blättern) darbieten, aus dem einerseits die feste Grundstruktur ersichtlich wird, in das aber auch ergänzendes Material aufgenommen werden kann. Das würde bedeuten, daß der Liturg dann nicht mehr wie früher eine fertig ausgearbeitete Liturgie ablesen kann, sondern daß er (wie zur Predigt) selbst einen Teil der Gestaltungsarbeit zum Gottesdienst überhaupt leisten muß. Das trägt jedenfalls zu einer Verlebendigung des „Gottesdienstes im Geiste" bei. Doch müssen die damit verbundenen Gefahren des Subjektivismus gesehen werden. Denn diese Praxis setzt eine Einübung und Erfahrung voraus, die in der gegenwärtigen theologischen Ausbildung so noch nicht vermittelt wird.

2. Kapitel

DER GOTTESDIENSTLICHE ORT

Der christliche Gottesdienst ist nicht an einen bestimmten Ort gebunden. Für das Volk Israel gab es nur die eine Opferstätte in Jerusalem (Zion) (5. Mose 12, 5; 2. Kön. 23). Dort war der heilige, d. h. der für Gott ausgesonderte Ort, an dem man Gott auf Erden gegenwärtig wußte. Für die Christenheit, die durch Christus vom mosaischen Gesetz frei geworden ist, ist die Frage, *wo* der Gottesdienst des Evangeliums zu halten ist, belanglos geworden gegenüber der Frage, *wie* er gehalten werden soll (Joh. 4, 20–24). „Wo Gott mit uns redet, da ist heilige Stätte."

Der Gottesdienst kann im Freien und in geschlossenen Räumen gehalten werden. Der geschlossene gottesdienstliche Raum ist nicht nur ein praktisches Erfordernis (akustische Verständlichkeit, Schutz vor ungünstiger Witterung), sondern er ist auch dem Wesen des evangelischen Gottesdienstes besonders angemessen: Er birgt, mitten in die Welt hineingebaut, die zur Erlösung berufene Gemeinde. Die architektonische Lösung der Bau- und Raumgestaltung steht im Dienst der christlichen Verkündigung.

1. Vorstufen

Für die Christengemeinde der ersten Jahrhunderte wird es als charakteristisch bezeugt, daß sie keine Tempel hatten. Die jerusalemische Urgemeinde mag sich noch eine Zeitlang in Seitenhallen des Tempels versammelt haben (Apg. 2, 46; 5, 12), der Tempel besaß aber für sie nicht mehr die Bedeutung wie für die israelitische Gemeinde (vgl. Joh. 2, 19–21; 1. Kor. 3, 16; Eph. 2, 21; Hebr. 9, 11ff.). Von Anfang an ist die Zusammenkunft in Privathäusern bezeugt (Apg. 2, 46; 5, 42; 20, 7ff.). Dort geschah vor allem „das Brotbrechen", die Feier des heiligen Abendmahls. Auch im zweiten Jahrhundert wurden noch keine repräsentativen gottesdienstlichen Bauten erstellt; vermutlich hat man andere Bauten zum Gottesdienst hergerichtet. Der Kaiser Hadrian (117–138) genehmigte immerhin den Bau kleiner bescheidener Kirchen, Hadrianeen genannt.

Die ersten Zeugnisse des Kirchenbaus stammen aus dem dritten Jahrhundert (S. Theodoro in Ravenna 206). Schon damals wird in der Gestaltung des Kirchenraumes die Wandlung von der *Versammlungsstätte* der Christengemeinde zu einer *Opferstätte* sichtbar geworden sein. Das bedeutet: Der tischarige Altar steht an der Vorderkante des den Presbytern vorbehaltenen erhöhten Platzes, der sich an der Stirnseite des Raumes befindet. *Hinter* dem Altar, der Gemeinde zugewendet, steht der Bischof.

2. Die Reichskirche

Erst seit Kaiser Konstantin (306–337) tritt der Kirchenbau in den Vordergrund, mitveranlaßt durch das starke Anwachsen der Christengemeinde. Der Kaiser selbst ließ große Kirchen errichten: in Jerusalem (über dem Grab Christi), in Antiochien, Nikomedien, Heliopolis, Bethlehem und vor allem in Konstantinopel. Es geschah auch, daß heidnische Tempel in christliche Kirchen umgewandelt wurden. Der den christlichen Gottesdienst kennzeichnende Bautypus wurde die *Basilika*.

„Basilika" (basilicus = königlich, prächtig) war ursprünglich die Bezeichnung für ein Prachtgebäude, ohne Rücksicht auf die besondere Architektur, bezeichnete aber später insbesondere das Kirchengebäude jeder Art und Form (auch Zentralbauten). Der heutige Sprachgebrauch versteht unter Basilika ein nach einem festen Stil erbautes Kirchengebäude, das folgende Merkmale hat:

Rechteckiger Grundriß mit Übergewicht der Längendimension. Die Längsachse ist von Westen nach Osten ausgerichtet (= orientiert), da der Osten der Ort des Sonnenaufgangs, des Lichtes ist. Der Raum wird parallel der Hauptachse durch Säulen in mehrere Schiffe von ungerader Zahl (3 oder 5) geteilt, wobei das *Mittelschiff* die *Seitenschiffe* an Querausdehnung und Höhe beträchtlich übertrifft. (Das Langhaus wird „Schiff" genannt, teils wegen seiner länglichen Form, teils wegen der symbolischen Bedeutsamkeit des Schiffes [Abbild der rettenden Kirche, 1. Mose 7, 23; Mark. 4, 35–41].) Schon in der ältesten Zeit hat man in den Seitenschiffen für Frauen *Emporen* eingebaut. In den Obermauern des Mittelschiffes, die über die Seitenschiffe hinausgehen, sind die Fenster angebracht.

Das Mittelschiff mündet in eine halbkreisförmige *Nische* (Apsis, Concha, Tribunal, Presbyterium, Abaton, Sanctuarium), die oft um einige *Stufen* (bema) erhöht oder durch *Schranken* (cancelli) vom Schiff getrennt ist. (An dieser Stelle errichtet die Ostkirche ihre Bilderwand, die Klerus und Gemeinde räumlich völlig voneinander trennt.) Im Scheitelpunkt der Apsis steht die *Cathedra*, der Sitz des Bischofs. Zu beiden Seiten sind dem Halbrund der Wand entlang die *Subsellia*, die Bänke für die Priester, angebracht. Der *Altar* (mensa) steht frei an dem durch die Stufen gebildeten Rand der Apsis. Der Priester fungiert hinter dem Altar mit dem Blick zur Gemeinde.

Um den Abstand zwischen Priester- und Gemeinderaum mehr zu betonen, hat man alsbald zwischen Schiff und Apsis noch ein *Querschiff* eingelegt. In ihm oder auch unmittelbar an den Schranken fand der *Ambon*, ein kleiner Aufbau für den Lektor und Prediger, Aufstellung. Der Ambon hieß auch *Lectorium*. Die verdeutschte Bezeichnung „*Lettner*" ging dann auf die Trennungsschranken über, die später oftmals zu einer ganzen, gitterartigen Trennwand wurden. In manchen Kirchen waren zwei Ambone errichtet, auf der Nordseite (links) für das Evangelium, auf der Südseite (rechts), weniger reich geschmückt und etwas tiefer gestellt, für die Epistel. In größeren Kirchen wurde der Ambon öfter bis ins Mittelschiff vorgerückt. Unsere *Kanzel* entstand erst spät im Mittelalter dadurch, daß zusätzlich zum Lectorium ein selbständiger Predigtambon errichtet wurde. Er war deutlich erhöht, damit die von dort aus gehaltene Predigt akustisch besser verstanden werden konnte.

Sehr oft findet sich noch dem Westeingang vorgelagert das *Vorhaus* (Atrium). Es ist ein viereckiger Raum, oben offen, umrahmt von Gängen, welche mit nach einwärts geneigten Dächern bedeckt sind. An der inneren Seite dieser Gänge stehen bogenartig miteinander verbundene Säulen. Die Dächer des Atriums sind niedriger als die Dächer des Schiffes, so daß eine deutliche Westfront entsteht. Der Vorhof, in dessen Mitte sich ein *Reinigungsbrunnen* befand, war der Aufenthaltsort für die exkommunizierten Büßer und für die Katechumenen bei der Kommunion. Zuweilen trat zwischen Atrium und Schiff oder an die Stelle des Atriums der *Narthex*, eine schmale Vorhalle.

Als Basilika wurden z. B. gebaut die Geburtskirche in Bethlehem und die alte Peterskirche in Rom, die im 16. Jahrhundert der heutigen Papstkirche weichen mußte.

Eine weitere Möglichkeit des Kirchenbaus in jener Zeit stellt der *Zentralbau* dar. Er war schon beim antiken Grabmal üblich und wurde nun Vorbild für die Kirchen, die über den Gräbern von Märtyrern oder sonstigen kirchlich bedeutenden Persönlichkeiten errichtet wurden, deshalb auch Zömeterialkirchen genannt. Daneben wurden auch Taufkirchen (Baptisterien) als Zentralbauten angelegt, in denen der Taufbrunnen den Mittelpunkt bildete.

Die Grundfläche des Zentralbaus war ein Kreis oder Achteck (Oktogon) oder ein Quadrat, das sich oben in ein Oktogon verjüngte. Bei der inneren Umfassungsmauer wurden oft Nischen angebracht; das Licht fiel durch Fenster in der Obermauer ein.

Beispiel: San Vitale in Ravenna (6. Jahrhundert).

Freilich war der Zentralbau für Gemeindeversammlungen ungünstig. Während für die weströmische Kirche in der Hauptsache weiterhin die Basilika bestimmend blieb, entwickelte man im oströmischen Reich aus dem Zentralkuppelbau den sog. *byzantinischen Stil,* in dem der Lang- und Zentralbaugedanke miteinander verschmolzen sind.

Bekanntestes Beispiel: Die Sophienkirche (Hagia Sophia) in Konstantinopel (6. Jahrhundert) mit einem Kuppeldurchmesser von 32 Metern.

3. Das frühe Mittelalter (700–1100)

Durch Kaiser Karl den Großen (768–814) wird der Kirchenbau auch im germanischen Raum zu großer künstlerischer Entfaltung gebracht. Er wächst hauptsächlich aus den Grundlagen der Basilika heraus. Zentralbauten (Pfalzkapelle in Aachen, 1355 durch einen gotischen Chor erweitert) bleiben Ausnahmen.

Aus den karolingischen Bauten entwickelte sich (besonders gefördert durch die Klöster) vom Jahre 1000 ab der *romanische Stil*, in dem antik-römische Baumotive wieder aufgenommen waren (Rundbogen, massiger Bau, Vorherrschen der Horizontallinie). Der Grundriß wird verändert. Er ist nicht mehr ein griechisches Kreuz (crux commissa), sondern ein lateinisches Kreuz (crux immissa). An der Schnittstelle zwischen Längs- und Querschiff, die beide dieselbe Breite haben, entsteht das bedeutsame Vierungsquadrat, das zum Ausgangspunkt für das sog. gebundene System der Romanik wird. Nun ist zwischen Apsis und Querschiff auch noch ein zusätzlicher Raum gewonnen, durch den Abstand zum Altar betont wird und in dem auch die anwachsende Priesterschaft Aufnahme finden kann. Das Halbrund am Ostende der Kirche heißt Apsis, der neugewonnene Raum (der Kopf des Kreuzes) wird jetzt *Chor* oder auch Presbyterium oder Sanctuarium genannt.

Norm des Grundrisses ist das *Quadrat*. Das Hauptschiff wird aus drei oder mehr Quadraten gebildet. Die Seitenschiffe haben gewöhnlich die halbe Breite, das Querschiff bildet drei Quadrate, der Chor eines.

Jetzt konnte auch die *Krypta* besser ausgebaut werden. Schon in den altkirchlichen Basiliken hatte man unter dem Hauptaltar ein kleines unterirdisches Gewölbe mit dem Grabe eines Märtyrers angelegt, auf das man von oben herabschauen konnte und das man *Testimonium* (confessio, memoria) nannte. Auf diese Weise wurde die Communio mit den bereits abgeschiedenen Gläubigen bezeugt. Nun wurde diese Totengruft zu einer kleinen Kapelle mit Altären ausgebaut. Um Licht in die Krypta führen zu können, wurde der Chorraum soweit erhöht, daß in der Krypta Fenster angebracht werden konnten. Das hatte ein weiteres Heraustreten des Chors und Altars zur Folge.

Die Zahl der *Altäre* wurde vergrößert. Zusätzlich zum Hauptaltar wurde unter dem Bogen, der den Chorraum eröffnete, ein weiterer Altar errichtes, an dessen beiden Seiten die Türen in die Krypta führten bzw. der Aufgang zum Chorraum angebracht war. Andere Altäre stellte man in den Seitennischen und Seitenarmen des Querschiffs auf, wo man dann wieder Nebenapsiden anbrachte. Man ging noch weiter und gestaltete die Westseite des Langschiffs zu einem zweiten Chorraum um (Dom zu Bamberg), so daß der Hauptausgang an der Westseite und der Narthex verschwanden. Auch der Westchor erhielt Krypta und Apsis. Emporen gab es nicht mehr. Die flache Decke wurde allmählich durch Tonnengewölbe, zuerst in den Seitenschiffen, dann auch im Mittelschiff, ersetzt. Das bei der Kreuzung von Lang- und Querschiff entstehende „Kreuzgewölbe" hat man dann auf alle quadratischen Deckenpartien übertragen.

Romanische Kirchenbauten kennen keinen reichen Schmuck. Erst vom 12. Jahrhundert an hat man das Hauptportal künstlerisch besonders ausgestaltet.

Türme kannte man bei den Basiliken nur insoweit, als in ihnen die zu den Emporen führenden Treppen untergebracht waren. Nachdem aber im 8. Jahrhundert auch in Deutschland die Glocken mehr und mehr in kirchlichen Gebrauch übernommen und in den Türmen aufgehängt wurden, hat man die Türme selbstverständlich erhöht, um eine bessere Ausbreitung des Schalls zu ermöglichen. In Italien, vereinzelt auch in Deutschland, baute man eigene Glockentürme (campanile) neben der Kirche.

Die Türme bekamen aber im Laufe der Zeit auch eine eigenständige Bedeutung. Durch sie sollten Pracht und Ansehen des Kirchengebäudes erhöht werden. Darum wurden sie auch vermehrt. Zuerst stellte man an die Westseite zwei Türme. Dann, als der Westchor aufkam, wurden auch an das Altarhaus zwei Türme angebaut. Die Kreuzung von Lang- und Querhaus wurde von einem achteckigen Mittelturm gekrönt.

Beispiele für romanische Kirchenbauten: Die Dome von Speyer und Worms.

In der spätromanischen Zeit machte sich eine Erschlaffung bemerkbar. Viele Baumotive der romanischen Periode fielen aus asketischen Gründen weg, besonders bei dem Zisterzienser-Orden (z. B. Maulbronn): Keine Türme, nur Dachreiter, keine Krypta, die Kirche als reiner Bedürfnisbau, Beginn der Anwendung des Spitzbogens zur Entlastung der Pfeiler und Ableitung auf die tragenden Säulen.

4. Das Hoch- und Spätmittelalter (1100–1500)

Während die romanische Kunst eigentlich erst im 12. Jahrhundert ihre Blütezeit erlebte und sich noch bis ins 13. Jahrhundert hinein behaupten konnte, zog seit dem 12. Jahrhundert von Frankreich und England her schon die neue Kunst der *Gotik* ein. (Der in Italien geprägte Name sollte im Gegensatz zum klassischen Stil der Romanik die Barbarei dieses Stiles zum Ausdruck bringen.)

Typisch für die Gotik ist das Bemühen, die schwere Masse aufzulösen. An die Stelle der Horizontalgliederung tritt die Vertikalgliederung. Der ganze Bau scheint nach oben zu streben. Besonderes Kennzeichen ist der Spitzbogen, der bald steiler, bald gedrückt gehalten werden kann, so daß man von dem quadratisch aufgeteilten Grundriß abgehen kann. Durch die Spitzbogen entsteht ein reiches Leben der perspektivischen Durchsicht. Der Seitendruck der Gewölbe wird von kräftigen Strebebogen über die Seitenschiffe hinweg nach außen abgelenkt und hier von freistehenden gewaltigen Pfeilern aufgenommen. Durch die Entlastung der Mauern ist eine Auflockerung der Wandfläche möglich. Es entstehen große luftige Flächen. In die spitzbogigen Fensteröffnungen, die in zwei Geschossen übereinander in die Höhe steigen, werden bunt gemalte Glasfenster eingesetzt.

Der gotische Bau wurde zu einem großen Pfeilergerippe, in das die Wände und Mauern gleichsam eingespannt erscheinen. Die lichte, flüssige, nach oben strebende Bewegung läßt die wundersamsten steinernen Ornamente hervorkommen. Da gibt es blumen- und blattreiches Zierwerk, kleine aufsteigende Säulchen, alle mit figurenreichem Maßwerk verziert (Fialen). In den Wimpergen, Krabben und Kreuzblumen gipfeln die unzähligen, nach oben strebenden Linien, so daß man den gotischen Dom einen himmelanstrebenden steinernen Hochwald genannt hat. Man begnügte sich wieder mit ein oder zwei Türmen. Um so reicher wird der Portalschmuck, über dem die filigranhaft gegliederte und ausgezirkelte Fensterrose (Symbol der Verschwiegenheit) darauf hinweist, daß hier alles Weltliche zu verstummen hat. Der Grundriß wird dabei insoweit verändert, als das Langhaus und der Chor jetzt ein einheitlicher Raum werden. Der Altarraum erscheint als das verlängerte Schiff. An die Stelle der Apsis tritt ein polygonaler Abschluß des Altarraumes. Es verschwinden sowohl das Querschiff als auch die Krypta. Der Chorraum erhebt sich nur noch wenige Stufen über dem Fußboden des Schiffs. Der Lettner erhält darum eine größere Bedeutung. Er wird in reichen Stilformen der Gotik gestaltet und geschmückt.

Neben die vor allem auf die Feier der Messe ausgerichteten Kirchenbauten traten schon vom 13. Jahrhundert an gotische Predigtkirchen, in denen sich die Gemeinde hauptsächlich um die Kanzel scharte.

Aus der Fülle herrlicher gotischer Baudenkmäler seien nur erwähnt: der Kölner Dom, das Straßburger Münster, das Ulmer Münster, St. Lorenz und St. Sebald in Nürnberg.

5. Von der Reformation zur Aufklärung

Wie für die Gottesdienstordnung wollte Luther auch für den Kirchenbau keineswegs einen eigenen „evangelischen Typ" entwickeln, sondern das Überkommene, soweit es dem liturgischen Handeln der Kirche des Evangeliums gemäß war, festhalten und ausbauen.

Im 16. Jahrhundert bestand so gut wie kein Bedürfnis nach neuen Kirchen, da im Mittelalter viel aus verdienstlichen Erwägungen heraus und gar nicht immer aus praktischer Notwendigkeit gebaut worden war. Der auf die römische Messe hin angelegte Kirchenraum mußte jetzt allerdings dem evangelischen Gottesdienst angepaßt werden. Heiligenbilder, Nebenaltäre, Sakramentshäuschen und Tabernakel mußten weichen. Der Chorraum ist nicht mehr Priesterraum, sondern wird in den Gemeinderaum miteinbezogen. Eine Aufteilung vollzieht sich freilich insofern, als das Schiff vornehmlich für die Verkündigung und das Hören des Evangeliums, der Chor aber für die Abendmahlsfeier und für die Aufnahme der Abendmahlsgäste bestimmt wird (siehe dazu Luthers „Formula missae"). Luther hat selbst kaum zu konkreten Fragen des Kirchenbaus Stellung genommen. Ihm kam es in erster Linie darauf an, daß im Gotteshaus, und nicht nur dort, das rechte Wort Gottes gepredigt werde. „Des Herrn Haus heißt, wo er wohnt, und er wohnt, wo sein Wort ist, es sei auf dem Felde, in der Kirche oder auf dem Meer. Wiederum, wo sein Wort nicht ist, da wohnt er nicht, ist auch sein Haus nicht, sondern der Teufel wohnet dort, wenn es auch gleich eine güldene Kirche wäre, von allen Bischöfen gesegnet."

Der erste evangelische Kirchenneubau war die von Luther 1544 eingeweihte Kapelle des Torgauer Schlosses. Man hat in dieser Kirche lange Zeit den Urtyp des evangelischen Kirchenbaus sehen wollen. Er sollte als richtungweisendes Programm die weitere Entwicklung bestimmen. Das aber war überzogen. Die Gewöhnung an überkommene Formen spielte noch zu sehr in die Konzeption dieses Gebäudes hinein, wenn sich auch schon die Tendenz zur reinen Predigtkirche geltend machte.

Die evangelische Kirchenbaugeschichte war in den folgenden Jahrhunderten dadurch belastet, daß eine grundsätzliche Besinnung auf die Gestalt des Kirchenraumes oder wenigstens eine kritische Stellungnahme zu den aus der römischen Messe erwachsenen historischen Bauformen durch die reformatorische Theologie nicht erfolgt war.

Eine folgenschwere evangelische Neuerung war, Altar, Kanzel und Orgel übereinander als den gottesdienstlichen Mittelpunkt im Angesicht der Gemeinde aufzustellen. Diese hat sich als Norm für zwei Jahrhunderte durchgesetzt (vgl. den fränkischen Markgrafenstil!). Richtig daran war, daß man die Kanzel von ihrem ungünstigen Platz an den Seitenemporen wegnahm und ihr den für alle Gottesdienstbesucher günstigen Platz zuerkannte. Allerdings wurde durch eine Überbetonung der Kanzel und die Ausrichtung des Gotteshauses gerade auf die Predigtstätte dem Altar und dem sakramentalen Handeln etwas von seiner Bedeutung genommen. Oftmals trat der Altar nur als eine Art Konsole der Kanzel in Erscheinung. Es ist nicht von ungefähr, daß darum die evangelische Kirche in der Hauptsache zu einer reinen Predigtkirche wurde, in der die Feier des Sakramentes verkümmerte. Wenn beim Kirchenbau die rationalen Gesichtspunkte durchschlagend werden, muß auch das innere Gefüge der Liturgie Schaden nehmen.

Aus dem Bemühen, das Anhören der Predigt günstiger zu gestalten, erklärte sich auch die obligatorische Einrichtung festen *Gestühls* und der Einbau von *Emporen*.

Im 17. und 18. Jahrhundert wurden von den Baumeistern Josef *Furtembach* und Leonhard Christoph *Sturm* erstmals theoretische Grundsätze für den evangelischen Kirchenbau aufgestellt. Die Kreuzform des Grundrisses wird verworfen. Vorgeschlagen wird: länglicher Saal, Quadrat, Kreis, Achteck, Dreieck. Der Prediger soll von allen Gottesdienstbesuchern möglichst gut gesehen und gehört werden. Deshalb die Kanzel über dem Altar im Blickpunkt der Gemeinde! Aus akustischen Gründen wird eine flache Decke gefordert. Keine störenden Säulen! All diese Forderungen werden in der Zeit des Rationalismus im Namen der „gesunden Vernunft" vorgetragen.

Als Grundrißformen haben sich in der Praxis 4 Typen ausgebildet:

1. Die Saalkirche als Langhaus (Typus vieler Dorfkirchen). Das Innere ist ein einheitlicher saalartiger Raum, der von Galerien umgeben ist. An der östlichen Altarseite sind bisweilen die Ecken abgeschrägt. Es kann auch ein kleiner Anbau angefügt sein. Ältere Kirchen wurden häufig zu rationalistischen Predigtkirchen umgebaut. Säulen gibt es nur als Träger der Emporen. Die Kanzel kann auch noch an einer Seite des Schiffes angebracht sein. (Dann richtet man es so ein, daß durch Drehstühle oder Sitzbänke mit veränderlichen Rückenlehnen die zwischen Altar und Kanzel Sitzenden ihre Richtung um 180 Grad verändern können.)
2. Die Saalkirche als Querhaus (besonders in reformierten Gebieten). Altar und Kanzel sind in der Mitte der Langseite.
3. Zentralkirche. Der Grundriß ist ein quadratisches Kreuz. Im mittleren Teilquadrat stehen Altar und Kanzel. Von den 4 angrenzenden Teilquadraten nimmt eines die Orgel und den

Chor auf, die übrigen 3 bieten der Gemeinde Raum, die sich dadurch zum Teil gegenübersitzt.
4. Rund- und Polygonalkirchen. Der Grundriß beruht auf einem Kreis (oder einer Ellipse) oder auf einem Polygon (Vieleck).
Das bekannteste Beispiel: die Frauenkirche (Dom) zu Dresden (im 2. Weltkrieg zerstört und nicht wiederaufgebaut). Sie war gleichzeitig eine typische Barockkirche in großer Prachtentfaltung.

Was die großen künstlerischen Baustile jener Zeit anbelangt, Renaissance, Barock und Rokoko, so hat der evangelische Kirchenbau daran nur einen bescheidenen Anteil. Das ist nicht nur in der geringen Notwendigkeit, Kirchen zu bauen, begründet, auch nicht in der mangelnden theologischen Klarheit über das Wesen evangelischen Kirchenbaus, es hat zweifellos auch tiefere Gründe. Denn in diesen Stilen bricht die Reaktion gegen die Weltabgewandtheit des gotischen Mittelalters durch. Die diesseitsbetonte, auf prachtvolle Effekte zielende Bauweise jener Jahrhunderte steht in einer Spannung zu dem, was evangelischer Kirchenbau sein soll. Diese Spannung zu überwinden, den Bauwillen jener Zeit und die Stätte des gottesdienstlichen Handelns in eine rechte Beziehung zu bringen, ist nicht gelungen. Trotzdem verdankt die evangelische Kirche einem maßvoll gebändigten Barockstil, der in seiner vollsten Entfaltung als „Jesuitenstil" der römisch-katholische Baustil schlechthin geworden ist, wertvolle und überzeugende Kirchenbauten.

6. Von der Romantik zur Gegenwart

Die Romantik des angehenden 19. Jahrhunderts versuchte auch im Kirchenbau den Rationalismus zu überwinden. Man begeistert sich wieder an den mittelalterlichen Domen und läßt sich von daher neue Anregungen schenken, die freilich oftmals in einer bloßen Historisierung stecken bleiben.
Karl Friedrich *Schinkel* (1781–1841), der bedeutendste Baumeister des liturgisch interessierten Preußenkönigs Friedrich Wilhelm III., hat in den verschiedensten Entwürfen dem Kirchenbau neue Wege zu weisen versucht, kam aber wie viele andere Baumeister seiner Zeit über die Variation des Althergebrachten nicht hinaus.
Aus den Bemühungen um die rechte Gottesdienstform und den rechten Gottesdienstraum erwuchs schließlich auf der „Eisenacher Konferenz deutscher evangelischer Kirchenregierungen" im Jahre 1861 unter dem Beirat bedeutender Architekten das sogenannte *„Eisenacher Regulativ"*. Jahrzehntelang hat es für den Kirchenbau als maßgebend gegolten. Es enthält die Forderung der „Orientierung" (alle Kirchen müssen ohne Rücksicht auf die städtebauliche Situation nach Osten ausgerichtet sein). Die Kreuzgestalt des Grundrisses ist festzuhalten, das Schiff soll ein längliches

Viereck darstellen. Der Haupteingang soll sich an der Westseite, die Kanzel an einer der beiden Längsseiten, der Altar am Ostende befinden. Jede Kirche soll einen Turm haben. Sie soll aus dauerhaftem Material solide hergestellt sein. Keine stilistischen Neuerungen! Der Anschluß an die geschichtlichen Baustile soll gewahrt bleiben (Neugotik!).

Das Gegenstück zu diesem in vielen Punkten restaurativen Programm, das nun in das andere Extrem umschlug, folgte 30 Jahre später: *Das Wiesbadener Programm* von 1891 (ausgehend von dem Wiesbadener Pastor Veesenmeyer): „Die Kirche soll im allgemeinen das Gepräge eines Versammlungshauses der feiernden Gemeinde, nicht dasjenige eines Gotteshauses im katholischen Sinn an sich tragen." Also: Einheitlicher Raum! Keine Trennung von Schiff und Chor! Die Kanzel hinter dem Altar, die Orgel darüber.

Mit diesen beiden grundsätzlichen Programmen hatte es nicht sein Bewenden. In der Folgezeit wurden wieder neue, keineswegs einheitliche Richtlinien erarbeitet und zum Teil verwirklicht. Einen Schritt nach vorwärts bedeutete es, daß am Anfang des 20. Jahrhunderts endlich die Festlegung auf herkömmliche Stile überwunden wurde.

Auch für den evangelischen Kirchenbau setzte nach dem Ersten Weltkrieg ein Aufbruch ein, an dem Männer wie Otto Schönhagen, Otto Bartning, Gerhard Langmaack, German Bestelmeyer beteiligt sind. Die Gesetzlichkeit der alten Regulative wird abgelehnt. Die Baukunst wird grundsätzlich auf die Theologie bezogen (O. Bartning: Vom neuen Kirchenbau 1919). Mögen die ersten Vorschläge noch Experimente gewesen sein (Aufgliederung des Kirchenraumes in Predigt- und Feierraum), mögen die Forderungen nach „neuer Sachlichkeit" eine schockierende Verwirklichung gefunden haben (Pressa-Kirche aus Stahl und Glas, Pressa-Ausstellung in Köln 1928, jetzt in Essen), die gestellten Fragen waren echt, und es war heilsam, daß sie aufgeworfen und einer Lösung nähergeführt wurden.

Vom Jahre 1945 an stand auch der Kirchenbau vor ungeahnten Aufgaben. Eine große Zahl unersetzbarer Kirchen war durch den Krieg total zerstört oder mehr oder weniger schwer beschädigt worden. Es galt, das teilweise Zerstörte, soweit es gerechtfertigt war, im alten Geiste wieder aufzubauen. Es war ebenso nötig, manches Teilzerstörte, das in der alten Form heute kein Bestandsrecht mehr hat, vom Empfinden der Gegenwart her wiederherzustellen und neu zu gestalten. Es war reichlich Gelegenheit zu mutigen Neubauten gegeben. Es mußten aber auch für die durch Heimatvertriebene neu entstandene Diaspora zweckbedingte Not- und Kleinkirchen ohne großen Aufwand erstellt werden. Von Gerhard *Kunze* ins Leben gerufene Kirchenbautagungen versuchten die vielen Aufgaben vom Grundsätzlichen her zu lösen und die drängenden Probleme, die seit der Reformation noch niemals mit solcher Aktualität gestellt worden waren, in einer Weise zu klären, daß die Einmaligkeit der geschichtlichen Stunde recht genutzt wurde.

Ein Zwischenergebnis dieser Überlegungen sind die *Rummelsberger Grundsätze,* die auf dem Kirchenbautag 1951 in der Diakonenanstalt Rummelsberg bei Nürnberg vorgelegt wurden. Sie sind bewußt zurückhaltend, enthalten aber doch die wesentlichsten Grundmotive, die den Bau des Gotteshauses vom Gottesdienst her bestimmen. Trotzdem verbleibt für die selbständige und verantwortliche Gestaltung des einzelnen Kirchbaus ein weiter Raum.

In der jüngsten Vergangenheit, als der Wiederaufbau nach dem Zweiten Weltkrieg geleistet war und der Nachholbedarf gedeckt schien, wurde die Frage gestellt, ob die Zeit des Kirchenbaus nicht überhaupt zu Ende sei, bzw. ob nicht bei Neubauten von der Vorstellung des Kultraumes und Kultgebäudes im herkömmlichen Sinn endgültig Abschied genommen werden müsse. Nicht nur theologische, sondern auch ökonomische und soziologische Gesichtspunkte spielten bei solchen Überlegungen eine Rolle. Die Wirkung der durch die liturgischen Bewegungen geprägten Kirchenbaukonzeptionen hatte jedenfalls von der Mitte der sechziger Jahre ab stark nachgelassen. Es läßt sich noch nicht absehen, ob sich überhaupt noch einmal ein einheitliches Leitbild entwickelt oder ob wir mit einer Vielfalt von verschiedenen, ja gegensätzlichen Möglichkeiten rechnen müssen. Die Vorschläge bewegen sich von der Kleinkirche (mit höchstens 150 Plätzen), die auch als „Hauskirche" oder „Ladenkirche" zu denken ist, bis zum Mehrzweckraum, als dessen Gegenentwurf der exklusive Kultraum im Extremfall erscheint. Der Bau neuer zentraler Kathedralkirchen dürfte dagegen keinesfalls mehr den gegenwärtigen Notwendigkeiten entsprechen.

Der hier gesteckte Rahmen würde gesprengt, wenn solche weit über das Liturgische hinausgreifenden Überlegungen entfaltet würden. In welchen architektonischen Zusammenhang der gottesdienstliche Raum auch immer eingebunden sein mag, so sind für seine Gestaltung jedenfalls bestimmte liturgische Gesetze zur Geltung zu bringen, was nicht bedeuten darf, daß dabei die Phantasie und die schöpferische Gestaltungskraft des Architekten ungewöhnlich eingeengt werden.

Als Ausgangspunkt darf gelten: „Der gottesdienstliche Bau und Raum soll sich um seines Zweckes willen klar unterscheiden von Bauten und Räumen, die profanen Aufgaben dienen. Aber zugleich wächst er über jede rationale Zweckbestimmung hinaus, da er mit seiner Gestalt gleichnishaft Zeugnis von dem geben soll, was sich in und unter der gottesdienstlich versammelten Gemeinde begibt: nämlich die Begegnung mit dem gnadenhaft in Wort und Sakrament gegenwärtigen heiligen Gott." (Rummelsberger Grundsätze)

Schon vor der Erstellung eines Kirchenbaus werden Erwägungen darüber angestellt werden müssen, daß sich eine Kirche richtig in die Situation der bürgerlichen und Kirchengemeinde einfügt. Die Forderung der „Orientierung" ist aufgehoben. Das Kirchengebäude soll aber nicht „mit Hochhäusern, Industrie- und Verwaltungsbauten wetteifern wollen". Die Frage „Langbau oder Zentralbau" ist heute so nicht mehr zu stellen. Beide Formen werden wechselnd, abgewandelt oder sich durchdringend wiederkehren. Man legt sich hier nicht fest. Sowohl das konzentrische Moment (Zusammenschluß um eine Mitte) als auch die Längsrichtung (Bewegung auf den kommenden Herrn zu) haben ihre Berechtigung, wie sie auch in allzu konsequenter Einseitigkeit fragwürdig werden.

In diesem Raum sind jedenfalls die Hauptstücke die *Kanzel,* der Ort der Wortverkündigung, und der *Altar,* der Ort des heiligen Mahles, des Gebetes und des Segens. Die Frage, wie beide einander räumlich zugeordnet werden sollen, wird nicht entschieden. Gefordert wird eine gleichwertige Zuordnung, in der die Polarität von Wortverkündigung und Sakramentsfeier zum rechten Ausdruck kommt. Die Kanzel in der Mitte der Längswand wie unmittelbar über dem Altar sind unbefriedigende Extremlösungen.

Für die Stellung der *Kanzel* ist gute Hörsamkeit und Sichtbarkeit wesentlich. Auf dem Kanzelpult liegt die Bibel. Der Schriftlesung kann ein besonderes, seitlich vor dem Altar aufgestelltes *Lesepult* dienen, auf dem sich die Bibel oder das Lektionar befindet. Das Lesepult kann auch noch andere Aufgaben erfüllen (Pult des Lektors im Lesegottesdienst, des Evangelisten in einer liturgischen Passion; Platz der Abkündigungen). Auf das Lesepult kann verzichtet werden, wenn zwischen Altar und Kanzel nur ein geringer Zwischenraum ist und der Lektor (Liturg), ohne den Kirchenraum verlassen zu müssen, die Kanzel betreten kann. Dann sollen aber die Schriftlesungen nicht vom Altar aus, sondern von der Kanzel gehalten werden.

Der *Altar* steht (fest angebracht) in der Mittelachse des gottesdienstlichen Raumes im Angesicht der Gemeinde und sollte um mindestens zwei Stufen erhöht sein. Er besteht aus zwei Teilen, dem Unterbau (stipes) und der Platte (mensa).

Im Anschluß an die römisch-katholische Liturgiereform wird der Tischcharakter des Altars (im Unterschied zum Retabelaltar) in zunehmendem Maß auch für den evangelischen Gottesdienst betont. Das hat zur Folge, daß der Liturg hinter dem Altar steht und immer „versus populum" (zur Gemeinde gewandt) handelt. Dabei dürfen Leuchter und hochragendes Altarkreuz nicht als störende Barriere in Erscheinung treten. Sie können durchaus auf der Seite und asymetrisch angeordnet werden. In der Mitte des Altares sollten dann die Abendmahlsgeräte ihren Platz haben.

Die *Altargeräte* sind: Altarkreuz, Abendmahlsgeräte (Ciborium, Patene, Kelch), Pult für die Agende, Paramente, Leuchter.

Um den Altar herum muß für Abendmahlsfeiern, Konfirmationen, Trauungen und dergleichen genügend Platz sein, gegebenenfalls auch für die *Taufstätte:* Die Taufe ist im Kirchenraum nicht an einen bestimmten Platz gebunden. „Die Zuordnung von Taufstein und Altar, den Stätten der beiden Sakramente, ergibt keine zwingende Regel und erfordert keine bauliche Gleichwertigkeit" (Rummelsberger Grundsätze). Möglich wäre auch ein eigener Taufraum. Doch soll er in Verbindung mit dem Kirchenraum stehen. Dort, wo Taufen regelmäßig als Teil des Hauptgottesdienstes stattfinden, ist der Standort des Taufsteins im Angesicht der Gemeinde (etwa in der Nähe des Lesepultes) unerläßlich. Der Taufstein wird heute, wo die Submersio (das Untertauchen) nicht mehr üblich ist, nicht als wannenartiges Taufbecken gestaltet, sondern als Träger der Taufwasserschale zu denken sein. Die Taufschale sollte nicht grundsätzlich auf dem Altartisch plaziert sein; das würde zu einer fragwürdigen Mischung von Abendmahls- und Taufsymbolik führen. Die Taufschale soll so tief sein, daß dem Täufer die Infusio (Begießung) und nicht bloß die Aspersio (Besprengung) des zu Taufenden möglich ist.

Ein Ausstattungsstück des Kirchenraumes, das zwar nicht mit theologischer Stringenz gefordert werden kann, aber aus der evangelischen Liturgie- und Kirchenmusikgeschichte nicht mehr wegzudenken ist, ist die *Orgel*. Den Rummelsberger Grundsätzen zufolge hat sie „eine dem Altardienst korrespondierende Funktion". Trotz des Wiesbadener Programms hat sie meistens ihren Platz auf der Empore gegenüber dem Altar behauptet. Doch wird immer wieder ihre Altarnähe gefordert (Aufstellung an der Seitenwand). Unter Umständen können in größeren Kirchen die Klangquellen aufgegliedert werden (kleine Chororgel, großes Hauptwerk). Der Orgelprospekt, an dem die Werkanordnung sichtbar in Erscheinung tritt, wird zum wichtigen Faktor der Raumgestaltung.

In der Nähe der Orgel muß der *Sängerchor* seine Aufstellung finden. Ihm muß genügend Raum für seine gottesdienstlichen Aufgaben zur Verfügung stehen. Die dann und wann stattfindende Aufführung eines großen Oratoriums wird beim Kirchenbau in der Regel nicht zum Maßstab für die Größe des Chorplatzes werden können.

In einer Kirche, deren Liturgie der Predigt eine zentrale Stellung einräumt, ist ein *Gestühl* unentbehrlich. (In vielen Kirchengebäuden des Mittelalters wurde erst mit der Einführung der Reformation ein festes Gestühl eingerichtet. Seine Anordnung sollte bisweilen auch die Aufteilung nach „Ständen" ermöglichen. In der Ostkirche kennt man das Gestühl nicht. Es gibt dort nur die Möglichkeit des Stehens oder Kniens.) Die feste und damit auch sperrige Aufstellung eines Gestühls, die oft das Niederknien erschwert, wird heute vielfach als Hemmnis für einen lebendigen, gemeinschaftsfördernden Vollzug des Gottesdienstes empfunden. (Es ist z. B. das Hinaustreten aus der Mitte einer vollbesetzten Kirchenbank zum Kommunionsempfang nur mit großen Schwierigkeiten möglich.) Ein wenig bestuhlter Raum mit Sitzstufen und Teppichboden, wie etwa in Taizé, käme dem Lebensgefühl der jungen Generation entgegen. Das kann natürlich nicht eine allgemein gültige Lösung sein und läßt sich oft nicht mit der vorgegebenen Architektur des Kirchenraumes in Einklang bringen. Wenn es sich machen läßt, werden heute Stühle bevorzugt, die durch Verklammerung zu einer festen Reihe zusammengefügt werden, andererseits bei Bedarf auch als Einzelstühle Verwendung finden können und hinsichtlich ihrer Anordnung der Eigenart des jeweiligen Gottesdienstes angepaßt werden können. Auf alle Fälle sollte in einem Gottesdienst, in dem die verschiedenen liturgischen Dienste in Erscheinung treten, auch die Möglichkeit der entsprechenden Sitzanordnung gegeben sein: Plätze im Chor für den Liturgen, den Prediger, den Lektor, den Küster, für den liturgischen Chor sowie als Verbindung zum Gemeindegestühl Plätze für den Kirchenvorstand.

Die *Glocken* gehören in denselben Aufgabenkreis wie die Orgel und der Chor. Sie rufen zum Gottesdienst und Gotteslob. Daß der Klang der Glocken sich nur von erhöhter und freier Stelle aus entfalten kann, ist klar. Doch braucht es nicht unbedingt ein *Turm* zu sein, von dem aus die Glocke ihre Aufgabe erfüllt (Dachreiter!). Es sollte nicht sein, daß der Turm einer Kirche zum Selbstzweck wird.

Ein unentbehrlicher Bestandteil des Gotteshauses ist die *Sakristei* (von secretarium = geheimer Ort). Sie ist der Ort der geistlichen Zurüstung zum Gottesdienst, sei es für den Prediger allein, sei es für den Kreis aller im Gottesdienst liturgisch handelnden Personen. (Sie ist nicht dazu da, daß der Pfarrer in ihr verschwindet, wenn er während des Gottesdienstes gerade einmal „nichts zu tun hat". Während des Gottesdienstes haben alle am Gottesdienst beteiligten Personen ihren Platz inmitten der Gemeinde.) Die Sakristei ist aber auch der Ort besonderer seelsorgerlicher Aussprache und der Einzelbeichte. Von daher versteht sich die würdige Ausgestaltung dieses Raumes (kleiner Altar mit Kruzifix und Leuchtern, Kniebänke usw.). In der Sakristei können auch die liturgischen Geräte und Gewänder verwahrt werden. Alle anderen Gegenstände (Reinigungsmaterial) und Verrichtungen (Geldzählen, Kerzenpflege, Blumenschmuck bereiten usw.) gehören nicht in die Sakristei, sondern in einen eigenen Nebenraum.

Eine *Vorhalle,* in der sich etwa Tauf- und Hochzeitsgesellschaften versammeln können, in der zwanglose Gespräche nach dem Gottesdienst möglich sind, ist, sofern nicht räumliche oder finanzielle Überlegungen dagegenstehen, eigentlich immer wünschenswert.

ANHANG:
DIE LITURGISCHEN GEFÄSSE UND GEWÄNDER

1. Die liturgischen Gefäße

Die im Gottesdienst gebrauchten Geräte (Vasa sacra) sind seit früherer Zeit aus edlem Material und in künstlerischer Wertarbeit hergestellt worden. Ihre Gestalt war dem Stilwandel unterworfen. Zu nennen sind:

Die Hostienbüchse (oft Ziborium genannt), in der die Hostien aufbewahrt werden.
Die Patene (eigentlich „Pfanne", Teller), von der aus sie gereicht werden.

In der römischen Kirche ist „Ziborium" ein kelchartiges Gefäß mit Deckel, das sich aus einer fußlosen Büchse (Pyxis) heraus entwickelt hat. Die Hostien werden aus dem Ziborium unter Verwendung eines Kommuniontellers gespendet. Die Patene wird nur als Altarpatene (bei der Wandlung) gebraucht. In der reformierten Kirche hat der „Brotteller" eine besondere Gestaltung erfahren.

Der Kelch: Er besteht aus dem Fuß (pes) und der Schale (cuppa), die beide durch den Schaft und den Griff (nodus) verbunden sind. Der Kelch ist, weil Gemeinschaftskelch, meist größer als in der römischen Kirche. Die Forderungen des Einzelkelches und des Tauchkelches (Darreichung der in den Wein getauchten Hostie) haben sich bis jetzt nur vereinzelt durchgesetzt.

Die Weinkanne, aus der die Kelche nachgefüllt werden.

Die Taufschale, aus dem alten Taufbecken hervorgegangen. Sie nimmt das vom Kopf des Täuflings herunterfließende Wasser auf.

Die Taufkanne, aus der das Taufwasser in die Hand des Täufers oder unmittelbar auf den Kopf des Täuflings gegossen wird.

Für die römische Kirche gehören die Taufgeräte nicht zu den liturgischen Geräten. (Weitere liturgische Geräte, die in der evangelischen Kirche nicht gebräuchlich sind, sind im Fremdwörterverzeichnis erklärt.)

2. Die liturgischen Gewänder

Aus einer reichen Gewänderordnung hat sich in der evangelischen Kirche Deutschlands nur der schwarze *Talar* mit Beffchen oder Halskrause erhalten. Die im Freien getragene Kopfbedeckung ist ein schwarzes Barett aus Tuch oder Samt. In den lutherischen Kirchen des Nordens (Dänemark, Norwegen, Schweden, Finnland) und Amerika sind die alten liturgischen Gewänder (ebenso wie in den anglikanischen Kirchen) noch gebräuchlich. Dazu gehören:

die Alba, ein bis zu den Füßen reichendes weißes Untergewand;
das Cingulum, der um die Alba geschlungene Gürtel;
das Amikt (oder Humerale), ein um Hals, Schultern und Brust gelegtes Leinentuch;
das Superpelliceum, ein bis zu den Knien reichendes, albenähnliches Chorhemd;
die Casula (Kasel), ein über der Alba getragener, aus kostbarer Seide bestehender Überwurf;
das Pluviale, ein fußlanger, vor der Brust befestigter Mantel mit Kapuze;
die Stola, ein langer, mit 3 Kreuzen versehener breiter Stoffstreifen in der Farbe der Kasel;
das Birett, eine steife, vierkantige Kopfbedeckung mit 3 oder 4 bogenartigen Aufsätzen und einer Quaste in der Mitte.

In der Reformationszeit war der Gebrauch der hergebrachten liturgischen Gewänder noch selbstverständlich, wenn man sie nun auch zu den Adiaphora rechnete. Die Schweizer Reformatoren und die Schwärmer drangen auf ihre Abschaffung. Es bildete sich in der lutherischen Kirche die Sitte heraus, daß bei der Predigt die Schaube (das mittelalterliche Gelehrtengewand) und beim Abendmahl die Albe mit Kasel und Stola getragen wurde. Erst in der Zeit der Aufklärung wurden die alten liturgischen Gewänder als „katholisch" verdrängt. Man kennt heute noch in Württemberg und Kurhessen das weiße Chorhemd bei der Sakramentsspendung. Wilhelm Löhe im 19. Jahrhundert und die liturgischen Erneuerungsbewegungen im 20. Jahrhundert haben sich die Wiedergewinnung der alten liturgischen Gewandung angelegen sein lassen. Es hat den Anschein, als würde sich allmählich ein Wandel vollziehen und der Einführung einer von symbolischen Farben und Formen gekennzeichneten liturgischen Kleidung kein so starker Widerstand mehr wie früher entgegengesetzt werden. In „Gottesdiensten in offener Form" tragen die Liturgen oft zivile Kleidung.

3. Kapitel

DIE GOTTESDIENSTLICHE ZEIT

1. Der Sonntag

So wie der christliche Gottesdienst nicht an einen bestimmten *Ort* oder *Raum* gebunden ist, so ist er auch nicht an eine bestimmte *Zeit* gebunden. Die Christenheit weiß sich frei vom Gesetz (Gal. 3, 23−25) und damit auch von der Verpflichtung, bestimmte, von den anderen Tagen ausgesonderte und herausgehobene Tage gottesdienstlich zu begehen. (Siehe dazu die Ordnung der jüdischen Festtage [3. Mose 23].) Das jüdische Volk hielt an der Sieben-Tage-Woche und hier wieder an der Ordnung des 7. Tages als des unbedingten Ruhetags (Sabbat) unerschütterlich fest, während man im Heidentum zwar ein verschiedenartiges Einteilungsprinzip der Tage, aber keinen Ruhetag kannte (z. B. in Rom die Acht-Tage-Woche: 7 Arbeitstage und 1 Markttag). Mochten die aus dem Judentum kommenden Christen die alttestamentlichen Satzungen für sich weiter festhalten, so durfte daraus kein Gesetz für die andern, vor allem für die Heidenchristen werden. (Apg. 15, bes. V. 28−30; Röm. 14, 5; Gal. 4, 10.)

Für die gottesdienstlichen Zusammenkünfte der Christen, die also grundsätzlich an jedem Tag und zu jeder Stunde gehalten werden können und auch an jedem Tag gehalten worden sind (Apg. 2, 46), bildete sich freilich ein besonderer Tag heraus, der von einem bestimmten Gedächtnis geprägt war: ***der erste Tag der Woche,*** der Tag der Auferstehung Jesu Christi von den Toten (Matth. 28, 1). An diesem Tag waren die Jünger ihrer Gemeinschaft mit dem auferstandenen Herrn versichert worden (Joh. 20, 19. 26). Am ersten Tag der Woche war der Heilige Geist über sie ausgegossen worden (Apg. 2, 1: vgl. 3. Mose 23, 15 ff.). An diesem Tage wurde auch vornehmlich das heilige Abendmahl gefeiert (Apg. 20, 7) und damit die Communio sowohl mit Christus als auch mit den Brüdern und Schwestern bezeugt (1. Kor. 16, 2). In Offb. 1, 10 erscheint bereits die Bezeichnung „Tag des Herrn" (griech. Kyriake; lat. dominica).

Der Name „Sonntag" (Dies solis), der wie die übrigen geläufigen Tagesbezeichnungen heidnischen Ursprungs ist, wurde erst rückwirkend auf Christus, „die Sonne des Lebens", bzw. auf den Tag der Erschaffung des Lichts gedeutet.

Mit der gottesdienstlichen Begehung des ersten Wochentages war nicht etwa der „Sabbat" vom 7. Tag auf den 1. Tag der Woche verlegt worden. Der 1. Tag der Woche war bis ins 4. Jahrhundert wohl der Tag des christlichen Gottesdienstes, nicht aber der Tag der Arbeitsruhe. Das Sabbatgebot (3. Gebot) gehört dem Alten Bund an. Es wird nun nicht mehr seinem äußeren Sinn nach befolgt, sondern in seinem geistlichen Sinn verstanden: „Wir Christen sollen immerdar solchen Feiertag halten, eitel heilig Dinge treiben, das ist, täglich mit

Gottes Wort umgehen und solches im Herz und Mund umtragen" (so nachmals Luther im Großen Katechismus).

Erst später, als 321 unter Kaiser Konstantin der Sonntag, der Tag des Gottesdienstes, zugleich staatlich angeordneter Ruhetag wurde, hat man sich dafür wieder auf das Sabbatgebot berufen. So bekam der Sonntag als Tag der Arbeitsenthaltung oder doch wenigstens der Arbeitsbeschränkung und des pflichtmäßigen Gottesdienstbesuches einen gesetzlichen Charakter. Für die katholische Theologie wurde der Sonntag der „Sabbat des Neuen Bundes", der kraft der Einsetzung durch die Kirche „göttliches Recht" sei. Die Reformatoren dagegen haben wieder zum ursprünglichen, evangelischen Verständnis des Sonntags gefunden. (Siehe Luthers Großen und Kleinen Katechismus, 3. Gebot.) Der Sinn des Sonntags ist, daß man einen Tag habe, der Raum und Zeit gebe, „des Gottesdienstes zu warten". Die Arbeitsruhe, „welche die Natur lehrt und fordert" und ebenso der Staat gebietet, ist die hilfreiche Voraussetzung dafür. Die Heiligung des Sonntags besteht nicht in einer erzwungenen Muße, sondern darin, daß die Gemeinde sich durch das Hören des Wortes Gottes heiligen läßt. Auf lutherischem wie auf reformiertem Boden (englischer Puritanismus) wurde allerdings das evangelische Sonntagsverständnis bald wieder von dem gesetzlichen Verständnis überdeckt, das in der Gemeindefrömmigkeit heute noch nachwirkt. Der Sonntag ist inzwischen so stark zum „Wochenende" säkularisiert worden, daß die vom Wirtschaftsleben bestimmte staatliche Kalenderordnung den Wochenbeginn inzwischen um einen Tag verschoben, also den Montag zum ersten Tag der Woche erklärt hat. Den Religionsgemeinschaften bleibt es unbenommen, für ihren Bereich an der bisherigen Ordnung festzuhalten.

In dem wöchentlichen Rhythmus von Sonntag zu Sonntag wurde zunächst des Auferstehungssieges Jesu gedacht, war der Auferstandene in Wort und Sakrament unter seiner Gemeinde gegenwärtig, so daß, bevor man von einem Kirchenjahr sprechen konnte, erst die „Kirchenwoche" da war.

Innerhalb der Woche erfuhren zwei Tage als *Fasttage* eine besondere Prägung. Um eine Abgrenzung zur jüdischen Gemeinde zu vollziehen, die ihre Fasttage am Montag und Donnerstag hatte, bestimmte die junge Christengemeinde den *Mittwoch* (Beginn des Leidens Jesu) und *Freitag* (Todestag Jesu) zu ihren Fasttagen.

Innerhalb eines Tages wurden wieder besondere *Stunden* gottesdienstlich herausgehoben. Die Apostelgeschichte deutet an, daß die 3., 6. und 9. Stunde des Tages (9 Uhr, 12 Uhr, 15 Uhr) Stunden des Gebetes waren (Apg. 2, 15; 10, 9; 3, 1). Vielleicht waren das auch die Gebetszeiten der Synagoge (vgl. Dan. 6, 11; Ps. 55, 18). Hieraus hat sich jedenfalls die spätere Ordnung des Stundengebets entwickelt.

Diese christliche Wochenordnung mit ihrem allwöchentlichen Gedächtnis des Leidens und der Auferstehung Jesu genügte zunächst, da ja die Wiederkunft Christi für die nächste Zeit erwartet wurde (1. Thess. 4, 15).

2. Der Osterkreis

a) Der jährliche Ostertermin

Erst im 2. Jahrhundert, als die Naherwartung des Endes nachließ, bildete sich auch eine *jährliche* Begehung des Auferstehungsgedächtnisses heraus: das *Osterfest,* das älteste und höchste Fest der Christenheit. Das Ereignis des Todes und der Auferstehung Jesu steht in einem festen zeitlichen (und inneren) Zusammenhang mit dem jüdischen *Passahfest,* das ebenfalls jährlich begangen wurde (2. Mose 12).

Für die Christenheit ist die Passahfeier des Alten Bundes abgetan. Ihr Passahlamm ist Christus (1. Kor. 5, 7). Die Teilhabe an seinem stellvertretend geopferten Leib und Blut (Abendmahl) verbürgt ihr nun eine *ewige* Verschonung und Erlösung.

In der Festsetzung des christlichen Ostertermins drückt sich einesteils die Beziehung zum jüdischen Passahfest, andernteils doch wieder die Freiheit von der jüdischen Gesetzesordnung aus.

Maßgebend ist (wie für das jüdische Passahfest) der *1. Frühlingsvollmond.* In Abweichung vom jüdischen Festkalender wird aber erst der *darauffolgende Sonntag,* der u. U. bis zu 6 Tagen nach diesem Termin liegen kann, als Osterfest gefeiert.

Die deutsche Bezeichnung „Ostern" kommt (wie das englische Easter) vielleicht von dem Namen der altgermanischen Frühlingsgöttin Austro (Eostrae), der in den vorchristlichen Zeiten der 1. Frühlingsmonat geweiht war. Das Wort „Ostern" hat also zum Inhalt des christlichen Festes keine Beziehung. In den romanischen Sprachen dagegen ist die Ableitung von dem jüdischen Festnamen „Pascha" (sprich: pas-cha) unverkennbar (z. B. franz.: pâques).

Der genaue Ostertermin war lange Zeit in der Kirche umstritten. Erst auf dem Konzil von Nicaea 325 wurde als Termin der 1. Sonntag nach dem 1. Vollmondtag nach dem Frühlingsäquinoktium (= Frühlings-Tag- und -Nachtgleiche: jetzt der 21. III.) für die ganze Christenheit vorgeschrieben, wie es der römischen Praxis entsprach. Trotzdem dauerte es noch mehrere Jahrhunderte, bis alle Differenzen ausgeglichen waren. Ostern kann also frühestens auf den 22. III., spätestens auf den 25. IV. fallen.

In diesem christlichen Passahfest = Ostern werden wahrscheinlich zunächst zwei Motive zusammengeklungen sein: Die Erinnerung an den *Sühnetod* Jesu (Passah) und die Erinnerung an seine siegreiche *Auferstehung* (Sonntag). Beides ist ja auch in der Feier der Eucharistie enthalten. Im Laufe der Zeit wurden aber beide Inhalte zeitlich auseinandergelegt. Der Ostertag war der Tag jubelnder Auferstehungsfreude. Dieser Tag leitete zugleich eine 50tägige *Freudenzeit* ein. Die Tage vor Ostern waren, wie es auch dem geschichtlichen Ablauf entspricht, vom Gedächtnis des Todes Jesu geprägt, wurden als *Buß-* und *Fastenzeit* begangen, welche schließlich insgesamt ca. 40 Tage vor Ostern ausmachte.

b) Die österliche Freudenzeit

Der Beginn der österlichen Zeit und damit der Wendepunkt von der Buß- zur Freudenzeit liegt schon seit dem 2. Jahrhundert in der *Ostervigil,* d. h. in dem den Auferstehungstag einleitenden Nachtgottesdienst. Dann folgen 50 Freudentage. Der 50. Tag (griech. Pentekoste = *Pfingsten*), der Tag, an dem der Auferstandene erstmals seine Gemeinde mit dem Heiligen Geist ausrüstete, wurde zum Abschluß der Freudenzeit.

Die *Himmelfahrt Christi*, die wir heute gemäß Apg. 1, 3 am 40. Tage, am Donnerstag in der 6. Woche nach Ostern, begehen, wurde früher am Ostertag selbst oder am Pfingsttag mitgefeiert. Die Himmelfahrt wurde nicht als ein für sich stehendes Ereignis, sondern als ein Teil der „Erhöhung" überhaupt gesehen (vgl. 1. Kor. 15, 3–8, wo Paulus die Himmelfahrt nicht eigens herausstellt; vgl. auch die Darstellungen der christlichen Kunst). Das Himmelfahrtsfest am 40. Tage kam erst im 4. Jahrhundert auf, indem auch der Pfingsttag von da an nicht mehr nur als Abschluß der Freudenzeit, sondern als eigenes Fest der Ausgießung des Heiligen Geistes gewertet wurde.

Die 6 Sonntage nach Ostern, welche die Botschaft „Christ ist erstanden" immer wieder neu aussagen, haben (außer Rogate) ihre Bezeichnungen von dem Anfang des jeweiligen Introitus (die römische Kirche zählt sie nunmehr als 2. bis 7. Sonntag der Osterzeit, wobei das Osterfest als der 1. Sonntag zu denken ist). Die lutherische Kirche zählt (neben den herkömmlichen lateinischen Bezeichnungen) die Sonntage „nach Ostern".

Quasimodogeniti (Weißer Sonntag) (in der Alten Kirche trugen die im Osternachtsgottesdienst getauften Christen an diesem Sonntag zum letzten Male ihre weißen Taufkleider).

Misericordias Domini (Sonntag vom guten Hirten).

Jubilate (das Evangelium dieses und der folgenden 3 Sonntage brachte Abschnitte aus den Abschiedsreden des Johannesevangeliums als das Vermächtnis des Auferstandenen).

Kantate (wurde von diesem Stichwort her vom 19. Jahrhundert ab als Sonntag der Musica sacra begangen).

Rogate (hat seinen Namen von den Bittumgängen [rogationes], die in der katholischen Kirche an den folgenden 3 Tagen auf den Feldern für die Ernte seit alters gehalten werden. Auf den Donnerstag nach Rogate fällt das Himmelfahrtsfest.)

Exaudi.

Die 6 Tage der Osterwoche gelten in der Liturgie als Festtage, wenn gegenwärtig auch nur der Ostermontag staatlicher Feiertag ist. Jeder dieser Tage hat sein eigenes Proprium und kündet vom Sieg und von der Lebensmacht des Auferstandenen.

Auch das *Pfingstfest* hat am darauffolgenden Montag seinen 2. Feiertag. Für die weiteren Tage der Pfingstwoche, die ursprünglich alle besonders liturgisch begangen wurden, hat die Lutherische Agende ein allen Tagen gemeinsames Proprium vorgesehen.

c) Die Fastenzeit (Die Passionszeit)

Die Christenheit rüstet sich auf ihre großen Feste (Osterfest und dann auch Weihnachten) durch *Fasten*. Das Fasten, das eine außergewöhnliche, zeitlich begrenzte Enthaltsamkeit in der Befriedigung der leiblichen Bedürfnisse und in Bezug auf Vergnügungen darstellt, ist ein biblisch begründetes Zeichen der Buße, der Umkehr zu Gottes Willen, der Sammlung aller geistlichen Kräfte auf die Hingabe an die Gnade Christi (Matth.

6, 16–17; 9; 15; 17, 21). In das vorösterliche Fasten gehört auch die Trauer über Jesu Leiden und Sterben.

Das Osterfasten dürfte zunächst nur wenige Tage umfaßt haben: vor allem den Freitag (Todestag Jesu) und Samstag (Tag der Grabesruhe) vor Ostern. Die Fastenfrist wurde allmählich ausgedehnt und umfaßt heute die symbolische Zahl von *40 Tagen* (2. Mose 34, 28; 1. Kön. 19, 8; Matth. 4, 2), weshalb sie auch Quadragesimalzeit (40 = lat. quadraginta) genannt wird.

Sie beginnt $6^1/2$ Wochen vor Ostern und zählt darum eigentlich 46 Tage. Doch werden die Sonntage als fastenfreie Freudentage nicht mitgerechnet. In der Ostkirche bleibt auch der Samstag aus der Fastenzeit ausgespart, so daß für ein 40tägiges Fasten insgesamt 8 Wochen vor Ostern benötigt werden. Die Fastenzeit der Ostkirche beginnt also mit dem Sonntag Sexagesimae. Eine Vorfastenzeit kennt man dort nicht.

An die Stelle der Bezeichnung „Fastenzeit" trat im Protestantismus weithin die Bezeichnung *„Passionszeit"*. Der Name war nicht ganz zutreffend, da die Sonntagslesungen dieser Zeit nicht vom Leiden Jesu, sondern von seinem Sieg über Dämonen redeten und damit vor allem auf Ostern zielten, wie überhaupt der Karfreitag nicht als „höchster Feiertag" über das Osterfest gestellt werden darf. Die Passionszeit im engeren Sinn beginnt am Sonntag Judika.

Die Lutherische Agende verwendete bis 1978 die Bezeichnung „Fastenzeit" und erinnerte damit an die vielfach vergessene Aufgabe des rechten evangelischen Fastens. Durch die Reform der Lesungsordnung sind einige altkirchliche Evangelien der „Fastenzeit", die wegen ihres exorzistischen Charakters als schwer verständlich empfunden wurden, nunmehr ausgetauscht worden. Die an ihre Stelle getretenen Evangelien betonen stärker den Gedanken der Passion Jesu und der Bereitschaft zur Nachfolge auf dem Weg des Kreuzes. Damit ist es nachträglich gerechtfertigt worden, daß man der Bezeichnung „Passionszeit", deren feste Einbürgerung im Sprachgebrauch der Kirchen nicht mehr rückgängig gemacht werden konnte, inzwischen wieder den Vorzug gegeben hat.

Die römisch-katholische Kirche spricht zwar vom 1. bis 5. Fastensonntag (der Palmsonntag gehört zur Karwoche), nennt den ganzen Zeitraum neuerdings aber die österliche Bußzeit.

Die Fastenzeit beginnt mit dem *„Aschermittwoch"*. Er hat seinen Namen daher, daß seit dem Mittelalter in der römischen Kirche die Stirne der Büßer mit einem Kreuz aus geweihter Asche gezeichnet wird. Die Asche ist das Sinnbild der Hinfälligkeit aller Kreatur, der der Sünder in seiner Abwendung von Gott verfällt, und darum eine Mahnung zur Buße. Die Fastenzeit war in früherer Zeit besonders der Vorbereitungsweg der Katechumenen, die in der Osternacht die heilige Taufe empfangen sollten, wie auch der Bußweg der öffentlichen, von der Kommunion ausgeschlossenen Sünder, die am Gründonnerstag wieder in die volle Gemeinschaft der Kirche aufgenommen werden sollten.

Die Sonntage *„in den Fasten"* sind außer Palmarum ebenfalls nach dem Anfangswort des Introitus benannt.

Invokavit Die Versuchung Jesu (Matth. 4, 1–11) (in Bayern seit alters als Bußtag begangen).

Reminiszere Früher: Das Kananäische Weib (Matth. 15, 21–28).
Jetzt: Die bösen Weingärtner (Mark. 12, 1–12).

Okuli   Früher: Jesu Sieg über die Dämonen (Luk. 11, 14–28).
Jetzt: Vom Ernst der Nachfolge (Luk. 9, 57–62).

Lätare   (Wegen seines Aufrufs zur Freude früher auch „Klein-Ostern" genannt und mit der besonderen liturgischen Farbe „rosa" ausgezeichnet).
Früher: Die Speisung der Fünftausend (Joh. 6, 1–15).
Jetzt: Die Frucht des Todes Jesu (Joh. 12, 20–26).

Judika   (Passionssonntag: Beginn der Passionszeit im engeren Sinn)
Früher: Jesu Streitgespräch mit den Juden (Joh. 8, 48–59).
Jetzt: Die Bitte der Söhne des Zebedäus (Mark. 10, 35–45).

Palmarum   Der „Palmsonntag" hat seinen Namen von den beim Einzug Jesu in Jerusalem erwähnten Palmen (Joh. 12, 12–18). Dieser Sonntag leitet die letzte Woche der Passionszeit ein:
die Karwoche (auch: stille oder heilige Woche) („kar" kommt von (althochdeutsch) kara = Trauer, Leid, Wehklage).

Am Sonntag, Dienstag, Mittwoch und Freitag in der Karwoche liest die Kirche seit alters der Reihe nach die Passionsberichte der vier Evangelien. (Auch dem Montag ist ein Proprium zugeordnet.) Der Karmittwoch gilt als Tag des Verrats.

Der Donnerstag der Karwoche, der *Gründonnerstag,* nimmt eine Sonderstellung ein. (Der Name kommt vielleicht davon, daß an diesem Tag die Büßer, die ihre Bußzeit beendet hatten, wieder als frische, „grüne" Triebe [vgl. Luk. 23, 31] am Baum der Kirche angesehen wurden. Er wird auch erklärt als Tag der „greinenden" = weinenden Büßer.) Er ist der Tag der Einsetzung des heiligen Abendmahls, an dem der Altar weiß gedeckt ist und das während der Fastenzeit verstummte „Gloria in excelsis Deo" angestimmt wird. Der Gründonnerstag ist der 1. Tag des heiligen *Triduums,* jener drei Tage, in denen das Gedächtnis des Leidens und Sterbens Christi seinen Höhepunkt erreicht.

Der *Karfreitag* (auch „großer", „stiller", „weißer" Freitag) ist der Tag der Kreuzigung des Herrn; seine Begehung reicht bis in die Anfänge der Kirche zurück. Er ist Bußtag, was sich auch in einer besonderen Form des Gottesdienstes ausgedrückt hat. Die Glocken und die Orgel hatten an diesem Tag zu schweigen, wie es heute noch in der katholischen Kirche konsequent durchgeführt wird. Der Altar ist entweder ganz entblößt oder schwarz verhängt. Die Improperien, die Klagevorwürfe Gottes an sein Volk, werden angestimmt.

Der *Karsamstag,* der Tag der Grabesruhe Jesu. Ein Tag stiller Einkehr, dessen Gepräge im Mittelalter dadurch verändert wurde, daß der Osternachtsgottesdienst mit seiner Freude über die Auferstehung bereits auf den Nachmittag oder gar Vormittag des Karsamstags verlegt wurde. Seit der Liturgiereform der römischen Kirche ist dies nicht mehr gestattet. Doch kann die Auferstehungsfeier bereits am Samstagabend beginnen.

Die Fasttage, die über den Gottesdienst hinaus das ganze Leben des Christen bestimmen sollen, wurden in den ersten Jahrhunderten als aliturgische Tage angesehen, d. h. es fanden keine Meßgottesdienste statt, weil man die Trauer der Fasten nicht mit der Freude der Eucharistie vereinigen zu können glaubte. Je länger die Fastenzeit ausgedehnt wurde, je mehr man auf tägliche Feier des Altarsakraments drang, um so weniger konnte dies durchgehalten werden. So half man sich, wie heute noch in der Ostkirche, mit der „Messe der vorherverwandelten Opfergaben" (Missa praesanctificatorum); d. h. die am Sonntag (kein Fasttag!) konsekrierten Elemente wurden für die Wochentage aufgehoben und dann gespendet. In der römischen Kirche ist es heute nur noch am Karfreitag verboten, das Meßopfer zu feiern; es werden die tags zuvor verwandelten Hostien genossen.

Für die evangelische Kirche besteht keine Veranlassung, in Angleichung an diese seit alters geübte Praxis die Abendmahlsfeier am Karfreitag fallen zu lassen. Kommuniziert wird an diesem Tage auch in den anderen Kirchen. Gerade im heiligen Abendmahl wird das Karfreitagsgeschehen für uns besonders greifbar. Noch mehr: Durch den am Karfreitag üblichen Wegfall des „priesterlichen Opfers" in der orthodoxen und römischen Kirche wird wenigstens für diesen einen Tag die Einheit einer gemeinsamen Mahlfeier hergestellt.

Eine Gefahr für die evangelische Abendmahlsfeier besteht darin, daß sie, wie es sich am Karfreitag von selbst versteht, dann auch an andern Tagen nicht so sehr von der „Eucharistie", von der Danksagung für Jesu Ostersieg, als von der *Todestrauer* her bestimmt wird.

Der Ernst der Fastenzeit zeigt sich auch darin, daß das Halleluja und das Gloria in excelsis unterbleiben.

d) Vor der Passionszeit

In der römischen Kirche (nicht in der Ostkirche!) hat sich von der gallikanischen Liturgie her die sog. Vorfastenzeit ausgebildet. Sie setzt $2^1/2$ Wochen (17 Tage) vor dem Aschermittwoch ein (63 Tage vor Ostern). Die Bezeichnung der drei in diese Zeit fallenden Sonntage ist nicht leicht erklärbar:

Septuagesimae   70. Tag
Sexagesimae   60. Tag
Quinquagesimae   50. Tag

(Wahrscheinlich deuten diese Namen auf eine frühere, rundberechnete 70-, 60- und 50tägige Vorbereitungszeit vor Ostern hin.) Der Sonntag Quinquagesimae heißt auch (nach dem Introitus) Estomihi oder „Sonntag vor der Fastenzeit". Vom Sonntag Septuagesimae an schweigt durch die ganze Vorfasten- und Fastenzeit das Halleluja.

3. Der Weihnachtskreis
a) Das heilige Christfest

Nach dem jährlich gefeierten Osterfest erhielt ein weiterer Tag im Kirchenjahr ein besonderes Gewicht: *der Tag der Geburt Christi*. Ist das Osterfest mit seiner Datierung vom *Mondjahr* und von der Wochenordnung abhängig, so wird der Tag der Christgeburt vom *Sonnenjahr* her, unabhängig vom Wochentag bestimmt. Es erweist sich, daß christliche Feste sehr oft auf bereits im Volk verwurzelte heidnische Festtage gelegt wurden, die nach der Christianisierung mit christlichem Inhalt gefüllt wurden. So war es auch mit dem Fest der Geburt Christi.

In Ägypten wurde (wohl schon im 3. Jahrhundert) im Anschluß an das Fest der heidnischen Lebensgottheit Aion, das mit einem feierlichen Wasserschöpfen verbunden war, am 6. I. die Geburt und die Taufe Christi gefeiert. Aber die römische Gewohnheit, die auf den Tag der Wintersonnenwende, den 25. XII. (Fest des Sol invictus, Beginn der Brumalien), das Christgeburtsfest gelegt hatte, sollte sich in der Reichskirche durchsetzen. Der historische Geburtstag Jesu ist unbekannt. Der Tag, an dem im Jahrkreis die Sonne ihren tiefsten Punkt erreicht und dann wieder zu steigen beginnt, wurde zum Fest, an dem die Christenheit dankbar den Aufgang der „Sonne der Gerechtigkeit" verkündigte (Mal. 3, 20).

Der 6. I., das ursprüngliche Christgeburtsfest, wurde dann zum *Epiphaniastag,* zum Tag der „Erscheinung des Herrn" (Erscheinung der Herrlichkeit Gottes auf Erden, vgl. Joh. 1, 14). Auf diesen Tag wurden allerlei „Mysterien" gelegt: Jesu Taufe, die Brotvermehrung, das Weinwunder von Kana, der Huldigungszug der Weisen aus dem Morgenland (von daher die volkstümliche katholische Bezeichnung: Tag der Heiligen Drei Könige). Siehe auch c) Die Epiphaniaszeit.

Der 25. XII. wurde etwa um die Mitte des 4. Jahrhunderts zum ersten Mal in Rom als Christgeburtsfest gefeiert. Die Kirchen des Ostens und Galliens folgten allmählich diesem Termin, der unter Kaiser Justin II. (565–578) schließlich allgemein verbindlich wurde. Auch im germanischen Bereich hielt man sich an diesen Termin. Das Fest der germanischen Wintersonnenwende, das auf den 21. XII. fiel (der Termin wurde wegen der unzulänglichen Kalenderordnung immer etwas hin- und hergeschoben), wurde also nicht zum christlichen Weihnachtsfest umgebildet, sondern es starb ab.

In der römischen Kirche ist es seit Papst Gregor I. († 604) fester Brauch geworden, am „hohen Weihnachtsfest" das Meßopfer dreimal zu feiern: während der Nacht (Engelamt), in der Morgendämmerung (Hirtenamt), am Tage. In der lutherischen Kirche wird der folgende Tag, der 26. XII., wenn er nicht als Stephanustag gefeiert wird, als 2. Tag des Christfestes begangen.

Die Bezeichnung *Weihnachten* (die geweihten Nächte) tauchte in der deutschen Sprache erst seit 1544 auf. Während der 25. XII. „Christtag" genannt wird, ist „Weihnachten" Sammelbezeichnung für die 4 Tage vom 25.–28. XII. (Christtag, Stephanustag, Tag des Evangelisten Johannes, Tag der unschuldigen Kindlein). Die Bezeichnung „Weihnachten" kann schon germanisch gewesen sein und die heiligen 12 Nächte (vom 25. XII.

bis 6. I.) gemeint haben. Im strengen liturgischen Sprachgebrauch sollte von „Christnacht" und „Christfest" bzw. heiligem „Christtag" gesprochen werden. Der Name „Christus" sollte jedenfalls einen Tag im Jahr haben. Dem Christfest voraus geht die *Christnacht* (24./25. XII.). In ihr wird das Geheimnis der heiligen Nacht (Luk. 2, 8) verkündet. Die Feier dieser Nacht ist (wie an Ostern) herausgewachsen aus der *Vigil,* aus dem das Fest vorbereitenden nächtlichen Gottesdienst. Ähnlich wie in der römischen Kirche die Nachtfeiern dann auf die Vortage der Feste verlegt wurden, sollte später auch in der evangelischen Kirche an Weihnachten der Vorabend, der *Heilige Abend,* an Bedeutung gewinnen. Der Gottesdienst des Heiligen Abends wird heute oft als *der* Weihnachtsfestgottesdienst schlechthin verstanden. Doch sollte nicht vergessen werden, daß er nur vorbereitender Vespergottesdienst ist und daß das Hauptgewicht der Christgeburtsfeier auf dem 25. XII. liegt. (Zur Feier der Christvesper und der Christmette siehe 8. Kapitel „Die Tageszeitengottesdienste".)

Die Feier der Christgeburt bleibt nicht auf den 25. XII. beschränkt, sondern strahlt weiter bis zum Epiphaniasfest (6. I.) und eigentlich auch noch über die ganze Epiphaniaszeit hinweg.

Der 26. XII. ist, wenn er nicht als 2. Christtag gefeiert wird, der Tag des Erzmärtyrers Stephanus (Apg. 6–7).

Der 27. XII.: Der Tag des Apostels und Evangelisten Johannes.

Der 28. XII.: Der Tag der unschuldigen Kindlein (Matth. 2, 13–18).

Daß gerade der Stephanus- und der Johannestag, die beide ursprünglich in keiner inneren Beziehung zum Weihnachtsfest standen, ihren alten Platz unmittelbar nach dem 25. XII. behalten haben, weist auf die im frühen Mittelalter „versiegende Bildkraft" (Kunze), die jene Zeitspanne vom Christfest zum Epiphaniastag nicht mehr von der Geburt Christi her zu gestalten vermochte.

Der 1. I., der jetzt (etwa seit dem 16. Jahrhundert) das neue Kalenderjahr eröffnet, hatte ursprünglich, als man das bürgerliche Jahr in unserem Sinn noch nicht kannte, die Bedeutung des Oktavtages des Christfestes. (Der „Oktavtag" spielt im katholischen Kirchenjahr eine große Rolle, da an ihm der Inhalt eines „acht Tage" [d. h. eine Woche] vorausliegenden Festtages nochmals aufgezeigt wird.) Man gedachte dabei folgerichtig der acht Tage nach der Geburt erfolgten Beschneidung und Namengebung des Herrn (Luk. 2, 21). Die Gedankenverbindung, daß damit das nunmehr anhebende Jahr „im Namen Jesu" begonnen werden soll, ist erst viel später erfolgt. (Zum Neujahrstag und Altjahrsabend siehe Seite 81f.)

Zwischen dem 25. XII. und 6. I. können 1 oder 2 Sonntage liegen. Fällt ein Sonntag auf den 26. XII. oder 1. I., so wird er durch den Inhalt dieser Tage verdrängt. Fallen die Sonntage auf den 25. XII. und 1. I., so treten sie mit ihrem Proprium überhaupt nicht in Erscheinung.

Der *1. Sonntag nach dem Christfest* weist auf die nachweihnachtlichen Gestalten Simeon und Hanna hin (Luk. 2, 33—40).

Der *2. Sonntag nach dem Christfest* (Sonntag nach Neujahr), an dem in der römischen Ordnung das „Fest des allerheiligsten Namens Jesu" begangen wird, schließt die Kindheitsgeschichten Jesu mit „dem zwölfjährigen Jesus im Tempel" ab.

b) Die Adventszeit

Auch vor dem Christfest bildete sich eine vorbereitende Bußzeit aus, am frühesten im römisch-fränkischen Gallien, wo diese Rüstzeit noch auf den alten Termin, den 6. I., ausgerichtet war. Aus den verschiedensten Praktiken, die sich zwar um eine Analogie zur Quadragesimalzeit vor Ostern bemühten, sie aber wegen des verschiedenen Einfalls von Wochen- und Monatstagen nicht mehr konsequent gestalten konnten, bildete sich der Brauch heraus, dem auf den 25. XII. gelegten Christfest eine Vorbereitungszeit von 5, später von 4 „Sonntagen im Advent" vorzuschalten.

„Adventus" heißt Ankunft. Zunächst bezieht sich dieser Name auf das bereits geschehene Kommen Gottes, der in seinem Sohn Jesus Christus in unsere Welt mit ihrem geschichtlichen Ablauf eingetreten ist. Zugleich aber verheißt das Neue Testament die „Wiederkunft (Parusia, vgl. 1. Thess. 5, 23; Luther: „Zu-kunft") unseres Herrn Jesu Christi, der sich dann in seiner Herrlichkeit aller Welt offenbaren wird. („2. Advent"; beachte den inneren Zusammenhang der Adventssonntage zu den vorausgegangenen, letzten Sonntagen des alten Kirchenjahres.) So ist die Adventszeit sowohl nach rückwärts bezogen auf das Wunder in der Krippe von Bethlehem, als auch nach vorwärts auf den Tag der Offenbarung Jesu Christi. Dann aber wird weiter in ihr daran erinnert, daß der Gott, der *gekommen ist* und *kommen wird,* auch in der Gegenwart allezeit *kommt* im Wort und Sakrament und uns vor die Entscheidung des Glaubens stellt.

Die Adventszeit ist, da der 25. XII. jedes Jahr auf einen anderen Wochentag trifft, verschieden lang. Sie umschließt höchstens 28 und mindestens 22 Tage.

Der *1. Sonntag im Advent* ist trotz des Bußcharakters der Adventszeit ein Tag der Freude über den Einzug des Himmelskönigs in die Welt. (Die römische Kirche läßt wie in der Fastenzeit das Gloria in excelsis in der Adventszeit, außer an Heiligenfesten, verstummen. Die Lutherische Agende hat dem besonderen Charakter des 1. Adventssonntages Rechnung getragen, indem sie diesem Sonntag das Gloria erhalten hat.)

Der *2.—4. Sonntag im Advent* rufen im Blick auf die Wiederkunft Christi, auf Johannes den Täufer und die Mutter des Herrn zur Bereitschaft, „den Sohn Gottes mit Freuden zu empfangen".

Die Adventszeit ist nicht die Zeit der vorweggenommenen Weihnachtsfreude, sondern des Bußernstes und der Zurüstung, wie auch der wartenden (und warten könnenden) Vorfreude. Die Freude des Christfestes bricht erst in der Christnacht auf.

c) Nach Epiphanias

Die Freude über die Erscheinung Gottes auf Erden reicht über den Epiphaniastag hinaus bis zum Beginn der Vorfastenzeit (Septuagesimae). Da mit dem wechselnden Ostertermin auch die Vorfastenzeit ganz verschieden beginnt, ist die Epiphaniaszeit von sehr unterschiedlicher Länge. Bei dem frühest möglichen Ostertermin liegt Septuagesimae am 18. I. Somit dauert die Epiphaniaszeit 12 Tage mit 1 Sonntag. Bei dem spätesten Ostertermin liegt Septuagesimae am 21. II. (Schaltjahr: 22. II.). Das ergibt eine Epiphaniaszeit von 46 (bzw. 47) Tagen mit 6 Sonntagen.

Gegen verschiedene andere biblische Motive, die ursprünglich den *Epiphaniastag* bestimmen (vgl. S. 70), setzte sich schließlich das Evangelium Matth. 2, 1–12 durch, das zunächst als Christgeburtsevangelium gelesen wurde, dann aber das Hinzukommen der Heidenwelt zum Licht des Lebens aufzeigen sollte. Daneben hielt die Ostkirche an diesem Tag an der Feier der Taufe Jesu (Matth. 3, 13–17) fest. Die Lutherische Agende, die für diesen Tag ursprünglich beide Evangelien vorgesehen hatte, die nacheinander vorgelesen werden sollten, folgt nunmehr der römischen Ordnung: Sie hat den *1. Sonntag nach Epiphanias* zum Sonntag der Taufe Jesu bestimmt. Die anderen Inhalte des Epiphaniasfestes wurden auf die weiteren Sonntage der Epiphaniaszeit gelegt:

2. Sonntag nach Epiphanias: Die Hochzeit zu Kana (Joh. 2, 1–11); man beachte den Epiphaniasgedanken Vers 11: „. . . und offenbarte seine Herrlichkeit".
3. Sonntag nach Epiphanias: Der Hauptmann zu Kapernaum (Matth. 8, 5–13).
4. Sonntag nach Epiphanias: Die Stillung des Sturmes (Mark. 4, 35–41).
5. Sonntag nach Epiphanias: Das Gleichnis vom Unkraut unter dem Weizen (Matth. 13, 24–30).
6. Sonntag nach Epiphanias: Die Verklärung Jesu (Matth. 17, 1–9). (Die römische und die Ostkirche haben hierfür ein eigenes Fest am 6. VIII.)

Müssen Epiphaniassonntage ausfallen, so werden davon die Sonntage *vor* dem letzten Epiphaniassonntag betroffen. Der letzte Sonntag, der seit der Reformation mit seinem Evangelium von der Verklärung der Epiphaniaszeit einen besonders geprägten Abschluß gibt, wird auf jeden Fall gefeiert, auch wenn er überhaupt nur der einzige Sonntag nach Epiphanias sein sollte.

4. Die Zeit nach Pfingsten

Die Zeit nach Pfingsten (bis zur Adventszeit), die man die festlose Hälfte des Kirchenjahres nennt, macht deutlich, daß im Mittelalter, nachdem die Gestaltung des Oster- und Weihnachtskreises abgeschlossen war, die den Kirchenjahreslauf prägenden Kräfte erlahmt waren. Die lange Spanne eines halben Jahres konnte nicht mehr sinnvoll vom biblischen Heilsgeschehen her geordnet und geformt werden.

Ein in diese Zeitspanne fallendes Fest, das aber eigentlich noch zum Osterkreis im weiteren Sinne gehört, wurde im hohen Mittelalter eingeführt (seit 1334):

Das Fest der Heiligen Dreifaltigkeit (Trinitatis), in dem noch einmal all das zusammengefaßt erscheint, was die Kirche durch die Offenbarung des dreieinigen Gottes empfangen hat. Das Trinitatisfest liegt am Sonntag nach Pfingsten (Oktavtag von Pfingsten). Das Evangelium Joh. 3, 1−15 wurde diesem Sonntag zugeordnet, bevor er Festtag der Dreieinigkeit war.

Die *folgenden Sonntage* brachten bis in unsere Zeit in ihren Lesungen die Vielfalt der neutestamentlichen Botschaft in freier, thematisch nicht gebundener Folge. (Die Lesungsordnungen der lutherischen und der römischen Kirche stimmten nicht ganz überein oder waren um einen oder zwei Sonntage verschieden.) Die Sonntage werden einfach (als Sonntage nach Trinitatis) durchgezählt, wie es frühmittelalterliche gallikanische Gepflogenheit war. Die römische Kirche zählte diese Sonntage „nach Pfingsten", hat aber diese Ordnung seit Beginn des Kirchenjahres 1974/75 aufgegeben, da sie das Kirchenjahr (und damit auch die Leseordnung) grundlegend umgestaltete. Obwohl in dieses nachpfingstliche Halbjahr viele Heiligenfeste fallen, hat sich eine Untergliederung der langen Sonntagsreihe, die als Gruppierung der Sonntage um besonders gewichtige Feste denkbar gewesen wäre, nicht eingestellt. Für den evangelischen Bereich wurde im Kalendarium eine Zeitlang wenigstens die Möglichkeit vorgesehen, den Michaelistag (29. IX) als einen besonderen Einschnitt zu werten, von dem aus die Zählung der Sonntage neu einsetzt (6 oder 7 Sonntage nach Michaelis). Da hiervon wenig Gebrauch gemacht wurde, hat man dies 1978 wieder aufgegeben.

Je nach dem Trinitatis- bzw. Ostertermin ist die Zahl der Sonntage nach Trinitatis größer oder kleiner. Es sind höchstens 27 und mindestens 22 Sonntage. Die vier letzten Sonntage des Kirchenjahres (24.−27. Sonntag) handeln von „den letzten Dingen" (Tod, Auferstehung, Gericht, Ewigkeit). Die drei letzten Sonntage sollen in der lutherischen Kirche mit ihrem Proprium in jedem Kirchenjahr in Erscheinung treten, wobei der drittletzte Sonntag zur Abwechslung auch das Proprium des viertletzten Sonntags übernehmen kann. Der Ausfall der überzähligen Sonntage findet demzufolge *vor* dem drittletzten Sonntag nach Trinitatis statt. Der letzte Sonntag ist der Ewigkeitssonntag, der Sonntag vom Jüngsten Tag.

5. Das Kirchenjahr

Überblickt man das Kirchenjahr als Ganzes, so ergeben sich bedeutsame Unterschiede zum Kalenderjahr. Es richtet sich nicht wie dieses nur nach dem Sonnenjahr, sondern hat drei bestimmende Faktoren:

1. *Die Woche* (= 7 Tage = 7 Umdrehungen der Erde in sich selbst). Das Kirchenjahr hat nicht eine feste Zahl von Tagen (wie das Kalenderjahr mit seinen 365 bzw. 366 Tagen), sondern eine feste Zahl von Wochen, nämlich 52 Wochen (= 364 Tage) und ab und zu 53 Wochen (= 372 Tage).

2. *Der Mondwechsel* (Zeit von Vollmond zu Vollmond: etwa ein „Monat" = zirka $29^1/_2$ Tage). Das Hauptfest Ostern liegt immer in unmittelbarer Nähe eines Vollmondtages (ebenso dann auch bestimmte Sonntage wie Lätare oder Kantate). Da Mond- und Sonnenjahr nicht übereinstimmen, liegen die Tage des Osterkreises jedes Jahr auf einem anderen Kalendertag.
3. *Das Sonnenjahr* (= eine Umdrehung der Erde um die Sonne, = etwa $12^1/_2$ Monde, = etwa $52^1/_7$ Wochen, = $365^1/_4$ Tage). Es liegt unserem heute geltenden bürgerlichen Kalender zugrunde. Nach ihm richten sich die Tage des Weihnachtsfestkreises und die Gedenktage der Kirche, die dann immer wieder auf verschiedene Wochentage fallen, aber ein festes Datum haben.

Oster- und Weihnachtskreis liegen also jedes Jahr in verschiedenem Abstand zueinander. Deswegen muß an zwei Stellen im Kirchenjahreslauf die Möglichkeit gegeben sein, Sonntage ausfallen zu lassen bzw. wieder einzuschieben. Diese beiden Stellen sind, wie schon erwähnt, vor dem letzten Sonntag nach Epiphanias und vor dem drittletzten Sonntag im Kirchenjahr. Wird die Epiphaniaszeit verkürzt, dann wird die Trinitatiszeit verlängert und umgekehrt. Die Sonntage, die nicht in jedem Kirchenjahr vorkommen, sind: 1.–5. Sonntag nach Epiphanias; 20.–24. Sonntag nach Trinitatis.

Die römisch-katholische Kirche, die das liturgische Jahr auch „Herrenjahr" nennt, hat ihre „ungeprägten Sonntage" (mit den liturgischen Farben grün) als „Zeit im Jahreskreis" zusammengefaßt. Nach evangelischer Zählung sind dies der 2. Sonntag nach Epiphanias bis Estomihi und der 1. Sonntag nach Trinitatis bis zum Schluß des Kirchenjahres. Damit gibt es keine Epiphaniaszeit und keine Vorfastenzeit mehr. In die Reihe dieser 32 (gelegentlich 33) Sonntage „im Jahreskreis" schiebt sich jährlich wechselnd die österliche Bußzeit und Osterzeit ein. Der 5.–9. Sonntag „im Jahreskreis" können also je nach dem Ostertermin in den Monat Februar oder auch in die Monate Mai bis Juni fallen.

Der Begriff „Kirchenjahr" kam im lutherischen Bereich erst Ende des 16. Jahrhunderts auf. Die Sache selbst war schon im 2. Jahrhundert mit der jährlichen Begehung des Osterfestes da. Lange Zeit empfand man das Osterfest überhaupt als den *Beginn* des Kirchenjahres, bis man diesen später auf Weihnachten und schließlich im Mittelalter auf den Anfang der adventlichen Rüstzeit, auf den *1. Adventssonntag*, verlegte. (Die Ostkirche hat ihr Kirchenjahr nach dem Sonnenjahr gestaltet. Es beginnt am 1. IX. und läuft in Monats- bzw. Wochenordnung.)

So durchwandert die Christenheit jährlich neu die Mysterien der Heilsoffenbarung Gottes und ist doch jedesmal dem Ende aller Dinge ein Jahr näher gekommen. Sie wartet in der Adventszeit auf den kommenden Herrn, sie rühmt in der Weihnachtszeit die Liebe Gottes, die in dem menschgewordenen Sohn Gestalt angenommen hat, sie preist in der Epiphaniaszeit die Herrlichkeit seiner Erscheinung auf Erden. Sie rüstet sich in der Fasten- bzw. Passionszeit auf die Begehung der Passion und auf die Bewährung in aller Anfechtung. Sie versenkt sich in der Karwoche in das Geheimnis des Opfertodes Jesu am Kreuz. Sie verkündet in der österlichen Freudenzeit einer sterbenden Welt Jesu Sieg über Sünde und Tod, bezeugt an Pfingsten die vom heiligen Geist gewirkte Kirche und betet am Trinitatisfest das Geheimnis der heiligen Dreieinigkeit an. Die zweite Hälfte des Kirchenjahres erweitert und entfaltet den Inhalt evangelischen Glaubens, weist hin auf die Gaben und Aufgaben der christlichen Gemeinde, erinnert allezeit an die Herrlichkeit und die Verpflichtung des Christenstandes und lenkt in den letzten Sonntagen des Kirchenjahres den Blick auf das Ende der Welt und die Wiederkunft Christi.

Wenn auch das Kirchenjahr nicht, wie es im Schott-Meßbuch der römischen Kirche überschwenglich hieß, „ein wunderbares Gebilde voll Ebenmaß und Harmonie" ist, wenn es vielmehr in einem komplizierten Prozeß ungleichmäßig gewachsen ist und wenn darum neben guten Ausformungen manches ungereimt und unfertig geblieben ist, so ist es doch der christlichen Kirche eine wertvolle Hilfe geworden, in einem festen, gemeinverbindlichen Rhythmus die großen Taten Gottes zu verkündigen. „Das Erbe der Kirche, das wir im Kirchenjahr übernommen haben, muß von uns immer neu erworben werden, damit wir es besitzen, und dieser Neuerwerb kann nur gesehen werden in der Ausrichtung des ganzen Lebens." (G. Kunze)

6. Die Heiligentage

Im 3. Jahrhundert fing die Kirche an, bestimmte feste Kalendertage, die nicht mit dem Rhythmus des Kirchenjahres zusammenstimmen, als Gedenktage der Heiligen auszuzeichnen. Schon aus dem 2. Jahrhundert wird uns berichtet, daß man sich an der Gruft des Polykarp von Smyrna († 156) versammelte und das Gedächtnis seines Martyriums beging. Zu den Gedenktagen der Märtyrer traten später Gedenktage, die auf besondere Reliquien bezogen waren, schließlich auch Gedenktage der Nichtmärtyrer und der Engel und dann vom Osten her Marienfeste.

Soweit die *geschichtliche Erinnerung* noch zurückreicht, feierte man einen Heiligen an seinem tatsächlichen *Todestag* (Ausnahmen: Johannes der Täufer, Maria). Denn der Todestag war der „Geburtstag zum ewigen Leben". Fehlte die historische Erinnerung, so setzte die Legende einen Tag fest. Einer der ersten Nichtmärtyrer im Abendland, der zu einem Festtag kam, war Martin von Tours († um 400) am 11. XI. Man feierte aber auch besondere kirchliche Ereignisse und Gegenstände: z. B. den Tag der Einnahme des päpstlichen Stuhls durch Petrus (Cathedra Petri am 18. I.), die Ketten, die Petrus im Kerker trug (Petri Kettenfeier am 1. VIII.), die Auffindung (3. V.) und Erhöhung des Kreuzes Christi (14. IX.). Ebenso erhielten die Kirchweihtage bedeutender Kirchenbauten feste Gedenktage (z. B. Weihe der Erzbasilika des allerheiligsten Erlösers, die „Mutterkirche aller Kirchen des Erdkreises" am 9. XI.).

Des weiteren haben *biblische Zahlenangaben* zur Festsetzung von Feiertagen geführt. Der Geburtstag des Täufers liegt nach Luk. 1, 26 sechs

Monate vor der Geburt Christi, also am 24. VI. Deswegen muß wiederum die Verkündigung der Geburt des Johannes am 24. IX. (aber nur in Gallien gefeiert) und die Christi am 25. III. liegen. (Es ist unsicher, ob letzterer Tag vom 25. XII. her errechnet wurde oder ob nicht vielleicht die Feier des 25. III. [Tag der Erschaffung der Sonne] umgekehrt zur Bestimmung des Christgeburtsfestes geführt hat.) Die Darstellung Jesu im Tempel (Luk. 2, 22) wird nach 3. Mose 12 vierzig Tage nach der Geburt (am 2. II.) gefeiert.

Wieder andere Festtage sind *ohne biblische oder historische Datierung* angesetzt worden, einfach weil eine dogmatische Notwendigkeit bestand, sie zu feiern. Hierher gehört das Fronleichnamsfest, das seit 1311 offiziell eingeführt ist und am Donnerstag nach Trinitatis begangen wird. Herausgewachsen aus dem Dogma von der Transsubstantiation (1215) feiert es das Altarsakrament als Opfer, als Opferspeise und als Gegenstand der Anbetung. Auch der 2. VII. als Tag der Heimsuchung Mariae (Luk. 1, 39) ist frei festgesetzt, erst recht der Tag der Geburt (8. IX.) und der Himmelfahrt der Maria (15. VIII.), der im Mittelalter noch als Gedächtnistag ihres Todes gefeiert worden war.

In demselben Maße, wie sich die Heiligenverehrung auswuchs, stieg auch die Zahl der Heiligentage an. Sie sind in jedem römischen Meßbuch, im Proprium de Sanctis, zu finden, wo auch eine kurze Beschreibung des Heiligen oder des besonderen Festanlasses geliefert wird. Die meisten Tage des Kalenderjahres sind mit mindestens einem Fest belegt. Da nun ständig Heiligenfeste des Kalenderjahres und Feste des Kirchenjahres miteinander kollidierten, mußte die römische Kirche eine komplizierte Rangordnung der Feste einführen. Sie umfaßte 23 verschiedene Gruppen. Beim Zusammentreffen von Sonntagen bzw. Wochentagen mit Festen, Vigilien und Oktaven mußte dann genau geklärt sein, inwieweit der eine Anlaß den anderen überhaupt verdrängt oder auf einen anderen Tag verschiebt oder nur seine Kommemoration duldet. Gerade an diesem Punkt sollte eine tiefgreifende Vereinfachung durch die Reformation einsetzen.

7. Buß- und Fasttage

Neben die festen, durch das Kirchenjahr bestimmten Buß- und Fasttage traten im Mittelalter für die ganze abendländische Kirche noch Fasttage, die durch das Naturjahr festgesetzt sind und vermutlich auch einmal alte Naturfeste waren: die 4 x 3 *Quatembertage* (ieiunia quattuor temporum, die Fasttage der 4 Jahreszeiten), an denen die römische Kirche heute noch festhält. Sie liegen immer am Anfang einer der 4 Jahreszeiten. Die Winterquatember sind in der Woche des 3. Advent, die Frühlingsquatember sind in der Invokavitwoche, die Sommerquatember sind in der Pfingstwoche, die Herbstquatember in der Woche nach dem Kreuzerhöhungsfest

(14. IX.). Die Quatembertage sind dann jeweils der Mittwoch, Freitag und Samstag der betreffenden Woche.

In diese Gruppe gehören auch die bereits genannten Tage der Bittprozessionen (litaniae minores, rogationes) zwischen Rogate und Himmelfahrt. Die litaniae maiores sind eine Flurprozession am 25. IV. (auch Fest des hl. Markus), die einmal eine heidnische Bittprozession zu Ehren der Gottheit des Kornbrandes (Robigus, davon das Fest Robigalia) zu verdrängen hatten.

8. Die Umbildung des Kirchenjahres durch die Reformation

In dem Maß, wie die lutherische und die zwinglisch-calvinistische Reformation sich entweder positiv-kritisch oder ablehnend zur überkommenen Gottesdienstordnung verhielten, haben sie auch die Kirchenjahresordnung unterschiedlich beurteilt.

Luther und seine Mitarbeiter bejahten und übernahmen das Kirchenjahr, sahen sich aber zu grundsätzlichen Eingriffen in den Heiligenkalender und zur Abschaffung unbiblischer Feste (Fronleichnam, Mariä Empfängnis) genötigt. An den Heiligenfesten wurde zweierlei beanstandet:
a) Zur katholischen Heiligenverehrung gehört unter anderem die Anrufung der Heiligen als Nothelfer und Fürbitter. Demgegenüber konnte nur (vgl. CA XXI) ein *Gedächtnis* der Heiligen in Frage kommen. Dadurch werden sie den Christen als nachahmenswerte Vorbilder vor Augen gestellt. Sie rufen sie zur Christusnachfolge auf. In diesem Gedächtnis werden nicht Menschen verherrlicht, sondern wird letztlich Gott allein Dank und Ehre dafür zuteil, daß er seiner Kirche diese Zeugen geschenkt hat.
b) Die römischen Heiligentage überschatteten in ihrer Vielzahl die auf Christus bezogenen Tage. Außerdem förderten diese Tage, wenn sie als „gebotene", d. h. arbeitsfreie Ruhetage zu begehen waren, den Müßiggang und (als Folge des Arbeits- und Verdienstausfalls) die soziale Not. Der wichtigsten Heiligen sollte darum in dem einen *Werktag* einleitenden „Wochengottesdienst" gedacht werden, nach dem sich alles zur Arbeit begibt, oder es sollte der Heiligentag *am folgenden Sonntag* mitgefeiert werden. Heiligentage seien überhaupt Sache der evangelischen Freiheit. Es geschah in der Reformation zum ersten Mal, daß die seit einem Jahrtausend sich ungehindert mehrenden Feste der längst fälligen Reduktion unterworfen wurden. Luther hat – seine Predigten beweisen es – die Heiligentage begangen. Die lutherischen Kirchen haben sie noch lange festgehalten. Auch an reformatorischen Kirchenliedern für das Heiligengedächtnis fehlt es nicht.

Luther sprach sich auch dagegen aus, daß Ostern ein „Schückelfest" ist, d. h. daß es jedes Jahr auf einen anderen Termin geschoben („geschaukelt") wird. Die Forderung, den Ostertermin auf einen bestimmten Kalendertag festzulegen, wird zwar in der Gegenwart immer wieder erhoben. Sie hätte einen gleichbleibenden Kalender und damit die Durchbrechung der Wochenordnung zur Voraussetzung. (Eine Woche im Jahr müßte dann 8 Tage haben.) Diese Forderung scheitert bislang an der Frage, welche Institution in der Welt eine Kalenderreform überhaupt durchsetzen könne.

Radikaler gingen wiederum *Zwingli* und *Calvin* zu Werk. Zwingli ließ nur die Sonntage und Christusfeste gelten. Die wichtigsten Feiertage, die in Zürich noch bis 1530 bestanden, wurden dann ganz aufgehoben. Calvin bewahrte dem Festkalender gegenüber die evangelische Freiheit, ließ die Feiertage praktisch aber ebenso absterben. Beide führten die Auflösung des Kirchenjahres dadurch herbei, daß sie das Proprium des Sonntags nicht mehr anerkannten. Ihre Predigten folgten einer lectio continua. Martin Buzer war von Anfang an gegen jeden außerordentlichen Feiertag neben dem Sonntag.

Die *römische Kirche* hat im Tridentinum zunächst den Bestand ihrer Heiligentage überprüft und zum Teil beschnitten, ihren Festkalender dann aber doch wieder laufend erweitert. Charakteristisch für manche Epochen ist die Einführung von Feiertagen, die dem Ausbau der marianischen Frömmigkeit und der Verehrung von bedeutenden Repräsentanten der Gegenreformation dienen.

Der Verfall des Kirchenjahres ging nach der Reformation bis zum Ende der Aufklärung mit dem Verfall des Gottesdienstes Hand in Hand. Die subjektive Erbauung war wichtiger als die objektiv gegebene Form. Soweit man überhaupt noch auf den Rhythmus des Jahres Rücksicht nahm, war es nicht mehr das Kirchenjahr, sondern das Naturjahr und Kalenderjahr, das den kirchlichen Festen den Inhalt gab. Säkulare Anlässe wie Jahresanfang und Jahresschluß, der Geburtstag des Landesherrn, Frühlings- und Sommerfeste, Feste der Jugend, der Ehe, der Gesundheit, des Alters, der Verstorbenen und ähnliche Anlässe mußten, selbst wenn sie in christlich gefärbter Religiosität gefeiert wurden, den christozentrischen Charakter des Kirchenjahreskreises zerstören.

Es dauerte bis ins 20. Jahrhundert hinein, bis man sich von aller rationalistischen Sinngebung des Kirchenjahres freigemacht hatte. Gerade die lange Trinitatiszeit hat dazu verlockt, auf die einzelnen Sonntage die wichtigsten Themen der Dogmatik und Ethik aufzuteilen, womit man ein dem Kirchenjahr fremdes Ordnungsprinzip eingeführt hat. So geschah es noch in dem weitverbreiteten, zuletzt 1936 wiederaufgelegten „Evangelischen Kirchenbuch" von Arper/Zillessen.

Im Zusammenhang mit der liturgischen Erneuerungsbewegung haben Theodor *Knolle* und Wilhelm *Stählin* wieder deutlich gemacht, daß das Ordnungsprinzip des Kirchenjahres die Evangelienperikopen sind. Freilich ist dabei die Gefahr gegeben, daß man Evangelium und Epistel thematisch zusammenzwingt bzw. nur *ein* Thema aus dem Evangelium erhebt, statt seine inhaltliche Vielfalt zum Zuge kommen zu lassen.

Das Agendenwerk der VELKD hat sein Kalendarium und Proprium von der ursprünglichen Idee des Kirchenjahres her aufgebaut. Die Bindung an die Kirchenjahresordnung hat sich seitdem deutlich verstärkt.

In einer Hinsicht hat die evangelische Kirche allerdings noch viel aufzuholen: Die Kirchenjahresordnung begreift hauptsächlich nur die Sonn- und Feiertage, aber nicht auch die *Werktage* in sich. Die Werktage sind, wie in der Geschichte der Tageszeitengottesdienste noch dargestellt wird, in der evangelischen Kirche als Gottesdiensttage alsbald verloren gegangen, obwohl dies keineswegs im Ansatz der Reformation begründet war. Vor allem wirkte sich das Fehlen einer vom Kirchenjahr her gestalteten Leseordnung für die Wochentagsgottesdienste verhängnisvoll aus. Einen schöpferischen Neuansatz bot die aus dem Berneuchner Kreis heraus entstandene „Lesung für das Jahr der Kirche" von Rudolf Spieker, die rasch in weiten Kreisen der evangelischen Kirche Eingang gefunden hat. Sie bedurfte nach der Perikopenrevision von 1978 einer Neubearbeitung, die Albert Mauder erstellt hat. Eine weitere Aufgabe auf weite Sicht wird darin zu sehen sein, daß die Feier der Kommunion, die bis jetzt allein dem Sonn- und Feiertag vorbehalten und noch lange nicht für jeden Sonntag selbstverständlich ist, auch an bestimmten Werktagen, falls Kommunikanten da sind, gehalten werden kann, wie es die Ordnungen der Reformation noch vorgesehen haben.

In der lutherischen Kirche haben sich folgende besonderen Feste und Anlässe erhalten bzw. ausgebildet, die nicht mit dem Kirchenjahr in Verbindung stehen:

Das *Erntedankfest* ist auf das Naturjahr bezogen. Ein fixiertes Erntedankfest kennt man erst seit Ende des 17. Jahrhunderts. Heute liegt es auf dem Sonntag nach Michaelis (29. IX.), fällt also in die Zeit vom 30. IX. bis 6. X. Dabei muß man sich klar sein, daß eine einheitliche Festlegung für alle deutschen Landeskirchen eine problematische Sache ist, da der tatsächliche Endtermin der Ernte sich je nach den klimatischen Gegebenheiten um Monate verschieben kann.

Der *Gedenktag der Reformation* (Reformationsfest) ist anfänglich an dem Tag gefeiert worden, an dem die Reformation in der betreffenden Stadt oder Gegend eingeführt worden ist. Man hat es auch des öfteren mit dem Kirchweihtag zusammengelegt. Die kursächsische Praxis, den 31. X. (Tag des Thesenanschlags 1517) zu feiern, hat sich vom 18. Jahrhundert an allgemein durchgesetzt. Zur Diskussion standen auch der 11. XI. (der Martinstag, Luthers Tauftag), der 25. VI. (Tag der Überreichung der Augsburgischen Konfession), der 20. Sonntag nach Trinitatis, der Sonntag nach dem 1. XI. Wenn der Reformationstag nicht am 31. X. begangen werden kann, so soll er nach der Lutherischen Agende entweder am 1. XI. oder am nachfolgenden Sonntag gefeiert werden.

Der *Buß- und Bettag* ist herausgewachsen aus den an den Quatembertagen üblichen Bußgebeten, sowie aus Bettagen, die in Zeiten besonderer Not (Türkengefahr, Pest) vom Landesherrn angeordnet wurden. Hat man sie früher mindestens viermal im Jahr gehalten, so sind sie nunmehr auf zwei zurückgegangen (Frühjahrs- und Herbstbußtag), von denen nur noch der zweite ein staatlicher Feiertag ist: am Mittwoch vor dem letzten Sonntag im Kirchenjahr. Der Frühjahrsbußtag liegt auf einem Sonntag (z. B. Invokavit, Rogate) und tritt als Buß- und Bettag wenig in Erscheinung. Dem Gedanken der Buße im Kirchenjahr mehr Raum zu geben, ist eine noch zu lösende Aufgabe. In der Lutherischen Agende ist für den Gottesdienst an Buß- und Bettagen (wie auch am Karfreitag und Bittagen) zusätzlich eine andere Form des Hauptgottesdienstes (ohne hl. Abendmahl) vorgesehen.

Der *Gedenktag der Kirchweihe* wird örtlich verschieden begangen, wobei meist die Erinnerung an den ursprünglichen Kirchweihtermin festgehalten worden ist. Daß an diesem Tag auch weltliche Vergnügungen (schon seit dem 6. Jahrhundert bezeugt) und große Handelsmärkte (Kirmes) stattfinden, die oft in krassem Gegensatz zu der kirchlichen Bedeutung dieses Tages stehen, ist für die Kirche kein Anlaß, auf die gottesdienstliche Begehung des Kirchweihfestes zu verzichten.

Der *Gedenktag der Entschlafenen* wird für die evangelische Kirche erst neu gewonnen werden müssen. In der römischen Liturgie ist dafür der 2. XI. (Allerseelen) festgesetzt. Seine Begehung hat sich erst in der Zeit nach der Reformation allgemein durchgesetzt und blieb damit auf den katholischen Bereich beschränkt. Allerdings hat sich das Totengedenken der katholischen Volksfrömmigkeit inzwischen auf den intensiver gefeierten 1. XI. (Allerheiligen) verlagert. Das „Totenfest" der evangelischen Kirche Deutschlands geht auf König Friedrich Wilhelm III. zurück, der es 1816 (vor allem zur Erinnerung an die Gefallenen der Befreiungskriege) anordnete. Man beging es und begeht den Totengedächtnistag heute allgemein am letzten Sonntag im Kirchenjahr (Totensonntag). Damit aber wird diesem Sonntag, dem *Ewigkeitssonntag,* der nicht bloß vom Vorletzten, von der Vergänglichkeit und vom Tod spricht, sondern der schon verheißend und mahnend auf den Anbruch und die Vollendung der Ewigkeit hinausweist, etwas von seiner Weite und Freude genommen. Das Gedächtnis der Entschlafenen kann nicht das Letzte im Kirchenjahr sein. Es sollte behutsam daran gearbeitet werden, diesen Sonntag aus der Begrenzung, in die er zwangsläufig durch persönliche Trauer und individuelle Auferstehungshoffnung gebracht worden ist, herauszuführen und ihm seine die ganze Schöpfung umspannende Weite zurückzugeben. Das Anliegen des Totengedächtnisses wäre an einem anderen Sonntag im zu Ende gehenden Kirchenjahr besser gewahrt.

Der *(staatliche) Volkstrauertag* ist in der Bundesrepublik Deutschland auf den vorletzten Sonntag im Kirchenjahr gelegt worden.

Der *Altjahresabend* und der *Neujahrstag* wurden in Deutschland erst 1776 fest eingeführt. Doch kannte man die Zäsur des Jahreswechsels schon im Mittelalter (vgl. EKG 16, 15). Luther wollte den Wechsel des bürgerlichen Jahres nicht als kirchliches Fest gestaltet sehen. Der

31. XII. und der 1. I. waren ohnehin schon belegt als Tag des hl. Silvester und Fest der Beschneidung des Herrn. Doch bekam seit dem 17. Jahrhundert die Feier des Jahresschlusses und -anfangs mit Predigt, Gebet und Lied mehr und mehr Gewicht. Der Jahreswechsel ist von seinem säkularen Anlaß her besonders anfällig dafür, in rührselige Rückschau auf Erlebtes, Erlittenes und Geleistetes abzugleiten, wobei der Mensch sich selbst statt Gott, den Herrn der Zeit, in den Mittelpunkt stellt. Gerade deswegen sollte nicht darauf verzichtet werden, die Jahreswende in rechter Weise gottesdienstlich zu begehen. Das Verrinnen und Enteilen der Zeit mahnt zur Buße und läßt auf das blicken, was da bleibt.

Darüber hinaus hat das Kalendarium der Lutherischen Agende Feste und Gedenktage vorgesehen, die nur hier und da noch Brauch in den evangelischen Gemeinden waren, die man aber zur Ausformung des Kirchenjahres allgemein wiedergewinnen will.

Die *Tage der Apostel:* Andreas 30. XI., Thomas 21. XII., Johannes 27. XII., Matthias 24. II. (Schaltjahr 25. II.), Philippus und Jakobus der Jüngere 3. V., Petrus und Paulus 29. VI., Jakobus der Ältere 25. VII., Bartholomäus 24. VIII., Matthäus 21. IX., Simon und Judas (des Jakobus Sohn = Thaddäus) 28. X.

Die *Tage der Evangelisten,* soweit sie nicht schon als Apostel einen Tag haben: Markus 25. IV., Lukas 18. X.

Die *Marientage,* die als Christusfeste verstanden und begangen werden: Darstellung des Herrn (Lichtmeß) 2. II., Ankündigung der Geburt des Herrn 25. III. (dieses Gedenken wird, wenn es in die Karwoche oder auf das Osterfest fällt, in die Woche nach Quasimodogeniti verlegt), Heimsuchung Mariä 2. VII.

Sonstige Tage: Tag der unschuldigen Kinder 28. XII., Bekehrung des Paulus 25. I., Geburt Johannes des Täufers 24. VI., Gedenktag der Augsburgischen Konfession 25. VI., Erzengel Michael und alle Engel 29. IX., Gedenktag der Heiligen 1. XI.

Ob und wie diese Gedenktage begangen werden, richtet sich nach landeskirchlicher Ordnung, örtlichem Herkommen und nach der Entscheidung der einzelnen Kirchengemeinde. Es ist denkbar, diese Tage nur zu begehen, wenn sie auf einen Sonntag fallen; es kann aber auch der Fall eintreten, daß das Proprium des Sonntags zu wichtig ist, als daß ihm ein Heiligengedenken vorgezogen werden könnte. Beispiel: Fällt der 30. XI., der Tag des Apostels Andreas, auf einen Sonntag, so muß selbstverständlich dem 1. Adventssonntag der Vorzug gegeben werden. Nicht verdrängt werden sollten der letzte Sonntag nach Epiphanias, der stets als Fest der Verklärung Christi gefeiert wird, die Tage der Karwoche und des Osterfestes, die Sonntage der österlichen Freudenzeit, das Trinitatisfest. In solchen Fällen könnte der Gedenktag am vorausgehenden Samstag oder an einem Werktag der folgenden Woche gehalten werden.

Schließlich sind auch weitere Gedenktage, Bitt- und Danktage und besondere Anlässe, die nicht an ein festes Datum gebunden sind, mit einem Proprium versehen.

Für Gottesdienste an Werktagen, auf die kein Festtag oder Gedenktag fällt, oder die nicht, wie z. B. die Tage der Karwoche oder der Osterwoche, mit einem Proprium ausgestattet sind, sind in der Lutherischen Agende I, 262 Hinweise gegeben, denen zufolge meist das Proprium eines benachbarten Festes oder des vorausgehenden Sonntags mit kleinen Änderungen übernommen wird.

ANHANG:

DIE LITURGISCHEN FARBEN

Seit dem Mittelalter wurde es üblich, die Kirchenjahreszeit und Feste durch eine bestimmte symbolische Farbe darzustellen, die an der Bekleidung des Altars, des Kanzel- und des Lesepults (in der katholischen Kirche an der Priestergewandung und der Kelchbedeckung) sichtbar wird.

Weiß als die Farbe des Lichtglanzes Gottes und der Herrlichkeit Christi, der Freude, der Reinheit und der himmlischen Vollkommenheit;
Christusfeste (einschließlich Michaelis-, Täufer- und Marientage); Weihnachtszeit bis Epiphaniastag (und letzter Sonntag nach Epiphanias); Osterzeit bis Samstag vor Pfingsten; Trinitatis.

Rot als die Farbe des Feuers und der Liebe (des Heiligen Geistes) und des Blutes.
Feste der Kirche: Pfingsten, Apostel- und Märtyrertage, Reformationsfest, Kirchweihtag, Konfirmation, Missions- und ökumenische Tage.

Grün als die Farbe des Lebens, der Saat und der Hoffnung.
Die ungeprägten Zeiten: die Sonntage nach Epiphanias und nach Trinitatis.

Violett als die Farbe der Sehnsucht nach Licht und Leben, der Buße und ernsten Besinnung.
Die Rüstzeiten: Advents- und Fastenzeit; Buß- und Bettage, Bittage.

Schwarz als die Farbe der Verneinung des Lebens, der Trauer und der Finsternis.
Karfreitag: Gedenktag der Entschlafenen und Trauergottesdienste (an diesen Tagen kann der Altar auch unbekleidet bleiben).

4. Kapitel

ORDINARIUM UND PROPRIUM

1. Die Einteilung

Der christliche Gottesdienst, soweit er sich in der Tradition der abendländischen Messe entfaltet hat, kennt in seinem Aufbau ein Nebeneinander und Ineinander von solchen Stücken, die in jedem Gottesdienst feststehen, und solchen, die je nach der besonderen Kirchenjahreszeit wechseln.

Die Gesamtheit der liturgischen Stücke, die inhaltlich gleich bleiben, nennt man Ordo oder *Ordinarium Missae* (das „Gewöhnliche", „Ordentliche" der Messe).

Das schließt nicht aus, daß ein an sich gleichbleibendes Stück in verschiedenen textlichen und musikalischen Fassungen ausgeführt wird. So kann beispielsweise das Credo als Apostolicum oder Nicaenum gesprochen oder gregorianisch gesungen werden oder in Form eines Credoliedes in Erscheinung treten. Die möglichen Varianten haben dabei nichts mit dem Kirchenjahr zu tun.

Die Gesamtheit der liturgischen Stücke, die de tempore (= je nach der Zeit) wechseln, nennt man *Proprium Missae* (das „Besondere", „Außerordentliche", „Eigentümliche" einer Messe). Das römische Meßbuch unterscheidet, ob es sich um Messen der Sonn- und Festtage in der Ordnung des Kirchenjahres handelt (Proprium Missarum de tempore) oder um Messen an den Heiligenfesten (Proprium Missarum de Sanctis).

Diese Aufteilung in Ordinarium und Proprium bildete sich schon seit den Anfängen der Messe heraus; die Bezeichnungen dagegen stammen erst aus dem späten Mittelalter, als man daranging, die gleichbleibenden Stücke als eine besondere Gruppe herauszuheben, die immer wieder neu in mehrstimmige Musik gesetzt wurde.

Zwischen Ordinarium und Proprium gibt es auch *Grenzstücke*, die Modellcharakter tragen. Sie haben ein festgefügtes Grundschema in Aufbau und Text. In dieses feste Gefüge können je nach dem Besonderen des Tages oder der Zeit wechselnde Sätze oder Satzgruppen eingeschoben werden. Man rechnet diese Grenzstücke trotzdem traditionsgemäß zum Ordinarium im weiteren Sinn (z. B. Präfation).

Das Nebeneinander von Ordinarium und Proprium hat seinen guten Sinn. „So wie das Feststehende im Gottesdienst das Veränderliche sichert und schützt vor der Willkür und vor dem Wuchern, so bewahrt das Veränderliche das Feststehende vor der Erstarrung." (Leiturgia II, 6) Haben die orientalischen Liturgien so gut wie keinen Wechsel und kennen die gallikanischen Liturgien einen Wechsel fast aller Stücke, so stellt die römische Messe hier die wohlabgewogene Mitte dar.

Das *Ordinarium* ist nicht nur ein *Teil* des Gottesdienstes, sondern es hat die Aufgabe des Ordo überhaupt, d. h. der grundsätzlichen Ordnung, die anzeigt, wo die Stücke des Propriums „einzuordnen" sind. Es führt also, wenn auch nur in Stichworten, das Proprium mit auf.

Die Stücke des Ordinariums sind ihrem Wesen nach in der Hauptsache für die *Gemeinde* bestimmt. Das sind zunächst die fünf großen Ordinariumsgesänge, die in der Musikgeschichte unzählige Male als „Messe" komponiert wurden: Kyrie, Gloria in excelsis, Credo, Sanctus (mit Benedictus) und Agnus Dei. Dazu treten die verschiedenen Amenrufe und sonstigen kurzen Akklamationen sowie die Wechselgrüße mit dem Liturgen. Sofern der Chor am Ordinarium beteiligt ist, tut er das entweder stellvertretend für die Gemeinde oder abwechselnd mit der Gemeinde als eine die Gemeinde repräsentierende Gruppe. Dem Liturgen fallen im Ordinarium die Gruß- und Segensworte zu, die Wechselgrüße mit der Gemeinde, das Allgemeine Kirchengebet, das Präfationsgebet, das Eucharistische Gebet (einschließlich der Einsetzungsworte), das Vaterunser, die Schlußkollekte (letztere trotz der Detempore-Einschübe zum Ordinarium gehörig).

Das *Proprium* Missae bildet dann die notwendige Ergänzung zum Ordo Missae. Jeder Sonn- und Feiertag hat sein eigenes Propriumsformular, in dem die einzelnen Stücke aneinandergereiht sind, auch wenn sie im Ablauf des Gottesdienstes nicht unmittelbar aufeinanderfolgen. Da die Heiligentage in den Kirchen der Reformation auf ein Minimum zusammengeschrumpft sind, kennt die evangelische Gottesdienstordnung nur noch ein Proprium *de tempore,* in das die besonderen Gedenktage mitaufgenommen sind.

Das Proprium setzt sich aus 3 Hauptbestandteilen zusammen: *Lesungen* der Heiligen Schrift, *Gebete* und *Gesänge.*

Der *Liturg* und seine Helfer (Lektor, Diakon) übernehmen die Lesungen und Gebete: die 2–3 Schriftlesungen (Epistel und Evangelium, nach neuestem Brauch wieder nun auch eine alttestamentliche Lesung), die in besonderer Weise den Charakter eines Tages prägen; die Predigt, die aus der Schriftlesung als wichtigstes Stück des Propriums herauswächst; die Eingangskollekte.

Der *Chor* singt, wenn man die gregorianische Tradition zum Maßstab nimmt, den Introitus, das Graduale und Halleluja, das Offertorium und die Communio, Stücke, deren Texte fast ausschließlich Psalmen sind oder den Psalmen entnommen sind.

Die *Gemeinde* war naturgemäß am Proprium zunächst nicht beteiligt. Im Gottesdienst des Mittelalters gab es für die Gemeinde („das Volk") noch keine Bücher, die ja damals noch nicht gedruckt werden konnten, sondern noch geschrieben werden mußten. Außerdem konnten die wenigsten lesen. So war die Gemeinde durch ihre geringe Wendigkeit gar nicht imstande, die in jedem Gottesdienst nach Text und Musik wechselnden Stücke auszuführen. In der Zeit der Reformation (und auch durch die Erfindung des Buchdrucks) trat hier ein entscheidender Wandel ein.

2. Die geschichtliche Entwicklung bis zur Reformation

Ordinarium und Proprium haben sich in der römischen Meßordnung allmählich herausgebildet, ohne daß eine zwingende Logik hinter dieser Entwicklung gestanden hätte. Manches ist zufällig geworden, manches ist in seinem Wachstum zurückgeblieben, während anderes sich wieder über Gebühr entfaltet hat.

Im Anfangsstadium der Meßentwicklung hatte das *Ordinarium* dem Proprium gegenüber zweifellos das geringere Gewicht. Das Credo wurde erst 1014 in die Liturgie eingefügt, außerdem mußte es, wie auch das Gloria, unter bestimmten Voraussetzungen entfallen. Wenn das Ordinarium das Proprium an Umfang und Bedeutung schließlich doch übertroffen hat, dann war das durch die Einbeziehung der zahlreichen Kanongebete verursacht.

Zunächst hatte das Proprium auch die kunstvollere *musikalische* Formensprache, während das Ordinarium musikalisch in einer viel einfacheren und kirchlich nicht einmal normierten Form ausgeführt wurde. Das änderte sich im hohen Mittelalter. Die Stücke des Ordinariums, als die Festpunkte in aller Bewegung hilfreich empfunden, wurden musikalisch großartig entfaltet. Dem Gesangbuch des Propriums, dem Antiphonar, später Graduale genannt, wurde ein entsprechendes Buch des Ordinariums, das *Kyriale Romanum,* zur Seite gestellt. Allerdings konnten die immer kunstvoller werdenden Ordinariumsgesänge nicht mehr wie ursprünglich vom Volk ausgeführt werden, sondern gingen auf den Chor über, der sie schließlich auch mehrstimmig sang.

Die mehrstimmigen Ordinariumsgesänge nahmen nunmehr für sich den Namen „Missa" in Anspruch, den sie durch die ganze Musikgeschichte hindurch behaupteten.

Textlich hat sich das Ordinarium vom 10. Jahrhundert an verändert und erweitert und zwar durch die sog. *Tropierung.* Der Tropus ist ein dem Fest entsprechender Einschub oder Zusatz. Die Tropen haben sich schließlich in solchem Maße ausgewachsen, den eigentlichen Text zurückgedrängt und den Ordinariumsgedanken zerstört, daß das Tridentinum dieser Entwicklung Einhalt gebot und die ursprünglichen Texte als verbindlich wiederherstellte.

Das Ordinarium darf heute in der römischen Messe sowohl in der gregorianischen Form des Kyriale als auch in freier mehrstimmiger Komposition ausgeführt werden. Man bemüht sich außerdem, das Ordinarium wieder „dem Volk" zurückzugeben. (Inzwischen gebraucht auch das katholische Meßbuch den Terminus „Gemeinde".)

Die ältesten Stücke des *Propriums,* älter als alle Ordinariumsstücke, sind sicher die Schriftlesungen. Zu ihnen gesellten sich, seit dem 4. Jahrhundert bezeugt, die Psalmengesänge zwischen den Lesungen. Manches Stück, das schon den ältesten liturgischen Ordnungen angehört, wurde erst im Lauf der Zeit aus einem unveränderlichen zu einem veränderlichen Stück der Gottesdienstordnung umgebildet, so das Halleluja (und der Hallelujavers), die Präfation und der Communiopsalm (ursprünglich Ps. 34). Das Proprium, so wie wir es heute kennen, reicht bis in das 6. Jahrhundert zurück. Aus dieser Zeit hören wir vom Introitus, dem für jeden Sonntag ein anderer Psalm zugeteilt wird. Dasselbe geschieht mit dem Graduale, dem Offertorium und der Communio. Auch die Kollektengebete stammen schon aus dieser Zeit, wenn sie uns auch erst in den Sakramentarien des 8. Jahrhunderts begegnen. Bald treten nun auch das Secret (Stillgebet) und die Postcommunio dazu, so daß schon für das Mittelalter ein von Rom aus klar geordnetes Proprium vorliegt, das im Missale Romanum 1570 seine für die nächsten vier Jahrhunderte gültige Fassung erhält.

Bevor die Gottesdienstordnung im Missale zusammengefaßt wurde, war das Proprium in verschiedene Bücher aufgeteilt, je nach den ausführenden Personen:

Das Sakramentar enthielt das Proprium des Liturgen, das Epistolar und Evangeliar das der Lektoren, im Antiphonar stand das Proprium des Chores und im Kantatorium das des Kantors.

Da das Proprium heute im Missale ohne Noten abgedruckt ist, gibt es ein eigenes Gesangbuch, Graduale genannt, das für Kantor und Chor bestimmt ist. Es enthält jetzt auch das Kyriale. Das Proprium war in der römischen Kirche lange Zeit nicht zur mehrstimmigen Vertonung freigegeben.

3. Von der Reformation bis zur Gegenwart

Die Kirchen der Reformation haben, soweit sie sich an die Tradition der abendländischen Messe anschlossen, damit auch das Ordnungsprinzip von Ordinarium und Proprium übernommen, es aber sehr stark abgewandelt. Das *Ordinarium* des Liturgen wurde durch die Streichung der Kanongebete sehr stark reduziert. Dagegen wurden die Ordinariumsgesänge der Gemeinde zurückgegeben, natürlich verdeutscht und in einfachster musikalischer Fassung. Eine weitere Betonung erfuhr das Ordinarium dadurch, daß die fünf Gesangstücke in Kirchenlieder umgedichtet wurden. Diese freien Umdichtungen des liturgischen Textes wurden von der Gemeinde an der ihnen zukommenden Stelle gesungen (vgl. EKG 130 ff.). Doch blieb die gregorianische Ausführung der lateinischen Originaltexte durch den Chor noch eine Zeitlang bestehen. Als dann im 18. Jahrhundert die gregorianischen Weisen aus den lutherischen Gottesdiensten ganz verschwunden waren und die Lieder der nachreformatorischen Zeit immer mehr zu „freien Dichtungen" wurden, d. h. sich nicht mehr an die Vorlage eines liturgischen (oder biblischen) Textes banden, war das Ordinarium praktisch aufgegeben. Das Lied war damit Beigabe, Umrahmung biblischer Texte und liturgischer Gebete geworden. Es hatte keine liturgische Funktion mehr.

In den Reformagenden des 19. Jahrhunderts versuchte man das Ordinarium wiederherzustellen, wobei freilich immer wieder der De-tempore-Gedanke in die Ordinariumsstücke hineingetragen wurde (z. B. Auswechseln des Gloria durch ein Advents-, Passions- oder Osterlied).

Das *Proprium* der römischen Messe konnte von der Reformation nur nach tiefgreifenden Veränderungen übernommen werden. Die *Schriftlesungen* konnten bleiben, ebenso die *Gebete,* von denen nur die auf das Meßopfer bezogenen Secreta verschwinden mußten. Die Postcommunio-Gebete wurden außer einigen Festgebeten allerdings auch nicht mehr verwendet, da man dafür Luthers Schlußgebet aus der Deutschen Messe hatte. Zu der Reihe der altkirchlichen Kollektengebete traten neue Zyklen, die vielfach auf die nachfolgenden Schriftlesungen abgestimmt waren.

Für die *Gesänge* des Propriums trat in der Kirche der lutherischen Reformation ein grundsätzlicher Wandel ein. Im Gegensatz zur römischen Vorschrift wurde die freie Komposition dieser Stücke möglich, so daß sie nicht nur gregorianisch, sondern auch in Motettenform ausgeführt werden konnten. Wenn die Gemeinde nun auch am Proprium beteiligt sein sollte, ihr aber die kunstvollen gregorianischen Gesänge, die noch dazu sonntäglich wechselten, nicht zugemutet werden konnten, trat in der Regel das *Lied* an die Stelle der überlieferten Stücke. Der Offertoriumsgesang entfiel ohnehin, die Communio wurde in Form eines Abendmahlsliedes gesungen und konnte also nicht mehr im strengen Sinn als Propriumsstück bezeichnet werden. Ebenso verhielt es sich mit dem Introitus, an dessen Stelle keineswegs immer die Liedfassung des entsprechenden Sonntagspsalmes trat, sondern meist ein „deutscher Psalm", d. h., eben ein allgemeines Eingangslied. Für das Graduale trat das Gradual- oder Detempore-Lied ein, das eine der wichtigsten Neuschöpfungen der Reformation wurde; aber das überkommene Graduale entfiel. Das Halleluja wurde manchenorts von den Gemeinden übernommen.

So wurde in erster Linie das Proprium von der Auflösung der gottesdienstlichen Formen im 17. und 18. Jahrhundert betroffen. Wenn überhaupt im Gottesdienst auf das Kirchenjahr geachtet wurde, so wurde die Herstellung eines Bezuges zur Kirchenjahreszeit für Lesungen, Gebete und Lieder der persönlichen Entscheidung des Pfarrers überlassen.

Die gottesdienstliche Erneuerung des 19. Jahrhunderts setzte mit der Neuordnung des Propriums folgerichtig bei den Schriftlesungen und das heißt bei der Überprüfung und Bestätigung der „altkirchlichen Perikopenreihe" ein. Es kam nicht überall zu einer doppelten Altarlesung; vielfach hatte man nur eine Schriftlesung, während über die andere gepredigt wurde. Daneben schuf man auch eine neue Kirchenjahresreihe von Episteln, Evangelien und alttestamentlichen Lesungen, die als Predigtreihe durchaus interessant gewesen wäre, die aber als Leseordnung dem Propriumsgedanken nicht diente.

Auch die alten Kollektengebete fanden wieder Eingang. Von den Propriumsgesängen wurde lediglich der Introitus wiederhergestellt. Da man vielfach die Gemeinde mitbeteiligen wollte, konnte von einem sonntäglichen Wechsel des Introitus keine Rede sein. Man mußte sich mit Festintroiten und ein paar allgemeinen Introiten zur Auswahl für die übrige Zeit begnügen. Ein sonntäglicher Wechsel war nur so möglich, daß die Gemeinde ein gleichbleibendes Gloria Patri sang, der Liturg aber den Introitus als Eingangsspruch selbst übernahm. Doch wurde bei der Auswahl der Sprüche keine Rücksicht auf die altkirchlichen Introiten genommen.

Das Graduale konnte auch im 19. Jahrhundert keinen Eingang in den evangelischen Gottesdienst finden. Ein „Gradual-Lied", also ein auf die Schriftlesungen bezogenes Lied, wurde erst viel später aktuell, als sich, besonders im 20. Jahrhundert, die Wiedereinführung der doppelten Lesung abzuzeichnen begann. Immerhin wurde das Halleluja wieder übernommen. Man wies ihm seinen festen Platz nach der Epistellesung zu. Da es aber zumeist nicht durch den Hallelujavers vervollständigt wurde, konnte es kein echtes Propriumsstück werden.

In den letzten 100 Jahren tauchte bei der Neuordnung des Propriums immer wieder der Gedanke auf, die Stücke des Propriums an dem „Thema" der Predigt oder des Sonntags auszurichten bzw. die überlieferte Propriumsordnung jedes Sonntags unter einem bestimmten Thema zu sehen. An sich ist dem Proprium der Gedanke einer Thematik fremd. Da aber das Proprium der Festzeiten an dem Inhalt dieser Feste ausgerichtet ist, stellt sich ganz von selbst eine Art Thematik ein. Aber gerade in den ungeprägten („grünen") Zeiten des Kirchenjahres (Trinitatiszeit) wird erkennbar, daß hier keineswegs ein übergeordneter Leitgedanke beherrschend war.

Die Introituspsalmen und Episteln vom 6. bis zum 24. Sonntag nach Trinitatis lassen eine ursprüngliche fortlaufende Reihe erkennen. Ob die dazwischenliegenden Texte wochentags anfielen oder ob man von Sonntag zu Sonntag „sprang", läßt sich heute nicht mehr einwandfrei erheben. Man hat sich jedenfalls nicht daran gestoßen, wenn Lesungen, Gebete und Gesänge im Gottesdienst nebeneinander zu stehen kamen, die keine besondere Beziehung zueinander aufwiesen. Wenn man überhaupt von einem Thema sprechen wollte, mußte man von dem Generalthema „Der auferstandene Herr und seine Gemeinde in dieser Welt" reden. Alles andere führt zu subjektiven Deutungen.

Immer wieder hatte man evangelischerseits Überlegungen angestellt, die Propriumsordnung zu verbessern, indem man die Lesungen einander neu zuordnete. Doch zögerten die reformatorischen Kirchen, aus der noch vorhandenen ökumenischen Gemeinsamkeit auszubrechen. Nur die lutherische Kirche Schwedens hat im Jahre 1942 eine durchaus begründbare Revision der altkirchlichen Perikopenreihe vorgenommen. Die Hoffnung, es könnte mit der römisch-katholischen Kirche gemeinsam eine behutsame Neuordnung der Perikopen erarbeitet werden, hat sich nicht erfüllt. Die römisch-katholische Kirche hat vielmehr ihre Leseordnung total umgestaltet. Es wurde ein Dreijahreszyklus von Lesungen geschaffen, der den Jahrhunderte hindurch wirksamen Grundsatz, daß Lesungen der Grundreihe alljährlich wiederkehren sollten und daß das jeweilige Evangelium als Caput et rector des Sonntags anzusehen sei, aufgab. Während die lutherischen Kirchen in den USA aus ökumenischen Gründen die (leicht veränderte) römische Neuordnung mit einem Dreijahres-Leseturnus auch für sich übernahmen, entschlossen sich die deutschen lutherischen Kirchen, an dem bisherigen Prinzip festzuhalten, aber die Lesereihe zu überarbeiten und sie um eine alttestamentliche Reihe zu erweitern.

Dabei wurden folgende Gesichtspunkte zur Geltung gebracht: Dubletten sollten vermieden werden. Wichtige Texte, die bisher nicht berücksichtigt waren, sollten neu aufgenommen werden. Die Texte sollten „lektionabel" sein, d. h. auch ohne Erklärung und Auslegung aus sich selbst verständlich sein. Es sollte auf eine gewisse Übereinstimmung („Konsonanz") der Lesetexte geachtet werden. Dabei sollten die Texte nicht unter ein abstraktes oder begriffliches Thema gezwungen werden, während man aber die vom Evangelium ausgehende Prägekraft des Leitbildes (Sonntag vom guten Hirten, vom barmherzigen Samariter, vom Weltgericht), die sich auch im Wochenlied und im Wochenspruch auswirkt, durchaus bejahte.

Die Gesichtspunkte der Konsonanz und Lektionabilität führten weniger in der Evangelienreihe, wohl aber in der Epistelreihe zu starken Eingriffen. Die von einer Kommission der Luth.-Liturgischen Konferenz unter Leitung von Herwarth von Schade erarbeitete neue Perikopenordnung wurde mit Beginn des Kirchenjahres 1978 eingeführt.

4. Die im Gottesdienst handelnden Personen

Wie schon aus dem Vorstehenden ersichtlich, bedeutete die Gliederung des Gottesdienstes in Ordinarium und Proprium zugleich auch ein Ordnungsprinzip für alle am Gottesdienst beteiligten *Personen* und *Gruppen*. Gerade in dieser Hinsicht war die bald 2000jährige Geschichte des christlichen Gottesdienstes einem vielfältigen Wandel unterworfen.

In der *Urgemeinde* wußte man es nicht anders, als daß die *Gemeinde* den Gottesdienst „hält", daß zugleich aber die verschiedenen Glieder der Gemeinde als *Einzelne* mit ihren Gaben und Kräften zum Gottesdienst beitragen (1. Kor. 14, 26–40). Paulus spricht dabei von den Christen, die mit einem geistlichen Lied, einem Lehrvortrag, einer Offenbarung, einer Zungenrede, einer Auslegung die Gemeinde mitauferbauen helfen. Die Frauen hatten als einzelne gemäß ihrer damaligen kulturgeschichtlichen Stellung in der Versammlung zu schweigen. Das wurde lange Zeit auch so verstanden, daß Chöre nur von Männerstimmen und – wenn schon gemischt – von Männer- und Knabenstimmen zu bilden seien. Jedenfalls folgerte man aus dem paulinischen Hinweis, daß der Frau das geistliche Amt nicht übertragen werden könne. Über diese Fragen ist im Zusammenhang mit Gal. 3, 28 und der veränderten gesellschaftlichen Stellung der Frau die Diskussion neu aufgebrochen. Sie führte in einer Reihe von reformatorischen Kirchen bereits zur vollen geistlichen und liturgischen Gleichberechtigung der Frau.

Der urchristliche Gottesdienst, der sich zuerst in großer pneumatischer Freiheit als häusliche Feier vollzogen haben mag, ist im Laufe der Zeit mehr und mehr in eine feste Ordnung übergeführt worden, bei der der geistliche Enthusiasmus und die aus spontaner Eingebung erwachsene freie prophetische Rede gegenüber den festgefügten Ordnungen zurücktraten und schließlich fast ganz verschwanden. Es läßt sich dann folgende Ordnung erkennen:

Der Gottesdienst wurde getragen von der *Gemeinde* als ganzer und einer *Mehrzahl* von *einzelnen* Gemeindegliedern. Der verantwortliche Leiter der gottesdienstlichen Versammlung war der *Episcopus*, der Gemeindebischof. Ihm zur Seite standen die *Diaconi*, die „zu Tische dienten", d. h. ursprünglich bei den Agapen und später nur noch bei der Austeilung des Altarsakraments mitwirkten (Apg. 6, 2–3). Die *Lectores* übernahmen die Schriftlesungen, der *Cantor*, zu dem später ein ganzer *Chor* trat, die Gesänge. Die *Gemeinde* trug durch den Gesang von Hymnen, durch die Darbringung von Opfergaben und durch ihre Akklamationen aktiv zum Gottesdienst bei.

Als sich die Bedeutung des Episcopus von seiner urkirchlichen zur hierarchischen Bedeutung wandelte, aus dem Bischof ein hoher „Würdenträger" wurde, der an der Hauptkirche der Hauptstadt eines Bezirkes amtierte, verschob sich das innere Gefüge des Gottesdienstes. Der Gottesdienst mit dem „Bischof" und einer Vielzahl von mithandelnden Liturgen (Pontifikalamt) war nur noch in den Kathedralkirchen möglich (Maximalordnung). Mit der Durchführung der Gottesdienste in den Nebenkirchen und Kapellen wurden Presbyter (= Priester) beauftragt. Man fand eine liturgische Form, die es ermöglichte, daß der Priester allein, d. h. nur mit einer Hilfskraft, den Gottesdienst für die Gemeinde halten konnte (Presbytergottesdienst). In Gebieten, wo verhältnismäßig wenig Bischofssitze errichtet wurden (z. B. im deutschen Bereich, vgl. dagegen Italien), wurde diese zweite Form des Gottesdienstes landauf, landab zum Normalgottesdienst.

Aber auch in der abendländischen *Maximalordnung* verschwand allmählich das Nebeneinander der verschiedenen liturgischen Ämter und Aufgaben, bzw. es ging auf in der hierarchischen Stufenfolge der sieben Weihegrade, die der Priester bis zu seiner Priesterweihe zu durchlaufen hat. Die Namen dieser Weihegrade lassen noch die Vielfalt alter liturgischer Dienste erkennen:

1. Ostiarius   (Türschließer)
2. Lector   (Leser)
3. Exorzista   („Teufelsbeschwörer", Beter)
4. Acoluthus   (Begleiter)
5. Subdiaconus   (Hilfsdiener)
6. Diaconus   (Diener)
7. Sacerdos   (Priester)

1.–4. sind die niederen Weihen; 5.–7. sind die höheren oder heiligen Weihen.

Im Gottesdienst (Hochamt) können jetzt nur noch „geweihte" Personen amtieren, die dem „Klerus" angehören. Sie handeln entweder als Einzelpersonen oder als Gesamtheit der versammelten Amtsträger und bilden in dieser Gesamtheit den „Chor". Die Worte „Clerus" und „Chorus" werden im frühen Mittelalter oft synonym gebraucht. (Erst später, als das mehrstimmige Singen aufkommt, löst sich aus dem einstimmigen Priesterchor der mehrstimmige Kunstchor heraus, der dann auch Laiensänger aufnimmt und aus dem „Chorraum" auf die Westempore abwandert.)

Die Kleriker vereinigen aber nicht nur alle liturgischen Einzeldienste und den Chordienst auf sich, sondern übernehmen als Chor des weiteren die eigentlich der Gemeinde zustehenden Aufgaben, wie Akklamationen, Responsen, Gesänge. Damit war auch innerhalb des Gottesdienstes die folgenschwere Trennung von „Klerus" und „Laien" vollzogen. Die Gemeinde war im wahrsten Sinne des Wortes „entmündigt".

Im Zuge der Vereinheitlichung des abendländischen Gottesdienstes blieb dieser Vorgang nicht auf die „Maximalordnung" beschränkt, sondern wirkte sich auch auf die *„Minimalordnung"* aus. Diese glich sich mehr und mehr dem Aufbau des Hochamtes an und wurde schließlich mit ihm textgleich. Nun mußte es sein, daß der Meßdiener die Akklamationen und Responsen der Gemeinde sprach, während dem priesterlichen Liturgen alles übrige zufiel, die Gesänge der Gemeinde und des Chores ebenso wie alle Lesungen und überhaupt alle Funktionen der früher handelnden liturgischen Personen. Der Gottesdienst wurde dadurch eigentlich nur noch von einem einzigen Mann gehalten.

Diese Entwicklung wirkte aber auch wieder auf die *Maximalordnung* zurück. Mochten dort eine Anzahl Kleriker zur Verfügung gestanden sein –, der Gottesdienst wurde auch da nur von *einem*, der unabhängig von den übrigen alle Stücke des Gottesdienstes auf sich vereinigte, gehalten. Wohl konnte es sein, daß der Chor viele Stücke mitsang; aber er begleitete nur, er war schmückendes Beiwerk. Das Eigentliche geschah allein durch den Liturgen am Altar, der alle Stücke zumindest leise zu beten hatte. „Gültig" zum Vollzug der Messe war allein das, was der zelebrierende Priester tat.

Luthers Reform des Gottesdienstes bestand, wie bereits aufgezeigt, keineswegs darin, eine grundsätzlich andere als die römische Gottesdienstordnung zu entwickeln. Luther wollte Fehlentwicklungen korrigieren und sah eine solche gerade in der Frage der liturgischen Personen. Deshalb mußten zwei Konsequenzen gezogen werden:

1. Die hierarchische Aufteilung der Getauften in „Priester" und „Laien", bei der die Priester im Gottesdienst die Handelnden und Gebenden, die Laien aber die Empfangenden sind, mußte fallen.

2. Der Gottesdienst sollte nicht von einem getragen werden, sondern von der ganzen Gemeinde mit all ihren Gliedern, wobei bestimmte Stücke in jedem Fall dem ordinierten Liturgen, der der „Bischof" seiner Gemeinde ist, vorbehalten bleiben sollten (Predigt, Sakramentsverwaltung, Segen usw.).

Natürlich wußte Luther, daß nicht überall die gleichen Voraussetzungen und Möglichkeiten für die Durchführung eines Gottesdienstes gegeben waren. Deshalb unterschied er zwischen dem Gottesdienst „in Stiften und Domen" und dem Gottesdienst „auf den Dörfern". Der ursprünglich richtige Ansatz von Maximal- und Minimalordnung, wie ihn das frühe Mittelalter kannte, war damit wieder gegeben. In beiden Fällen ging es Luther um einen musikalischen, d. h. gesungenen Gottesdienst. Es ging ihm ferner darum, daß all die Stücke, die dem Liturgen im Laufe der Zeit auf Kosten der Gemeinde, des Chores und anderer liturgischer Personen zugewachsen waren, denen zurückgegeben werden sollten, die sie ursprünglich ausführten. Alle Ausführenden sollten mit dem, was sie tun, gleichberechtigt nebeneinander stehen.

Die Ordnung für „Stifte und Dome" sah also vor:
eine Mehrzahl von Liturgen (Lektor, Prediger, Kantor usw.),
einen einstimmigen gregorianischen Chor am Altar (Schola),
einen mehrstimmig musizierenden Kunstchor auf der Westempore,
die Gemeinde, die wie in der frühchristlichen Zeit durch ihre Lieder den Gottesdienst mitträgt.

Luther hielt es dabei für wünschenswert, daß neben der deutschen auch die lateinische Sprache (gerade bei der Gregorianik) ihren Platz im Gottesdienst behält.

Der Gottesdienst „auf den Dörfern" (also die ehemalige Presbytermesse), der keine Mehrzahl liturgischer Personen und keinen Chor zur Verfügung hatte, wurde neu geordnet. Der *Pfarrer* übernahm alle Stücke der Einzelpersonen (also z. B. auch die des Lektors), aber nicht die des Kantors und des Chores. Sein liturgischer Helfer, wie ihn schon die Presbytermesse kannte, war der „Küster", der das wichtige Amt des *Kantors* versah, als solcher Vorsänger und Wortführer der Gemeinde (es gab noch keine Orgelbegleitung der Lieder!), ferner Chorführer der von ihm betreuten Schuljugend war und auch die im Gottesdienst zu singenden Lieder bestimmte. (Das segensreiche Lehrer-Kantor-Amt hat sich bis in unsere Tage erhalten, wenn es oft auch auf den reinen Organistendienst beschränkt wurde.)

Die *Gemeinde* hatte in beiden Fällen die ihr zustehenden Ordinariumsgesänge zurückerhalten, die sie in Liedform oder, wie die übrigen kurzen Stücke (Wechselgrüße, Akklamationen), in accentischer Form sang. War kein Chor vorhanden, so übernahm die Gemeinde, nicht der Liturg, die Chorstücke, auch − und das ist das Neue in der Reformation − wenn es sich um Teile des Propriums handelte (Eingangslied, Graduallied, Dankopferlied, Kommunionslied). Das wurde jetzt um so leichter möglich, als in den vielen neugeschaffenen Psalmliedern ein reiches, dem Gemeindesingen gemäßes Material bereitstand. Als neues Propriumsstück wuchs der Gemeinde das Lied nach der Predigt zu.

Diese klare, wohldurchdachte Aufteilung der liturgischen Aufgaben wurde nicht durchgehalten. Auch in der evangelischen Kirche lief die Entwicklung so, daß die Minimalordnung die einzige Form des Gottesdienstes wurde. Wohl kannte man z. B. in Leipzig bis zur Zeit Bachs die Gepflogenheit, daß von drei Geistlichen an einer Kirche einer im Gottesdienst den Predigtdienst versah, während die beiden anderen als Lektoren und als Helfer bei der Abendmahlsausteilung amtierten. Wohl gab es bis ins 18. Jahrhundert leistungsfähige Schulchöre, die ihre Propriumsstücke gregorianisch oder motettisch ausführten, aber im Ganzen setzte sich doch die „Einheitsliturgie für Dom und Dorf" durch, die sich mit dem Ein-Mann-System zufriedengab, in das die Gemeinde natürlich durch das Singen ihrer Lieder und das Anhören der Predigt einbezogen war, sonst aber alles dem *einen* Pfarrer überließ.

Der Pfarrer war Liturg, Lektor, Prediger in einer Person; er mußte auch die liturgische Aufgabe des Kantors (Intonationen) übernehmen, der er musikalisch oft nicht gewachsen war; denn aus dem „Küster"-Kantor war der *Organist* geworden, der wohl die Lieder und liturgischen Stücke an der Orgel begleitete (ohne Begleitung ging es nicht mehr), es selbst aber oft gar nicht als seine Aufgabe erkannte und vielleicht unter seiner Würde fand, mitzusingen und dort, wo kein Begleitinstrument zur Verfügung stand, den Gesang anzuführen und zu intonieren.

Anstelle der Gemeinde übernahm der Liturg auch die Stücke des *Chores*. Aus dem Introitus z. B. wurde ein Eingangsspruch, vom Pfarrer gesprochen, oder ein Wechselgesang mit der Gemeinde. Es ist ein bedenkliches Verlassen der reformatorischen Linie, wenn der Liturg zum Lückenbüßer einer unfähigen oder passiven Gemeinde wird. Den Gipfel solcher Fehlentwicklung stellt es dar, wenn der Liturg, z. B. bei Kasualien, vom ersten bis zum letzten Wort alles selbst ausführt, wenn die Gemeinde, statt selbst zu singen, sich die Liedstrophen vom Pfarrer vorlesen läßt und nicht einmal mehr die ihr zustehende Antwort „Amen" zu sprechen bereit ist. Wenn dann ein Chor doch noch in Aktion tritt, dann sind seine Gesänge nichts anderes als Ausschmückung oder Verzierung, bei der man oft genug Mühe hat, sie an einer „passenden" Stelle einzuschieben.

5. Ordinarium und Proprium im lutherischen Hauptgottesdienst

Es ist das Verdienst von Christhard Mahrenholz, diese Fehlentwicklung, die auch noch die Restaurationsagenden des 19. Jahrhunderts prägte, analysiert und in der Ordnung der neuen lutherischen Agende berichtigt zu haben. Im Zusammenhang mit der rechten Zuordnung von Ordinarium und Proprium wurden somit die maximalen Möglichkeiten bei der Ausformung des Gottesdienstes sichtbar gemacht. Eine Gemeinde wird dann je nach den Gegebenheiten ihren Gottesdienst reicher oder schlichter halten können.

Dabei gelten folgende Grundsätze:
1. Die Gliederung des Gottesdienstes in Ordinarium und Proprium soll deutlich hervortreten und immer gewahrt bleiben. Es sollen nicht Stücke des Ordinariums durch Einschübe, Zusätze oder Austausch gegen andere Stücke in Propriumsstücke umgewandelt werden. Es sollen ebensowenig Propriumsstücke längere Zeit unverändert beibehalten werden. (Eine Ausnahme wird hier der B-Introitus bilden, der, um Chöre nicht zu überfordern, mehrere Sonntage lang gesungen werden kann.)

Im Propriumsformular sind für jeden Sonntag vorgesehen:
der Name des Sonntags
die liturgische Farbe
eine kurze Einführung in das jeweilige Sonntagsproprium
der Introitus (mit Hinweis auf den B-Introitus)
gegebenenfalls Hinweis auf Ausfall des Gloria in excelsis
Kollekte
Alttestamentliche Lesung
Epistel
Halleluja und Hallelujavers
Hauptlied
Evangelium
Präfation
Schlußkollekte
(Da Präfation und Schlußkollekte nicht sonntäglich wechseln, ist oft nur der Hinweis auf eine für einen anderen Tag geltende Präfation und Schlußkollekte gegeben.)

Alle anderen Stücke gehören zum Ordinarium. Es ist möglich, daß sie dort zum Teil in mehrfacher Textgestalt vorliegen (z. B. das Confiteor, das Credo, das Allgemeine Kirchengebet); aber deswegen muß der Wechsel der verschiedenen Möglichkeiten nicht de tempore erfolgen. (Es gibt Modelle des Fürbittengebets, die einen nach dem Kirchenjahr wechselnden Beginn haben.)

2. Der rechten Einteilung in Ordinarium und Proprium entspricht dann auch die rechte Zuteilung aller Stücke an die im Gottesdienst beteiligten Personen, wie sie im vorausgegangenen Abschnitt schon dargestellt worden ist. Während beim Einmannprinzip mehrere Liturgen nur bei festlichen Anlässen in Erscheinung traten, sollte das in dem von der Verschiedenheit liturgischer Dienste gekennzeichneten Gottesdienst

auch im Normalfall denkbar sein. Es gibt besonders in den Städten mehr denn je Gemeinden mit mehreren Pfarrern; zudem stehen viele Pfarrer hauptamtlich in Sonderaufgaben (Innere Mission, Religionsunterricht usw.) und damit nicht mehr, wie es sein sollte, auch im liturgischen Dienst. Infolgedessen wird eine Teilung der Funktionen des Liturgen leichter möglich und auch mehr gerechtfertigt sein als früher. Aber auch die nichtordinierten Gemeindeglieder sollen dabei sinnvoll in gottesdienstliche Aufgaben eingesetzt werden. Die Mitarbeiter (Diakone, Kirchenvorsteher), die im Notfall Lesegottesdienste halten sollen, werden gerade durch das Lektorenamt in diese Aufgabe recht eingeführt. Durch jede Mitbeteiligung am gottesdienstlichen Leben (Einsammeln der Dankopfergaben, Begrüßung und Einweisung der Gottesdienstbesucher an der Kirchentüre, Austeilung des Altarsakraments, Ordnerdienste bei der Kommunion u. a.) wird das Verantwortungsgefühl für das ganze Gemeindeleben gestärkt.

Grundsätzlich gilt, daß im evangelischen Gottesdienst ohne Chor die Gemeinde (nicht der Liturg) für den Chor eintritt und dessen Propriumsstücke als Lieder übernimmt. Doch soll durch solche Ersatzmöglichkeiten die Entfaltung des Chores nicht gehemmt werden, der gerade erst dann, wenn er liturgische Stücke singt, in den Gottesdienst richtig einbezogen ist. Er soll nicht bloß an Festtagen, sondern, wenn auch nur in schlichtester Form als einstimmiger Jugendchor, sonntäglich mitwirken. Das Nebeneinander von Chor und Gemeinde im Gottesdienst kann dreifacher Art sein:

Addition:
> Chor und Gemeinde singen n a c h e i n a n d e r dasselbe Stück, zuerst in Chorfassung, dann in Liedform (z. B. das Gloria in excelsis). Das additive Prinzip kann zur festlichen Betonung und Entfaltung eines liturgischen Stückes dienen. Es nützt sich freilich schnell ab und führt, wenn es zum sonntäglichen Regelfall wird, zur unnötigen und damit auch ermüdenden Verlängerung des Gottesdienstes.

Alternation:
> Chor und Gemeinde singen *ineinander* und *miteinander* dasselbe Stück, wobei abwechselnd ein Teil chorisch und ein Teil liedhaft ausgeführt wird (z. B. Graduallied, Magnifikat).

Substitution:
> Der Chor singt der Gemeinde zukommende Stücke. (Auch das Umgekehrte ist denkbar, z. B. beim Introituspsalm.)

Der Chor kann überdies auch an die Stelle des Liturgen treten: bei der Intonation zum Gloria und Credo und bei motettischen Stücken aus Lektionen. Die Gemeinden werden es vielfach wieder lernen müssen, das Singen und Beten des Chores nicht als Beiwerk zu hören, sondern ihm das gleiche Gewicht beizumessen wie dem Beten, Lesen und Singen des Liturgen.

3. Aufgrund der historischen Entwicklung würde sich folgerichtig ergeben, daß alle am Gottesdienst Beteiligten die ihnen zukommenden Stücke in der ihnen angemessenen Weise ausführen: Also:

der Prediger spricht

der Liturg singt seine Texte nach den vorgegebenen gregorianischen Modellen (z. B. Orationston)

der Lektor trägt die Lesungen im Lektionston vor

der Kantor und der einstimmige Chor singen die reicheren gregorianischen Weisen

der mehrstimmige Chor führt die motettischen Werke der polyphonen Musik aus

die Gemeinde singt ihre Lieder und kurze, möglichst gleichbleibende accentische liturgische Stücke.

Diese aus gregorianischen Wurzeln erwachsene Normalform des Hauptgottesdienstes kommt in dieser reinen Ausprägung im Unterschied zu den Tageszeitengottesdiensten (Agende II) praktisch kaum mehr vor. Sie würde in unserer Zeit sicher archaisierend wirken. Außerdem sind Liturgen, Lektoren und Kantoren in der Kunst des choralen Sprechgesangs weithin völlig ungeübt. Die Traditionen sind seit langer Zeit abgerissen. Erst im Zeitalter der Singbewegung hat man neu an sie anzuknüpfen versucht. Die Pflege gregorianischen Singens ist heute nach Landschaften, Landeskirchen und Kirchengemeinden verschieden stark ausgeprägt. Dort, wo noch oder wieder gregorianische Elemente lebendig sind, sollten sie gepflegt und ausgebaut werden. In Bayern z. B. ist der Brauch, die Texte des Sakramentsteils zu singen und die Gemeinden an der Psalmodie zu beteiligen, weithin noch selbstverständlich.
Es darf dabei nicht übersehen werden, daß gerade der Sprechgesang zur Lösung der akustischen Probleme in einem mittelalterlichen Kirchengebäude beitragen bzw. den geordneten Dialog von Liturg und Gemeinde ermöglichen konnte. (Luther wollte von Sprechchören nichts wissen. Für die gemeinsame Darbietung eines liturgischen Textes schien ihm das Lied besser geeignet. Darum wurde auch das Credo als Glaubenslied neu gestaltet.) Auch wenn Texte, wie es zumeist üblich ist, nur gesprochen werden, sollte das Sprechen an der Zucht gregorianischen Singens ausgerichtet sein. Ein allzu pathetisches Heben und Senken der Stimme sollte vermieden werden.
Andererseits kann es nicht Aufgabe des evangelischen Gottesdienstes sein, neue musikalische Ausdrucksformen, die sich in die liturgische Ordnung einfügen lassen, künstlich zurückzuhalten. Man darf sich freuen, daß die Gemeinden, sofern nur einigermaßen mit ihnen geübt wird, im Singen wendiger geworden sind. Die Fähigkeit des Notenlesens ist weiter verbreitet als früher. Den Gemeinden können heute auch Antiphonen, Kanons, mehrstimmig gesetzte Rufe und Ähnliches zugemutet werden. Im Bereich der Chormusik hat sich als Mittelweg zwischen einstimmiger Gregorianik und mehrstimmiger A-cappella-Musik in neuerer Zeit eine Form des melodisch und rhythmisch anspruchsvollen Singens (einstimmig mit obligater Orgelbegleitung) ausgebildet, in das zumindest bei Kehrversen auch die Gemeinde einstimmen kann. Aus ostkirchlicher Tradition, aus Tai-

zé und aus anderen Traditionen der Weltkirche wurden viele interessante Anregungen aufgenommen, so daß sich heute eine Vielfalt der Formen, Stile und instrumentalen Mittel präsentiert, die den Gottesdienst beleben, bereichern, manchmal aber auch durch ihre Heterogenität auf den Gottesdienstbesucher verwirrend wirken kann. Darum sollte darauf geachtet werden, daß bei aller Freiheit im Einzelnen die sinnvolle Beziehung zur liturgischen Ordnung gewahrt bleibt und dem Gottesdienstbesucher einsichtig gemacht werden kann.

4. Der Vertrautheit mit den gottesdienstlichen Möglichkeiten dient es, wenn alle am Gottesdienst Beteiligten die ihnen zukommenden Stücke nach Möglichkeit in einem Buch vereint vorfinden. Damit ergeben sich mehrere „Rollenbücher", wie man sie schon im frühen Mittelalter kannte, wenn sie dann auch durch das Einheitsbuch des Missale abgelöst wurden.

Der Lektor liest die altkirchlichen Episteln und Evangelien (und die neuerdings hinzugefügten alttestamentlichen Lesungen) aus dem *Lektionar*, das auf dem Lesepult liegt.

Der einstimmige Chor samt dem Kantor singt seine gregorianischen Weisen aus dem *Cantionale*.

Der Figuralchor hat seine *Chorbücher*.

Die Gemeinde hat ihr *Gesangbuch*, in dem neben den Liedern auch die Gottesdienstordnung abgedruckt ist.

Der Organist benötigt neben seiner künstlerischen *Orgelliteratur* die *Begleitbücher* zu den Kirchenliedern und zu den liturgischen Stücken.

ANHANG:

LITURGISCHE HALTUNG UND GEBÄRDEN

Die liturgischen Gebärden der Gemeinde sind jetzt weithin durch Gewohnheit und Herkommen bestimmt. Wenn gerade auch in diesen Dingen große Freiheit walten muß und jede Überbetonung von Übel ist, so müssen doch einige hilfreiche Grundsätze in Erinnerung bleiben:

Die Gemeinde kniet (oder steht) beim Gebet, sitzt beim Anhören der Predigt (evtl. auch bei längeren Gebeten) und steht zum Singen und zum Hören der Schriftlesungen. Üblich ist heute, daß die Gemeinde beim Singen der Choräle sitzt. Das Knien wird vielfach noch als „katholisch" empfunden und nur beim Abendmahl und bei Segenshandlungen geübt. Die Selbstbekreuzigung wird von den evangelischen Christen trotz Luthers Vorbemerkungen zum Morgen- und Abendsegen leider vermieden. Die Segnung anderer mit dem Kreuzeszeichen, soweit sie durch den ordinierten Pfarrer erfolgt, ist noch im Gebrauch. Die Angst vor der möglichen Gefahr magischen Mißbrauchs und Mißverständnisses ist im Protestantismus ungleich größer als das unbefangene Ja zu einer das geistige Geschehen verdeutlichenden und veranschaulichenden leiblichen Gebärde, wie man sie auch am Handeln Jesu immer wieder beobachten kann.

Die Gebärden des *Liturgen:*

(Vieles von dem, was hier zu sagen wäre, sollte eigentlich besser durch mündliche und persönliche Anweisung übermittelt werden. Zu Papier gebracht wirkt mancher Hinweis für liturgisches Verhalten pedantisch und kleinlich. Man hat zum Schaden des Gottesdienstes gemeint, solche Ratschläge bespötteln zu sollen. Andererseits bieten manche Liturgen mit ihrem Gebaren bei allem guten Willen einen hilflosen Anblick, so daß es sich schon lohnen könnte, über manche Verhaltensunsicherheiten und Absonderlichkeiten kritisch nachzudenken. Noch schlimmer ist es, wenn nicht einmal der gute Wille vorhanden ist und der Liturg meint, mit seiner saloppen Haltung seine Überlegenheit über „Äußerlichkeiten" zum Ausdruck bringen zu sollen. Eine alte Erfahrung lehrt: Solange alles „stimmt", braucht man nicht darüber zu reden. Dann wirken liturgische Gebärden als das Selbstverständlichste von der Welt. Im andern Fall ist aber vom Erhabenen zum Lächerlichen oder zum Ärgerlichen nur ein sehr kleiner Schritt. Auch „die Frömmigkeit hat ihre Manieren" [Werner Jetter]. Um so mehr gilt das für den, der vor der Gemeinde und für die Gemeinde öffentlich handelt.)

Korrektheit in der jeweils vorgeschriebenen liturgischen Kleidung sollte eine selbstverständliche Voraussetzung sein. Das Barett wird im Freien getragen und nur zum Gebet abgenommen (nicht zum Gruß). Man sollte darauf achten, daß es nicht schräg aufgesetzt und zu wenig in die Stirn gerückt wird. Der Liturg steht am Altar nur dann, wenn es von der Sache her geboten ist. Die Agende zeigt an, wann er zum Altar und wann er zur Gemeinde gewendet steht. Im übrigen hat der Liturg einen Sitzplatz in der Nähe des Altars. Beim Sitzen sollte er das Übereinanderschlagen der Beine, beim Stehen das Spreizen der Beine, das unruhige Bewegen des Oberkörpers und das Anlehnen an den Altar vermeiden. Beim Gehen sollte er auf eine ungekünstelte Natürlichkeit achten. (Er geht z. B. in der Mitte eines Ganges und drückt sich nicht verschämt an den Bänken entlang.) Das leutselige Umherblicken und Grüßen nach allen Seiten paßt nicht in die Liturgie. Kommt er von der Seite zum Altar, beschreibt er (ohne eckige Bewegungen) einen rechten Winkel und geht nicht schräg über die Altarstufen. Kommt er von hinten, geht er an der Brotseite hinauf und herab. Bei Wendungen am Altar gilt die Regel: „Herz zum Altar!" Beim Zusammenwirken mehrerer Geistlicher wendet sich jeder immer zur Mitte des Altars hin um. Liturgische Bücher werden nicht durch die Kirche getragen, sondern nach Möglichkeit vorher an dem für sie bestimmten Ort bereitgelegt. Der Liturg sollte nicht mehr als ein Buch tragen (in der linken Hand mit angewinkeltem Arm). Die Bücher bleiben, auch wenn aus ihnen gelesen wird, auf dem Pult liegen. Die Verwendung kleiner Taschenbuchausgaben (Senfkornbibel) ist schon wegen der schlechten Lesbarkeit nicht angebracht. Es ist unpassend, Bibel- oder Gebetstexte von Zetteln abzulesen. Sie sollten wenigstens in ein Ringbuch eingeordnet sein. Segensgebete, soweit sie nicht zum Altar hin gesprochen werden, Segensformeln, Grüße und Gebetsaufforderungen werden grundsätzlich auswendig gesprochen. Die Hände werden, wenn sie kein Buch halten müssen, oberhalb der Gürtellinie ineinandergelegt. Beim Kreuzeszeichen des Segens wird zunächst der Längsbalken, dann der Querbalken beschrieben. Dazu kehrt die Hand zur Mitte zurück. Die Gebärde des Kreuzes soll nicht über den Körperumriß hinausreichen. Besondere Sorgfalt ist auf die Ordnung bei Ein- und Umzügen zu richten. Voran geht die Jugend. Der Pfarrer (also der, „der auf die Gemeinde sieht") oder der Inhaber der jeweils höchsten Amtsstellung (Dekan, Bischof) geht zum Schluß. In Abwehr verkrampfter Feierlichkeit meinen viele, gerade bei Ein- und Auszügen sehr intensiv mit dem Nachbarn plaudern zu müssen. Es wirkt trotzdem unschön. Die den Zug Eröffnenden sollten auf ein gemäßigtes Schreittempo achten. Allzuschnell reißt der Zug sonst auseinander. Die klaffenden Lücken oder die im Laufschritt aufschließenden Talarträger sind ein nicht sehr erhebender Anblick. Es sollte selbstverständlich sein, daß der Liturg mit Brot und Wein und mit den Abendmahlsgeräten besonders ehrfurchtsvoll umgeht. Die für die Kelchreinigung bestimmten Tücher und Geräte sollten im entsprechenden Abstand vom Kelch gehalten werden. Der Anblick eines unordentlichen Altartisches hat schon manchem Abendmahlsgast die Freude am Abendmahl gemindert.

5. Kapitel

DIE MUSIK DES GOTTESDIENSTES

Das ungemein komplexe Gebiet der gottesdienstlichen Musik kann hier nur in einigen Grundlinien skizziert werden.

1. Alte Kirche und Mittelalter

Die Bezeichnung „Musik" ist in der ganzen Bibel nicht zu finden. (Einzige Ausnahme in der Lutherübersetzung der Apokryphen: Sirach 44, 5.) Trotzdem gibt es zahlreiche Belege dafür, daß die Musik den alttestamentlichen wie den neutestamentlichen Gottesdienst geprägt hat. Nicht nur der Hinweis auf Instrumente (Psalm 98, 5−6; Psalm 150) oder der Aufruf zum Singen, Rühmen und Loben (Psalm 98, 4) sind dafür Beweis. Auch die Tatsache, daß viele Gebete in der Form von Psalmen überliefert sind, macht deutlich, daß das Singen und Spielen von der Bezeugung des Gottesglaubens nicht ablösbar war. Der Ursprung solchen Lobs war der Dank des Gottesvolks für die Befreiung aus der ägyptischen Knechtschaft (2. Mose 15, 20−21). Jesus sang mit seinen Jüngern die Hallel-Psalmen des Passahfestes (Matth. 26, 30). In der Urchristenheit wird, soweit es sich um judenchristliche Gemeinden handelte, die alttestamentliche Tradition des Psalmensingens ungebrochen fortgesetzt worden sein. (Vgl. die neutestamentlichen Cantica Luk. 1 und 2; Apg. 16, 25; Jak. 5, 13.) In Kol. 3, 16 (vgl. Eph. 5, 19; 1. Kor. 14, 15.26) ist vom Singen der *Psalmen, Hymnen* und *Oden* die Rede. Damit wird erkennbar, daß die frühchristlichen Gemeinden jüdische und hellenistische Musiktraditionen in sich vereinigten. Die Doxologien der Offenbarung des Johannes (4, 11; 5, 9−10; 5, 12−14; 7, 10−12 u. ö.) lassen gleichfalls den Rückschluß auf eine musikalisch-hymnische Prägung des christlichen Gottesdienstes zu.

Da die ältesten schriftlichen Aufzeichnungen der Gregorianik erst aus dem 8. und 9. Jahrhundert n. Chr. stammen, haben wir von der gottesdienstlichen Musik der Urchristenheit und der Alten Kirche keine Kenntnis außer der Tatsache, daß es sie gab. Ihr Klangbild kann nur aus dem Vergleich mit späterer synagogaler oder christlicher Musik erschlossen werden. Der Gebrauch von *Instrumenten* war sehr früh umstritten. Sie galten als Ausdrucksformen überwundener heidnischer Frömmigkeit. Durch bestimmte Instrumente sollten im heidnischen Kultus Dämonen abgewehrt und ekstatische Rauschzustände bewirkt werden (etwa durch die Doppelflöte, durch Zimbeln und das Tympanon). Deshalb kam es schließlich zum Verbot der Instrumente durch die Kirchenväter. Aus einem Bericht des in Kleinasien amtierenden Statthalters Plinius an den Kaiser Trajan (98−117) ist zu erfahren, daß die Christen bei ihren Versammlungen „wechselweise Christus als einem Gotte Lieder singen".

Die in unserer Zeit häufig verhandelte Frage, ob liturgische Texte gesungen oder gesprochen werden sollten, hatte sich viele Jahrhunderte hindurch so überhaupt nicht gestellt, da das Singen eine ganz natürliche und unbefangen geübte Lebensäußerung war. Zeugnisse christlicher Hymnendichtung aus dem 2. und 3. Jahrhundert sind nicht bekannt, obwohl es sie in reichem Maße gegeben hat. Sie wurden unterdrückt und ausgemerzt, da sie einer auf Orthodoxie bedachten Kirche dogmatisch nicht einwandfrei zu sein schienen und damit zu Propagandamitteln der Häretiker (bes. der Gnostiker) wurden. Z. B. erneuerte noch die Synode von Laodicea (um 380) das Verbot, nichtbiblische Lieder zu singen. Historisch faßbar werden die Texte außerbiblischer Hymnen erst im 4. Jahrhundert. Die zunächst nur im Morgenland beheimateten Hymnen der Ostkirche (Gregor von Nazianz, Ephraëm Syrus) drangen über Mailand (Ambrosius) zögernd auch in die abendländische Kirche ein. Ambrosius wird als bedeutender Hymnendichter bezeugt. (Die mit seinen Texten überlieferten Melodien stammen aus späterer Zeit.) Der Hymnus wird zu einem festen Typus (Strophenlied, die Strophe mit 4 Zeilen, die Zeile mit 4 Jamben).

An der Schwelle von der Alten Kirche zur Kirche des Mittelalters bildete sich im Abendland der *Cantus choralis* (auch *gregorianischer Choral* genannt) aus. Er hat zunächst als ein Substrat der ältesten religiösen und weltlichen Gesänge östlicher und westlicher Herkunft zu gelten, entwickelte sich aber künstlerisch dann zu großer Eigenständigkeit und setzte sich damit auch gegen den Kultus der Ostkirche ab. Da Papst Gregor I. die Kirchenmusik besonders gefördert hat (Gründung einer Sängerschule), wurde dieser die Gottesdienste der kommenden Jahrhunderte beherrschende Typ des unbegleiteten, einstimmigen lateinischen Kirchengesangs mit seinem Namen verknüpft. Der sog. neurömische Choral (um 650) ist aber auf Catolenus, Maurianus und Virbonus zurückzuführen.

Auch in der Musik führte die Einschmelzung germanischer Elemente in die römische Tradition zu neuen Formen (Tropus, Sequenz) und zu den ersten Ansätzen der Mehrstimmigkeit (Organum). Die musikalische Entwicklung führte allmählich aus dem Wirkungskreis der Klöster heraus, war aber zunächst noch eine rein liturgische Klerikerkunst, bis sie dann auch ein Ausdruck der ritterlichen Standeskunst wurde und zur Ausbildung einer „weltlichen" Musik führte. Im Unterschied zur Hofmusik und aristokratischen Gesellschaftsmusik hatte aber zur gottesdienstlichen Musik jedermann Zutritt.

Mit der Erfindung der *Choralnotenschrift* (Neumen) im frühen Mittelalter wurde die musikalische Überlieferung nun auch dokumentierbar. Der gesamte gottesdienstliche Textbestand wurde mit gregorianischer Musik verbunden. Ja man kann sagen, daß die lateinische liturgische Musik des Gottesdienstes sich parallel zum Ausbau der abendländischen römischen Kirche und ihres Gottesdienstes entfaltete. Neben Originalmelodien gab es auch eine Fülle von Melodietypen und Melodieformen, die nach Belieben mit verschiedensten Texten verbunden werden konnten. Im Mittelalter wurden erste Reformen der Singordnung durchgeführt (durch die Zisterzienser und Dominikaner). Eine großangelegte Choralreform wurde vom Tridentinischen Konzil ausgelöst. Der Gregorianische Choral war gerade nördlich der Alpen die allein maßgebliche musikalische Kunst, an der auch alles musiktheoretische Wissen orientiert wurde.

Trotzdem entwickelte sich daneben das volkssprachliche *Kirchenlied*, vor allem in deutscher und böhmischer (tschechischer) Sprache (Leise, Leich, Geißler-Lieder, Lieder der Hussiten und der Böhmischen Brüder). Doch wurde diesen Liedern keine Daseinsberechtigung in der Liturgie zugestanden. Der Priestergesang sollte bestimmend bleiben. Das Volk sollte, wie es einmal hieß, „schweigend singen".

Seit der Mitte des 12. Jahrhunderts entwickelte sich die bisher nur in Ansätzen vorhandene *Mehrstimmigkeit* zu einer eigenen Kunstform, die in ihren Anfängen als Bearbeitung des „Chorals" und d. h. im starken Zusammenhang mit der Gregorianik gedacht werden muß („Motette", neue Art der mensuralen Notation). Der gregorianische Gesang hatte dabei die Funktion des Cantus firmus bzw. des „Tenor". Aus der Zweistimmigkeit erwuchs im 13. Jahrhundert auch eine Drei- und Vierstimmigkeit. Da sich die musikalischen Elemente mehr und mehr verselbständigten und auch weltliche Melodien einbezogen, versuchte man durch päpstliche Verordnungen sich gegen diese Verweltlichungstendenzen abzugrenzen. Inzwischen war die seit dem 8. Jahrhundert in die abendländische Kirche eingedrungene *Orgel* soweit entwickelt, daß sie den Vortrag liturgischer Gesangsstücke übernehmen konnte (wobei also der Vortrag des Textes entfiel) und in dieser Funktion auch akzeptiert wurde. Die Motettenkomposition hatte sich stark dem liturgischen Proprium zugewendet und in der Schule der Niederländer einen künstlerischen Höhepunkt der Vielstimmigkeit erreicht. Die weitere Entwicklung führte zur Verstärkung der inhaltlichen Textverdeutlichung (Musica riservata) und zu verständlicher Wortdeklamation. Als sich das Tridentinische Reformkonzil auch mit der Frage der Kirchenmusik befaßte und dabei sogar ein Verbot der mehrstimmigen Kirchenmusik zur Debatte stand, haben die Werke eines Orlando di Lasso und Giovanni Pierluigi Palestrina den Beweis erbracht, daß diese Kompositionen in dienender und zugleich verstärkender Form der lateinischen Messe der römischen Kirche adäquat waren, wenn sie auch Kunstmusik waren, die das Volk weiterhin in die Rolle der Zuhörer verwies.

2. Die Reformation

Luther dachte sehr hoch von der liturgischen Kunstmusik seiner Zeit und hat das auch in einigen überschwenglichen Äußerungen deutlich werden lassen. Im evangelischen Gottesdienst waren die Verwendung der

Volkssprache und die Mitwirkung der Gemeinde unaufgebbare Forderungen. Deshalb wurde das bisher aus der Liturgie ausgeschlossene Strophenlied (Volkslied) stark aufgewertet. In der Ordnung des Gottesdienstes (Deutsche Messe) wurde ihm ein legitimer Platz angewiesen. Das herkömmliche lateinische Repertoire sollte nicht abgeschafft werden (Gottesdienste in Stiften und Domen), aber es sollte durch das deutsche Kirchenlied ergänzt werden. Die Melodien des Kirchenliedes waren oft aus Elementen der Gregorianik heraus entwickelt worden. Daneben gibt es auch eine in die Tradition der Meistersinger zurückreichende Tradition der Melodiebildung (Hans Sachs). Wie für den Gregorianischen Choral wurden auch für den deutschen „Choral", wie man das Kirchenlied allmählich nannte, mehrstimmige Bearbeitungen geschaffen. Diese mehrstimmige Cantus-firmus-Komposition konnte in jeder Stimme instrumental oder vokal ausgeführt werden. Aber auch dort, wo die künstlerischen Möglichkeiten beschränkt waren („Gottesdienst auf den Dörfern"), konnte das von der Gemeinde einstimmig gesungene Kirchenlied, das Bearbeitungen biblischer oder liturgischer Stücke darstellte (vgl. die Psalm- und Ordinariumslieder im Gesangbuch), zum tragenden Element des Gottesdienstes werden. Die Orgel hatte im 16. und 17. Jahrhundert nicht die Aufgabe, den einstimmigen Gemeindegesang zu begleiten, sondern sie wirkte neben Figuralchor (Liedmotette) und Gemeinde als selbständiger Faktor mit, indem sie einzelne Strophen als „Orgelchoral" (also auch wieder textlos) vortrug. Neben das Kirchenlied trat ein schlichter, der deutschen Sprache angepaßter „Altargesang", der gregorianische Modelle der Offiziumspsalmodie verwendete und hauptsächlich den Kantoren, Lektoren und den Schulchören (Schola) zur Ausführung zugewiesen wurde. Bei der Komposition und Aufführung motettischer Musik mit lateinischen liturgischen Texten gab es lange Zeit noch eine enge *Literaturgemeinschaft der beiden Konfessionen.* Innerhalb des evangelischen Gottesdienstes bildete sich die Kompositionsgattung der deutschen Evangelienmotetten heraus. Sie wurden einerseits zu Spruchmotetten gestrafft, in denen ein Kernsatz des Evangeliums musikalisch intensiv herausgearbeitet wurde. Andererseits wurden Evangeliumstexte auch ganz durchkomponiert und somit zum Ansatzpunkt für eine weiträumige Komposition von Historien (Weihnachts- und Ostergeschichte) und Passionen.

Im Wirkungsbereich *Calvins* (Französische Schweiz, Frankreich) behauptete das *Psalmlied* allein das Feld. Es war im sog. *Cantionalstil* gearbeitet, d. h. im schlichten akkordischen Satz mit dem Cantus firmus (also der Liedmelodie) im Sopran. Dieser Typ des textverständlichen vierstimmigen Liedsatzes „Note gegen Note" bürgerte sich bald auch in der lutherischen Kirche ein. Er ist noch heute das Modell des Orgelbegleitsatzes. In der humanistisch-rationalen Atmosphäre eines Huldreich *Zwingli* wurde auch dem *gesprochenen liturgischen Text* der Weg bereitet. Die in die Anfänge der Kunst zurückreichende Einheit von Musik und Text im „betonten Wort" führte mit heraufkommender Neuzeit zu dem endgültigen Auseinandertreten von gesprochenem Wort und künstlerischem (oft als künstlich empfundenem oder bezeichnetem) Gesang.

3. Die Zeit der Hochblüte

Im 16. und 17. Jahrhundert war dort, wo man Tradition und künstlerische Entwicklung bejahte, eine reiche und vielgestaltige musikalische Durchdringung des Gottesdienstes möglich geworden. Die verschiedenen Stile und Formen (nach Meinung Luthers auch die verschiedenen Sprachen) sollten gleichberechtigt nebeneinander stehen. Ein Psalm z. B. konnte (von einem einzelnen oder einer Gruppe) gesprochen, von einer Schola (u. U. auch von der Gemeinde) gregorianisch (lateinisch oder deutsch) gesungen werden. Er konnte als Motette in lateinischer oder deutscher Vertonung vom Figuralchor (mit Instrumenten ad libitum) ausgeführt werden. Er konnte vom Chor als liedmotettische Bearbeitung oder als Kantionalliedbearbeitung eines Psalmliedes gesungen werden. Die Orgel konnte das Lied als Orgelchoral darbieten. Die Gemeinde konnte das Psalmlied singen. Und diese Vielzahl der Variationsmöglichkeiten war in ähnlicher Weise auch bei einem Ordinariumsstück gegeben.

Das Problem muß gesehen werden, daß die sich entfaltende Kirchenmusik allzu reichlich und den Gottesdienst zu sehr belastend in Erscheinung trat. Von daher muß man die reservierten Äußerungen des aufkommenden Pietismus gegenüber einer üppigen kirchenmusikalischen Praxis verstehen. Der Expansionsdrang und das Autonomiestreben der Kirchenmusik führte allmählich dazu, daß sie sich aus ihrer gottesdienstlichen Bindung löste. Es entstanden Werke konzertierenden Charakters, die primär musikalischen Gestaltungsprinzipien folgten. Die solistische und virtuose Ausformung gottesdienstlicher Kompositionen wurde in Analogie zur Entwicklung in der weltlichen Musik (Oper) gesteigert. Vertonungen geistlicher Texte sprengten den gesetzten liturgischen Rahmen und überstiegen von den Anforderungen und von der Besetzung her die einer Kantorei gegebenen Möglichkeiten. Als Mittelweg boten sich damals schon besondere Gottesdienste an (Abendmusik, Vesper, Motette), in denen sich Musik innerhalb eines knappen liturgischen Gerüstes breit entfalten konnte.

Die evangelische Kirchenmusik hat im 17. Jahrhundert eine Reihe bedeutender Namen aufzuweisen (Prätorius, Schütz, Schein, Scheidt, Buxtehude), bis schließlich der lutherische Kantor *Johann Sebastian Bach* (1685–1750) nicht nur einen Gipfelpunkt evangelischer Kirchenmusik, sondern der Musik überhaupt darstellte. In seinen *Kantaten* ist zwar die liturgische Bindung an das Proprium des Sonntags noch stark durchgehalten. Sie sind für die Einfügung in den lutherischen Hauptgottesdienst komponiert. Aber Gedankengang und Ablauf des mehrsätzigen musikalischen Opus (mit vielen konzertierenden Stücken) ist selbst eine Art Liturgie geworden. Besonders augenscheinlich ist das bei den Bachschen Passionen, die ihrer Intention nach aus den Vespermusiken der Karwoche, insbesondere des Karfreitags, herausgewachsen sind, aber die herkömmlichen Dimensionen sprengten. Doch ist unbestritten, daß sie aus dem Mutterboden mittelalterlicher und reformatorischer Kirchenmusikpraxis erwachsen sind und auf ihre Weise ein in sich geschlossener Gottesdienst sind. Da ansonsten (vor und neben Bach) im 17. und 18. Jahrhundert die liturgischen Gestaltungskräfte erlahmten und die alten gottesdienstlichen Formen sich allmählich auflösten, konnten kirchenmusikalische Werke sich um so breiter entfalten, was andererseits den Auflösungsprozeß der Liturgie beschleunigte. In den Zentren der Liturgie- und Kirchenmusikpflege wie Leipzig, Dresden, Hamburg, Lübeck, Nürnberg konnte es noch gelingen, kirchenmusikalische Großwerke in die klassische Liturgiestruktur aufzunehmen. Doch waren das schon die Ausnahmen. Daneben zeichnete sich das Auseinanderbrechen von künstlerischer Kirchenmusik und Gottesdienstpraxis ab, das bis in die Gegenwart hinein bestimmend geblieben ist.

Auch ist vom 17. Jahrhundert an eine Verkümmerung des Gemeindechorals festzustellen. Das neu entstandene geistliche Lied war in zunehmendem Maße das Lied des einzelnen. Es wanderte aus dem Gottesdienst ab in die individuelle Andachtsmusik im Haus und wurde zur Ausdrucksform einer barocken und frühpietistischen Mystik, die an mittelalterliche Traditionen anknüpfte. Eine Reihe der besten Lieder dieser Gattung (Paul Gerhardt, Johann Rist) konnte später für den Gottesdienst der Gemeinde zurückgewonnen werden.

In der katholischen Kirche lief die Entwicklung anders. Im Endergebnis aber war es auch dort so, daß die zahlreichen und künstlerisch vielfach hochwertigen Meßkompositionen des 18. und erst recht des 19. Jahrhunderts in das liturgische Geschehen nicht mehr integrierbar waren.

4. Aufklärung und Romantik

Um die Mitte des 18. Jahrhunderts, also mit dem Sieg der Aufklärung, verlor nicht nur die evangelische Kirche ihren beherrschenden Einfluß im geistigen und praktischen Leben, sondern trat auch die Kirchenmusik in ihrer Bedeutung weit zurück. Das gilt sowohl für die gottesdienstliche Kirchenmusik als auch für die aus der Liturgie ausgewanderte Kirchenmusik. Immerhin behauptete sich das geistliche Oratorium (G. F. Händel) als weltliche Musikveranstaltung. Die Bachschen Passionen wurden durch Felix Mendelssohn-Bartholdy dem Konzertsaal zurückgewonnen. Die gottesdienstliche Musik war in der Zeit zwischen 1750 und 1850 in Bedeutungslosigkeit abgesunken. Die Musik des 19. Jahrhunderts, die in der Romantik einem neuen Höhepunkt entgegenstrebte, war vor allem auf die Kunstformen der Oper und der Symphonie bezogen. Sie befaßte sich am Rande mit religiösen Themen, brachte auch oratorische Werke für den Konzertsaal hervor, war aber insgesamt ganz an der differenzierten Selbstdarstellung des autonomen Menschen mit seinen Empfindungen und Gefühlen ausgerichtet und deshalb äußerlich wie innerlich in den Gottesdienst nicht integrierbar. Immerhin erwachte im 19. Jahrhundert wieder das Interesse am Kirchenlied des 16. und 17. Jahrhunderts. Die Begleitung des Gemeindegesangs durch die Orgel wurde mit der Einführung guter „Choralbücher" auf eine solide Grundlage gestellt. Ältere Werke der Kirchenmusik wurden durch Neudruck erschlossen, wenn vorläufig auch noch verhältnismäßig selten aufgeführt. Die Restauration der Agenden im 19. Jahrhundert brachte stellenweise verschüttetes liturgisches Gut deutscher Gregorianik wieder zum Vorschein. Felix Mendelssohn-Bartholdy, Johannes Brahms, Heinrich von Herzogenberg und Max Reger schufen erstmals wieder bemerkenswerte geistliche Kompositionen evangelischer Prägung, die freilich nur bedingt für den gottesdienstlichen Gebrauch geeignet waren. Sie bereiteten einer kirchenmusikalischen Erneuerungsbewegung den Boden. Auch tüchtige Kleinmeister (J. G. Herzog) haben durch handwerklich sauber gearbeitete Werke, die praktischen Anforderungen Rechnung trugen, an die Verpflichtung einer sachgemäßen musikalischen Gestaltung des Gottesdienstes erinnert. Insgesamt wurde die Musik, soweit sie nicht das Orgelvorspiel und die Choralbegleitung betraf, als verschönernde Beigabe bzw. als „Einlage" (Chorsätze) empfunden. Die Musik gehörte, vor allem wenn es sich um gregorianische Weisen handelte, auf die Seite der „Liturgie" und diese wurde als mehr oder weniger entbehrliches Beiwerk der „Predigt" gegenübergestellt.

5. Das 20. Jahrhundert

Etwa seit 1925 erfolgte in Verbindung mit der Singbewegung, der Orgelbewegung und den liturgischen Erneuerungsbewegungen ein kirchenmusikalischer Aufbruch. Die u. a. von Paul Hindemith ausgelöste Gegenbewegung gegen die musikalische Spätromantik (Richard Wagner, Richard Strauss) eröffnete auch dem kirchenmusikalischen Schaffen neue Möglichkeiten, die Musik der Gegenwart sinnvoll in das Beziehungssystem „Gottesdienst" einzuordnen. Johann Nepomuk David, Ernst Pepping, Hugo Distler, um nur drei besonders profilierte Komponisten zu nennen, schufen Chor- und Orgelwerke, die künstlerisch auf der Höhe ihrer Zeit waren und doch dem gottesdienstlichen Bedarf und den praktischen Möglichkeiten der Ausführenden (Kantoreipraxis) gerecht wurden.

In keiner Epoche der evangelischen Liturgiegeschichte wurde nach dem 16. und 17. Jahrhundert so viel gute und verwendbare Literatur für den Gottesdienst bereitgestellt wie in den Jahren zwischen 1930 und 1960. Diese ist noch längst nicht in dem Maße genützt, wie sie es verdiente. Die musikalische Entwicklung eilte weiter und die Werke der kirchenmusikalischen Erneuerungsbewegung wurden alsbald geringschätzig als „Neobarock" bezeichnet. Doch konnte weder die Zwölftonmusik noch die Atonalität noch die serielle oder elektronische Musik hilfreiche Beiträge für die gottesdienstliche Praxis erbringen. Unbestritten ist, daß eindrucksvolle geistliche Werke geschaffen wurden (Penderecki), die freilich sowohl an die Ausführenden als auch an die Zuhörer große Anforderungen stellen.

Wenn überhaupt in jüngster Vergangenheit praxisnahe gottesdienstliche Musik neu entstanden ist, dann waren es vom Jazz, vom Spiritual, von der Pop-Musik geprägte Stücke, deren künstlerischer Wert (und damit auch ihre Lebensdauer) freilich sehr unterschiedlich beurteilt werden muß. Immerhin spielte der Gesichtspunkt der praktischen Verwendbarkeit eine gewichtige Rolle, wenn diese Kompositionen sich oft auch nicht in die überkommenen klassischen Liturgieformen einfügten.

In jüngster Zeit haben die Kinderchöre (in Verbindung mit dem Orffschen Instrumentarium) einen neuen Aufschwung erlebt. Die Posaunenchöre sind seit dem 19. Jahrhundert ein wichtiger Faktor innerhalb der Kirchenmusik. Sie sind gerade für die Musik im Freien prädestiniert (Turmblasen) und treten in geschlossenen Räumen als festliche Ergänzung neben die Orgel. Nach wie vor ist die Orgel das zentrale Instrument des Gottesdienstes. Seit der Orgelbewegung sind besonders hochwertige Instrumente entstanden, mit denen ein fähiger Organist auch der differenzierten künstlerischen Orgelmusik der Moderne gerecht werden kann. Wie weit sich die z. Zt. gern gebrauchte und meist nicht solistisch, sondern nur als Begleitinstrument eingesetzte elektronisch verstärkte Gitarre im Gottesdienst durchzusetzen vermag, bleibt fraglich.

Das Verhältnis der Musik zum christlichen Gottesdienst hat man in der katholischen Kirche (Karl Gustav Fellerer) in konzentrischen Kreisen zu beschreiben versucht: Musik *des* Gottesdienstes (Gregorianik), Musik *im* Gottesdienst (die liturgische Musik, also die Ordinariums-, Propriums- und Offiziumskompositionen in der Zeit der klassischen Polyphonie mit ihrem Höhepunkt Palestrina), Musik *zum* Gottesdienst (die gesamte nachtridentinische Kirchenmusik). Demgegenüber hat Oskar Söhngen von evangelischer Seite aus folgendermaßen unterschieden: *Kirchliche Musik* (Musik für den unmittelbaren Gebrauch der Gemeinde Jesu Christi), *gläubige Musik* (Musik in der Bindung an die Welt des christlichen Glaubens, vorwiegend mit ausgesprochen persönlich individuellem Gepräge, wie Beethovens Gellertlieder, Vier ernste Gesänge von Brahms), *religiöse Musik* im weitesten Sinne (etwa Beethovens Schluß der 9. Symphonie, Bruckner-Symphonien).

    Ausgangspunkt aller kirchlichen Musik soll immer die die großen Taten Gottes im Lied verkündigende Gemeinde Jesu Christi sein. Alle davon abgeleiteten Vorgänge (chorische, solistische, instrumentale Musik) und damit verbunden das Hören von Musik müssen sich auf ihre Beziehung zu diesem Urfaktum des gläubigen Singens hin befragen lassen.

6. Kapitel

DER HAUPTGOTTESDIENST MIT PREDIGT UND HEILIGEM ABENDMAHL

1. Hauptgottesdienst mit oder ohne Abendmahl?

Der erste Band der Agende für evangelisch-lutherische Kirchen und Gemeinden bietet als grundlegende Ordnung des Gottesdienstes „die evangelische Messe", d. h. den *Hauptgottesdienst mit Predigt und heiligem Abendmahl*. Damit wird aufgezeigt, daß mit dieser Form die „Vollgestalt" des evangelischen Gottesdienstes gegeben ist.

Die gegenwärtige Praxis und die Reformbemühungen beider großer Konfessionen lassen erkennen, daß diese „Vollgestalt", wie sie die Alte Kirche noch kannte, lange Zeit und bis in die Gegenwart hinein im kirchlichen Leben nicht selbstverständlich war. Die *katholische* Kirche berief sich auf die Wertschätzung des Altarsakraments, das sonntäglich, ja täglich gefeiert wurde. Es hatte aber (als Meßopfer) den Charakter eines „Sacrificiums" angenommen. Das „Wort" war in den Hintergrund getreten. Die Kommunion der Gemeinde – das Entscheidende im Sakrament – war zur Nebensache geworden. Außerdem wurde sie nur unvollständig gefeiert (Kelchentzug).

Die *evangelische* Kirche berief sich auf die Wertschätzung des Wortes und auf den stiftungsgemäßen Vollzug des Altarsakraments. Während kein Gottesdienst ohne Predigt stattfand, wurde das Abendmahl aber verhältnismäßig selten gefeiert. Die rechte Zuordnung von Wort und Sakrament in dem einen Hauptgottesdienst war kaum verwirklicht. In der Feier des Abendmahls „im Anschluß" an den Hauptgottesdienst konnte die falsche Meinung entstehen, es handle sich dabei nur um ein Anhängsel.

Seit der Reformation wurde die Frage bewegt, ob Wort und Sakrament in einem Gottesdienst zusammengehören (so Luthers Ordnungen) oder in zwei getrennten Gottesdiensten gefeiert werden sollen (so die reformierten Ordnungen). Theologische wie praktische Gesichtspunkte wurden für das eine wie für das andere vorgebracht. Wenn der Hauptgottesdienst nach der Lutherischen Agende I Predigt und heiliges Abendmahl in sich vereinigt, so ist damit ein grundsätzliches „Ja" zur Zusammenordnung beider Gnadenmittel im Gottesdienst gesprochen. Es wird damit deutlich gemacht, welchen Platz das Altarsakrament im kirchlichen Leben einnehmen soll. „Die Feier des Sakraments kann daher nicht von den ungeregelten Zufälligkeiten eines sich äußernden ‚Bedürfnisses' abhängig gemacht und das Sakrament selbst nicht in besondere Abendmahlsgottesdienste außerhalb der regelmäßigen Abfolge der Gottesdienste an Sonn- und Festtagen abgedrängt werden; es muß vielmehr in einem bestimmten zeitlichen

Rhythmus, eben im ‚Hauptgottesdienst', inmitten der ganzen Gemeinde öffentlich gefeiert werden." (Mahrenholz)

Das bedeutet nun nicht, daß der Hauptgottesdienst jeden Sonntag so gehalten werden müßte, bzw. daß der Hauptgottesdienst ohne Abendmahl ein unvollständiger Gottesdienst wäre. Die Möglichkeit der Aussparung des heiligen Abendmahls aus dieser Ordnung ist in Agende I ausdrücklich vorgesehen. Es gibt daneben

1. eine eigene Ordnung für die *Feier des heiligen Abendmahls außerhalb des Hauptgottesdienstes,*
2. einen eigenen *Predigtgottesdienst* neben dem Hauptgottesdienst,
3. eine Ordnung *„Der Predigtgottesdienst als Hauptgottesdienst".*

Aber die dringliche Mahnung, das Abendmahl wieder mehr als früher in die Mitte des gottesdienstlichen Handelns zu rücken, ist nun auch durch die agendarische Ordnung verstärkt worden.

Es kann nicht durch liturgische Formulare geregelt werden, in welchem Maße in einer Gemeinde der Gottesdienst mit Predigt und Abendmahl verwirklicht wird. Es ist von größtem Schaden für eine Gemeinde, wenn man ihr gegen ihren Willen und ohne ihre innere Bereitschaft diese Form aufzwingt. Es ist aber ebenso von größtem Schaden, wenn Pfarrer und Gemeinde sich dabei beruhigen, daß der Predigtgottesdienst die regelmäßige Form des gottesdienstlichen Lebens ist und die Sakramentsfeiern nur von Zeit zu Zeit zu außergewöhnlichen Stunden für eine kleine Gruppe nach dem Sakrament verlangender Gemeindeglieder gehalten werden. Wenn auch die Lutherische Agende von 1954 mit der Form der „Evangelischen Messe" einen klaren Weg gewiesen hatte, so war zunächst die Macht der Gewohnheit doch stärker. Selbst da, wo man diese „neue" Agende mit Freude praktiziert hat, wurde in der Regel von der Möglichkeit Gebrauch gemacht, den Sakramentsteil auszuklammern, also vom Fürbittengebet gleich zum Vaterunser und dann zum Schlußteil des Gottesdienstes überzugehen. Inzwischen hat sich aber, sicherlich angeregt durch die liturgischen Bewegungen und wohl auch durch die Liturgiereform der römisch-katholischen Kirche, ein Lernprozeß vollzogen, der zur häufigeren Einbindung des Altarsakraments in den Gesamtzusammenhang des Hauptgottesdienstes geführt hat. Man hat erkannt, daß das rechte Sakramentsverständnis und lebendige Sakramentsfrömmigkeit zwar auch auf dem Weg der Unterweisung, der Predigt, der Seelsorge gewonnen werden können, daß aber über das Sakrament nicht nur gesprochen und diskutiert werden kann, sondern daß es vor allem gefeiert sein will, und zwar an der Stelle, wo es nach dem Stifterwillen Christi und nach ökumenischer Tradition der Kirche seinen Platz hat, im Gottesdienst der im Namen Jesu versammelten Gemeinde. Allein durch das Mitfeiern und durch das Mitleben in der Ordnung des Sakraments wird auch in Zukunft die Freude wachsen können, aus der heraus die Vollgestalt des Gottesdienstes für Predigt und Abendmahl nicht als lästiges Joch, sondern als neu erschlossener Reichtum empfunden wird.

(Die für diese Ordnung eingebürgerte Bezeichnung „Sakramentsgottesdienst" ist nicht glücklich, weil sie den Eindruck vermitteln könnte, als würde der Wortteil ausgeklammert sein, so wie die römisch-katholische Kirche mit dem „Wortgottesdienst" einen Gottesdienst ohne Abendmahl meint.)

Seit alters war der Abendmahlsfeier die Beichte obligatorisch vorgelagert (vgl. das Augsburgische Bekenntnis Art. 25). Das ist kein Problem, solange der Abendmahlsgottesdienst für sich steht. Die Beichte sollte aber nicht in den Rahmen des Hauptgottesdienstes eingeschoben werden. Sie würde dadurch überdies in ihrem Gewicht sehr beeinträchtigt. Die Beichte ist eine kirchliche Handlung eigener Art.

Sie wird als gemeinsame Beichte der Abendmahlsgäste in der Sakristei *vor* dem Hauptgottesdienst oder als Beichtvesper am Samstagabend oder als Einzelbeichte aus ihrer falschen Stellung, Durchgangsstadium zum heiligen Abendmahl zu sein, befreit und dadurch erst zu ihrem vollen Recht kommen. (Näheres zur Beichte und ihrer Verbindung mit dem heiligen Abendmahl siehe S. 268 f.).

Der Gottesdienst umfaßt 4 bzw. 5 Abschnitte:
  das Rüstgebet der Gemeinde (Confiteor) (fakultativ),
  den Eingangsteil,
  den Wortteil,
  den Sakramentsteil,
  den Schlußteil.

Die erwähnte Strukturdenkschrift verwendet für die 5 Abschnitte des Gottesdienstes folgende Bezeichnungen:
  Eröffnung
  Anrufung
  Verkündigung und Bekenntnis
  Abendmahl
  Sendung.

Die ältesten Teile sind Wort- und Sakramentsteil, dann haben sich vom 4.–6. Jahrhundert allmählich der Schlußteil und der Eingangsteil um sie gruppiert, bis im Mittelalter das Confiteor dazukam, das aber von der Reformation nicht allgemein übernommen wurde.

Die im 18. Jahrhundert sich herausbildende Gliederung des Gottesdienstes in 3 Teile – „Vorgottesdienst" (fälschlicherweise Liturgie genannt), Predigt und Schlußgottesdienst – sollte endgültig der Vergangenheit angehören.

Im folgenden findet die bayerische Ausgabe der Lutherischen Agende besondere Berücksichtigung. Die Hauptstücke des Gottesdienstes sind mit römischen Ziffern bezeichnet. Die Hinweise auf „Anweisung" (abgekürzt: Anw.) beziehen sich auf die „Anweisungen zum Gebrauch der Agende I", die in der „Ausgabe für den Pfarrer" zu finden sind.

2. Der Rüstteil (Die Eröffnung)

Der Gottesdienst beginnt mit dem *Orgelvorspiel* (Präludium) und dem *Eingangslied*.

Während des Vorspiels oder während des Eingangsliedes begibt sich der Liturg (gegebenenfalls mit dem Lektor, Prediger usw.) an seinen Platz. Bei besonderen Anlässen kann ein feierlicher Einzug der Amtsträger erfolgen. Zum Confiteor tritt der Liturg an den Altar, nach dessen Beendigung er wieder an seinen Platz zurückkehrt und dort bis zum Kollektengebet bleibt, auch wenn er beim Introitus und beim Kyrie den Chor vertritt und beim Gloria intoniert.

Für das Orgelvorspiel gilt: Während alle selbständige Orgelmusik im Gottesdienst an einen Cantus firmus gebunden sein soll, hat in den Rahmenfunktionen (Präludium, Postludium) auch die *freie* Orgelmusik ihr Recht, vorausgesetzt, daß diese Musik ebenso zum Lobe Gottes erklingt.

In Ergänzung und Auflockerung der agendarischen Bestimmungen wäre festzustellen, daß auch das *Glockenläuten* ein Teil der den Gottesdienst intonierenden Musik ist, daß an die Stelle des Orgelvorspiels auch die musikalische Einstimmung durch ein Instrumental- oder Chorstück treten kann. Bei bestimmten Anlässen (Gottesdienste mit Bußcharakter) wäre die Eröffnung des Gottesdienstes mit einem Meditationswort und einer sich anschließenden Gebetsstille, die in das Confiteor oder in ein anderes Eingangsgebet mündet, denkbar.

In die Eröffnung kann auch eine kurz und zuchtvoll formulierte *Begrüßung* aufgenommen werden, die in einer Gemeinde, wo man einander nicht mehr kennt, für die Schaffung einer kommunikativen Atmosphäre von großer Bedeutung sein kann. In der Begrüßung kann auf Besonderheiten im Ablauf des Gottesdienstes hingewiesen werden. Mitteilungen, die in innerer Beziehung zum Dankopfer, zu den Fürbitten und zur Sendung in die Welt stehen, sollten an dieser Stelle unterlassen werden. Sie wirken auf den Gottesdienstbesucher, der darauf wartet, in die Anrufung Gottes miteinstimmen zu können, oft ablenkend und den Ablauf hemmend.

Das Eingangslied der Gemeinde ist eigentlich ein Stück des Introitus (siehe II.) und würde folgerichtig unmittelbar vor dem Kyrie seinen Platz haben. Singt auch noch der Chor einen Introituspsalm, so müßte, dem alten Grundsatz der Addition entsprechend, zuerst der Chor und dann die Gemeinde den ihnen jeweils zufallenden Eingangsgesang ausführen, so daß sich die Reihenfolge ergäbe: Rüstgebet – Chorintroitus – Eingangslied der Gemeinde – Kyrie. Die Agende hat mit Rücksicht auf die fest eingewurzelte Gewöhnung und auf die sammelnde Wirkung eines den Gottesdienst einleitenden Liedes die Möglichkeit vorgesehen (Anw. 25), daß das Eingangslied *vor* dem Chorintroitus gesungen werden kann, ja anstelle der den Rüstteil einleitenden Bitte um den Heiligen Geist (Lied 124) auch schon vor dem Confiteor stehen kann, vorausgesetzt, daß dann der Introitus psalmodisch ausgeführt wird (Anw. 26, so auch in Bayern). So ergibt sich als Reihenfolge: Orgelvorspiel – (Begrüßung-) Eingangslied – Sündenbekenntnis (fakultativ) – psalmodischer Introitus – Kyrie. In den Gemeinden mit schlichter liturgischer Tradition und geringen Möglichkeiten folgt auf das Eingangslied gleich das Kyrie.

I. Das Sündenbekenntnis (Confiteor)

Der Christ ist in seinem ganzen Leben und selbstverständlich gerade dann, wenn er an der Gemeinschaft des Gottesdienstes teilzunehmen sich anschickt, gefragt, ob er in der rechten Buße und im rechten Glauben steht (Matth. 5, 23–24; Mark. 11, 25–26; 1. Kor. 11, 27–29; 2. Kor. 13, 5). Der Ruf zur rechten Vorbereitung auf den Gottesdienst (Sündenbekenntnis) ist seit den frühesten Zeiten der Kirche hörbar, ohne daß besondere liturgisch geprägte Formen aus jener Zeit bekannt wären. Erst im 9. Jahrhundert erscheinen zwei Möglichkeiten der Vorbereitung:

a) Der *Akzeß* (von accessus = das Herzugehen). Er wurde nur von den Priestern in der Sakristei im Zusammenhang mit den anderen Vorbereitungen (Handwaschen, Anlegen der liturgischen Gewandung) in Form mehrerer Gebete und Sündenbekenntnisse (Apologien) vollzogen. Er war im Laufe der Zeit Wandlungen unterworfen, existiert aber heute noch in der römischen Kirche, wenn auch nicht als verpflichtende Vorschrift und nicht zum Meßordo gehörig.

b) Das *Stufengebet*. Während des Einzuges des Klerus in die Kirche war nicht nur dem Chor der Gesang eines Psalmes zugewiesen (siehe II.), sondern wurden auch für die Einziehenden selbst bestimmte Gebete vorgeschrieben. Diese Form des Gottesdienstbeginns ist allmählich dahingefallen, es blieben aber die Gebete, die dann an den Stufen des Altarraumes gesprochen und fester Bestandteil der Messe wurden.

Das in der römischen Kirche lange Zeit gebrauchte Staffelgebet war der jüngste Teil der „Vormesse". Man hatte es im Jahre 1570 unter Papst Pius V. fest eingeführt. Es wurde hauptsächlich aus dem Psalm 43 und einem Schuldbekenntnis (Confiteor) gebildet, für das die Form des Dialoges zwischen dem Priester und den ihn umgebenden Brüdern und eine gegenseitige Lossprechung in fürbittender (optativischer) Form (nicht wie bei der Beichte in indikativischer Form) charakteristisch war (also z.B.: Misereatur tui ... Deus, nicht: Ego te absolvo). Seit der Liturgiereform ist dieses Gebet wieder in die Sakristei zurückverlegt und nicht mehr bindend vorgeschrieben.

Neben diese Rüstakte des Klerus trat im Mittelalter auch ein Rüstakt der Gemeinde: *die Offene Schuld*. Sie ist eine allgemeine Beichte mit einer allgemeinen Absolution und kam in der Messe erst nach der Predigt an der Schwelle zum Mahlteil zu stehen. Sie wurde in der Volkssprache gehalten. Man hat sie sowohl als Rüsthandlung der Gemeinde vor dem Sakrament wie auch als eine Beichte allgemeiner Art verstanden, wenn auch bestritten wurde, daß sie mit dem Bußsakrament, das an die persönliche Beichte und Bußleistung geknüpft war, identisch sei. Seit der Liturgiereform findet sich in der Feier der Gemeindemesse vor dem Kyrie bzw. in Verbindung mit dem Kyrie wieder ein „allgemeines Schuldbekenntnis".

Während die Tridentinische Messe weitere Rüstgebete unmittelbar vor der Kommunion in Form mehrerer kleiner Vorbereitungsgebete für die Priester kannte, bietet das neue Gesang- und Gebetbuch „Gotteslob" jetzt auch der Gemeinde eine Anzahl guter Gebete und Meditationstexte zur Kommunion an.

Luther hat in seine Ordnungen weder das Stufengebet noch die Offene Schuld aufgenommen, da beide Stücke zu seiner Zeit nicht offizielle Bestandteile der Messe waren. Soweit sie im praktischen Gebrauch waren, ließ man sie bestehen. Luther hat darüber hinaus das Vaterunser als Vorbereitungsgebet auf die Kommunion verstanden und an die Stelle der Offenen Schuld in die Deutsche Messe die Abendmahlsvermahnung eingefügt. Tatsächlich blieb es aber dann meist beim alten. Alle überkommenen Arten von Vorbereitungsgebeten gingen in *die reformatorischen Gottesdienstordnungen* ein.

Es gab dabei drei Möglichkeiten:
1. Das Confiteor ist privates Vorbereitungsgebet der Geistlichen. So hat es z. B. die Brandenburg-Nürnberger Kirchenordnung.
2. Das Confiteor wird zum Rüstgebet der ganzen Gemeinde am Anfang des Gottesdienstes. Es erscheint dann oft im Stile der Offenen Schuld mit einer allgemeinen Beichte und einer allgemeinen Absolution, letztere sowohl in optativischer als auch in indikativischer Form. Elemente des Akzesses, des Stufengebetes und der Offenen Schuld sind dabei durcheinandergemischt.
3. Die Offene Schuld nach der Predigt. Sie wird aufgefaßt
    a) als allgemeine Beichte mit allgemeiner Absolution (manchenorts fügte man auch die Retention für die Unbußfertigen hinzu),
    b) als Vermahnung zum rechten Glauben (so Luther),
    c) als Bitte und Fürbitte (so Bugenhagen und die von ihm abhängigen Ordnungen).

Über die Rüstgebete zur Kommunion wird bei der Kommunion selbst zu reden sein.

Von dem allgemeinen Verfall der gottesdienstlichen Formen waren die Rüstgebete besonders betroffen, da die Aufklärung gerade von Sünde und Vergebung nicht mit dem biblischen Tiefgang zu reden wußte.

Friedrich Wilhelm III. (s. S. 42) verschaffte dem Rüstteil, der von reformatorischen Vorlagen ausging, wieder Eingang in die preußische Agende (1829). Alsbald setzte aber insoferne eine Fehlentwicklung ein, als man auf Grund mancher Unklarheiten das Confiteor mit dem Kyrie und das Gnadenwort mit dem Gloria verband (siehe auch III. und IV.) und es für eine glückliche Lösung hielt, daß nun Kyrie und Gloria nicht mehr „so unvermittelt nebeneinander" standen, sondern daß ein psychologischer Übergang gewonnen worden war. So war in Preußen seit 1894 die offizielle Reihenfolge: Lied – Introitus – Sündenbekenntnis + Kyrie – Gnadenspruch + Gloria. Bayern hatte diese Verschränkung von Rüstgebet und Kyrie-Gloria schon vorher eingeführt, obwohl Löhes Reformagende einen anderen, sachlich und historisch völlig richtigen Vorschlag gemacht hatte. Dem preußischen Beispiel folgten auch andere Gottesdienstordnungen.

Daneben gab es auch das Confiteor im Stile der Offenen Schuld am Beginn des Gottesdienstes (z. B. Sachsen, Hannover), gelegentlich auch noch die Offene Schuld nach der Predigt.

In der *Lutherischen Agende* ist das Confiteor aus der falschen Verbindung mit Kyrie und Gloria, die bis zum 19. Jahrhundert nirgendwo belegt ist, wieder befreit und ein eigener, selbständiger, allerdings auch fakultativer Teil am Anfang des Gottesdienstes geworden. In der Formulierung wurde darauf geachtet, daß keine Verwechslung mit der Beichte und der Absolution entsteht. Gerade in Hauptgottesdiensten mit Abendmahl, denen ein Beichtgottesdienst vorausgegangen ist, kann das Confiteor unbedenklich entfallen. Um der Abgrenzung von der Beichte willen wurde für das Confiteor auch die Bezeichnung „Rüstgebet der Gemeinde" gewählt, was aber nicht so verstanden werden darf, als hätte die christliche Gemeinde in Analogie zu nichtchristlichen Gottesdiensten sich zuerst einer Reinigungszeremonie zu unterziehen, bevor sie Gott naht. „Der Christ tritt als iustus et peccator (Gerechtfertigter und Sünder zugleich) vor das Angesicht Gottes. Der *ganze* Gottesdienst ist für ihn Sündenvergebung und Gnadenzuspruch". (Mahrenholz)

1. Das „Confiteor" bzw. „*Rüstgebet der Gemeinde*" kann durch das Lied 124 „Komm, Heiliger Geist, erfüll..." eingeleitet werden, falls nicht hier schon das Eingangslied gesungen wurde, wie es für Bayern die Regel ist. Das Confiteor selbst ist im Stile der Offenen Schuld gehalten, unter Verwendung von Formelementen des Stufengebetes. Das Sündenbekenntnis gipfelt in dem Ruf „Gott, sei mir Sünder gnädig". Der Gnadenzuspruch ist in fürbittender Form gehalten, ohne daß die volle Entfaltung der evangelischen Botschaft („Gott hat sich unser erbarmt") zu kurz käme.

Die in Analogie zur römischen Messe neuerdings vorgeschlagene Verbindung von Bußrufen (im Sinn des Confiteor) mit dem Kyrie ist möglich, sollte aber nicht zum Regelfall werden. Dagegen sollte die Zwischenschaltung einer Gnadenverkündigung zwischen Kyrie und Gloria grundsätzlich vermieden werden. Sie wäre der Rückfall in die fragwürdige Praxis des 19. Jahrhunderts. Das Confiteor ist nicht an den Pfarrer gebunden. Es kann auch von Gemeindegliedern (Lektor, Kantor usw.) ausgeführt werden.

Die Offene Schuld nach der Predigt, die nur noch hier und da praktisch geübt wurde, ist in die Ordnung des Hauptgottesdienstes nicht mehr aufgenommen. Sie erscheint dafür aber (in fast derselben Form wie das „Rüstgebet der Gemeinde") in der besonderen Ordnung „Der

Hauptgottesdienst ohne Abendmahl am Karfreitag, an Buß- und Bettagen und an Bittagen", in der Ordnung „Der Predigtgottesdienst als Hauptgottesdienst" und im „Öffentlichen Bußgottesdienst" (Agende III).
2. Nur in der für die Hand des Pfarrers bestimmten Ausgabe der Agende findet sich ein „*Rüstgebet des Liturgen* (und der übrigen gottesdienstlichen Amtsträger)", das in der alten Form des Stufengebets erscheint und außerhalb der eigentlichen Gottesdienstordnung in der Sakristei gehalten werden kann (mit Psalm 43 und Confiteor in Dialogform).
3. Schließlich bietet die Agende sowohl für die Gemeindeglieder als auch für die Pfarrer verschiedene Gebete an, die zur stillen Bereitung auf den Gottesdienst gebetet werden können.

3. Der Eingangsteil (Die Anrufung)

Im Eingangsteil folgen einander verschiedene Stücke, die insgesamt Lob und Anbetung, Klage und Bitte zum Ausdruck bringen und nicht im Sinn einer logischen Stufenfolge aufeinander bezogen sind. Die beiden Urelemente, die im Laufe der Zeit erweitert und aufgefächert wurden, sind das *Lied zum Eingang* (Psalm) und die *Anrufung* (Kyrie). Bei jeder Modifikation dieses in der Praxis meist zu schwerfällig und zu einförmig geratenden Eingangsteils wird man im Auge behalten müssen, daß es um die Entfaltung dieser beiden Grundelemente geht.

II. Der Introitus

Der Introitus ist seit dem 7. Jahrhundert der die römische Messe einleitende Gesang. Er geht vielleicht auf Papst Gregor I. zurück. Jedenfalls war er zuerst in den päpstlichen Gottesdiensten üblich und verbreitete sich von Rom aus über das ganze Abendland. Während die Priester und ihre Ministranten von der Sakristei, die ursprünglich neben der Eingangstüre an der Westseite der Kirche lag, durch das Kirchenschiff zum Altarraum zogen, trug die Schola cantorum einen *Psalm* vor, der dann, wenn die Priester an ihren Plätzen angekommen waren und ein entsprechendes Zeichen gegeben worden war, abgebrochen und abgeschlossen wurde durch die lateinische Doxologie: „Ehre sei dem Vater und dem Sohne und dem Heiligen Geiste. Wie es war im Anfang, jetzt und immerdar und von Ewigkeit zu Ewigkeit. Amen" (Gloria patri).

Das *Gloria patri* (die kleine Doxologie) wurde in seiner ersten Hälfte schon seit den frühesten Zeiten der Christenheit den Psalmen hinzugefügt, um diese als im Geiste Christi gebetete Psalmen zu kennzeichnen. Es wurde als Gegenbekenntnis gegen die arianische Irrlehre formuliert. Der zweite Teil ist etwa in der Zeit des Athanasianischen Glaubensbekenntnisses entstanden (um 500) und verstärkte das Bekenntnis zur Trinität.

Typisch für den Introitus wurde weiter die sogenannte *„Antiphon"* (Rahmenvers oder Leitvers), ein aus dem betreffenden Psalm ausgewählter Vers. Später verwendete man dazu auch Verse aus anderen Psalmen oder anderen biblischen Büchern, gelegentlich sogar Sprüche außerbiblischen Ursprungs. Dieser Vers wurde dem Psalm thematisch vorangestellt und beschloß ihn nach dem Gloria patri. Man ging dann dazu über, die Antiphone auch zwischen die einzelnen Psalmverse, mindestens aber auch vor das Gloria patri einzuschieben. Die Ausführung des Introitus erfolgte durch zwei Halbchöre, die versweise miteinander wechselten.

Der Introitus ist also wie das Offertorium und die Communio ursprünglich ein *Prozessionspsalm* gewesen, d. h. ein Psalm, der als Begleitung zu einem „Gang" (Eingang oder Umgang) gesungen wurde.

Die im *Mittelalter* gemachten Versuche, das Gloria patri von der Gemeinde singen zu lassen, haben sich nicht durchgesetzt. Als durch die Verlegung der Sakristei in die Nähe des Altarraumes der Einzug viel weniger Zeit in Anspruch nahm und die musikalische Ausführung immer reicher wurde, begnügte man sich mit einem einzigen Vers aus dem früher ganz gesungenen Psalm, wobei oft gerade die Verse in Wegfall kamen, um derentwillen der Psalm als Eröffnung eines bestimmten Gottesdienstes überhaupt ausgewählt worden war. In dieser Form wurde er bis in die jüngste Vergangenheit gebetet und zwar, seitdem der „Einzug" nicht mehr stattfand, vom Priester selbst am Altar. Er bestand also aus Antiphone, Psalmvers (dieser Vers wurde in der römischen Praxis kurz „Psalm" genannt), Gloria patri, Antiphone.

Die neue Form der Messe sieht ganz am Anfang die Möglichkeit des „Gesangs zur Eröffnung" (während der Priester einzieht) vor. Das kann ein allgemeines Kirchenlied sein. Als „Eröffnungsvers" ist ein Bibelwort (zumeist ein Psalmwort) angeboten, das, wenn zur Einführung nicht gesungen wurde, in die Eröffnung zwischen Gruß- und Schuldbekenntnis einbezogen werden sollte, da es häufig einen Leitgedanken der Meßfeier angibt. Diese Eröffnungsverse sind in allen 3 Lesejahren oft mit den Kernsätzen der bisherigen Antiphonen der geprägten Zeiten identisch.

Die Reformation behielt den Introitus bei und machte aus ihm wieder das, was er ursprünglich war: einen Gesang des Chores. Luther sprach sich in der Deutschen Messe dafür aus, wieder einen *ganzen* Psalm (ohne Antiphon, wohl wegen der Schwierigkeit der Eindeutschung) oder an seiner Stelle ein deutsches Lied zu singen. Es bildete sich die Übung, daß dort, wo ein Chor vorhanden war, die überlieferte Form des Introitus (lateinisch oder deutsch, mit oder ohne Antiphon) gesungen wurde bzw. der Figuralchor eine freie Introitusmotette sang. In Gottesdiensten ohne Chor sang die Gemeinde ein deutsches Lied, dem man u. U. eine in deutsche Liedform gebrachte Fassung des Gloria patri anfügte. Die Gemeinde sang oft auch zusätzlich zum Chorintroitus ihr „Introituslied". In der Folgezeit verschwand der Chorintroitus so gut wie völlig; es blieb nur ein allgemeines Lied zum Eingang, das den Propriumscharakter dieses Stückes nicht mehr erkennen ließ.

Die Agenden des *19. Jahrhunderts* mühten sich um eine Wiederherstellung des Introitus in verschiedener Weise. Man ließ zumeist einen Eingangsspruch vom Liturgen sprechen, die Gemeinde sang das Gloria patri, oder aber Liturg und Gemeinde psalmodierten in halbversigem Wechsel (so Bayern). Die Ausführung als gregorianisches Chorstück blieb Ausnahme. Dabei verstand es sich immer von selbst, daß der „Introitus" *nach* dem Eingangslied kam.

Die lutherische Gottesdienstordnung der *Gegenwart* gibt dem Introitus wieder seine ursprüngliche Gestalt mit der Gliederung Antiphone – Psalm – Gloria patri – Antiphone. Die Frage der rechten Textfassung war freilich seit der Reformation nie klar gelöst worden. Die Kurzfassungen des Introitus in den Agenden der Restauration verwendeten willkürlich Teile der Antiphontexte, Psalmtexte und auch freie Bibelsprüche.

Auf die *Antiphone,* die als ein wesentlicher Bestandteil des Introituspsalms seinen Propriumscharakter zum Ausdruck bringt, sollte keineswegs verzichtet werden. Damit sie vom Chor (und vielleicht auch von der Gemeinde) gesungen werden kann, mußten in vielen Fällen neue oder vereinfachte musikalische Fassungen erarbeitet werden. Da der Antiphonentext häufig eine Übersetzung der lateinischen Vorlage darstellt, gibt er oft nicht den genauen Luthertext wieder. (Für lange Antiphonen ist durch entsprechende Klammersetzung eine Kurzfassung angegeben.) Das im Text der Antiphone stehende Sternchen (Asteriscus) stellt den Einschnitt dar, bis zu dem hin der intonierende Kantor allein singt und von dem an der ganze Chor einfällt. Bei einer späteren Wiederholung der Antiphone (zwischen zwei Psalmversen, vor oder nach dem Gloria Patri) singt der ganze Chor von Anfang an.

Beim *„Psalm"* selbst kehrt die Lutherische Agende zu dem altkirchlichen Brauch zurück, einen ganzen Psalm oder doch wenigstens mehrere Verse daraus singen zu lassen, damit sich ein verständlicher Sinn ergibt. Aus dem für den Sonntag nach alter Ordnung vorgesehenen Introituspsalm sind 4–8 Verse ausgewählt worden, die den Introitus wieder als ein *Eingangslied* (in Psalmform), und zwar als ein De-tempore-Lied, zur Geltung bringen. Bei der Auswahl der Texte wurde auch die in der evangelischen Kirche ausgebildete Tradition miteinbezogen. Da weniger leistungsfähige Chöre nicht für jeden Sonntag einen neuen Introitus üben können, ist dem sonntäglich wechselnden A-Introitus ein B-Introitus beigegeben, der für eine Reihe von Sonntagen oder eine Gruppe von Fest- und Gedenktagen gemeinsam gilt.

_{Nun ist durch die 1978 in Kraft getretene neue Ordnung der Lesungen das Proprium teilweise verändert worden. Deshalb mußte die Zuordnung der Psalmen zu den einzelnen Sonntagen überprüft werden. Da man in der Agende ohnehin das Prinzip der über mehrere Sonntage sich erstreckenden B-Introiten bejaht hat, sind etwaige Änderungen in der Introitusreihe von geringer praktischer Bedeutung. Eine Psalmreihe ist überdies mehr als eine Lesungsreihe offen für sachlich begründete Abweichungen und Varianten.}

Das *Gloria patri,* das ursprünglich von dem den Psalm ausführenden Chor gesungen worden war, hatte man im 19. Jahrhundert der Gemeinde mit einer festen Melodie gegeben. (Nicht zu verwechseln mit der Gloria-patri-Strophe des Eingangsliedes.) Es war dadurch unversehens zu einem Ordinariumsstück geworden. Korrekterweise sollte aber die Singgruppe, die auch den Psalm gesungen hat, das Gloria Patri ausführen und zwar nach der gleichen Tonart, in der der Psalm gesungen wurde, und in unmittelbarem Anschluß daran.

Vom Sonntag Judika bis einschließlich Karsamstag entfällt das Gloria patri.

In *Bayern* war die Gemeinde schon bisher (in halbversigem Wechsel mit dem Liturgen) am Introitus (meist im sog. Versikelton) beteiligt. Diese Beteiligung soll ihr (vgl. Anw. 64) auch in Zukunft erhalten werden. Sie singt den Introituspsalm dann in einem Psalmton ganzversig im Wechsel mit dem Chor, an dessen Stelle notfalls der Kantor oder der Liturg treten kann. Der Introitus braucht also in Bayern nicht zu entfallen, wenn der Chor im Gottesdienst nicht mitwirkt (vgl. Anw. 61). Da der Gemeinde ein sonntäglicher Wechsel des Introitus nicht zugemutet werden kann, werden die B-Introiten im Normalfall, die A-Introiten nur ausnahmsweise verwendet. Wo der Wechsel der Psalmtöne Schwierigkeiten macht, werden alle Introiten im 8. Psalmton gesungen.

Das seit der Reformation den evangelischen Gottesdienst eröffnende *Eingangslied der Gemeinde* wird entweder neben dem Chorintroitus oder anstelle des Chorintroitus beibehalten. Zur verschiedenartigen Stellung des Eingangsliedes siehe das vor „I. Das Sündenbekenntnis" Gesagte. Da das EKG einen Großteil von Psalmliedern bringt, kann gegebenenfalls bei der Wahl des Eingangsliedes der jeweilige Introituspsalm berücksichtigt werden (z. B. Estomihi: Psalm 31 – Lied 179).

Wird kein psalmodischer Introitus gesungen, so kann das Eingangslied mit dem Gesang des Gloria patri in der Form einer zum Eingangslied passenden Gloria-patri-Strophe oder in der Prosaform schließen (bleibt für die bayerischen Verhältnisse außer Betracht). In verschiedenen landeskirchlichen Anhängen sind zahlreiche metrisch unterschiedliche Gloriapatri-Strophen aufgeführt, die mit Hilfe einer beigegebenen Übersicht einem Lied des EKG, das als Eingangslied in Frage kommt, angefügt werden können.

Nicht jedes Lied eignet sich als Eingangslied. Es sollte den Ton des Lobens und Dankens, der Bitte um den Heiligen Geist oder auch der Kirchenjahreszeit anschlagen. Die Morgenlieder des Gesangbuchs sind oft für die werktägliche Andacht in Kirche und Haus geschaffen worden und wegen ihrer Ausrichtung auf die Berufsarbeit im Sonntagsgottesdienst nicht immer in allen Strophen verwendbar.

III. Das Kyrie

Der Ruf „Kyrie eleison" („Herr, erbarme dich") stammt schon aus der vorchristlichen Zeit. Er war im antiken Heidentum ein allgemeiner Bittruf an die Gottheit, besonders an den Kaiser oder den Sonnengott (dann lautete die Formel „Helios, erbarme dich unser"). Die Christengemeinde übernahm diese Formel, die ihr auch aus der griechischen Übersetzung des Alten Testamentes geläufig war (Psalm 25, 16 u. ö.; Luther übersetzte durchgängig „sei mir (uns) gnädig!") und die sich, auf Jesus bezogen, auch im Neuen Testament findet (z. B. Matth. 15, 22).

Im 4. Jahrhundert wird uns aus dem jerusalemischen Gottesdienst die Gewohnheit berichtet, daß in der die Vesper abschließenden Fürbitte des Diakons eine Reihe von Namen genannt wurden, in die eine Kinderschar „Kyrie eleison" hineinrief. In dieser Form, also als Kehrreim eines großen litaneiartigen Fürbittgebets (Ektenie), gelangte das Kyrie zu großer Bedeutung, ja es erhielt selbst oft den Namen litania. Vom 5. Jahrhundert ab wurde das Kyrie auch im Westen heimisch und von Papst Gelasius I. (492–96) an den Anfang der Messe gestellt. Daneben kam der Ruf „Christe eleison" auf.

<small>Man vermutet mit guten Gründen, daß dabei vor allem die Namen derer ausgerufen wurden, die wegen ihres Glaubens an den Kyrios Jesus Christus irgendwelchen Verfolgungen oder Benachteiligungen ausgesetzt waren und die damit in die Fürbitte der Gemeinde aufgenommen wurden. Die Fürbitten wurden im Laufe der Zeit gekürzt und fielen schließlich an dieser Stelle ganz fort. Eine Reihe von Fürbitten wurde in die Nähe der „Wandlung" gerückt in der Erwartung, daß die Kraft des Altarsakraments dort stärker wirksam sei.</small>

Die Zahl der Kyrierufe, die bisher freigestellt war, wurde dann so geordnet, daß in Ausrichtung auf die Trinität dreimal Kyrie eleison, dreimal Christe eleison und wieder dreimal Kyrie eleison im Wechsel von Schola und Klerikerchor gesungen wurde. Im Laufe der Zeit hat sich auch immer wieder das Volk an den Kyrierufen beteiligt. Die Tropierung des Kyrie, die im Mittelalter sehr mannigfaltig erfolgte, wurde durch das Tridentinum endgültig unterbunden. Von da an betete der Priester mit dem Ministranten abwechselnd 3 x 3 Kyrierufe. Bei der Ausführung im gregorianischen Choral wechselten die beiden Chorhälften miteinander.

Die reformatorischen Ordnungen übernahmen fast ausnahmslos das Kyrie sowohl als gregorianischen Gesang wie auch als deutsches Kirchenlied, wobei man sich dann auch auf das dreimalige Kyrie beschränkte. Es war entweder Chorgesang oder Wechselgesang zwischen Chor und Gemeinde. Wie die meisten liturgischen Stücke verschwand auch das Kyrie zur Zeit der Aufklärung aus dem Gottesdienst. Die preußische Agende von 1822 hat es dann zusammen mit dem Gloria wieder eingeführt, wobei allerdings *Liturg* und Gemeinde sich in den Gesang teilten. Als man später allgemein dem Kyrie das Confiteor vorausgehen und den Gnadenspruch folgen ließ, wurde das Kyrie in seiner Bedeutung eingeengt. Es war nur die musikalisch gestaltete Erweiterung und Fortführung des Rufs „Gott, sei mir Sünder gnädig". Die Fülle der im Kyrieruf enthaltenen Bitten – Hilfe an Leib und Seele, Vergebung der Schuld, Bewahrung vor Versuchung, Erlösung von allem Übel, demütige Huldigung der Größe, Heiligkeit und Barmherzigkeit Gottes – war dadurch nicht mehr gegeben. Wenn heute im lutherischen Gottesdienst das Kyrie wieder unmittelbar auf das Eingangslied oder den Eingangspsalm folgt, so hat es damit seine ursprüngliche Funktion, „der umfassende Gebetsruf aus der Tiefe aller menschlichen und kreatürlichen Not" zu sein, zurückerhalten.

Agende I kennt verschiedene Ausführungsmöglichkeiten, sowohl griechisch als auch griechisch und deutsch, tropiert wie auch nicht tropiert, sowohl im Wechsel zwischen Chor und Gemeinde als auch für die Gemeinde allein. (Anw. 76 sieht vor, daß beim geteilten Kyrie für den Chor ersatzweise der Kantor oder Liturg eintritt). Die erste Form, das Straßburger Kyrie von 1525, hat sich weithin als Normalform eingebürgert. In der Advents- und Fastenzeit wird besonders das Kyrie aus Luthers Deutscher Messe (ohne nachfolgendes Gloria) angeboten, obwohl gerade beim Wegfall des Gloria ein weiter ausschwingendes Kyrie besonders sinnvoll wäre. Die Möglichkeit, in schlichten Verhältnissen das Kyrie gemeinsam sprechen zu lassen, braucht nicht ausgeschlossen zu werden.

Das Kyrie kann auch in Form eines *Kyrieliedes* (EKG 130) ausgeführt werden. In älteren Ordnungen wurde gelegentlich die mit einem Kyrieleis abschließende Liedstrophe (Leise) an die Stelle des Kyrie gerückt. Da die Möglichkeit der liedhaften Ausführung auch für den vorausgehenden Introitus und das nachfolgende Gloria besteht, muß darauf geachtet werden, daß nicht zwei oder gar drei Lieder unmittelbar aufeinanderfolgen (Anw. 27). Natürlich kann im besonderen Fall das Kyrie vom Chor substitutiv für die Gemeinde motettisch oder oratorisch mit Instrumenten ausgeführt werden. Kyrie-Kompositionen gibt es im Rahmen der Meßvertonungen in unübersehbarer Fülle.

Die neueste Entwicklung geht dahin, die Kyrierufe mit Gebetsanliegen aufzufüllen. Dadurch wird die Gemeinde wieder stärker am Kyrie beteiligt. Außerdem erhält, vor allem dann, wenn das Gloria wegfällt, das Kollektengebet als zusammenfassendes Gebet wieder seinen ursprünglichen Sinn.

IV. Das Gloria

Der Vox deprecationis des Kyrie folgt unmittelbar der Hymnus angelicus des Gloria, auch „große Doxologie" genannt. Das Gloria ist ein nach Art der Psalmen (ursprünglich in griechischer Sprache) gedichteter *Hymnus,* der eine Fortführung des Engelsgesanges Luk. 2, 14 darstellt. Er bringt eine Lobpreisung Gottes des Vaters, eine Anrufung Jesu Christi und schließt mit der Verherrlichung des dreieinigen Gottes. Die Motive aller anderen Ordinariumsgesänge und auch des Tedeums sind in das Gloria hineinverwoben. Obwohl es bereits im 4. Jahrhundert bezeugt ist, kam es erst verhältnismäßig spät in die römische Messe.

Zunächst fand es in den Stundengebeten der Ostkirche Verwendung. Im frühen Mittelalter kam es auch in der westlichen Kirche in Gebrauch. Die heutige lateinische Textfassung wurde im 9. Jahrhundert festgelegt. Es trat in der Messe allmählich zwischen Kyrie und Kollekte. Die Intonation, die anfänglich dem Papst und dann dem Bischof vorbehalten blieb, durfte erst nach und nach von jedem Priester und an jedem Tag angestimmt werden. Die weitere Ausführung übernahm der Klerus, das Volk wohl nur noch selten. In den geschlossenen Zeiten wurde es überhaupt nicht gesungen. Die Tropierungen des Mittelalters sind wieder in Wegfall gekommen. In der römischen Messe gilt das Gloria als sekundärer Meßgesang, der nur an den Sonntagen außerhalb der Advents- und Fastenzeit, an Hochfesten, Festen und bei anderen festlichen Anlässen angestimmt wird. Innerhalb der Choralmesse wird das Gloria unmittelbar nach dem Kyrie vom Priester intoniert, vom Chor weitergeführt und vom Laudamus ab von den zwei Chorhälften im Wechsel durchgesungen. Seit dem II. Vatikanum kann die Gemeinde das Gloria gemeinsam sprechen oder es in Form eines Glorialiedes singen.

Auch die reformatorischen Ordnungen haben das Gloria nicht immer übernommen. Wenn es in Kirchenordnungen nicht eigens aufgeführt ist, so kann es entweder beim Kyrie mitgemeint sein oder aber es kommt für den als Beispiel gewählten Sonntag (meist der 1. Sonntag im Kirchenjahr, also 1. Advent) wegen der geschlossenen Zeit nicht in Frage. Dennoch war das Gloria weithin ein wesentlicher Bestandteil des evangelischen Gottesdienstes. Neben der deutsch-gregorianischen Form entstanden auch Glorialieder (EKG 131). Die Möglichkeit, zwischen lateinischer und deutscher Fassung zu wählen, wurde genützt.

Zusammen mit dem Kyrie wurde das Gloria bis ins 18. Jahrhundert hinein als „Missa brevis" auch im evangelischen Bereich oft und oft komponiert. Dann allerdings gingen sowohl das Wissen um die Zusammengehörigkeit von Kyrie und Gloria als auch die Stücke selbst verloren. Immerhin hat sich das Gloria, wenn auch oft nur in Form eines allgemeinen lobpreisenden Liedes, als Restbestand einer alten liturgischen Ordnung bis in die Zeit der Aufklärung gehalten.

Die preußische Restaurationsagende von 1822 hat zunächst völlig richtig das Gloria unmittelbar dem Kyrie folgen lassen. Als man später die dem Confiteor entsprechende „Absolution" hinter das Kyrie stellte, wurde das nachfolgende Gloria als Danksagung für die vergebene Schuld gedeutet. Dabei hat man aber nicht genügend bedacht, daß das Gloria gar nicht bloß Danksagung für die Sündenvergebung ist, sondern durchaus auch die Bitte um göttliches Erbarmen enthält, damit also die Elemente des Kyrie und des Agnus Dei zur Geltung bringt.

Der Gloriagesang wurde schließlich auf den biblischen Text Luk. 2, 14 beschränkt. Die Fortsetzung „Wir loben Dich" blieb den hohen Festtagen vorbehalten. (Man hat irrtümlich allein diese Fortsetzung „Großes Gloria" genannt, obwohl ursprünglich das ganze Gloria in excelsis so geheißen hat, im Unterschied zum „Kleinen Gloria", dem Gloria patri.) Das Glorialied des Nikolaus Decius wurde sehr oft an Luk. 2, 14 angefügt, aber nicht mit allen 4 Strophen, auch nicht mit den Strophen 2–4, die die Fortsetzung des

Spruches Luk. 2, 14, also das Laudamus te, zum Inhalt haben, sondern inkonsequenterweise mit Strophe 1, womit nur eine Verdoppelung der Eingangssätze, nicht aber eine additive oder substitutive Ausführung des Gloria erreicht wurde.

Die Lutherische Agende hat die Verkoppelung des Gloria mit der Gnadenverkündigung wieder aufgegeben.

Das Gloria soll an allen Sonn-, Feier- und Danktagen gesungen werden; es entfällt aber vom 2.–4. Advent und in der Fastenzeit (mit Ausnahme des Gründonnerstags). Die Agende bietet das Gloria sowohl mit Prosatext wie auch als liedförmiges Gloria an. Es bleibt der Gliedkirche bzw. der Kirchengemeinde vorbehalten, für welche Möglichkeiten sie sich entscheidet.

A. GLORIA MIT PROSATEXT

Die deutschen Fassungen variieren textlich etwas miteinander, je nach der Vorlage, die sie benützen. Agende I bringt an erster Stelle die Straßburger Fassung von 1525, dann auch das Nürnberger Gloria von 1525 und Luthers „All Ehr und Lob soll Gottes sein...". Die 1970 veröffentlichte ökumenische Fassung des Gloria (beginnend „Ehre sei Gott in der Höhe und Friede auf Erden den Menschen seiner Gnade...") ist in evangelischen Gottesdiensten noch wenig in Gebrauch, da die überlieferten und vertrauten Melodiefassungen zur Beibehaltung der älteren Textfassungen zwingen. Die lateinische Fassung, die von Menschen „guten Willens" (bonae voluntatis) spricht, geht am Sinn des griechischen Originaltextes vorbei.

Der Liturg, aushilfsweise der Kantor oder der Chor (Anw. 76) intoniert: „Ehre sei Gott in der Höhe", die Gemeinde oder der Chor singt die Fortsetzung. Das Gloria kann auch von zwei Gruppen im Wechsel (zwei Chor- oder zwei Gemeindegruppen im Wechsel, bzw. Chor und Gemeinde) gesungen werden. Wird das ganze Gloria mit Prosatext nur vom Chor ausgeführt, so sollte die Gemeinde das Glorialied (EKG 131) ganz oder wenigstens die 1. Strophe singen. Sie kann auch, wenn kein Chor zur Verfügung steht und sie selbst das ganze Gloria nicht zu singen imstande ist, nur bis „Wohlgefallen" singen und dann mit einem Amen abschließen.

B. LIEDFÖRMIGES GLORIA

Ist das Gloria nur in der Liedfassung der Gemeinde vorgesehen, so intoniert der Liturg, notfalls der Kantor oder der Chor, vorher ein gregorianisches „Ehre sei Gott in der Höhe", für das je nach der Kirchenjahreszeit verschiedene musikalische Fassungen angeboten sind, und dann setzt die Gemeinde mit dem Lied „Allein Gott in der Höh sei Ehr" (entweder Strophe 1–4 oder Strophe 1) ein. Wenn das Kyrie schon in Liedform gesungen worden war, ist es unzweckmäßig, auch das Gloria als Lied singen zu lassen (Anw. 27).

In beiden Fällen sollte der Grundsatz beachtet werden, das Gloria nach Möglichkeit entweder ganz zu singen oder gar nicht. Es widerspricht der liturgischen Tradition, es in geschlossenen Zeiten beizubehalten oder durch Advents- oder Passionslieder zu ersetzen. Ein festliches Stück sollte nicht permanent durchgehalten werden. Wenn es durch die Fasten- bzw. Passionszeit hindurch nicht erklungen ist und sozusagen „ausruhen" konnte, wird es zum Osterfest mit neuer Freude gesungen werden können.

Die Strukturdenkschrift „Versammelte Gemeinde" gibt zu bedenken, daß die drei Eröffnungsgesänge Introitus, Kyrie und Gloria als Dubletten empfunden werden können, vor allem, wenn sie immer von der gleichen Gruppe ausgeführt werden. Sie ermutigt dazu, je nach dem Charakter des Gottesdienstes gelegentlich das Kyrie breiter zu entfalten und dafür (den Introituspsalm und) das Gloria wegfallen zu lassen oder umgekehrt einmal nur den Lobpreis des Gloria, das ja auch das Kyrie in sich begreift, in die Mitte der „Anrufung" (des Eingangsteils) zu stellen.

V. Salutation und Kollekte

A. DIE SALUTATION

Auf das Gloria in excelsis folgt in der traditionellen Ordnung des abendländischen Gottesdienstes erstmalig ein Wechselgruß, den Liturg und Gemeinde austauschen mit den Worten: „Der Herr sei mit euch – und mit deinem Geist!" (In der Überschrift des Abschnittes „Kollekte" wird die Salutation nicht erwähnt, weil sie liturgischem Brauch gemäß zum Kollektengebet gehört; sie wird auch vor dem Präfationsgebet und der Schlußkollekte nicht besonders genannt.)

Die Bibel ist voll von verschiedenen Grußformeln, die zugleich eine reale segnende Bedeutung haben (Matth. 10, 12–13; Joh. 20, 19. 21. 26). Die schon im jüdischen und heidnisch-griechischen Bereich verwendeten Grußworte „Gnade" und „Friede" wurden von der Gemeinde Christi alsbald mit dem Inhalt gefüllt, der ihnen auf Grund der Heilstat Christi zukommt. Die in den Episteln häufig vorkommenden Gruß- und Segensformeln machen es wahrscheinlich, daß schon im urchristlichen Gottesdienst der liturgische Gruß eine große Rolle gespielt hat. Der sinnvolle Platz solcher Grüße war der Anfang und der Abschluß des gesamten Gottesdienstes oder eines in sich geschlossenen Teils des Gottesdienstes.

Es geht hierbei nicht bloß um einen Gruß zwischen Menschen, sondern um einen Zuspruch, der in seinem Segenswort die Gabe wirklich übermittelt, von der er spricht, der also die Gegenwart des auferstandenen Herrn, seinen Frieden, sein Heil wirklich bringt. Diese Gabe kann im Glauben angenommen oder im Unglauben zurückgewiesen werden. Die Realität dieser Gabe wird durch die Abweisung nicht in Frage gestellt. Deshalb spricht man von der sakramentalen Bedeutung des Grußes und des Segens, durch die beide nicht als nebensächliche Randstücke, sondern als inhaltsreiche Vollmachtsworte des Gottesdienstes verstanden werden müssen.

Die gottesdienstliche Entwicklung im Mittelalter brachte eine Häufung der Salutationsformeln mit sich, womit auch ihr eigentlicher Sinn verdunkelt wurde. Die Salutation vor der Kollekte stand einmal ziemlich am Anfang des Gottesdienstes: Der Liturg meldete sich sozusagen nach dem Eingangspsalm des Chores und der Kyrie-Ektenie der Gemeinde grüßend zu Wort, um nunmehr mit einem Kollektengebet diesen den Gottesdienst eröffnenden Anrufungsteil abzuschließen. Da sich aber im Eingangs- und im Rüstteil immer mehr andere Stücke vor dieses Kollektengebet lagerten, in denen auch wieder die Salutation (z. B. im Stufengebet) vorkam, verlor die Salutation an dieser Stelle ihren Sinn. In der Tridentinischen Messe kam die Salutation insgesamt neunmal vor und man deutete sie einfach als „Aufforderung oder Ankündigung an die Gemeinde". Die Liturgiereform hat folgerichtig die Salutationen auf vier verringert und die Salutation wieder an den Anfang des Gottesdienstes gestellt, wo allerdings die verschiedensten Grußformeln bis hin zu einer frei formulierten Begrüßung möglich sind. Die zweite Salutation steht vor der Ansage des Evangeliums, die dritte zu Beginn des Eucharistischen Hochgebets, die vierte leitet die Entlassung ein.

Schon die reformatorischen Ordnungen haben einen Großteil der überkommenen Salutationen gestrichen. Die Salutation vor der Kollekte wurde aber zumeist beibehalten. Sie könnte in der Tat hier gerechtfertigt sein, sofern der Eingangsteil des Hauptgottesdienstes von Gesängen der Gemeinde gebildet wird, die ihren Dank, ihre Bitten und ihren Lobpreis vor Gott bringt. Dann tritt der Liturg im Eingangsteil völlig zurück, d. h. er vollzieht diesen Anrufungsteil wie jedes Gemeindeglied von seinem Platz aus mit. Erst bevor er im Kollektengebet stellvertretend für die Gemeinde den Eingangsteil abschließt, tritt er der Gemeinde im Gruß erstmals gegenüber. Aber auch dabei darf der „Gruß" nicht, wie es oft geschieht, bloß als „Begrüßung" aufgefaßt werden, die nur einmal und nur am Anfang des Gottesdienstes möglich wäre. Denn an dem lateinischen Wort „salutatio" (= Heilsanwünschung) wird deutlicher als an der deutschen Bezeichnung erkennbar, daß der „Gruß" mit seinem brückenschlagenden Segenscharakter auch im Verlauf des Gottesdienstes immer wieder sinnvoll sein kann. Trotzdem wird auch im evangelischen Gottesdienst der Gruß vor dem Kollektengebet nur zu empfehlen sein, wenn der Liturg nicht vorher schon in Form einer ausführlichen Begrüßung oder, wie es die Ordnungen des 19. Jahrhunderts vorsahen, im Aufruf zum Sündenbekenntnis und im „Gnadenwort" die Gemeinde angesprochen hat.

Daß der Liturg im Eingangsteil das Gloria zu intonieren hat und notfalls im Introitus und Kyrie den nicht vorhandenen Chor oder Kantor ersetzen kann, spricht nicht gegen eine nachfolgende Salutation, da diese Stücke nach Möglichkeit vom Platz des Liturgen aus und d. h. in der Nähe des Altars gesungen werden sollten, der Liturg also als „Stimme aus der Gemeinde", aber noch nicht als „Amtsträger" im Gegenüber zur Gemeinde in Erscheinung tritt.

Die Salutation wird auf dem einfachen, leittonfreien Versikelton gesungen. Es entspricht altkirchlichem Brauch, wenn der Liturg bei der Salutation die Hände grüßend ausbreitet und die Antwort der Gemeinde durch Neigen des Kopfes entgegennimmt.

B. DIE KOLLEKTE

Das *Kollektengebet* (die Kollekte) ist der zusammenfassende Abschluß eines umfassenden Gebetsaktes. Ihm ging in den Anfangszeiten der römischen Messe eine längere Fürbitte voraus, die von der Gemeinde mit den Rufen „Kyrie eleison" unterbrochen wurde (siehe III.). Diese Fürbitten gingen in ein Stillgebet über und wurden danach von einem knappen, nach bestimmten Gesetzen gestalteten Gebet abgeschlossen. In diesem Sinne wird die Kollekte heute noch (bzw. wieder) als Abschluß des Gebetsteils der Horen gebetet. Ebenso schließt sie beim Allgemeinen Kirchengebet die Ektenie, das Diakonische Gebet und die Litanei (EKG 138) ab. Auch nach dem Te Deum (EKG 137) und dem Da pacem (EKG 139) (zum Schluß des Hauptgottesdienstes an Dank- bzw. Bittagen) wird eine Kollekte (zusammen mit einem Versikel) gebetet.

Für die Kollekte hat sich ein bestimmtes *Modell* herausgebildet: Voraus geht die *Aufforderung:* „Oremus" – „Laßt uns beten!"

Sie kann mit einladend ausgebreiteten Händen gesprochen werden.
Im Anschluß an die liturgische Tradition (und die Praxis der katholischen Messe) wird heute empfohlen, daß nach dieser Aufforderung eine Gebetsstille eintritt, in der der einzelne die Möglichkeit hat, persönliche Anliegen vor Gott zu bringen, die dann für alle mit dem nachfolgenden Gebet des Liturgen zusammengefaßt und beendet werden.

a) *Anrede* an Gott Vater (z. B. „Herr, allmächtiger Gott"; später kommt gelegentlich auch die Anrede an Jesus Christus vor), oft mit einer Beifügung („unsere Zuversicht und Stärke") und der sog. relativischen Prädikation. Letzteres heißt, daß Gott in einem auf die Anrede folgenden Nebensatz auf eine bestimmte Eigenschaft, auf sein heilsgeschichtliches Walten, auf ein biblisch bezeugtes Geschehen, überhaupt auf seinen Willen zu helfen, angesprochen wird (z. B. „der du leitest und regierst, was im Himmel und auf Erden ist"). Bei der Überarbeitung liturgischer Texte wurde der Relativsatz, der sprachlich veraltet wirkt, fast immer in einen Hauptsatz umgewandelt. (Auch in den sprachlichen Neufassungen des Vaterunsers wurde die Anrede „Vater unser, der du bist im Himmel", die der lateinischen Übersetzung entsprach, verkürzt in „Vater unser im Himmel". Damit ist übrigens genau der griechische Urtext wiedergegeben.)

b) *Bitte* um eine bestimmte Gabe, in Anknüpfung an die Prädikation; in der Wir-Form, also eine Bitte der Gemeinde. Der Bitte schließt sich manchmal ein *Folgesatz* an (z. B. „auf daß wir tun, was dir gefällt"), mit dem auf den erwarteten Segen für Leben und Wandel der Betenden hingewiesen wird. (Die altertümliche Wendung „auf daß" wurde inzwischen in ein „damit" umgewandelt.)

c) *Conclusio* (der Beschluß): eine Berufung auf Jesus Christus, verbunden mit einem trinitarischen Lobpreis (z. B. „durch unsern Herrn Jesum Christum, deinen Sohn, der mit dir und dem Heiligen Geiste lebet und regieret von Ewigkeit zu Ewigkeit"). Die ursprünglichste Form lautete wohl: per Jesum Christum Dominum nostrum.

<small>(Im Deutschen wird der lateinische Akkusativ „Jesum Christum" nunmehr vermieden. Dafür wird „Jesus Christus" gesetzt. Im Genitiv ist die Beibehaltung der lateinischen Form aber nach wie vor unvermeidlich, wenn keine Beifügung vorausgeht. Man kann z. B. sagen: „der Vater unseres Herrn Jesus Christus", muß aber ohne Beifügung formulieren: „Vater Jesu Christi".)</small>

Im Mittelalter bildete sich für die römische Messe eine reiche Fülle von Kollekten aus. Die römische Kirche nannte die Kollekte vor der Schriftlesung Oratio (Kirchengebet). Für jeden Tag oder jedes Fest war mindestens ein de-tempore-Gebet vorgesehen, dem nach Vorschrift auch noch weitere angereiht wurden: die Neben- oder Gedächtnisgebete (Kommemorationen). In der heutigen Praxis ist nur noch ein Gebet, Tagesgebet genannt, vorgesehen.

Die Reformation hat einen ansehnlichen Teil der römischen Kollekten übernommen, sie übersetzt und oft verändert oder erweitert. Daneben wurde eine große Zahl neuer Kollekten geschaffen, in denen die Modellform nicht mehr streng festgehalten wurde. In der Folgezeit wurden auch freie Gebete, die ursprünglich keine Kollekten waren, an diese Stelle gerückt. Die Bitten der Kollekten versuchte man über die lange Reihe der Sonntage hinweg in eine systematische Ordnung zu bringen. Auch wollte man den Kerngedanken der nachfolgenden Schriftlesung bereits in der Kollekte zum Ausdruck bringen, so daß die Kollekte mehr und mehr zu einem Vorbereitungsgebet auf die Schriftlesung wurde.

Die liturgiegeschichtliche Arbeit des 19. Jahrhunderts hat den Blick für die ursprüngliche Kollekte des 16. Jahrhunderts wieder frei gemacht. Das Proprium der Lutherischen Agende bringt zur Hälfte Kollekten des Reformationsjahrhunderts, die auf vorreformatorische Gebete zurückgehen, zur Hälfte Gebetsgut der liturgischen Erneuerung des 19. und 20. Jahrhunderts. Seit 1979 liegen diese Gebete auch in sprachlich überarbeiteten, d. h. der Gegenwartssprache angepaßten Fassungen vor. Für die meisten Sonntage sind nunmehr zwei Kollekten zur Auswahl angeboten.

<small>Bei der Sprachgestalt wurde soweit wie möglich darauf geachtet, daß die Ausführung nach einem Orationstonmodell möglich bleibt. Es würde einen Bruch im musikalischen Ablauf des Eingangsteils bedeuten, wenn die Kollekte, nachdem vom Introitus an bis hierher alles gesungen worden ist, unvermittelt gesprochen würde.
Die Agende zeigt neben der im Ordinarium ausgeführten kadenzierenden Form im Anhang drei weitere Möglichkeiten auf:
a) das Sprechen auf einem Ton,
b) das Sprechen auf einem Ton mit einem Terzfall am Ende der Gebetsaufforderung und am Ende der Conclusio vor dem Amen,
c) den sog. „Niederdeutschen Collekten-Ton".

Selbstverständlich können auch noch andere vorhandene musikalische Formeln gebraucht werden.</small>

Anw. 52 bringt andere Fassungen des Kollektenabschlusses. Dort auch der Hinweis: „Wird eine Kollekte bei anderer Gelegenheit außerhalb des Hauptgottesdienstes gebetet, so lautet der Abschluß: Durch Jesus Christus, unsern Herrn."

In der Ordnung des Hauptgottesdienstes finden sich noch weitere Kollekten: das Gebet nach dem Dankopfer, das die Ektenie abschließende Gebet, die Fürbitten im Diakonischen Gebet, das Gebet nach der Kommunion, nach dem Te Deum, nach der Litanei.

C. DAS AMEN

Auf das Kollektengebet des Liturgen antwortet die Gemeinde mit „Amen". Das Wort „Amen" stammt aus dem Hebräischen und ist eine Formel der Bekräftigung: „Es steht fest!" oder: „Es soll geschehen!" Schon im alttestamentlichen Gottesvolk war es eine Akklamation der Gemeinde, die damit eine vorausgegangene Doxologie, ein Segenswort, eine Predigt, ein Gebet und ähnliches bekräftigte (siehe 1. Chron. 16, 36; Psalm 41, 14). So übernahm die Gemeinde das ihr vorgesprochene Wort und erkannte es als ein in ihrem Namen gesprochenes und für sie verbindliches Wort an.

Die Urgemeinde hielt an diesem Brauch fest (siehe 1. Kor. 14, 16). Die „Amen"-Worte der neutestamentlichen Briefe sind, selbst wenn sie erst von Abschreibern später eingefügt worden sein sollten, ein deutlicher Beweis dafür, daß die Gemeinde auf bestimmte Formeln des Grußes, Segens, Lobes mit einem Amen geantwortet hat. Das Amen hat jahrhundertelang seinen ursprünglichen Sinn im Gottesdienst bewahrt. Erst im Mittelalter, als die Gemeinde mehr und mehr zum Schweigen verurteilt wurde, weil der Priester selbst alles übernahm, war das Amen als Antwort nur noch aus dem Munde des Chores oder der Ministranten zu hören, wenn nicht der Priester gleich selbst das Amen sprach. Es wurde schließlich zur Gewohnheit, daß das Amen festes Abschlußwort eines Gebetes war, auch des Laiengebets. In ähnlicher Weise ist wohl die Entwicklung beim Amen nach der Predigt gelaufen. Ursprünglich schloß diese in der Regel mit einer Doxologie, auf die die Gemeinde mit Amen antwortete. Später sprach der Prediger selbst das abschließende Amen.

Luther hat dem Amen als dem Ausdruck christlicher Glaubensgewißheit große Bedeutung beigemessen (siehe die Auslegung zum Beschluß des Vaterunsers in seinem Kleinen Katechismus, 3. Hauptstück). Grundsätzlich wurde das Amen im Gottesdienst wieder der Gemeinde zurückgegeben, aber in der praktischen Durchführung hatte es meist mit dem Amen der Gemeinde nach dem *Kollektengebet* und nach dem *Segen* sein Bewenden. Das Amen wurde dabei auf einem Ton oder auch in musikalisch reicherer Form gesungen. In den reformatorischen Kirchenliedern finden sich ganze Amen-Strophen, die nicht nur im Zusammenhang des Liedes, sondern auch am liturgischen Ort des Amens Verwendung fanden: EKG 240,9; 182,3; 289,5 u. a. Daneben blieb das Amen Schlußwort des Gebetes und der Predigt, vom Beter bzw. Prediger selbst gesprochen.

Agende I sieht das „Amen" als Antwort der Gemeinde vor: nach dem Votum „Im Namen des Vaters..." zu Beginn des Rüstgebetes, nach dem Gnadenzuspruch im Rüstgebet, nach dem Kollektengebet, dem (allein vom Liturgen gesprochenen) Credo, dem Kanzelgruß und -segen und nach dem die Abkündigungen abschließenden Votum, nach dem Dankopfergebet, dem Allgemeinen Kirchengebet, dem Eucharistischen Gebet, nach dem (vom Liturgen allein gesprochenen oder gesungenen) Vaterunser (dann zusammen mit der Doxologie), nach dem Friedensgruß, nach der Spendeformel I, der Schlußkollekte und dem Segen.

(Das Amen als bloßes Schlußwort kommt ebenso vor, z. B. beim Gloria patri, beim Gloria in excelsis.)

Als Regel gilt: Auf gesungene Texte antwortet die Gemeinde mit einem gesungenen, auf gesprochene Texte mit einem gesprochenen Amen. Spricht der Liturg selbst das Amen, kann die Gemeinde eine Amenstrophe folgen lassen (Anw. 73). Agende I sieht insbesondere nach dem Credo und dem Allgemeinen Kirchengebet die Möglichkeit der Amenstrophe vor.

Zusammenfassend ist zum Eingangsteil zu sagen: Die Tendenz geht dahin, gerade diesen Teil des Gottesdienstes zu kürzen und aufzulockern, somit eine Vorderlastigkeit des Gottesdienstes zu vermeiden. Die Strukturdenkschrift stellt dazu fest: „Anbetung und Lob, Klage und Bitte bestimmen diesen Abschnitt des Gottesdienstes. Die Gottesdienstordnung sieht dafür verschiedene liturgische Stücke vor: Psalm, Lied, Kyrie, Gloria, Kollektengebet. Unter diesen kann eine dem jeweiligen Gottesdienst entsprechende sinnvolle Auswahl getroffen werden. Der Anrufungsteil soll Gemeindegesang enthalten und in der Regel mit dem zusammenfassenden Kollektengebet abgeschlossen werden."

4. Der Wortteil (Verkündigung und Bekenntnis)

Der Wortteil ist gekennzeichnet durch eine Mehrzahl von Stücken der Verkündigung (Lesungen und Predigt), die mit Stücken antwortenden, lobpreisenden oder meditativen Charakters (Psalm, Lied, Credo) abwechseln. In den verschiedenen konfessionellen Traditionen hat sich dafür ein festes Schema ausgebildet. Doch ist man heute bemüht, innerhalb des Komplexes „Wort Gottes – Antwort der Gemeinde" mehr Variationsmöglichkeiten als bisher gelten zu lassen. Die Frage, wie viele Lesungen gehalten werden (2–4) und mit welchen Stücken auf Lesungen geantwortet wird, sollte darum keinesfalls in traditioneller Gesetzlichkeit, sondern immer von den jeweiligen Umständen her entschieden werden. Innerhalb dieser leicht durchschaubaren Struktur gilt als Grundsatz, daß die Predigt sich an die jeweils letzte Lesung anschließt, daß das Evangelium nicht am Anfang steht, daß das Halleluja dem Evangelium vorausgeht und das Credo immer hinter dem Evangelium steht.

VI. Die Schriftlesungen

Lesungen aus der Heiligen Schrift bilden, soweit sich das zurückverfolgen läßt, einen unveräußerlichen Bestandteil des christlichen Gottesdienstes. Bevor die neutestamentlichen Schriften vorlagen, wird in den Gemeinden, die in der Mehrzahl ihrer Glieder aus synagogaler Tradition herausgewachsen waren (vor allem Jerusalem), die Lesung alttestamentlicher Schriften fester Brauch gewesen sein. In rein heidenchristlichen Gemeinden wird sich aus dem mündlichen Bericht der Taten Jesu und gelegentlicher Verlesung apostolischer Briefe, verbunden mit der Lesung alttestamentlicher Weissagungen, allmählich – und zwar vom 2. Jahrhundert ab, als die neutestamentlichen Schriften kanonisch abgegrenzt vorlagen – eine feste Leseordnung herausgebildet haben, bei der es bis zu vier Lesungen gegeben hat: Gesetz – Propheten – Epistel – Evangelium (so im 8. Buch der Apostolischen Konstitutionen). Zumindest gab es drei Lesungen (alttestamentliche Lesung, hauptsächlich Propheten – Epistel – Evangelium), die durch Zwischengesänge voneinander abgesetzt waren.

So wie man im jüdischen Gottesdienst (s. S. 21) die Heilige Schrift (Altes Testament) in „Gesetz" und „Propheten" aufteilte, so ergab sich in der christlichen Kirche die Aufteilung des Neuen Testaments in *„Evangelium"* und *„Epistel"*, wobei man unter „Evangelium" die vier Evangelien und unter „Epistel" die übrigen Bücher des Neuen Testament (einschließlich der Apostelgeschichte) verstand. Die Lesung alttestamentlicher Abschnitte wurde im Laufe der Zeit sehr eingeschränkt und schließlich mit der Epistellesung zusammengelegt. Dabei hat sich nur ein kleiner Teil alttestamentlicher Abschnitte erhalten. Etwa vom 4. Jahrhundert an umfaßt der Begriff „Epistel" auch schon die Lesungen des Alten Testaments (ohne die Psalmen). (Die lutherische Kirche kannte bis zur jüngsten Reform nur zwei alttestamentliche Lesungen als Episteln: Jes. 60 an Epiphanias und Jes. 53 an Karfreitag. Die römische Kirche hatte alttestamentliche Lesungen vor allem in den Wochentagsmessen der Fastenzeit und gelegentlich an Heiligentagen.)

Für den christlichen Gottesdienst ergab sich somit eine *zweifache* Schriftlesung in der Reihenfolge Epistel-Evangelium. Daß das Evangelium erst nach der Epistel gelesen wird, hat seinen Grund nicht nur in der Tatsache, daß es die Schriften jüngeren Ursprungs umfaßt, sondern darin, daß das unmittelbare Wort Jesu als Höhepunkt am Schluß erscheinen soll (ähnlich der Einzugsordnung in der Alten Kirche, bei der der Bischof den Schluß machte). Das Evangelium wird seit alters auch durch zwei umrahmende Lobrufe herausgehoben.

Dabei stellt sich die Frage, nach welchem System die biblischen Bücher gelesen werden, ob fortlaufend oder in Auswahl, und, wenn in Auswahl, nach welchem Auswahlprinzip. Die fortlaufende Lesung *(Lectio continua)* ist sicher nicht der ursprüngliche Brauch gewesen, wenngleich die erstmalige Verlesung eines Briefes in der für ihn bestimmten Gemeinde sicher in einem Zuge erfolgte. Aber das war noch ein vorliturgischer Vorgang. In der Alten Kirche wurden in der Regel *Eklogadien* gelesen, d. h. einzelne, aus dem Zusammenhang genommene Abschnitte. Diese Abschnitte nennt man seit dem 16. Jahrhundert auch *Perikopen*. Die frühesten uns bekannten Perikopenordnungen stammen aus dem 5. Jahrhundert, lückenhafte und ungenaue Quellen sogar aus dem 4. Jahrhundert. Bei aller Verschiedenheit dieser Ordnungen, die wiederum aus ganz verschiedenen Kirchengebieten stammen, lassen sich gerade für die Evangelien bestimmter Festtage und -zeiten Gemeinsamkeiten erkennen. Die echten Lectio-continua-Reihen, die zweifellos nicht liturgisch, sondern pädagogisch bestimmt sind, werden erst nach dieser Zeit entwickelt. Während man im Osten mit den Perikopenordnungen eigene Wege ging, wurde die Perikopenordnung der abendländischen Kirche mehr und mehr von Rom her bestimmt. Die sich schließlich durchsetzende Evangelienreihe wuchs aus dem römischen Ritus, die Epistelreihe dagegen aus dem gallikanischen Brauch heraus. Letztere ist offensichtlich aus einer „*Bahnlesung*" erwachsen, d. h. aus einer fortlaufenden Lesung, in der die weniger wichtigen Texte fortgelassen wurden. (Man konnte das an den altkirchlichen Episteln vom 6.–24. Sonntag nach Trinitatis deutlich erkennen.) Beide Reihen waren also ursprünglich nicht aufeinander bezogen. Die Liturgiereform unter Papst Pius V. im Jahr 1570 brachte der römischen Kirche eine für die nächsten 400 Jahre gültige einheitliche Regelung, die etwas von der altkirchlichen Ordnung abwich. Die grundsätzlich lateinisch vorgetragenen Lektionen wurden – nicht ganz logisch – „Lesung" (= Epistel) und „Evangelium" genannt. Gemäß dem neuen Ordo lectionum missae (1969) sind an Sonn- und Feiertagen sogar drei Lektionen möglich: 1. Lesung (= AT-Lesung, in der Osterzeit Apostelgeschichte); 2. Lesung (= Epistel); Evangelium. Doch kann eine der beiden „Lesungen", nicht aber das Evangelium entfallen. Der Gebrauch der Landessprache ist inzwischen selbstverständlich geworden.

Neu ist aber nicht nur die Drei-Zahl der Lesungen, sondern die Preisgabe des Jahresturnus. Von einigen Festtagen abgesehen kehren die Lesungen erst in einem dreijährigen Turnus in den Gottesdiensten wieder (Lesejahr A, B, C). Die sonntäglichen Epistel- und Evangelienlesungen folgen oft als „Bahnlesung" (unter Überspringung weniger wichtiger Abschnitte) einem Brief oder Evangelium. Dem Lesejahr A liegt Matthäus, dem Jahr B Markus und dem Jahr C Lukas zugrunde. Geht man von der Mindestzahl von 70 Sonn- und Feiertagen der römisch-katholischen Kirche aus, so werden für den liturgischen Gebrauch im Sonntagsgottesdienst rund 630 Abschnitte der Heiligen Schrift benötigt. Dazu kommen 210 Abschnitte aus Psalmen, die nicht als Lesungen, sondern als Antwortgesänge zwischen der 1. und 2. Lesung Verwendung finden.

Die lutherische Reformation hielt an den beiden Schriftlesungen „Epistel" und „Evangelium" in der althergebrachten Form fest, nur daß sich im Gemeindegottesdienst die Verlesung in der *Landessprache* (im Lektionston gesungen) von selbst verstand. Die Hörbarkeit und Verständlichkeit des biblischen Textes war oberstes Gesetz. (In den Nebengottesdiensten wurden für die Schüler aus pädagogischen Gründen die Lesungen auch lateinisch oder griechisch gehalten.) Auf die Ausarbeitung deutscher Lektionstöne (Epistel im 8. Ton; Evangelium im 6. Ton) verwendete Luther große Sorgfalt. Zwei Generationen nach ihm begann ein reiches Schaffen auf dem Gebiet der deutschen Evangelienkomposition in Motettenform. Die Evangelienmotette wurde zur gleichberechtigten Möglichkeit, die Lektion auszuführen; oder eine Spruchmotette übernahm wenigstens einen Teil der Lektion (vgl. die Evangeliensprüche von Melchior Franck).

Luther hat die altkirchlichen Perikopen nicht bloß gelesen, sondern auch über sie *gepredigt,* und zwar im Hauptgottesdienst über die Evangelien und im Früh- oder Nachmittagsgottesdienst des Sonntags über die Episteln. Da er die Texte nun auch auf ihren *Verkündigungswert* hin prüfen mußte, kam er z.T. zu kritischen Äußerungen über die Perikopenordnung, unterließ es aber, sie grundlegend zu ändern.

Die reformierte Kirche kennt in der Nachfolge Zwinglis die Schriftlesung nur noch als Textverlesung der nachfolgenden Predigt. Diese Lesungen bilden eine lectio continua und werden für den Hörer, der nicht regelmäßig daran teilnimmt, zu einer Kette von Eklogadien, in der zentrale Abschnitte aus nicht behandelten Büchern über lange Zeiträume hinweg der Gemeinde vorenthalten werden. Ähnlich war es auch in den süddeutschen Ordnungen, die auf den mittelalterlichen Predigtgottesdienst zurückgingen und in denen der Bibeltext seine Eigenständigkeit als Lesetext verloren und gänzlich die Funktion des Predigttextes übernommen hatte.

Auch in der lutherischen Kirche kam es in der Zeit des liturgischen Verfalls so weit, daß zwar nicht die Schriftlesungen grundsätzlich dahinfielen, daß sie aber nicht mehr in ihrer Eigenständigkeit gesehen wurden und daß deshalb nur noch eine Schriftlesung zum Gottesdienst gehörte. Man wußte nicht mehr zu unterscheiden zwischen der anamnetischen Funktion der Schriftlesung und der aktualisierenden Verkündigung, wie sie die einen Text fortführende und auslegende Predigt darstellt. Die Eisenacher Konferenz von 1896 hat wohl eine altkirchliche Epistel- und Evangelienreihe wiederhergestellt, die die meisten deutschen Landeskirchen übernommen haben. Aber auch hier war oberster Gesichtspunkt die Brauchbarkeit als Predigttext. In den Ordnungen der Restaurationsagenden wurde die eigenständige Schriftlesung nach dem Kollektengebet wieder vorgesehen. Doch beschränkte man sich dabei, einige Landeskirchen ausgenommen, meist auf *eine* „Altarlesung", während die andere Lesung als Predigttext auf der Kanzel gehalten wurde. Da der Predigt oftmals (mit Recht) nicht eine der beiden altkirchlichen Perikopen zugrundelag und deshalb auch für die Altarlesung ein zum Predigttext „passender" Text frei gewählt wurde, traten die den Sonntag prägenden altkirchlichen Perikopen doch wieder nicht in Erscheinung. „Die liturgische Funktion des biblischen Textes wird von der homiletischen Brauchbarkeit völlig überdeckt." (Kunze)

An den Schriftlesungen der Lutherischen Agende tritt diese liturgische Funktion des Lesetextes nun wieder deutlich hervor. Deshalb wird im Grundsatz an der doppelten Schriftlesung festgehalten. In die lutherische Agende von 1954 wurden zunächst noch die „altkirchlichen" Reihen, wie sie in der Reformationszeit praktiziert worden waren, aufgenommen. Sie waren mit den römischen Reihen verwandt, aber nicht mehr deckungsgleich. Vor allem in der Epistelreihe waren die Texte um 1–2 Sonntage verschoben.

Die Hoffnung, die Perikopenrevision, deren Notwendigkeit unbestreitbar war, als eine die Konfessionsgrenzen überwindendes „katholisches" bzw. ökumenisches Unternehmen durchführen zu können, hat sich leider nicht erfüllt. Die grundsätzlich zu begrüßende Forderung des II. Vatikanischen Konzils, „die Schatzkammer der Bibel solle weiter aufgetan werden, auf daß den Gläubigen der Tisch des Gotteswortes reicher bereitet werde", führte in der römisch-katholischen Kirche zu einer völlig neuen Leseordnung, die sich weit von der mehr als 1200 Jahre alten Tradition entfernte und damit auch die bisher vorhandene Gemeinsamkeit mit den am Meßtypus festhaltenden protestantischen Kirchen preisgab.

So wurde von der Lutherischen Liturgischen Konferenz Deutschlands in den Jahren 1968–78 eine eigene Perikopenrevision vorgenommen, die von folgenden Grundsätzen ausging:

1. Es sollte am Jahresturnus von Grundlesungen festgehalten werden. Ein Dreijahresturnus wäre nur noch theoretisch zu überblicken. Im Vollzug des Gottesdienstes ist er nicht mehr erlebbar.
2. Es sollte nicht nur (wie in der römisch-katholischen Kirche) eine Leseordnung entwickelt werden, sondern auch eine darauf aufbauende Predigttextordnung. Eine auf einen 6jährigen Turnus abgestellte Predigttextordnung war schon seit 1958 vorhanden. Doch war sie noch auf die unrevidierte Leseordnung bezogen. Sie mußte also tiefgreifend umgestaltet werden.
3. Alttestamentliche Lesungen sollten als dritte Grundreihe neben der Epistel- und Evangelienlesung in Erscheinung treten. Dabei war man sich klar, daß die alttestamentlichen Lesungen zu den neutestamentlichen Lesungen nicht nur im Verhältnis von Weissagung und Erfüllung stehen werden, sondern daß sie mitunter auch einen spannungsvollen Kontrast darstellen können.
4. Am altkirchlichen Evangelium, das seit Jahrhunderten den Sonntag prägt, sollte soweit wie möglich festgehalten werden, nicht zuletzt mit Rücksicht auf die in evangelischer Tradition gewachsene „regulierte Kirchenmusik".
5. Epistel und alttestamentliche Lesung sollten, um den Hörer nicht zu überfordern, eine gewisse innere Übereinstimmung („Konsonanz") mit dem Evangelium erkennen lassen, ohne daß das Sonntagsevangelium deshalb thematisch festgelegt und eingeengt werden müßte. Auch die auf die Grundreihen bezogenen Predigtreihen sollten an dieser „Konsonanz" teilhaben.
6. Dubletten sollten beseitigt werden. Gewichtige Abschnitte, die bisher fehlten (z. B. Matth. 11, 25–30), sollten neu aufgenommen werden.

7. Man legte die Maßstäbe der „Lektionabilität" und „Prädikabilität" an. Texte der Grundreihen sollten auch lektionabel, d. h. auch ohne nachfolgende Auslegung verständlich sein. Auslegungsbedürftige Texte sollten nicht mehr als Lesetexte, sondern nur noch als Predigttexte Verwendung finden. Jeder Lesung kann ein „Präfamen" (Vorwort) vorausgestellt werden, das nicht eine Inhaltsangabe bringen, aber kurz und bündig in die Situation des Textes einführen oder eine Zielangabe vermitteln soll.

Die nach diesen Grundsätzen erarbeiteten Lese- und Predigttextreihen wurden dann durch die Neuordnung der Wochenlied- und Wochenspruchreihe stabilisiert.

Am 1. Advent 1978 wurde die neue Leseordnung eingeführt. Im neuen Lektionar, in dem für die neutestamentlichen Abschnitte probeweise der Luthertext nach der umstrittenen Revision von 1975 abgedruckt wurde, findet sich erstmals auch eine alttestamentliche Reihe. Die alttestamentliche Lesung kann an die Stelle der Epistel treten. Legt sich aus zwingenden Gründen der Wegfall einer Schriftlesung nahe, so sollte das den Sonntag prägende Evangelium der Grundreihe (I) in jedem Fall gelesen werden.

Zur Ausführung der Schriftlesungen: Sie werden vom seitlich vor dem Altar stehenden *Lesepult* aus vom Liturgen oder *Lektor,* der aus dem dort aufliegenden *Lektionar* liest, gehalten. Ist kein Lesepult vorhanden, so können bei entsprechend geringer Entfernung der Kanzel vom Altar die Lesungen von der Kanzel aus erfolgen. Die Lesung vom Altar aus ist eine Notlösung. Die Lesungen werden jeweils eingeleitet mit einer knappen *Ansage,* aus der der Name des Sonntags (bzw. Gedenktags), das biblische Buch und die Nummer des Kapitels (nicht aber die einzelnen Verszahlen) hervorgehen.

Auf die Ankündigung des Evangeliums folgt, von der Gemeinde auf dem einfachen Versikelton gesungen, „Ehre sei dir, Herre". Nach Schluß der Lesung singt die Gemeinde in derselben Weise „Lob sei dir, o Christe". Während der Lobpreis vor der Lesung bisher weithin verlorengegangen war, hatte sich das zweite Rahmenstück als Abschluß der Lesung in vielen älteren Agenden erhalten. Es sollte aber vermieden werden, daß sich nach der Lesung weitere Bibelworte, Voten, Segenswünsche oder sonstige Abschlußformeln ansiedeln, die die Wirkung des gehörten Bibelwortes beeinträchtigen könnten. An das „Lob sei dir, o Christe" schließt sich, evangelischer Gewohnheit folgend, unmittelbar das Credo an, das aber gemäß dem altkirchlichen und katholischen Brauch auch erst hinter der Predigt stehen könnte.

Wenn über eine der beiden Schriftlesungen gepredigt wird, kann die Textlesung von der Kanzel unterbleiben und sogleich mit der Predigt begonnen werden. In diesem Fall empiehlt es sich, die Schriftlesung anzukündigen: „Das Evangelium (die Epistel, die alttestamentliche Lesung), über das (die) heute gepredigt wird, steht geschrieben..." und im Eingang der Predigt auf die am Lesepult verlesene Perikope hinzuweisen. Gegen eine Wiederholung der Verlesung auf der Kanzel ist natürlich nichts einzuwenden. (Bei einer gedanklich schwierigen Epistel wäre diese zweite Verlesung im Rahmen der Predigt auch in einer neuzeitlichen Übersetzung denkbar. Der Wortlaut der Schriftlesungen vom Lesepult aus ist aber in jedem

Fall der verbindliche Text des Lektionars bzw. der Luther-Bibel.) Es besteht auch die Möglichkeit, für die Perikope, über die gepredigt wird, am Lesepult eine Ersatzperikope (aus den Predigttextreihen) zu lesen (siehe dazu Anw. 56).

Für die Ausführung der Lesung im Sprechgesang werden Lektionstonmodelle angeboten. Davon wird sicherlich nur selten Gebrauch gemacht, z. B. bei einem besonderen Anlaß wie der Feier der Osternacht. Bemerkenswert ist, daß für die Evangelienlesung drei Modelle vorgesehen sind. Modell I: Evangelist; Modell II: Christus; Modell III: die übrigen Personen. Aus dieser Aufteilung sind die evangelischen Historienkompositionen des 16. und 17. Jahrhunderts erwachsen.

Sowohl bei der Epistel als auch beim Evangelium kann der Chor einen Teil des Textes als Motette innerhalb oder auch nach der Lesung singen.

VII. Die Gesänge zwischen den Schriftlesungen

Die Schriftlesungen waren, wie bereits erwähnt, schon in der Alten Kirche durch *Gesänge* miteinander verbunden, in denen, da es sich um Psalmen handelte, letztlich auch wieder wie in den Lesungen das *Wort der Heiligen Schrift* laut wurde. Als man noch die dreifache Schriftlesung hatte, folgte auf die alttestamentliche Lesung der *Gradualpsalm* (Responsorium graduale, später einfach Graduale), das ist ein von den Stufen (lat.: gradus) des Ambons von einem Vorsänger gesungener Psalm, nach dessen einzelnen Versen die Gemeinde einen dem Psalm entnommenen Vers als Responsum sang. (Ein typisches Beispiel für einen responsorial gesungenen Psalm ist Psalm 136 mit dem Responsum „Denn seine Güte währet ewiglich".)

Zwischen Epistel- und Evangeliumslesung stand der *Hallelujapsalm,* ein Psalm, auf den die Gemeinde mit einem Halleluja antwortete. Das Hallelujasingen geschah in reichen Melismen. Besonders das Schluß-A wurde gern noch in langen Tonfolgen (Sequenzen) ausgesungen (auch Jubilus genannt). In Bußzeiten, in denen das Halleluja entfiel, wurde ein *Tractus* gesungen; er bestand aus einer Reihe von Psalm- (oder alttestamentlichen Cantica-)Versen, die vom Vorsänger, später auch vom Chor, „in einem Zuge" (tractim), also nicht responsorial, durchgesungen wurden.

Der Evangeliumslesung folgte dann unmittelbar die Predigt.

Als später die alttestamentliche Lesung in der Epistellesung aufging, reihten sich Gradual- und Hallelujapsalm an die Epistel an. Die Texte schrumpften, ähnlich wie beim Introitus, auf 1–2 Verse zusammen. Während beim Graduale das Respondieren der Gemeinde und dann auch des Chores entfiel, hat es sich beim Halleluja erhalten.

In der Tridentinischen Messe bestand das Graduale meist aus 2 Psalmversen, die Propriumscharakter hatten. Sie wurden vom Vorsänger angestimmt und vom Chor zu Ende gesungen. Das *Halleluja* dagegen wurde so ausgeführt, daß der Vorsänger das Halleluja anstimmte und der Chor es wiederholte (melodisch durch den Jubilus erweitert); der Vorsänger sang dann den Halleluja-Vers (meistenteils den Psalmen entnommen), der Chor schloß mit dem Halleluja. In der österlichen Freudenzeit wurde ein zweifaches Halleluja (mit zwei Hallelujaversen) gesungen; das Graduale wurde dadurch verdrängt. In Bußzeiten (auch Vorfastenzeit) und an Bußtagen unterblieb das Halleluja.

Im Mittelalter hat man den reichen Tonfolgen des Jubilus, der ursprünglich nur auf den Vokal a gesungen wurde, Texte untergelegt, um die Töne besser behalten zu können. Aus diesen Texten wurden schließlich gereimte Verse, die „*Sequenzen*" genannt wurden. Aus der schier unübersehbaren Zahl von Sequenzen hat die tridentinische Reform der Messe nur vier für den liturgischen Gebrauch zugelassen, die dem Halleluja, bzw. dem Tractus, angefügt werden: „Victimae paschalis" (Ostern), „Veni Sancte Spiritus" (Pfingsten), „Lauda, Sion, Salvatorem" (Fronleichnam), „Dies irae, dies illa" (Allerseelen, auch Todes- oder Begräbnistag eines Verstorbenen). Zum Fest der Sieben Schmerzen Mariae kam dann im 18. Jahrhundert „Stabat mater dolorosa" dazu.

Schon im Mittelalter geschah es, daß man den lateinischen Sequenzen deutsche Umdichtungen in Form von Gemeindeliedern hinzufügte. An diesen Brauch knüpfte die Reformation an.

Der *Tractus* trat an die Stelle des Halleluja an den Sonntagen der Fastenzeit. An den Werktagen wurde nur das Graduale gebetet, am Montag, Mittwoch und Freitag jeder Fastenwoche auch der Tractus des Aschermittwochs.

In der neuen Meßordnung, die drei Schriftlesungen vorsieht, folgt auf die 1. Lesung der 1. Zwischengesang. Diesen Antwortpsalm, ein Propriumsstück, trägt der Kantor (Psalmist) vor. Die Gemeinde übernimmt den Kehrvers. Auf die 2. Lesung folgt als 2. Zwischengesang das Halleluja bzw. (z. B. an den Festtagen) der an dessen Stelle vorgesehene andere Gesang („zum Evangelium"). Das Halleluja oder der in Fastenzeiten an seine Stelle tretende Gesang wird also weniger als Antwort auf die Epistel denn als Auftakt zur Evangeliumslesung verstanden. Das bedeutet, daß beim Wegfall der 1. oder 2. Lesung nur der 1. Zwischengesang, nicht aber der 2. unterbleiben kann.

Die lutherische Reformation hat die in der römischen Messe gebrauchte Form der Zwischengesänge nicht übernommen.

Das *Graduale* findet sich noch in der lateinischen Ordnung der Formula Missae. Da es aber an deutschen Bearbeitungen mangelte, verfiel es. An seine Stelle trat, dem Vorschlag der „Deutschen Messe" folgend, „ein deutsch Lied", das dann, als es alljährlich an einem bestimmten Sonntag zwischen den feststehenden Schriftlesungen wiederkehrte, zum „Hauptlied" (Graduallied) wurde, das ein festes Propriumsstück der Gemeinde darstellte. So wie der von den „Stufen" singende Kantor der Alten Kirche mit seinem Graduale nicht so sehr als Beter wie als Verkündiger fungierte, so war der Gemeinde jetzt auch im Hauptlied ein liturgisches Stück zugewachsen, das Verkündigungscharakter hatte. Auch die Gemeinde kann also in der ihr gemäßen Form des Liedes den Auftrag der Verkündigung wahrnehmen.

Mit dem Wegfall der doppelten Schriftlesung mußte auch das „Hauptlied" dahinfallen. Agenden des 19. Jahrhunderts bezeichnen vielfach das (aus dem Credolied herausgewachsene) Lied vor der Predigt als Hauptlied. Dieses Lied war aber nicht mehr auf die Sonntagsperikopen bezogen, sondern war entweder allgemein an der Kirchenjahreszeit ausgerichtet oder es war eine Bitte um rechtes Hören oder es brachte bereits Gedanken der Predigt und konnte von der Gemeinde, die die Predigt ja noch vor sich hatte, nicht in der rechten Weise verstanden werden.

Die Agende der VELKD hat das Graduale in der Form der römischen Messe nicht mehr aufgenommen. Es ist für dieses Stück in der evangelischen Kirche keine Tradition gewachsen. Außerdem gibt es (abgesehen von den Alpirsbacher Versuchen) keine gregorianischen Weisen für die deutschen Texte. Dafür ist dem *Graduallied* seine Stellung inmitten der Schriftlesungen wiedergegeben worden. Von einer neugestalteten Kirchenjahreslese her hat sich das *„Wochenlied"* oder *„Sonntagslied"* erstaunlich rasch eingeführt. (Einer Weiterentwicklung dieser Reihe durch allmählichen Austausch einzelner Lieder gegen andere wird Raum gegeben; Anw. 59.) Die Gemeinde hat somit nicht nur einen Stamm von rund 120 gewichtigen Schriftlesungen (mit den alttestamentlichen Lesungen wären es 180), die Jahr um Jahr in einer festen Ordnung an ihr vorüberziehen; sie wächst nun auch in einen Stamm von mehr als 60 unserer Kirchenlieder hinein, die ihren festen Platz im Kirchenjahr haben. Wohl ist dem Pfarrer an dieser Stelle eine Beschränkung in der Liedauswahl auferlegt; aber zugleich kann es zweckmäßig sein, daß ein in der Liedauswahl unsicherer Liturg einen bindenden Hinweis auf ein zum Proprium passendes Lied erhält. Auch der Kirchenmusiker weiß für lange Zeit voraus, mit welchen Hauptliedern er zu rechnen hat, und kann sich mit seinen Vorbereitungen darauf einstellen. Da das Graduallied, wenn möglich, ungekürzt gesungen werden soll, hat die reichgestaltete Kirchenmusik gerade hier ihren Platz. (Allerdings sind auch Kürzungsmöglichkeiten angegeben; s. Anw. 58.) Das Alternatim-Singen soll dabei voll zur Entfaltung kommen.

Das *Halleluja* ist wie das Graduale in der evangelischen Kirche rasch in Verfall gekommen. Wie das Graduale hat Luther es noch in der Formula Missae (sogar für die Fastenzeit!), aber nicht mehr in der Deutschen Messe. Auch in den anderen reformatorischen Ordnungen deutscher Sprache hat man das Nebeneinander zweier musikalischer Stücke nach der Epistel nicht als notwendig empfunden. Soweit es sich doch erhielt oder wiedergewonnen wurde, sang man es *ohne Psalmvers* und stellte es etwas willkürlich *vor* das Graduallied. Als Ersatz für den verlorengegangenen Psalmvers fügte in vielen Ordnungen der Liturg der Epistel einen Spruch an, nach dem die Gemeinde ein Halleluja (auch zwei- oder dreimalig) sang, immer in derselben Melodie, so daß nicht mehr von einem Propriumsstück gesprochen werden konnte.

Die Lutherische Agende bringt das Halleluja in seiner ursprünglichen Form, allerdings entgegen alter Tradition vor dem Graduallied. (Damit wird dem Mißverständnis Vorschub geleistet, das Halleluja sei primär Antwort auf die Epistel, während es ursprünglich auf die Evangeliumslesung hinführte.) Die Gemeinde singt ein drei- oder vierfaches Halleluja in einer musikalisch einfachen Form als Rahmenvers, der Chor singt den Hallelujavers de tempore, die Gemeinde wiederholt das Halleluja. In der österlichen Freudenzeit singt der Chor dann einen zweiten Hallelujavers (aus dem NT oder frei gestaltet) und die Gemeinde wiederholt nochmals das Halleluja. Ist die chorische Ausführung nicht möglich, bleibt es bei dem einen Halleluja der Gemeinde. Von Septuagesimä bis Karsamstag sowie an Buß-, Bitt- und Trauertagen fällt das Halleluja fort. Zur Erleichterung kann (ähnlich wie beim B-Introitus) ein Hallelujavers über mehrere Sonntage hinweg beibehalten werden (Anw. 65). Die Hallelujaverse gehen zum Teil auf die älteste überlieferte Tradition zurück.

Der *Tractus* ging im allgemeinen nicht in die Kirche der Reformation ein. (Siehe dazu die Ordnung des Hauptgottesdienstes am Karfreitag, an Buß- und Bettagen und an Bittagen, S. 177.)

Eine neue Situation ist dadurch entstanden, daß die alttestamentliche Lesung an die Stelle der Epistel treten oder (wenn sie nicht Predigttext ist) als zusätzliche Schriftlesung vor der Epistel zu stehen kommen kann. Im letzteren Fall legt sich die klassische Reihenfolge nahe: Alttestamentliche Lesung – Graduallied – Epistel – Halleluja (mit einem oder zwei Psalmversen) – Evangelium. Tritt die alttestamentliche Lesung an die Stelle der Epistel (etwa deshalb, weil die Epistel als Predigttext hinter das Evangelium zu stehen kommt), so sollte ihr gleich das Graduallied folgen. Will man auf das Halleluja nicht verzichten, so müßte es entgegen dem zur Zeit eingeführten Brauch nach dem Graduallied und d. h. vor der Ansage des Evangeliums stehen. (Das Graduallied könnte aus zwingenden Gründen ebenso wegfallen, wie es umgekehrt auch Ansatzpunkt für die reiche Entfaltung figuraler Kirchenmusik sein kann.)

VIII. *Das Credo*

In der Christenheit haben drei Glaubensbekenntnisse der Alten Kirche eine grundlegende Bedeutung erhalten: das Apostolicum, das Nicaeno-Constantinopolitanum (kurz Nicaenum genannt), das Athanasianum. Da diese drei Glaubensbekenntnisse für fast alle christlichen Kirchen verbindlich sind, werden sie auch „ökumenische Symbole" genannt.

Das Apostolische Glaubensbekenntnis ist aus einem alten Taufbekenntnis (Symbolum Romanum) erwachsen und seit dem 4. Jahrhundert nachweisbar.

Das Nizänische Glaubensbekenntnis ist die Erweiterung des alten Taufsymbols von Jerusalem, in der die Abwehr des arianischen Irrglaubens ihren Niederschlag gefunden hat. Seit dem Konzil von Chalcedon 451 wurde es allgemein in Gebrauch genommen. In ihren Wurzeln sind Apostolicum und Nicaenum miteinander verbunden.

Das Athanasianische Glaubensbekenntnis (im Gegensatz zu den beiden anderen Bekenntnissen nicht griechisch, sondern lateinisch formuliert) dürfte im 5. Jahrhundert (wahrscheinlich in Südgallien) entstanden sein.

Während das Athanasianum als *Lehr*symbol kaum in den liturgischen Gebrauch übergegangen ist – es wird im römischen Officium nur noch in der Prim des Sonntags gebetet –, hat das Apostolicum seinen Platz in der Taufliturgie und im Stundengebet und später auch im mittelalterlichen Prädikantengottesdienst erhalten.

Das *Nicaenum* aber ist, in lateinischer Übersetzung, in die Meßliturgie eingegangen. Zuerst in der mozarabischen und gallikanischen Liturgie gebraucht, ist seine Einfügung in die römische Messe von Kaiser Heinrich II. im Jahre 1014 beim Papst durchgesetzt worden. War das Nicaenum, nach seinem Anfangswort auch „*Credo*" genannt, vorwiegend von der Gemeinde gesprochen worden, so übernahm es alsbald der Chor, der das Credo ähnlich dem Gloria in excelsis als Hymnus sang.

Im Gottesdienst der Ostkirche steht es im Sakramentsteil, nach dem Opferungsgebet, zwischen dem Friedenskuß und dem Eucharistischen Gebet; in der römischen Messe schließt es die Reihe der Schriftlesungen ab und hat, da die Predigt, wenn sie gehalten wird, unmittelbar auf das Evangelium folgt, seinen Platz immer *hinter* der Predigt. Es wird nicht jedesmal gebetet, sondern nur an Sonntagen, an Hochfesten und bei anderen festlichen Gottesdiensten. Das Nicaenum wird nunmehr das „große Glaubensbekenntnis" genannt.

Die Reformation behielt das Credo bei, lateinisch oder in deutscher Prosa oder als deutsches Lied „Wir glauben all an einen Gott". Man hielt daran fest, daß das Credo als Ordinariumsgesang vom Chor oder (bzw. und) der Gemeinde gesungen werden sollte. Es stand, da in der römischen Messe jener Zeit die Predigt weithin unterblieb, unmittelbar nach der Evangeliumslesung und rückte damit vor die für den Gottesdienst neu gewonnene Predigt (so auch die Brandenburg-Nürnberger Ordnung). Es kam immer noch vor, daß es erst nach der Predigt seinen Platz hatte. Dann aber betete man es in der Form des Apostolicums, wie es im mittelalterlichen Prädikantengottesdienst üblich geworden war. In einigen lutherischen Ordnungen und auch bei Calvin wurde das Credo erst im Sakramentsteil gebetet.

Die Tatsache, daß das Credo in der Gottesdienstordnung eine wechselnde Stellung einnahm und daß es aus der römischen Messe als ein bisweilen ausfallendes Stück übernommen worden war, führte dazu, daß es auch im evangelischen Gottesdienst in den Hintergrund trat und oft durch allgemeine Loblieder vor der Predigt ersetzt wurde. Die Kritik der Aufklärung an „veralteten theologischen Formeln" tat ein übriges, daß das Credo dem christlichen Gottesdienst verlorenging.

Die Restauration des 19. Jahrhunderts gewann das Glaubensbekenntnis wieder zurück, vielfach nur in der Form des Apostolicums. Doch nahmen manche Agenden auch das Nicaenum wieder auf (Bayern z.B. für die Festtage). In der Regel sprach der Liturg allein das Glaubensbekenntnis; doch wurde auch das gemeinsame Sprechen (besonders seit dem Kirchenkampf) geübt.

Das Credo sollte nicht immer in ein und derselben Weise im Gottesdienst in Erscheinung treten. Zwischen dem Apostolicum und dem Nicaenum sollte abgewechselt werden. (Bei den 1972 eingeführten Textfassungen beginnt um der besseren Unterscheidung willen das Apostolicum mit „Ich glaube", das Nicaenum aber mit „Wir glauben".) Es empfiehlt sich zwischen dem gemeinsamen Sprechen und dem gemeinsamen Singen abzuwechseln, um deutlich zu machen, daß es sich hier nicht um eine Lehrformel, sondern um einen anbetenden Hymnus handelt. Beim Singen sollten auch Credolieder (z. B. EKG 132–133) Verwendung finden. Auch das Te Deum (EKG 137) ist als ein gesungenes Glaubensbekenntnis zu verstehen. Das Credo entfällt am Karfreitag, an Buß-, Bitt- und Trauertagen sowie an Wochentagen ohne festlichen Charakter.

In der Liturgiegeschichte wird immer wieder die Tendenz erkennbar, den Liedgesang des Credo von einem Vorsänger (in erster Linie vom Liturgen) anstimmen und die Gemeinde bzw. den Chor dann einstimmen zu lassen. In Agende I wurde an diesem Prinzip der „gesungenen oder gesprochenen" Intonation ursprünglich ziemlich konsequent festgehalten, schon auch, um die allzu redseligen Credo-Einleitungen, wie sie im 18. und 19. Jahrhundert aufgekommen waren, überflüssig zu machen. Doch ist gegen eine kurzgefaßte Aufforderung zum Credo, wie sie nun auch in die römische Messe aufgenommen worden ist und die es der Gemeinde ermöglicht, von Anfang an das Credo mitzusingen und mitzubeten, nichts einzuwenden. Beispiel: „Laßt uns Gott loben mit dem Bekenntnis unseres Glaubens!" oder: „Laßt uns mit der ganzen Christenheit auf Erden unseren Glauben bekennen!" Wird das Credo nur vom Chor gesungen oder vom Liturgen allein gesprochen, sollte eine lobpreisende und trinitarisch geprägte Gemeindeliedstrophe angefügt werden. War die Gemeinde nur sprechend am Credo beteiligt, könnte als Überleitung zur Predigt noch ein kurzes Lied mit der Bitte um rechtes Hören gesungen werden (z. B. EKG 143–145).

In der jüngsten Vergangenheit hat sich die Frage gestellt, ob *neue Glaubensbekenntnisse,* die aus gegebenem Anlaß oder als Ergebnis eines geistlichen Lernprozesses von einer Gruppe in der Sprache unserer Zeit formuliert wurden, im Gottesdienst zugelassen werden können. Diese Frage ist selbstverständlich zu bejahen, wenn dieses Bekenntnis, dessen sprachliche Qualität und innere Übereinstimmung mit den Inhalten der altkirchlichen Bekenntnisse vorausgesetzt werden müssen, nicht in eine falsche Konkurrenz zu den ökumenischen Symbolen tritt. Als „Sprachübung des Glaubens" ist solch ein Bekenntnis durchaus positiv zu bewerten. Es sollte seinen Platz als Antwort auf die Verkündigung nach der Predigt haben oder vor dem Fürbittengebet stehen.

IX. *Die Predigt*

Die Predigt, also die Verkündigung des Wortes Gottes durch Auslegung eines vorgegebenen biblischen Textes vor der versammelten Gemeinde, war schon in der vorchristlichen Synagoge selbstverständlich (natürlich als Predigt des Alten Testamentes). Sie schloß sich an die Lesung der Propheten an (vgl. Luk. 4, 16–21; Apg. 13, 14–16).

Die Verkündigung Jesu dagegen stellte, auch wenn sie sich dann und wann in den liturgischen Rahmen der Synagoge einfügte, etwas grundsätzlich Neues dar. Sie war nicht Auslegung eines vorgegebenen Textes, sie wendete sich auch nicht bloß an eine geschlossene Gemeinde, sondern war das einzigartige und vollmächtige Wort des menschgewordenen Gottessohnes an alle (Joh. 7, 46; Matth. 7, 28–29). Auch die Predigt der Apostel war nicht Predigt im herkömmlichen Sinne. Sie baute auf der Botschaft Jesu und der Tatsache seines Erlösungswerkes auf und war an „alle Welt" gerichtet (Mark. 16, 15; Apg. 2, 4).

Neben dieser Form der missionarischen Predigt, durch die alle Menschen zur Buße, zum Glauben und zur Taufe gerufen wurden, stand ebenso von Anfang an die erklärende und stärkende Predigt an alle, die durch ihre Taufe und ihren Glauben zur Gemeinde Jesu Christi gehörten. Diese Predigt hatte „das Bleiben in der Apostel Lehre" (Apg. 2, 42) zum Ziel. Doch lassen sich beide Formen nicht mehr voneinander trennen, da nach Mark. 9, 24 auch der getaufte Christ immer wieder vom Unglauben zum Glauben gerufen werden muß. Jedenfalls ist die Kirche entscheidend davon geprägt, daß in der „Versammlung im Namen Jesu", im Gottesdienst, *gepredigt* wird, indem die von den Aposteln ausgehende Botschaft von Jesus Christus, dem Herrn und Heiland aller Welt, entfaltet wird. Diese Predigt vollzog sich offenbar in den mannigfaltigsten Formen. Sie war unmittelbarer Erlebnisbericht der Augen- und Ohrenzeugen von Jesus. Sie war die Weitergabe dieses gehörten Berichtes an andere in einer sich stetig verlängernden Kette des gläubigen Hörens und Redens. Sie war Verlesung eines apostolischen Briefes oder anderer schriftlicher Aufzeichnungen. Sie war aus persönlicher Offenbarung erwachsene prophetische Rede. Sie war Auslegung alttestamentlicher Weissagungen, die man in Jesus Christus erfüllt sah. Jedenfalls läßt sich die urchristliche Predigt formal nicht auf einen bestimmten Typ festlegen. Daß aber die „Predigt von den großen Tagen Gottes" ihren unaufgebbaren Platz in der Ordnung des christlichen Gottesdienstes hatte, ist unbestritten.

Diese Predigt wurde nicht nur als Bericht oder Mitteilung von geschehenen Tatsachen aufgefaßt, sondern man wußte im Vollzug der Verkündigung Gottes Heil angeboten und übermittelt. Die Verkündigung des Evangeliums durch die Kirche redet nicht nur von der Versöhnung mit Gott, sondern bringt sie. Die rechte Predigt hat sakramentalen Charakter.

Das, was wir heute unter „Predigt" verstehen, gibt es erst seit der Zeit, in der die neutestamentlichen Schriften als Kanon vorlagen und im Gottesdienst regelmäßig verlesen wurden. Nunmehr konnte sich an die gottesdienstliche Verlesung der heiligen Schriften eine Ansprache in Form einer Auslegung oder Ermahnung anschließen, wie es uns schon bei Justin Martyr († 165) belegt ist. Die Predigt hat fortan ihren festen liturgischen Ort zwischen Schriftlesung und dem den Sakramentsteil eröffnenden Gebet.

Während die Predigt in den griechischen Kirchen bei Origenes († 254) und den großen Theologen des 4. Jahrhunderts, besonders bei Chrysostomus († 407), eine große Blüte erlebte, stellte sich in der Folgezeit ein rascher Verfall ein. Die Bindung an den biblischen Text wurde allmählich aufgegeben. Heiligenlegenden und praktische Mahnungen bildeten den

Hauptinhalt der Predigten. Seit dem frühen Mittelalter unterblieb in der Regel die Predigt im Gottesdienst der Ostkirche.

In der abendländischen Kirche lief die Entwicklung ähnlich. Auf eine Zeit großer Prediger vom 3.–6. Jahrhundert (Ambrosius, Hieronymus, Augustinus, Leo I., Gregor I.) folgte vor allem im Mittelmeerraum eine Epoche der Erschlaffung, die ihren Grund hauptsächlich in der Schwerpunktverlagerung auf das Opfergeschehen in der Messe gehabt haben dürfte.

In den Gebieten nördlich der Alpen erfuhr die Predigt durch die Notwendigkeit der Missionspredigt und Lehrpredigt für die dem christlichen Glauben neugewonnenen germanischen Völker eine Neubelebung. Karl d. Gr. trat in seinen kirchlichen Reformbestrebungen besonders für die *Volkspredigt* ein. Man kann geradezu von einer neuen Blütezeit der Predigt im 8. und 9. Jahrhundert sprechen. Allerdings waren viele Geistliche wegen ihres geringen Bildungsgrades nicht imstande, eine Predigt abzufassen. So ließ Karl d. Gr. seinen Hoftheologen Paulus Diakonus aus den Kirchenvätern ein (lateinisches) Homiliarium (Predigtsammlung) für alle Sonn- und Festtage des Kirchenjahres zusammenstellen, das zusammen mit anderen derartiger Materialsammlungen durch das ganze Mittelalter hindurch zu großer, hilfreicher Bedeutung gelangte.

Auch im hohen Mittelalter wurde in Deutschland durch namhafte Bischöfe und durch Mönchsorden die Predigttätigkeit gefördert. Vor einem gebildeten Auditorium (Synoden, Reichstag) wurde lateinisch gepredigt, sonst in der Landessprache, wobei sich die Predigt großer Beliebtheit beim Volk erfreute. Nur zeigte sich jetzt, daß die Predigt allmählich aus der Ordnung des Gottesdienstes hinausgedrängt wurde; sie wurde vor oder nach der Messe gehalten, oftmals auch im Freien. Um die Predigt herum legte sich vielfach eine eigene Gottesdienstordnung, die selbständig neben der Ordnung der Messe stand. Im ausgehenden Mittelalter baute man große Hallenkirchen, die in erster Linie der reichen Predigttätigkeit Rechnung tragen sollten.

Inhaltlich gewann die Predigt an Lebendigkeit, Anschaulichkeit und Farbe. Große Prediger wie Bernhard von Clairvaux († 1153), Berthold von Regensburg († 1272), Meister Eckhart († 1327), Johann Tauler († 1361), Johann Geiler von Kaisersberg († 1510) haben in verschiedenster Weise befruchtend auf die anderen Prediger ihrer Zeit gewirkt und zur Bildung und Prägung der Frömmigkeit auch des Laienvolkes beigetragen. Aber weder damals noch in späterer Zeit wurde die Predigt wieder zu einem konstitutiven Bestandteil der Messe erhoben. In der Tridentinischen Messe wurde mit folgenden Worten auf sie hingewiesen: „An das Evangelium schließt sich nach altem Brauch oft eine Predigt, die die heiligen Gottesworte für unsere Zeit ausdeutet." Hier ist inzwischen ein grundlegender Wandel eingetreten. Die „Homilie" ist nun Teil der Liturgie. Sie ist an allen Sonntagen und gebotenen Feiertagen vorgeschrieben, sonst empfohlen.

Von der „Homilie", der an einen biblischen Text gebundenen Predigt, ist der „Sermo" zu unterscheiden. Darunter versteht man die Predigt über einen Heiligen oder über aktuelle Ereignisse.

Die Bedeutung der Reformation für die Predigt lag nicht so sehr darin, der Predigt neu zu Ansehen und Geltung verholfen zu haben, sondern sie als festen Bestandteil wieder dem Gemeindegottesdienst (also der Ordnung der Messe) eingefügt zu haben; ebenso aber auch darin, daß man nur in der Auslegung des biblischen Wortes die rechte Predigt sah, die als das Wort des erhöhten Christus an seine Gemeinde zu gelten hat. Das Evangelium wurde wieder Quelle und Norm aller Predigt für den Glauben und das Leben der Gemeinde Jesu Christi. Luther, der selbst ein volkstümlicher und ganz dem Wort der Heiligen Schrift verpflichteter Prediger war, gab in seiner Kirchenpostille und Hauspostille Musterbücher für evangelische Prediger heraus. Predigttexte waren in der Regel die altkirchlichen Perikopen, besonders die Evangelien. Neben ihm waren der lutherischen Reformation noch viele andere große Prediger geschenkt: Justus Jonas in Wittenberg und Halle, Johann Bugenhagen in Wittenberg und im ganzen norddeutschen Raum, Veit Dietrich und Wenzeslaus Linck in Nürnberg, Urbanus Rhegius in Augsburg, Johann Spangenberg in Nordhausen und Eisleben, Johann Brenz in Schwäbisch Hall und Stuttgart, um nur die wichtigten zu nennen.

Ein Wandel machte sich freilich insofern geltend, als die Predigt in der Folgezeit und besonders im 17. Jahrhundert einseitig zur reinen *Lehr*predigt wurde, durch die die Gemeinde in den Artikeln des christlichen Glaubens unterwiesen werden sollte. Damit schwand allmählich auch wieder das Wissen um den sakramentalen Charakter der Predigt.

In der reformierten Kirche war die Predigt zentraler Mittelpunkt einer Gottesdienstordnung, die grundsätzlich das Abendmahl ausklammerte. Die Bindung an die Perikopenordnung wurde aufgegeben. Man predigte in fortlaufender Reihenfolge über die biblischen Bücher. Das lehrhafte Gepräge der Predigt, das schon von Anfang an stärker vorhanden war als in der lutherischen Predigt, trat in der reformierten Orthodoxie gleichfalls noch deutlicher in Erscheinung.

Die Predigt des Pietismus war nicht mehr so sehr auf Belehrung als auf Bekehrung des einzelnen ausgerichtet; die Predigt der Aufklärung versuchte, den durch Natur- und Geisteswissenschaften neu gestellten Fragen gerecht zu werden, erlag aber dabei der Gefahr, den vollen Inhalt der biblischen Botschaft zu verkürzen. Darüber, daß die Predigt das Herzstück des evangelischen Gottesdienstes sei, bestand auch in der Zeit des liturgischen Verfalls kein Zweifel.

So verschieden in der Praktischen Theologie des 19. und 20. Jahrhunderts Wesen und Aufgabe der Predigt gesehen wurden, es konnte nicht ohne Auswirkung auf die Predigt selbst sein, in welche liturgische Form sie eingeordnet war. So sehr eine rechte Liturgie die Predigt als *eine* Form der Verkündigung neben anderen anerkennt – die subjektive Form neben den objektiven Formen –, so sehr gilt auch: „Die Predigt, die sich an einen bestimmten Text der Schrift gebunden weiß, auf eine konkrete Gemeinde bezogen ist und sich in dem Gottesdienst der versammelten Gemeinde vollzieht, ist und bleibt die erste und unaufgebbare Form der Verkündigung überhaupt." (A. Niebergall)

Von der Luth. Liturg. Konferenz Deutschlands war wenige Jahre nach Verabschiedung von Agende I eine „Ordnung der Predigttexte" (OP-Reihe) für einen 6jährigen Turnus erarbeitet worden, die weithin in der evangelischen Kirche in Deutschland übernommen wurde und zu einer erfreulichen Gemeinsamkeit der Predigttexte geführt hat. Reihe I und II entsprachen den altkirchlichen Evangelien und Episteln. Reihe III und V brachten evangelische, Reihe IV und VI epistolische Texte, die dem Gesamtcharakter des jeweiligen Tages entsprechend ausgewählt waren. In Reihe III–VI war ein Viertel der Texte dem Alten Testament entnommen.

Da 1978 eine revidierte Ordnung der Leseperikopen (einschließlich einer zusätzlichen Reihe alttestamentlicher Lesungen) in Kraft getreten ist und nach 20 Jahren überhaupt eine Überprüfung der Predigttextordnung angezeigt schien, wurde auch die Ordnung der Predigttexte überarbeitet. Die alttestamentliche Lesereihe ist als Predigtreihe nach wie vor in die Jahrgänge III–VI eingemischt worden. Den Sonn- und Festtagen sind auch Psalmentexte und Marginaltexte zugeordnet, auf die im Ausnahmefall ausgewichen werden kann.

Die Lutherische Agende ordnet die Predigt an dem überkommenen Platz nach dem Credogesang bzw. nach einem kurzen Gebetslied ein. Der Predigttext gilt als Teil des Propriums im weiteren Sinne (Anw. 50). Der Predigttext darf also nicht isoliert gesehen werden, sondern will immer als eine von mehreren Lesungen des Verkündigungsteils verstanden werden. Da bei der Einfügung der Predigt in die Messe zur Zeit der Reformation die Rahmenstücke der Predigt aus dem Prädikantengottesdienst übernommen und beibehalten wurden, ist die evangelische Predigt (entgegen der altkirchlichen Form) von einigen festen Stücken umgeben. Bei dieser Umrahmung der Predigt gilt es Beschränkung zu üben, damit die Predigt im Zusammenhang des Wortteils bleibt und nicht als ein von der „Liturgie" abgesonderter Teil empfunden wird.

<small>Es ist durchaus legitim, die Predigt (gerade in kinderfreundlichen Gottesdiensten) durch eingeschobene Liedstrophen, durch kurze Gesprächsabschnitte, durch Bildbetrachtung, Tonbandwiedergaben und ähnliches aufzulockern. Versuche, die Predigt überhaupt in ein Gespräch der Gemeindeglieder untereinander oder in ein Gespräch des Predigers mit seinen Hörern aufzulösen, führten bisher nicht zu befriedigenden Ergebnissen. Dagegen wäre eine auf zwei oder drei Personen aufgeteilte (und dementsprechend vorbereitete) Dialogpredigt</small>

bei gegebenen Anlässen, die sich auch von der Struktur eines biblischen Textes her nahelegen können, eine durchaus lohnende Möglichkeit.

Der Predigt voraus geht:
Der Kanzelgruß des Predigers (Röm. 1, 7b; 2. Kor. 13, 13; Offb. 1, 4b) mit Amen der Gemeinde (siehe dazu V. A.). Er ist entbehrlich, wenn der Liturg zugleich Prediger ist.

Dieser Gruß wird in der Praxis oft zu einem Gebetswunsch abgeändert, indem statt des „euch" ein „uns" gesprochen wird („Gnade sei mit uns..."). So sehr es verständlich ist, daß der Prediger sich mit der Gemeinde in der Bitte um die Gnade Gottes zusammenschließen will, so sehr wird hier doch die brückenschlagende Funktion des Grußes verkannt, die gerade an dieser Stelle, wo der Prediger sich anschickt, der Gemeinde als Verkünder des Wortes Gottes gegenüberzutreten, ihren guten und tiefen Sinn hat. Der Gruß, der nur als Anrede in der 2. Person ein Gruß ist, ist von Jesus seinen Jüngern aufgetragen (Joh. 20, 21; Matth. 10, 12ff.). In diesem Sinne haben ihn auch die Apostel ihren Briefen vorangestellt.

Ein Gebet in der Stille um den Segen des Wortes (fakultativ). Es ist erwachsen aus dem mittelalterlichen und bis zur Gegenwart in Württemberg geübten Suspirium.

Die Ansage und Verlesung des Predigttextes (kann entfallen, wenn dieser schon als Epistel oder Evangelium vom Lesepult aus verlesen wurde).

Votum: „Der Herr segne an uns dies Wort!"

Die Predigt kann nach dem Ermessen des Predigers (Anw. 29) mit einem kurzen (u. U. auch freien) *Gebet* schließen. Sein Inhalt ist „der Dank für das gehörte Wort Gottes und die Bitte um den Segen des Wortes. An Festtagen kann dazutreten der Dank für die Festtatsache und die Bitte um rechte Erkenntnis dessen, was das Fest für uns bedeutet". Es soll nicht Gedanken enthalten, die in das Allgemeine Kirchengebet (siehe XII.) hineingehören.

Der Predigt folgt:
Der Kanzelsegen (Phil. 4, 7) mit Amen der Gemeinde (nur wenn die Abkündigungen am Lesepult erfolgen; siehe X.).

Das Predigtlied oder einige Strophen daraus. Dieses Lied wird auf jeden Fall vom Prediger und vom Inhalt der Predigt her bestimmt werden. In ihm hat die Gemeinde die Möglichkeit, sich zu dem Inhalt der Predigt glaubend zu bekennen.

X. Die Abkündigungen

Es wäre ein Zeichen falsch verstandener „Feierlichkeit", wenn im Gottesdienst nicht auch die Ereignisse zur Sprache kämen, die sich auf das konkrete Leben der jeweiligen Gemeinde beziehen. Die neutestamentlichen Briefe, deren ursprünglich liturgische Verwendung heute allgemein anerkannt wird, bringen viele praktische Hinweise für eine bestimmte, nur für die Empfänger geltende Situation, Grüße an namentlich genannte Gemeindeglieder, Fürbitten, Bitten um Opfergaben usw. So hat man es auch später gehalten, daß die ein Gemeindeleben bewegenden Vorgänge (wie z. B. Taufen, Trauungen, Beerdigungen von Gemeindegliedern) allgemein bekannt gemacht und in die Fürbitte der Gemeinde miteingeschlossen wurden. Es soll dabei getrost die Bezogenheit des gemeindlichen Lebens auf die Vorgänge der „Welt" zum Ausdruck kommen, durch die einem falschen Spiritualismus gewehrt wird. Der Platz der Abkündigungen wurde verschieden festgelegt. Die Reformation beließ die Abkündigungen, wie schon in der Alten Kirche vielfach üblich (z. B. auch bei Augustin), nach der Predigt. Dadurch wurden auch die bei der Kommunion nicht mehr Anwesenden noch erreicht. Hinzu kam, daß von der Kanzel aus die Abkündigungen am besten verständlich waren.

Es kann nicht empfohlen werden, die Abkündigungen an den Beginn des Gottesdienstes zu stellen. Dort ist eine Begrüßung und eine Einstimmung am Platz. Viele Teile der Abkündigungen sind aber nur nach der Predigt sinnvoll, so die Aufforderung zum Dankopfer oder der Aufruf zur Fürbitte oder der einladende Hinweis auf weitere gottesdienstliche und gemeindliche Zusammenkünfte, der eigentlich erst in der Entlassung am Platz ist. Die römische Messe hat ihre „kurzen Verlautbarungen" bezeichnenderweise an den Schluß des Gottesdienstes, an den Beginn der „Entlassung", gerückt. Im evangelischen Gottesdienst hat sich der Platz der Abkündigungen nach dem Predigtlied (also nicht unmittelbar nach der Predigt) und vor dem Fürbittengebet als durchaus günstig erwiesen.

> Freilich ist darauf zu achten, daß in die Abkündigungen nicht alle möglichen technischen Hinweise aufgenommen werden, die nicht in den liturgischen Rahmen hineinpassen. Die vielen Hinweise auf Veranstaltungen der Gemeinde oder Gemeindegruppen, auf Fundgegenstände, zu entrichtendes Kirchgeld u. dgl. mehr werden besser durch Gemeindeblätter, Handzettel oder Tafelanschlag der Gemeinde übermittelt als durch die Einbeziehung in den Gottesdienst. Eine klare Grenze läßt sich dabei natürlich nicht ziehen. Doch kann ungefährer Maßstab immer das bleiben, was dem Gebet der Gemeinde anbefohlen werden soll. In der Agende ist vorgesehen, daß in den Abkündigungen zuerst die Bestimmung des Dankopfers und dann weitere für das Gemeindeleben wichtige Angelegenheiten mitgeteilt werden und daß hierauf – als ein deutlicher Hinweis auf das nachfolgende Allgemeine Kirchengebet – die Abkündigungen folgen, an die sich eine kurze Fürbitte anschließt (Taufen, Trauungen, Bestattungen usw.). Durch diese Abkündigungen mit Fürbitten wird das Allgemeine Kirchengebet entlastet und vermieden, daß es durch allzu viele Einzelheiten übermäßig verlängert wird. Allerdings sollen die Abkündigungen nicht selbst schon von Gebeten, sondern nur von fürbittenden Voten abgeschlossen werden, damit keine Parallele zum Allgemeinen Kirchengebet entsteht. Wenn auch die Textfassung der Abkündigungen nicht zu den verbindlichen Stücken der Agende gehört, so soll ihre Formulierung doch vorher klar überlegt sein und nicht improvisiert werden. Die Abkündigungen können entweder von der Kanzel oder vom Lesepult aus gehalten werden.

XI. Das Dankopfer

Nachdem sich Christus als *Sühnopfer* ein für allemal Gott dargebracht hat (Hebr. 9, 12), kennt der aus dem Evangelium erwachsende Gottesdienst der christlichen Kirche keine Sühnopferhandlungen mehr. Das schließt nicht aus, daß an das Opfer Christi betend erinnert und verkündigend darauf Bezug genommen wird. Bestehen aber bleibt das *Dankopfer,* das nicht in Form besonderer Leistungen, sondern als Hingabe des ganzen Lebens Gott dargebracht wird, wenn es auch in der Hingabe von Geld und Gut für die notleidenden Brüder und Schwestern und im lobpreisenden Hymnus an Gott einen besonderen Ausdruck im Gemeindegottesdienst findet (s. S. 15f.).

Der Akt der Gabendarbringung im Gottesdienst wird sich anfänglich wohl ganz formlos vollzogen haben, bis sich vom 3. Jahrhundert an in der *Sakramentsliturgie* das besondere Stück des *Liebesopfers* herausbildete, bei dem die Gemeindeglieder neben anderen Gaben auch Brot und Wein zum Altar brachten und den Diakonen übergaben, die soviel Brot und Wein, wie für die Kommunion notwendig waren, aussonderten und die andern Gaben nach dem Gottesdienst unter die Armen verteilten. Während dieser Darbringung des Dankopfers wurde vom Chor ein *Psalm* (Offertorium) gesungen, der also wie der Introitus- und der Kommunionspsalm ein Prozessionspsalm war. Er wurde von einem Kollektengebet des Liturgen abgeschlossen.

Es wurde bereits aufgezeigt, wie noch in der Alten Kirche gerade vom Offertorium her die Umbildung zum „Meßopfer" erfolgte, das schließlich nicht mehr ein Dankopfer der Gemeinde war, sondern in der mittelalterlichen und Tridentinischen Messe als die „unblutige Wiederholung des Kreuzesopfers Christi" durch den Priester verstanden wurde. Die Opfergaben der Gemeinde wurden dann außerhalb des Gottesdienstes eingesammelt. Der Opferumgang der Gemeinde fiel somit weg; der Chor sang während der Zubereitung von Brot und Wein am Anfang der Opfermesse das Offertorium, dessen Texte (einzelne Psalmverse) allerdings keine Beziehung zur Opferhandlung erkennen ließen. Die römische Messe von 1969 sieht vor, daß am Beginn der Eucharistiefeier das Herbeibringen und die Bereitung der Gaben von einem geeigneten Gesang oder von Orgelspiel begleitet werden kann, daß die Gabenbereitung aber auch in der Stille geschehen kann. Dabei wird empfohlen, daß die Gläubigen ihre Teilnahme durch eine Gabe (Brot, Wein, Geld oder andere Gaben, die für die Bedürfnisse der Armen bestimmt sind) bekunden.

Hat Luther die überkommenen, auf das Meßopfer bezogenen Gebete getilgt, so war ihm doch darum zu tun, der Sache, um die es beim Liebesopfer geht, wieder zu ihrem Recht zu verhelfen. Zum ersten Mal wurde 1528 durch das Umtragen des Klingelbeutels der Gedanke des Dankopfers im Gottesdienst wieder verwirklicht. Der Ertrag des Klingelbeutels kam in den „Gemeinen Kasten", der im Chorraum in der Nähe des Altars stand, und wurde dann den Armen zugewendet. In späteren Zeiten begnügte man sich vielfach mit der sog. Beckenkollekte: Die den Gottesdienst verlassenden Gemeindeglieder legten ihre Geldgaben in die Opferbecken und

Opferstöcke, die am Ausgang aufgestellt waren. Damit war aber das Opfer als eine unpersönliche „Abgabe" wieder aus der Liturgie hinausgedrängt worden.

Bei der gegenwärtigen Neuordnung des Gottesdienstes ging es grundsätzlich darum, „daß das Liebesopfer der Gemeinde als ein zum Gottesdienst wesentlich dazugehöriges Stück der Liturgie in Erscheinung tritt und die Kirchenvorsteher, die das Opfer einsammeln, im Gottesdienst ihr Amt ausüben". Da sich dies unter dem Gesang eines Psalms oder Dankliedes der Gemeinde vollzieht, bedeutet das eine Wiederaufrichtung des urkirchlichen Offertoriums, wenngleich diese Bezeichnung, um Verwechslungen mit dem römischen Offertorium zu vermeiden, unterlassen wird.

Statt des Dankopferliedes der Gemeinde (z. B. EKG 111; 182; 188; 226–229) oder des Chorpsalms (z. B. Psalm 65; 92; 96) kann die Gemeinde auch weitere Strophen aus dem Predigtlied singen. Zu vermeiden ist, daß die Lieder nach der Predigt allzu breiten Raum einnehmen.

In der bayerischen Praxis von Agende I wird das Dankopfer zugleich während des Predigtliedes eingesammelt. (Wenn diese Sammlung der landeskirchlich angeordneten Kollekte zugeführt wird, muß vor dem Predigtlied noch die Bestimmung des Dankopfers mitgeteilt werden. Überwiegende Praxis ist aber, daß an dieser Stelle der sogenannte Klingelbeutel umgeht, dessen Ertrāgnis in der Gemeinde verbleibt, und daß die Einlagen in die Opferstöcke am Ausgang als Beisteuer für die landeskirchliche Kollekte entgegengenommen werden.) Sind Predigt- und Dankopferlied identisch, braucht nach den Abkündigungen nur noch eine Liedstrophe gesungen zu werden. Aber auch diese ist entbehrlich, wenn der Liturg vom Platz zum Altar nur wenige Schritte zu gehen hat.

Zum Abschluß des Dankopferaktes nimmt der Liturg von den Kirchenvorstehern die eingesammelten Gaben entgegen, begibt sich zum Altar und legt dort die Gaben nieder. Dabei spricht er ein kurzes Dankopfergebet, auf das die Gemeinde mit Amen antwortet. Bei besonderen Anlässen (z. B. Opfersonntage der Inneren Mission) bringen die Gemeindeglieder während eines Umganges ihr Dankopfer selbst zum Altar.

Der altkirchlichen Ordnung folgend hätte das Dankopfer seinen Platz erst nach dem Allgemeinen Kirchengebet. Durch diese Umstellung wird aber ermöglicht, daß sich im Gottesdienst ohne Abendmahl das Vaterunser und die Entlassung an das Fürbittengebet anschließen können. Dort, wo im Zusammenhang mit einer besonders festlichen Ausgestaltung des Abendmahls („Feierabendmahl") die *Gabenbereitung* nun auch im evangelischen Gottesdienst stärker als gewohnt ausgeprägt wird, begegnet man dem Vorschlag, das Dankopfer wieder aus dem Wortteil herauszunehmen und an den Anfang des Mahlteiles zu stellen (vgl. „Lorenzer Ratschläge"). Die Gefahr, daß sich aus dieser „Darbringung" wieder wie in der Alten Kirche unevangelische Opfervorstellungen entwickeln können, wird gesehen werden müssen.

XII. Das Allgemeine Kirchengebet (Die Fürbitten)

An der Schwelle vom Wortteil zum Sakramentsteil steht seit alters ein *Gebet,* das ursprünglich zweigeteilt war. Unmittelbar an die Predigt schloß sich das Gebet, das den Katechumenen und Büßern gewidmet war. Nach deren Entlassung aus dem Gottesdienst wurde als Einleitung zum Sakramentsteil die Oratio fidelium (Gebet der Gläubigen) gesprochen (so in den ägyptischen Liturgien). Diese Gebetsgruppe ist allenthalben im wesentlichen *Fürbitte,* in der die vielfältigen Anliegen der Gemeinde in der Welt genannt werden. Freilich zeigt sich schon in der Zeit des zu Ende gehenden Altertums, daß die Fürbitten, auf wenige Sätze konzentriert, mehr und mehr in das Eucharistische Hochgebet mitaufgenommen wurden und daß das Allgemeine Kirchengebet schließlich ganz verschwand. Auch die römische Messe kannte (abgesehen vom Karfreitag) kein Allgemeines Kirchengebet mehr, wenngleich einzelne Fürbitten in den Kanonsgebeten auftauchen. Die Kyrie-Litanei (siehe III.), die einen Ersatz für das absterbende Allgemeine Kirchengebet hätte bilden können, fiel gleichfalls weg. (Nur die Kyrie-Rufe blieben erhalten.)

Immerhin waren bis zur Liturgiereform in Predigtgottesdiensten und in Volksandachten der römischen Kirche verschiedene Formen eines Allgemeinen Kirchengebetes im Gebrauch. Durch das 1963 angenommene „Schema über die Liturgie" ist das „Allgemeine Gebet" als Fürbittengebet „unter Teilnahme des ganzen Volkes" wieder eingeführt. Die Fürbitten werden vom Priester eingeleitet und abgeschlossen; die einzelnen Anliegen können vom Diakon, Lektor, Kantor oder anderen vorgetragen werden.

Für die reformatorischen Gottesdienstordnungen ergab sich das Allgemeine Kirchengebet von Anfang an als eine innere Notwendigkeit: Dem Wort Gottes in der Predigt mußte die Antwort der betenden Gemeinde folgen. Die Formen für solche Fürbittgebete nach der Predigt waren verschieden. Es findet sich die Vaterunser-Paraphrase ebenso wie das umfassende Fürbittgebet, die Litanei und die Zusammenfassung mehrerer Kollekten. Luther hat für die Vaterunser-Paraphrase in der Deutschen Messe einen festen und verbindlichen Wortlaut gefordert, da der ständige Wechsel der Gebetstexte verwirrend sei. Trotzdem blieb es bei der Vielfalt der Gebetsformen und Gebetsformulare. In der Zeit des Pietismus und der Aufklärung wurde das Allgemeine Kirchengebet in der Hauptsache unmittelbar auf die Predigt bezogen, als eine an Gott gerichtete Wiederholung der Predigtgedanken, wobei die Fürbitten verkümmerten. Die Reformagenden des 19. Jahrhunderts stellten dann, im Rückgriff auf überliefertes Gebetsgut, die reformatorische Form des Allgemeinen Kirchengebets wieder her. In der Praxis hatte es bei dem vom Liturgen allein gesprochenen Gebet (Prosphonese) sein Bewenden.

Die Lutherische Agende bietet in Anknüpfung an die altkirchliche Tradition drei Ausführungsmöglichkeiten des Allgemeinen Kirchengebets an:

a) Die *Prosphonese* (wörtlich „die Anrede"; die bisher geläufige Form): Der Liturg spricht zum Altar gewandt in einem Zug allein das Gebet, das aus mehreren Kollekten zusammengewachsen ist. Das Gebet wird eingeleitet mit dem Aufruf: „Lasset uns beten!", die Gemeinde schließt ab mit „Amen".

b) Die *Ektenie* (bisher nur im Gebrauch der Ostkirche; das Wort wird abgeleitet von dem griech. Ausdruck für „ausbreiten"; ob sich diese Bezeichnung auf die zum Gebet ausgebreiteten Hände oder die vor Gott ausgebreiteten Bitten bezieht, ist nicht mehr klar auszumachen): Der Liturg (oder Lektor) nennt im Blick zur Gemeinde vom Lesepult aus die einzelnen Gebetsanliegen, die von der Gemeinde nach der jeweiligen Aufforderung „Lasset uns zum Herrn beten" (oder „Lasset uns den Herrn anrufen") aufgenommen werden mit dem Ruf „Herr, erbarme dich". Den Abschluß bildet eine zum Altar gesprochene Kollekte des Liturgen mit dem Amen der Gemeinde.

c) Das *Diakonische Gebet:* Der Lektor nennt vom Lesepult aus zur Gemeinde gewendet abschnittsweise die Gebetsanliegen; der Liturg am Altar nimmt nach jedem Abschnitt die Gebetsanliegen in der Form eines Kollektengebetes auf, die Gemeinde schließt nach jedem Gebet mit „Amen".

(Zum Kollektengebet und Amen siehe V. B. und C.)

Bei der Überarbeitung und Neufassung liturgischer Fürbittgebete, die in Werkbüchern und Ergänzungsbänden zur Agende vorgelegt wurden, ist noch ein weiterer Typ des Fürbittgebets entwickelt worden: das *Wechselgebet*. Es entspricht der Form, wie in den Preces der Tageszeitengottesdienste 2 Sprecher mit kurzen Bitten alternieren. Etwa so:

I Wir bitten für die Menschen, die in Feindschaft miteinander leben.
II Herr, mache sie bereit, sich miteinander zu versöhnen.

Weiterhin hat man auch Auswahlstücke (geordnet nach Eingang, Fürbitten und Schluß) bereitgestellt, die zu in sich geschlossenen Fürbittgebeten zusammengestellt werden können. Dem *stillen Gebet* sollte durch Einschaltung von Pausen in allen Formen des Kirchengebets Raum gegeben werden. Einer Gemeinde, die noch unerfahren ist, Gebetsstille mit Inhalt zu füllen, kann der Vorbeter durch Nennung von Gebetsanliegen Hilfestellung leisten.

Die auf mehrere Personen aufgeteilten Fürbitten sind eine notwendige Ergänzung zur Prosphonese; diese steht in der Gefahr, zu rasch am Beter vorüberzuziehen, ohne daß die einzelnen Gebetsanliegen richtig aufgenommen werden und ausschwingen können. Gerade längere Gebete können von der Gemeinde in der Form der Ektenie oder des Diakonischen Gebets besser ohne die Gefahr der Ermüdung mitgebetet werden. Außerdem wird die Gemeinde aktiv in die Gestaltung des Gebets miteinbezogen. (Selbst bei der Prosphonese kann die Gemeinde nach den einzelnen Abschnitten ein „Herr, erbarme dich" oder „Wir bitten dich, erhöre uns" sprechen bzw. singen.)

Das Mitbeten der Gemeinde wird auch dadurch erleichtert, daß alle Gebete nach einem *festen* Schema (vgl. den Gang des Vaterunsers) aufgebaut sind (Anw. 33): Der 1. Abschnitt enthält die Fürbitte für die Kirche (ihre Arbeit, ihre Amtsträger und Glieder), der 2. Abschnitt bringt die Fürbitte für die öffentliche Ordnung im Lande (die Regierenden, die Familien, die Ernte, den Frieden), der 3. Abschnitt die Fürbitte für die Notleidenden (Bedrängten, Kranken, Verirrten usw.). Gelegentlich schließt sich daran als 4. Abschnitt die Bitte um Sündenvergebung. Der anbetende Lobpreis ist nicht so sehr Merkmal des Allgemeinen Kirchengebets als der alsbald folgenden Präfation, in der die Gemeinde ihren Blick weg von der vergehenden Welt auf die kommende Welt Gottes richet. Für außerordentliche Anliegen können Einschübe an den entsprechenden Stellen gemacht werden. Die Agende bringt dafür Beispiele; doch hat der Liturg nicht nur die Freiheit, sondern auch die Pflicht, in besonderen Fällen vom festgelegten Wortlaut abzuweichen.

Man wird die vorgegebenen Texte immer wieder gebrauchen, weil sie der Gemeinde so vertraut werden sollen, daß sie von ihr um so leichter mitgebetet werden können. Andererseits darf gerade das Fürbittengebet nicht zur festen Formel erstarren. Gedruckte Gebete stellen wohlüberlegte Beispiele und Hilfen dar. Sie sollten erst mehrfach gebetet worden sein, ehe man daran geht, sie textlich zu verändern. Bei der Neuformulierung muß darauf geachtet werden, daß Gott im Gebet nicht angepredigt wird und daß man die nötige Konkretion bewahrt: Die Fürbitte lebt davon, daß Menschen und Situationen vor Gott bei Namen genannt werden.

Beim Fürbittengebet ist auch die gesungene Ausführung nach einem Orationstonmodell möglich. Die musikalischen Modelle sind in der Agende angeboten. Es will bedacht sein, daß die Gemeinde auf gesprochene Gebete mit gesprochenen Gebetsrufen bzw. mit gesprochenem Amen und auf gesungene Gebete dementsprechend singend antwortet. Ein gesungenes Fürbittengebet haben wir in der Litanei (EKG 138).

Gelegentlich kann das Fürbittengebet auch in Verbindung mit dem Kyrie im Anrufungsteil des Gottesdienstes als Ektenie gehalten werden.

Auf das Allgemeine Kirchengebet kann, bevor der Gottesdienst mit dem Sakramentsteil fortgesetzt wird, eine Amenstrophe oder andere Liedstrophe der Gemeinde folgen. (Auch Chorgesang oder Orgelspiel ist möglich.)

Die Agende weist darauf hin, daß in Missionsgemeinden der Liturg nach dem Allgemeinen Kirchengebet die Katechumenen mit einem Segensvotum entläßt. Die Katechumenen verlassen dann unter dem nachfolgenden Gesang oder Orgelspiel die Kirche (Anw. 38). In derselben Weise können unter besonderen Verhältnissen bei einem Sakramentsgottesdienst die Gemeindeglieder entlassen werden, denen eine Teilnahme am ganzen Gottesdienst mit heiligem Abendmahl nicht möglich ist. Doch liegt es im Wesen des Sakramentsgottesdienstes, daß auch die nicht kommunizierenden getauften Gemeindeglieder die Eucharistie mitfeiern. Deshalb kann eine allzu deutliche Zäsur an dieser Stelle ungünstig sein.

Im *Gottesdienst ohne Abendmahl* schließt sich an das Allgemeine Kirchengebet unmittelbar das *Vaterunser* (XVIII.) an. Dann folgt die Entlassung (XXII.). In der bayerischen Ordnung wird der Schlußversikel, der der Austeilung folgt, im abendmahlslosen Gottesdienst dem Fürbittengebet vorangestellt (in einer nach dem Kirchenjahr wechselnden Textgestalt).

Wird das Abendmahl gehalten, so rüstet der Liturg nach dem Allgemeinen Kirchengebet (während des ihm folgenden Gesanges oder Orgelspiels) die Abendmahlsgeräte zur Feier des Sakramentes zu, indem er von den auf der Epistelseite des Altars bereitgestellten heiligen Geräten das Velum entfernt und die Patene mit den Hostien links, den gefüllten Kelch rechts neben die Agende stellt. (Steht der Liturg zur Gemeinde gewandt hinter dem Altartisch, hat er das Brot zur Rechten und den Kelch zur Linken.) Die Vasa sacra können auch von Anfang des Gottesdienstes an auf die Evangelien- bzw. Epistelseite verteilt sein. In offenen Gottesdienstformen ist es denkbar, daß erst jetzt (während einer Liedstrophe) Brot und Wein herbeigeschafft werden und der Tisch gedeckt wird. Es sollte darauf geachtet werden, daß die Abendmahlselemente in ausreichender Menge auf dem Altar vorhanden sind.

5. Der Sakramentsteil (Das Abendmahl)

Das Nebeneinander verschiedener gottesdienstlicher Ämter, wie es für den Eingangs- und Wortteil kennzeichnend war, tritt im Sakramentsteil zurück. In ihm soll das Wirken des Liturgen als des „Gemeindebischofs", wie auch bei der Predigt und den Segnungen, deutlich sichtbar werden. Der Ort, an dem nun gehandelt wird, ist allein der Altar.

XIII. Die Präfation (Das Große Dankgebet)

Unter Präfation (eigentl. Vorspruch, Einleitung) verstehen wir heute „ein feierliches hymnisches und also zu singendes Preis- und Dankgebet, das an Gott gerichtet ist und die zum Vollzug des Altarsakraments versammelte Gemeinde der Gläubigen auf Erden vereint mit dem Chor der Engelmächte im Himmel" (Reindell). Sie ist eines der ältesten Stücke des christlichen Gottesdienstes.

Ursprünglich war sie, wie der Name noch erkennen läßt, der Eingangsteil des sog. Eucharistischen Hochgebets (S. 22 f.). Als das Eucharistische Gebet sich in der römischen Messe zum „Kanon" umbildete, wurde der lobpreisende Eingangsteil (bis zum Sanctus) als nicht mehr zum Kanon gehörig empfunden und als selbständige „Präfation" vorangestellt. Die Liturgiereform des II. Vatikanischen Konzils hat für die Messe das Eucharistische Hochgebet (prex Eucharistica) wiedergewonnen, was einen tiefgreifenden Wandel und einen dankbar zu begrüßenden Fortschritt in der Liturgie der Messe bedeutet. Nun ist die Präfation wieder die Eröffnung eines weit ausgreifenden eucharistischen Gebetsaktes, der die Einsetzungsworte in sich schließt und mit dem Amen (vor dem Vaterunser) abgeschlossen wird.

Drei Versikelpaare führen zum Präfationsgebet hin. Sie stellen jeweils einen Anruf (des Liturgen) und eine Antwort (der Gemeinde) dar (Präfationsgruß, Präfationsdialog).
1. Der Herr sei mit euch – und mit deinem Geist! (Salutation).
2. Die Herzen in die Höhe – wir erheben sie zum Herrn (Sursum corda).
3. Lasset uns danksagen dem Herrn, unserm Gotte – das ist würdig und recht (Gratias).

Das Präfationsgebet selbst nimmt die Antwort des dritten Versikels auf (Vere dignum); es ist ein lobpreisender Hymnus, in dessen Mitte das Stichwort „danksagen" steht, das konstitutiver Bestandteil der Einsetzungsworte ist und der Eucharistiefeier ihren Namen gegeben hat. Es mündet ein in den Lobgesang der himmlischen Mächte, in das „Heilig, heilig, heilig ist Gott, der Herre Zebaoth" (Sanctus, siehe XIV.). Die Ostkirche faßt die Präfation mit dem Sanctus, das dort Epinikion (Siegeshymnus) genannt wird, unter der Bezeichnung „Anaphora" zusammen.

Zwar blieb die Präfation in der römischen Messe immer ein Ordinariumsstück. Doch hat man den besonderen Tagen und Zeiten durch wechselnde Mittelstücke Rechnung getragen, ohne daß die Struktur des Gebetes wesentlich verändert worden wäre. Die Liturgiereform hat die Zahl von 15 Präfationen auf mehr als 70 erhöht.

Während Luther in der Formula Missae die Präfation noch hatte stehen lassen und an sie die Einsetzungsworte anschloß, denen dann erst das Sanctus folgte, hat er in der Deutschen Messe die „Vermahnung" an ihre Stelle gerückt. Doch haben die lutherischen Kirchenordnungen an der Präfation festgehalten und sie oft auch neben der Vermahnung bestehen lassen. In den Zeiten der liturgischen Auflösung ist sie dann freilich dahingefallen. Seit dem 19. Jahrhundert ist sie wieder in Übung; die preußische Ordnung hat sie sogar in den abendmahlslosen Gottesdienst einbezogen.

Die Lutherische Agende bestätigt die Stellung des Präfationsgrußes und des Präfationsgebetes am Anfang des Sakramentsteils. Der aus der Reformationszeit überlieferte Textbestand liegt auch in sprachlich überarbeiteten und gestrafften Fassungen vor. Die Präfation kann in allen Textfassungen nach einem einfachen Tonmodell gesungen werden. Daneben sind auch reichere und festliche Weisen angeboten. Neben der allgemeinen Präfation sind auf besondere Zeiten und Anlässe bezogene Präfationen vorgesehen, die im Proprium mit aufgeführt sind.

<small>Wo der Friedensgruß vor der Austeilung (XIX.) nicht in Übung ist, kann als die Präfation einleitende Salutation auch gesungen werden „Friede sei mit euch..." (Anw. 39) Neuerdings sind aus der ostkirchlichen Liturgie stammende Einleitungen zum Friedensgruß mit dem Aufruf zur Vergebung („Keiner sei wider den andern... Vergebt, wie euch vergeben ist...") in die Ergänzungsbände aufgenommen worden.</small>

XIV. Das Sanctus

Der aus der Präfation herauswachsende Hymnus „Heilig, heilig..." setzt sich aus einem alttestamentlichen und einem neutestamentlichen Zitat zusammen. In der Geschichte von der Berufung des Propheten Jesaja findet sich (Jes. 6, 3) der Lobgesang der Seraphim „Heilig, heilig, heilig ist (Gott) der Herr Zebaoth; alle Lande sind seiner Ehre voll!" (Sanctus). Daran schließt sich in der Liturgie der Ruf: „Hosianna in der Höhe. Gelobet sei, der da kommt im Namen des Herrn; hosianna in der Höhe." (Hosanna – Benedictus). Diese Fortsetzung ist der Lobgesang des den Einzug Jesu in Jerusalem begleitenden Volkes (Matth. 21, 9), der wiederum dem 118. Psalm (v. 25. 26) entnommen ist und den Huldigungsruf für den in der Öffentlichkeit erscheinenden israelitischen König darstellte. (Der Anfang lautet bei Matth.: „Hosianna dem Sohne Davids".)

Das alttestamentliche „Dreimal-Heilig" ist aus dem Gottesdienst der Synagoge, wo es heute noch üblich ist (Keduscha), bald in den christlichen Gottesdienst übergegangen. Mit ihm verband sich, wie schon im Judentum, eine zusätzliche Lobpreisung, die in der römischen Messe seit dem 7. Jahrhundert die Form unseres heute gebräuchlichen Benedictus und Hosanna erhielt. Die griechischen Liturgien kennen das Sanctus nicht nur, wie die römische Liturgie, im Anschluß an die Präfation (dort Epinikion genannt), sondern auch als sog. Trishagion nach dem kleinen Einzug. Das Trishagion verbindet die Anrufung des dreimal heiligen Gottes mit der Bitte um Erbarmen. (Die abendländische Liturgie kennt das Trishagion in Verbindung mit den Karfreitagsimproperien.)

Das abendländische Sanctus, das wie die anderen Ordinariumsgesänge zunächst vom Volke gesungen wurde, wurde im Mittelalter fast durchweg vom Chor übernommen. Da das Sanctus in der mehrstimmigen Vertonung immer länger ausgedehnt wurde, kam es, daß etwa seit 1600 in der römischen Messe das Benedictus abgetrennt und erst nach der Wandlung gesungen wurde. Im Eucharistischen Hochgebet der römischen Messe singt oder spricht der Priester zusammen mit der Gemeinde den Text des Sanctus (einschließlich Benedictus). Das Sanctus darf nur durch ein Lied ersetzt werden, das mit dem dreimaligen Heiligruf beginnt und dem Inhalt des Sanctus entspricht.

Luther hat das Sanctus in der Formula Missae erst nach den Einsetzungsworten eingeordnet. In der Deutschen Messe hat er es, indem er es zum Kommunionsgesang bestimmte, noch weiter nach hinten gerückt. **Das deutsche Sanctuslied Luthers (EKG 135), das die neutestamentliche Fortsetzung des Sanctus nicht berücksichtigt, dafür aber den ganzen Rahmenbericht mitübernimmt (Jes. 6, 1–4), kann aus diesem Grund nicht sinnvoll an die herkömmliche Form der Präfation angeschlossen werden.** Wenn man zunächst auch den Anregungen Luthers folgte, so wurde später doch die alte Meßordnung wiederhergestellt, in der das Sanctus jedenfalls wieder vor den Einsetzungsworten angestimmt wurde, teils lateinisch, teils in deutscher Prosa, teils als deutsches Lied. Die vorausgehende Präfation war ja vielfach in Wegfall gekommen.

Das in der Aufklärung verlorengegangene Sanctus wurde in den Restaurationsagenden wieder an seiner ursprünglichen Stelle aufgenommen, ja zunächst in einigen Landeskirchen auch im abendmahlslosen Gottesdienst gesungen. Doch gehört es gerade zum eucharistischen Geschehen als die Anbetung des heiligen Gottes, der aber nicht in seiner Hoheit und Unnahbarkeit verharrt, sondern – und hier wird der alttestamentliche Rahmen gesprengt – der in seinem Sohn Jesus Christus sich zu uns herabneigt und sich den Seinen im heiligen Abendmahl schenkt.

Zur musikalischen Ausführung, die in erster Linie durch die Gemeinde geschehen soll, bieten sich verschiedene Weisen an: neben der altkirchlichen auch solche, die im Reformationsjahrhundert geschaffen wurden. Die bayerische Tradition hielt auch die Form Steinau 1736 fest.

Nach dem Sanctus bringt die Lutherische Agende zwei verschiedene Reihenfolgen bis zur Kommunion. *Form A* hält sich an die Entscheidung *Luthers,* der den Abendmahlsteil der Deutschen Messe auf die für das Sakrament unabdingbaren, biblisch gebotenen Stücke beschränkte. Das sind allein die Einsetzungsworte und die Austeilung bzw. Nießung des Sakraments. Beides wollte er nicht nur unmittelbar nebeneinander stehen haben, sondern sogar ineinander verschränken, so daß der Rezitation der Brotworte unverzüglich die Austeilung des Brotes folgen sollte und dann erst, nach der Rezitation der Kelchworte, der Kelch gespendet werden sollte (ein Vorschlag, der freilich kaum verwirklicht wurde). Das Vaterunser soll dann gleichsam als „Tischgebet" vor die Einsetzungsworte zu stehen kommen. Der Friedensgruß entfällt. So ergibt sich folgende Anordnung: Sanctus (XIV) – Vaterunser (XVIII) – Einsetzungsworte (XVI) – Austeilung (XX). Die Form A ist besonders im norddeutschen und skandinavischen Luthertum beheimatet.

Form B bleibt in der *altkirchlichen* Überlieferung, wie sie auch von den Brandenburg-Nürnberger Ordnungen übernommen wurde und schließlich in allen nicht von Bugenhagens Reform geprägten lutherischen Kirchen zur üblichen Abendmahlsliturgie geworden ist: Sanctus (XIV) – Gebet nach dem Sanctus (= Epiklese) (XV) (fakultativ) – Einsetzungsworte (XVI) – Fortsetzung des Gebetes nach dem Sanctus (= Anamnese) (XVII) (fakultativ) – Vaterunser (XVIII) – Friedensgruß (XIX) – Austeilung (XX).

Wenn die fakultativen Stücke miteinbezogen werden, ergibt sich für die Abendmahlsliturgie der große einheitliche Aufriß des eucharistischen Gebets von der Präfation bis zur Austeilung, wie ihn schon die Alte Kirche hatte und wie er später aufgegeben wurde.

Im folgenden wird die reichere Form B beschrieben, die die Stücke der knapperen Form A enthält.

Im Zusammenhang mit der Revision von Agende I ist auch eine dritte Form C entwickelt worden. Sie ist ein Novum, indem mit ihr versucht wird, die das Abendmahlsgeschehen bestimmenden Gedanken nicht in der Form eines Gebets, sondern verkündigend zu entfalten. Damit will man dem oberdeutschen Typus entgegenkommen, was auch an dem Verzicht auf Responsorien sichtbar wird. Die Gemeinde kommt im Liedgesang zu Wort. Dem oberdeutschen Meßtypus ist eine Abendmahlsliturgie als Eulogie fremd. Doch könnte es als geistliche Bereicherung empfunden werden, wenn über die verkündigende Rezitation der Einsetzungsworte hinaus weitere Elemente des Eucharistischen Gebets in meditativ deutender Form die Abendmahlsfeier bestimmen. Damit wäre die in den reformatorischen Ordnungen begegnende „Abendmahlsvermahnung" weiterentwickelt. In Verbindung mit dem „oberdeutschen" Predigtgottesdienst ergäbe diese Form C einen stilistisch geschlossenen Wort- und Sakramentsgottesdienst. Die Notwendigkeit und Berechtigung einer solchen Ausformung der Abendmahlsliturgie ist noch umstritten. Es bleibt abzuwarten, ob die in oberdeutscher Tradition lebenden Landeskirchen und Gemeinden die hier gebotene Möglichkeit als liturgischen Gewinn annehmen und nützen. „In jedem Fall sollte bedacht werden, daß die drei Formen keine kirchentrennende Funktion haben, sondern nur verschieden gestaltete Akzente setzen, um dem Reichtum evangelischer Abendmahlsfrömmigkeit Raum zu geben." („reihe gottesdienst" 8/9, Seite 171) Sie sollten aber auch nicht miteinander vermischt werden.

XV. Das Gebet nach dem Sanctus (Die Epiklese)

Die Lutherische Agende hat dieses zum wahlweisen Gebrauch angebotene Gebet nach dem Sanctus, das seine Fortsetzung in dem ebenso fakultativen Gebet nach den Einsetzungsworten (XVII) findet, mit Recht nicht mit einer Überschrift versehen, da es sich hierbei nicht um ein selbständiges Gebet handelt, sondern um einen Gebetsteil, der nur im Zusammenhang mit dem aus vielen Einzelbestandteilen zusammengesetzten „Hochgebet" seinen Sinn hat.

Es ist eine grundsätzliche Frage, ob eine evangelische Gottesdienstordnung allein auf den Entscheidungen der Gottesdienstreform des 16. Jahrhunderts aufbauen will oder ob sie darüber hinaus geht, über die Fehlentwicklung des Mittelalters hinweg, und an der Liturgie der Alten Kirche anknüpft, wie es von bestimmten liturgischen Reformbewegungen immer wieder mit Nachdruck gefordert wird. So sehr die Agende der VELKD um den Anschluß an die Entscheidungen der Reformation und an die bewährte Tradition der folgenden Jahrhunderte bemüht war, so sehr wollte sie doch aber auch an bestimmten Stellen über die Grenzen hinausführen, die den liturgischen Entscheidungen des Reformationsjahrhunderts anhaften. Das zeigte sich vor allem an der Wiedergewinnung des Eucharistischen Gebets. Für die Reformatoren hatte sich die Frage nach dem Eucharistischen Gebet gar nicht mehr gestellt, da dies in der römischen Messe überhaupt nicht vorhanden war. An seine Stelle waren zahlreiche Gebete des Kanons getreten, in denen die Meßopferfrömmigkeit ihren Ausdruck fand. Nun sollten aber, wenn auch wahlweise, die verlorengegangenen Stücke epikletischen, anamnetischen und doxologischen Charakters wieder aufgenommen werden, die die Bruchteile der Abendmahlsliturgie zum großen „Eucharistischen Gebet" vervollständigen. Bei solchen Texten, die im Lauf der Liturgiegeschichte auch Ansatzpunkte zu dogmatischen Fehlentwicklungen boten, muß die Frage gestellt werden, wieweit sie biblisch zu rechtfertigen und zu begründen sind und ob sie sich in die Feier des Altarsakraments einordnen lassen.

So darf die Epiklese keinesfalls als ein zum rechten Vollzug des Sakraments unerläßliches Gebet interpretiert werden. Luther hat mit Recht darauf hingewiesen, daß allein die Testamentsworte aus der Heiligen Schrift, die uns die Gegenwart Christi im Sakrament verbürgen, das Entscheidende sind. Anderseits kann uns die Epiklese vor der Meinung bewahren, mechanisch gesprochene Formeln müßten uns die Gegenwart Christi garantieren, und wir könnten dabei über Gott verfügen. Vielmehr muß hinter der Rezitation der Einsetzungsworte allezeit die demütige *Bitte* stehen, Christus möge seine Verheißung immer wieder neu wahr werden lassen und sich uns im Altarsakrament schenken.

Die Epiklese der ersten Jahrhunderte ist die Bitte, *der Heilige Geist* möge über die Empfänger des Sakraments kommen, damit ihnen die sakramentalen Gaben zu ihrem Heil gereichen. Im 4. und 5. Jahrhundert wurde diese Bitte dann auf die Abendmahlselemente bezogen: Der Heilige Geist soll Brot und Wein in Leib und Blut Christi verwandeln. So wird die Epiklese heute noch in der Liturgie der Ostkirche verstanden und gebetet. In der römischen Messe dagegen wurde ihr nie diese Bedeutung zugeschrieben, so daß sie in der tridentinischen Messe praktisch nicht vorkam, wenn es auch kleine epiklesenartige Bitten gab. Die Bitte um den Heiligen Geist ist nunmehr fester Bestandteil des 2., 3. und 4. Hochgebets geworden. Sie hat im 2. Hochgebet den Wortlaut: „Sende deinen Geist auf diese Gaben herab und heilige sie, damit sie uns werden Leib und Blut deines Sohnes, unseres Herrn Jesus Christus." Der Heilige Geist wird also primär auf die Gaben erbeten, während er nach reformatorischer Auffassung in erster Linie für die Menschen erbeten sein will, die das Sakrament im Glauben an die Versöhnung Christi empfangen sollen. Nur im Zusammenhang damit ist eine Segnung der Gaben zu rechtfertigen.

Da die mittelalterliche Messe keine ausgeführte Epiklese kannte, findet sie sich darum auch nur in ganz wenigen reformatorischen Agenden (und dann immer in biblisch zu begründender Textfassung). Hin und wieder begegnet uns schon in den Agenden des 19. Jahrhunderts nach dem Sanctus ein „gesprochenes" allgemeines Abendmahlsgebet, das erkennen läßt, daß man nach einer Fortführung und einem Abschluß des in der Präfation anhebenden Gebets verlangte (so z.B. die bayerische Agende). Wenn in diesem Gebet auch noch keine ausdrückliche Bitte um den Heiligen Geist enthalten war und wenn es sich dabei oft nur um die Umwandlung der früher an dieser Stelle stehenden Vermahnung in die Form eines Gebets handelte, so sind darin doch schon wesentliche Elemente der Epiklese zu entdecken. („Heilige du selbst uns an Leib und Seele durch deinen Heiligen Geist und mache uns also bereit und geschickt, deinem Tisch zu nahen!") Dieses Gebet ging nicht in die Einsetzungsworte über, sondern wurde vorher mit einer Doxologie und dem Amen abgeschlossen. Da außerdem dieses Gebet grundsätzlich gesprochen wurde, während die Einsetzungsworte in der Regel gesungen wurden, konnte von einem in sich geschlossenen eucharistischen Gebet noch nicht gesprochen werden. In der Praxis wurde dieses umfängliche Gebet ohnehin gestrichen.

Die Lutherische Agende sieht zwischen dem Sanctus und den Einsetzungsworten (fakultativ) einen Gebetstext vor, der den in der Präfation ergehenden Ruf zur Rühmung Gottes aufnimmt, ihn zunächst in Form eines anamnetischen Lobpreises und einer Danksagung für den Opfertod Christi am Kreuz fortführt, um ihn dann in die Bitte um den Heiligen Geist münden zu lassen. Dieser Gebetsteil, der nach einem ganz einfachen Tonmodell (auf die Töne f-g-a) gesungen werden kann, hat folgenden Wortlaut:

„*Gelobet seist du,* Herr des Himmels und der Erde, daß du dich über deine Geschöpfe erbarmt und deinen eingebornen Sohn in unser Fleisch gesandt hast. Wir *danken* dir für die Erlösung, die du uns bereitet hast durch das heilige, allgenugsame Opfer seines Leibes und Blutes am Stamme des Kreuzes. In seinem Namen und zu seinem Gedächtnis versammelt, *bitten* wir dich, Herr: *sende herab auf uns den Heiligen Geist,* heilige und erneuere uns nach Leib und Seele und gib, daß wir unter diesem Brot und Wein deines Sohnes wahren Leib und Blut im rechten Glauben zu unserem Heil empfangen, da wir jetzt nach seinem Befehl sein eigen Testament also handeln und brauchen:..." (Es folgen die Einsetzungsworte.)

Inzwischen sind zahlreiche Abwandlungen dieses „Postsanctus-Gebets" vorgelegt worden, in denen entweder der an Gottes Heilshandeln erinnernde Lobpreis stärker entfaltet ist oder die Bitte um den Heiligen Geist ekklesiologisch, d. h. in bezug auf die Gemeinschaft der Kirche und ihre Vollendung ausgeweitet wird.

XVI. Die Einsetzungsworte (Die Konsekration)

Die Einsetzung des heiligen Abendmahls ist im Neuen Testament viermal berichtet: Matth. 26, 26–28; Mark. 14, 22–24; Luk. 22, 19–20; 1. Kor. 11, 23–25. Diese Berichte, die inhaltlich, aber nicht wörtlich übereinstimmen, haben ihre letzte Form sicherlich erst durch den liturgischen Gebrauch der ersten Christengemeinden erhalten. Das Sprechen des Einsetzungsberichtes war von Anfang an ein das Sakrament des Altars konstituierendes Element, das schließlich auch von der Theologie als der Akt bestätigt wurde, durch den die *Konsekration* geschieht. Unter Konsekration (Benediktion, Eulogie) versteht die Kirche den Akt der Segnung (vgl. 1. Kor. 10, 16), durch den Brot und Wein ausgesondert und zu Trägern der leiblichen Gegenwart Christi werden. Der Wortlaut des Einsetzungsberichtes war nie ganz einheitlich. Man hat auch über die biblischen Texte hinausgehende Zusätze aufgenommen (vgl. die Wandlungsworte der römischen Messe, wo es heißt, daß Jesus das Brot und den „erhabenen" Kelch „in seine heiligen und ehrwürdigen Hände" nahm und „die Augen zum Himmel erhob"). Als sich vom frühen Mittelalter an die Gebete des Kanons um die Einsetzungsworte legten, wurden diese nur noch leise gesprochen.

Luther hat demgegenüber wieder geltend gemacht, daß die Worte der Einsetzung nicht nur konsekratorischen Charakter haben, also nicht nur auf die Abendmahlselemente zu beziehen sind, sondern daß sie auch *Verkündigung* für die Gemeinde sind. Deshalb sollen sie im Ton der Evangelienlesung laut gesungen werden, wobei der Liturg freilich auf die Abendmahlselemente blickt. Die Auffassung, daß sich bei der Rezitation der Einsetzungsworte die Verwandlung der Elemente und im Gesamtgeschehen der Konsekration die Darbringung eines „Opfers" vollziehe, hat Luther abgelehnt. Die damit in Zusammenhang stehende Elevation (Hochhebung von Brot und Kelch zum Zwecke der Anbetung durch die

Gemeinde) hat man zunächst umgedeutet noch bestehen lassen (als Commonstratio, also als hinweisendes Vorzeigen), sie zur Vermeidung von Mißverständnissen schließlich doch abgetan, ebenso wie die Sitte des Niederkniens bei den Einsetzungsworten und den Gebrauch eines Glöckchens.

Die Agenden des 17. Jahrhunderts bringen bei den Worten „Das ist mein Leib" bzw. „Blut" den Hinweis, daß dabei über Brot und Wein das Zeichen des Kreuzes geschlagen werden soll, ein liturgischer Brauch, der auch bei anderen Segenshandlungen geübt wird und merkwürdigerweise in der römischen Messe mit ihren vielen Kreuzeszeichen (in der tridentinischen Fassung waren es deren 55) gerade an dieser Stelle nicht vorkam und nicht vorkommt. Im 18. Jahrhundert blieben nicht einmal die Einsetzungsworte von Veränderungen und „Verbesserungen" verschont. Trotz der weitverbreiteten Ablehnung des liturgischen Gesangs blieb man dabei, daß sie gesungen werden sollten, eben weil es „feierlicher" sei. Man komponierte sie auch neu in Form eines gefühlvollen Arioso (mit Orgelbegleitung), das dem damaligen Zeitgeschmack entgegenkam.

Nachdem schon die Agenden des 19. Jahrhunderts zum großen Teil zu der reformatorischen Text- und Melodiefassung der Einsetzungsworte zurückgekehrt waren, gilt auch für die Agenden der Gegenwart der Grundsatz, die Verba institutionis im biblischen Wortlaut und, falls gesungen, in einer den Text angemessen zur Geltung bringenden Klanggestalt in die Mitte des Eucharistischen Hochgebets bzw. der Abendmahlsliturgie zu rücken. Sofern der Liturg nicht grundsätzlich hinter dem Altar stehend „versus populum" (d. h. zum Volk hin) handelt, werden die Einsetzungsworte von ihm als Konsekration zum Altar gewandt, aber eben doch auch als Verkündigung (und d. h. für die Gemeinde deutlich hörbar) gesprochen bzw. gesungen. Der Liturg kann, bevor er bei den Worten „Das ist mein Leib (bzw. Blut)" das Kreuzeszeichen über den Elementen schlägt, vorher schon segnend die Hände über sie halten. Wenn auch das Brechen des Brotes in der lutherischen Kirche kein konstitutives Element der Abendmahlshandlung ist (im Gegensatz zur reformierten Auffassung), so ist es doch ein sinnvoller Brauch, eine dafür bestimmte, größere Hostie im Verlauf des Brotwortes („... dankte und brach's") in 4 Teile zu zerbrechen. Ebensowenig ist bei den Kelchworten das Nehmen und leichte Anheben des Kelches zu beanstanden.

Die Agende bringt neben der herkömmlichen (Brandenburg-Nürnberger Kirchenordnung) auch die Weise Luthers nach dem Evangelienton aus der Deutschen Messe. Die Textfassung entspricht der des Kleinen Katechismus; der Satz „Dieser Kelch ist das Neue Testament in meinem Blut" kann in den Gliedkirchen, in denen es bisher schon üblich war, ersetzt werden durch den Satz „Das ist mein Blut des Neuen Testamentes" (Anw. 40).

An die Einsetzungsworte ist schon in der Alten Kirche ein Lobpreis der Gemeinde angefügt worden. Er ist in die erneuerte römische Messe wieder aufgenommen worden und hätte auch im evangelischen Abendmahlsgottesdienst einen sehr guten Sinn. Er lautet: „Deinen Tod, o Herr, verkündigen wir und deine Auferstehung preisen wir, bis du kommst in Herrlichkeit."

XVII. Das Gebet nach den Einsetzungsworten (Die Anamnese)

Dieses Gebet ist wiederum fakultativ. Es ist kein selbständiges Gebet, sondern nur die Fortsetzung und der Abschluß des großen Eucharistischen Gebets. Wird das Gebet nach dem Sanctus gesprochen (XV), so muß folgerichtig auch die Anamnese gebetet werden. In ihr tritt als ein besonderer Akt heraus, was für den Gottesdienst als ganzen gilt, daß die Gemeinde betend vor Gott ausspricht, daß sie der in Christus für sie geschehenen Heilstat vor Gott gedenkt. Diese Anamnesis (= Erinnerung, Gedächtnis), auf die am Schluß der Einsetzungsworte ausdrücklich hingewiesen ist, ist bereits in der Kirchenordnung des Hippolyt als ausgeprägter Gebetsteil mit dem Hinweis auf Tod und Auferstehung vorhanden und hat sich in den östlichen Liturgien, oft in erweiterter Form, bis heute erhalten. Die römische Messe kannte bisher nur eine kurze Anamnese in dem Kanonsgebet „Unde et memores", das allerdings mit dem Gedanken der Opferdarbringung verbunden war. Inzwischen haben alle vier Eucharistischen Hochgebete anamnetische Abschnitte. Im eschatologischen Ausklang dieses Gebets schließt sich der große Bogen, der im Allgemeinen Kirchengebet mit den konkreten, zeitgebundenen Anliegen der irdischen Gemeinde begonnen hat und im Ausblick auf die ewige Vollendung zu seinem Ziel kommt.

In der Lutherischen Agende hat der Abschluß des Eucharistischen Gebets folgenden Wortlaut: „Also gedenken wir, Herr, himmlischer Vater, des heilbringenden Leidens und Sterbens deines lieben Sohnes Jesu Christi. Wir preisen seine sieghafte Auferstehung von den Toten und getrösten uns seiner Auffahrt in dein himmlisches Heiligtum, da er, unser Hoherpriester, uns immerdar vor dir vertritt. Und wie wir alle durch die Gemeinschaft seines Leibes und Blutes *ein* Leib sind in Christo, so bringe zusammen deine Gemeinde von den Enden der Erde, auf daß wir mit allen Gläubigen das Hochzeitsmahl des Lammes feiern mögen in seinem Reich. Durch ihn sei dir, allmächtiger Gott, im Heiligen Geiste Lob und Ehre, Preis und Anbetung, jetzt und immerdar und von Ewigkeit zu Ewigkeit. (Gemeinde:) Amen."

Dieser Text liegt inzwischen auch in verschiedenen überarbeiteten und gestrafften Fassungen vor.

XVIII. Das Vaterunser

Das Vaterunser, das Gebet des Herrn, in Matth. 6, 9–13 und Luk. 11, 2–4 (ohne Doxologie) in zwei leicht unterschiedlichen Fassungen vorliegend, ist schon in der Didache als das Normal-Gebetsformular der Christenheit bezeugt. Es blieb alsbald den Gläubigen vorbehalten – die Katechumenen durften es nicht beten – und wurde zum festen Bestandteil der Sakramentsliturgie, wo es zum Rahmen des Austeilungsaktes gehörte und die Austeilung als Tischgebet und als Bitte um Sündenvergebung einleitete. Die Hauptaspekte waren also die (geistlich verstandene) 4. Bitte und die 5. Bitte. Selbstverständlich ging das Vaterunser auch in die Ordnung der Stundengebete, der Predigtgottesdienste und in die private Gebetspraxis ein. In der römischen Messe stand es seit Papst Gregor I. (ohne Doxologie, aber mit einer Weiterführung der 7. Bitte, Embolismus genannt) nach dem Abschluß des Kanons. Es leitete das „Opfermahl" ein. Doch standen zwischen ihm und der Kommunion noch einige priesterliche Einzelgebete (auch das Agnus Dei).

In der römischen Meßordnung folgt das (nunmehr gemeinsam gesprochene) Gebet des Herrn auf das Eucharistische Hochgebet und leitet somit die Kommunion ein. Der nur vom Priester gesprochene Embolismus blieb (verkürzt) erhalten, die Gemeinde schließt nach diesem Einschub das Gebet des Herrn mit der Doxologie („Denn dein ist das Reich...") ab. Es folgen bis zur Kommunion das Friedensgebet, die Brechung des Brotes (mit Agnus Dei), ein stilles Gebet und die Einladung zur Kommunion.

Die Beseitigung des Kanons in der Reformation führte für das Vaterunser zu einer neuen Einordnung. In der Deutschen Messe wird das (paraphrasierte) Vaterunser *vor* die Einsetzungsworte als Rüst- und Tischgebet gestellt; im gleichen Sinn wird es auch in den Ordnungen verstanden, wo es zwischen den Einsetzungsworten und der Austeilung steht; jedenfalls wurde es immer als ein Stück der Sakramentsliturgie empfunden. In dem Maße aber, wie der Hauptgottesdienst reiner Predigtgottesdienst wurde, setzte sich die aus dem mittelalterlichen Prädikantengottesdienst erwachsene Übung durch, die das Vaterunser als Bekräftigung und Krönung der Fürbitten eines Allgemeinen Kirchengebets verstand. Das Vaterunser war oft schon als Stillgebet vor der Predigt, im Rahmen des „Predigtauftritts" (Pronaus), vorgesehen. In der evangelischen Kirche setzte sich sehr früh die um die Doxologie erweiterte Textfassung durch.

Die Lutherische Agende beläßt das Vaterunser im Sakramentsgottesdienst an der althergebrachten Stelle, also im Zusammenhang mit den Einsetzungsworten und der Austeilung: In der Form A zwischen Sanctus und den Einsetzungsworten, in der Form B nach den Einsetzungsworten (bzw. dem Eucharistischen Gebet) vor dem Friedensgruß. Doch erscheint das Vaterunser auch im sakramentslosen Gottesdienst: Es folgt dann unmittelbar dem Allgemeinen Kirchengebet (XII); daran schließt sich die Entlassung.

„Grundsätzlich wäre übrigens nichts dagegen einzuwenden, wenn das Vaterunser, wie in der Reformationszeit, sowohl im Zusammenhang mit der Predigt wie im Zusammenhang mit dem Abendmahl im gleichen Gottesdienst erscheinen würde. In Luthers Deutscher Messe 1526 bildete das Gebet des (paraphrasierten) Vaterunsers die Brücke zwischen Wortteil und Sakramentsteil und erfüllt damit sowohl die Funktion des Allgemeinen Kirchengebets nach der Predigt wie des Rüstgebets vor der Kommunion." (Mahrenholz)

Für das Vaterunser sind zwei verschiedene einfache Weisen angeboten; die Doxologie wird immer von der Gemeinde gesungen (Weise Pfalz-Neuburg 1543). Im abendmahlslosen Gottesdienst wird das Vaterunser im allgemeinen gemeinsam gesprochen.

XIX. Der Friedensgruß (Die Pax)

In der (altkirchlichen) Form B der Abendmahlsliturgie wendet sich der Geistliche nach dem Vaterunser zur Gemeinde und singt: „Der Friede des Herrn sei mit euch allen." Die Gemeinde antwortet singend: „Amen". Das ist eine letzte Erinnerung daran, daß an dieser Stelle ursprünglich der Friedenskuß gewechselt wurde. Die neutestamentlichen Briefe lassen erkennen (Röm. 16, 16; 1. Kor. 16, 20 usw.), daß innerhalb der gottesdienstlichen Versammlung der Kuß als Zeichen der Gemeinschaft und Bruderschaft gewechselt wurde, und zwar von Mann zu Mann und Frau zu Frau. Da die Aufrufe zum Friedenskuß immer am Schluß der neutestamentlichen Briefe stehen, darf man annehmen, daß dieser Kuß nach der Verlesung der Epistel, also am Schluß des Wortteils zu Beginn der Mahlfeier, gewechselt wurde (vgl. Matth. 5, 23f.). Während er in den östlichen Liturgien noch vor dem Eucharistischen Gebet geübt wird, hat ihn die römische Messe kurz vor der Kommunion (nur durch zwei Gebete von ihr getrennt). Der Kuß selbst ist seit dem 13. Jahrhundert nicht mehr Sitte (nur in der Brüdergemeinde hat man ihn wieder aufgenommen), geblieben ist aber der Zuruf „Pax Domini sit semper vobiscum" mit der Antwort „Et cum spiritu tuo" („Der Friede des Herrn sei immer mit euch!" und „Und mit deinem Geist!"). Im römischen Hochamt gab es den Kuß zwischen dem Priester und dem Diakon, aber „amplexu" (d. h. in Form einer angedeuteten Umarmung). Auch der Kuß des Altars und des Evangelienbuches kommt vor. Neuerdings wurde an dieser Stelle der Ruf eingefügt: „Gebt einander ein Zeichen des Friedens und der Versöhnung!" Die Gottesdienstbesucher reichen sich dann die Hand.

Soweit die Gottesdienstordnungen der Reformation von der römischen Messe ausgingen (z.B. Formula Missae, Brandenburg-Nürnberger Kirchenordnung), hatten sie meist auch den Friedensgruß; der Kuß unterblieb. Die in ihrem Abendmahlsteil wesentlich umgestaltete Deutsche Messe Luthers und auch Bugenhagens Ordnungen haben den Friedensgruß nicht mehr. In der Folgezeit blieben die Dinge offen. Dort, wo die Pax noch gebraucht wurde, stand sie entweder vor der Austeilung (dann oft durch einladende oder mahnende Zusätze erweitert) oder vor der Präfation, wo sie dann nur noch als allgemeine Salutation verstanden werden konnte. Die Antwort der Gemeinde beschränkte sich vielfach auf das „Amen".

Die Lutherische Agende verzichtet für die Form A folgerichtig auf den Friedensgruß und weist auf die Möglichkeit hin, die Salutation vor der Präfation (XIII) als Friedenswunsch zu singen (Anw. 39). In der Form B steht der Friedenswunsch zwischen dem Vaterunser und der Austeilung. Man begnügt sich mit der Antwort „Amen". So kurz und unscheinbar der Friedensgruß sich jetzt in unserer Gottesdienstordnung ausnimmt und so wenig er von dem ursprünglich damit verbundenen Vorgang erkennen läßt, so soll er doch verstanden und erklärt werden „als ein (gegenseitiges!) Zusprechen der Glaubenswirklichkeit, daß die um das Altarsakrament versammelte Gemeinde in Christus ein Geist und ein Leib ist. Auch wenn der Kuß nicht getauscht wird, kann es sich die Gemeinde doch wenigstens noch mit Worten zusagen und versichern" (Frör). Darüber hinaus könnte der mit dem Nachbarn getauschte Händedruck ein Zeichen des Friedens sein.

XX. Die Austeilung (Die Kommunion)
(Von der Austeilung an ist das Nebeneinander der Formen A und B wieder aufgehoben.)

A. DIE AUSTEILUNG SELBST (DISTRIBUTION)

Die Austeilung des Sakraments erfolgte in der Alten Kirche so, daß der Gemeindebischof das Brot und der Diakon den Wein austeilte. Vor der Austeilung brach man das Brot in einzelne kleine Stücke. Dieser Brauch verlor sich etwa seit dem 9. Jahrhundert, als man dünne, ungesäuerte Brotscheiben (Hostien, Oblaten) verwendete. Die Sonderstellung des Priesters in der zum „Meßopfer" umgewandelten Abendmahlsfeier führte dazu, daß die Kommunion nur noch als (Selbst-)Kommunion des Priesters gehalten wurde.

Nur er sowie Diakon und Subdiakon empfingen das Sakrament vollständig, also Brot und Wein. Die Kommunion der Gläubigen war zum Vollzug der Messe nicht unbedingt notwendig. Sie war, wenn sie überhaupt gehalten wurde („wie es sich ziemt"), von der Kommunion des Priesters deutlich abgesetzt. Ihr voraus ging ein Confiteor. Die Laien empfingen nur das sakramentale Brot.

Die Reformation hob jede Aufspaltung von priesterlicher und Laienkommunion auf. Die Kommunion ist nur dann der Stiftung Christi gemäß, wenn das Sakrament von Gliedern der Gemeinde – und sei ihre Zahl auch noch so gering – empfangen wird, und zwar vollständig empfangen wird, nach Brot und Wein. Man empfand es dabei als eine Selbstverständlichkeit, daß die Pfarrer, die das Sakrament spenden, es selbst auch empfangen. Die Selbstkommunion des Pfarrers wurde, wo sie sich mangels anderer Liturgen als Notwendigkeit ergab, hingenommen, wobei man darauf achtete, daß sie nicht wieder zum Ansatz für die römische „Winkelmesse" wurde.

Das II. Vatikanische Konzil hat für die Feier der Kommunion gewichtige Veränderungen durchgesetzt. In bestimmten Fällen ist die Kelchkommunion der Gläubigen wieder erlaubt. Die Kommunion des Priesters und die Kommunion der Gläubigen stehen gleichberechtigt nacheinander.

Die Praxis der evangelischen Abendmahlsausteilung hat sich, abgesehen von Veränderungen der Spendeformel zur Zeit der Aufklärung, im allgemeinen durch die Jahrhunderte ziemlich unverändert erhalten. Das Abendmahl wird vom Altar aus gespendet. Die Spendung erfolgt also nicht so, daß es den Gemeindegliedern unterschiedslos an ihren Platz gebracht wird, wie das mit dem Wort der Predigt geschieht, sondern so, daß diese *hinzutreten* und damit im Sinn von 1. Kor. 11, 27–29 eine persönliche Entscheidung treffen. Dieses Hinzutreten geschah bis in die jüngste Vergangenheit (und geschieht heute noch in Landgemeinden) nach *Ständen* geordnet (zumindest Aufteilung in Männer und Frauen). Es wurde häufige Sitte, das Sakrament nicht vor dem Altar, sondern an der Seite des Altars zu empfangen: Die Hostie auf der Brotseite und – nach einem Gang um die Rückseite des Altars – den Wein auf der Kelchseite. Während im allgemeinen die Sitte des *Niederkniens* im Laufe der Zeit aus den evangelischen Gottesdiensten geschwunden ist, ist doch der Empfang des Altarsakraments vielfach einer der wenigen Anlässe geblieben, bei denen das Knien (nach vorheriger Verneigung) nicht aufgegeben wurde. Die dargereichte Hostie wurde (wie in der römischen Messe) vom Kommunikanten unmittelbar mit dem Munde aufgenommen.

Auf eine *Spendeformel,* wie sie in der römischen Messe üblich war („Der Leib unsres Herrn Jesu Christi bewahre deine Seele zum ewigen Leben. Amen"), wurde in der lutherischen Reformation vielfach verzichtet, da in den möglichst nahe an die Austeilung herangerückten Einsetzungsworten die enge Verbindung zwischen Konsekration und Distribution ohnehin hergestellt war. Wo man doch an ihr festhielt (zur Ermahnung, Erinnerung und Tröstung), knüpfte man an die römische Spendeformel an, die dann auch mit der anderen Formel verbunden wurde: „Nimm hin und iß (trink), das ist der Leib (das Blut) Christi, für dich gegeben (vergossen)."

Gelegentlich brach die Frage auf, ob Laien (Kirchenälteste, Küster usw.) den amtierenden Liturgen durch Austeilung des Kelchs unterstützen dürften. Merkwürdigerweise nahm man gerade von reformierter Seite her daran Anstoß. Zumeist wurde diese Frage aber doch bejaht.

In der reformierten Kirche war der Bruch mit der Tradition noch stärker. Zwar hat sich Zwinglis Ordnung der „sitzenden Kommunion", bei der die Diakone die in Holzgefäßen aufbewahrten Abendmahlselemente in den Kirchenraum (auch auf die Emporen) bringen und bei der sich jeder vom Brot etwas abbricht, nur in bestimmten Gebieten (z. B. Schottland, Brüdergemeine) durchgesetzt; aber auch in der „wandelnden Kommunion", wie sie jetzt dem Vorschlag Calvins folgend in der reformierten Kirche vielfach üblich ist, geschieht es, daß vom Abendmahlstisch aus in kleine Stücke gebrochenes, gesäuertes Brot gereicht wird (also nicht Oblaten), das jeder sich selbst zum Munde führt. Als Spendeformel ist 1. Kor. 10, 16 üblich geworden.

Auch bei der Austeilung des Abendmahls blieben in der Zeit des Rationalismus Entartungen nicht aus; es gab Rangstreitigkeiten bei dem Zutritt zum Altar; die Spendeformeln wurden zu wortreichen, mit Höflichkeitsfloskeln durchsetzten Ergüssen, die eine verfälschte Abendmahlslehre zum Ausdruck brachten; man bemühte sich hier und da, jedem eine besondere Spendeformel oder ein besonderes Bibelwort mitzugeben.

Die 1817 in Preußen geschaffene Union zwischen Lutheranern und Reformierten versuchte die verschiedenen Abendmahlslehren in der sog. referierenden Spendeformel zu überbrücken: „Jesus Christus spricht: Nehmet hin und esset; das ist mein Leib..."

Um die Jahrhundertwende wurde, wie schon früher, aus hygienischen Gründen die Forderung erhoben, der von mehreren benützte Gemeindekelch sollte durch viele kleine Einzelkelche oder durch den Patenenkelch (Tauchkelch) ersetzt werden. Im letzteren Fall würden Patene und Kelch in einem Gerät vereinigt sein und den Kommunikanten nur die in den Kelch getauchten Hostien gereicht. Die Erfahrung lehrt, daß den Erfordernissen der Hygiene auch in anderer Weise Rechnung getragen werden kann (Bereitstellung mehrerer Kelche, die während der Austeilung gedreht und nach Benützung sogleich mit in Alkohol getauchten Läppchen gereinigt werden).

Gelegentlich wird mit Rücksicht auf alkoholkranke Gemeindeglieder die Forderung erhoben, den Wein grundsätzlich durch Traubensaft zu ersetzen. Der Stifterwille Christi veranlaßt uns, auf den Wein nicht leichtfertig zu verzichten. Aber die Rücksicht auf die Schwachen läßt es doch gerechtfertigt erscheinen, daß in regelmäßiger Folge Abendmahlsfeiern mit Traubensaft, der ja schließlich auch „ein Gewächs des Weinstocks" (Matth. 26, 29) ist, angeboten werden. Denkbar wäre auch, daß das alkoholkranke Gemeindeglied den Kelch an sich vorübergehen läßt und sich mit dem Brot begnügt, das nach unumstrittener Auffassung die volle Gegenwart des Herrn Jesus Christus in sich schließt. Damit muß der Alkoholkranke freilich aus seiner Anonymität heraustreten.

In der Agende sind nur die wesentlichsten Formfragen der Austeilung festgelegt. Besondere Gepflogenheiten der örtlichen Sitte werden hier eine größere Rolle als sonst spielen. Auch haben sich in der jüngsten Vergangenheit einige neue Möglichkeiten des Abendmahlsempfangs eingebürgert, die auf eine stärkere Kommunikation der Abendmahlsgäste untereinander abzielen.

Die Austeilung sollte ohne Verzug nach dem Friedensgruß (Form B) bzw. nach den Einsetzungsworten (Form A) beginnen. Eine kurze einladende Formel (etwa „Schmecket und sehet, wie freundlich der Herr ist!") war ursprünglich in der Agende nicht vorgesehen, wird aber häufig gebraucht und hat auch in die römische Meßordnung Eingang gefunden.

Die Kommunikanten können kniend am Altar oder im Halbkreis um den Altar stehend das Sakrament empfangen. Sie können auch in kleinen Gruppen auf der Brotseite das Brot empfangen, den Altar umschreiten, um dann auf der Kelchseite den Wein zu empfangen.

Bei größeren Kommunikantenzahlen sollte neben dem Liturgen mindestens noch ein Altarhelfer (Altardiakon) an der Austeilung mitwirken. Es ist altkirchlicher Brauch, daß der „Gemeindebischof" das Brot reicht und der Helfer ihm mit dem Kelch folgt. (Der Dienst des Altarhelfers kann von einem Diakon oder Kirchenvorsteher wahrgenommen werden. Er setzt entsprechende Einübung, nicht aber die Ordination voraus.)

Zu den neuerdings geübten Formen gehört, daß der Liturg jeweils nur dem ersten einer Gruppe Brot und Wein austeilt und daß dann jeder Kommunikant Brot und Wein seinem Nachbarn weiterreicht und dabei die Spendeformel spricht. Bei entsprechend großen Gruppen können Brot und Wein von der Mitte des Halbkreises aus nach außen ausgeteilt werden. Dann muß der Liturg durch drei Helfer unterstützt werden. Es gibt auch die Form der „fließenden Kommunion". Zwei Altardiakone stehen nebeneinander mit der Patene und dem Kelch im Altarraum und die Kommunikanten gehen in ununterbrochener Reihe an ihnen vorbei. Der Pfarrer reicht vom Altar aus jeweils die aufgefüllte Patene oder den nachgefüllten (und desinfizierten) Kelch.

Beim Vollzug des Abendmahls sind Gemeindeglieder mit Recht besonders empfindlich gegen störende Unordnung und Ablenkung. Darum muß auch den scheinbar nebensächlichen Kleinigkeiten gebührende Beachtung geschenkt werden. Sosehr bei der Austeilung jede Hast vermieden werden soll, so gibt es dabei doch auch eine umständliche Langsamkeit, die der Feier insgesamt sehr abträglich werden kann. Kommunionspendungen dürfen nicht den Eindruck quälender Endlosigkeit erzeugen. Es sollte auch vermieden werden, daß die Gäste am Tisch des Herrn in dichten Mauern am Altar anstehen, daß sie sich im Menschengewühl mühselig nach vorne drängen müssen und dabei den vom Altar zurückkehrenden Abendmahlsgästen zwangsläufig keine Möglichkeit des Durchgangs lassen. Hier will für jede Kirche und Gemeinde die angemessenste Lösung wohl überlegt sein. Die Agende weist auch darauf hin (Anw. 42), daß bei außergewöhnlichen Anlässen wie übergroßer Zahl der Abendmahlsgäste und bei besonderen räumlichen Verhältnissen das heilige Abendmahl außer am Altar gleichzeitig auch an mehreren anderen Sakramentstischen, etwa an den Stufen des Chorraums oder in einem Seitenschiff, ausgeteilt werden kann. Die Abendmahlselemente werden dann zu Beginn der Austeilung durch die spendenden Geistlichen vom Altar zu den einzelnen Sakramentstischen getragen.

Von diesen verschiedenen Formen der Austeilung am Altar oder in der Nähe des Altars ist zu unterscheiden das sogenannte *Tischabendmahl*, bei dem die Kommunikanten während des ganzen Gottesdienstes an einem Tisch sitzen und sich das vom „Hausvater" (dem ordinierten

Leiter der Versammlung) ausgehende Brot und ebenso den Wein reichen lassen, um es an den Nebensitzenden weiterzugeben. Dieses Tischabendmahl, das den Tischgemeinschaften Jesu und den urchristlichen Eucharistiefeiern nahekommt, wurde schon im 18. Jahrhundert bei der Herrnhuter Brüdergemeine gefeiert. Als eine gute Möglichkeit, den konkreten Gemeinschaftscharakter im Gottesdienstvollzug zeichenhaft darzustellen, ist es in unserer Zeit wieder neu entdeckt worden. Das Tischabendmahl kann allerdings nicht in die relativ offene Form der Sakramentsfeier im Gemeindegottesdienst eingefügt werden. Es ist nur im Zusammenhang eines eigenständigen Gruppenabendmahls denkbar, bei dem die Teilnehmer bereits vorher feststehen und eine wie auch immer geartete persönliche und geistliche Beziehung der Teilnehmer untereinander vorausgesetzt werden kann.

Diese Kreise müssen trotz ihrer „Geschlossenheit" offen bleiben für die Gemeinde, damit eine sektenhafte Absonderung vermieden wird. Es sollte immer öffentlich bekannt sein, daß und wann solche Abendmahlsfeiern gehalten werden. Das Tischabendmahl kann selbstverständlich auch in einem Gemeindehaus oder Privathaus gehalten werden. Sosehr es für diese Feier charakteristisch ist, daß sie nicht von einem einzelnen gehalten wird, sondern daß alle oder mehrere Teilnehmer sich an der Vorbereitung und Durchführung der Feier beteiligen, sosehr ist es andererseits auch unerläßlich, daß ein ordinierter Teilnehmer sich für die stiftungsgemäße Ausrichtung des Abendmahls nach der Ordnung der jeweiligen Kirche verantwortlich weiß. Unter dieser Voraussetzung ist es durchaus angemessen, daß das Tischabendmahl „in offener Form" gehalten wird. (Man vergleiche damit das zu den Predigtgottesdiensten „in offener Form" Gesagte.) Die jeweilige Situation (oder ein bestimmtes Thema) kann für den Ablauf der Feier und den Wortlaut der Gebete (abgesehen von den Einsetzungsworten und vom Vaterunser) jeweils wechselnde Gestaltungsformen bedingen.

Diese Tischabendmahlsfeiern würden auch die Möglichkeit geben, das sakramentale Mahl mit einem Sättigungsmahl (Agape) zu verbinden. Doch sind solche Versuche, wie schon das Neue Testament erkennen läßt (1. Kor. 11, 17–22), immer wieder von der Gefahr bedroht, daß sich das sakramentale Geschehen nicht deutlich und würdig genug als das geistliche Essen und Trinken Jesu Christi von dem sonstigen Mahl abhebt, so daß sich bei aller zeitlichen Zusammenbindung beider Akte zuerst die Feier des Sakraments und erst danach und davon abgesetzt die Sättigungsmahlzeit empfiehlt. Sie soll dann auch von Gebeten, Dankliedern und Segensworten geprägt sein.

Auch beim Tischabendmahl müssen die über Brot und Wein gesprochenen Einsetzungsworte und das Vaterunser konstitutive Mitte der Handlung bleiben. Es ist möglich, an das Sprechen der Brotworte sofort die Austeilung des Brotes anzuschließen und erst danach das Kelchwort zu sprechen und mit der Austeilung des Weins zu beginnen. Hier sind auch kommunikative Formen, die im Hauptgottesdienst nicht möglich sind, gut am Platz (Auslegung des Bibelwortes in dialogischer Form, Händereichen, Weitergabe der Abendmahlselemente durch die Kommunikanten). Es empfiehlt sich, anstelle von Hostien vorher geschnittenes Weißbrot zu verwenden und Wein in Gefäßen anzubieten, die auch sonst bei festlichen Anlässen in der Familie Verwendung finden.

Die Agende bietet vier verschieden lange Spendeformeln an. Bei der kürzesten Formel („Christi Leib, für dich gegeben") soll der Kommunikant vor dem Empfang mit einem „Amen" antworten. Man sollte sich vor willkürlichen Veränderungen und Erweiterungen der Spendeformel hüten. (Die katholische Messe begnügt sich bei der Spendeformel mit den knappen Worten: „Der Leib Christi" bzw. „Das Blut Christi", worauf der Kommunikant „Amen" spricht.)

Im Zusammenhang damit ist nach wie vor bedenkenswert, was Mahrenholz seinerzeit dazu zu sagen hatte: „Die Beigabe von Bibelsprüchen oder dgl. zur Spendeformel ist keine gute Übung. Zwar sind wir gewohnt, bei manchen Kasualien die Botschaft des Evangeliums dem einzelnen mit einem solchen Bibelspruch besonders zuzusprechen. Aber im Augenblick der Sakramentsspendung, wo das fleischgewordene Wort Gottes dem Kommunikanten in seiner ganzen Fülle gegeben wird, besteht kein Anlaß, durch ein spezielles Bibelwort die vollgültige Gabe des Sakramentes zu überhöhen oder zu ergänzen und damit die Sinne des Kommunikanten von dem Eigentlichen des Augenblicks abzulenken. Solches Wort zeigt entweder ein mangelndes Ernstnehmen der sakramentalen Gabe oder aber einen nicht erlaubten Gebrauch biblischer Sprüche zur „feierlichen Ausgestaltung". Man vergesse nicht, was Bugenhagen im Zusammenhang mit seiner Kritik der Spendeformel sagt, daß nämlich die Kommunikanten das Sakrament empfangen sollen, mit den (auf die Einsetzung und Bedeutung des Abendmahls bezüglichen) Worten und Befehlen Christi in den Ohren. Das kann man nachmals nicht besser machen."

Die Spendung des Altarsakraments soll besonders sorgsam und zuchtvoll geschehen. Wird das Brot (die Hostie) dem Abendmahlsgast in den geöffneten Mund gelegt, so läßt sich das Berühren der Lippen vermeiden, wenn die Hostie am Rand angefaßt wird. Das Brot kann aber auch in die zur Schale geformte rechte Hand des Kommunikanten gelegt werden. Der Kommunikant nimmt dann mit der linken Hand, die zunächst stützend unter die rechte Hand gelegt war, das Brot auf und führt es selbst zum Mund. Der Kelch wird so gefüllt (also nicht bis an den Rand) und so gehalten, daß jeder ohne Mühe trinken kann, und wird von Person zu Person ein wenig gedreht. Die rechte Hand des Liturgen hält den Knauf des Kelches, die Linke bewirkt mit dem Fuß des Kelchs die gewünschte Neigung des Kelchs. Der Kelch kann dem Kommunikanten auch in die Hand gegeben werden, so daß dieser selbst trinken kann. Zumindest könnte er den vom Liturgen gereichten Kelch am Fuß anfassen und mit zum Munde führen, um damit seine Teilhabe an diesem Vorgang zum Ausdruck zu bringen. (Während der durch viele Jahrhunderte hindurch übliche Empfang der Kommunion mit dem Mund das kindliche Angewiesensein auf Gottes Hilfe zum Ausdruck bringt, läßt die „Handkommunion" den Menschen stärker als den zur mündigen Verantwortlichkeit Gerufenen in Erscheinung treten. Beide Möglichkeiten sollten ebensowenig wie die Möglichkeit des Kniens oder Stehens gegeneinander ausgespielt werden.) Nach jeder vollen Drehung des Kelchs ist der Kelchrand mit Alkohol zu reinigen. Die dazu benützten frischen Tücher sollten auf dem Altar ordentlich abgelegt werden. Fremdkörper im Kelch werden mit einem Sieblöffel entfernt. Die Benützung mehrerer Kelche ist zu empfehlen.

Nach Beendigung der Austeilung werden die nicht benutzten Hostien in die Hostienbüchse zurückgelegt. Der Weinrest in der Kanne sollte alsbald aufgebraucht werden, indem er entweder noch getrunken oder nach dem Gottesdienst in die Erde zurückgegossen wird.

Wenn die Zahl der Abendmahlsgäste größer ist als erwartet, kann es geschehen, daß Brot und Wein bei der Austeilung nicht ausreichen. In diesem Falle erhebt sich für die (vom Diakon aus der Sakristei) nachgebrachten Elemente die Frage der *Nachkonsekration*. Sie ist nicht eine liturgische, sondern eine dogmatische Frage. Sie entsteht daran, ob die Konsekration nur für die tatsächlich auf dem Altar stehenden Elemente als gültig empfunden wird oder ob sie ganz allgemein auf das während des Sakraments gebrauchte Brot und den Wein bezogen werden kann. Man hat auch die Auffassung vertreten, daß in der ausführlichen Spendeformel die Stiftungsworte Christi gesprochen werden und auf diese Weise eine Konsekration gesichert ist. Die Nachkonsekration wird, falls sie für notwendig erachtet wird, während der Austeilung zwischen zwei Kommunikantengruppen vollzogen. Es genügt dabei für die Hostien das Brotwort und für den Wein das Kelchwort allein.

Die Selbstkommunion des Liturgen ist in der Agende vorgesehen. Sie ist freilich nur dann sinnvoll, wenn ein Pfarrer allein die Austeilung vornimmt und ein weiterer Pfarrer oder ein Altardiakon nicht zur Verfügung steht. Für die Selbstkommunion ist ein Stillgebet (von Matth. 8, 8 u. Ps. 116, 12–13 her gestaltet) angeboten. (Das dabei angegebene Kreuzeszeichen bedeutet nicht eine Selbstbekreuzigung des Liturgen, sondern ist nur ein

Trennungszeichen, also der Hinweis, daß an dieser Stelle das Sakrament genommen wird.) Das Gebet des Liturgen kann von den kommunizierenden Gemeindegliedern als Stillgebet vor der Kommunion übernommen werden. Die Agende bringt daneben noch ein Gebet, das nach empfangener Kommunion bei der Rückkehr an den Platz gesprochen werden kann.

Diese Gebete gehören, ebenso wie das Gebet des Liturgen bei der Zurüstung der Abendmahlsgeräte vor der Präfation (siehe XII. am Schluß), zur Gruppe der *Rüstgebete*, die bereits unter I. besprochen wurde. Auch die während der Austeilung von Gemeinde und Chor gesungenen Lieder und Psalmen (XX. B) werden für die kommunizierenden Gemeindeglieder zu Rüstgebeten im weiteren Sinn.

B. DIE GESÄNGE WÄHREND DER KOMMUNION
(Die Musica sub communione)

Schon in der Alten Kirche wurde während der Austeilung vom Chor ein Psalm, der Kommunionspsalm, gesungen, der wie der Introitus- und Offertoriumspsalm ein „Prozessionspsalm" war. Die der Austeilung unmittelbar vorausgehende Brechung des Brotes wurde im Westen seit dem 7. Jahrhundert von dem Gesang „Christe, du Lamm Gottes" (Agnus Dei) begleitet. Er wurde so lange wiederholt, bis die Brotbrechung beendet war. Dieser Gesang wurde auch dann noch beibehalten (allerdings auf drei Strophen beschränkt), als im 9. Jahrhundert die Brotbrechung fortfiel und er somit zum Beginn der Austeilung gesungen wurde.

1. DAS AGNUS DEI

Das Agnus Dei ist „seit ältester Zeit ein litaneiartiger Hymnus, der den Opfergedanken aufnimmt und mit dem Altarsakrament in Beziehung setzt". Der lateinische Text lautet: „Agnus Dei, qui tollis peccata mundi: miserere nobis" (Lamm Gottes, das du die Sünden der Welt hinwegnimmst, erbarme dich unser; vgl. Joh. 1, 29). Seit dem 11. Jahrhundert kam es (wohl in Notzeiten) auf, am Schluß des dritten Agnus das „Miserere nobis" zu ersetzen durch „Dona nobis pacem" (Gib uns den Frieden). In den Totenmessen singt man seitdem als Bitte zweimal „Dona eis requiem" (Gib ihnen die Ruhe) und beim dritten Agnus „Dona eis requiem sempiternam" (Gib ihnen die ewige Ruhe). Auch diesen ursprünglich vom Klerus und Volk angestimmten Ordinariumsgesang übernahm im Mittelalter mehr und mehr der Chor. In der Tridentinischen Messe stand das Agnus Dei nach der symbolischen „Brotbrechung und Vermischung der heiligen Gestalten" vor dem „Friedensgebet", den „letzten Bitten vor der Kommunion" und der Kommunion selbst, war also kein Kommunionsgesang mehr. Das II. Vatikanum hat das Agnus Dei an diesem Platz belassen. Es ist aber von der Kommunionspendung jetzt nur noch durch ein stilles Vorbereitungsgebet des Priesters und durch die Einladung zur Kommunion getrennt.

In den lutherischen Kirchen der Reformation hat man vom Chor weiterhin das lateinische Agnus Dei und von der Gemeinde die beiden deutschen Übertragungen „Christe, du Lamm Gottes" (EKG 136) und „O Lamm Gottes unschuldig"(EKG 55) singen lassen. Der Platz des Agnus Dei war wechselnd, für gewöhnlich aber während der Distribution. Indem es dann mit den anderen Abendmahlsliedern in einer Linie stand, verlor es seinen besonderen Charakter als Ordinariumsgesang und wurde unter die Passions- oder Abendmahlslieder eingereiht. Die Restaurationsagenden des 19. Jahrhunderts stellten das Agnus Dei wieder als Ordinariumsgesang heraus, ordneten es freilich unter die Stücke *vor* der Austeilung ein (so auch Bayern, dem Vorschlag Löhes folgend, zwischen den Einsetzungsworten und dem Vaterunser). Es ist geschichtlich und sachlich gerechtfertigt, wenn die Agende der Lutherischen Kirche in Deutschland das Agnus Dei wieder Kommunionsgesang sein läßt. Sie bestimmt für die Austeilung: Die Kommunikanten treten zum Altar (und knien zum Empfang des Sakramentes nieder), die übrige Gemeinde setzt sich und singt das Agnus Dei: „Christe, du Lamm Gottes" (Nr. 136) oder „O Lamm Gottes unschuldig" (Nr. 55). In der 1970 verabschiedeten ökumenischen Fassung der Ordinariumsgesänge lautet der Text: „Lamm Gottes, Du nimmst hinweg die Sünde der Welt: Erbarme Dich unser – Gib uns Deinen Frieden." Dazu passende Singweisen haben sich noch nicht eingebürgert.

2. DIE ANDEREN KOMMUNIONSGESÄNGE

Der Kommunionspsalm der römischen Messe, auch Communio oder Kommunionlied genannt, verkümmerte in demselben Maße wie der Introitus, das Graduale und das Offertorium: es blieb nur die Antiphone übrig. Häufig war der 34. Psalm (wegen Vers 9) verwendet worden, der später dem 8. Sonntag nach Pfingsten zugeteilt war. Auch die erneuerte römische Messe begnügt sich mit einem nach dem Proprium wechselnden biblischen Kommunionvers, an dessen Stelle „ein entsprechendes Lied" treten kann.

Luther hat demgegenüber wieder das Singen eines *ganzen* Psalmes gefordert und dabei vor allem den 111. Psalm vorgeschlagen. Daneben fand aber auch der „Psalm" in Form eines deutschen Liedes Verwendung, so daß auch die Gemeinde am Kommunionsgesang beteiligt werden konnte. Im 16. und 17. Jahrhundert wurden viele Abendmahlslieder neu gedichtet. In der Zeit des liturgischen Verfalls ließ man zum Sakrament auch Lieder allgemeinen Inhalts singen, vor allem Lob- und Danklieder, dann auch Passions- und Bußlieder. Mehr und mehr wandte man sich aber dagegen, daß überhaupt gesungen wurde. Eine „sanfte Orgelbegleitung" wurde als der Idealfall von Kommunionsmusik angesehen. Dann machte sich auch der reformierte Einfluß geltend. In reformierten Ordnungen kennt man feierliches Schweigen (z. B. in Schottland), aber auch die Verlesung von Bibelworten während der Kommunion.

Schon die Agenden des 19. Jahrhunderts und selbstverständlich die Agende der VELKD helfen der Musica sub communione wieder zur rechten Entfaltung. Die Gottesdienstbesucher, die nicht kommunizieren oder die Kommunion bereits empfangen haben bzw. noch längere Zeit bis zum Kommunionsempfang warten müssen, sollen nicht in eine Zuschauerrolle gedrängt werden und zur Passivität verurteilt sein, sondern mit ihren Liedern lobend, dankend und fürbittend einen Ring des Gebets um die Kommunikanten bilden. Als Kommunionslieder kommen (neben dem Agnus Dei) vornehmlich in Frage: EKG 135; 154 bis 162. Doch können an Festtagen und bei längerer Austeilungszeit auch andere Lieder gewählt werden, in denen „das Wort von der Versöhnung" laut wird.

Die Musica sacramenti braucht sich aber nicht auf das Singen von Gemeindeliedern zu beschränken. Auch der Chor soll hier mitwirken. Als Chorpsalmen, die psalmodisch und motettisch ausgeführt werden können, nennt Agende I die Psalmen 34; 111; 23; 30; 36; 145 und Jes. 12, 1–6. Die Orgel kann aus dem reichen Schatz der Literatur geeignete Orgelchoräle spielen, die Bindung an den Cantus firmus des Kirchenliedes wird dabei freilich bestimmend sein müssen. Im Grenzfall können auch freie Orgelkompositionen, die strengsten künstlerischen Maßstäben standhalten müssen und aus liturgischer Verantwortung heraus (nicht aus konzertantem Selbstdarstellungsbedürfnis) zu gestalten sind, als Musik zur Kommunion gespielt werden. Eine geistlich und künstlerisch sinnvolle Anordnung der während der Austeilung erklingenden Musikstücke gehört zu den verantwortungsvollsten Aufgaben des Kirchenmusikers. Selbstverständlich dürfen die musikalischen Stücke durch Phasen der Stille voneinander getrennt sein. Unter den Gebeten des Gesangbuchs finden sich auch „Betrachtungen und Danksagungen während der Austeilung des Sakraments, wenn Gemeinde und Chor schweigen".

Gegen Ende der Austeilung kann ein Danklied angestimmt werden (siehe EKG 163–165). Lied 165 ist eine Bearbeitung des Nunc dimittis. (Das „Nunc dimittis" selbst ist in psalmodischer Form nicht für den Hauptgottesdienst, sondern für die Komplet vorgesehen.) Ist die Zahl der Kommunikanten gering, so werden nur das „Agnus Dei" und die letzte Strophe des Liedes „Gott sei gelobet und gebenedeiet" gesungen. Wenn die letzten Kommunikanten den Altar verlassen haben, stellt der Liturg die Abendmahlsgeräte wieder zusammen und bedeckt sie mit dem Velum. Dann spricht er in der Stille ein Gebet.

XXI. Die Schlußkollekte (Postcommunio)

Schon seit dem 4. Jahrhundert wird die Kommunion mit einer kurzen Kollekte beschlossen. Dieses Gebet steht damit in Parallele zu der Kollekte, die den mit dem Introituspsalm begonnenen Gebetsteil abschließt, und zu der anderen Kollekte, die den mit dem Offertoriumspsalm begonnenen Opferakt abschließt. Das ursprünglich der Communio folgende Dankgebet wurde in ein Bittgebet umgewandelt, das, im Gegensatz zu der in der ostkirchlichen Liturgie an dieser Stelle weitgespannten Danksagung, bewußt knapp formuliert ist. In der römischen Messe ist dieses Gebet, das „Schlußgebet" genannt wird, das letzte Propriumsstück.

Die reformatorischen Ordnungen haben sich mit einigen Kollekten zur Auswahl begnügt. Sie beginnen (wie in der Kollekte der Deutschen Messe) mit einem Dank, dem eine Bitte folgt. So brachte auch die Lutherische Agende nur zwei allgemeine Kollekten (die erste davon ist Luthers Schlußkollekte); für bestimmte Tage und Zeiten sind eigene Schlußkollekten angegeben, die die Luthersche Dankformel bringen und in der Bitte das Festgeschehen andeuten. Im Rahmen der Agendenrevision wurde die Zahl dieser Schlußkollekten beträchtlich vermehrt. Auf das Kollektengebet antwortet die Gemeinde mit Amen.

In der Praxis ist das Bemühen zu beobachten, das Abendmahl möglichst nahe an die Predigt heranzurücken. Das ist ein liturgiegeschichtliches Novum. Damit hofft man, Predigthörer leichter für die Teilnahme am Abendmahl gewinnen zu können. In diesem Fall wird die Präfation gleich an das Predigtlied (= Dankopferlied) angeschlossen. Das Fürbittengebet entfällt an der gewohnten Stelle. Dann muß es unbedingt, wenn auch in verkürzter Form, in Verbindung mit der Schlußkollekte nachgeholt werden. Das bleibt aber eine Notlösung.

Der Schlußkollekte gehen eine *Salutation* und ein *Versikel* voraus.

Zur *Salutation* siehe V.A.! Sie kann (nach Anw. 25) auch erst vor das Benedicamus gestellt werden (als erstes Stück der Entlassung). So hatte es auch die Alte Kirche. Hatte das Tridentinische Missale Romanum die Salutation sowohl vor dem Schlußgebet als auch zu Beginn der Entlassung, so begnügt man sich nunmehr mit der Salutation als Einleitung der Entlassung.

Der *Versikel* ist ein zweiteiliger biblischer Kernsatz, dessen erster Halbvers von einem einzelnen (Liturg, Vorbeter) gesungen oder gesprochen wird, worauf der Chor oder die Gemeinde mit dem zweiten Halbvers antwortet. Er hat seinen Platz hauptsächlich im Stundengebet. Die lutherischen Gottesdienstordnungen haben ihn für den Hauptgottesdienst übernommen, wo er auch schon vor der Eingangskollekte auftritt. Bis in die Gegenwart hat sich nur der Schlußversikel gehalten. Er steht als Einleitung zur Schlußkollekte. (Versikel und Kollekte schließen auch das Te

Deum und die Litanei ab.) Für die gewöhnlichen Sonntage sind zwei Schlußversikel zur Auswahl vorgesehen:
„Danket dem Herrn, denn er ist freundlich, Halleluja."
„Und seine Güte währet ewiglich. Halleluja!" (Ps. 106, 1)
oder:
„Er hat ein Gedächtnis gestiftet seiner Wunder, Halleluja."
„Der gnädige und barmherzige Herr. Halleluja!" (Ps. 111, 4)
Der Versikel kann nach dem einfachen Versikelton (Tonus simplex) gesungen werden. Daneben gibt es noch eine reichere Form des Halleluja. An den Tagen, an denen das Halleluja nach der Epistel fortfällt, wird es auch am Schluß des Versikels nicht gesungen.

Der Versikel wird in der bayerischen Ordnung auch im abendmahlslosen Gottesdienst, und zwar vor dem Allgemeinen Kirchengebet gesungen. Dabei ergibt sich folgende Anordnung: Dankopfer – Versikel – Allgemeines Kirchengebet – Vaterunser – Salutation – Entlassung.

6. Der Schlußteil

XXII. Die Entlassung

Wenn die Kommunion abgeschlossen ist, eilt der christliche Gottesdienst rasch seinem Ende zu. In der Alten Kirche folgte der Postcommunio noch ein Segnungsgebet, d. h. die Bitte um den Segen Gottes. Dann rief der Diakon der Gemeinde zu: „Ite, missa est!" („Gehet hin, ihr seid entlassen!"). (Von dieser knappen Formel her hat der abendländische Gottesdienst seinen Namen bekommen.) Später wurde es zur Gewohnheit, daß die Gemeinde darauf mit einem Deo gratias (Dank sei Gott) antwortete, dem dann auch gelegentlich ein Benedicamus Domino („Lasset uns den Herren preisen") hinzugefügt wurde. Der Gottesdienst schloß jedenfalls damit, daß der Gemeindebischof segnend durch den Kirchenraum hindurch in die Sakristei zurückkehrte, aus der er beim Introitus gekommen war. Dieser Segnungsakt wurde später an den Altar selbst verlegt, das Segnungsgebet entfiel zumeist. Die Segnungsformel der römischen Messe lautet: „Benedicat vos omnipotens Deus, Pater et Filius et Spiritus Sanctus. Amen." („Es segne euch der allmächtige Gott, der Vater und der Sohn und der Heilige Geist. Amen.") Seltsamerweise wurde im späten Mittelalter noch der Eingang des Johannesevangeliums (1, 1–14) dem Segen angefügt. Diese Lesung war von 1570 bis zur Liturgiereform der Gegenwart verbindlich. Sie ist nunmehr wieder gestrichen. Die römische Messe schließt mit Salutation, Segen und Sendung.

Die reformatorischen Ordnungen stellten den vom Altar aus erteilten Segen als das Kernstück der Entlassung heraus. Er wurde meist in der Form des Aaronitischen Segens gesprochen bzw. gesungen (4. Mose 6,

24–26). Daneben wurde auch Psalm 67, 7–8 gebraucht. Der Aaronitische Segen hat sich schließlich durchgesetzt. Dem Amen der Gemeinde wurde oft noch eine Schlußstrophe hinzugefügt. In manchen Gegenden (z. B. Ansbach-Bayreuth) war die Benedeiung vor dem Segen üblich.

Die Agende des lutherischen Hauptgottesdienstes bringt als die beiden Stücke der Entlassung *Benedeiung* und *Segen*.

Die *Benedeiung* ist der Wechselgruß zwischen dem Liturgen und der Gemeinde: „Lasset uns benedeien den Herrn!" „Gott sei ewiglich Dank!" In Abendmahlsgottesdiensten lautet der Text für den Liturgen: „Gehet hin im Frieden des Herrn!" (Anw. 44). Dafür stehen drei verschiedene musikalische Fassungen zur Verfügung (allgemein; in der Passionszeit; am Osterfest und in der österlichen Freudenzeit). Die Intonation kann aushilfsweise auch der Kantor oder der Chor übernehmen (Anw. 76). Für Festtage sind drei weitere und reichere Fassungen vorgesehen, bei denen der Chor dem Liturgen (bzw. Kantor) antwortet.

Ist ein Schlußgesang vorgesehen, so soll er nicht *nach* dem Segen eingeordnet werden. Der Segen soll in jedem Fall das Letzte sein. An Danktagen kann nach dem Benedicamus das Te Deum (EKG 137) und an Bittagen das Lied „Verleih uns Frieden gnädiglich" (EKG 139) gesungen werden. Beide Stücke können mit Versikel und Kollekte abgeschlossen werden.

Auch für den evangelischen Gottesdienst werden neuerdings zusätzliche *Sendungsworte* vorgeschlagen, die aber noch vor den Segen gerückt werden. In Frage kommen biblische Formeln wie Eph. 5, 8.9; Kol. 3, 17 oder frei formulierte Sätze, die auch an das Proprium des Tages anknüpfen können. (Z. B. „Gehet hin als Gesegnete des Herrn in seinem Namen, bewahret den Glauben, seid überall und immer ein Zeichen der Hoffnung in der Welt, bleibet in seiner Liebe, gebt sie weiter an eure Mitmenschen!")

Für den *Segen* gilt dasselbe, was einleitend zur Salutation (V. A.) gesagt worden ist: Gruß und Segen im christlichen Gottesdienst sind nicht bloße Worte, sondern übermitteln im Zuspruch wirklich die Gabe, von der sie sprechen. Steht der Gruß immer am Beginn einer Handlung, so der Segen im spezifischen Sinn „am Ende einer Handlung, am Ende der Predigt, am Ende des ganzen Gottesdienstes. Dieser Segen ist jeweils ein alle bisherigen Worte in sich zusammenschließendes, „letztes" Wort. Er wird gleichsam auf der Schwelle eines Abschieds gesprochen. Er entläßt den Gesegneten in eine neue Situation, in eine neue Aufgabe hinein. Auch der Segen, mit dem Konfirmanden und berufene Träger eines Amtes eingesegnet werden, ist ebenfalls ein solches letztes Wort auf einer Schwelle, das gleichzeitig eine neue Wirklichkeit, eine neue Gabe und Aufgabe vermittelt. Auch die Segnung des Paares, das in den Stand der christlichen Ehe tritt, fügt sich in diesen Rahmen ein. Selbst die Bestattungsformel, die den Toten anzureden wagt und ihm die zukünftige Auferweckung von den Toten an dieser letzten Schwelle zuspricht, hat offensichtlich Anteil an der inneren Struktur des Segenswortes." (P. Brunner, Leiturgia I, 201)

Der Segen, in seiner biblischen Fassung mit der Anrede in der Einzahl, kann auch mit der Anrede an die Mehrzahl gebraucht werden: „Der Herr segne euch..." (Anw. 25, so auch Bayern).

„Der Segnende kann sich dabei des sichtbaren Zeichens der Handauflegung oder, bei einer Gemeinde, der erhobenen Hände und des Kreuzeszeichens bedienen. Wir brauchen vor diesen Zeichen keine Scheu zu empfinden, denn es kann durch sie zu dem pneumatischen Geschehen des Segnens nichts anderes mehr hinzukommen. Über Zuspruch und Fürbitte hinaus kann keiner etwas für den Bruder tun. Handauflegung und Kreuzeszeichen sollen also nicht etwa das pneumatische Geschehen der Segenshandlung ‚verstärken', sondern nur sichtbar machen, was im Geist und Wort geschieht. Sie dienen so der Verleiblichung und Konkretisierung des Wortes. Sie tragen der Wirklichkeit des Glaubenden als einer leib-seelischen Ganzheit Rechnung und gehören zu den zeichenhaften Konkretionen, an denen der Glaube sich festhält wie an einem Haken in der Wand (Luther)." (K. Frör, Leiturgia II, 591)

Eine besondere Rolle spielt der Segen auch in den Amtshandlungen der Kirche, wo bestimmte Personen, indem über ihnen das Wort Gottes verkündigt und für sie (bzw. über ihnen) gebetet wird, in einer speziellen Weise gesegnet werden (siehe die Vorbemerkungen zum III. Teil).

Wird der Hauptgottesdienst als Predigtgottesdienst ohne heiliges Abendmahl von einem in der Vorbereitung zum geistlichen Amt stehenden Gemeindeglied gehalten, so soll nach Anw. 81 der Segen am Schluß des Gottesdienstes in Form einer Segensbitte („Herr, segne uns und behüte uns...") ohne Segensgebärde gesprochen werden. Das gleiche gilt für den nichtordinierten kirchlichen Amtsträger (Lektor u.a.), auch wenn er die Befugnis zur freien Wortverkündigung hat (Anw. 81).

Die Gemeinde antwortet auf den gesprochenen oder gesungenen Segen mit einem gesprochenen oder gesungenen Amen.

Sowohl für den Liturgen als auch für die Gemeindeglieder werden in der Agende nach dem Segen *stille Gebete* angeboten, die Vorschlag und allgemeine Wegweisung für das persönliche Schlußgebet sein wollen (vgl. dazu Anw. 69). Der Gottesdienst selbst schließt mit dem *Orgelnachspiel* (Postludium). Wie für das Orgelvorspiel vor dem Eingangslied (s. d.) ist auch für das Orgelnachspiel freie Orgelmusik möglich. Der Liturg verläßt den Altar und kehrt (mit dem Prediger und dem Lektor) in die Sakristei zurück. Die Gemeinde verläßt das Gotteshaus.

Anhang:
Der gekürzte Gottesdienst

Ist aus bestimmten Gründen (z. B. schwierige Zeitverhältnisse bei Diasporagottesdiensten, Wintertemperatur, Gebrechlichkeit der Gemeindeglieder usw.) eine Kürzung des Gottesdienstes unbedingt erforderlich, so darf die Gottesdienstordnung nicht willkürlich beschnitten werden. Jede Kürzung muß so vorgenommen werden, daß das innere Gefüge erhalten bleibt und dem verschiedenen Gewicht der einzelnen Stücke Rechnung getragen wird.

In Bayern hat ein gekürzter Gottesdienst folgende Gestalt:
Eingangslied (Liedintroitus)
Kyrie
Gloria ohne „Wir loben dich" oder „Allein Gott in der Höh sei Ehr" (das Gloria entfällt jedoch vom 2. bis 4. Advent und in der Passionszeit)
Salutation und Kollektengebet
Schriftlesung
    entweder Epistel mit nachfolgendem Halleluja (sofern es nicht in besonderen Zeiten und an besonderen Tagen entfällt) oder
    Evangelium mit vorausgehendem „Ehre sei dir, Herre" und nachfolgendem „Lob sei dir, o Christe"
Credo
(Liedstrophe)
Predigt
Predigtlied, währenddessen das Dankopfer eingesammelt wird
Abkündigungen (Lesepult oder Kanzel)
Allgemeines Kirchengebet
Abendmahl
    Im Gottesdienst ohne Abendmahl folgt das Vaterunser
Entlassung
Segen

Der Organist beschränkt sich in diesem Fall abgesehen vom Präludium und Postludium stets auf kurze Intonationen. Wo das Graduallied (Lied der Woche) an seinem gewöhnlichen Platz nicht gesungen wird, sollte es nach Möglichkeit an einer anderen Stelle Verwendung finden. In einem ausnahmsweise gekürzten Gottesdienst können gelegentlich auch Kyrie und Gloria sowie Credo entfallen.

7. Kapitel

DIE SONSTIGEN PREDIGT- UND ABENDMAHLS-GOTTESDIENSTE

1. Der Hauptgottesdienst ohne heiliges Abendmahl am Karfreitag, an Buß- und Bettagen und an Bittagen

Für die Buß- und Fasttage bildete sich in der evangelischen Kirche eine besondere Form des Hauptgottesdienstes heraus. Sie wuchs, da diese Tage meist auf einen Werktag fielen, zunächst aus der Hora, aus dem Tageszeitengebet, heraus. Außerdem war die Feier des heiligen Abendmahls an einem solchen Tage nicht üblich. Charakteristisch für diese Ordnung, die keineswegs einen einheitlichen Typus darstellt, ist, daß sie mit einem *Gebetsakt* beginnt, der dem Gebetsteil im Stundengebet entspricht, also: Kyrie – Vaterunser – Bitten (in Form eines Bußpsalms) – Kollekte. Dann ging die Ordnung zu den Schriftlesungen und damit zu der Form des Hauptgottesdienstes über. Der Bußcharakter des Tages trat noch besonders in dem auf die Predigt folgenden Beichtakt (zumindest in der Form der Offenen Schuld) hervor. An die Stelle des Allgemeinen Kirchengebets trat der Gesang der Litanei.

In Agende I ist für diese Bußtage ebenfalls eine eigene Ordnung vorgesehen. Der Buß- und Bettag und noch mehr der Karfreitag gehören zu den Tagen, an denen viele noch zum Gottesdienst kommen, die sich sonst vom gottesdienstlichen Leben abgewendet haben; man wird ihnen einen Gottesdienst in dieser außergewöhnlichen Form daher nicht zumuten wollen. Dennoch soll gerade die angegebene Ordnung in ihrer betonten Sachlichkeit ein Maßstab sein, wie solche Buß- und Fasttage liturgisch recht begangen werden. Von daher kann auch einer falschen Frömmigkeit, die im Karfreitag den „höchsten evangelischen Feiertag" sieht, weil sie von Ostern nichts weiß, gewehrt werden. Der Fasttag prägt sich auch darin aus, daß nicht das volle Geläute der Glocken eingesetzt wird, sondern daß nur mit einer Glocke geläutet wird. (Ist nur eine Glocke vorhanden, wird diese nicht geläutet, sondern nur angeschlagen.) Ebenso tritt die Orgel sehr zurück (Verzicht auf Vor- und Nachspiel), wenn sie nicht überhaupt schweigt. Die liturgischen Weisen sind ganz schlicht (Versikelton).

Die Gottesdienstordnung:

(Die beigegebenen römischen Ziffern verweisen auf das entsprechende Stück der Hauptgottesdienstordnung)
Eingangslied der Gemeinde (kann entfallen)
Kyrie eleison ... (Liturg und Gemeinde im Versikelton, wie im Tageszeitengebet)
Vaterunser (Liturg und gegebenenfalls auch Gemeinde, wie im Tageszeitengebet)

Bußpsalm (61, 3–4. 6a. 12–13) ohne Gloria Patri, dafür aber mit einem Agnus Dei (Liturg und Gemeinde im Versikelton, halbversig wechselnd) Kollekte de tempore (ohne Salutation) (V.)
Es ist vorgesehen, daß die Gemeinde während dieses Eingangsteils (vom Kyrie bis zur Kollekte) kniet.

Nach der Kollekte können im Karfreitagsgottesdienst die *Improperien* vom Chor gesungen werden, die Klagevorwürfe des gekreuzigten Christus an sein Volk. Sie sind herausgewachsen aus Micha 6, 3–5 und haben das in der griechischen Liturgie bekannte Trishagion aufgenommen. Diese Gesänge lassen sich bis ins 10. Jahrhundert zurückverfolgen, wo sie uns zunächst in Frankreich begegnen. Vom 12. Jahrhundert ab wurden sie auch von Rom übernommen. Das Missale Romanum hat sie jetzt im 2. Teil des Karfreitagsgottesdienstes, bei der Erhebung und Verehrung des heiligen Kreuzes. In der evangelischen Kirche waren die Improperien nur vereinzelt in Agenden bzw. Gebetbücher aufgenommen worden.

Epistel (VI. A.)
Nach der Epistel kann der Chor am Bußtag das *Aufer a nobis* singen (Text und Weise siehe Kl. Luth. Kantionale II). Das „Aufer a nobis" („Nimm von uns, Herre Gott, all unsre Sünd und Missetat") ist „ein alt Flehgebet zu Gott Vater, Sohn und Heiligem Geist um Vergebung der Sünden, mit angehängtem Trostgesang aus dem 18. Kapitel Ezechiels" (vgl. Hes. 18, 21–23; 33, 11; auch EKG 119; 169). Es ist in verschiedenen Formen überliefert. Als Bußgesang nach der Epistel ist es eine letzte Erinnerung an den Tractus der römischen Messe, der von der evangelischen Kirche sonst nicht aufgenommen wurde.
Graduallied (VII.)
Evangelium (VI. B.). (Der lobpreisende Rahmen entfällt. Am Karfreitag liegt es nahe, die *Passion nach Johannes* auf Liturg, Kantor und Lektor verteilt und unter Mitwirkung des Chores zu singen.)
Liedstrophe
Predigt (IX.)
Ihr voraus gehen, wie im gewöhnlichen Hauptgottesdienst, Kanzelgruß (Stillgebet), Ansage und Verlesung des Predigttextes.
Offene Schuld (I.) (siehe Seite 112)
Abkündigungen (X.) (möglichst kurz, mit Kanzelsegen)
Predigtlied (IX.) mit Einsammlung des Dankopfers (XI.)
Allgemeines Kirchengebet (XII.)
Am Karfreitag das sog. Karfreitagsgebet mit den Fürbitten für die Juden und Heiden; an Buß- und Bittagen die Litanei (EKG 138) mit Versikel und Schlußkollekte
Segen (XXII.)
(Vgl. auch die Ordnung „Der Öffentliche Bußgottesdienst", S. 275 f.)

2. Die Feier des heiligen Abendmahls außerhalb des Hauptgottesdienstes

Soll die Abendmahlsfeier als selbständiger Gottesdienst außerhalb des Hauptgottesdienstes etwa am Abend eines Sonn- oder Feiertages oder an einem Werktag gehalten werden, so bestehen zwei Möglichkeiten:

I. Es wird die Ordnung des Hauptgottesdienstes gehalten, aber gekürzt. Eine Lesung kann fortfallen. Im Anschluß an das nach der Lesung gesungene Lied der Woche folgt unmittelbar die Predigt. An die Stelle des Allgemeinen Kirchengebets kann ein Vorbereitungsgebet auf das heilige Abendmahl treten, das unmittelbar an die Predigt angeschlossen wird. Dagegen soll keine Kürzung der Abendmahlsliturgie selbst erfolgen.

II. Die zweite Möglichkeit geht davon aus, daß z. B. in einem Altersheim oder Krankenhaus mit Rücksicht auf die Gebrechlichkeit der Teilnehmer eine noch stärkere Beschränkung auf die wesentlichen Stücke geboten erscheint. In einem solchen Gottesdienst, in dem erfahrungsgemäß auch das liturgische Singen der Gemeinde auf Schwierigkeiten stößt, handelt es sich sozusagen um das gemeinsame Begehen von für einzelne bestimmte Krankenabendmahlsfeiern. Doch soll hier trotz aller Kürzung neben den Einsetzungsworten und dem Vaterunser auch noch ein Dankgebet Platz haben, in dem der Gedanke der „Eucharistie" zum Ausdruck kommt.

Eingangslied (II.)
Friedensgruß und Eingangsgebet (anstelle von Gruß und Kollekte)
Schriftlesung (VI.)
(Lied)
Predigt (oder Ansprache) (IX.) vorausgehend Kanzelgruß und Textverlesung; danach Kanzelsegen
Gebet (um rechte Bereitung zum hl. Abendmahl)
(Lied)
Präfationsgruß (nur die Teile, die dem Liturgen zufallen; vgl. XIII.)
Präfationsgebet (XIII.)

An dieses Dankgebet schließt sich entweder ein Übergang zum Vaterunser (Form A) oder zu den Einsetzungsworten (Form B) an:

Form A:	*Form B:*
Vaterunser (XVIII.)	Einsetzungsworte (XVI.)
Einsetzungsworte (XVI.)	Vaterunser (XVIII.)

Austeilung (mit Abendmahlsliedern) (XX.)
Postcommunio: Versikel (vom Geistlichen gesprochen) und Schlußkollekte (XXI.)
(Entlassung: „Gehet hin im Frieden des Herrn!") (XXII.)
Segen (XXII.)

_{Wenn der Feier eine gemeinsame Beichte vorangeht, so wird zunächst das Abendmahlslied gesungen und die Beichte gehalten (Agende III). Nach der Absolution folgen im Falle der}

Ordnung I die Salutatio, im Falle der Ordnung II der Friedenswunsch und das Kollektengebet (= Eingangsgebet). Die Predigt bzw. Ansprache fällt fort, wenn im Rahmen der Beichte eine Ansprache gehalten worden ist.

3. Der Predigtgottesdienst

Alle bisher aufgeführten Ordnungen haben als gemeinsame Wurzel die „Messe". Selbst dann, wenn in einem Hauptgottesdienst das Sakrament nicht gefeiert wird, man also ungenau von einem „Predigtgottesdienst" spricht, erinnert doch die Liturgie daran, daß eigentlich die Feier des heiligen Abendmahls mit hinein gehört. Die Ordnung der Messe war aber nie die einzige Form des christlichen Gottesdienstes: Neben den aus den klösterlichen Horen herausgewachsenen Gebetsgottesdiensten kannte die christliche Kirche schon lange vor der Reformation Predigtgottesdienste, die wie die Gebetsgottesdienste keineswegs in Konkurrenz zum Hauptgottesdienst standen, sondern ergänzend neben ihn traten. Sie sollten ein in ihm enthaltenes Element, also die Wortverkündigung bzw. das Gebet, besonders herausstellen und vertiefen. Es war ein hoffentlich inzwischen überwundener Irrtum, zu meinen, der Sakramentsgottesdienst (ohne Predigt) sei der römisch-katholische Gottesdienst und der Predigtgottesdienst (ohne Abendmahl) der evangelische Gottesdienst.

a) Der Predigtgottesdienst im Mittelalter

Der Predigtgottesdienst als Seitenstück der Messe wurde schon in der Zeit der gallikanischen Liturgien gehalten, also vom 6. Jahrhundert ab, und zwar in diesem Bereich gerade deswegen, weil der germanische Norden ein stärkeres Bedürfnis nach Unterweisung und Belehrung empfand als der romanische Süden, wo selbst die Predigt und das Allgemeine Kirchengebet aus der Meßordnung verschwanden. Die Wurzeln eines eigenständigen Wortgottesdienstes reichen wahrscheinlich zurück bis in die Zeit der Urgemeinde. Im Gegensatz zur Messe war und blieb der Predigtgottesdienst eine relativ offene Form, bei der die Reihenfolge der sich um die Predigt herum gruppierenden Stücke grundsätzlich variiert. Daneben wurde für ihn auch typisch, daß es keine Vielzahl liturgischer Personen, sondern nur das Gegenüber von Prediger und Gemeinde gab. Der Ort, von dem aus gehandelt wurde, war nicht der Altar, sondern die Kanzel.

Als Karl der Große († 814) auf eine Neubelebung der Predigt drang, vollzog sich diese zunächst innerhalb der Messe. Aus Gründen der Volksbelehrung wurden das Glaubensbekenntnis, das Vaterunser und auch die Zehn Gebote vorangestellt, die auf diese Weise zum Ausgangspunkt der Unterweisung werden sollten. Der katechetische Einschlag des späteren Predigtgottesdienstes hat hier seine Wurzel. Der Predigt wurde vielfach noch ein Fürbittengebet angefügt. Dieser mit der Predigt verbundene Gottesdienst innerhalb der lateinischen Messe mußte natürlich deutsch gehalten werden.

Die die Predigt umgebende Sonderliturgie nannte man *Pronaus* (die Predigt, franz. prône, lat. praeconium). Ihr gliedert sich später noch die Offene Schuld ein (auch als Abendmahlsvorbereitung verstanden), das Ave Maria und das Kirchenlied, das sich zunächst als „Leise" an die Kyrie-Rufe der Fürbitten anschloß.

Als Beispiel für solch einen Pronaus bringt Eberhard Weismann in Leiturgia III eine Basler Ordnung:
Lateinisches Votum (In nomine patris etc.)
Lateinische Textverlesung
Deutsches Votum mit Amen der Gemeinde
Deutsche Textverlesung
Anrufung des Heiligen Geistes (durch ein stilles Vaterunser, Ave Maria oder Salve Regina)
Angabe der Teile der Predigt
Predigt
Abkündigungen (zum Teil sehr umfangreich)
Allgemeines Kirchengebet
Vaterunser und Ave Maria
Glaubensbekenntnis (Apostolikum)
Dekalog (Die Zehn Gebote)
Offene Schuld (mit Absolutionswunsch)
Schlußvotum

Die Kirchenlieder der Gemeinde fanden vor und nach der Predigt und nach den Fürbitten des Allgemeinen Kirchengebets ihren Platz. Die gregorianische Musik war aus dem Pronaus hinausgedrängt. Was nicht von der Gemeinde als Lied gesungen wurde, wurde gesprochen. Es nimmt nicht wunder, daß dieser ausgedehnte Predigtteil aus der Messe hinausstrebte; er wurde vielfach vor die Messe gestellt und von einem nicht mit dem Meßdienst beauftragten Geistlichen (z. B. dem Mitglied eines Predigerordens) übernommen.

Schließlich kam es im 15. Jahrhundert an den meisten großen Kirchen zur Errichtung und Stiftung sog. *Prädikantenstellen*. Ihre Inhaber waren besonders mit dem Predigtamt betraut. Sie hatten zwar auch die Messe zu lesen, aber nur an den Seitenaltären, und hatten keinen Anteil an der mit dem Dienst am Hauptaltar verbundenen Meßpfründe. Hinter der Stiftung solcher Prädikantenstellen stand natürlich der Gedanke der Verdienstlichkeit, wohl aber auch das Bedürfnis nach einer besseren Predigt. Die Anforderungen in wissenschaftlicher Ausbildung, die man an die Prädikanten stellte, waren verhältnismäßig hoch.

b) Der Predigtgottesdienst der Reformationszeit

Durch diese Prädikaturen drang vielfach (bes. in Süddeutschland) die reformatorische Predigt in den Gottesdienst ein. Die in der Heiligen Schrift wohlbewanderten, theologisch gut durchgebildeten Prediger traten für den evangelischen Glauben selbst dann schon ein, wenn bisweilen am Hauptaltar noch das Meßopfer in der römischen Form gefeiert wurde.

In den Gebieten, wo die Reformation auf einmal zum Durchbruch kam (Kursachsen, Nürnberg usw.), entfaltete sich der evangelische Gottesdienst in der überlieferten Form der Messe, vielfach mit einem in der Art des Pronaus erweiterten Predigtteil. Der Predigtgottesdienst selbst stand wie der Gebetsgottesdienst (Mette und Vesper) ergänzend neben dem Hauptgottesdienst. Dort aber (z. B. in Württemberg), wo die Inhaber der Meßpfründen dem neuen Glauben Widerstand entgegenbrachten und eine jahrelange Rivalität zwischen Prädikanten und Meßpriestern bestand, geschah es, daß sich im Zusammenhang mit dem Predigtgottesdienst die Ordnung einer ganz schlichten evangelischen Abendmahlsfeier ausbildete, die dann, als die Reformation schließlich endgültig den Sieg davongetragen hatte, nicht etwa von einer evangelischen Meßordnung verdrängt wurde, sondern weiterhin das Feld beherrschte. Dabei brauchten gar keine antiliturgischen Gesichtspunkte mit im Spiel zu sein: Die Gemeinde hielt vielmehr dankbar an dieser schlichten Ordnung des Predigtgottesdienstes mit Gemeindeabendmahl fest, in der sie zum ersten Mal der römischen Messe gegenüber den evangelischen Gottesdienst verwirklicht hatte. Freilich, in dem Maße, als von der Schweiz her antiliturgische Tendenzen ganz Südwestdeutschland durchdrangen, wurde aus dieser schlichten Predigtgottesdienstform ein Prinzip gemacht. So wurde der Predigtgottesdienst, der für die mittel- und norddeutschen Gebiete ein Nebengottesdienst frühmorgens, nachmittags oder abends war, in Südwestdeutschland zum Hauptgottesdienst.

Diesem oberdeutschen Typus des Predigtgottesdienstes als Hauptgottesdienst konnte nach Bedarf eine einfache Abendmahlsliturgie eingefügt werden, ohne daß die Ordnung deshalb zu einer Meßordnung geworden wäre. Allerdings war es auch in lutherischen Gebieten mit der Meßordnung nicht so, daß sonntäglich kommuniziert wurde. Dann wurde aus der „Messe" eben der Abendmahlsteil ausgeklammert, und es entstand ein „Predigtgottesdienst" von ganz anderen Voraussetzungen her. Diese „Messe ohne Abendmahl" wurde bis in die Gegenwart immer wieder als ein „Torso" bezeichnet. Man forderte, daß, wenn schon kein Abendmahl gehalten würde, auch auf die Meßform verzichtet werden sollte. Für die Lutherische Agende hat man sich um der Gewöhnung der Gemeinde willen dahin entschieden, daß dort, wo die Meßform immer üblich war, sie auch dann bleiben soll, wenn das Abendmahl nicht gehalten wird. „Es ist vielleicht kein Schade, wenn im sonntäglichen Predigtgottesdienst ohne Sakramentsfeier deutlich wird, daß an dieser Stelle (nämlich zwischen dem Allgemeinen Kirchengebet und der Entlassung) ‚etwas fehlt'." (Mahrenholz)

In den Landeskirchen (z. B. Württemberg), die keinen anderen Hauptgottesdienst als in der Form des Predigtgottesdienstes kennen (nur dort), hat man es dabei belassen. In diesen Landeskirchen ist die Frage noch nicht entschieden, ob der Hauptgottesdienst mit Abendmahl in jedem Fall der Meßordnung folgen soll oder ob die Verkoppelung des Predigtgottesdienstes mit der verkündigenden Abendmahlsform C, in der die Einsetzungsworte betrachtend und deutend entfaltet werden, wie es oberdeutscher Tradition entspricht, eine angemessene Lösung ist.

Den Predigtgottesdienst im Bereich des deutschen Protestantismus von der Tradition her einheitlich zu gestalten, ist nicht einfach, weil gerade diesem Gottesdienst mehr als jedem anderen das Kennzeichen der Freiheit eignet. Die Stücke des mittelalterlichen Predigtgottesdienstes begegnen uns (natürlich mit Ausnahme der Mariengebete) in den verschiedensten Variationen; die Feier des Abendmahls wurde gegebenenfalls entweder lose an den Predigtgottesdienst angehängt oder dadurch fester mit dem Wortgottesdienst verbunden, daß die Predigt bereits vom Abendmahl handelte. Die Offene Schuld wurde dann zur Brücke von Wort- und Sakramentsteil. In der Hauptsache lassen sich aber doch zwei Typen unterscheiden:

I. Die von Calvin ausgehende Ordnung des Gottesdienstes, also der (französische) Genfer Gottesdienst, der seinerseits wieder von der Straßburger Ordnung abhängig ist:
Votum
Offene Schuld
Psalmengesang
Freies Gebet um rechtes Hören
Text und Predigt
Allgemeines Kirchengebet und Vaterunser-Paraphrase
Segen

Im Abendmahlsgottesdienst war die Predigt auf das Abendmahl bezogen. Zwischen Vaterunser und Segen schoben sich dann:
Bitte um rechten Empfang
Einsetzungsworte (1. Kor. 11, 23–29)
Vermahnung mit Bannung
Austeilung mit Gesang oder Lesung
Danksagung

Ein Neues stellt hier die „Bannung" dar, die erstmals in der Basler Ordnung von 1525 erscheint. Sie ist die feierliche Ausschließung der zum Abendmahl nicht Zugelassenen. Von Matth. 7, 6 und 1. Kor. 11, 27–29 hat man sie biblisch gerechtfertigt; sie verlieh in der Praxis aber der Abendmahlsfeier einen drohenden Ernst und war eher dazu angetan, abschreckend auf empfindsame Gewissen zu wirken als die Freude der Vergebung zu schenken. Die lutherischen Kirchen kannten diesen Akt der Kirchenzucht wohl auch, haben ihn aber nie in die Liturgie des Abendmahls übernommen. Calvins Ordnung setzte sich vor allem in der Westschweiz und in Frankreich durch. In stark abgewandelter Form erscheint sie in der Kurpfälzer Kirchenordnung von 1563.

II. Die Württembergische Kirchenordnung von 1553. Sie geht zurück auf den Württembergischen Reformator Johann Brenz (1499–1570). Zwei Ordnungen stehen gleichberechtigt nebeneinander:

1. Reiner Predigtgottesdienst
(auf der Kanzel)

Introitus (lateinisch durch die Schüler)
Deutscher Psalm (= Lied)
Predigt (zuvor Eingangsvotum, Gebet, stilles Vaterunser, Textverlesung; danach die Abkündigungen)
Zehn Gebote ⎫
Glaubensbekenntnis ⎬ Diese drei Katechismusstücke werden von der Gemeinde leise mitgesprochen.
Vaterunser ⎭
Allgemeines Kirchengebet
Vaterunser
Lied
Segen

(Man beachte das Fehlen der Offenen Schuld)

2. Abendmahl mit Predigt
(auf der Kanzel)
Lied
Predigt (mit dem üblichen Predigtrahmen und einer kurzen Belehrung über das hl. Abendmahl)
Glaubensbekenntnis (als Lied)
(am Altar)
Ermahnung:
Offene Beichte und Absolution
Kurzes Gebet um rechten Empfang
Einsetzungsworte (hinter dem Altar und zur Gemeinde gesprochen)
Austeilung (mit Abendmahlsliedern)
Dankgebet
Segen
(Man beachte das Fehlen des Allgemeinen Kirchengebets.)

Nach Weismann „verkörpert diese Ordnung auf lutherischem Gebiet die vollkommenste Möglichkeit eines messelosen, Wort und Sakrament umfassenden Gottesdienstes". Zum regelmäßigen Hauptgottesdienst wurde allerdings wie im norddeutschen Luthertum die Ordnung des Predigtgottesdienstes. Die württembergische Ordnung war vor allem in den südwestdeutschen Gebieten verbreitet.

Auch diese Gottesdienstordnungen waren in der Folgezeit mancherlei Wandlungen unterworfen, bis sie schließlich in der Zeit der Aufklärung ihrer wenigen charakteristischen Elemente beraubt wurden und im Prinzip nur noch aus den drei Faktoren Lied – Predigt – Gebet bestanden. Das 19. Jahrhundert versuchte auch für den oberdeutschen Predigtgottesdienst eine Neubelebung von seinen reformatorischen Voraussetzungen her. Merkwürdig war die Forderung, den „Altardienst" wieder in den Predigtgottesdienst einzuordnen, obwohl dieser seinen liturgischen Ort nur auf der Kanzel haben konnte, es sei denn, man bereichere diese Ordnung um bestimmte Elemente des Meßgottesdienstes.

c) Der Predigtgottesdienst der Lutherischen Agende

Bei der Arbeit an Agende I ging es nicht darum, den reinen Predigtgottesdienst mit irgendwelchen Elementen des Meß- bzw. Sakramentsgottesdienstes aufzufüllen, sondern ihn von seinen eigenen Voraussetzungen her zu gestalten, da er ein Gottesdienst eigener Prägung neben dem Hauptgottesdienst sein soll.

Die Lutherische Agende sieht für Predigtgottesdienste neben dem Hauptgottesdienst an Sonn- und Festtagen oder für Predigtgottesdienste an Werktagen zwei Möglichkeiten vor:
1. Die Ordnung der Mette oder Vesper. Die Predigt tritt dabei an die Stelle der Auslegung oder Väterlesung.
2. Die Ordnung nach der Weise des reformatorischen Prädikantengottesdienstes: Orgelvorspiel – Lied – Kanzelgruß oder biblisches Votum (der jeweilige Wochenspruch) – Gebet (um den Segen des Wortes oder um rechtes Hören) – Textverlesung und Predigt – Abkündigungen – Predigtlied mit Einsammlung des Dankopfers – Kanzelsegen – Liedstrophe – Gebet (am Altar) – Vaterunser – Segen – (Amen- oder Segensstrophe) – Orgelnachspiel. Der Gottesdienst kann auch auf der Kanzel geschlossen werden. Dann entfallen Kanzelsegen und die ihm folgende Liedstrophe.

4. Der Predigtgottesdienst als Hauptgottesdienst

Für die Entwicklung des den Hauptgottesdienst darstellenden Predigtgottesdienstes gilt das unter 2. Gesagte. Für die Landeskirchen (z. B. Württemberg), die ihrer Tradition entsprechend den Hauptgottesdienst ohne Abendmahl in einer erweiterten Predigtgottesdienstform halten, ist folgende Ordnung vorgesehen:

Orgelvorspiel – (Chorgesang) – Eingangslied – (am Altar:) „Im Namen des Vaters..." – Biblisches Votum (Wochenspruch) – Gebet (Tageskollekte oder Eingangsgebet) – (am Lesepult:) Lesung des Evangeliums des Tages (gegebenenfalls der Epistel) – (Chorgesang) – (am Altar:) (Apostolisches Glaubensbekenntnis, auch nach der Offenen Schuld möglich, oder Glaubenslied der Gemeinde) – Lied vor der Predigt (Graduallied), aber nur, wenn kein Glaubenslied gesungen wurde – (auf der Kanzel:) Kanzelgruß – Stilles Gebet – Lesung des Predigttextes – Predigt – (Predigtschlußgebet) – Offene Schuld – Friedensgruß – Predigtlied – (am Lesepult:) Abkündigungen und Votum – Dankopferlied (Fortsetzung des Predigtliedes oder Chorgesang) – (am Altar:) Allgemeines Kirchengebet – Vaterunser – (an Danktagen Te Deum, an Bittagen „Verleih uns Frieden") – Segen – Orgelnachspiel. Die Amenrufe der Gemeinde verstehen sich an den entsprechenden Stellen von selbst.

5. Gottesdienste „in offener Form"

Am Ende des 1. Kapitels ist bereits dargestellt worden, wie es nach 1960 in Antithese und Ergänzung zu den traditionellen Gottesdienstformen zu Gottesdiensten „in moderner Gestalt", „in anderer Form" oder wie immer man sie genannt hat, gekommen ist. Diese Gottesdienste sind nicht agendarisch fixierbar, sind aber aus der gottesdienstlichen Praxis unserer Kirche nicht mehr wegzudenken. In diesem Zusammenhang können nur einige ihrer charakteristischen Merkmale genannt werden. Ergänzend dazu müßte das in vielen „Werkbüchern" zusammengetragene Material zur Kenntnis genommen werden. Doch erschließen sich Wesen und Absicht dieser Gottesdienste in ihrer Vollständigkeit erst dem, der sie miterlebt oder mitvollzogen oder – noch besser – mitvorbereitet hat. Denn die in der Ausarbeitung solcher Gottesdienste in Gang gekommene Kreativität („Gottesdienst als Lernprozeß") mit den dabei gewonnenen Erfahrungen schlägt sehr stark auf den Vollzug dieser Gottesdienste durch. In dem Maße, wie Gottesdienste in besonderer Form sich agendarisch verfestigen und von dem ursprünglichen, konkreten Anlaß entfernen, gehen sie ihrer Eigenart verlustig. Sie halten in einer „abstrahierten" Form zumeist den Vergleich mit den geschichtlich gewachsenen Gottesdienstformen nicht mehr aus.

Im folgenden wird versucht, vier Gottesdiensttypen voneinander abzuheben, obwohl die Übergänge fließend sind. Es sind dies der *Jugendgottesdienst,* der *Kommentargottesdienst,* der *Familiengottesdienst* und das *Feierabendmahl.* Von ihnen hat der Familiengottesdienst bisher die stärkste Lebenskraft entwickelt.

a) Der Jugendgottesdienst (Gottesdienst mit modernen Stilmitteln)

Die in den frühen sechziger Jahren neu eingeführten Jugendgottesdienste (Nürnberg, Ottweiler, Karl-Marx-Stadt) haben dem Gottesdienst in offener Form erst zum Durchbruch verholfen. Diese Gottesdienste als übergemeindliche Veranstaltungen erfreuten sich jahrelang eines großen Zulaufs. Ihre Attraktivität lag besonders in der Tatsache, daß Hunderte junger Menschen sich zusammenfanden und nach ihrem Lebensgefühl (ohne Rücksicht auf Erwachsene) Gottesdienst feiern konnten. Als Dauereinrichtung sind sie in dieser Form je länger desto mehr problematisch geworden. Trotzdem haben sie für Jugendgottesdienste in kleinerem Rahmen unaufgebbare Ergebnisse eingebracht.

Man hat mit ihnen nicht ein grundsätzlich neues Schema angestrebt. Bei aller „Vergleichgültigung" des Liturgischen stellte sich der Jugendgottesdienst zumeist als erweiterter und aufgelockerter Predigtgottesdienst dar, bei dem das Vorhandensein wiedererkennbarer „Festpunkte" (Eingangslied und Eingangsgebet, Glaubensbekenntnis, Predigt, Dankopfer, Segen) durchaus erwünscht war. Eine sich in Agenden niederschlagende „Präformierung" oder Fixierung dieser Gottesdienste wurde aber grundsätzlich abgelehnt. Die Werkbücher, in denen der Ablauf dieser Gottesdienste dargestellt und begründet wird, sollen nur Modellcharakter haben. Bekannte agendarische Stücke werden, soweit sie für den jeweiligen Zweck brauchbar erscheinen, von Fall zu Fall eingebaut (unter Umständen in abgewandelter Form). Jeder Gottesdienst ist auf Einmaligkeit und Unwiederholbarkeit angelegt. Das Hauptgewicht liegt auf der Predigt. Dadurch erhalten die übrigen Stücke oft nur Rahmencharakter.

Jugendgottesdienste wenden sich in volksmissionarischer Absicht als Zielgruppengottesdienste an die 14- bis 21jährigen, die sich mit ihrem Lebensgefühl im agendarischen Gottesdienst nur schwer wiederfinden können. Darum wird auch die von den Kirchenjahreslesungen vorgezeichnete Thematik bewußt aufgegeben. Man sucht wirklichkeitsbezogene Themen und greift die Fragen junger Menschen in der Welt von heute auf. Deshalb weicht man von gebundener liturgischer Sprache (auch vom Luthertext der Bibel) zugunsten einer manchmal sehr unbekümmert gehandhabten Gegenwartssprache ab. Musikalisch stellt man sich ganz auf das durch die U-Musik, den Jazz und die Folklore geprägte Resonanzvermögen der Jugend ein. Andere Musik findet kaum Eingang.

In der Anfangszeit zog man bewußt aus der „Sakralsphäre" des Kirchenraums in öffentliche Säle oder in Kinos aus. Die überkommene Symbolik des Kirchenraums und der gottesdienstlichen Gewänder wurde zunächst als unverständlich und störend abgelehnt. In dieser Hinsicht hat sich wieder ein Wandel hin zur Bejahung des Symbolischen und des Ritus vollzogen. In die Verkündigung mit neuen Predigtformen (Dialogpredigt, thematisches Lehrgespräch, Podiumsdiskussion) und in das Gebet wurden auch moderne Kommunikationsmittel (Film, Dia, Tonband) einbezogen.

Man strebt an, daß der Gottesdienst auch bei einmaligem Mitvollzug von Anfang bis Ende „verständlich" werden kann. Vorkenntnisse sollen nicht nötig sein. Die Einübung komplizierter Stücke war und ist von den Teilnehmern her nicht erwünscht.

b) Der Kommentargottesdienst

Er ist herausgewachsen aus dem von Dorothee Sölle 1965 in Köln initiierten *„Politischen Nachtgebet"*. Dabei handelte es sich um ein Gottesdienstmodell der als „Kritische Kirche" auftretenden innerkirchlichen Opposition. Man verzichtete selbstverständlich auf eine feste oder gar auf eine überlieferte agendarische Form. Jeder Gottesdienst war aber von bestimmten, in ihrer logischen Folgerichtigkeit nicht umstellbaren Stufen beherrscht: Information – Meditation – Diskussion – Aktion. Meditation meint in diesem Zusammenhang nicht betrachtendes Verweilen oder „Innerung" (wie es Friso Melzer genannt hat), sondern die Konfrontation von aktuellen Vorgängen mit dem biblischen Zeugnis und ihre sich daraus ergebende geistliche Aufarbeitung. Das Politische Nachtgebet war zu sehr an die persönliche Eigenart seiner Autoren gebunden, als daß es auf andere Situationen übertragbar gewesen wäre. Von daher haftete ihm auch eine provokante Schärfe an, die auf Grund der „politischen Relevanz" des Gottesdienstes Menschen für die Beseitigung von Ungerechtigkeiten aktivieren und gerechte Verhältnisse herbeiführen wollte. („Das Evangelium muß kritisch und entwerfend auf gesellschaftliche Zustände wirken!" „Predigt und Gebet, die nicht politisch bedeutsam werden, sind wertlos.")

Die Intention dieses Gottesdienstes hat sich in den „*Kommentargottesdiensten*" erhalten. In ihnen stehen aktuelle Ereignisse bzw. Meldungen der Presse, des Hörfunks und des Fernsehens, also nicht-biblische Texte im Mittelpunkt. Indem die Frage gestellt und beantwortet wird, was der geschehene und berichtete Vorgang mit dem Glauben zu tun habe, wird der weitverbreiteten Bewußtseinsspaltung entgegengewirkt, die „Glauben" und „Wirklichkeit" in zwei getrennte Bereiche verweisen möchte. Es ergibt sich dabei ganz von selbst der Weg vom Ereignis und dem darin enthaltenen Problem zum Text der Bibel, so daß das Bibelwort nicht Ausgangspunkt, sondern Zielpunkt einer recht verstandenen „politischen Predigt" wird. Die damit verbundene Diskussion soll nicht nur den Vorgang klären und differenzieren helfen, sondern auch den Bezug zu der biblischen Botschaft herstellen. Die „Aktion", die sich in einem Brief, in einem Antrag oder in einer Resolution ausdrücken kann, wird nur gelegentlich angestrebt, da diese Absicht den zeitlich begrenzten Rahmen zumeist sprengen würde. Doch kann man die am Schluß gesammelte Kollekte, die den Betroffenen, von denen die Rede war, zugute kommt, als eine solche Aktion verstehen. Der Kommentargottesdienst ist von der Sache her zwangsläufig ein übergemeindliches Phänomen. Er ist auf sachverständige Referenten angewiesen, wobei der Sachverstand des „Fachmannes" mit theologischer Sachkenntnis zusammengebracht werden muß. Er gehört in die Stadt, in die Kirche der City, die in der modernen Stadt nicht mehr Wohnbereich, sondern den Bereich des Geschäftslebens, der Kultur und der Freizeit darstellt. Der Kommentargottesdienst wendet sich an Menschen, in deren Glauben die Öffentlichkeitswirkung der Kirche eine Rolle spielt. Von daher erreicht er Menschen, die möglicherweise sich der Kerngemeinde gegenüber distanziert verhalten.

Im Unterschied zum Politischen Nachtgebet, das von einer engagierten Gruppe und für gleichgesinnte Gruppen gehalten wird, die auch nach dem Gottesdienst und außerhalb des Gottesdienstes die entwickelten Zielvorstellungen zu verwirklichen suchen, wird der Kommentargottesdienst praktisch nur als Predigtgottesdienst gehalten, wobei im allgemeinen eine Mehrzahl von „Predigern" (Referenten) zur Verfügung steht, deren Vorträge während des Gottesdienstes in Gesprächsgruppen diskutiert werden. Immerhin ist der Gottesdienstbesucher dabei nicht nur das Ziel einer „Einwegkommunikation", sondern er wird als Partner gefordert.

Die Autoren von Kommentargottesdiensten sind sich dessen bewußt, daß sie vorwiegend auf der Ebene des Intellekts und nicht auf der Ebene des Emotionalen handeln. Darum stellt sich an diesen „Kommentaren" immer wieder die Frage, ob diese Gottesdienste, die auf kultische Elemente weithin verzichten, noch oder vielleicht gerade deswegen „Gottesdienste" im Sinne kirchlicher Überlieferung seien. Die Antwort wird sich in diesem Fall keineswegs von der Form, sondern immer vom Inhalt der jeweiligen Gottesdienste her ergeben.

c) Der Familiengottesdienst

Der Familiengottesdienst erwuchs aus der Absicht, das unbefriedigende Nebeneinander von Hauptgottesdiensten für Erwachsene und Kindergottesdiensten wenigstens teilweise zu überwinden. Eigentlich müßte der „Hauptgottesdienst" schon von seinem Wesen her der Anwesenheit von Kindern verschiedener Altersgruppen Rechnung tragen. Denn er soll als „Hauptgottesdienst" ja nicht nur die „Vollgestalt" gottesdienstlichen Handelns, sondern auch die „Plenarversammlung" der Gemeinde darstellen und d.h. offen für alle Schichten und Gruppierungen einer Gemeinde sein. Der neutestamentliche Begriff der Hausgemeinschaft (Oikos) und die altkirchliche Bezeichnung der „familia Dei" machen deutlich, daß das gottesdienstliche Handeln eigentlich auf Jung und Alt gleichzeitig bezogen sein sollte. Es sollte die Generationen und Altersgruppen in einer Weise zusammenführen, bei der nicht nur die Kinder den Eltern zusehen (oder umgekehrt), sondern bei der die verschiedenen Charismen der Gemeinschaft der Glaubenden entfaltet und ausgeübt werden. Gemeindeglieder sollten auch im Gottesdienst einander dienen mit der Gabe, die sie empfangen haben (1. Petr. 4,10). In dem Bemühen, einen kinderfreundlichen Hauptgottesdienst zu schaffen, der freilich auch die Bedürfnisse der Erwachsenen nicht vernachlässigt, stehen wir noch ganz am Anfang.

Ein zukunftsweisender Schritt in dieser Richtung sind die Familiengottesdienste. Als Zielgruppengottesdienste sind sie auf die „junge Familie", vor allem auf die Eltern mit 3- bis 12jährigen Kindern, ausgerichtet. Doch werden die Konfirmanden (13- bis 14jährige) als Gruppe der Gemeinde mit einbezogen werden können. So entsteht eine lebendige Beziehung zwischen Konfirmanden, Eltern und kirchlichen Mitarbeitern. Darüber hinaus sollen Familiengottesdienste insoweit flexibel und offen sein, daß auch die Vertreter der Großelterngeneration und Alleinstehende jeden Alters sich in solche Gottesdienste einbezogen fühlen können. Das Bild, das Symbol, die Geste und das Gespräch spielen wie überhaupt alle leibhaften kommunikativen Formen, die Anschaulichkeit vermitteln und dem Bewegungsdrang der Kinder Rechnung tragen, eine große Rolle. Selbstverständlich muß auch der Familiengottesdienst von einer Gruppe vorbereitet und getragen werden.

Es haben sich drei Grundformen des Familiengottesdienstes herausgebildet:
1. Der problemorientierte Gottesdienst
Er knüpft an Alltagserfahrungen an und mündet zunächst in die „Klage" (Kyrie-Litanei). Nach gedanklicher Klärung und Problemeingrenzung wagt er erste Lösungsversuche (Gespräche, Berichte). Es folgt eine Phase der Vergewisserung über die Grundrichtung der Lösung durch einen biblischen Bezug, aus dem sich neue und bessere Lösungen entwickeln lassen. Dabei läßt sich ein „Markt der Möglichkeiten" des Glaubens darstellen. Fürbitte, Verabredungen und Projekte „für den Montag" stehen an der Stelle von Sendung und Segen.
2. Der Fest-orientierte Gottesdienst
Nach allmählichem Beginn (Einstimmung, gemeinsame Vorbereitung des Raumes) will er ausgehend vom Anlaß des Festes in einem ersten Höhepunkt die Freude gemeinsamen Feierns in vielfältigen Ausdrucksformen erleben lassen, bis dann bei der Festgeschichte (biblischer Bezug) die Deutung des Festes und die Verarbeitung möglicher Einwände geschehen. Das Teilen und Mitteilen äußert sich als „Weitergeben der Festfreude" mit dem Ausblick auf das nächste Fest („Nächstes Jahr in Jerusalem!").
3. Betrachtender (meditativer) Gottesdienst
Über Einführung (Ablauf erklären, Angst nehmen) und Entspannung (zu sich kommen) führt er im Erleben (schauen, hören, tasten) der „Dinggestalt" eines Symbols, einer Geschichte usw. zur ersten Begegnung mit dem „Sinnbild" oder „Wortzeichen". Nach der Bündelung der Eindrücke wird diese Begegnung auf eine Deutung konzentriert, die, verknüpft mit einer biblischen Deutung, die Tiefendimensionen des Symbols erschließt. Auch hierbei werden mögliche Widerstände und Einwände aufgenommen und verarbeitet, die zu einer zweiten Begegnung und Aneignung des Symbols führen (Gebet). Dem Segen kann das Mitgeben eines „Denkzettels" eingegliedert sein.

Der Familiengottesdienst folgt der Grundstruktur des Hauptgottesdienstes (Eröffnung, Anrufung, Verkündigung und Bekenntnis, eventuell Abendmahl, Sendung und Segen). Elemente des agendarischen Hauptgottesdienstes werden als „Merkposten" in die grundsätzlich schlicht und durchsichtig gehaltene Ordnung aufgenommen. Auf den didaktisch durchdachten Aufbau des Verkündigungsteils (lernpsychologisches Schema) wird besonders geachtet. Bitte und Klage, Freude und Dank, Lob und Anbetung sollen hier stärker als sonst in der Form von spontanen Äußerungen in Erscheinung treten. Die Kenntnis und der Gebrauch wiederholbarer Stücke, die Spontaneität freisetzen können (Refrain, Akklamationen, Bitt- und Lobrufe) schaffen neue Möglichkeiten und erleichtern den Mitvollzug.

d) Das Feierabendmahl

Das Feierabendmahl wäre als Sonderfall einer evangelischen Eucharistiefeier eigentlich im Zusammenhang mit dem Sakramentsteil des Hauptgottesdienstes zu behandeln. Da aber die Anregungen hierzu von den gleichen Personen und Gruppen ausgegangen sind, die an der Entwicklung und Gestaltung von Predigtgottesdiensten in offenen Formen arbeiten, ist es sachlich berechtigt, die in offener bzw. anderer oder neuer Form vollzogene Abendmahlsfeier in diesen Rahmen einzubeziehen. Es wird deutlich werden, daß bei diesem Sonderfall des Abendmahlsgottesdienstes nicht nur liturgische Gestaltungskräfte wirksam sind, sondern daß dahinter eine neue Abendmahlsfrömmigkeit, ja ein neues Verständnis der Gestalt und des Auftrags der Kirche in dieser Welt steht.

Das Feierabendmahl hat seine Vorläufer und Vorformen. Die wiederentdeckten Formen des Tischabendmahls bzw. der Verbindung von Sakrament und Agape drängten nach Weiterentwicklung. Der 18. Deutsche Evangelische Kirchentag in Nürnberg 1979 mit dem Thema „Zur Hoffnung berufen" bot dafür neue Ansätze.

In der St.-Lorenz-Kirche in Nürnberg fand während des Kirchentages ein dreitägiges „Forum Abendmahl" statt. In der Mitte des von Mittwoch bis Sonntag dauernden Kirchentags sollte am Freitagabend eine Zäsur gesetzt werden. Dabei sollte nicht nur in allen gastgebenden Gemeinden der Stadt Nürnberg und des Umlands, sondern auch in vielen anderen Gemeinden der Evangelischen Kirche in Deutschland das Abendmahl gefeiert werden. Charakteristisch für diesen Abendmahlsgottesdienst sollte sein, daß Feierabend und Abendmahl (darum die Bezeichnung Feier-Abend-Mahl) einander zugeordnet würden. Das Abendmahl sollte also unter dem Aspekt des Zur-Ruhe-Kommens, des Atemholens, der Entlastung und des Kraftschöpfens begangen werden. Ein weiteres Kennzeichen dieses Gottesdienstes sollte sein, daß Gastgebern und Gästen, die sonst während des Kirchentags kaum zueinander kommen konnten, ein Abend der Begegnung und Gemeinschaft ermöglicht würde. Sie sollten sich im Rahmen einer „Aktion Brückenschlag" nicht nur menschlich kennenlernen, sondern in der Feier der Eucharistie ein Erlebnis des gemeinsamen Glaubens haben. Das Sakrament sollte dabei auch mit einem Sättigungsmahl verbunden sein.

Für das Feierabendmahl selbst gab es verschiedene, flexibel zu handhabende Modelle, die sich in unterschiedlicher Abstufung zum Teil eng an die agendarische Ordnung anlehnten, zum Teil aber auch neue Gestaltungsmöglichkeiten vorsahen und der Entfaltung von Kreativität und Kommunikation viel Raum boten.

Die guten Erfahrungen, die mit dem Feierabendmahl beim Kirchentag 1979 gemacht wurden, ermutigten dazu, in diesem Sinne weiterzuarbeiten: „Das eine Abendmahl hat viele Formen und Gestalten. Keine kann die ganze Fülle verkörpern. Es scheint an der Zeit zu sein, die Erfahrungen kleinerer Gruppen, die Erkenntnisse der Kommunitäten und den Ertrag des Kirchentags für die gesamte Gemeinde fruchtbar zu machen. Das bedeutet den Versuch, in der Gestaltung des Abendmahls neue Wege zu gehen: Feierabend miteinander zu halten." Als Kennzeichen des Feierabendmahls wurde herausgestellt:

1. Es ist ein festliches Abendmahl, das darum für außerordentliche Zeiten und Anlässe besonders geeignet ist (Gemeindefest, Erntedankfest, Jahresschluß). Dem außerordentlichen Anlaß könnte die außerordentliche Zeit (z. B. Samstagabend) entsprechen.
2. Es ist ein betont kommunikatives Abendmahl. Als Gegenbewegung gegen die bedrückende Anonymität vieler Abendmahlsfeiern soll es Begegnungen ermöglichen, Gemeinschaft stiften und erfahrbar machen. Um dieses Ziel erreichen zu können, darf das Feierabendmahl nicht unter Zeitdruck stehen, müssen Meditation, Besinnung und Ruhe möglich sein.

3. Es ist ein Abendmahl, das das Leid der Welt nicht ausblendet. Als Gäste des Gekreuzigten sind die Teilnehmer bereit, sich „stören" zu lassen durch Not und Leid, sich „stärken" zu lassen zum notwendigen Tun und nicht aufzuhören mit der konkreten Fürbitte.

Weitere Anliegen des Feierabendmahles sind in den „Lorenzer Ratschlägen" enthalten. Z. B. „Anders leben." (Unsere Dankbarkeit gegen den Geber von Brot und Wein lehrt uns, mit den Gaben dieser Erde sorgsam umzugehen.) „Solidarisch handeln." (Wir wissen uns durch das Abendmahl gerufen, mit den Hungernden und Unterdrückten zu teilen), „Universal denken." (Der Tisch des Herrn darf nicht mehr Zeichen der Trennung der Konfessionen sein.) „Kinder nicht ausschließen." (Kinder können am Tisch Jesu mit allen Feiernden zusammen ihn erkennen und in die Gemeinschaft mit ihm und untereinander hineinwachsen.) „Menschlich feiern." (Der ganze Mensch soll erfahren, daß Gott gut ist. Wir feiern „mit Herzen, Mund und Händen". Viele Zeichen der Freude und der Gemeinschaft können dies ausdrücken.)

Die Grundstruktur des Feierabendmahls:
Vorbereitung und Eröffnung
(Sich orientieren, Ansingen der Lieder, sich bekanntmachen, still werden, festlicher Auftakt)

Klage und Lob
Verkündigung und Bekenntnis
Das Mahl
(Die Gaben bereiten, Gott loben, die gemeinsame Präfation mit dem Sanctus, das Abendmahlsgebet und die Einsetzungsworte, Vaterunser und Friedensgruß mit einem konkreten Zeichen des Friedens, die Austeilung)

Dank und Bitte
Sendung und Segen

Es entspricht dem Feierabendmahl, daß sich die gottesdienstliche Versammlung in ein festliches Beisammensein der Gottesdienstteilnehmer hinein fortsetzt.

II. TEIL

Die Gebetsgottesdienste

8. Kapitel

DIE TAGESZEITENGOTTESDIENSTE (DIE HOREN)

Dem Predigtgottesdienst, der sich vornehmlich auf die Wortverkündigung konzentriert, tritt als weiterer Nebengottesdienst das „Stundengebet" zur Seite, in dem das gemeinsame, liturgisch gebundene Beten im Vordergrund steht.

Im Gegensatz zum Haupt- und Predigtgottesdienst, die beide nach Zeiten des Verfalls im 19. Jahrhundert schon eine gewisse Neuordnung erfahren hatten und in der jüngsten Vergangenheit vor allem der Klärung, Bereicherung und Vereinheitlichung bedurften, ging es beim Gebetsgottesdienst um einen völligen Neuanfang. Die Tradition der Gebetsgottesdienstordnung war in der evangelischen Kirche seit mehr als 300 Jahren abgebrochen. Die Ordnungen, die im Band II des Agendenwerks der Lutherischen Kirche Aufnahme gefunden haben, müssen mehr als alle anderen Ordnungen ihre Bewährungsprobe im gottesdienstlichen Leben der Gemeinde erst bestehen. Deshalb ist Agende II im Jahre 1960 nur als „Zur Erprobung bestimmter Entwurf" veröffentlicht worden. Man wollte sich für die weitere Ausformung und Stabilisierung dieser Ordnung Zeit lassen. Auch wenn jede Anknüpfung an vorhandene Tradition für unsere Generation ausschied und der Versuch einer völligen Neuschöpfung nahelag, so wollte man doch bewußt auf den liturgischen Erfahrungen, die mit den Stundengebetsordnungen von christlichen Betern früherer Jahrhunderte gemacht worden waren, aufbauen und sie für unsere Zeit fruchtbar machen. In kleinen Gruppen und Gemeinschaften sind diese Ordnungen tatsächlich mit neuem geistlichen Leben erfüllt worden. Aber es kann noch keine Rede davon sein, daß sie innerhalb der kurzen Zeit, in der sie gebraucht werden, Gemeingut und unverlierbarer Besitz der Gemeinde geworden sind. Die Zeit der geistlichen Einübung wird wohl beträchtlich länger veranschlagt werden müssen, als man es sich zunächst vorgestellt hat. Aber an der gestellten Aufgabe sollte mit Geduld und Treue weitergearbeitet werden. Doch wird man, wenn unsere Tageszeitengottesdienste nicht einfach Repristination bleiben sollen, dem Wachstum neuer Formen auf dem Boden des geschichtlich Überkommenen (wie beim Hauptgottesdienst) Raum geben müssen.

1. Die geschichtliche Entwicklung
a) Die Zeit vor der Reformation

Da die Gebetsgottesdienste in der römischen Kirche ursprünglich auf bestimmte feste Stunden im Tageslauf festgesetzt waren (wenn sie auch oft nicht zu diesen Stunden gehalten worden sind), nennt man sie *horae canonicae* (festgesetzte Gebetsstunden). Davon kommt die eindeutschende Bezeichnung „die Horen" (Einzahl: die Hore). Die römische Kirche nennt die Gesamtheit des Horenbetens auch *Officium* (das Amt) im Sinne des Gebetsamtes, das wir täglich Gott schuldig sind.

Im deutschen Sprachgebrauch hat sich vielfach das Wort „*Stundengebet*" eingebürgert. Bisweilen spricht man auch vom „Chorgebet". Agende II hat die Bezeichnung „*Tageszeitengottesdienste*" aufgenommen, da es sich in der Tat weniger um ein auf Stunden als auf bestimmte Tageszeiten bezogenes Gebet handelt und die Reformation die Acht- bzw. Siebenzahl der römischen Horen nicht übernommen hat.

Ihre feste Form fanden die horae canonicae zuerst durch *Benedikt von Nursia* (480-543), der als Begründer des ersten abendländischen Mönchordens (die Benediktiner mit dem Mutterkloster Monte Cassino) in seiner Ordensregel neben der Pflicht zur Arbeit das geregelte Gebet zur täglichen Aufgabe gemacht hat.

Doch hat es gemeinsames Beten in der Christenheit von Anfang an gegeben, sicherlich zunächst im Anschluß an die alten synagogalen Gebetszeiten, die an den Opferzeiten des Tempels ausgerichtet waren. In Erinnerung an die im Karfreitagsbericht besonders genannten Tagesstunden (Mark. 15, 25. 33. 34) wurden die 3., 6. und 9. Stunde (9, 12 und 15 Uhr) bevorzugte Zeiten des Gebets (vgl. Apg. 2, 15; 10, 9; 3, 1); daneben wird auch das synagogale Nachtgebet (Ps. 134) von einzelnen gehalten worden sein (Apg. 16, 25). Die christlichen Beter lösten sich alsbald von der Gemeinschaft des Tempels und der Synagoge los und hielten ihre Gebete in Privathäusern. Der Kreis der Beter verstand sich als „Familie" (Mark. 3, 35). Die Gebetstexte waren nach wie vor hauptsächlich die alttestamentlichen Psalmen, die durch den angefügten Lobpreis des Dreieinigen Gottes (Gloria patri, s. S. 115) als christliche Gebete gekennzeichnet waren. Neben sie traten die von der christlichen Gemeinde selbst geschaffenen Hymnen und geistlichen Oden.

Die in den folgenden Jahrhunderten sich vollziehende Umwandlung der Kirche von der Urgemeinde bis zur Reichskirche beeinflußte auch die Gestalt des täglichen Gebets. Da Kirche seit 313 den großen Zustrom der Massen erlebte, bildete sich das *Mönchtum* als besondere Lebensform für die heraus, die im Unterschied zu den vielen Gewohnheitschristen, die sich mit der Erfüllung ihrer „Sonntagspflicht" begnügten, mit ihrem Christenstand Ernst machen und auch das tägliche und stündliche Gebet mit Eifer pflegen wollten. Schon die morgenländischen Mönchsgemeinschaften entwickelten bestimmte Grundsätze des Tag und Nacht geübten Gebetsgottesdienstes; ihre für die abendländische Kirche grundlegende Form fanden sie dann bei den Benediktinern im 6. Jahrhundert.

Als Hauptregel wird gefordert, daß der ganze Psalter im Laufe einer Woche durchgebetet und die Heilige Schrift im Laufe eines Jahres gelesen wird.

Von Psalm 119, 164 ergeben sich *sieben* Gebetszeiten:
Matutin (= Laudes) beim Morgengrauen (etwa 3 Uhr)
  (matutina hora = die Morgenstunde, laudes = der Lobgesang)
Prim (6 Uhr) (prima hora = die erste Stunde)
Terz (9 Uhr) (tertia hora = die dritte Stunde)
Sext (12 Uhr) (sexta hora = die sechste Stunde)
Non (15 Uhr) (nona hora = die neunte Stunde)

Vesper (18 Uhr) (vespera hora = die Abendstunde)
Complet (21 Uhr) (completa hora = die erfüllte Stunde;
Completorium = das Tagesschlußgebet).
Von Psalm 119, 62 her wird dann auch noch ein achtes, ein Mitternachtsgebet begründet:
die Vigilien oder die Nokturn (24 bzw. 0 Uhr).

Die lateinischen Namen erinnern noch an die alte römische Tageseinteilung. Die für die einzelnen Gottesdienste angegebenen Stunden gelten freilich nur theoretisch. Im Interesse einer längeren ungestörten Arbeit oder der notwendigen zusammenhängenden Nachtruhe wurden die Horen zeitlich verschoben, z. T. auch zusammengelegt.

Man unterscheidet das Officium nocturnum: Vesper, Complet, Nocturn (Vigilien), Matutin, und das Officium diurnum: Prim, Terz, Sext, Non, auch die „kleinen Horen" genannt.

Die Ordnungen der verschiedenen Horen weichen voneinander ab. Als Beispiel sei die Vesperordnung, die der Ordnung der Matutin ähnlich ist, angeführt:

Ingressus
4 Psalmen
1 kurze Lesung
Responsorium
Hymnus
Versikel
Canticum (Magnifikat)
Litania (Fürbittengebet)
Vaterunser

In den Nokturnen ist die Zahl der Psalmen und Lesungen vermehrt.

Bei der Festsetzung der Lesungen und Psalmengebete wurde sowohl das Prinzip der *Auswahl* nach dem Kirchenjahr als auch das Prinzip des *Pensums,* also der lectio continua oder oratio continua innerhalb einer bestimmten Zeit zur Geltung gebracht. In dieser römischen Form fand das Officium vom 7.-11. Jahrhundert in allen dem Papst unterstehenden Ländern Eingang.

Das Mittelalter brachte für das Officium nicht nur Bereicherung und Ausbau der liturgischen Form, sondern auch (im Gefolge der wachsenden Heiligenverehrung) Wucherungen und Entartungserscheinungen, die eine Vereinheitlichung und Konzentration notwendig machten. Während früher zum Vollzug des Stundengebets mehrere Bücher notwendig waren – Antiphonare, Lektionare, Homiliare, Legendare, Martyrologien, Kollektarien u. dgl. –, wurden um 1200 alle Stücke im sog. *Breviarium,* das ursprünglich nur ein Hilfsbuch zur liturgischen Anleitung war, zusammengefaßt. Die Verpflichtung, das Officium zu beten, war schon um 600 von den in fester Gemeinschaft lebenden Mönchen auch auf die Weltkleriker ausgedehnt worden. Für kranke oder auf Reisen befindliche Priester wurde das private Beten des Officiums erlaubt, später sogar vorgeschrieben, was nach der Schaffung des Breviers technisch leichter durchführbar war. Das Brevier wurde aus Gründen der Handlichkeit in mehrere Bände aufgeteilt. Jeder Kleriker wurde verpflichtet, täglich das vorgeschriebene Pensum des Breviers (Stundengebet) entweder gemeinsam oder für sich allein durchzubeten. Bei aller Glaubenskraft und literarischen Schönheit, die einzelnen Brevierstücken eignet, ist dabei doch die Gefahr des Mechanismus sehr groß. Seit dem II. Vatikanischen Konzil hat die katholische Kirche eine Brevierreform in Gang gebracht, durch die „den heutigen Lebensverhältnissen Rechnung getragen" werden kann. Die Bezeichnung „Brevier" wurde als zu formal wieder aufgegeben. Die lateinische Bezeichnung lautet jetzt „Liturgia horarum"

b) Von der Reformation zur Gegenwart

Die Reformation übernahm vom römischen Officium nur das Morgengebet (Matutin, Laudes), das Mittagsgebet und das Abendgebet (Vesper) sowie das Completorium. Die Mette (= Matutin) und die Vesper waren schon in der römischen Kirche die Horengottesdienste gewesen, an denen das Volk teilnehmen konnte. Luther hatte selbst zu sehr die Last und den ungeistlichen Zwang des Pflichtgebets durchlitten, als daß er für den evangelischen Gottesdienst die Gesetzlichkeit des römischen Breviers hätte übernehmen können. Das bedeutete aber nicht, daß er nicht dem persönlichen Gebet einen ganz breiten Raum in seinem Leben gewidmet hätte. Von seiner Erkenntnis her durfte aber auch das *gemeinsame,* liturgisch geordnete Beten nicht auf den „Klerus" beschränkt bleiben, sondern mußte *alle* Gläubigen miteinschließen.

Luther („Von Ordnung Gottesdiensts in der Gemeine", 1523) ordnete die „Mette" und die „Vesper" als Werktagsgottesdienste für die Gemeinde, wobei er sich darüber im klaren war, daß man nicht wie am Sonntag die Anwesenheit der ganzen Gemeinde erwarten könne, sondern daß am Werktag immer nur ein Teil der Gemeinde stellvertretend für die anderen im Dienst des Betens und Lobens stehen werde (vgl. 1. Tim. 5, 5, wo die Witwen zum stellvertretenden Beten aufgerufen werden). Luther dachte dabei vor allem an die Pfarrer selbst, an Schüler und Studenten, die ohnehin in der Gemeinschaft eines Konvikts miteinander lebten.

Die Vorschläge Luthers sind sehr allgemein gehalten. In ihnen spielt neben dem seelsorgerlichen das pädagogische Moment eine große Rolle: Die Schüler sollen durch die täglichen Gottesdienste in der Kenntnis der Heiligen Schrift und in den alten Sprachen geübt werden. An der Ordnung des „cursus" (der fortlaufenden Reihe der Lesungen und Gebete) hält Luther fest. Für die *Mette* (4 oder 5 oder 6 Uhr morgens) schlägt Luther fortlaufende Lesungen aus dem Alten Testament mit Auslegung („durch Schüler oder Priester oder wer es sei") vor. Daneben sollen Psalmen (höchstens 3), Responsorien und Antiphonen (höchstens 1–2), das Te Deum oder das Benedictus gesungen werden. Das Ganze soll etwa eine Stunde dauern. Die *Vesper* (abends um 5 oder 6 Uhr) bringt dann (vor dem Magnifikat) die Lesung der Propheten oder des Neuen Testaments. Doch kann auch eine neutestamentliche Lesung am Morgen und eine alttestamentliche am Abend gehalten werden. Später bezieht Luther auch den Katechismus und seine Auslegung in die Tageszeitengottesdienste mit ein. Das *Mittagsgebet* steht „in freier Willkür", ebenso das *Nachtgebet* (Complet). Am Sonntag sollen Mette (Evangeliumspredigt) und Vesper (Epistelpredigt) von der ganzen Gemeinde besucht werden. Die Heiligenfeste und ihre Texte sollen einer gründlichen Überprüfung und Reduktion vom Evangelium her unterzogen werden. „Klar ist an diesen Andeutungen nur das Negative: eine Verringerung der Horen auf zwei bzw. drei, eine Kürzung des Pensums und die von jeder Brevierreform geforderte Freilegung des Kirchenjahres, das von den Wucherungen des Heiligenjahres gereinigt wird. Positiv fordert er die zentrale Stellung der Schrift in Form der lectio continua und eine regelmäßige Auslegung." (Herbert Goltzen)

Weder von Luther noch von anderen waren für die evangelischen Gemeinden feste Ordnungen ausgearbeitet worden. Die Vorschläge blieben weithin nur Programm. Solange noch die römische Tradition im Schwange war, wurden die übernommenen Horen vielfach in vereinfachter und freier Form gehalten, ohne daß dies zunächst zu einer Beeinträchtigung eines reichen liturgischen Lebens bei den Gebetsgottesdiensten führte. Eine feste, allgemein verbindliche Ordnung der Stundengebete ist in der evangelischen Kirche der Reformationszeit nicht gewachsen. Was sich in konservativen Gegenden noch erhalten hatte, fiel spätestens in der Zeit der Aufklärung dahin. Der Verfall der Stundengebete ging mit dem Verfall des gregorianischen Gesangs Hand in Hand. Spätere Generationen haben sich wohl private Ordnungen des gemeinsamen Betens erdacht, die aber dem allgemeinen Wandel der Zeit unterworfen waren und niemals über Zeit und Raum hinweg prägende Kraft und Verbindlichkeit annehmen konnten. In der Form der Schulandacht, der Christenlehre, des werktäglichen Predigtgottesdienstes am Morgen oder am Abend, des Beichtgottesdienstes am Samstagnachmittag, der „Andacht" als kurzer Ansprache mit Liedumrahmung, und später auch in der Form der Bibelstunde, kam das Anliegen der Stundengebete wenigstens in verkürzter, unzureichender Form immer wieder zur Geltung.

Auch im 19. Jahrhundert gelang es noch nicht, eine Ordnung des evangelischen Stundengebets, die an der Tradition ausgerichtet war, wiederaufzurichten. Nur Wilhelm *Löhe* bot als einer von ganz wenigen in seinem „Haus-, Schul- und Kirchenbuch" eine theologisch wie historisch wohlfundierte und zugleich gemeindegemäße Ordnung der „Gottesdienste unter der Woche" an, die freilich nur in kleineren Kreisen praktiziert wurde, während sich die Kirchenleitung solchen Anregungen zunächst noch verschloß.

Erst den liturgischen Bewegungen des 20. Jahrhunderts gelang es, das Stundengebet als eine gottesdienstliche Notwendigkeit aufzuweisen, zugleich aber Ordnungen zu schaffen und zu erproben, die als eine Grundlage für ein allgemeinkirchliches Stundengebet dienen konnten. Da inzwischen auch die Musikwissenschaft den einstimmigen gottesdienstlichen Gesang in deutscher Sprache aus den Quellen des 16. und 17. Jahrhunderts gesammelt, von aller späteren „Bearbeitung" und Verfälschung freigemacht und ihn sachgerecht ediert hatte (vgl. „Handbuch der deutschen evangelischen Kirchenmusik" 1941 ff., I. Band: Der Altargesang, 1. Teil: Die einstimmigen Weisen), konnte von der Lutherischen Liturgischen

Konferenz die Aufbauarbeit gewagt werden. Ihr Ergebnis liegt vor in dem Band II der „Agende für evangelisch-lutherische Kirchen und Gemeinden" 1957 ff. In der Übergangszeit haben sowohl das Stundengebet von J. G. *Mehl* („Der tägliche Gottesdienst in Haus, Schule und Kirche", 1953) wie auch von O. *Brodde* („Chorgebet", 1953) helfende und ordnende Bedeutung gewonnen. Agende II wurde seinerzeit nur als „Entwurf" vorgelegt. Der vorgesehene Erprobungszeitraum von zehn Jahren wurde nicht in dem erwarteten Maß genutzt, so daß die endgültige Fassung noch aussteht.

Beim evangelischen Tageszeitengebet geht es, obwohl es sich um ein von Anfang bis Ende „geordnetes" Beten handelt, nicht nur um formale Fragen. Es geht auch hier um das rechte Beten der Kirche Jesu Christi. Das persönliche freie Beten des einzelnen soll dadurch keineswegs gehemmt oder reglementiert werden. Es soll ihm vielmehr das objektive, gemeinsame Beten zur Seite treten, damit es vom gottesdienstlichen Beten her gestärkt, befruchtet und auch vor Einseitigkeit bewahrt wird. Das Beten, das von biblischen und altkirchlichen Gebetsformularen ebenso geprägt ist wie vom Rhythmus des Kirchenjahres und des Tagesablaufs, ordnet, bereichert und ergänzt jenes Beten, das als unmittelbare Regung des Herzens hervorbricht.

Das Stundengebet wird immer Sache einer kleineren geistlichen Lebensgemeinschaft sein, auch wenn es nur eine Lebensgemeinschaft auf Zeit sein sollte: Evangelische Bruderschaften und Orden, theologische Konvikte, Akademien, Studentengemeinden, Predigerseminare, Bibelschulen, Kirchenmusikschulen, Diakonen- und Diakonissengemeinschaften, Anstalten der Inneren Mission usw. werden in erster Linie das Amt des gemeinsamen Betens wahrnehmen können, da hier die Zusammensetzung der Beteiligten einigermaßen konstant ist und alle den gleichen Tagesrhythmus haben. Dann kann aber auch die Gemeinschaft einer geistlichen Woche, einer kirchlichen Tagung, einer Freizeit, Singwoche u. dgl. ebenso wie die wöchentlich zusammentretende Gemeinschaft einer Bibelstunde, eines Kirchenchores, eines Pfarr- oder Katechetenkonvents sich dieser Ordnung des gemeinsamen Betens unterstellen. Nicht zuletzt kann gerade die Hausandacht einer Familie oder die Schulandacht einer Schulgemeinde nach der Form der Hore gestaltet sein, auch wenn man sich auf die wichtigsten Stücke beschränken muß und die Psalmen wie die Gebete einfachheitshalber sprechen statt singen läßt. Von diesen Gesichtspunkten her ist auch die Ordnung der *Hausandacht* im Gesangbuch gestaltet (EKG, Bayern, S. 652 f.). Der Gebetsgottesdienst will ja letztlich nur Fortsetzung und Ausbau der Hausandacht sein.

Grundsätzlich gilt, daß das Tageszeitengebet eines *Liturgen* und eines gottesdienstlichen Raumes mit Altar, Kanzel usw. nicht bedarf. Die verschiedenen „Ämter", die zu verwalten sind (also die Lesungen, das Vorbeten und -singen, die Leitung des Singens), werden auf einzelne am Chorgebet Beteiligte übertragen. Aus der Gemeinde kann eine kleine Gruppe von Vorsängern zeitweilig als „Chor" herausgelöst werden, die beim Psalmengesang mit der Gemeinde abwechselt. Es empfiehlt sich, die den Psalm ausführenden Chorhälften auch räumlich voneinander zu trennen (z. B. Chor I: Evangelienseite, Chor II: Epistelseite). Gerade im Tageszeitengebet wird die Verantwortlichkeit der Laien und der Gedanke des Priestertums aller Gläubigen gestärkt. Der Vorbeter steht, auch wenn es der Pfarrer selbst ist, nicht der Gemeinde gegenüber, sondern hat seinen Platz im Chor der Mitbeter. (Vgl. die Anweisungen 10−13 in der „Anleitung zum Gebrauch der Agende II", S. 9−18; auch die im Text folgenden Anweisungen [Anw.] beziehen sich auf die genannte „Anleitung".)

2. Der Aufbau des Tageszeitengottesdienstes

(In vielen Ausgaben des EKG, so auch in der bayerischen Ausgabe, ist neben der Ordnung des Haupt- und Predigtgottesdienstes die Ordnung der Mette, der Vesper und der Complet abgedruckt, bei den Psalmen, Responsorien und Preces allerdings mit der Beschränkung auf ein Beispiel.)

a) Überblick

Das Stundengebet besteht aus 4 bzw. 5 Hauptstücken: Psalmodie, Lesung, Hymnus und Canticum, Gebet. Es sind also die drei Elemente des Gesangs-, des Wort- und des Gebetsgottesdienstes vorhanden, und zwar so, daß der Wortteil in den Gesangsteil eingelassen ist. Selbstverständlich kann der Gesangsgottesdienst auch wieder zum Gebetsgottesdienst im weiteren Sinne gerechnet werden. Dem Psalm geht der Ingressus voraus, dem Gebet folgt der Beschluß.

Diese Grundstruktur kann mancherlei Abwandlungen und Zusätze erfahren. Dem Ingressus kann ein Lied vorausgehen, ebenso dem Segen. Die Complet kennt in jedem Fall vor dem Ingressus eine „Bereitung". In der Mette kann sich zwischen Ingressus und Psalmodie das sog. Invitatorium schieben. Die Lektion ist im Mittagsgebet und in der Complet zu einem Capitulum, d. h. zu einem kurzen Bibelspruch zusammengeschrumpft. Auf die Schriftlesung kann mit einem kurzen Wechselgesang (Responsorium breve) geantwortet werden. Daran kann sich eine kurzgefaßte Auslegung der Lektion oder eine „Väterlesung" zu dem betreffenden biblischen Abschnitt anschließen. Der Hymnus steht nicht immer nach dem „Wortteil"; das Mittagsgebet hat ihn nach dem Ingressus, die Complet nach der Psalmodie. Die Complet kann, wenn am gleichen Tage die Vesper nicht gehalten wurde, bestimmte Teile der Vesper übernehmen und umgekehrt.

So ergibt sich folgender Aufriß (die wahlweisen Stücke stehen in Klammern):

I. Bereitung und Sündenbekenntnis (nur in der Complet)
  II. Eingang
      A. (Lied)
      B. Ingressus
      C. (Invitatorium; nur in der Mette)
 III. Psalmodie
  IV. Verkündigung
      A. Lektion (bzw. Capitulum)
      B. (Responsorium)
      C. (Auslegung oder Väterlesung)
   V. Hymnus (im Mittagsgebet nach II. B., in der Complet nach III.)
  VI. Canticum (nicht im Mittagsgebet) (kann notfalls auch in den anderen Horen unterbleiben)
 VII. Oratio (Gebet)
      A. Kyrie
      B. Vaterunser
      C. Wechselgebet (Preces) (nicht im Mittagsgebet)
      D. Stilles Gebet
      E. Kollekte (Tagesgebet)
VIII. Beschluß
      A. Salutation
      B. Benedicamus
      C. Segen

b) Die Ordnungen im einzelnen

Das Morgen- und das Abendgebet sind sich nach der äußeren Form sehr ähnlich. Das Grundmotiv des *Morgengebets,* in dem die Gedanken der Matutin und der Laudes zusammenklingen, ist das Lob Gottes für den neugeschenkten Tag, für das Wunder der Auferstehung und der Aufruf zur rechten christlichen Wachsamkeit. Das Grundmotiv der *Vesper* ist der Dank für den zu Ende gehenden Tag und für den in ihm zuteil gewordenen Segen Gottes. Für das *Mittagsgebet,* das nur ein kurzes Innehalten am Höhepunkt des Tages sein will, ist eine noch stärkere Prägnanz und Kürze charakteristisch als für Mette, Vesper und Complet. Ein Lied zum Eingang unterbleibt. Die Schriftlesung ist nur ein „Kapitel". Die Preces entfallen.

Für die *Complet,* die schon im Dunkel der Nacht gebetet wurde, ist typisch, daß sie auswendig gebetet werden mußte und darum keine wechselnden Texte mehr hat. Sie hat als die den Tag abschließende Hore vor dem Ingressus noch einen besonderen Akt:

I. DIE BEREITUNG UND DAS SÜNDENBEKENNTNIS

Die Bereitung erwuchs aus einer gemeinsamen Feierabendlesung, an deren Stelle jetzt nur noch 1. Petr. 5, 8–9 gelesen wird. Vorausgeht der Ruf des Vorsängers: „Brüder, betet um Gottes Segen." Liturg: „Eine ruhige Nacht und ein seliges Ende verleihe uns der Herr, der Allmächtige!" Gemeinde: „Amen." Die nun folgende kurze Lesung wird abgeschlossen mit: „Du aber, Herr, erbarme dich unser!" Gemeinde: „Gott sei ewig Dank."

Dann folgt das Sündenbekenntnis, eingeleitet mit dem Versikel Ps. 124, 8. Das Sündenbekenntnis erfolgt entweder in der Form des dialogischen Sündenbekenntnisses, wie es in Agende I als „Rüstgebet des Liturgen und der übrigen gottesdienstlichen Amtsträger" vorgesehen ist (ohne Ps. 43), oder aber in einer kürzeren Form:

Liturg: „Wir bekennen Gott dem Allmächtigen, daß wir gesündigt haben mit Gedanken, Worten und Werken: Unsere Schuld, unsere Schuld, unsere übergroße Schuld."

Gemeinde: „Der allmächtige Gott erbarme sich unser, er vergebe uns unsere Sünde und führe uns zum ewigen Leben. Amen."

Das Versikel Ps. 85, 5 schließt das Confiteor ab.

II. DER EINGANG

Mette und Vesper können mit einem (Morgen- bzw. Abend-) *Lied* (II.A.) eingeleitet werden. In jedem Fall steht aber am Anfang der Hore der (dem Lied folgende) *Ingressus* (II.B.), den man in etwa mit dem Introitus der Messe vergleichen könnte. Ursprünglich wurde von den Mönchen auf dem Weg vom Schlafraum in die Kirche der ganze Psalm 70 gebetet, von dem schließlich nur der Vers 2 übriggeblieben ist: „Eile, Gott, mich zu erretten + Herr, mir zu helfen!" (Alpirsbach und Berneuchen haben, um den weitausschwingenden Gebetsruf der lateinischen Vorlage besser wiederzugeben, statt dessen: „Gott, gedenke mein nach deiner Gnade + Herr, erhöre mich mit deiner treuen Hilfe!" Ps. 106, 4 a; 69, 14 b; so auch im Mittagsgebet und in der Complet des lutherischen Tageszeitengottesdienstes.)

Im Morgengebet geht dem Psalm 70, 2 noch Psalm 51, 17 voraus: „Herr, tue meine Lippen auf + daß mein Mund deinen Ruhm verkündige!" Bei geistlichen Wochen, in denen man sich in der Zucht des heilsamen Schweigens zur Nacht (von der Complet an) übt, ist es besonders sinnvoll, das Reden des Tages mit diesem Versikel (und nicht schon mit einem ihm vorausgehenden Morgenlied) zu beginnen. In der Vesper steht stattdessen Ps. 27, 7: „Herr, höre meine Stimme, wenn ich rufe + sei mir gnädig und erhöre mich!"

Der Ingressus wird beschlossen mit dem Gloria Patri (s. S. 115) und einem unmittelbar darangefügten Halleluja, das in der Vorfasten- und Fastenzeit ersetzt wird durch „Lob sei dir, Herr, du König der ewigen Herrlichkeit!"
Der Ingressus wird im Wechsel zwischen einem einzelnen (Liturg, Kantor) und der Gemeinde gesungen. Die erste Hälfte des Gloria Patri kann auch von einem Chor oder einer Vorsängergruppe übernommen werden.

In der Matutin des römischen Breviers folgte auf den Ingressus das *Invitatorium* (II.C.) (die Aufforderung zum Lobe Gottes) mit dem 95. Psalm (siehe besonders Vers 6). Die Reformation hat dieses Stück der Solopsalmodie fallen lassen. Im Gottesdienstbüchlein von J. G. Mehl ist es in der Form der Officiumspsalmodie auch für das evangelische Stundengebet als Möglichkeit angeboten. Im Mittagsgebet steht unmittelbar nach dem Ingressus der Hymnus (siehe V.).

III. DIE PSALMODIE

Der Psalmengesang ist ein Hauptbestandteil des Stundengebets. Er ging von den Gottesdiensten der Synagoge in die Gottesdienste der Christenheit, die sich als das „neue Israel" verstand, ein. In der römischen Kirche wurde der Psalter zu einem Gebetspensum, bei dem oft bis zu 12 Psalmen in einer Hore durchgebetet werden mußten. Luther trat für eine Beschränkung auf 3–4 Psalmen je Tageszeitengebet ein. Die neueren evangelischen Ordnungen sehen in jedem Fall mindestens *einen* Psalm vor (höchstens 3); dieser sollte *ganz* durchgebetet werden und nicht, wie es oft geschah, verkürzt oder zerstückelt werden. Nur das Überspringen von Psalmversen, die der christlichen Glaubenshaltung total zuwiderlaufen (z. B. bei Rachepsalmen), sollte gerechtfertigt sein (siehe dazu auch Leiturgia III, 239–241). An die Stelle des gregorianischen Psalms oder neben ihn kann immer ein Psalmlied der Gemeinde treten (EKG 176–199; 201), stattdessen an Festtagen und in geprägten Zeiten auch ein Lied de tempore. Im übrigen gilt für die Ausführung der antiphonischen Psalmodie das zum Introituspsalm Gesagte. Das Gloria Patri unterbleibt von Judika (bzw. dem Vorabend, Anw. 20) bis Karsamstag.

Die Aufteilung der Psalmen auf die verschiedenen Stundengebete kann nicht nach überkommenem Pensumsprinzip (alle 150 Psalmen in einer Woche) erfolgen. Dagegen sprechen innere Gründe, aber auch die Tatsache, daß das Stundengebet in der evangelischen Kirche nie in dieser Häufigkeit gehalten werden wird wie in den römisch-katholischen Klöstern. Luthers Vorschlag, der alten benediktinischen Ordnung folgend in der Mette die Psalmen 1–109 und in der Vesper die Psalmen 110–150 durchzubeten, hat sich verständlicherweise nicht durchgesetzt. So wird es in der evangelischen Kirche immer bei der freien Zuordnung bestimmter Psalmen zu bestimmten Tageszeiten bleiben, obwohl festgehalten werden muß, daß jeder Psalm grundsätzlich zu jeder Zeit gebetet werden kann. Damit ist aber eine allgemein verbindliche Zuweisung der Psalmen zu bestimmten Horen nicht ausgeschlossen.

Für das Mittagsgebet bietet die Agende Abschnitte aus Psalm 119 an. Die Complet hat nach alter Tradition immer die Psalmen 4, 91 und 134. Wo es angezeigt erscheint, kann der eine oder andere Psalm fortgelassen werden.

Wenn mehrere Psalmen nacheinander gesungen werden, ergeben sich verschiedene Möglichkeiten der Ausführung:
1. Eine Antiphon umrahmt die (im gleichen Ton gesungenen) Psalmen.
2. Ein und dieselbe Antiphon umrahmt jeden Psalm für sich.
3. Jeder Psalm hat seine eigene Antiphon, wobei entweder immer die gleiche Tonart beibehalten wird oder von gut geübten Chören jeder Psalm in einer anderen Tonart gesungen wird.

Der Psalm wird, wie im Hauptgottesdienst, im Wechsel von Chor und Gemeinde gesungen. Der Wechsel zwischen Liturg und Gemeinde soll eine Notlösung bleiben. In der Complet steht unmittelbar nach dem Psalmgebet der Hymnus (siehe V.).

IV. DIE VERKÜNDIGUNG (DIE SCHRIFTLESUNG)

A. DIE LESUNG SELBST

Die Lesung der Heiligen Schrift, die ehemals den Grundstock des Stundengebets bildete, verlor im Laufe der Entwicklung an Gewicht. Dafür traten die Psalmen, die Cantica, die Hymnen und Gebete besonders in den Vordergrund. In den Nachtlesungen des Breviers wurden z. B. viele biblische Bücher nur „angelesen", d. h. man las nur die Anfänge bestimmter Bücher oder Kapitel und sprang dann weiter zum Anfang des nächsten Buches, so daß sich sinnlose Trümmerstücke ergaben. Oft ist im römischen Stundengebet die Lesung auf ein sogenanntes *Capitulum* beschränkt, d. i. ein kurzer Bibelabschnitt von der Länge eines Verses, der meist nach dem Kirchenjahr wechselt.

Das evangelische Stundengebet ist demgegenüber um die Wiederherstellung einer längeren Schriftlesung, ähnlich der Lesung im Hauptgottesdienst, bemüht. Das „Kapitel" findet sich nur im Mittagsgebet (für die 7 Tage der Woche: 1. Tim. 6, 15 b. 16; Joh. 17, 24; Matth. 5, 3—10; Joh. 1, 14; Joh. 6, 51; Joh. 14, 27; 1. Tim. 3, 16) und in der Complet (Jer. 14, 9 b). Welche Leseordnung der Mette und der Vesper zugrunde liegt, richtet sich nach den örtlichen Gegebenheiten. Eine lectio continua, wie sie die römische Matutin hat, empfiehlt sich nur dort, wo täglich und für einen gleichbleibenden Kreis Gebetsgottesdienst gehalten wird. Vor allem wird die „Lesung für das Jahr der Kirche", die aus der Evangelischen Michaelsbruderschaft herausgewachsen ist und die weithin von der Evangelischen Kirche in Deutschland aufgenommen worden ist (s. S. 80), eine Leseordnung auch der lutherischen Tageszeitengebete werden können. Wo keine Mette gehalten wird, kann im Mittagsgebet die Lektion der Mette anstelle des „Kapitels" eintreten.

Der Lektor tritt, wenn die Gemeinde in den Bänken des Kirchenschiffs sitzt, zu den Lesungen an das Lesepult oder an die Stufen des Chorraums bzw. des Altars und wendet sich zur Gemeinde. Die Lesung wird, wie im Hauptgottesdienst, ganz schlicht angekündigt, z. B.: „So steht geschrieben bei ... im ... Kapitel." Es ist sinnvoll, wenn eine Epistel mit „Liebe Brüder (und Schwestern)" eingeleitet wird. Eine Schlußformel ist nicht notwendig. Man kann, wenn kein Responsorium gesungen wird, abschließen mit dem Ruf: „Du aber, Herr, erbarm dich unser!" Die Gemeinde antwortet: „Gott sei ewiglich Dank." In der Complet schließt die Gemeinde immer ein „Gott sei ewig Dank" unmittelbar an das „Kapitel" an. (Es können, vor allem zu besonderen Tagen oder Festen, z. B. bei Christvesper, Ostermette usw., mehrere Lesungen, die durch Liedstrophen oder Chorstücke miteinander verbunden sind, gehalten werden; vgl. dazu Anw. 26 und 27.)

B. DAS RESPONSORIUM

Das Responsorium (breve), das nach der (letzten) Lesung gesungen wird, stellt die „kurze Antwort" auf das in der Schriftlesung lautgewordene Gotteswort dar. Das Responsorium war ursprünglich ein Kehrreim, der beim Psalmengesang nach jedem Vers von der Gemeinde gesungen wurde und später auch die Antwort auf eine Historia bildete. Die römischen Horen haben heute noch Responsoria prolixa (ausgedehnte, weitschweifige Antworten) in den Nokturnen. Im evangelischen Stundengebet kann das einfacher gebaute Responsorium breve seinen Platz finden. Aus der übergroßen Zahl von 850 römischen Responsorien ist eine kleine Auswahl getroffen worden.

Das Responsorium, ein Psalmwort, besteht aus drei Teilen (A, B, C), dem als 4. Teil das Gloria Patri (D) angefügt ist; z. B. für die Mette Psalm 86, 11: Weise mir, Herr, deinen Weg (A), daß ich wandle in deiner Wahrheit (B); erhalte mein Herz bei dem einen, daß ich deinen Namen fürchte (C)! Ehre sei dem Vater ... (D). Es wird folgendermaßen ausgeführt:

Kantor	A + B
Alle	A + B
Kantor	C
Alle	B
Kantor	D
Alle	A + B

Die Agende sieht vor:
    für die Mette: Ps. 86, 11;
    für das Mittagsgebet: Ps. 119, 10.25 b;
    für die Vesper: Ps. 119, 105.160 a;
    für die Complet: Ps. 31, 6;
    für die Festtage und geprägte Zeiten sind weitere Responsorien vorgesehen. Dabei stehen A, B und D fest: Christe, du Sohn des lebendigen Gottes, erbarme dich unser ..., Ehre sei ... C ist ein auf das Kirchenjahr bezogener Relativsatz (z. B. zum Christfest „... Der du geboren bist von der Jungfrau Maria ...").

Das Responsorium ist fakultativ. Wenn eine Auslegung folgt, kann statt dessen eine Liedstrophe gesungen werden, wo dies im Proprium angegeben ist.

C. DIE AUSLEGUNG ODER VÄTERLESUNG

Auch dieses Stück ist fakultativ. Es unterbleibt im Mittagsgebet und in der Complet. In der Complet folgt auf das Responsorium der Versikel Ps. 17, 8. Die römischen Horen kennen Lesungen („Legenden"), die zum Inhalt die Lebensbeschreibung von Heiligen haben. Vor allem in der Prim werden aus dem Martyrologium kurze Angaben verlesen, die sich auf das Leben des Heiligen beziehen, dessen Todestag gerade begangen wird. Daneben gibt es auch die Lesungen von Homilien, also von Textauslegungen angesehener Kirchenväter.

Für das evangelische Tageszeitengebet kommt an dieser Stelle in Frage:
a) Die freie Auslegung des verlesenen bzw. zuletzt verlesenen Textes.
Sie darf nur eine kurze Ansprache sein (von höchstens 5 Minuten Dauer) und kann noch weniger als die Predigt die Absicht verfolgen, einen Text „auszuschöpfen". Sie muß sich auf das Ausziehen einiger wesentlicher Linien beschränken. Eine wertvolle Anleitung hierzu kann z. B. das „Tagesgeleit" von Wilhelm Stählin sein, wenn es nicht gleich als Väterlesung Verwendung findet. Ist die Vesper zugleich Passionsgottesdienst, wird die Schriftauslegung in Form einer Predigt gehalten. Diese kann auch ein unmittelbar vor der Predigt verlesenes kurzes Schriftwort zum Gegenstand haben.
b) Die Väterlesung.
Aus der Vielfalt der die Kirchengeschichte durchziehenden Verkündigung in Predigten, Briefen, Erbauungsbüchern geisterfüllter Zeugen Jesu Christi wird eine planvolle Auswahl bereitgestellt werden müssen, um die Stimmen der Väter auch für unsere Zeit hörbar zu machen. Erst dann ist auch das Stundengebet davon unabhängig, daß immer ein Theologe als Prediger zur Verfügung steht.
c) Die Katechismuslesung.
Dabei könnte ein auf die Schriftlesung bezogener Abschnitt aus dem Kleinen und Großen Katechismus Luthers gelesen werden, darüber hinaus ein Abschnitt aus den lutherischen Bekenntnisschriften, der katechetisch und homiletisch geeignet ist, in einer für die Gegenwart sprachlich geglätteten Form. Doch greift dies schon hinüber in den Bereich der Väterlesung.

Eine weitere, von der Agende nicht genannte Möglichkeit wäre die Lesung aus einem Martyrologium. Ein Martyrologium, eine Sammlung kurzer Lebensdarstellungen bedeutender Männer und Frauen der Kirchengeschichte, ist im Sinne des Augsburgischen Bekenntnisses Art. XXI eine innere Notwendigkeit für das Leben der evangelischen Kirche. Wilhelm *Löhe* nahm in sein Martyrologium fast ausschließlich Gestalten der vorreformatorischen Kirchengeschichte auf. Jörg *Erb* dagegen hat für die Gegenwart ein vierbändiges Lesebuch zu einem evangelischen Namenskalender mit dem Titel „Wolke der Zeugen" geschaffen. Wenn auch die Lesung aus dem Martyrologium nicht Auslegung der Heiligen Schrift ist, so kann sie doch eine wichtige Hinführung zu dem Leben großer Gotteszeugen der Kirchengeschichte werden und damit in neuer Weise Gottes segensreiches Walten in seiner Kirche sichtbar werden lassen.

V. DER HYMNUS

In den Psalmen und Cantica der Bibel war der Christenheit Liedgut vorgegeben, das sie zu fast allen Zeiten sich dankbar zu eigen machte. Daneben hat die Kirche in selbstgeschaffenen Liedern, *Hymnen* genannt, ihrem Glauben und Beten Ausdruck verliehen. In bestimmten Epochen brach freilich die Sorge auf, durch neu geschaffene Hymnen könnten häretische Lehren in die Gottesdienste einziehen. So sah sich die Kirche schon einmal (im 3. Jahrhundert) genötigt, alles außerbiblische Liedgut auszutilgen (vgl. auch die radikale Beschränkung der Sequenzen nach dem Tridentinum oder die in den calvinistischen Gemeinden geforderte Beschränkung auf das Psalmlied); sie hat auch der Aufnahme der Hymnen in ihr gottesdienstliches Beten bis zum hohen Mittelalter Widerstand entgegengesetzt. Doch sind schon vom 4. Jahrhundert an Hymnen geschaffen worden, die sich durch ihre dichterische Schönheit und durch die Kraft ihres Glaubensbekenntnisses bis in die Gegenwart im Singen der Kirche behauptet haben.

Um die Übernahme des morgenländischen Kirchengesangs in die abendländische Kirche machte sich der Mailänder Bischof *Ambrosius* († 397) sehr verdient, der selbst als Verfasser von vier bekannten Hymnen die klassische Form des Hymnus geprägt hat. Eine Strophe wird aus 4 x 4 Jamben gebildet. („Jambus" ist die Silbenfolge „kurz-lang" bzw. „unbetont-betont".) Der ganze Hymnus besteht aus acht Strophen. Ihm schließt sich eine Gloria-Patri-Strophe an.

Vor Ambrosius sind uns schon das Laudamus te und das Te Deum (von Niketas † 420) überliefert. Nach ihm sind die Namen des Prudentius, Sedulius, Fortunatus und Gregors des Großen in der Geschichte des Hymnus bedeutsam geworden. Daneben stehen viele unbekannte Dichter (vgl. das Verfasserverzeichnis zum EKG, Nr. 1–14). Diese Hymnen wurden später, vor allem in der Reformationszeit, ins Deutsche übersetzt oder auch zu deutschen Kirchenliedern umgearbeitet (EKG 1. 63. 76. 97. 101. 120. 137. 154. 174. 286. 352. 353. 354. Bayer. Anhang 407. 411. 413. 425) und traten dann in der Praxis des Gemeindegesangs gegenüber den nach anderen Formgesetzen gestalteten Kirchenliedern sehr zurück. Erst in der Gegenwart, als sich zeitgenössische Dichter die Verdeutschung von Hymnen angelegen sein ließen, fand der Hymnus, der in seiner strengen Vierzeiligkeit und seiner herben Melodik sich erst nach und nach erschließt, wieder mehr Beachtung (vgl. EKG 72. 161. Bayer. Anhang 527). Weitere deutsche Hymnen sind im Broddeschen Chorgebet und im Alpirsbacher Stundengebet zu finden.

Es ist anzustreben, daß zwischen Lektion und Canticum wirklich ein Hymnus zu stehen kommt. Da nicht ausreichend geeignete Hymnen zur Verfügung stehen, wird zumeist ein allgemeines Lied (z. B. ein Tageszeiten- oder Detemporelied, das Wochenlied) an diese Stelle treten. Dieses Lied sollte jedenfalls „in strenger Sachlichkeit dem Wesen des Hymnus verwandt" sein.

Im Mittagsgebet steht der Hymnus zwischen Ingressus und Psalm, in der Complet zwischen Psalm und Lektion. Für das Mittagsgebet ist an erster Stelle der Hymnus „Du starker Herrscher" vorgeschlagen (nicht im EKG, Text und Weise siehe Agende II), daneben auch EKG Nr. 351; 110; 111; 112; 199; 227). Zur Complet gehört der Hymnus „Eh daß vergeht des Tages Schein..." (EKG Bayern, S. 119* f.); an seiner Stelle können auch die Lieder 353 und 354 gesungen werden.

VI. DAS CANTICUM

Canticum nennt man einen biblischen Psalm, der außerhalb des Psalters steht. Man unterscheidet *Cantica minora* (aus dem AT: z. B. 2. Mose 15; 5. Mose 32; Richter 5; 1. Sam. 2; Jes. 26; 38; Jona 2; Hab. 3; Gesang der drei Männer im Feuerofen) und *Cantica maiora* (aus dem NT: Luk. 1, 46–55; 1, 68–79; 2, 29–32). Die alttestamentlichen Cantica, die im römischen Stundengebet noch ihren Platz haben, sind in der lutherischen Kirche heute nicht mehr gebräuchlich. Dagegen sind die neutestamentlichen Cantica, der Lobgesang der Maria, des Zacharias und des Simeon, feste Bestandteile des evangelischen Tageszeitengebetes. Man nennt sie nach ihren lateinischen Anfängen:

Magnificat	(Meine Seele erhebet den Herren)
Benedictus	(Gelobet sei der Herr, der Gott Israels)
Nunc dimittis	(Herr, nun lässest du deinen Diener im Frieden fahren).

Die Matutin hat das Benedictus, das im römischen Stundengebet den Laudes zugeteilt ist. Es wird im 7. Ton gesungen. Die Vesper hat das Magnificat (9. Ton), die Complet das Nunc dimittis im 8. oder 3. Ton, letzterer in der reichen Form der Canticumspsalmodie. Jedem Canticum ist eine Antiphon beigegeben. Das Gloria Patri beginnt mit den Worten: „Lob und Preis sei Gott dem Vater...", also nicht wie sonst: „Ehre sei dem Vater..." Wo die Verhältnisse es gebieten, kann der Gesang des Canticum ganz unterbleiben. Statt des Benedictus kann auch das Te Deum gesungen werden (EKG 137). Anstelle des Magnificat kann, wenn keine Complet gehalten wird, das Nunc dimittis gesungen werden. Wird statt des Kyrie (VII. A.) die Litanei (EKG 138) gesungen, fällt das Canticum ganz fort. In diesem Falle folgt auf die Litanei das Vaterunser, das Stille Gebet und das Tagesgebet.

VII. DAS GEBET (DIE ORATIO)

Die Hore will in ihrer Gesamtheit Gebet sein. In den Psalmen, Hymnen, Cantica, Versikeln usw. tritt die Gemeinde betend vor Gott. Doch steht daneben der besondere Gebetsteil, in dem konkrete Bitten entfaltet werden können. Leider hat, wie in der Messe so auch im Stundengebet, dieser Gebetsteil im Laufe der Zeit eher eine Verkümmerung als eine Bereicherung erfahren. An der Stelle, wo in der Alten Kirche eine große Litanei gebetet wurde, wo also ein Vorbeter die Anliegen der Gemeinde vor Gott nannte und die Schar der Beter sie mit dem Kyrie-Bittruf aufnahm, blieb nur der dreifache Kyrieruf stehen. Die ursprünglich frei geformten und in ihrer Konkretion auf alle Anlässe eingehenden Bitten wurden von Psalmversen abgelöst, die die Preces als eine Parallele zum Psalmgebet erscheinen lassen. Dabei wird nur noch formelhaft kurz das Gebetsanliegen genannt, das Gebet selbst aber mit Psalmworten gestaltet. Die lutherische Ordnung des Tageszeitengottesdienstes sucht dieser Entwicklung zu begegnen, indem sie verschiedene Wechselgebete anbietet und im Stillen Gebet die Möglichkeit vorsieht, daß bestimmte Anliegen still oder auch laut frei genannt werden. Trotzdem soll im Gebetsteil der Horen die strenge Zucht und Sammlung, die für den Stil der biblischen und altkirchlichen Gebete charakteristisch ist, gewahrt bleiben.

Der Gebetsteil besteht aus 5 Stücken: Kyrie – Vaterunser – Preces (Fürbitten) – Stillgebet – Kollekte. Aus dem Kyrie und dem Vaterunser als der Grundlage allen Betens wachsen die einzelnen Fürbitten (Preces) heraus, die im Stillgebet auch noch die persönlichen Anliegen des einzelnen erfassen, und münden ein in die Kollekte, in der die Vielfalt der Bitten wieder konzentriert wird in der Bitte der Kirche um die Gaben des Geistes. Die Voranstellung des Vaterunsers vor der Entfaltung einer oder mehrerer speziellen Bitten begegnet uns auch wieder in den Amtshandlungen. Die lange Zeit allein geläufige und zweifellos sinnvolle Reihenfolge „Allgemeines Kirchengebet – Vaterunser" ergibt sich dadurch, daß im Hauptgottesdienst vom Wortteil aus über den Sakramentsteil hinweg zum Beschluß „gesprungen" wird. Vom Abendmahlsteil bleibt sozusagen nur das Vaterunser übrig. Dieses kommt damit zwischen das Fürbittengebet und die den Beschluß einleitende Salutation zu stehen. Im Unterschied dazu hat die umgekehrte Reihenfolge auch einen guten Sinn; denn das Vaterunser als „Muster- und Meistergebet" ist dann gleichsam die Grundlage und der Ausgangspunkt des Betens für alle, die nicht wissen, was sie beten sollen (Röm. 8, 26). Aus dem umfassenden Gebet des Herrn wächst hier die besondere, auf den bestimmten Fall bezogene Bitte um so gezielter und klarer heraus. Auf die Mitwirkung der Gemeinde im Gebetsteil kommt es entscheidend an (vgl. auch die Anweisungen 37–47 über „Das freie Beten"). Bei festlichen Horen kann der Pfarrer zum Gebetsteil an den Altar treten (Anw. 15).

A. *Kyrie*

Der Ruf „Kyrie eleison – Christe eleison – Kyrie eleison" leitet den Gebetsteil ein. Er ist der Überrest einer einstmals ausgedehnten Litanei. Das Kyrie wird musikalisch ganz einfach gestaltet (Tonus simplex).

Der Liturg intoniert das erste Kyrie eleison (auf einem Ton), die Gemeinde singt die Fortsetzung (mit Terzfall am Schluß).

B. *Das Vaterunser*

Das Vaterunser gehört schon seit der Regel Benedikts fest zum Stundengebet. Die römische Praxis, am Beginn und zum Schluß des Chorgebets eine kurze „Besinnungspause" mit einem stillen Vaterunser zu füllen, führt leicht zum formelhaften Mißbrauch dieses Gebets. In der Lutherischen Agende wird das Vaterunser des Tageszeitengebets vom Liturgen bis zur 7. Bitte nach einer altkirchlichen Weise gesungen, die Gemeinde singt die Doxologie im Versikelton. Doch ist die Möglichkeit, daß der Liturg allein oder mit der Gemeinde das Vaterunser spricht, nicht ausgeschlossen.

C. *Das Wechselgebet*

Die Preces (Fürbitten) sind eine längere Kette von Versikeln, die entweder selbst Psalmverse sind oder im Stil der Psalmverse geformt sind. Sie werden im halbversigen Wechsel gebetet. „Die drei Gebetstypen: die Anliegen-Litanei mit Kyrie-Antwort, die Anliegen-Litanei mit Antworten in Psalmversen und die Preces aus bloßen Psalmversikeln ... sind im späteren abendländischen Brevier verschmolzen" (Goltzen). Die Fürbitten werden oft mit drei (vier) allgemeinen Psalmversikeln eingeleitet und mit drei allgemeinen Psalmversikeln abgeschlossen; z. B. am Anfang: Ps. 41, 5; (85, 8) 90, 13; 33, 22; am Schluß: Ps. 28, 9; 80, 20; 44, 27; 102, 2.

Innerhalb dieses Rahmens wird zur Fürbitte aufgerufen und die Bitte selbst in Psalmworten gesprochen. Z. B. „Lasset uns beten für unser Volk!" + „Hilf du uns, Gott, unser Helfer, um deines Namens willen." Das Ganze geschieht im Wechsel zwischen Liturg (Vorbeter) und Gemeinde im Versikelton. Dabei findet eine Aufgliederung nach bestimmten Anliegen statt. Es können diese Anliegen jedesmal insgesamt genannt werden. Es kann aber auch jedem Wochentag eine besondere Bitte zugeteilt werden, z. B. dem Sonntag: Kirche, Montag: Volk, Dienstag: Segen in Natur und Arbeit, Mittwoch: Weltfrieden, Donnerstag: Leidtragende, Freitag: Widersacher der Kirche und Irrende, an allen Tagen: Familie und Freunde, Samstag: Sterbende. Aus Gründen der Kürzung können die Preces auch auf die letzten drei Versikelpaare beschränkt werden. Die Agende bietet insgesamt neun verschiedene Wechselgebete an. Im Mittagsgebet ist das Wechselgebet nicht vorgesehen; in der Complet besteht das Wechselgebet nur aus einigen kurzen Versikeln, denen ein Auszug aus dem „Gesang der drei Männer im Feuerofen" (Apokryphen) vorausgehen kann.

D. *Stilles Gebet*

Wenn auch der einzelne aus seinem persönlichen und privaten Beten durch das Chorgebet gerade in die Gemeinschaft hineingerufen werden soll, so soll doch innerhalb des gemeinsamen Betens eine Stelle sein, wo er mit allem, was ihn als Einzelmenschen bewegt, betend vor Gott kommt. Dadurch, daß solches persönliches Beten vom Beten der Gemeinschaft umfangen ist, bleibt es bewahrt vor Eigensucht und Ichbezogenheit, kann es nun aber um so freudiger all die persönlichen Einzelheiten vor Gott bringen, die jeder als seine eigene Freude und Not mit sich trägt. Die Beter müssen vorher angeleitet sein, das Stille Gebet wirklich als das zu nützen, was es sein soll, damit nicht aus dem Stillen Gebet eine peinliche Verlegenheitsstille wird.

Im Verlauf der Gebetsstille kann in Notzeiten der Kirche oder aus besonderem Anlaß durch den Lektor oder den Kantor oder ein Gemeindeglied ein bestimmtes Anliegen (etwa mit den Worten: „Wir gedenken auch an . . .") genannt werden. Aber auch dann, wenn keine besonderen Anlässe vorliegen, kann das Nennen einer „Intention", eines Gebetsanliegens, den in der Stille Betenden eine Hilfe sein, die ihren Gedanken ein festes Ziel anweist.

E. *Die Kollekte*
Seit dem 9. Jahrhundert wird der Gebetsakt der Horen mit einer Kollekte beschlossen (zur Kollekte siehe S. 125). Indem man dafür die Tagesoration der Messe verwandte, war die Verbindung zum „Hauptgottesdienst" hergestellt. Im evangelischen Tageszeitengottesdienst wird hier die Kollekte des vorausgehenden Sonn- und Festtages gebetet oder ein Tagesgebet, das in der äußeren Form der Kollekte der Besonderheit des Wochentags und der Tageszeit Rechnung trägt. Agende II sieht für jeden Morgen und Abend eines Wochentages je ein Gebet, dazu allgemeine Morgen- und Abendkollekten vor, für Mittagsgebet und Complet je zwei Kollekten.

Nach dem „Amen" kann in der Mette ein Morgenlied, bzw. in der Vesper ein Abendlied gesungen werden, falls ein solches nicht als Hymnus bereits gesungen worden ist. Ein „Lied zum Schluß" soll also bereits vor dem Beschluß und nicht erst nach dem Segen gesungen werden.
Im Mittagsgebet wird hier das Da pacem (EKG 139) gesungen. Diese aus dem 6. und 7. Jahrhundert stammende, nach Sir. 50, 25 und Neh. 4, 14 gebildete Antiphon wurde von Luther verdeutscht und zur Zeit der Türkengefahr zum Mittagsläuten gebetet. Diese Strophe wird abgeschlossen mit einem Versikel und einer Oratio aus dem Missale Romanum (Johann Walter hat eine nach 1. Tim. 2, 2 geschaffene Strophe hinzugefügt).

VIII. DER BESCHLUSS

Der Beschluß des Tageszeitengottesdienstes ist der Segen. Wird der Gottesdienst von einem Pfarrer gehalten, so leitet er den Segen mit Salutation und Benedicamus ein. In diesem Fall wird er (an den Altar oder) vor die Gemeinde treten (Anw. 15). Der Segen wird von Nichtordinierten in der Wir-Form (Es segne uns . . .) gesprochen.

A. Die Salutation
Sie wird im Versikelton gesungen. (Siehe zur Salutation S. 123 f.)

B. Das Benedicamus
In einer ganz schlichten Weise; doch sind auch die Benedicamusweisen des Hauptgottesdienstes verwendbar. (Siehe dazu S. 173)

C. Der Segen
(Zum Segen allgemein vgl. S. 173 f.) Der Aaronitische Segen bleibt dem Haupt- und Sakramentsgottesdienst vorbehalten. Die Horen haben den schlichten trinitarischen Segen (im Versikelton): „Es segne und behüte uns (euch) der allmächtige und barmherzige Gott, der Vater, der Sohn und der Heilige Geist." Gemeinde: „Amen". Die römischen Horen haben den Segen nur am Schluß der Complet.

c) Das Proprium des Tageszeitengottesdienstes

Die Horen sind zeitlich sowohl auf die Tageszeit als auch auf das Kirchenjahr bezogen. Die Beziehung auf die Tageszeit ist ohnehin gegeben in den Stücken, in denen sich Mette, Vesper und Complet mit ihrer sonst gleichartigen Grundstruktur unterscheiden: Ingressus, Responsorium, Canticum, Preces, Kollekte, evtl. auch Psalmen und Lieder. Die Prägung durch das Kirchenjahr kommt neben entsprechenden Psalmen und Liedern dann vor allem bei der Schriftlesung, beim Responsorium und im Wegfall des Halleluja zum Vorschein. Die Complet bleibt vom Kirchenjahr unberührt. Das Berneuchener Stundengebet kennt auch eine Prägung durch den Wochentag im Vorspruch, im Tagespsalm, im Morgen- bzw. Abendlied des Tages, im Gebet bzw. den Fürbitten des Tages (auch wieder nach Morgen und Abend verschieden).

Agende II stellt für die Mette und Vesper in den geprägten Zeiten des Kirchenjahres ein reiches Propriumsmaterial zur Verfügung. Es bezieht sich auf folgende Stücke: Lied zum Eingang, Psalmodie, Lesungen und (dazwischen zu singende) Lieder, Responsorium oder Lied, Hymnus, Kollekte. Mit der Ausarbeitung des Propriums für die ungeprägten Zeiten und Tage will man sich noch Zeit lassen, bis die entsprechenden Erfahrungen gesammelt sind. (Der bisher immer in der Form des „Predigtgottesdienstes" gehaltene Passionsgottesdienst am Werktag kann durchaus auch als Vesper [mit Predigt] gehalten werden.)

Die Horen besonderer Tage (Adventsvesper, Christvesper, Passionsvesper, Ostermette, Ostervesper, Pfingstmette, Pfingstvesper) können zumeist mit einer größeren Gemeinde rechnen. Darum kann neben dem einstimmigen Chor auch noch ein Figuralchor eingesetzt werden. In ihrem Aufbau sind diese Gemeindehoren grundsätzlich nicht von den anderen unterschieden. Doch wird man dem Gemeindelied mehr Raum geben. Die Lesungen können auf drei vermehrt werden (Altes Testament, Epistel,

Evangelium). Bei der in mehreren Abschnitten erfolgenden Verlesung der Weihnachts-, Passions- und Ostergeschichte kann die Zahl der Lesungen noch größer sein. Der Chor kann an diesen Tagen das Evangelium auch als Historia singen.

9. Kapitel

DIE ANDACHT, DIE BETSTUNDE, DIE VIGILIEN

1. Die Andacht und die Betstunde

Neben dem in strengen Formen gewachsenen Stundengebet der Kirche haben sich gerade im evangelischen Bereich noch andere Möglichkeiten eines Gebetsgottesdienstes herausgebildet, deren Merkmal ist, daß sie keine strenge und verpflichtende Ordnung aufweisen. Es sind dies die Andacht und die Betstunde. Doch haben beide mit dem Tageszeitengottesdienst gemeinsam, daß sie aus derselben Grundform abgeleitet sind und von dem Gedanken des „Hausgottesdienstes" (ohne Liturgen und Altar) ausgehen. Diese Gottesdienste werden, wenn sie für eine größere Gemeinde in der Kirche stattfinden, entweder ganz vom Lesepult aus gehalten oder es werden Eingangsgebet, Schlußgebet und Segen vom Pfarrer am Altar gesprochen (Anw. 16).

a) Die Andacht

Die Andacht empfiehlt sich vor allem dort, wo die Gemeindeglieder nicht mit der festen Horenordnung vertraut sind (oder mit ihr grundsätzlich überfordert sind, wie im Krankenhaus, Altenheim u. dgl.), und wo auch volksmissionarische Gesichtspunkte eine Form wünschenswert machen, die der ausführenden Gemeinde keinerlei Schwierigkeiten bereitet (Anw. 6).
Ihr Aufbau ist folgender:
Eingangslied
Biblisches Votum
Eingangsgebet
Schriftlesung (im Wechsel mit Liedern oder Liedstrophen)
Auslegung (kann entfallen, s. Anw. 27)
Lied
Schlußgebet und Vaterunser
(Lied)
Segen
Dem Ingressus und dem Psalm in der Hora entsprechen hier also Lied, Votum und Eingangsgebet; dem Responsorium entsprechen wiederum Lieder oder Liedstrophen; an die Stelle des „Hymnus" tritt ein „Predigtlied". Das Gebet erfolgt nur in Form einer Prosphonese, um der Gemeinde keine ungewohnten Formen des Akklamierens und Respondierens zuzumuten, aber auch deshalb, weil in der Andacht der Schwerpunkt auf der Lesung und der Betrachtung liegt.

Im Proprium wird für die Andacht jeweils angeboten: Lied, Votum, Eingangsgebet, Lesungen und Lieder, Schlußgebet.

b) Die Betstunde

Die Betstunde sieht gerade im Gebetsteil viel mehr Variationsmöglichkeiten vor als die Andacht. Ihre Anfänge liegen schon in der vorreformatorischen Zeit. Ihr Ausgangspunkt war nicht die Tageszeit, sondern das Vorhandensein einer besonderen Not. In den Zeiten der Türkengefahr (vgl. das Da pacem im Mittagsgebet) und vor allem auch während des Dreißigjährigen Krieges bildeten sich besondere Gottesdienste heraus, in denen die Bitte um Sündenvergebung und um Erhaltung (bzw. Wiederherstellung) des Friedens im Mittelpunkt standen. Die Litanei war ein fester Bestandteil dieser Ordnung. Aus der Betstunde wuchs auch die besondere Begehung von „Buß- und Bettagen" und von (Ernte-) Bittagen heraus. Freilich verkümmerte im Laufe der Zeit in diesen Gottesdiensten gerade der Gebetsteil zugunsten der Wortbetrachtung. Es entstand die *Bibelstunde*, in der der Leiter die Bibelauslegung lediglich mit einem Gebet abschloß. Die Gemeinde selber wurde der mannigfachen Formen des *gemeinsamen* Gebetes völlig entwöhnt.

Gerade an dieser Stelle setzt Agende II neu ein. Sie will mit der Ordnung der Betstunde eine *Einübung* in das gemeinsame Beten bringen, das sich sowohl als *gebundenes* wie auch als *freies* Gebet entfalten soll. Darum wird besonders für den Gebetsteil eine reiche Mannigfaltigkeit und Lebendigkeit angestrebt.

Die Betstunde kann auch als *Bittgottesdienst*, d. h. in Form des Hauptgottesdienstes (ohne Abendmahl) an Bußtagen (nach Agende I) oder des öffentlichen Bußgottesdienstes (nach Agende III) gehalten werden.

Die Grundform der Betstunde ist, ähnlich wie die der Andacht, denkbar einfach:

Eingangslied
Biblisches Votum
Eingangsgebet
Schriftlesung mit kurzer Auslegung
(Lied)
Betstundengebet und Vaterunser
Segen.

So ähnlich sich die Ordnungen der Andacht und der Betstunde auf den ersten Blick sind, so werden doch in der Ausführung starke Verschiedenheiten spürbar. Die Betstunde unterscheidet sich von der Andacht zum ersten darin, daß die Schriftlesung in den Hintergrund tritt. Es wird nur *eine*

Schriftlesung gehalten. Sie wird vom Anlaß des Betens her frei ausgewählt. An ihre Stelle kann auch eine Vermahnung mit dem Hinweis auf den Anlaß der Betstunde treten. Zum andern werden die beiden Gebete (Eingangsgebet und Betstundengebet) in vielerlei Formen entfaltet.

Für das *Eingangsgebet* sind folgende Möglichkeiten vorgesehen:
1. Psalmgebet, gemeinsam (im Wechsel) gesprochen.
2. Katechismusgebet. Vom Vorbeter wird entweder ein Hauptstück des Katechismus vorgesprochen oder im Wechsel von der Gemeinde gebetet. Hier könnte auch das Apostolische Glaubensbekenntnis gesprochen werden.
3. Kollektengebet (des Vorbeters).
4. Bußgebet (des Vorbeters). Die Agende bietet fünf verschiedene Gebete an. Sie können mit einem biblischen Trostwort abgeschlossen werden.
5. Allgemeines Eingangslied, in dem die Gedanken der Buße, der Bitte um Sündenvergebung und Ergebung in das Leid im Vordergrund stehen.

Das *Betstundengebet*, das Kernstück der Betstunde, ist ein Bitt- und Fürbittgebet und kann in folgender Weise gehalten werden:
1. Prosphonese
2. Ektenie
3. Diakonisches Gebet
   (Eine Beschreibung dieser drei Gebetsformen findet sich beim „Allgemeinen Kirchengebet" des Hauptgottesdienstes.)
   Im Diakonischen Gebet können an die Stelle der Kollekte des Pfarrers auch kurze freie Gebete der Gemeindeglieder treten. Das Diakonische Gebet kann auch als *freie Gebetsgemeinschaft* gehalten werden. Siehe dazu Anw. 44–47. Dort wird auf die Notwendigkeit einer Leitung der Gebetsgemeinschaft hingewiesen. Daneben sind wichtige Gesichtspunkte für die sprachliche Gestaltung der freien Gebete genannt.
4. Litanei (mit eingefügten Bitten für besondere Anliegen)
5. Wechselgebet
   Die Preces der Tageszeitengottesdienste werden im Wechsel zwischen Vorbeter und Gemeinde gesprochen.

Nach dem Vaterunser kann das Da pacem („Verleih uns Frieden gnädiglich") gesungen werden.

Die in der Agende angebotenen Gebete haben „weniger als sonst den Charakter verbindlicher Formulare. Vielmehr sind sie Beispiele, die zeigen sollen, wie die Kirche aus bestimmten Anlässen heraus gebetet hat und beten kann" (Anw. 31). So wird der Vorbeter selbst immer Anlaß haben, freie (d. h. aber nicht unbedingt „improvisierte") Gebete zu formulieren. Für die Formung solcher Gebete sind die Anw. 37–40 besonders hilfreich.

Für die Betstunde ist naturgemäß kein Proprium vorgesehen. Dafür ist eine reiche Fülle von Voten und Gebeten bereitgestellt, die nach folgenden Anlässen geordnet sind:
1. Allgemein
2. Um Ausbreitung des Evangeliums:
   a) Einheit der Kirche
   b) Äußere Mission
   c) Diaspora, Innere Mission, Evangelisation
3. Für die Kirche in der Bedrängnis:
   a) In Anfechtung, Verfolgung und Martyrium
   b) Bei Spaltung, Untreue und Abfall

4. In Arbeit und Beruf:
   a) Bei Arbeitsbeginn
   b) Zum Schulbeginn
   c) Am Wochenschluß
5. Um das tägliche Brot:
   a) Allgemeine Bitten
   b) Bei gefährdeter Ernte
6. In Notzeiten:
   a) In besonderen Notständen
   b) Um Frieden
   c) Für Gefangene und Vermißte
   d) In Zeiten großen Sterbens

2. Die Vigilien (Die Feier der Osternacht)

In Agende II wird versucht, auch die Vigilien für das gottesdienstliche Leben der evangelischen Kirche wiederzugewinnen. Vigilien (= „Nachtwachen") waren ursprünglich Gottesdienste, die die Nacht hindurch andauerten und der geistlichen Übung „im Wachen und Beten" (Mark. 13, 33; Luk. 12, 35 ff.) dienen sollten. Offenbar hat schon die Urgemeinde solche nächtlichen Gottesdienste gekannt (Apg. 12, 12; 20, 7. 11). Später wird daraus ein während der Nacht gehaltener Vorbereitungsgottesdienst für das auf den folgenden Tag fallende Fest. Eine besondere Ausprägung erfuhr dabei die Vigil in der Osternacht und später die Vigil des Christfestes. Ein „Nachtgebet" wuchs auch aus dem mönchischen Stundengebet heraus. Dahinter stand der Gedanke der Vollständigkeit eines Tag und Nacht dauernden Officiums, das im Drei-Stunden-Rhythmus auch ein Mitternachtsgebet notwendig machte. Dieses wurde dann freilich mit einem Gebet am frühen Morgen (Matutin) zusammengezogen.

Die Agende bietet eine Ordnung für die Vigil am Christabend und in der Fasten- und Passionszeit sowie für die Feier in der Osternacht. Ein „nächtlicher Gottesdienst" wurde in der evangelischen Kirche des 20. Jahrhunderts zunächst nur für den Christabend wieder eingeführt. Er wird als „Christvesper" oder (wenn er auf den späten Abend oder auf Mitternacht gelegt ist) als „Christmette" bezeichnet. Aus naheliegenden volksmissionarischen Gründen – für viele Gottesdienstbesucher ist er der Weihnachtsgottesdienst schlechthin – kann er nicht strengen liturgischen Regeln unterworfen werden, sondern stellt meist eine lockere Abfolge von Weihnachtsliedern, Lesungen (alttestamentliche Weissagungen, Weihnachtsgeschichte nach Lukas), festlichen Musikstücken und Gebeten dar. Die klassische Form der Vigilien wird darum nicht so sehr in der Christnacht als zu den anderen Zeiten des Kirchenjahres verwirklicht werden können.

Im Mittelpunkt der Vigilien stehen die Schriftlesungen, und zwar zunächst *die alttestamentlichen Prophetien*, an die sich u. U. eine Epistellesung und dann das Evangelium des der Nacht folgenden Tages (bzw. ein

Abschnitt der Leidensgeschichte) anschließt. Jede Lesung wird mit einem Canticum des Chores oder einem Responsorium zwischen Kantor und Gemeinde und einem Kollektengebet abgeschlossen. Die Vigil wird eingeleitet mit einem Lied. Nach den Lesungen wird eine Auslegung gehalten. Mit Lied, Fürbittengebet (Litanei), Vaterunser und Segen schließt der Gottesdienst ab. Die Vigilien sind nicht schwer auszuführen, da der Gemeinde neben ihren Liedern nur die Wiederholung des vom Kantor gesungenen ersten Teils des Responsoriums zukommt.

Die *Feier der Osternacht* hat in der Geschichte der Liturgie eine besondere Ausgestaltung erfahren. Sie faßte zur Zeit der Alten Kirche die Taufe (der in der Fastenzeit zugerüsteten Taufbewerber) und das heilige Abendmahl in einer Feier zusammen. Bis zum 8. Jahrhundert wurde diese Feier mehr und mehr ausgebaut. Man begann damit, daß vor der Kirchentüre neues Feuer aus dem Stein geschlagen und gesegnet wurde. Dann wurde das Licht der Osterkerze in die dunkle Kirche getragen, das Praeconium paschale (das Exsultet) angestimmt und die Osterkerze geweiht. Es folgten die Osterprophetien. Danach führte man die Katechumenen zum Taufbrunnen, wo sie nach der Weihe des Taufwassers die Taufe empfingen. Die Gemeinde betete dabei die Allerheiligenlitanei. Von diesem Stück aus, das das Kyrie der Messe vertrat, leitete man über zum Gloria in excelsis, um dann mit den Neugetauften nach der üblichen Meßordnung das heilige Abendmahl zu feiern. Später, als die Erwachsenentaufen fortfielen, „weihte" man in der Osternacht das Taufwasser für das kommende Jahr.

In der Frühzeit der Reformation hat man diese Ordnung der Osternachtsfeier noch gehalten, sie aber entscheidend verändert. Die unevangelischen Stücke (wie Feuersegnung, Kerzen- und Wasserweihe, Heiligenanrufung in der Litanei) wurden getilgt. Dafür hat man die Osterhistorie aufgenommen. In diesem Sinne wurde in Agende II, zum Teil im Rückgriff auf inzwischen verschüttetes Traditionsgut der Alten Kirche, eine für unsere Zeit praktizierbare Fassung angeboten. So kann nicht nur die Feier der Christnacht, sondern auch die Feier der Osternacht einen neuen Schwerpunkt im gottesdienstlichen Leben darstellen. Außerdem wird dadurch das Osterfest, dessen Bedeutung gegenüber dem Karfreitag lange Zeit gemindert war, gebührend aufgewertet.

Charakteristisch für die Osternachtsfeier ist, daß drei Liturgen (neben dem Pfarrer der Lektor und der Kantor) tätig werden. Doch kann in schlichten Verhältnissen die Ordnung auch mit einem Liturgen gehalten werden. Ungewohnt ist zumeist noch der Gebrauch der Osterkerze. „Aber die Osterkerze und die in ihr liegende Lichtsymbolik haben in der evangelischen Kirche das gleiche gute Recht wie Lichtsymbolik und Weihnachtskerzen im Christabendgottesdienst, wo sogar die reformierte Kirche die Kerzen duldet. Das einzige, was gegen die Osterkerze angeführt werden kann, ist dies, daß sie heute in den evangelischen Kirchen ungewohnt ist. Das aber ist kein theologisch vertretbarer Grund gegen eine Sache, die man am andern Ort, nämlich zu Weihnachten, unbefangen übt. Die Osterkerze kann in allen Gottesdiensten der Freudenzeit bis zum Himmelfahrtsfest brennen, wo sie nach dem Evangelium gelöscht wird. Das wird nicht nur ein den Gemeinden eindrücklicher Brauch werden, sondern auch verhindern, daß das ‚Licht' im gottesdienstlichen Bereich weiterhin in unangemessener, oft theologisch gefährlicher Weise auf Weihnachten, das Kind in der Krippe und den Weihnachtsbaum beschränkt wird. Daß zu Ostern die naturhafte Parallele zur Wintersonnenwende ‚mitten im kalten Winter wohl zu der halben Nacht' unvollziehbar ist, sollte man als einen Vorteil empfinden und entsprechend werten." (Agende II, S. 305)

Die Ordnung:

Zu Beginn der Feier ist die Kirche nur schwach erleuchtet. Den Gemeindegliedern wird, wo es möglich ist, am Eingang eine Kerze ausgehändigt.

Kein Orgelvorspiel!

Einzug des Liturgen und seiner Helfer (sowie des Kantors und des Chors). Voran geht ein Helfer (ein Knabe) mit der brennenden Osterkerze, die den auferstandenen Christus symbolisiert.

Dabei: *Dreimaliger Wechselgesang* („Lumen Christi") „Christus ist das Licht" – „Gott sei ewig Dank":
a) Nach dem Betreten der Kirche
b) In der Mitte der Kirche
c) An den Stufen des Altars
(Beim zweiten und dritten Mal je einen Ton höher!)

Die Osterkerze wird dann auf den Osterleuchter (neben dem Altar) gestellt. Sie kann in allen Gottesdiensten der österlichen Freudenzeit brennen und wird am Himmelfahrtstag nach der Verlesung des Evangeliums gelöscht.

Osterlied (Nr. 77)

Währenddessen zünden die Helfer vom Osterlicht aus alle Kerzen in der Kirche an.

Österlicher Lobpreis („Praeconium paschale")

Er wird vom Kantor vom Lesepult aus gesungen. Notfalls kann auch nur ein Teil ausgeführt oder das Ganze gesprochen werden oder überhaupt entfallen. Der Lobpreis besteht aus 2 Teilen:
1. „Frohlocket nun . . ."
2. Präfationsversikel und großes österliches (präfationsartiges) Gebet, abgeschlossen mit der Conclusio. (Anstelle des festlichen Tonmodells kann dieses Gebet auch nach dem beim Abendmahl üblichen Präfationsmodell gesungen werden.)

Lesungen und Gebete

In Auswahl: 1. Mose 1; 1. Mose 6–8; 2. Mose 14–15; Jes. 55; Hes. 37; Röm 6. Jede Lesung wird mit einer Kollekte, die die Beziehung zwischen der alttestamentlichen Lesung und der christlichen Gemeinde herstellt, und einem Gemeindelied beschlossen. Anstelle des Liedes kann der Kollekte ein alttestamentliches Canticum des Chores vorausgehen. Im Falle einer Kürzung soll die erste und letzte Lesung sowie eine der dazwischenstehenden auf jeden Fall gelesen werden. Auf die letzte Lesung (Röm. 6, 3–11) folgt nur eine Kollekte. Dann können

Taufen vollzogen werden (nach Agende III). Hier wäre vor allem an den Vollzug von Erwachsenentaufen zu denken. Agende III weist in den Rubriken zur Erwachsenentaufe auf die Möglichkeit hin, Taufbewerber zu Beginn der Fastenzeit als Katechumenen anzunehmen und sie in der Osternacht zu taufen.

Taufgedächtnis
Aufruf zum Dank für die Taufgnade – (Glaubensbekenntnis, wenn nicht schon bei den Taufen selbst gesprochen) – Kollekte. Dieses Taufgedächtnis stellt nicht eine „Erneuerung des Taufgelübdes" dar.
Litanei
Im Wechsel zwischen dem Liturgen, den Helfern und dem Chor einerseits und der Gemeinde andererseits. Lektor und Kantor stehen dabei rechts und links neben dem Liturgen an den Stufen des Altars.
Gloria in excelsis
(Von hier an spielt die Orgel wieder) und dann weiter in der
Ordnung des Hauptgottesdienstes,
wobei z. T. festlichere Weisen an die Stelle der sonst gesungenen treten (z. B. werden der zweite und dritte Halleluja-Vers samt dem nachfolgenden Halleluja der Gemeinde jedesmal einen Ton höher gesungen). Nach dem Osterevangelium, das auf drei Liturgen verteilt gesungen werden kann, werden die Osterkerzen der Gemeindeglieder gelöscht. Dem Evangelium folgt unmittelbar die Predigt. Das Allgemeine Kirchengebet entfällt, da dessen Anliegen bereits in der Litanei enthalten sind. Auf das Predigtlied (mit Dankopfer) folgt sogleich die Abendmahlsliturgie, beginnend mit der Präfation.

Die Osternachtsfeiern treffen in den Gemeinden auf große Resonanz. Die Ordnung nach Agende II wird von Praktikern freilich als zu überladen kritisiert (zu viele Lesungen, gehäufte Symbole, teilweise „unlogisch" eingesetzt). Auch für diese Feier wird eine vereinfachte und offene Form vorgeschlagen, die von zwei Grundelementen bestimmt wird: Die Wende von der Dunkelheit (wie immer sie benannt wird) zum Licht (das seine Quelle im Ostergeschehen hat) und der Ausdruck der Freude über diese Tat Gottes. Dabei werden folgende Stufen des gottesdienstlichen Geschehens vorgeschlagen:

Sich vorbereiten, die Dunkelheit benennen (Dunkelheit der Gefangenschaft, wenn die Osternacht als Nacht der Befreiung gefeiert wird, Dunkelheit des Chaos, wenn die Schöpfung im Mittelpunkt steht, Dunkelheit persönlicher Hoffnungslosigkeit und Schuld, wenn die Osternacht unter dem Gesichtspunkt des Heils und der Erlösung stehen soll)
Die Botschaft hören, sich auf das Wort verlassen (Ostergeschichte mit Entzündung der Osterkerze)
Freude ausdrücken (Lied)
Stellung nehmen (Erwachsenentaufe, Credo als Taufgedächtnis, Entzündung der Kerzen aller Teilnehmer)
Feiern: Gaben bereiten, der Lobpreis, die Einsetzung, die Kommunion, Kommunikation, Ostergruß, Osterfrühstück, Osterspaziergang
Ausblick und Segen

III. TEIL

Die Amtshandlungen

Grundsätzliches zu den Amtshandlungen

Die Amtshandlungen, auch Kasualien genannt, sind gottesdienstliche Handlungen, die nicht regelmäßig gehalten werden können, sondern nur von Fall zu Fall (Casus), wenn ein bestimmter Anlaß dazu gegeben ist. Sie sind ihrem Wesen nach nichts Eigenständiges, sondern nur Sonderfälle des Gottesdienstes, in denen die liturgisch geordnete seelsorgerliche Verkündigung und Fürbitte, die sich an bestimmte Personen wendet, besonders heraustritt. Die Amtshandlungen sind von verschiedenem theologischen Gewicht. Neben den Handlungen, die biblisch geboten sind und darum von Anfang an von der Kirche vollzogen wurden, stehen solche, die im Laufe der Zeit folgerichtig aus dem sich mehr und mehr entfaltenden Leben der Kirche herausgewachsen sind oder sich aus frommer Sitte heraus frei entwickelt haben. Man unterscheidet zwischen Sakraments-, Segens- und Einweihungshandlungen. Zu den Sakramentshandlungen gehören Taufe und Krankenabendmahl. Die Beichte steht zwischen Sakraments- und Segenshandlung. Segenshandlungen sind die Ordination, die Amtseinführung, die Konfirmation, der Übertritt, die Trauung, in gewisser Hinsicht auch die Taufe und unter Vorbehalt das Begräbnis. Unter Einweihungshandlungen versteht man die Handlungen, in denen Gebäude oder Gegenstände entweder für den kirchlichen Gebrauch ausgesondert oder dem Schutz und Segen Gottes anbefohlen werden sollen (siehe IV.Teil).

Die Amtshandlungen haben als Rituale in der volkskirchlichen Situation immer noch ein großes Gewicht. Das gilt jedenfalls für Taufe, Konfirmation, Trauung und Bestattung. „Die am weitesten reichende Gemeinsamkeit der Evangelischen in ihrem Verhältnis zur Kirche sind die Amtshandlungen. Das sind . . . Handlungen, in denen sich das kirchliche Angebot mit wichtigen lebensgeschichtlichen und sozialen Bedürfnissen der Mitglieder besonders deutlich verschränkt." (H. Hild, Wie stabil ist die Kirche, S. 236.) Sie sind für viele Menschen an besonderen Stationen des Lebens und in den damit gegebenen Krisensituationen offenkundig hilfreich und notwendig geworden. In diese „Ritualisierung der Positionsübergänge" ist erfahrungsgemäß nicht nur der einzelne, der unmittelbar davon betroffen ist, sondern immer auch das familiäre System, in dem er steht oder gestanden hat, miteinbezogen (vor allem bei der Trauung).

Die Amtshandlungen sind wie jeder Gottesdienst von vier Elementen gekennzeichnet: von der Verkündigung des Evangeliums (praedicatio), vom Gebet (oratio, deprecatio), vom Segen (benedictio) und vom Bekenntnis (confessio), wobei den beiden letztgenannten Elementen eine besondere Bedeutung zukommt.

1. Der *Segen* (vgl. auch S. 173 f.) wird bei den Amtshandlungen nicht nur der Gemeinde als ganzer, sondern auch einzelnen Personen besonders zugewendet. Er ist „Einheit von Zuspruch und Fürbitte". Während der Segen im Hauptgottesdienst in den älteren Ordnungen der Kasualien nur als fürbittender *Zuspruch* Verwendung fand, greifen die neuen Ordnungen von Agende III zusätzlich auf die in der Alten Kirche geübte und bei Luther selbstverständliche Form des Segens als einer „zugesprochenen *Fürbitte"* zurück. D. h., ein Mensch wird auch darin gesegnet, daß man ihm das Wort der Heiligen Schrift vernehmlich macht und daß man über ihm und für ihn (unter Handauflegung) betet.

Diese in der Liturgie der evangelischen Kirche noch ungewohnte Übung kann davor bewahren, daß der Segen magisch mißverstanden wird, und macht anschaulich, daß der Segen auf der Bitte und Fürbitte gründet. Der Einwand, daß das Gebet immer die Zuwendung zu Gott und der Segen immer die Zuwendung zum Menschen bedeute, was im Hauptgottesdienst ja auch an der Stellung des Liturgen (Wendung zum Altar bzw. zur Gemeinde) sichtbar werde, ist nicht stichhaltig. Aus dem Versuch, Gebet und Segen zu unterscheiden, darf kein Prinzip gemacht werden. Wenn Luthers Forderung, der Liturg möge beim Abendmahl hinter der Mensa stehen (Deutsche Messe), sich doch noch allgemein durchsetzen sollte (vgl. die neuere katholische Praxis), dann würden nicht nur die verkündigenden und konsekrierenden Einsetzungsworte gleichzeitig über die Abendmahlselemente und zur Gemeinde hin gesungen werden, sondern auch das an Gott gerichtete Gebet würde im Blick auf die Gemeinde gebetet werden. Gerade die Fürbitte darf eben nicht „Hinwendung zu Gott", verbunden mit einer „Abwendung vom Menschen" sein, sondern soll beiden gelten. Die Zusammengehörigkeit der Hinwendung zu Gott und zum Bruder müßte von 1. Joh. 4,10–12. 19–21 her für diese Form des Segens neu bedacht werden.

Der fürbittende Zuspruch hat selbstverständlich nach wie vor seine Berechtigung und behält seinen Platz nach dem Segnungsgebet, vor allem wenn dieses ohne Handauflegung gesprochen worden ist.

Agende III vermeidet für den Segen weitgehend die „Ich-Form". Das wird mit folgenden Überlegungen begründet:

„Bei den in der Schrift gebotenen Handlungen an einzelnen Gemeindegliedern hat der Diener am Wort das Recht, gemäß dem dem Amt der Kirche erteilten Mandat indikativische Formeln zu gebrauchen: ‚Ich taufe dich, ich spreche dich von deinen Sünden los.' Solche Formeln werden auch gebraucht, wenn es sich um die Übertragung kirchlicher Ämter handelt, zumal dann entweder bei der Vorstellung oder in der Formel auf das (irdische) Mandat der Kirchenleitung in irgendeiner Weise Bezug genommen und jedes Mißverständnis ausgeschlossen wird. Bei allen übrigen Handlungen werden in der evangelischen Liturgik ausnahmslos passivische oder optative Formeln gebraucht und diese, wo es geht, an ein Gebet angeschlossen: ‚Der Segen Gottes, des Allmächtigen und Barmherzigen, komme über dich' bei der Segnung der Kindesmutter; ‚Gott Vater, Sohn und Heiliger Geist gebe euch seine Gnade . . .' bei der Konfirmation; ‚Der Herr behüte deinen Eingang . . .' bei Übertritt; ‚Der allmächtige Gott erbarme sich unser . . .' bei der Offenen Schuld; ‚Der Herr behüte und bewahre euch vor allem Übel . . .' bei dem Ehejubiläum; ‚(Der Herr) sei ihm gnädig im Gericht und helfe ihm aus zu seinem ewigen Reich' beim Begräbnis; ‚So sei . . . dem Dienste Gottes geweiht' bei Einweihungen. Diese Regeln liturgischer Gestaltung sind evangelisches Gemeingut seit den Tagen der Reformation." (Chr. Mahrenholz, Neuordnung der Trauung, S. 46 f.)

2. Das *Bekenntnis* ist die Antwort der durch Verkündigung und Segen angesprochenen und in die Fürbitte eingeschlossenen Einzelpersonen, auf die sich die Amtshandlungen beziehen. (Über die Problematik, die sich aus dieser Definition bei der Säuglingstaufe und der Bestattung ergibt, wird noch zu sprechen sein.)

Die herkömmlichen liturgischen Formen des Bekenntnisses sind:
das Apostolische Glaubensbekenntnis (Taufe, Konfirmation),
das „Amen" (als zustimmende Bekräftigung zu Gebeten und Segensformeln),
das „Ja, mit Gottes Hilfe" o. ä. (bei Fragen, die einen „Vorhalt" und damit eine Verpflichtung und die Erwartung einer Bereitschaft in sich schließen),
das einfache „Ja" nach den Beichtfragen, die sich auf das Sündenbekenntnis und die Vergebungsbitte beziehen.

Diese Möglichkeiten des Bekenntnisses finden sich in Agende III und IV. Sie setzen voraus, daß das Sprechen des Apostolischen Glaubensbekenntnisses bzw. der Amen- und Ja-Formeln durch den Betroffenen von diesem nicht als gleichgültige Äußerlichkeit angesehen wird, die auch unterbleiben kann, sondern als die zur Amtshandlung unbedingt notwendige Antwort, ohne die Zuspruch und Segen ins Leere gingen (vgl. 1. Kor. 14, 16) bzw. als nicht angenommen und abgewiesen gelten könnten (vgl. Matth. 10, 12 f.).

Von dieser Wertung des Bekenntnisses her erklärt sich, daß die Ordnung des kirchlichen Lebens *die Vornahme von Amtshandlungen an Ausgetretenen oder Nichtchristen* (abgesehen von geistlich zu begründenden Ausnahmen) für nicht möglich und nicht wahrhaftig hält. Es darf niemandem ein Bekenntnis zugemutet werden, das nicht seinen inneren Voraussetzungen entspricht. Der Ausgetretene, der etwa bei der Trauung das Bekenntnis zur christlichen Führung seiner Ehe abzulegen bereit ist und gleichzeitig die Gliedschaft in einer Konfessionskirche der Gemeinde Jesu (mit allen sich daraus ergebenden Konsequenzen des Zeugnisses in Wort und Tat) ablehnt, argumentiert widersprüchlich und unlogisch.

Auch die christliche Bestattung muß von der Voraussetzung ausgehen, daß die über die Todesgrenze hinaus geltende Verheißung Gottes an einen Menschen nicht durch eine vorausgegangene Lossagung von der Kirche in Frage gestellt bzw. abgewiesen worden ist.

Bei dem Versuch, Kasualgottesdienste neu zu gestalten, sind Überlegungen zur Form des Bekenntnisses bzw. zu seinem Umfang und seiner Intensität angestellt worden. Das Bekenntnis sollte nicht nur als Einstimmen in das Apostolikum, als knappe Zustimmung zu einer Fürbitte (Amen) oder als Bejahung einer Frage in Erscheinung treten, sondern könnte auch eine ausgreifende, mehr die Person und ihre konkrete Lage einbeziehende Form annehmen. Das hätte allerdings Rückwirkungen auf die Form der pastoralen Zuwendung, die in Verkündigung, Gebet und Segen erfolgt.

So hat Frieder *Schulz,* der Spiritus rector des „Strukturpapiers" für den Hauptgottesdienst, den Vorschlag gemacht, bei der liturgischen Gestaltung von Verpflichtungs- und Segnungsakten unterschiedliche Ausdrucksformen zu entwickeln, die aber dennoch als sachlich gleichwertige und inhaltlich kongruente „Sprechweisen" angesehen und akzeptiert werden sollten. Motiv für solche Ausformungsvarianten ist die Unterschiedlichkeit der pastoralen Situation, die im vorbereitenden Kasualgespräch erkennbar wird. Das Ziel ist immer, die jeweils Betroffenen zum Schritt in die Freiheit und Verbindlichkeit des Christseins und Christwerdens zu ermutigen. Hier wird erneut deutlich, daß die Amtshandlungen nicht von der begleitenden Seelsorge gelöst werden dürfen.

Modus I: Sein Inhalt ist die Anrede („Paränese"), die zum freien Schritt in den Raum verbindlicher christlicher Lebensgestaltung einlädt. Sie impliziert die vom Angesprochenen bekundete Bereitschaft, ohne daß dieser sie noch einmal ausdrücklich äußert. Sie konkretisiert sich etwa in den Feststellungen „Du versprichst..." oder „Du bist gerufen...". Sie nimmt u. U. auf die geringe Fähigkeit des Betroffenen, sich selbst zu artikulieren, Rücksicht. (An die Paränese könnte die kurze Frage „Ist das dein Wille, so antworte Ja" mit der entsprechenden Antwort angefügt werden. Damit sind wir aber schon nahe bei II.)

Modus II: Sein Inhalt ist die Frage („Katechese"), die die gewachsene Bereitschaft voraussetzt, sich von der christlichen Botschaft betreffen zu lassen und zu ihr in Beziehung zu treten. Sie äußert sich in der konfessorischen Frage „Versprichst du...", wobei das zu Versprechende vom Fragenden ausgeführt wird. Hier antwortet der Gefragte mit Ja.

Modus III: Sein Inhalt ist eine Erklärung („Confessio"). Das Bekenntnis ist dabei nicht mehr die knapp formulierte Antwort auf eine Frage, sondern es ist zu dem für sich stehenden ausformulierten Zeugnis des mündigen Bekennens geworden. „Ich verspreche..." oder „Ich bin willens...".

Diese Klimax der Verdichtung und Intensivierung läßt sich dann auch auf die Segnung anwenden:

Modus I: Dem vorgängigen Wort Gottes folgt die Fürbitte, die der zu Segnende für sich geschehen läßt und mit seinem Amen bekräftigt.

Modus II: Der Segen ist ein knappes dialogisches Geschehen mit Anrede und Antwort (vgl. die Salutation).

Modus III: Der Segen entfaltet sich als konkreter Zuspruch, verbunden mit den leiblichen Zeichen des Kreuzeszeichens und der Handauflegung. Der zu Segnende bringt seine Bereitschaft, den Segen zu empfangen, in Wort (Amen) und Haltung zum Ausdruck.

Diese drei Modi des Segnens können in Verbindung mit den Modi der Verpflichtung durchaus als Ensemble auftreten. Es könnte sichtbar gemacht werden, daß die Verpflichtung im Rahmen eines evangelischen Kasualgottesdienstes nicht auf formale Observanz oder Konformität aus ist, sondern ein Zeichen der Bereitschaft setzt. Ebenso kann die Segnung im Rahmen eines evangelischen Segnungsgottesdienstes nicht durch sprachlich normierte Wirkungskriterien eingeschränkt werden. Sie ist eine Weise, wie Gottes trinitarisches Heilshandeln in bündiger Sprachform dem Menschen auf den Leib rückt, um ihn zu stützen, zu heilgen und zu senden. Jede trinitarische Segnung ist Taufanamnese und verweist auf das allen Segnungen und Verpflichtungen vorausgehende, heilwirkende Wort Gottes zurück.

3. Die Musik der Amtshandlungen

Sie stellt sich in der Praxis (jedenfalls bei der Trauung und dem Begräbnis, gelegentlich auch bei der Taufe) als Problem dar. Grundsätzlich hat die Kasualmusik den gleichen Kriterien wie alle gottesdienstliche Musik zu entsprechen. Sie ist also nur in der Form des Kirchenliedes, des für gottesdienstliche Zwecke vertonten Bibelwortes (Gregorianik, Motetten, geistliche Konzerte, Kantaten) und choralgebundener Instrumentalmusik möglich. Immer wieder werden aber Musikwünsche geäußert, die erkennen lassen, daß mit der Bitte um kirchliche Handlungen zu bestimmten Lebensstufen Erwartungen verbunden sind, die nicht vom Evangelium her bestimmt sind. Oft spiegeln solche Wünsche nur unklare Vorstellungen wider. Deshalb sollten hinter ihnen nicht gleich bewußte antichristliche Tendenzen vermutet werden. Viele wünschen sich einfach eine Steigerung der „Feierlichkeit" oder folgen den seit langer Zeit eingeführten Gewohnheiten (Largo von Händel). Solchen Wünschen muß mit seelsorgerlichem Takt begegnet werden. Mit einem Verbot unpassender Literatur allein ist es nicht getan. Pfarrer und Kirchenmusiker sollten ihrerseits den Teilnehmern an einer Amtshandlung mit Vorschlägen entgegenkommen, die deren musikalischem Fassungsvermögen angemessen sind.

10. Kapitel

DIE HEILIGE TAUFE

1. Zur Geschichte der Taufliturgie

a) Die Zeit vor der Reformation

Die christliche Taufe kann als Sakrament mit den anderen Amtshandlungen nicht gleichgesetzt werden. Sie begründet die Gliedschaft am Leibe Christi und damit die Mitgliedschaft in der Kirche. Das Siegel des Getauftseins wird selbst durch die Trennung von der Kirche nicht aufgehoben. Die Taufe gründet auf der Stiftung des auferstandenen Christus, Matth. 28, 19 f.: „Geht hin in alle Welt, lehret alle Völker und taufet sie im Namen des Vaters und des Sohnes und des Heiligen Geistes und lehret sie halten alles, was ich euch befohlen habe." (Revidierte Fassung von 1975: „Gehet hin und macht alle Völker zu Jüngern: Tauft sie auf den Namen des Vaters und des Sohnes und des Heiligen Geistes...") In ältester Zeit mag nur „auf den Namen Jesu" (Apg. 2, 38) getauft worden sein. Nirgends im Neuen Testament ist der Vollzug der Taufe näher beschrieben. Das Heidentum und das Judentum kannten bereits Riten, die der Form nach eine Ähnlichkeit mit der Taufe aufwiesen, die also eine Reinigung oder Tötung und Auferweckung zum neuen Leben symbolisch darstellten. Davon unterscheidet sich die christliche Taufe jedenfalls schon durch die Berufung auf den Namen des dreieinigen Gottes. Die Taufe wird mit Wasser vollzogen. Das griechische Wort für „taufen" (baptizein) bezeichnet „ein intensives, wiederholtes Ein- und Untertauchen" (immersio). Trotzdem ist anzunehmen, daß an Taufstätten, wo das für ein Vollbad ausreichende Wasser nicht zur Verfügung stand, von Anfang an die Taufe als Begießungsritual (affusio) gehandhabt worden ist, sicherlich bei Kranken und Sterbenden. Die neutestamentlichen Belegstellen lassen für die äußere Form der Taufe verschiedene Möglichkeiten zu. Soweit man sich mit der Besprengung (aspersio) des Täuflings begnügte, wurde diese schon in der Alten Kirche ausdrücklich verworfen.

In der apostolischen Zeit taufte man vermutlich in einfachster Form und ohne Verzug (Apg. 2, 41; 8, 38; 10, 48; 16, 15. 33). Eine gründliche Unterweisung im christlichen Glauben war offenbar der Zeit nach der Taufe vorbehalten. Die sich später allerorten ausbildenden Taufliturgien waren von bunter Mannigfaltigkeit. Doch wurde auch hier die Tendenz der Vereinheitlichung erkennbar. Für die abendländische Kirche wurde mehr und mehr die *römische Taufordnung* bestimmend, die in der römisch-katholischen Kirche im Jahre 1615, also lange Zeit nach der Reformation, ihre endgültige Festlegung erfuhr.

Diese Taufordnung ist aus der altkirchlichen Katechumenentaufe herausgewachsen. Sie vereinigt in sich also bestimmte liturgische Handlungen, die ursprünglich während der langen Zeit des Katechumenats von der Anmeldung bis zur Taufe selbst an den Taufbewerbern vollzogen wurden. Auch dann, als die Kindertaufe die Normalform der Taufe wurde, behielt man diese in einen liturgischen Akt zusammengezogenen Handlungen bei.

Dazu gehören:
1. Die Bezeichnung mit dem Kreuzeszeichen (obsignatio crucis). Damit war angezeigt, daß der Taufbewerber dem heidnischen Herrschaftsgebiet entnommen war und im weiteren Sinn als der christlichen Gemeinde zugehörig betrachtet wurde.
2. Die Handauflegung (impositio manuum) mit Anblasung (insufflatio oder exsufflatio in exorzisierendem Sinn) und die „Öffnung der Ohren" (apertio aurium), bei der der Täufer Ohren und Nase (statt des Mundes) des Täuflings mit dem Finger berührt und dabei spricht: „effeta" (siehe Mark. 7, 33 f.). Die Ohren des Täuflings sollen für das Wort Christi aufgeschlossen werden.
3. Die Darreichung des (geweihten) Salzes (datio salis), zurückgehend auf die antike Auffassung von der reinigenden Wirkung des Salzes (vgl. auch Matth. 5, 13).
4. Die Austreibung des Teufels durch Beschwörung (exorzismus).
5. Die Übergabe des apostolischen Glaubensbekenntnisses und des Herrengebetes (traditio symboli et traditio orationis dominicae), dazu das Aufsagen des Glaubensbekenntnisses (redditio symboli).
6. Die Absage an den Teufel (abrenuntiatio diaboli).
7. Die Frage nach dem Glauben (interrogatio de fide).
8. Salbung mit dem Öl der Katechumenen (besonders in der morgenländischen Kirche).
9. Die Taufe selbst (ihr ging die Weihe des Taufwassers voraus).
10. Die Salbung mit dem Chrisma (das ist das vom Bischof am Gründonnerstag geweihte Öl, das die Christusgnade repräsentiert).
11. Handauflegung (meist wieder mit der signatio crucis verbunden). Sie vermittelte die siebenfachen Gaben des Heiligen Geistes (Jes. 11, 2).
Aus 10. und 11. erwuchs später das Sakrament der Firmung.
12. Das Anziehen des Taufkleides (auch „Westerhemd" genannt von „alba vestis").
13. Die Übergabe der Taufkerze (traditio candelae).
Es folgte dann die Erstkommunion des Getauften.

Die Handlungen 1.–3. wurden ursprünglich zum Beginn des Katechumenats vollzogen, die Handlungen 4.–5. in der Zeit des Photizomenats (letzte Phase der Vorbereitung auf die Taufe), 6.–8. unmittelbar vor der Taufe, 10.–13. unmittelbar nach der Taufe. Die der Taufe vorausgehenden Teile 4.–8. wurden auch Skrutinien (scrutari = erforschen) genannt, weil hierbei die Katechumenen auf ihre Taufwürdigkeit geprüft worden sind.

Die Stücke, in denen der Täufling selbst zu handeln hatte, wurden bei der Kindertaufe den Paten übertragen.

In der Alten Kirche wurde, vor allem in der Zeit, in der die Zahl der Taufbewerber sehr zunahm, die Taufe (für Erwachsene und Kinder) nur an bestimmten Tagen gehalten. Dafür boten sich das Osterfest (vgl. Röm. 6, 3–11) und das Pfingstfest (vgl. Apg. 2, 38), aber auch das Epiphaniasfest (Matth. 3, 13–17 war das 2. Evangelium dieses Tages) an. Die Epiphanias-Tauffeier ist vor allem für die Ostkirche und die gallisch-fränkischen Gebiete bezeugt. Gelegentlich wurden auch Apostel- und Märtyrertage oder der Johannistag (24. 6.) zu Tauftagen bestimmt. Die Taufe wurde in den das Fest einleitenden nächtlichen Gottesdiensten (Vigilien) vollzogen. Die Getauften nahmen im Hauptgottesdienst zum erstenmal am heiligen Abendmahl teil. Die Wochen vorher waren die Zeit der gemeinsamen Vorbereitung auf die Taufe. Kranke und Schwache konnten jederzeit getauft werden.

Als sich die Kindertaufe durchgesetzt hatte und die scholastische Theologie in Anbetracht der großen Todesgefahr eine möglichst bald zu vollziehende Taufe der kleinen Kinder forderte, fielen die alten Tauftermine dahin. Die Kinder wurden zumeist unmittelbar nach der Geburt, spätestens am folgenden Tag getauft. Auch für die selten gewordenen Erwachsenentaufen gab es keine festen Termine mehr. Damit war die Taufe keine Gemeindefeier mehr. Sie war zur privaten Zeremonie im „Winkel" geworden.

b) Luthers Taufbüchlein

Luther knüpfte an die Tauforndung an, die in der Brandenburger Diözese, zu der Wittenberg gehörte, in Übung war. Im Anschluß an die Schrift „Von Ordnung Gottesdiensts in der Gemeine" 1523 ließ er „Das Taufbüchlein verdeutscht" drucken. In dieser Tauforndung ging es Luther vor allem um die Verdeutschung der Liturgie, weil „die, so dabei stehen, nichts davon verstehen, was da geredet und gehandelt wird". Er behielt aus Rücksicht auf die „schwachen Gewissen" die alte Ordnung, von geringfügigen Änderungen abgesehen, unverändert bei, was ihm alsbald die Kritik seiner Freunde eintrug. So brachte er 1526 „Das Taufbüchlein verdeutscht, aufs neue zugericht" heraus, das eine Kürzung des ersten Taufbüchleins darstellt. Es hat folgende Ordnung:

1. Kleiner Exorzismus mit Obsignatio crucis:
   (Der Täufer spreche:) „Fahr aus, du unreiner Geist, und gib Raum dem Heiligen Geist."
   (Darnach mach er ihm ein Kreuz an die Stirn und Brust und spreche:) „Nimm das Zeichen des heiligen Kreuzes, beide, an der Stirn und an der Brust."
2. 2 Taufgebete: Das 2. Gebet ist das sog. Sintflutgebet (vgl. 1. Petr. 3, 20–21), das nicht dem römischen Formular entnommen ist.
3. Großer Exorzismus: „Ich beschwöre dich, du unreiner Geist, bei dem Namen des Vaters + und des Sohnes + und des Heiligen Geistes +, daß du ausfahrest und weichest von diesem Diener Jesu Christi, N. Amen."
4. Das Kinderevangelium (Mark. 10, 13–16), nicht im Rituale Romanum, wohl aber Brandenburgische Sondertradition.
5. Segnung (im Anschluß an Mark. 10, 16) durch Handauflegung und Vaterunser (kniend). Luther hat hier keine eigene Segensformel. Er spendete, wie das in der Reformationszeit durchaus geläufig war, den Segen durch ein *Gebet*, hier durch das Vaterunser. Ebenso verfährt er mit dem Brautsegen im Traubüchlein 1529.
6. Das Kind wird zur Taufstätte geleitet mit den Worten: „Der Herr behüte deinen Eingang und Ausgang von nun an bis zu ewigen Zeiten!"
7. Die Absage an den Teufel:
   „N., entsagst du dem Teufel?"   Antwort der Paten: „Ja"
   „Und allen seinen Werken?"   Antwort der Paten: „Ja"
   „Und allem seinen Wesen?"   Antwort der Paten: „Ja"

8. Die Frage nach dem Glauben:
   „Glaubst du an Gott, den allmächtigen Schöpfer
   Himmels und der Erden?" Antwort der Paten: „Ja"
   Glaubst du an Jesum Christ, seinen einigen Sohn,
   unsern Herrn, geboren und gelitten?" Antwort der Paten: „Ja"
   „Glaubst du an den Heiligen Geist, eine heilige,
   christliche Kirche, Gemeinde der Heiligen, Vergebung der Sünden, Auferstehung des Fleisches
   und nach dem Tode ein ewiges Leben?" Antwort der Paten: „Ja"
9. Die Frage nach dem Willen, getauft zu werden:
   „Willst du getauft sein?" Antwort der Paten: „Ja"
10. Die Taufe:
    (Da nehme er das Kind und tauche es in die Taufe und spreche:) „Und ich taufe dich im Namen des Vaters und des Sohnes und des Heiligen Geistes."
11. Das Anziehen des Westerhemdes mit einem Segenswort, das die Taufe als „Wiedergeburt" (Joh. 3, 5) bezeugt, und dem Friedenswunsch.

Gestrichen hat Luther die der Taufe folgende Kinderkommunion (schon in der Ordnung von 1523). Sie war allerdings zu seiner Zeit schon lange nicht mehr üblich und wurde später in der römischen Kirche offiziell untersagt. Weiterhin entfielen die Anblasung, das „effeta" = hephata, die Darreichung des Salzes, die Salbungen und die Übergabe der Kerze. Ebenso verwirft Luther (an anderer Stelle) eine *Weihe* des Taufwassers. Das Glaubensbekenntnis, das bisher zweimal erschien (redditio symboli und interrogatio fidei), steht nur noch einmal in der Taufordnung. Das Vaterunser, das ursprünglich während des Photizomenats vom Täufer rezitiert worden war, damit es sich der Taufbewerber für das Mitbeten anläßlich der ersten Kommunion nach der Taufe einpräge (traditio orationis dominicae), wird in Luthers Ordnung seines katechetischen Sinns entkleidet und wird fürbittendes Gebet unter Handauflegung.

Dagegen hat er an dem Exorzismus und der Abrenuntiation, wenn auch in verkürzter Form, festgehalten. In der Vorrede sagt er: „Darum sollst du bedenken, wie gar es nicht ein Scherz ist, wider den Teufel handeln und denselben nicht alleine vom Kindlein jagen, sondern auch dem Kindlein einen solchen mächtigen Feind sein Leben lang auf den Hals laden, daß es wohl not ist, dem armen Kindlein aus ganzem Herzen und starkem Glauben beistehen, aufs andächtigste bitten, daß ihm Gott, nach Laut dieser Gebot, nicht allein von des Teufels Gewalt helfe, sondern auch stärke, daß es möge wider ihn ritterlich im Leben und Sterben bestehen."

Luther nahm sein „Taufbüchlein" auch in den Kleinen Katechismus auf, so daß es für die auf das Konkordienbuch festgelegten lutherischen Landeskirchen zur selbstverständlichen Taufordnung wurde. So nimmt auch die Brandenburg-Nürnberger Kirchenordnung von 1533 für die Taufe einfach Bezug auf das Wittenberger Taufbüchlein.

c) Die Zeit nach der Reformation

Von Luther unabhängige Taufordnungen entstanden auf reformiertem Boden, vor allem in der Schweiz. In ihnen wird nicht mehr das zu taufende Kind, sondern werden die Paten angesprochen. An diese werden auch kurze oder längere Vermahnungen gerichtet. Alle symbolischen Handlungen des römischen Rituals sind abgeschafft (Obsignatio crucis, Exorzismus usw.). Um den Taufakt herum sind Gebete, Vaterunser, Glaubensbekenntnis, Frage an die Paten, ob sie im Glauben an Gottes Verheißung die Taufe des Kindes erbitten, und Danksagungsgebet vorgesehen. Zwischen den lutherischen und den reformierten Taufordnungen bewegen sich die oberdeutschen Ordnungen (Bucer). Sie haben die Obsignatio crucis und die Kindersegnung, aber nicht Exorzismus und Abrenuntiation.

Der mittelalterliche Brauch, die Kinder unmittelbar nach der Geburt – und damit jedes Kind für sich unter Beteiligung nur der nächsten Angehörigen – zu taufen, wurde beibehalten.

Um die Berechtigung der Abrenuntiation und des Exorzismus wurde in der Folgezeit am meisten gekämpft. Die lutherische Orthodoxie gestand zu, daß der Exorzismus nur hinweisenden Charakter habe als „Erinnerung, daß wir von Natur unter dem Satan gefangen liegen, durch die *Taufe* aber herausgerissen werden". Man wollte den Exorzismus dann wenigstens in Form eines Gebetes festhalten. Der allgemeine Verfall der liturgischen Formen in der Zeit des Pietismus und des Rationalismus beschleunigte seine Abschaffung. Mit der Abrenuntiation, die eine selbständige Entscheidung des (erwachsenen) Täuflings und den Bruch mit der (heidnischen) Vergangenheit voraussetzte, erging es ähnlich.

Ein weiterer Streitpunkt war, ob es berechtigt sei, daß (analog zur Erwachsenentaufe) an das Kind selbst die Frage nach der Abrenuntiation, nach dem Glauben und nach dem Willen, getauft zu werden (7. bis 9.), gerichtet werde, wobei die Antwort auf diese Fragen natürlich durch die Paten stellvertretend für das Kind erfolgen sollte. Die römische Kirche hatte an dieser Stelle die Lehre vom stellvertretenden Glauben der Kirche ausgebildet. Luther hat in der Beurteilung des „Kinderglaubens" bei der Taufe verschiedene Wandlungen durchgemacht (siehe Rietschel-Graff, S. 589–599), trotzdem an der direkten Anrede des zu taufenden Kindes festgehalten. Dies fiel allerdings später unter dem Einfluß der oberdeutschen und reformierten Ordnung auch dahin.

Die liturgische Restauration des 19. Jahrhunderts baute vielfach die Taufliturgie wieder auf Luthers Taufbüchlein auf. Während der Exorzismus im allgemeinen nicht wiederaufgenommen wurde, fand die Abrenuntiation in den Agenden wieder ihren Platz. Doch ist nicht zu vermuten, daß sie häufig geübt wurde.

Zu einer Taufordnung ist grundsätzlich zu sagen:

Die Taufe könnte sich auf die Formel „Ich taufe dich ..." unter dreimaliger Begießung des Hauptes des Täuflings mit Wasser beschränken. In der *Nottaufe* ist diese Beschränkung unter Umständen gefordert (vgl. EKG, bayerische Ausgabe, S. 691). Doch wird wie beim heiligen Abendmahl auch bei der Taufe der Kern des Geschehens in einer verständlichen und angemessenen, das Entscheidende nicht verdeckenden, sondern herausstellenden Ordnung entfaltet werden müssen. Alle Schriftlesungen, Bekenntnisse, Gebete und Segnungen, die den Taufakt umrahmen, sind zwar für den Taufvollzug nicht unabdingbar notwendig, können aber in vielfacher Weise sichtbar und hörbar machen, was Gott durch Christus in der Taufe an dem Täufling tut.

2. Die Kindertaufe

Wenn Agende III ursprünglich auch zwei verschiedene Ordnungen für die Taufe eines Kindes und für die Taufe eines Erwachsenen brachte, so waren beide in ihrer Grundstruktur gleichartig. Es sollte deutlich gemacht werden, „daß es in beiden Fällen inhaltlich um die gleiche Sache geht". Auch im römischen Taufritual und in Luthers Taufbüchlein gab es im Gegensatz zu reformierten Ordnungen nur eine Gesamtform für die Taufe von Erwachsenen und Kindern. Trotzdem darf in der Kindertaufe nicht die Fiktion einer Erwachsenentaufe aufrechterhalten werden. So hat schon die Erstfassung von Agende III durch zwei verschiedene Formulare der Tatsache Rechnung getragen, daß sich Erwachsenentaufe und Kindertaufe an bestimmten Stellen grundlegend unterscheiden. Bei der Revision der Taufagende wird noch stärker die Tendenz spürbar, die jeweiligen Lebensumstände des Täuflings deutlicher in Erscheinung treten zu lassen. So wird bei allem Rückbezug auf Luthers Taufbüchlein darauf zu achten sein, daß die Taufe neugeborener Kinder längst nicht mehr der volkskirchliche Normalfall ist. Kinder werden in zunehmendem Maße vor dem Eintritt in die Schule oder während der Vorbereitungszeit auf die Konfirmation getauft. Weiterhin wird das Taufformular das unterschiedliche Vorverständnis der Eltern, die eine Taufe für ihr Kind wünschen, berücksichtigen müssen.

Deshalb wird neben die klassische Taufform, die an Luthers Taufbüchlein ausgerichtet ist, auch eine neu konzipierte Fassung der Kindertaufe treten dürfen, die bei der Situation der Familie einsetzt. Die Geburt eines Kindes ist immer noch eine jener Grenzsituationen, die in den Menschen nach Vergewisserung, nach Schutz und Segen Ausschau halten lassen. Eltern, die primär aus diesem Anlaß (und nicht in erster Linie als getaufte und glaubende Glieder der christlichen Gemeinde) die Taufe ihres Kindes erbitten, müssen dann gleichsam in Verbindung mit dem Taufgeschehen aus dem Bereich des ersten Glaubensartikels in den Bereich des zweiten und dritten Artikels weitergeführt werden. (So sehr eine solche Taufe „öffentlicher Gemeindegottesdienst" der Kirche sein muß, d. h. nicht als Haus- oder Kliniktaufe gehalten werden sollte, so wenig wird man sie andererseits in den Hauptgottesdienst einbeziehen oder mit anderen Taufen zusammenlegen können.)

Inzwischen hat sich eingebürgert, mehrere Taufen an einem „Taufsonntag" oder „Taufsamstag" zusammenzufassen. Dann legt sich die überkommene Form der Taufe nahe. Man ging aber noch einen Schritt weiter und hat die Einbeziehung der Taufe (oder mehrerer Taufen) in den Hauptgottesdienst am Sonntagvormittag praktiziert. (So ist es z. B. Brauch in den reformierten Gemeinden der Schweiz.) Für und gegen diese Regelung lassen sich Gründe nennen:

Dafür spricht, daß die Taufe aus ihrem Winkeldasein herausgeholt und wieder ins Bewußtsein der Gemeinde gehoben wird, die sonst jahraus jahrein am Taufsakrament keinen Anteil mehr nehmen würde. Außerdem wird die Taufverkündigung vor der Gemeinde den engen Rahmen einer kasuellen Gegebenheit durchbrechen und der Entfaltung der vollen Taufbotschaft förderlich sein. Schließlich erlebt sich die Tauffamilie (zusammen mit anderen Tauffamilien) inmitten der singenden und betenden Gemeinde.

Dagegen spricht, daß diese Lösung entweder zu empfindlichen Kürzungen in der Entfaltung des Taufgeschehens oder zur Verarmung des Hauptgottesdienstes führt. Entweder käme das Proprium des Hauptgottesdienstes nicht zu seinem Recht oder es würde die Taufe zu einem auf ihre notwendigsten Stücke reduzierten Ritus. Immer aber würde die wünschenswerte Einbeziehung des Abendmahls in den Hauptgottesdienst der Gemeinde erschwert oder verhindert.

Darum sollte die Taufe im Hauptgottesdienst nicht sonntägliche Regel werden. Sie wäre als Teil des Hauptgottesdienstes etwa vier- bis sechsmal im Jahr denkbar. Besonders würden sich die zweiten Feiertage der großen Feste dafür anbieten. Doch können letzte Entscheidungen nicht durch agendarische Bestimmungen getroffen werden. Sie müssen durch die Gemeinde erfolgen, die mit den ihr angebotenen Ordnungen evangeliumsgemäß und situationsgerecht umzugehen hat.

Mit dem Hinweis der Agende, daß die Taufe „ein öffentlicher Gemeindegottesdienst" sei, wird jedenfalls der Privatisierung der Taufe, die jahrhundertelang Praxis der Kirche war, widersprochen. Sie hatte ihren Grund in der verständlichen Sorge, Kinder könnten ungetauft sterben, so daß man sie „ohne Verzug" bald nach der Geburt und oft nur in Anwesenheit weniger Zeugen in aller Eile getauft hat. In unserer Zeit, in der die Kindersterblichkeit erfreulicherweise auf ein Minimum zurückgegangen ist, kann diese Sorge nicht mehr geltend gemacht werden. Jäh- und Nottaufe bleiben als Möglichkeit selbstverständlich bestehen. Wenn schon die Anwesenheit der „Gemeinde" erwünscht ist, müßte sich die Anwesenheit der

Eltern und Paten bei der Taufe von selbst verstehen. Sie sollten zuvor in Taufgesprächen in die Ordnung der Taufe und in die Lehre von der Taufe eingeführt werden und sollten auch nach der Taufe von der Gemeinde begleitet und beraten werden. Abwesende Paten sollten durch andere Glieder der christlichen Gemeinde (Taufzeugen) vertreten werden.

Im Folgenden wird zuerst die Taufordnung beschrieben, die aus Luthers Taufbüchlein erwachsen ist. Sie ist in 3 Abschnitte gegliedert, deren Vollzug u. U. auch an drei verschiedenen liturgischen Orten (Vorhalle, Kirche, Taufstein) stattfinden kann. Diese Aufgliederung erinnert daran, daß in unserer Taufordnung drei verschiedene Akte zusammengezogen sind: die Aufnahme in den Katechumenat, die „Skrutinien" (s. S. 231) und die Taufe selbst.

1. Teil

Er kann (bei einem selbständigen Taufgottesdienst) in der Vorhalle der Kirche bzw. an der Türe im Kircheninnern gehalten werden. Wo dies nicht üblich oder möglich ist, wird auch der erste Teil (wie der zweite Teil) vor dem Altar und am Lesepult gehalten.

Der Taufgottesdienst beginnt, falls er gleich in der Kirche begonnen wird, mit einem *Lied*. Ist die Taufe in einen Predigtgottesdienst einbezogen, der bereits vorher seinen Anfang genommen hat, nehmen während dieses Liedes Eltern und Paten mit dem Täufling ihre Plätze ein.

Votum: „Der Friede des Herrn sei mit euch allen."

(Auf das sonst übliche Votum „Im Namen Gottes des Vaters . . ." ist bewußt verzichtet, da es später, im Taufbefehl und in der Taufformel, noch zweimal vorkommt und dort einen anderen Sinn hat: „Ich taufe dich auf den Namen . . ." Die Taufformel bedeutet ja nicht, daß aus der Vollmacht Gottes heraus gehandelt wird, sondern daß der Täufling „in den Namen Gottes hinein", in das Wesen und die Wirklichkeit Gottes hineingetaucht wird. Vgl. auch das zu dem einleitenden Friedensgruß bei der Trauung Gesagte!)

Lesung von Matth. 28, 18–20 und Mark. 16, 16 (Taufbefehl und Taufverheißung).

Man will neuerdings diese Schriftlesungen nicht mehr wie in der Agende unvermittelt beginnen lassen, sondern sie durch eine kurze Einleitung vorbereiten. Etwa: „Weil wir hier versammelt sind, um dieses Kind nach der Ordnung der christlichen Kirche zu taufen, darum laßt uns hören, wie unser Herr Jesus Christus die Taufe eingesetzt hat. So steht geschrieben . . ."

Bei dem Wort Mark. 16, 16 stellt sich die Frage, ob man es (wie beim Rüstgebet des Hauptgottesdienstes) nur in seinem ersten Teil laut werden lassen sollte, weil es problematisch ist, „gleich am Anfang der Handlung die schroffe Drohung an die Adresse des Unglaubens auszusprechen".

Obsignatio crucis: „Nimm hin das Zeichen des heiligen Kreuzes an der † Brust." (Oder: „Nimm hin das Zeichen † des heiligen Kreuzes.") Die Bezeichnung mit dem Kreuz kann entweder so erfolgen, daß der Pfarrer nacheinander Stirne, Brust und beide Schultern des Kindes (also in der Kreuzform) berührt oder so, daß er dem Kind ein Kreuz auf die Stirn zeichnet. Zusätzlich zu Luthers Taufbüchlein wird die Einfügung eines deutenden Wortes für hilfreich gehalten, etwa: „Nimm hin das Zeichen des heiligen Kreuzes † Du gehörst Christus, dem Gekreuzigten." Oder: „Ich zeichne dich mit dem (†) heiligen Kreuz. Jesus Christus hat dich erlöst." Möglich wäre auch der einleitende Zusatz: „Weil Jesus Christus auch dieses Kind annimmt, segnen wir es mit dem Kreuzeszeichen: ..."

Gebet (Bitte um Befreiung von den Banden des Bösen und um die neue Geburt). Drei Gebete sind zur Auswahl angeboten. Das erste ist aus dem alten Taufgebet „Preces nostras" umgebildet. Das zweite Gebet ist nach dem ersten Gebet in Luthers Taufbüchlein gestaltet; es entspricht dem alten Gebet „Deus immortale praesidium". Das dritte Gebet ist eine Neuschöpfung, die auf den Exorzismus Bezug nimmt.

In Erweiterung des Taufbüchleins Luthers bringt diese Ordnung: (Lied), Eingangsvotum und Schriftlesung (Taufbefehl und Taufverheißung). Matth. 28 fand sich übrigens schon bei der vorreformatorischen Ordnung der Wasserweihe und in manchen lutherischen Taufvermahnungen.

Gestrichen wurde der kleine und der große Exorzismus, obwohl im Unterschied zur Lehre Calvins daran festgehalten wird, daß das zu taufende Kind durch die Taufe dem Herrschaftsbereich des Satans entnommen wird (vgl. Luthers Vorrede zum Taufbüchlein, s. S. 233). Der Exorzismus, wie ihn Jesus geübt hat (nur im Zusammenhang mit Heilungen, z. B. Mark. 1, 25) und wie er in der Alten Kirche Anwendung fand, war ursprünglich kein Bestandteil der Taufe, sondern ein eigenständiger Akt.

Als solcher ist er seit langem nicht mehr in Übung. Er erhielt sich nur als ein symbolisch zu verstehender Bestandteil der Taufliturgie. Die Kirche muß sich selbstverständlich fragen, inwieweit Jesu Auftrag „Teufel auszutreiben" (Mark. 16, 17) von ihr verwirklicht wird, was nicht bedeutet, daß sie antike Dämonenvorstellungen übernehmen müßte. Doch darf nicht der Eindruck entstehen, als müßte *neben* der von Christus befohlenen Taufe notwendig noch ein zweiter Akt stehen, der die der Taufe gegebene Verheißung ermöglicht. *Durch* die Taufe und *in* der Taufe geschieht der radikale Existenzwandel des Täuflings, der dem Satan entrissen und Christus zugeeignet wird. Immerhin können die Taufverkündigung oder das Gebet „exorzistischen" Charakters am Anfang der Taufe das Wahrheitsmoment des von Luther festgehaltenen Exorzismus zum Ausdruck bringen.

Dagegen ist die Obsignatio crucis als ein Sichtbarmachen des Tatbestandes, daß der Täufling in den Herrschaftsbereich Jesu Christi eingetreten ist, daß er durch die Taufe ein vom Kreuz Christi Gezeichneter und Gesegneter sein wird, daß ihm das Siegel des Heiligen Geistes aufgeprägt wird (vgl. 2. Kor. 1, 22; Eph. 1, 13; 4, 30), durchaus sinnvoll. Gerade wenn der 1. Teil an der Kirchentüre gehalten wird, ist dieses Stück als

Segnung „an der Schwelle" beim „Eintritt in die Kirche" besonders einleuchtend.

2. Teil

Fand der erste Teil in der Vorhalle statt, so ziehen jetzt die Eltern und Paten mit dem Täufling in die Kirche ein, um im Altarraum oder in den ersten Bänken des Schiffes Platz zu nehmen. Falls noch nicht geschehen, wird jetzt das Tauflied gesungen.

Psalm 121, 8 „Der Herr behüte deinen Eingang..." (nur wenn der Einzug vorausging). Dieses Psalmwort kann wie in Luthers Taufbüchlein auch am Anfang des dritten Teiles stehen.

Taufpredigt oder Taufvermahnung (Agende III bietet vier Vermahnungen an).

Fragen an die Eltern und Paten. Die Taufpredigt soll in diese Fragen ausmünden. Den Fragen kann etwa folgende Anrede vorausgehen: „Die Taufe ist allein Gottes Gabe und Werk. Damit euer Kind jedoch das Gnadengeschenk seiner Taufe beizeiten erkenne und recht gebrauche, bedarf es der Hilfe seiner Eltern und des Dienstes seiner Paten."

Die Eltern werden nun auf ihre Pflicht angesprochen, „das Kind als Gabe des Schöpfers anzunehmen, es christlich zu erziehen und dafür zu sorgen, daß es ein lebendiges Glied der Gemeinde Jesu Christi bleibe."

Die Paten sollen dann ihre Bereitschaft bekunden, daß sie sich „für die christliche Gemeinde dieses Kindes annehmen, den Eltern bei der Erziehung helfen und darauf achten, daß es die Zehn Gebote, den christlichen Glauben und das heilige Vaterunser lerne".

Die Fragen an die Eltern und Paten können auch schon im Verlauf der Taufpredigt gestellt oder mit anderen Worten eingeleitet werden.

Neufassungen dieser Fragen weiten dieses Erziehungsversprechen aus und ermuntern die Eltern und Paten, dem Kind Hilfe im Glauben zu bieten und ihm die Liebe Christi erfahrbar werden zu lassen.

Votum oder Gebet. Die Antworten der Eltern und Paten werden mit einem Votum oder kurzen Gebet abgeschlossen.

Lesung von Mark. 10, 13–16 (Kinderevangelium).

Vaterunser, wobei der Täufer (möglichst mit den Eltern und Paten) dem Täufling die Hand auflegt.

Luthers Taufbüchlein kennt, vielen vorreformatorischen Ordnungen zufolge, keine Taufvermahnung. Doch steht es außer Zweifel, daß die Taufverkündigung im evangelischen Gottesdienst vonnöten ist. Sie findet sich in den meisten evangelischen Taufordnungen, freilich an den verschiedensten Stellen.

Die Fragen an die Eltern und Paten im Anschluß an die Vermahnung zielt auf die Bereitschaft zur christlichen Erziehung des Täuflings. Solche

Fragen finden sich erst in nachreformatorischen Ordnungen. Die Frage nach dem Glauben und die Frage nach dem Taufverlangen gehörten zum dritten Teil.

Diese drei (sachlich verschiedenen) Fragen wurden in den Ordnungen des 19. Jahrhunderts meist in einer Frage zusammengefaßt.

3. Teil:

Das nun Folgende geschieht auf jeden Fall am Taufstein. Während der Täufer, die Eltern und die Paten mit dem Täufling zum Taufstein gehen, kann die Gemeinde ein Lied singen:
Psalm 121, 8 (falls nicht am Anfang des 2. Teils gesprochen).

Vor der Taufhandlung steht nun gemäß Mark. 16, 16 das *Bekenntnis des Glaubens*. Die Zusage, die das Glaubensbekenntnis darstellt, könnte im Anschluß an die Tradition der Kirche mit einer Absage (Abrenuntiation) an alles „gottlose Wesen" verbunden werden. Dabei werden Absage wie Zusage „erfragt". Bei der Kindertaufe müßten folgerichtig die an den Täufling gerichteten Fragen stellvertretend von den (Eltern und) Paten beantwortet werden (so die Form B und C der Agende III). Die Zusage des Glaubens kann aber auch als gemeinsam gesprochenes Glaubensbekenntnis erfolgen. (So die Form A der Agende III.)

Form A

Das gemeinsam gesprochene Glaubensbekenntnis (Apostolicum) kann eingeleitet werden mit der Frage, ob das Kind getauft werden soll. Die nachfolgende Aufforderung, „anstatt des unmündigen Kindes den Glauben zu bekennen, damit wir dem Satan und allen seinen Werken und all seinem Wesen abzusagen und dem dreieinigen Gott Zusage zu tun", will die Abrenuntiation wenigstens noch anklingen lassen.

Doch sieht die Agende auch andere Einleitungen zum Glaubensbekenntnis vor, die auf derartige Hinweise verzichten und auf den Taufbefehl und die Taufverheißung Bezug nehmen. Damit wird das Glaubensbekenntnis sowohl als ein Akt der Glaubensgemeinschaft und als ein Ausdruck der Glaubensumgebung des Täuflings erkennbar wie andererseits auch als das Bekenntnis der Eltern, der Paten und der Gemeinde in der Hoffnung, daß das getaufte Kind denselben Glauben ergreifen und mit ihm die Gabe der Taufe annehmen wird. Ein Beispiel für eine neu formulierte Aufforderung zum Glaubensbekenntnis: „Liebe Eltern und Paten! Ihr habt im Vertrauen auf die Verheißungen unseres Herrn Jesus Christus euer Kind hierhergebracht, damit es getauft wird. Zur Taufe gehört der Glaube. Darum laßt uns jetzt miteinander das Glaubensbekenntnis sprechen. Es ist das Bekenntnis zu dem dreieinigen Gott, in dessen Namen die ganze Christenheit auf Erden Menschen beruft und sie so der Herrschaft Christi unterstellt. In diesen Glauben soll dieses Kind hineinwachsen, geleitet von eurem Beispiel und getragen von eurer Fürbitte. Darum sprecht mit mir: . . ."

Form B
1. Frage an die Eltern und Paten, wie A, 1.
2. Frage an den Täufling, die von den Eltern und Paten beantwortet wird: „Entsagest du dem Satan und all seinem Werk und Wesen, so sprich: Ja, ich entsage."
3. Frage an den Täufling, die von den Eltern und Paten beantwortet wird: „Glaubst du an Gott den Vater, den Allmächtigen . . .?" „Glaubst du an Jesus Christus, Gottes eingeborenen Sohn, unsern Herrn . . .?" „Glaubst du an den Heiligen Geist . . .?" Antwort: „Ja, ich glaube."

Bei diesen Fragen, die auf die Erbacher Kirchenordnung 1560 zurückgehen, ist bewußt die Fassung vermieden, daß das Kind auf den von den Paten bekannten Glauben getauft werden soll. „Das Kind wird auf den dreieinigen Gott getauft und nicht auf einen Glauben oder ein Bekenntnis" (Mahrenholz). Es ist außerdem fehl am Platz, unmittelbar vor dem Taufvollzug durch eine Frage die christliche Erziehung für die Zukunft sicherzustellen.

Form C
Gemäß Luthers Taufbüchlein, mit ausdrücklicher Abrenuntiation (mit Anrede des Täuflings, die Antwort durch die Paten), eingeleitet durch ein kurzes Präfamen (Württemberger Kirchenordnung 1553):
Die Absage an den Teufel (Abrenuntiation), zusammengefaßt in *eine* Frage und Antwort.
Antwort: Ja (ich entsage).
Die Frage nach dem Glauben.
Die drei Artikel des Apostolischen Glaubensbekenntnisses sind als Frage formuliert.
Dreimalige Antwort: Ja (ich glaube).
Auch hier ist die Zusammenfassung in *eine* Frage und Antwort möglich.
Die Frage nach dem Willen, getauft zu werden: „Willst du getauft werden?" Antwort: „Ja (ich will)."
Form B und C unterscheiden sich also nur durch die Stellung und Fassung der Frage nach dem Willen, getauft zu werden. Form B hat sie schon vor der Abrenuntiation und an die *Eltern und Paten* gerichtet. Form A wird in der volkskirchlichen Situation zweifellos die Normalform bleiben. Form B und C sind im Laufe der Zeit so sehr interpretationsbedürftig geworden, daß von ihnen so gut wie nicht mehr Gebrauch gemacht wird. Es ist abzusehen, daß diese Texte in einen Anhang der Agende verwiesen werden, wenn man nicht überhaupt auf sie verzichten will. Zu einer gerechten Beurteilung dieses Traditionsgutes muß allerdings doch festgestellt werden:

Die direkt an das Kind gerichteten Fragen dürfen nicht so verstanden werden, als seien sie für den wirksamen Vollzug der Kindertaufe notwendig, oder gar, als müsse in dem unmündigen und unverständigen Kind ein Glaube vorhanden sein, durch den erst die Taufe gerechtfertigt sei. Die Taufe ist in jedem Fall gegründet auf die zuvorkommende Gnade Gottes und auf die Wirkungskraft seines Wortes, nicht auf das, was wir Menschen tun. Aber diese Frage macht doch besonders deutlich, daß durch die Taufe für die ganze Lebenszeit die Frage nach dem Glauben gestellt ist, ja, daß erst durch den Glauben des Getauften seine Taufe für ihn das Heil wirkt. Die Eltern und Paten, die anstelle des Täuflings die Frage beantworten, wagen es im Wissen um die Heilsbedeutung der Taufe und des Glaubens, für den Täufling einzuspringen und ihm damit „den größten Liebesdienst zu erweisen, den ein Christ einem unmündigen Kindlein erweisen kann" (Peter Brunner).

Gemeinsame Fortsetzung von A, B und C
Die Frage nach dem Namen des Täuflings (fakultativ): „Welche Namen hat das Kind?"; Antwort durch den Vater, die Mutter oder einen Paten. Auch hier kann also ein Element aktiven Mithandelns der Familie eingebracht werden.
Die Taufe.
Der Täufer begießt das Haupt des Täuflings dreimal mit Wasser in einer für die Umstehenden sichtbaren Weise und spricht dabei: „N. (Name des Täuflings), ich taufe dich im Namen des Vaters und des Sohnes und des Heiligen Geistes."
Segenswort (Votum postbaptismale), das sich ursprünglich auf die Ölsalbung bezog und das Luther im Taufbüchlein mit dem Anziehen des Westerhemdes verband, und Friedenswunsch (Pax).

Das Auflegen des Westerhemdes (des Taufschleiers) (fakultativ). Der Täufer spricht dabei: „Nimm hin das weiße Gewand als Sinnbild der Gerechtigkeit Christi. Welche auf Christus getauft sind, die haben Christus angezogen" (Gal. 3, 27).
Die Übergabe der Taufkerze (fakultativ). Sie war in Luthers Taufbüchlein vorgesehen. Der Täufer gibt einem der Paten für den Täufling die ihm vom Küster überreichte brennende Kerze und spricht dabei: „Nimm hin das brennende Licht und halte fest an der Gabe deiner Taufe. Umgürtet euch und laßt eure Lichter brennen und seid gleich den Menschen, die auf ihren Herrn warten." (Luk. 12, 35.36a).
Während das Westerhemd immer seltener gebraucht wird, bürgert sich die Übergabe der Taufkerze mehr und mehr ein.
Bei der Taufe mehrerer Kinder werden die Stücke nach dem Glaubensbekenntnis bei jedem Kind wiederholt. Die Gemeinde kann, während die Eltern und Paten mit dem Täufling an ihren Platz zurückgehen, eine *Liedstrophe* singen, z. B. 148, 2; 151, 5; 318, 5.
Schlußgebet (nach der Württemberger Kirchenordnung 1583).
Segnung der Mutter (der Eltern, der Familie) des Täuflings (fakultativ). Sie ist auch schon vor dem Schlußgebet möglich. Zu diesem Segnungsakt siehe den eigenen Abschnitt.
Danklied (im selbständigen Taufgottesdienst) und Segen (bzw. wenn nach der Taufe der Gemeindegottesdienst fortgesetzt wird: Schlußstrophe als Überleitung).

Neuerdings wird nach dem Glaubensbekenntnis, also unmittelbar vor dem Taufakt, etwa bei dem Eingießen des Wassers in die Taufschale, ein *Deutewort für das Wasser* vorgeschlagen, dessen Formulierung lauten könnte: „Das Wasser, mit dem wir taufen, ist in der Heiligen Schrift sowohl Zeichen des Todes wie Zeichen des Lebens. Die Sintflut brachte Gottes Gericht über die Sünde der Menschen. So soll im Wasser der Taufe all unsere Sünde und Gottesfeindschaft mit Christus sterben. Mit Christus soll aus dem Wasser der Taufe durch den Heiligen Geist der neue Mensch auferstehen, der Gott gefällt und das ewige Leben erlangt. Solches Sterben auf Auferstehung mit Christus, solche Geburt zum neuen, ewigen Leben soll nun auch an diesem Kind geschehen."

Diese Deuteworte könnten als *(epikletisches) Gebet* gesprochen werden. Etwa: „Wie dein Geist bei der Schöpfung über den Wassern schwebte, so gib auch jetzt deinen Heiligen Geist zu dem, was wir tun . . . Heilige dieses Wasser zum Bad der neuen Geburt." Ob bei der Taufe ein epikletisches Gebet (in Analogie zum Abendmahl) berechtigt ist, ist eine umstrittene Frage. Immerhin könnte mit dem Deutewort dem Anliegen Luthers Rechnung getragen werden, der mit seinem Sintflutgebet die biblische Symbolik des Wassers zur Geltung bringen wollte. So schwer sich dieses

Gebet in die Sprache und Denkwelt unserer Zeit übersetzen läßt, so stellt seine ersatzlose Streichung doch eine Verarmung der Taufliturgie dar.

Inzwischen werden auch Ausformungsvarianten der Grundstruktur angeboten, die stärker auf die Familie des zu taufenden Kindes eingehen. Dann wird an den Anfang etwa folgende „abholende" Anrede gestellt: „Liebe Familie N., heute wird Ihr Kind in dieser Kirche getauft. Damit wird es Gottes Liebe anvertraut und in die Gemeinschaft der Kirche aufgenommen. Das ist Grund zur Freude..." Dann kann in freier Form auf die Situation der Familie und des Gottesdienstes eingegangen werden. Diesem Eingangswort würde sich dann ein Gebet für das zu taufende Kind anschließen. Die Lesung des Evangeliums von der Kindersegnung (Wir hören..., wie Jesus die Kinder zu sich kommen läßt) wäre dann die Brücke zur Obsignatio crucis: „Weil Jesus Christus auch dieses Kind annimmt, segnen wir es mit dem Kreuzeszeichen." Dann würde (nach einem Lied) die Taufpredigt folgen. Die Lesung des Taufbefehls würde in diesem Fall der Taufpredigt nachfolgen und die Tauffragen einleiten. An sie würde sich das Glaubensbekenntnis anschließen.

3. Die Taufe im Hauptgottesdienst

Wenn die Taufe in den Hauptgottesdienst einbezogen wird, so sind zwei Möglichkeiten zu unterscheiden:

1. Die Tauffeier findet relativ häufig im Hauptgottesdienst statt. Dann sollte das Proprium des Sonntags nicht verändert werden. Die Einfügung legt sich nach dem Evangelium, nach dem Predigtlied oder nach den Abkündigungen nahe. Das Credo entfällt an der vorgesehenen Stelle. Außerdem können Rüstgebet, Epistel mit Halleluja und Graduallied weggelassen werden. Im Taufakt wiederum könnte auf das Kinderevangelium und das Vaterunser, das ohnehin vor dem Schlußteil des Hauptgottesdienstes gebetet wird, verzichtet werden.
2. Der Hauptgottesdienst wird nur mehrmals im Jahr, für eine größere Zahl von Täuflingen und darum als ausgesprochener Taufgottesdienst gehalten. Dann sollten die Propriumsstücke auf die Taufe ausgerichtet werden und die einzelnen Abschnitte der Taufhandlung auf verschiedene Stellen des Hauptgottesdienstes verteilt werden. Hier ist folgender Ablauf denkbar:
   Eingangslied (mit Einzug des Pfarrers, des Lektors, der Tauffamilie usw.)
   Apostolischer Gruß und kurze Anrede der Gemeinde (mit Bezug auf das Kinderevangelium)
   Segnung der Täuflinge mit dem Kreuzeszeichen
   Kyrie, Gloria, Kollektengebet (auf die Taufe bezogen)
   Epistel (etwa Röm. 6, 3–11; Tit. 3, 4–7; 1. Petr. 1, 3–9) mit Halleluja
   Graduallied (152 oder 153)
   Evangelium (Matth. 3, 13–17 oder 18, 1–10)
   Predigt, die auf die Taufe Bezug nimmt

Predigtlied, Fürbitten (mit oder ohne Vaterunser), Credo (diese Reihenfolge wäre auch veränderbar)
Am Taufstein: Taufbefehl und Taufverheißung (Matth. 28 und Mark. 16)
Frage an die Eltern und Paten
Taufspendung (mit Erfragung des Namens) für jedes Kind allein
Tauflied (und Segnung der Familien)
Abkündigungen
Allgemeines Kirchengebet (mit namentlicher Fürbitte für die Neugetauften)
(Vaterunser, wenn nicht schon vor der Taufhandlung oder im Abendmahlsteil)
Abendmahlsfeier
Schlußteil

4. Die Segnung der Mutter (der Eltern, der Familie)

Das alttestamentliche Gesetz kannte die Verordnung, daß Wöchnerinnen ihren neugeborenen Sohn nach 40 Tagen (bzw. ihre Tochter nach 80 Tagen) in den Tempel bringen und dort ein Opfer bringen sollten (Lev. 12). Auch von Maria, der Mutter Jesu, wird die Befolgung dieser Vorschrift bezeugt (Luk. 2, 22-39). In der Christenheit knüpfte man an diesen Brauch an, der selbstverständlich im neutestamentlichen Sinn modifiziert werden mußte. Auch die lutherischen Kirchenordnungen hielten an einer dementsprechenden Sitte fest, ohne daraus eine verbindliche Ordnung zu machen. Der Sinn dieses Brauches konnte nicht mehr wie im Alten Testament der Gedanke der kultischen Reinigung sein, sondern verlagerte sich auf eine Handlung der Danksagung und der fürbittenden Segnung: Die Mutter, die mit der Geburt ihres Kindes selbst ihr Leben aufs Spiel gesetzt hat (man denke an die große Müttersterblichkeit vergangener Zeiten), wußte sich in Dankbarkeit dem Leben zurückgegeben und erbat an der Schwelle zu einem neuen Lebensabschnitt für sich im Blick auf die neue Aufgabe, die ihr mit dem neugeborenen Kind gestellt war, den Schutz und Segen Gottes.

In der Zeit, in der die Taufe eines Kindes unmittelbar nach der Geburt (ohne die Anwesenheit der Mutter) erfolgte, war die Segnung der Mutter eine selbständige Handlung innerhalb des Gemeindegottesdienstes, in dem die Mutter zum erstenmal nach ihrer Niederkunft wieder anwesend war.

Später wurde die Segnung zumeist an die Taufhandlung angeschlossen. Von daher ergaben sich gewisse Kürzungen gegenüber den älteren ausführlichen Ordnungen.

Die Muttersegnung als selbständige Handlung, wie sie auch Agende III vorsah, ist heute kaum mehr denkbar. Die Segnung könnte auch im Zusammenhang mit der Bestätigung einer Nottaufe stehen.

Im Zusammenhang mit der Taufhandlung wird sich die Segnung der Mutter auf eine Anrede, auf ein Dank- und Fürbittgebet und auf einen Segenszuspruch beschränken. „Die Segnung der Mutter eines unehelichen Kindes" war ursprünglich als eigenes Formular vorgesehen und sollte als ein Akt der Seelsorge in der Stille geschehen. Dabei sollte Psalm 25, 4–7 gelesen werden. Man wird es wohl dem seelsorgerlichen Takt des Pfarrers überlassen müssen, ob überhaupt und in welcher Weise sich eine Abwandlung des allgemein gültigen Formulars für die Segnung der Mutter nahelegt.

5. Die Erwachsenentaufe

a) Die Aufnahme eines Taufbewerbers als Katechumene

Sie kann erfolgen, wenn die gliedkirchliche oder ortskirchliche Ordnung dies vorsieht. Bei der Erwachsenentaufe können die Stücke, die ursprünglich bei der altkirchlichen Katechumenentaufe für sich standen und erst bei der Kindertaufe unmittelbar zum Taufakt gezogen wurden, wieder ihre eigene und eigentliche Stellung einnehmen.

Aus der evangelischen Taufliturgie bietet sich dafür die Obsignatio crucis an, die dann mit einer Vorstellung des Taufbewerbers, einer Schriftlesung und einem Gebet verbunden werden kann. Dieses Ritual gab es bisher praktisch nur auf dem Papier. Es ist nicht ausgeschlossen, daß im Gefolge der Auflösung volkskirchlicher Strukturen die Zahl der Erwachsenentaufen ansteigt und sich aus einem gruppengemeinschaftlichen Gottesdienst so etwas wie die Vorstellung eines Taufbewerbers und die Fürbitte für ihn als neuer gottesdienstlicher Brauch herausbildet.

b) Die Taufe eines Katechumenen

Bei gleichbleibender Grundstruktur unterscheidet sich dieses Formular durch die Lesung Joh. 3, 5–8 (anstelle des Kinderevangeliums), durch das vom Täufling selbst gesprochene Glaubensbekenntnis, durch die Abrenuntiation (Absage an den Satan) mit der Formel „Ja, ich entsage", durch die Zusage zum erfragten Credo „Ja, ich glaube" und durch das Ja des Täuflings auf die Frage nach dem Willen, getauft zu werden.

Auf ein Treuegelöbnis des Täuflings zur Evang.-Luth. Kirche und ihrem Bekenntnis, also auf ein Gelübde, das über die Abrenuntiation, das Credo und die Tauffrage noch hinausführt, ist verzichtet. Solche Gelöbnisse sind weder in der vorreformatorischen noch in der reformatorischen Zeit nachweisbar (mit der einzigen Ausnahme der Lauenburger Taufordnung von 1585). Sie kommen erst im 18. Jahrhundert auf (sicherlich unter dem Einfluß der Konfirmationsordnung) und bedeuten eine bedenkliche Akzentverschiebung. Die Erwachsenentaufe ist dann nicht mehr auf das abgestellt, was Gott am Menschen getan hat und ihm auch für die Zukunft verheißt, sondern auf das, was der Mensch verspricht. Aus denselben Gründen hat man darum auch bei der Konfirmationsordnung das lange Zeit übliche Gelübde wieder aufgegeben.

c) Die Taufe eines Taufbewerbers
(wenn keine Aufnahme in den Katechumenat vorausgegangen ist)

Diese Ordnung sieht nach der Schriftlesung von Matth. 28 und Mark. 16 zusätzlich zu b) die Obsignatio crucis vor.

Die Erwachsenentaufe wird in Zukunft sicher an Aktualität gewinnen. Eine gründliche Überarbeitung des traditionellen Formulars wird unvermeidlich sein. Vor allem wird die Gruppe, in der der Taufbewerber zum Glauben gekommen ist und die für ihn sozusagen eine Patenfunktion hat, fürbittend und bekennend stärker in Erscheinung treten müssen. Die „Absage" wird zeitgemäß und d. h. als Absage an widergöttliche Ideologien zu interpretieren sein. Auch einer frei entfalteten Bezeugung des Glaubens sollte (ohne Verzicht auf das Apostolicum) Raum gegeben werden. Innerhalb des „Bundes der Evangelischen Kirchen in der DDR" sind für die Gestaltung der Erwachsenentaufe beachtenswerte Vorschläge gemacht worden, deren Auswertung und Erprobung noch bevorsteht.

6. Die Jäh- und Nottaufe

Die Agende gibt außerdem Hinweise für den Vollzug einer Jähtaufe. Diese ist „eine bei Lebensgefahr des Täuflings durch einen ordinierten Geistlichen gespendete Taufe, die in ihrem Vollzug den besonderen Umständen angepaßt ist", d. h. die notfalls auf die entscheidenden Stücke reduziert ist. Daneben bringt die Agende das Formular für die Bestätigung einer Nottaufe. Die Anweisungen zum Vollzug der Nottaufe gehören nicht in die Agende, da diese sich nur in der Hand des Pfarrers befindet, sondern in das dem getauften Gemeindeglied zugängliche Gesangbuch. Dabei wird unterschieden werden müssen zwischen dem unabdingbaren Kern der Handlung (Taufformel und Anweisung zur Begießung des Kindes mit Wasser) und den zusätzlichen Stücken, die nur im Falle äußerster Sterbensgefahr unterlassen werden sollten (Taufbefehl und Taufverheißung, Glaubensbekenntnis, Votum postbaptismale). Auch sollte der Hinweis nicht unterbleiben, daß die vollzogene Taufe dem Pfarramt zur Vornahme der Bestätigung sofort anzuzeigen ist.

Die lutherische Reformation hat also – anders als Zwingli – die Berechtigung und die Notwendigkeit der Nottaufe, d. h. der bei Todesgefahr durch einen Nichtordinierten vollzogenen Taufe, anerkannt. Andererseits war im Mittelalter die Nottaufe insofern nicht ganz ernstgenommen worden, als man, um ganz sicherzugehen, die Taufe im Akt der „bedingten Taufe" durch den Priester nochmals vollziehen ließ. Diese in der römischen Kirche übliche bedingte Taufe soll nur gelten unter der Bedingung, daß der Täufling tatsächlich noch nicht getauft ist. Die Formel lautet: „Si non es baptizatus, ego te baptizo ..." Die lutherische Reformation hat diese Praxis abgelehnt, ebenso die Übung, notfalls ein noch nicht ausgeborenes Kind zu taufen. Im Falle einer Nottaufe ergeben sich zwei Möglichkeiten:

1. Die Nottaufe kann durch zwei oder drei Zeugen als recht vollzogene Taufe bezeugt werden. Dazu muß der Pfarrer feststellen, durch wen, in wessen Gegenwart, mit welchen Worten und womit das Kind getauft worden ist. Ist die Taufe als gültig erwiesen, soll sie um der Gemeinde willen im öffentlichen Gottesdienst bestätigt werden.
2. Kann die Nottaufe nicht sicher bezeugt werden oder ist anzunehmen, daß sie nicht rite vollzogen ist, dann wird das Kind auf jeden Fall durch den Pfarrer getauft. Nur von der mit Gewißheit und richtig vollzogenen Taufe her kann der Christ sich seiner Taufe getrösten und der Taufgnade gewiß sein.

Im ersten Fall sollte es nicht bei einer pfarramtlichen Eintragung ins Taufbuch oder einer Kanzelabkündigung sein Bewenden haben. Die Feststellung der Gültigkeit einer Taufe kann nur verbunden sein mit einem Wort der Fürbitte und des Segens über diesem Kind. „Wenn Luther dazu (zur Bestätigung der Nottaufe) Stücke verwendet, die auch in der Taufordnung vorkommen und dort der Entfaltung des Taufgeschehens dienen, so hat dies seinen guten Sinn. Denn diese der Entfaltung dienenden Stücke werden ja auch bei der Ordnung der Kindertaufe nicht um des unmündigen Kindes willen gebraucht, damit dessen Taufe dadurch kräftiger und wirksamer werde, sondern um der Paten, der Eltern und der Gemeinde willen, die an den Stücken die Bedeutung, die Gabe und die Herrlichkeit der Taufe erkennen sollen. Und eben weil diese Stücke für die Taufe nicht konstitutiv sind, können sie unbedenklich auch im Zusammenhang mit der Taufbestätigung gebraucht werden." (Mahrenholz)

Der Abschnitt, mit dem sich die Bestätigung der Nottaufe vom Taufakt selbst unterscheidet, kommt gleich an den Anfang der Handlung und somit noch vor die Taufansprache zu stehen. Er hat (nach einer Anrede) folgenden Wortlaut (an das Gemeindeglied, das die Taufe vollzogen hat, und an die Taufzeugen gerichtet): „Vor dem Angesichte Gottes frage ich euch: Ist dieses Kind im Namen des Vaters und des Sohnes und des Heiligen Geistes getauft worden?" Antwort: Ja. „Ist das Kind mit Wasser getauft worden?" Antwort: Ja. „Weil ihr vor Gottes Angesicht bezeugt, daß dieses Kind nach dem Befehl unseres Herrn Jesus Christus im Namen des Vaters und des Sohnes und des Heiligen Geistes mit Wasser getauft worden ist, so bestätige ich, daß das Kind (N.) die rechte christliche Taufe erhalten hat."

Bei der Bestätigung der Nottaufe, die an einem Erwachsenen vollzogen worden ist, wird die Ordnung der Taufbestätigung eines Kindes sinngemäß geändert (ähnlich der Erwachsenentaufordnung). Zuvor soll auch der Getaufte selbst über die Umstände seiner Nottaufe befragt sein.

11. Kapitel

DIE KONFIRMATION

Die Wurzeln der Konfirmation reichen in die alte Taufliturgie zurück. In der römisch-katholischen Kirche hat sich die Confirmatio (= Firmung) zu einem Sakrament entwickelt. In den reformatorischen Kirchen wurde der Sakramentscharakter der Firmung bestritten, eine Konfirmationshandlung aber als menschlich-kirchliche Ordnung auf biblischer Grundlage festgehalten bzw. im Verlauf des 18. Jahrhunderts neu eingeführt. Die evangelische Kirche hat keine einhellige Lehre von der Konfirmation. Verschiedene Gesichtspunkte, z. B. Zulassung zum heiligen Abendmahl, Glaubensverhör, Bestätigung des Taufbekenntnisses und Segnung gehen ineinander über. Man hat mit Recht darauf hingewiesen, daß die Konfirmation eigentlich ein Prozeß ist, der die Unterweisung im Glauben, die Einübung in das Gebet und die Einführung in das Leben der Gemeinde zum Inhalt hat. Die Konfirmation im landläufigen Sinn stellt darum nur den Abschlußgottesdienst dieses Prozesses dar. Auf Grund der verschiedenartigen Akzentuierungen waren die herkömmlichen Konfirmationsordnungen sehr vielgestaltig.

1. Zur Geschichte der Konfirmation

a) Die Zeit vor der Reformation

Die alte römische Taufliturgie sah nach dem Taufakt die Salbung des Täuflings mit geweihtem Öl (Chrisma) und die Handauflegung vor. Dieser Akt der Salbung und der Handauflegung sonderte sich allmählich von der Taufhandlung ab und blieb allein dem Bischof vorbehalten. Die Ursache dafür ist wohl darin zu sehen, daß auch die durch einen Ketzer in der rechten Form vollzogene Taufe als gültig anerkannt wurde (Ketzertaufstreit 255–257), daß jedoch der Getaufte durch die Firmung noch der bischöflichen Jurisdiktion unterstellt werden sollte. Für die Trennung von Taufe und Handauflegung (= Mitteilung des Heiligen Geistes) berief man sich trotz Apg. 2, 38 auf Apg. 8, 14–17.

Die mit der Handauflegung verbundene Salbung, die im Abendland ursprünglich nicht die gleiche Bedeutsamkeit wie die Handauflegung selbst hatte, wurde an der Stirn vollzogen und auch signatio („Versiegelung") genannt (vgl. 2. Kor. 1, 21–22; Eph. 1, 13; 4, 30; Offb. 7, 3–4). Im Laufe der Zeit bildete sich eine Verdoppelung der Salbung heraus, eine durch den Priester bei der Taufe und eine durch den Bischof bei der Firmung vollzogene Salbung. Auf dem Konzil von Florenz 1439 wird die Firmung durch päpstliches Dekret zum „zweiten Sakrament" der Kirche erhoben.

Die Salbung hat der Bischof selbst zu vollziehen. Er taucht dabei seinen Daumen in das Chrisma, das durch einen Bischof am Gründonnerstag geweiht wird, und berührt die Stirn des Firmlings kreuzweise mit den Worten: „Signo te signo crucis et confirmo chrismate salutis in nomine . . .". Merkwürdigerweise ist dabei die Handauflegung ganz in den Hintergrund getreten. Sie ist nur noch als die „in dem vorschriftsmäßigen Vollzug des Firmungsaktes eingeschlossene und mit ihm ohne weiteres gegebene Handauflegung" (Rietschel-Graff) da. Danach gibt der Bischof dem Firmling mit den Worten „Pax tecum" einen leichten Backenstreich (alapa).

Die Firmung wird in der Regel an sieben- bis zwölfjährigen Kindern vollzogen und findet bei den Visitationsreisen des Bischofs statt. Sie bewirkt die Übermittlung des Heiligen Geistes mit seinen siebenfältigen Gaben (Jes. 11, 2) und Stärkung im Glaubenskampf. Sie ist unabhängig vom jeweiligen Stand der kirchlichen Unterweisung. Keineswegs ist sie Vorbedingung zum Empfang des Altarsakraments. (Dieser setzt lediglich den Vernunftgebrauch eines Menschen voraus.) Sie verleiht einen Character indelebilis und ist dadurch unwiederholbar.

b) Die Zeit seit der Reformation

Wie schon die Waldenser, Wiclif und Hus lehnten auch die Reformatoren das Sakrament der Firmung ab. Es ist in der Form, wie es sich in der römischen Kirche herausgebildet hat, mit dem Neuen Testament unvereinbar. Dafür bildete sich in den Kirchen der Reformation eine vielfach mit dem gleichen Namen belegte, aber in ihrem Wesen anders geartete kirchliche Handlung heraus, die von folgenden Motiven beherrscht wird:
1. Der getaufte Christ kann das Altarsakrament erst empfangen, wenn neben dem Vernunftgebrauch eine rechte *Kenntnis* dessen vorhanden ist, worum es im christlichen Glauben und speziell in den Sakramenten geht (1. Kor. 11, 27−29). Ob dieses Wissen und Vermögen, die sakramentale Gabe vom sonstigen Essen und Trinken zu unterscheiden, vorhanden ist, wird vor allem vor dem ersten Abendmahlsgang in einem *Glaubensverhör* (Examen fidei) festgestellt.
2. Wenn auch ein Sakrament der Firmung biblisch nicht begründbar ist, so ist doch die in der Firmung vorhandene *Handauflegung* und *fürbittende Segnung* vom Neuen Testament her möglich, wenngleich man nach dem besonderen Anlaß hierfür fragen müßte. Einer Segenshandlung an Kindern stand man in der Reformationszeit ablehnend gegenüber, wenn die Gefahr einer Verwechslung mit der römischen Firmung gegeben war (vor allem nach dem Augsburger Interim 1548).

Schon bei Luther und in einigen lutherischen Kirchenordnungen werden die Motive des Glaubensverhörs und der Segenshandlung (allerdings auch der Beichte) miteinander verbunden. „Der Gedanke, die herangewachsenen Kindertäuflinge vor dem ersten Abendmahlsgang auf Kenntnis und Verständnis des christlichen Glaubens zu prüfen, verbindet sich mit dem Gedanken der Fürbitte durch die ganze Gemeinde und des bestätigenden Zuspruches dieser Fürbitte an den einzelnen unter Handauflegung. Daß beide Linien letztlich auf die Taufhandlung zurückgehen und daß die *Kindertaufe* der eigentliche Anlaß für die Konfirmationshandlung ist, bleibt deutlich." (Mahrenholz)

Im Bereich der Straßburger Reformation ging man in der Neubegründung der Konfirmation andere Wege. Die Konfirmation, die Stärkung im Glauben, wird dort in der kirchlichen Unterweisung, in der Prüfung und in einer „freiwilligen Erneuerung des Taufgelübdes" gesehen. Zur Gliedschaft in der Kirche genügt also nicht die am unmündigen Kind vollzogene Taufe, sondern es wird ein persönliches und bewußtes Bekenntnis gefordert. Wer dieses öffentliche Bekenntnis nicht abzulegen bereit ist, wird in Anwendung der Kirchenzucht aus der Gemeinde ausgeschlossen. Auch Martin Bucer hielt in der hessischen Konfirmationsordnung (seit 1539) an diesem Gedanken fest. Er erwartet vom herangewachsenen und unterwiesenen Christen ein Bekenntnis des Glaubens und des Gehorsams. Für diesen wird dann unter Berufung auf Apg. 8, 13 ff. unter Handauflegung die Kraft des Heiligen Geistes erbeten. Die in dieser Weise konfirmierten Christen bilden eine „Abendmahls- und Zuchtgemeinschaft". Die Zulassung zum Altarsakrament steht dabei nicht mehr im Vordergrund. Sie ist Begleiterscheinung.

Martin Chemnitz (1522–1586), einer der Begründer der lutherischen Orthodoxie, nennt als Hauptmerkmale der Konfirmation: 1. Erinnerung an das Taufgeschehen (einschließlich Abrenuntiation); 2. Persönliches und öffentliches Glaubensbekenntnis; 3. Glaubensbefragung; 4. Vermahnung, der Irrlehre abzusagen und im Taufbund zu beharren; 5. Öffentliches Gebet für die Kinder mit Handauflegung „ohne Aberglauben". Von einer allgemeinen Konfirmationssitte kann im 16. Jahrhundert nicht gesprochen werden. Sie blieb zunächst auf bestimmte Gebiete beschränkt.

Phil. Jak. Spener (1635–1705), der Wegbereiter des Pietismus, bekannte sich einesteils zum alten lutherischen Konfirmationsverständnis, setzte andernteils aber die Konfirmation nun auch in Beziehung zu der von ihm geforderten Bekehrung: Der Konfirmandenunterricht muß zur Bekehrung führen, die Konfirmation selbst soll zum Zeugnis solcher Bekehrung werden und den „Verspruch", d. h. das *Gelübde* der Treue zum Heiland Jesus Christus zum Inhalt haben.

In der Zeit des Rationalismus ging man noch einen Schritt weiter und machte aus der Konfirmation die Erneuerung und Bestätigung der Taufe, die erst durch die Konfirmation vollgültig wird. Ja, man sah in ihr den Akt der Aufnahme in die Christenheit. Der Ton lag dabei immer auf dem „Gelöbnis" des jungen Menschen, der ein Treueversprechen für die Zukunft ablegt. Im 18. Jahrhundert setzte sich die Konfirmation allgemein in den evangelischen Kirchen Deutschlands durch. Im Verständnis der Gemeindeglieder wurde und blieb sie im Vergleich zur Taufe das bedeutsamere und darum oft auch festlicher begangene Ereignis.

Das 19. Jahrhundert brachte eine Fülle von Versuchen, das Konfirmationsgeschehen zu interpretieren. Vielfach waren sie nur Variationen der Spenerschen Auffassung; doch wurde auch die Rückbesinnung auf den hessischen Ansatz erkennbar.

2. Zur Theologie der Konfirmation

Im Evangelischen Kirchenlexikon II, 896, wird als gegenwärtig am weitesten verbreitete theologische Auffassung von der Konfirmation folgendes festgestellt: „Die Konfirmation ist eine gottesdienstliche Handlung, in der die Gemeinde von ihren schon kurz nach der Geburt getauften und nunmehr in der Lehre der Kirche unterwiesenen Kindern das Bekenntnis des christlichen Glaubens entgegennimmt und ihnen daraufhin unter Fürbitte in Gestalt einer durch Handauflegung persönlich zugesprochenen Segnung die Berechtigung zur Teilnahme am heiligen Abendmahl zuspricht und sie dadurch als Glieder der um Wort und Sakrament sich versammelnden Gemeinde bestätigt." (J. Beckmann)

Die Konfirmation ist also eine gute kirchliche Ordnung, die zwar auf die heilsnotwendigen Sakramente der Taufe und des Abendmahls bezogen ist, aber nicht selbst als heilsnotwendig erscheinen darf. Es ist eine kirchliche Situation denkbar, in der es die Konfirmation nicht gibt. Die Frage, wann ein junger getaufter Christ zum heiligen Abendmahl zugelassen werden kann, könnte von diesem selbst im Einvernehmen mit seinem Pfarrer, u. U. auch von seinen Eltern in rechter Verantwortung entschieden werden. Die Teilnahme am heiligen Abendmahl ist als solche jeweils Bekenntnis des christlichen Glaubens und Besiegelung des Taufbundes und der Gliedschaft am Leibe Christi.

Die traditionelle Bündelung von Tauferinnerung, persönlichem Glaubensbekenntnis, Segnung und Abendmahlszulassung in dem einen Gottesdienst der Konfirmation wird in der Gegenwart als nicht unproblematisch empfunden. Der erste Abendmahlsgang eines getauften Christen sollte, so wird einleuchtend argumentiert, nicht erst in das Konfirmationsalter, also bis in das 14. Lebensjahr, hinausgeschoben werden. Das, was einem Menschen vom heiligen Abendmahl zu wissen nottut, könne auch schon von einem Kind im Grundschulalter erfaßt werden. Das Hineinwachsen in die Abendmahlsfrömmigkeit könne ohnehin nicht durch eine (relativ spät angesetzte) belehrende Unterweisung, sondern viel besser durch einen möglichst frühzeitigen Mitvollzug des Altarsakraments bewirkt werden. Natürlich müsse dieser Mitvollzug von der Reflexion des Glaubensgesprächs begleitet sein. Darum ist es für ein am Abendmahl teilnehmendes Kind von ausschlaggebender Bedeutung, daß es in eine die Abendmahlsfrömmigkeit lebende Familie hineingenommen ist. Durch die Vorverlegung der Abendmahlszulassung und ihre Herauslösung aus dem Konfirmationsgottesdienst würde die später erfolgende Konfirmation keineswegs sinnlos. Nur der Gedanke der „Zulassung" zum Abendmahl träte in den Hintergrund, während der Konfirmandenunterricht und die Konfirmation durchaus zu einer Ausweitung und Vertiefung des Abendmahlsverständnisses führen könnten.

Aber auch dann, wenn sich die Vorverlegung des Zeitpunkts der Abendmahlszulassung nicht verwirklichen oder rechtfertigen läßt, sollte der Konfirmandenunterricht nicht nur von einer Sakramentsbelehrung geprägt sein, der dann im Abschlußgottesdienst das erste (und oft auch letzte) Abendmahl im Leben des Konfirmanden folgt. Vielmehr sollte das Abendmahl schon während des Konfirmandenunterrichts und mehrmals von der Konfirmandengruppe (selbstverständlich nach vorausgegangener Unterweisung) gefeiert werden. Zu diesen zunächst geschlossenen gruppengemeinschaftlichen Abendmahlsfeiern, die in verschiedenen Formen begangen werden sollten, könnten dann Zug um Zug die Eltern und Paten, die Kirchenvorsteher und weitere Gemeindeglieder hinzutreten. Das Abendmahl des Konfirmationsgottesdienstes wäre dann nicht mehr das einmalige und fremdartige Erlebnis, das geistlich oft nicht mehr aufgearbeitet werden kann, sondern es wäre Wiederbegegnung mit einer bereits vertrauten Gottesdienstform, nunmehr aber innerhalb eines festlichen Gemeindegottesdienstes. In diesem Sinne ist eine „vorzeitige Zulassung" der Konfirmanden zum Abendmahl (nach entsprechender Unterweisung) in den Gliedkirchen der VELKD freigegeben worden. Auch ohne die Zusammenbindung mit der Erstkommunion wird die Konfirmation in der volkskirchlichen Situation weiterhin ihre Berechtigung haben. Im Unterschied zur früheren Konfirmationspraxis steht bei dieser Konzeption nicht mehr so sehr die *Zulassung* bzw. der Zuspruch der Berechtigung zur Teilnahme am heiligen Abendmahl im Vordergrund, sondern die *Einladung*, das Bekenntnis des Glaubens durch die Teilnahme am Mahl des Herrn zu konkretisieren.

Grundsätzlich ist der getaufte Christ ja von Anfang an zum Altarsakrament zugelassen, wenn auch solche Zulassung praktisch erst später wirksam wird. Die Konfirmation, als eigenständige Handlung ohnehin nur in Beziehung zur Kindertaufe sinnvoll, ist nicht eine Ergänzung, sondern eine Bewußtmachung der Taufe. In der Erwachsenentaufe dagegen sind die Elemente der Konfirmation bereits enthalten. Insofern darf die Konfirmation nicht neue Elemente in sich bergen, die die Erwachsenentaufe nicht kennt.

„Daraus resultiert ein Doppeltes: Einmal kann die Konfirmation nicht mehr *geben*, als die Erwachsenentaufe gibt. Zum andern kann die Konfirmation auch nicht mehr *fordern,* als die Erwachsenentaufe fordert." (Mahrenholz)

So wenig von einer besonderen Konfirmationsgnade gesprochen werden kann, so wenig darf in den Konfirmationsordnungen etwas gefordert werden, was bei der Erwachsenentaufe faktisch nicht gefordert worden ist. Diese Forderung besteht, vorausgesetzt, daß die Unterrichtung im christlichen Glauben erfolgt ist, in der Zusage zu dem dreieinigen Gott in der Form des Apostolischen Glaubensbekenntnisses und in der Bereitschaft, sich taufen zu lassen (Glaube und Taufe, vgl. Mark. 16, 16). Das Glaubensbekenntnis, das der erwachsene Täufling bzw. der Konfirmand zu sprechen hat, ist nicht als persönliches Glaubensbekenntnis gedacht, sondern als symbolische Zusammenfassung dessen, was in der vorausgegangenen Unterweisung gelernt und angenommen worden ist. Die sog. Konfirmandenprüfung (der Vorstellungsgottesdienst) ist heute zwar zeitlich von der Konfirmation abgesetzt. Wenn aber ein Konfirmand bei diesem Vorstellungsgottesdienst das ausspricht und darstellt, was er als Inhalt des Evangeliums kennengelernt hat, dann steht das auf derselben Ebene wie das Credo in der Konfirmation. Soweit es sich um das Nachsprechen vorgegebener und auswendig gelernter Texte handelt, ist ohne Zweifel die Gefahr mechanischer Gedankenlosigkeit gegeben, der begegnet werden muß. Andererseits kann das Nachsprechen und Mitsprechen bestimmter Glaubensformeln zur Hilfe für den angefochtenen Glauben oder zur Stärkung und Erhellung des schwachen und in sich unklaren Glaubens werden. Aus diesem Grunde ist das Apostolicum bei der Konfirmation eben doch mehr als der Ausweis der empfangenen Unterweisung. Es soll auch das aus persönlicher Überzeugung gesprochene „Ja" zu Taufe in sich schließen und ein „Ja" zu dem einst von den Eltern und Paten geäußerten Taufbegehren sein.

Die Streichung des Apostolikums aus der Konfirmationshandlung mit der Begründung, daß es weit über den persönlichen Glauben der Konfirmanden hinausreiche, ist darum nicht zu rechtfertigen. Im übrigen ist unbestritten, daß das wie auch immer geäußerte Ja zur Taufe nicht auf die Konfirmation beschränkt bleiben darf, sondern sich durch das ganze Leben hindurch bewähren soll.

Dieses Ja zur Taufe darf andererseits aber auch nicht gesteigert werden zu einem Gelübde („Gelobet ihr ... unverbrüchliche Treue?"). Die alten Taufordnungen haben in bezeichnender Nüchternheit und Zurückhaltung so etwas nicht gekannt. Gelübde, also für die Zukunft verpflichtende Versprechen, sind im Raum der Kirche nur am Platz bei der kirchlichen Trauung oder wenn ein bestimmtes Amt (Pfarramt, Kirchenvorsteheramt usw.) übernommen wird. Der alten Tauffrage: „Willst du getauft werden?" entspricht in ihrer Schlichtheit bei der Konfirmation etwa die Frage: „Willst du im Glauben bleiben und wachsen?" Nicht als ob Taufe und

Konfirmation nicht auf eine lebenslange treue Gliedschaft am Leib Christi abzielten! Aber in den Dingen des Glaubens kann nicht das, was Menschen versprechen (und oft genug nicht halten) im Vordergrund stehen (vgl. Mark. 14, 29–31), sondern nur das, was Gott zugesagt hat. Menschliches Versagen hebt aber Gottes Zusagen nicht auf (Röm. 3, 3; 2. Tim. 2, 13). Im Zusammenhang damit muß auch die pietistische Variante der Konfirmation abgewiesen werden, die die Konfirmation von einer durch die Unterweisung hervorgerufenen Bekehrung her verstehen will. Es kann nicht bestritten werden, daß Gott solche nach Tag und Stunde fixierbaren Bekehrungen geschehen läßt und daß sich dann und wann solche echten Bekehrungen auch im Zusammenhang mit der Vorbereitung auf die Konfirmation oder bei der Konfirmation selbst ereignen. Aber was Gott da und dort geschehen läßt, kann nicht zum Maßstab für alle gemacht werden, ganz abgesehen davon, daß es höchst bedenklich ist, solche Bekehrungen bei jungen Menschen erzwingen zu wollen.

Das andere Extrem wäre, daß man, um jedes „Gelübde" zu vermeiden, überhaupt keine Fragen nach dem Glauben mehr stellt. Natürlich ist der Glaube eines Konfirmanden nicht etwas Ausgereiftes und Endgültiges. Aber das ist der Glaube nie. Der Christ ist sein Leben lang im „Werden". Entscheidend ist die Bereitschaft, für die Gnade Gottes in Jesus Christus offen und dankbar zu sein. Wer eine dahingehende Frage bewußt und entschieden verneint, kann (noch) nicht konfirmiert werden. Die Meinung, durch Verzicht auf die Konfirmationsfragen könne man eine Überforderung oder eine dadurch ausgelöste Unehrlichkeit verhindern, kann nicht überzeugen. Die Konfirmationsfragen verdeutlichen dem Vierzehnjährigen die Verbindlichkeit dieser Handlung. Sie sind darum eine notwendige Ergänzung des Apostolicums, das, weil es ohnehin allsonntäglich gesprochen wird, oft nur als traditionelles Symbol empfunden wird.

Neben dem Ja, mit dem sich die Konfirmanden zu einem Leben mit Christus bekennen, ist es dann aber doch das Ja Gottes, das bei der Konfirmation zur Geltung kommen muß. Es ereignet sich in der Wortverkündigung (= *Predigt*), die die Gabe und Aufgabe des Christenstandes zu bezeugen hat. Es ereignet sich dann auch in dem *fürbittenden und segnenden Wort,* das jedem Konfirmanden unter *Handauflegung* persönlich zugesprochen wird. Die Einsegnung macht deutlich, daß ein Christ von den Zusagen und Verheißungen Gottes lebt. Sie erbittet für ihn die Gaben des Heiligen Geistes, damit er im Glauben bestehen und wachsen kann. Sie ist somit Confirmatio im ursprünglichen Sinn des Wortes, ein seelsorgerlicher Akt der Befestigung und Bestärkung im Glauben. Doch ist darauf zu achten, daß diese Einsegnung nur in Verbindung mit der Unterweisung, der Befragung und dem Bekenntnis „Konfirmation" sein kann, im Gegensatz zur römischen Firmung, für die der jeweilige Stand der Unterweisung unwesentlich ist.

Diese Segnung, nach Luthers Verständnis nicht nur ein Wunsch-, sondern ein Realsegen, ist allerdings nicht an den einmaligen Akt unserer sogenannten Konfirmation gebunden. Sie kann und soll auch bei anderen Anlässen erfolgen. So ist sie bei der Kindertaufe als Votum postbaptismale, bei der Segnung der Mutter, beim Übertritt und bei der Wiederaufnahme, bei der Trauung, beim Valetsegen, bei den Einführungs- und Einsegnungshandlungen am Platze. Bei der Konfirmation ist sie nicht als Ergänzung des Taufgeschehens zu verstehen (so die katholische Firmung), auch nicht nur als seine Entfaltung (ein Segenswort kennt auch die Kindertaufordnung), sondern als fürbittender Zuspruch, mit der die Kirche die Beantwortung der Konfirmationsfrage aufnimmt. Der Christ wird sein Leben lang solcher „Einsegnung" bedürfen. Sie ist, wenn auch nicht als ein auf den einzelnen gerichteter Zuspruch, so doch als Gruß und Segen an die Gemeinde in jedem Gottesdienst da.

3. Die Ordnung der Konfirmation

a) Die Vorstellung der Konfirmanden (Die Prüfung)

Gegenüber dem lange Zeit gebrauchten, aber mißverständlichen Wort „Prüfung" hat sich dem Vorschlag der Agende folgend inzwischen die Bezeichnung „Vorstellung" eingebürgert. Sie findet sich übrigens schon in reformatorischen Konfirmationsordnungen. Die Agende sieht vor, daß der Vorstellungsgottesdienst nach der Ordnung entweder der Mette oder der Andacht (Agende II) verläuft. In der Mitte dieses Gottesdienstes steht die „Unterredung mit den Konfirmanden". Sie soll zeigen, daß die Konfirmanden „in die christliche Wahrheit auf Grund der Heiligen Schrift nach dem Kleinen Katechismus Dr. Martin Luthers eingeführt sind. Hierbei ist besonders von dem vierten und fünften Hauptstück zu handeln. Bei der Unterredung soll kein Konfirmand ungefragt bleiben" (Agende III, S. 85). Danach kann noch ein Kirchenvorsteher zu den Konfirmanden sprechen.

Die Praxis hat ergeben, daß diese Vorstellung sich auch gut als „Gottesdienst in offener Form" halten läßt. Die Konfirmanden sind dabei nicht nur die auf Fragen und Impulse des Pfarrers reagierenden Gesprächspartner innerhalb einer „Unterredung", sondern sie gestalten (unter der Leitung des Pfarrers) selbst den Gottesdienst mit Liedern, mit selbstformulierten und vorgetragenen Gebeten und vor allem mit der verkündigenden Darstellung dessen, was sie in der Konfirmandenzeit vom Evangelium erfahren haben (Kurzberichte, Sprechmotetten, Bildbeschreibungen u. ä.). In manchen Gemeinden ist dieser Vorstellungsgottesdienst an die Stelle des sonntäglichen Hauptgottesdienstes gerückt. Man ist allgemein bemüht, dem Vorstellungsgottesdienst seinen „Schul- und Prüfungscharakter" zu nehmen. Sofern die Vorstellung nach wie vor „Prüfung" sein soll, d. h. sofern das Verständnis von Glaubenswahrheiten und die Kenntnis von Memorierstoff erfragt werden soll, wird dieses katechetische Gespräch zumeist aus dem Vorstellungsgottesdienst herausgenommen und in eine Konfirmandenstunde verlegt, wobei Kirchenvorsteher als Repräsentanten der Gemeinde wie auch Eltern und Paten zugegen sind.

b) Der Konfirmationsgottesdienst (Die Einsegnung)

Auch beim Konfirmationsgottesdienst selbst streben Pfarrer und Gemeinden oft nach einer freien Gestaltung. Doch sollte die agendarische Ordnung dabei mindestens als Maßstab und Korrektiv beachtet werden, damit die Konfirmation sich nicht in einen allgemeinen Jugendgottesdienst auflöst, sondern in Verbindlichkeit die das konfirmatorische Handeln konstituierenden Elemente beibehält.

Der Gottesdienst beginnt mit dem Einzug des Pfarrers und der Konfirmanden (und Kirchenvorsteher). Er verläuft bis zum Abschluß der Evangeliumslesung nach der Ordnung des Hauptgottesdienstes des betreffenden Sonntags. Nur wenn die Konfirmation außerhalb des Hauptgottesdienstes stattfindet, wie es bei mehrfachen Konfirmationen in Großstadtgemeinden nötig sein mag, wird das Proprium für Konfirmationsgottesdienste verwendet.

Evangeliumslesung
(Das Credo unterbleibt, weil es später von den Konfirmanden gesprochen wird.)
Liedstrophe
Predigt und Predigtlied
(Die Abkündigungen entfallen an dieser Stelle; sie können vor dem Einzug durch einen Kirchenvorsteher gelesen werden.)

Anrede an die Konfirmanden mit kurzer *Vermahnung* und Aufforderung zum Glaubensbekenntnis.

Glaubensbekenntnis der Konfirmanden gemeinsam mit dem Pfarrer.

Das Apostolische Glaubensbekenntnis sollte seinen Platz innerhalb des Konfirmationsgottesdienstes behalten und auch nicht durch ein neu formuliertes Glaubensbekenntnis ersetzt werden. Als Taufbekenntnis bringt es zum Ausdruck, daß die Konfirmation sich auf die Taufe zurückbezieht. Formulierungen eines Glaubenszeugnisses, die mit den Konfirmanden erarbeitet worden sind, können im Vorstellungsgottesdienst Verwendung finden.

Frage an die Konfirmanden: Liebe Konfirmanden! Wollt ihr durch die Gnade Gottes in diesem Glauben bleiben und wachsen, so bezeugt das vor Gott und dieser Gemeinde und sprecht: Ja, durch Gottes Gnade. Antwort: Ja, durch Gottes Gnade. (Die bayerische Ordnung hat die Konfirmationsfrage etwas ausführlicher: Liebe Konfirmanden! Wollt ihr unter Jesus Christus, euerem Herrn, leben, im Glauben an ihn wachsen und als evangelisch-lutherische Christen in seiner Gemeinde bleiben, so sprecht: Ja, mit Gottes Hilfe. Konfirmanden gemeinsam: Ja, mit Gottes Hilfe.)

Man läßt es also im Gegensatz zu früheren Ordnungen bei *einer* schlichten Frage, bei der alle plerophoren Wendungen vermieden sind, bewenden. Diese Frage ist nur Entscheidungs-, aber nicht Verpflichtungsfrage. Auch wird hier nicht, wie in den meisten älteren Ordnungen an dieser Stelle von einer „vollen Gliedschaft in der Gemeinde" gesprochen. Diese Feststellung wäre, wenn überhaupt, nicht schon nach dem Ja der Konfirmanden, sondern erst nach der Einsegnung am Platz.

Gebet für die Konfirmanden:
Lied 99 – Vaterunser – Fürbitte – *Einsegnung* der Konfirmanden, die in Gruppen (etwa 2–4 Kinder) vor den Altar treten und nach der Namensnennung und dem Denkspruch niederknien.
Die Fürbitte ist als erweitertes Kollektengebet des Pfarrers vorgesehen, könnte aber auch, was noch mehr zu empfehlen ist, als Ektenie zusammen mit der Gemeinde gebetet werden.
Die Einsegnung ist ihrem Wesen nach nichts anderes als die vorausgegangene Fürbitte, die nun jedem einzelnen zugesprochen wird. Die meisten älteren Ordnungen haben Gebete *vor* und *nach* der „Konfirmation". Es wurde dabei verkannt, daß die Gebete nicht Rahmenstükke der „Konfirmation" sein können, sondern daß das Gebet selbst die Konfirmation ist. Diese Zusammengehörigkeit von Fürbitte und Einsegnung soll darum auch in der Anrede an die Konfirmanden zum Ausdruck kommen: „Was wir für euch gemeinsam erbeten haben, das laßt mich einem jeden von euch besonders unter Auflegen der Hände zusprechen." Die Einsegnung geschieht unter Handauflegung mit den Worten: Gott Vater, Sohn und Heiliger Geist gebe dir seine Gnade: Schutz und Schirm vor allem Argen, Stärke und Hilfe zu allem Guten, daß du bewahret werdest zum ewigen Leben. Friede † sei mit dir. Konfirmandengruppe: Amen. (Die Gliedkirche kann ein weiteres Segensvotum zum Gebrauch freigeben.)
Der Handschlag ist nicht vorgesehen. Er ist kein biblisches Symbol, sondern ein der Rechtssphäre zugehöriges Symbol der Verpflichtung zu einem Amt. Er hat bei der Einführung von Kirchenvorstehern und Synodalen sein Recht.

Lied der Konfirmanden (wo es üblich ist), z. B. Nr. 109; 179, 1. 3. 7; 104, 1–3; 190.

(*Einladung* und *Vermahnung* an die Konfirmanden zum heiligen Abendmahl. Es ist dabei bewußt die Feststellung vermieden, daß der Taufbund nun bestätigt sei und die Konfirmanden vollgültige Glieder der christlichen Gemeinde seien.)

(*Vermahnung* an die Gemeinde)

Lied (oder weitere Strophen aus dem Predigtlied) mit Einsammlung des Dankopfers.

Es folgt das Allgemeine Kirchengebet, dann die Präfation als Einleitung des heiligen Abendmahls.

Wenn der erste Abendmahlsgang der Konfirmanden nicht im Konfirmationsgottesdienst stattfindet, wird der Gottesdienst wie an Tagen ohne Abendmahlsfeier beschlossen. Diese Übung, Konfirmation und ersten Abendmahlsgang zu trennen, kann nur gutgeheißen werden, wenn wegen der Vielzahl der Konfirmanden die Feier über Gebühr ausgedehnt würde.

Ansonsten kann es in der evangelischen Kirche nicht die Verleihung eines Abendmahlrechtes geben, von dem überhaupt kein Gebrauch gemacht wird. Die Konfirmation ist nur dort innerlich berechtigt, wo junge Christen sich zum erstmaligen (oder erneuten) Abendmahlsgang anschicken.

Der Text der die Konfirmation einleitenden Anrede und der sie abschließenden Abendmahlsvermahnung muß entsprechend abgeändert werden, wenn die Konfirmanden bereits am Abendmahl teilgenommen haben.

Das Konfirmationsformular enthält keine Äußerung zu der Frage, in welchem Alter die Kinder konfirmiert werden sollen. Das ist nicht die Frage einer liturgischen Ordnung, sondern der Lebensordnung einer Kirche. Auch über die zeitliche Ansetzung der Konfirmation im Ablauf des Kirchenjahres ist in Agende III nichts ausgesagt. Daß die Konfirmation aber in der Passionszeit, wie es heute weithin üblich ist, fehl am Platz ist und in der österlichen Freudenzeit (Taufgedächtnis) oder auch noch später (Pfingstmontag, 2. oder 6. Sonntag nach Trinitatis) sinnvoller in das Kirchenjahr eingeordnet wäre, wird jedem Verständigen einleuchten.

12. Kapitel

DIE BEICHTE

1. Wesen und Formen der Beichte

Unter „Beichte" versteht man das Bekenntnis bzw. Eingeständnis begangener Sünden (beichten: eigentlich „bejahen") mit dem Wunsch, dafür Vergebung zu erlangen. Luther hat in solchem Bekenntnis mit Recht freilich nur die eine Seite der Sache gesehen und als zweites Merkmal der Beichte das gläubige Annehmen der im Namen Gottes durch einen Menschen (den Beichtiger) erteilten Absolution bezeichnet. Das christliche Verständnis der Beichte muß darum von jedem säkularen Verständnis klar geschieden werden.

So betrachtet ist die Beichte eine über alle denkbaren liturgischen Formen weit hinausgreifende Lebensäußerung des christlichen Glaubens überhaupt. Unter allen „Amtshandlungen" gehört sie zu den Vorgängen, die am häufigsten den liturgischen Rahmen sprengen. Trotzdem kann die agendarische Vorlage einer Beichthandlung gerade auch für die Strukturierung eines seelsorglichen Beichtgesprächs von hilfreicher Bedeutung sein.

Die christliche Beichte hat ihren biblischen Grund in der Einsetzung der Schlüsselgewalt: Matth. 16, 19; 18, 18; Joh. 20, 21–23. Der, der allein die Vollmacht hat, Sünden zu vergeben (Matth. 9, 2–8), gibt solche Vollmacht an seine Jünger weiter, die selber von seiner Sündenvergebung leben und diese in der Kraft des Heiligen Geistes weitergeben sollen.

Die Beichte kann sich auf verschiedenste Weise und unter verschiedensten Umständen ereignen:

1. als Gespräch des Herzens mit Gott, bei dem der Christ der in der Taufe geschehenen Vergebung eingedenk und froh wird (Herzensbeichte);
2. als Gespräch mit dem Bruder, an dem man schuldig geworden ist und der das an ihm begangene Unrecht vergibt (Versöhnungsbeichte);
3. a) als Hören und Annehmen der allgemeinen Predigt von der Versöhnung, von der der Hörer im Glauben sich betroffen weiß (u. U. im Unterschied zu anderen Hörern, die unter derselben Predigt im Unglauben verharren);
   b) als das im Glauben geschehende Essen und Trinken des Leibes und Blutes Christi, „für uns gegeben und vergossen zur Vergebung der Sünden";
4. als eigene gottesdienstliche Feier, bei der eine Schar Beichtwilliger gemeinsam ihr Sündenbekenntnis spricht und gemeinsam den Zuspruch der Vergebung empfängt (Gemeinsame Beichte);
5. als Aussprache vor dem Beichtiger, dem der Beichtende seine Sünden, mit denen er vor Gott schuldig geworden ist, persönlich und konkret

nennt und von dem er die im Namen Gottes erteilte Absolution persönlich annimmt (Einzelbeichte).

Nur für die unter 4. und 5. beschriebenen Formen der Beichte (Gemeinsame Beichte und Einzelbeichte) sind besondere liturgische Ordnungen sinnvoll. Die Herzensbeichte vollzieht sich im Gebet, die Versöhnungsbeichte in der Freiheit des persönlichen Gesprächs, das Hören des Evangeliums und der Empfang des Altarsakraments in der Liturgie des Gemeindegottesdienstes.

Eigene Feiern der Gemeinsamen oder der Einzelbeichte hat es in der Frühzeit der christlichen Kirche überhaupt nicht gegeben, so wie auch das Neue Testament für diese Formen der Beichte keine Belege bietet. Inwieweit sie dennoch gerechtfertigt sind, gerade in der Kirche der lutherischen Reformation, wird im geschichtlichen Abriß darzustellen sein.

2. Zur Geschichte der Beichte

a) *Die Zeit vor der Reformation*

Die Absolution, die Lossprechung von den Sünden, ist nach neutestamentlichem Verständnis im gläubigen Hören des Evangeliums, im Empfang der Taufe und des heiligen Abendmahls eingeschlossen. Deshalb kennt die Urkirche keine besondere und eigenständige Form der Beichte und der Absolution. „Die allsonntägliche oder doch häufige Teilnahme am heiligen Abendmahl, das nach den Einsetzungsworten ‚zur Vergebung der Sünden' gestiftet ist, führte den Christen immer wieder zur Gewißheit der auch ihm geltenden Gnade Gottes." (Mahrenholz)

Bis zum Jahre 1215, als auf dem IV. Laterankonzil das Sakrament der Buße (mit der Ohrenbeichte) lehramtlich festgelegt wurde, bildete sich in einer Jahrhunderte dauernden, komplizierten Entwicklung eine eigene und neben dem Sakrament der Taufe und des Abendmahls selbständige Form der Beichte heraus.

Erste Ansätze hierzu zeigen sich im sog. Rekonziliationsverfahren der Alten Kirche: Wer besonders schwere Sünden begangen hatte, wurde vom heiligen Abendmahl ausgeschlossen. Er konnte erst, nachdem er sich für eine vorgeschriebene Zeit bestimmten Bußübungen unterworfen hatte, die Wiederzulassung zum Abendmahl erhalten. Dabei war lange Zeit strittig, welche Sünden zum Ausschluß von der Kommunion führen. Man unterschied zwischen Sünden, die nicht von der Gemeinde ausschlossen, und solchen, die die Exkommunikation bewirkten (grobe Sünden). Bei letzteren unterschied man zwischen läßlichen Sünden und Todsünden. Zu den Todsünden rechnete man im 2. Jahrhundert Mord, Hurerei, Abfall vom Glauben. Diese Kirchenzucht setzte freilich voraus, daß es sich um „öffentliche" Sünder handelte. Rekonziliation gab es nur für die läßlichen Sünden. Die Todsünden hatten die Ausstoßung auf Lebenszeit zur Folge.

Vom 3. Jahrhundert ab wurde dann aber auch für Todsünden die Buße ermöglicht.

Die Bußzeit wurde (in Rom) in die Fastenzeit vor Ostern (Aschermittwoch bis Gründonnerstag) gelegt. An ihrem Anfang stand die Beichte bzw. die Beichtannahme durch den Bischof, die Exkommunikation und die Einweisung in die Gruppe der Büßer. Während der Bußzeit wurden die Büßer zwar sonntäglich im Gottesdienst (Wortteil) gesegnet, mußten aber während der Kommunion im Vorhof verharren. Bevor sie (am Gründonnerstag) wieder am Abendmahl teilnehmen durften, wurden sie unter Gebet und Handauflegung in die Gemeinschaft der zum Abendmahl Berechtigten wiederaufgenommen.

War diese Bußpraxis, abgesehen von der Beichte und Beichtannahme selbst, öffentlich und auf eine Gruppe mehrerer Büßer bezogen, so bildete sich im Frühmittelalter von den iroschottischen Klöstern her eine ganz auf den einzelnen ausgerichtete Bußpraxis aus. Die Beichte wurde als ein Mittel zum vollkommenen Leben regelmäßig wiederholt. Den Priestern wurden auch die „alltäglichen" Sünden gebeichtet. Nicht nur die Beichte, sondern auch die Absolution vollzog sich heimlich. Das Schwergewicht verlagerte sich von der Rekonziliation mit der Kirche, also von der Wiederaufnahme der Büßer in die Gemeinschaft des Herrenmahles, auf die sakramentale Sündenvergebung in der (heimlichen) Absolution, die nun selbständig neben dem Altarsakrament stand. Zur Voraussetzung für die Wirksamkeit der Absolution wurden
die Reue des Herzens (contritio cordis),
das Bekenntnis des Mundes (confessio oris),
die Bußleistung (satisfactio operis).

Solange man im Empfang der Kommunion die eigentliche Absolution sah, konnte der Priester die Sündenvergebung in fürbittender Form zusprechen: „Es erbarme sich deiner der allmächtige Gott ..." Je mehr sich Beichte und Absolution als Bußsakrament verselbständigten, desto mehr setzte sich die indikativische Formel durch: „Absolvo te ..." („Ich löse dich ...") Die Loslösung, die zunächst auf bestimmte Kirchenzuchtsmaßnahmen bezogen war, wurde von der scholastischen Theologie ausdrücklich als Loslösung von den Sünden charakterisiert. Die alten fürbittenden Formeln (Christus te absolvat) verschwanden schließlich.

Im IV. Laterankonzil 1215 wurde jedem Christen vom Beginn der Reifejahre ab die Pflicht auferlegt, mindestens einmal im Jahr (und zwar zur Osterzeit) zu beichten und zu kommunizieren. Die Beichtbuße wurde jetzt ausdrücklich als Sakrament dogmatisiert. Die Absolution wurde Vorbedingung für den Empfang der Kommunion. Wer nur „läßliche Sünden" hat, könnte im Prinzip auch ohne Beichte kommunizieren. Da aber der Priester die Entscheidung darüber fällen muß, was Todsünde ist und was nicht, und da er gegebenenfalls von der Todsünde absolvieren muß, war faktisch jeder Kommunikant genötigt, vorher zu beichten.

Die früher geübte Form der öffentlichen Rekonziliation wandelte sich nun zur allgemeinen Absolution für alle Glieder der Kirche in der der Predigt angefügten Offenen Schuld um (vgl. S. 112), die auch in die reformatorischen Ordnungen einging, in der römischen Messe aber schließlich nicht mehr als vollgültige Beichte angesehen wurde.

b) Luthers Neuordnung der Beichte

Sosehr Luther scharfe Kritik am mittelalterlichen Bußwesen mit seiner Werkgerechtigkeit übte, sosehr hielt er doch an der verhältnismäßig spät entstandenen Form der Einzelbeichte mit indikativischer Absolution fest. Er wußte, daß diese Form weder für das Neue Testament noch für die Alte Kirche bezeugt ist, und stellte fest, daß sie ein „Menschengedicht" sei, wollte sie aber doch als eine Sache, die ihm „herzlich wohlgefällt", festhalten, sofern sie von ihrer unevangelischen Entstellung befreit wird. In der letzten der berühmten acht Invokavit-Predigten des Jahres 1522, die von der Beichte handelt, sagt er dazu: „Ich will mir die heimliche Beichte nicht nehmen lassen. Ich will auch niemand dazu zwingen oder gezwungen haben, sondern sie einem jeglichen frei anheimstellen."

Zwingli und Calvin waren anderer Auffassung. Eine Einzelbeichte ließen sie höchstens im Sinne eines seelsorgerlichen Gesprächs gelten. Die Absolution gab es für sie allein in der Form der im Glauben gehörten und angenommenen Predigt des Evangeliums. Die Offene Schuld wurde als Vorbereitungsakt fest mit dem Abendmahl verkoppelt. Selbst die Bezeichnung „Beichte" verschwand aus dem Sprachgebrauch der reformierten Kirche.

Luther hat seine Auffassung von der Beichte am einfachsten und volkstümlichsten im Lehrstück „Vom Amt der Schlüssel und der Beichte" niedergelegt, das jetzt dem Kleinen Katechismus beigefügt ist. Er erkennt zwar auch eine „Gemeinsame Beichte" an; die Einzelbeichte ist aber für ihn die eigentliche Beichte, gerade weil hier die Absolution persönlich zugesprochen wird oder weil, wie Luther sagt, „das Wort allein auf deine Person gestellt wird". Das Gewicht dieser Beichte legt er nicht auf die Aufzählung der Sünden, sondern auf den Empfang der Absolution durch den Beichtiger. Dazu treten als wesentliche Momente der Beichte Reue und Glaube. Luther spricht sich für eine indikativische und bedingungslose Absolutionsformel aus. Mehr als der Anschluß an die altkirchliche und frühmittelalterliche Praxis galten ihm hier die seelsorgerlichen Erwägungen. „Und von daher wählt er die sog. indikativische Absolution ‚Ich vergebe dir deine Sünden!' als die gewißmachende, die das verwundete Gewissen am meisten treffende und tröstende und daher als die beste und sachgemäße. Luther übernimmt damit eine der mittelalterlichen Absolutionsformeln, sogar die jüngste unter ihnen, aber er übernimmt sie nicht, weil er sie – wie die spätmittelalterliche Kirche – für die allein mögliche und gültige forma des Bußsakraments hält, sondern weil sie die tröstlichste, die dem Evangelium gemäßeste Formel ist." (Mahrenholz)

In der dem Kleinen Katechismus angefügten Vermahnung „Wie man die Einfältigen soll lehren beichten" gab Luther einen knappen Entwurf dafür, wie Beichte und Absolution etwa vor sich gehen könnten.

1. Die *Beichte*
   Sie wird eingeleitet mit der Bitte an den Beichtiger: „Wollet meine Beichte hören und mir die Vergebung sprechen um Gottes willen!" Dann gibt Luther zwei kurze Beispiele für das Sündenbekenntnis eines „Knechts" (oder einer „Magd") und das eines „Herrn" (oder einer „Frau"). Dazu sagt er: „Wenn aber jemand sich nicht befindet beschweret mit solcher oder größern Sünden, der soll nicht sorgen und weiter Sünde suchen noch erdichten, und damit eine Marter aus der Beicht machen, sondern erzähle eine oder zwo, die du weißest. Also: Insonderheit bekenne ich, daß ich einmal geflucht, item einmal unhübsch mit Worten gewest, einmal dies N. versäumet habe, etc. Also laß es genug sein. Weißt du aber gar keine (welchs doch nicht wohl sollt müglich sein), so sage auch keine insonderheit, sondern nimm die Vergebung auf die gemeine Beichte, so du für Gott thust gegen den Beichtiger."
2. Die *Absolution* wird eingeleitet mit dem Votum des Beichtigers: „Gott sei dir gnädig und stärke deinen Glauben! Amen." Es folgt die Frage: „Glaubst du auch, daß meine Vergebung Gottes Vergebung sei?" Auf die Antwort: „Ja (das glaube ich)", spreche er: „Wie du glaubest, so geschehe dir. Und ich auf den Befehl unseres Herrn Jesu Christi vergebe dir deine Sünde im Namen des Vaters und des Sohnes und des Heiligen Geistes! Amen. Gehe hin in Frieden." Abschließend stellt Luther fest: „Welche aber große Beschwerung des Gewissens haben, oder betrübet und angefochten sind, die wird ein Beichtvater wohl wissen mit mehr Sprüchen zu trösten und zum Glauben reizen. Das soll allein eine gemeine Weise der Beichte sein für die Einfältigen."

An diesem Beichtformular ist zunächst bemerkenswert, welche Freiheit Luther hier walten läßt. Er lehnt ein gesetzliches, erzwungenes, sich in Einzelheiten verlierendes und selbstquälerisches Sündenbekenntnis ab, wie überhaupt die Beichte nicht Gesetz für alle sein darf, sondern Hilfe für die angefochtenen Gewissen, wenn sich ihr Segen voll entfalten soll. Dem Sündenbekenntnis selber kommt nicht mehr jenes große Gewicht zu, das es in der römischen Bußpraxis hatte. Alles zielt hin auf den Trost der Absolution. „Die Beichte soll kurz sein", sagte Luther in einer Palmsonntagspredigt über die Beichte (1524).

Bedeutsam ist ferner, daß Luther für die Absolution die klare und eindeutige indikativische Form hat: „. . . ich vergebe dir deine Sünde" (die Wendung: „. . . ich verkündige dir die Sündenvergebung" bedeutet bei Luther genau dasselbe). Und doch ist wesentlich, daß niemals bei Luther in der Absolutionsformel die Berufung auf den Befehl Christi, die Feststellung, daß „im Namen Gottes . . ." gehandelt wird, fehlt. Es darf auch nicht von ferne der Gedanke aufkommen, als würde der Beichtiger hier eigenmächtig handeln oder ein anderer als allein der durch den Beichtiger handelnde, sündenvergebende Herr am Werk sein. Daß der Beichtiger nicht wie bei einem magischen Geschehen über die Absolution verfügen kann, läßt Luther daran deutlich werden, daß er neben dem klaren indikativischen Zuspruch der Vergebung auf das fürbittende Votum „Gott sei dir gnädig..." nicht verzichtet (vgl. die Epiklese beim heiligen Abendmahl).

Schließlich ist die Erteilung der Absolution an keine Bedingung geknüpft als an die des Glaubens. Der Beichtende wird nicht um seiner Reue willen, nicht wegen irgendwelcher Bußleistungen, nicht wegen seines Vorsatzes, sich zu bessern, sondern allein um der Gnade Jesu Christi willen, an die er glaubt, ohne weitere Bedingungen und Vorbehalte freigesprochen.

Luther hat im Gegensatz zur mittelalterlichen Kirche nicht gefordert, daß die Beichte dem Abendmahlsempfang vorausgehen müsse. Er hat auch jene Unterscheidung der Sünden in Todsünden und läßliche Sünden aufgegeben. Gerade die Abstufung und Differenzierung der Sünden könnte den Tatbestand verdunkeln, daß die Sünde nicht eine Summe vieler kleinerer und größerer Einzelsünden ist, sondern daß sie aus dem Unglauben, der Ur-Sünde, herauswächst. Damit hat Luther auf die jahrhundertelange, in der Kirche geübte Ordnung zurückgegriffen, daß dann gebeichtet wird, wenn Menschen durch ihr Gewissen dazu getrieben werden, während die Teilnahme am heiligen Abendmahl mit der regelmäßigen Teilnahme am Gottesdienst und dem regelmäßigen Hören des Wortes Gottes verbunden wird.

Immerhin hat auch Luther den inneren Zusammenhang von Beichte und Abendmahl gesehen. Er liegt darin, daß nach Luther die Beichte „zum Glauben reizen" soll, daß aber für das Abendmahl gerade der Glaube als die rechte Vorbedingung und Vorbereitung zum Empfang des Altarsakraments gefordert wird: „Der ist recht würdig und wohl geschickt, wer den *Glauben* hat an diese Worte: Für euch gegeben und vergossen zur Vergebung der Sünden." Als Luther 1521 auf der Wartburg weilte, schaffte Karlstadt mit seinen Freunden unter anderem kurzerhand auch die Beichte ab. Luther hat sich nach seiner Rückkehr dagegen gewandt. „Zwar weicht er nicht von seinem Standpunkt zurück, daß er die Beichte in die freie Entscheidung der Christen stellt und nach wie vor von einer Beichtpflicht, außer im Verborgenen vor Gott, nichts wissen will. Aber er beklagt es, daß auch das Heilsame der kirchlichen Einrichtung der Beichte und ihr rechter Gebrauch in Mißachtung kommt." (Rietschel-Graff)

Einige Zeit später forderte Luther die Einrichtung eines *Glaubensverhörs* vor dem Abendmahl, das keineswegs ein Beichtverhör sein sollte, sondern auf das rechte Verständnis des Altarsakramentes abzielte, freilich auch nach den Motiven zum Abendmahlsgang fragte. An dieses Verhör schloß sich Beichte und Absolution an. Es war weder daran gedacht, daß dieses Verhör vor *jedem* Abendmahlsgang stattfinden müsse, noch daß sich ihm alle Christen unterziehen müßten. Diejenigen, bei denen ein gewisses Verständnis und eine gewisse Glaubensreife angenommen werden könne, sollten davon befreit sein. Diese Exploratio (Befragung) wurde später ein Bestandteil der Konfirmation.

Luther, der damit nicht einen neuen „Papstzwang" aufrichten wollte, sagte von sich selbst: „Und ich, Dr. Martin, selbst etliche Male ungebeichtet hinzugehe, daß ich mir nicht selbst eine nötige Gewohnheit mache im Gewissen, doch wiederum die Beichte brauche und nicht entbehren will, allermeist um der Absolution willen." In diesem Sinne bejaht auch die Augsburgische Konfession (Art. XI) die Beichte.

c) Die Zeit nach der Reformation

In der Folgezeit wurden diese klaren Grundsätze freilich verdunkelt. Die lutherischen Kirchenordnungen sahen zwar durchweg die Beichte in der Ordnung Luthers als „freiwillige" Einzelbeichte vor. Sie wurde am Samstag (nur für weitab wohnende Gemeindeglieder am Sonntag vor dem Gottesdienst) in der Sakristei, der Beichtkammer, gehalten. Allerdings wurde in der Praxis die Beichte zumeist mit dem oben beschriebenen Katechismusverhör verkoppelt. Diese „Beichte", bei der dann formulierte Sündenbekenntnisse aufgesagt wurden, bei der man dann auch mehrere Konfitenten zusammen „beichten" lassen konnte, wurde schließlich für *jede* Abendmahlsfeier und von *jedem* Abendmahlsgast gefordert. Damit war die Beichte als Einzelbeichte praktisch abgeschafft. Im Vergleich zum heiligen Abendmahl besaß sie nur die Bedeutung eines „Rüstaktes". Die Beichte als für sich stehender Akt der Buße und des persönlichen Gnadenzuspruchs war dahingefallen. Im Zeitalter der Orthodoxie mußte der hohen Kommunikantenzahl wegen in den Städten ohnehin auf eine rasche „Abfertigung" gedrungen werden, was den Schaden nur noch schlimmer machte. „Es muß von evangelischer Seite zugegeben werden, daß die Beichte in der lutherischen Kirche Schiffbruch erlitt." (EKL I, 358)

Sofern die Beichte nur noch in dieser unpersönlichen, ja mechanisierten Form gehalten wurde, war der *Pietismus*, der wieder auf die „Herzensbeichte vor Gott" und auf echte Reue drang, mit seiner scharfen Ablehnung der „Einzelbeichte" durchaus im Recht. An ihre Stelle trat nun mehr und mehr die „Gemeinsame Beichte", die ähnliche Züge wie die „Offene Schuld" aufwies und doch von ihr verschieden war. Wendet sich die Offene Schuld an alle Hörer einer regelmäßigen Sonntagspredigt, so vereint die Gemeinsame Beichte nur die, die ausdrücklich die Absolution begehren, das sind aber eben die Abendmahlsgäste. Sie bleibt damit zu Recht so etwas wie eine „heimliche", d. h. nichtöffentliche Beichte, die nur für die Konfitenten stattfindet. Das „Glaubensverhör", das seit dem 16. Jahrhundert unglücklicherweise mit der Beichte verkoppelt war, wurde dann doch wieder von der Beichte gelöst und mit der vor allem im 18. Jahrhundert sich ausbildenden Konfirmation verbunden.

Ein Gewinn ist in der neuen Form der Gemeinsamen Beichte die *Beichtansprache,* die bei dem Konfitenten Reue und Glauben wecken soll. Das *Sündenbekenntnis,* das der Pfarrer als formuliertes Gebet für die Gemeinde spricht, wird durch (drei) *Fragen* an die Gemeinde ergänzt, die sich mit ihrem „Ja" das eben gesprochene Sündenbekenntnis zu eigen macht. Diese Fragen zielen auf Reue, Glaube und Lebensbesserung. Gerade durch die letzte Frage bekommt die Antwort der Gemeinde aber die Bedeutung eines Gelübdes, das, ähnlich wie bei der Konfirmation, den Schwerpunkt in der Absolution von der Zusage Gottes auf die Zusage des Menschen verschiebt. (Diese Frage lautete z. B.: „Wollt ihr auch Gott dankbar sein, euer Leben von Herzen bessern, von Sünden ablassen und in Gottseligkeit leben gegen Gott und euren Nächsten?")

Die *Absolution* wurde im Pietismus vielfach bedingt formuliert („*Wenn* du glaubst, sind dir deine Sünden vergeben"). Doch selbst wenn sie indikativisch gefaßt war, wurde sie zumeist nur „bedingt" verstanden; d. h. nach Spener galt sie nur da, „wo der Beichtende, der sich mit Worten für einen bußfertigen Sünder darstellt, auch in seiner Seele also beschaffen sei". Daneben finden sich auch Formeln der Retention (= das Zurückhalten der Vergebung) für diejenigen Beichtenden, die unbußfertig und ungläubig sind.

Hand in Hand mit der Durchsetzung der Gemeinsamen Beichte ging die Einführung der persönlichen Anmeldung zur Beichte beim Pfarrer, die heute noch auf dem Lande üblich ist. Ihr Vorzug ist darin zu sehen, daß eine persönliche Aussprache zwischen dem Beichtiger und dem Beichtenden unter vier Augen immerhin möglich wird. Es könnte damit etwas von dem Anliegen Luthers verwirklicht werden, der wünschte, „daß man niemand das Sakrament gebe, man wisse denn, wie er glaube, und daß er ein solches Gefäß sei, das es fassen kann, und er wisse seinen Glauben anzuzeigen". Wenn freilich die Beicht- bzw. Abendmahlsanmeldung in der Nennung und Eintragung der Personalien in ein Abendmahlsregister besteht, wie es die städtische Praxis notgedrungen vielfach sein muß, ist dieser Sinn auch dahingefallen.

Die Agendenreform des 19. Jahrhunderts hat über diese im Pietismus entwickelte Form der Gemeinsamen Beichte nicht wesentlich hinausgeführt. Eine Wiederbelebung der Einzelbeichte wurde nur ganz vereinzelt gewagt (z. B. Löhe in Neuendettelsau). Auch die feste Verbindung von Beichte und Abendmahl wurde nicht aufgegeben, wenn auch die meisten lutherischen Landeskirchen die Beichte als selbständigen Gottesdienst vorsahen (und dann und wann auch hielten, z. B. bei der Konfirmandenbeichte).

3. Grundsätzliches zur Neuordnung der Beichte

Nach der Lebensordnung der VELKD soll die Beichte sowohl in Form der *Einzelbeichte* als auch in der Form der *Gemeinsamen Beichte* ihren Platz im kirchlichen Handeln haben: „Die Einzelbeichte und die ‚Gemeinsame Beichte' ergänzen einander und halten sich gegenseitig gesund. Die Einzelbeichte hilft uns, die ‚Gemeinsame Beichte' ernstzunehmen und auch bestimmte Sünden zu bekennen, und die Gemeinsame Beichte ermutigt uns, auch um die Vergebung der ungenannten Sünden zu bitten und aller quälerischen Selbstbetrachtung zu entsagen." Die Ordnung des *öffentlichen Bußgottesdienstes,* die daneben vorgesehen ist, darf nicht im strengen Sinn zum „Amt der Schlüssel" gerechnet werden.

Man hat neuerdings vorgeschlagen, die Handlungen der Einzelbeichte und der gemeinsamen Beichte unter dem Oberbegriff „Die Feier der Versöhnung" zusammenzufassen.

Bei der Frage, ob und wieweit die Einzelbeichte im Leben der evangelischen Kirche wieder Bedeutung gewinnt, kommen die liturgischen Erwägungen, also die Fragen der Ordnung und Gestaltung der Einzelbeichte, erst in zweiter Linie. Zuvor müssen die seelsorgerlichen Fragen geklärt sein, inwieweit die evangelische Kirche mit ihren in der Einzelbeichte vielfach selbst ungeübten Pfarrern imstande ist, die Einzelbeichte so zu praktizieren, daß sie weder der Gefahr der römischen Ohrenbeichte (mit ihren detaillierten und mechanischen Aufzählungen aller „Todsünden") noch der Gefahr des psychotherapeutischen Gesprächs (mit der bloßen Erörterung religiöser Probleme oder gar der Verflüchtigung der Schuldempfindung) anheimfällt.

In dem Begleitwort zu den Ordnungen der Beichte schreibt Christhard Mahrenholz: „Wovor wir warnen, ist die Propagierung der Einzelbeichte als der einzig möglichen Form und die Ingangsetzung einer entsprechenden Massenbewegung, der wir nicht gewachsen sind; was wir wünschen, ist die Förderung der Einzelbeichte in der Heranziehung und Ausbildung von Beichtvätern und in der Predigt von der Beichte als einem ‚allerheilsamsten Ding' (Luther, WA VII, 297), das nicht bloß ein Vorspiel zum heiligen Abendmahl ist, sondern dessen Kernstück, die Absolution, auch in ihrer eigenständigen Bedeutung als Stiftung Jesu Christi gewertet wird."

Der zuletzt genannte Gesichtspunkt gilt auch für die Gemeinsame Beichte. Hier wird gleichfalls nicht allein ein richtiges agendarisches Formular, sondern vielmehr eine auf den Lebensrhythmus des modernen Menschen eingehende Ordnung der Gottesdienstzeiten dafür sorgen können, daß der Beichte die Eigenständigkeit zukommt, die ihr gebührt, ohne daß der *innere* Zusammenhang mit dem heiligen Abendmahl aufgegeben werden müßte.

Beichte und Abendmahl sind zwei in sich geschlossene, selbständige Handlungen. Es darf nicht das Mißverständnis entstehen, als seien sie zwei

Hälften einer Sache. Man kann das Abendmahl empfangen, ohne gebeichtet zu haben. Man kann beichten, ohne dann zum Abendmahl zu gehen. Immer vorausgesetzt, daß dabei nicht Verachtung und Lässigkeit im Spiele sind. Auf keinen Fall geht es an, die Beichte der Abendmahlsgäste in den Hauptgottesdienst (etwa zwischen Allgemeinem Kirchengebet und Präfation) einzuschieben. Die Beichte soll, auch als Gemeinsame Beichte, eine „heimliche" Beichte, eine lediglich auf den Kreis der Beichtenden bezogene Handlung bleiben. Die Beichte soll, im Gegensatz zu allen anderen gottesdienstlichen Handlungen, „im Winkel" geschehen. Überdies würde durch den Einschub der Beichte in den Hauptgottesdienst dieser zeitlich und inhaltlich überlastet. Andererseits ist es abzulehnen, die Beichte einfach wegzustreichen und das Sündenbekenntnis am Anfang des Gottesdienstes als Ersatz dafür anzubieten. Hier würde der Unterschied zwischen der Offenen Schuld, mit der das Confiteor ja identisch ist, und der Beichte mit ihrem persönlichen Zuspruch der Absolution nicht mehr gesehen.

Das würde bedeuten, daß Beichtgottesdienste etwa an einem Freitag- oder Samstagabend oder am Sonntagmorgen vor dem Hauptgottesdienst (mit Abendmahl) gehalten werden. Sie sollten zu festen, der Gemeinde bekannten und von ihr akzeptierten Terminen stattfinden, müssen aber keineswegs so häufig wie Abendmahlsfeiern gehalten werden. („Wer verstanden hat, worum es im Abendmahl geht, will es jeden Sonntag feiern. Wer verstanden hat, worum es in der Beichte geht, kann sie nicht jeden Sonntag feiern." Frieder Schulz) Weiterhin könnten für Buß- und Bettage, in der Passionszeit (Passionsgottesdienste) und im Zusammenhang mit volksmissionarischen Veranstaltungen eigene Beichtgottesdienste angesetzt werden, ohne daß unmittelbar danach das heilige Abendmahl gefeiert werden müßte.

Die Praxis, besondere Abendmahlsfeiern (außerhalb des Hauptgottesdienstes) abzuhalten und dabei die Beichte unmittelbar vorausgehen zu lassen, weil die Beichtenden und die Kommunikanten von vornherein identisch sind, kann ohne Bedenken weiter geübt werden. Sollte im Notfall eine Beichte nicht gehalten werden können oder sollten die meisten Kommunikanten nicht an der vorausgegangenen Beichte teilgenommen haben, sollte eine Abendmahlsvermahnung verlesen oder auch die Offene Schuld gebetet werden. Das sollte aber Ausnahme bleiben.

4. Die Einzelbeichte

Die Ordnung der Einzelbeichte kann viel weniger als andere liturgische Ordnungen verpflichtende und allgemein gültige Ordnung sein, sondern stellt nur eine Wegweisung und seelsorgerliche Anleitung dar. Sie will als „Vorschlag" verstanden sein und lehnt sich an die Ordnung der Gemeinsamen Beichte an. Die „Handreichung für den seelsorgerlichen Dienst", in die die Ordnung der Einzelbeichte logischerweise auch Aufnahme gefunden hat, schickt dieser eine Anweisung voraus. Sie spricht u. a. davon, daß die Wahl des Beichtvaters unbedingt frei sein soll, so wenig ein häufiger Wechsel des Beichtvaters gut ist. Sie erinnert an die unverbrüchliche Wahrung des Beichtsiegels und mahnt zur Objektivität im Verhältnis zwischen Beichtiger und Beichtenden. Sie zeigt auf, in welchem Verhältnis Beichtgespräch, Beichte und Beichtrat zueinander stehen können.

Wichtiger noch als die Aufnahme solcher Anweisungen in ein für den Pfarrer bestimmtes Buch ist, daß die Gemeinde mit solchen Grundsätzen vertraut gemacht wird.

So sollten die „Beigaben" zum EKG Hinweise bringen, in welcher Form sich die Beichte und im besonderen das Beichtbekenntnis vollziehen können, wie es z. B. im EKG Ausgabe Bayern geschieht: „Ort der Einzelbeichte ist in der Regel die Sakristei, die in manchen Gegenden heute noch Beichtkammer genannt wird. Es ist gut, wenn der Beichtende sich zuvor im stillen Gebet in der Kirche gesammelt hat. Steht die zum Beichtraum führende Tür offen, so kann der Beichtende eintreten. Zum Sündenbekenntnis sitzen oder knien Beichtiger und Beichtender derart, daß deutlich wird: der Beichtende bekennt Gott, dem Herrn, der sich eines Menschen als seines Ohres bedient."

Im allgemeinen darf damit gerechnet werden, daß nicht mehrere Beichthandlungen hintereinander stattfinden und daß dem Beichtenden genügend Zeit für ein freies Beichtgespräch angeboten werden kann. Dieses Gespräch mündet dann in die liturgisch geordnete Beichte und Absolution. Sofern die Beichte in einem Krankenzimmer stattfindet, muß auch da gewährleistet sein, daß Beichtiger und Beichtender ohne Zuhörer unter vier Augen miteinander sprechen können.

In Agende III wird eine einfache und eine ausführliche Form der Einzelbeichte angeboten:

a) *Die einfache Form*
Friedenswunsch
Aufforderung zum Sündenbekenntnis. Etwa: „Du bist gekommen, um Gott dem Heiligen und Allwissenden deine Beichte abzulegen. Darum bekenne vor mir als dem Diener der Kirche, was dich beschwert und was du bereust." (Bei einer Beichte im Krankenzimmer: „Du willst... deine Beichte ablegen.") Möglich wäre dabei auch ein einladendes Wort wie Luk. 5, 32; 1. Joh. 2, 1b. 2.
Sündenbekenntnis: „Vor Gott dem Heiligen und Allwissenden bekenne ich ... Das alles ist mir leid. Ich bitte um Gnade. Ich will mich bessern." Danach fragt der Beichtiger: „Hast du deine Beichte beendet?" Beichtender: „Ja." (Er könnte seine Beichte auch selbst abschließen etwa mit den Worten: „Ich bereue, was ich gegen Gott und meinen Nächsten gesündigt habe. Ich bitte um Vergebung. Gott helfe mir zu einem neuen Leben. Herr, erbarme Dich meiner!")
Psalmgebet (Ps. 51, 3. 12. 13). Vom Beichtiger gesprochen und vom

Beichtenden mit einem „Amen" oder „Herr, erbarme dich" aufgenommen.
Votum: „Gott sei dir gnädig und stärke deinen Glauben!"
Beichtfrage: „Glaubst du auch, daß die Vergebung, die ich dir zuspreche, Gottes Vergebung ist?" Antwort: „Ja."
Absolution (Dabei steht der Beichtiger, der bisher neben dem Beichtenden gesessen oder gekniet hat, diesem nunmehr gegenüber.)
(Unter Handauflegung): „Wie du glaubest, so geschehe dir! In Kraft des Auftrags ... Amen." Es sind mehrere Fassungen der Absolution denkbar, darunter auch die Fassung der römisch-katholischen Ordnung. Sie hat folgenden Wortlaut: Gott, der barmherzige Vater, hat durch den Tod und die Auferstehung seines Sohnes die Welt mit sich versöhnt und den heiligen Geist gesandt zur Vergebung der Sünden. Durch das Wort der Versöhnung, das er seiner Kirche anvertraut hat, schenke er dir Vergebung und Frieden. So spreche ich dich los von deinen Sünden im Namen des Vaters ...
Votum: 1. Thess. 5,23 f. in der Singularform.
Friedenswunsch: „Geh hin in † Frieden. Amen."
Wenn der Zustand eines beichtenden Kranken es erfordert, so beschränke sich der Pfarrer auf Beichtgebet, Beichtfragen und Absolution.

b) *Die ausführliche Form* (in starker Anlehnung an die Form der Gemeinsamen Beichte):
Zu Beginn erfolgt zusätzlich noch die Schriftlesung von der Einsetzung des Schlüsselamtes (Matth. 16,19 und Joh. 20,22b.23). Danach wird Psalm 139 gebetet. Aber auch hier empfiehlt sich am Anfang ein einladender Text wie Luk. 5,32 und 1. Joh. 2,1b.2. Auf das Sündenbekenntnis folgt Psalm 51 (in Auswahl). Nach der Absolution ist ein Dankgebet (Psalm 103 oder ein freies Gebet oder für einen Kranken Psalm 71 in Auswahl) mit Vaterunser und als Votum neben 1. Thess. 5.23 f. noch ein freies Votum (in Anlehnung an die Schwedische Agende) vorgesehen. Statt des abschließenden Friedenswunsches steht der Segen.
Die Anrede „Du" bei der Eröffnung der Beichte und beim Beichtgespräch kann je nach der Person des Beichtenden auch in ein „Sie" umgewandelt werden. Doch sollte bei den biblischen und liturgisch gebundenen Formulierungen (also Votum, Beichtfrage, Absolution und biblischer Friedenswunsch) in jedem Fall die Anrede „Du" gebraucht werden.

5. Die Gemeinsame Beichte

(Lied zum Eingang)
Friedenswunsch
Schriftlesungen von der Einsetzung des Schlüsselamtes (Matth. 16,19;

Joh. 20,22b.23). Sie könnten auch unmittelbar vor den Beichtfragen gelesen werden.
Gebet (in Auswahl Psalm 139 oder Psalm 51 oder ein Kollektengebet)
Beichtansprache oder Lesung einer Beichtvermahnung
(Lied oder Liedstrophe)
Lesung der Zehn Gebote und des Doppelgebotes der Liebe (Matth. 22,37-38)
Sündenbekenntnis, eingeleitet mit einem Stillen Gebet, in dem jeder seine persönlichen Sünden vor Gott bringt. Dann folgt ein Beichtgebet, das die Beichtenden nach Möglichkeit gemeinsam laut sprechen.
Beichtannahme (nach Luther)
  Der Beichtiger spricht: „Gott sei euch gnädig und stärke euren Glauben!"
Die Beichtfragen
Sie beziehen sich auf das Bekenntnis der Sünde und der Reue, auf die Bitte um Vergebung im Namen Jesu und auf die Glaubensgewißheit, daß die durch den Beichtiger zugesprochene Vegebung Gottes Vergebung ist. Die drei Fragen können auch in eine zusammengefaßt und dann mit einem einzigen Ja beantwortet werden. Sie können entfallen, wenn alle Beichtenden das Sündenbekenntnis laut mitgesprochen haben.
Absolution
Sie erfolgt entweder mit persönlichem Zuspruch der Absolution oder als allgemeine Absolution. Im ersten Fall treten nach einer allen geltenden Gnadenverkündigung die Beichtenden in Gruppen an den Altar und knien dort nieder.
  Der Beichtiger legt jedem Beichtenden die Hand auf und spricht zu jedem einzelnen: „Dir sind deine Sünden vergeben." Zum Schluß zu jeder Gruppe im ganzen: „Im Namen des Vaters und des Sohnes und des Heiligen Geistes."
  Bei der allgemeinen Absolution können an die Stelle der Formel „Ich verkündige euch die Gnade Gottes" auch andere (zum Teil seelsorgerlich intensivere) Formulierungen treten, etwa: „Ich spreche euch los, ledig und frei." „Durch mich spricht Gott zu euch: Euch sind eure Sünden vergeben."
Danksagung
Sie ist entweder ein Kollektengebet oder eine Auswahl aus Psalm 103 oder Psalm 34.
Schlußvotum (z. B. 1. Thess. 5,23 f.)
Wenn die Beichte als eine selbständige Feier gehalten wird, werden noch das Vaterunser (nach der Danksagung) und der Segen angefügt.
  Diese Ordnungen der Einzelbeichte und der Gemeinsamen Beichte sind weniger als andere liturgische Ordnungen aus der Tradition heraus gestaltet. Sie folgen aber doch den Grundgedanken Luthers, die in seiner Ordnung der Einzelbeichte ihren knappen Niederschlag gefunden haben.
  In Analogie zu Taufe und Abendmahl ist der biblische Bericht von der

Einsetzung des Schlüsselamtes Bestandteil der Beichtordnung geworden. Man hat ihn an den Anfang gestellt, da alles, was in der Beichte dann geschieht, auf dem Befehl und der Einsetzung Jesu Christi gründet. Es ist sinnvoll, daß nicht erst beim Sprechen der Absolution, sondern schon zu Beginn der Handlung oder spätestens vor den Beichtfragen aufgezeigt wird, welchen Grund das Sündenbekenntnis und die Sündenvergebung haben.

Die Ordnung der Gemeinsamen Beichte sieht vor dem Sündenbekenntnis neben einem Bußgebet eine *Beichtansprache* auf Grund eines Schriftwortes oder eine formulierte *Vermahnung* vor. Die der Agende beigegebene Vermahnung hat Luthers Ausführungen über die Beichte aus dem großen Katechismus zum Inhalt. Die Ansprache oder Vermahnung sollte auf keinen Fall unterbleiben. Sie bringt in die Beichte jenes persönliche Moment, das in der Einzelbeichte von Natur aus vorhanden ist und das in keiner Beichthandlung, die ja in seelsorgerlicher Weise zur Reue und zum Glauben führen soll, fehlen darf. Die nur nach einem festen Schema ablaufende Beichte ist, wie die Geschichte beweist, der Tod der Beichte. Aus diesem Grund wird eine Beichte auch nie für eine Massengemeinde, sondern immer nur für einen kleineren, überschaubaren Kreis gehalten werden können.

Die Verlesung der Zehn Gebote (Luther: „Da siehe deinen Stand an nach den Zehn Geboten...") ist (als Vorbereitung auf das heilige Abendmahl) in verschiedenen Ordnungen der Reformationszeit bezeugt (auch im Common Prayer Book).

Für das *Sündenbekenntnis* sind in der Agende drei Formulare angeboten (Sachsen 1581, Calenberg 1569 und ein neuzeitliches Gebet). Während man in den alten Ordnungen auch das Sündenbekenntnis in der Form der Anrede an den Beichtvater kennt, ist hier für die Gemeinsame Beichte nur die Form des Gebetes (Anrede Gottes) vorgesehen. Dieses Gebet sollte am besten von allen Beichtenden gemeinsam gesprochen werden (dann fallen die Beichtfragen weg) oder es spricht einer der Beichtenden das Sündenbekenntnis stellvertretend für die anderen. Falls der Pfarrer stellvertretend für die Beichtenden das Sündenbekenntnis spricht, was heute immer noch allgemeine Übung ist, muß sorgfältig darauf geachtet werden, in welcher Form dieses Sündenbekenntnis angekündigt wird. Der Beichtvater bleibt bei der Beichte immer im *Gegenüber* zur Beichtgemeinde. Er kann sich in das Sündenbekenntnis in diesem Fall nicht mit einschließen, weil er sich auch nicht in die von ihm selbst gesprochene Absolution miteinbeziehen kann. „Er kann sich wohl zur Not selbst das Sakrament im Gottesdienst reichen und aus dem Spendenden ein Empfangender werden, aber er kann sich selbst nicht absolvieren, niemals und unter keinen Umständen." (Mahrenholz) Deshalb kann das Sündenbekenntnis nicht eingeleitet werden mit den Worten „Lasset *uns unsere* Sünden bekennen!", was bei der Offenen Schuld (und z. B. beim Confiteor im Hauptgottesdienst) ohne weiteres möglich ist. Denn die Aufgabe des Beichtigers ist es nicht, Sünden zu bekennen, sondern das Bekenntnis der Sünden anzuhören. Es kann also, wie in der Agende vorgesehen, höchstens heißen: „Bekennet Gott eure Sünden und spreche ein jeder (mit mir) von Grund seines Herzens also!"

Dem Beichtgebet geht eine *Gebetsstille* voraus, in der alle Beichtenden ihre persönlichen Sünden vor Gott bringen können. Sie wird eingeleitet mit den Worten: „Demütiget euch vor dem Angesicht Gottes (kniet nieder) und betet in der Stille!" Das Stille Gebet dem Sündenbekenntnis nachfolgen zu lassen, wie es manche Agenden tun, empfiehlt sich darum nicht, weil das Beichtgebet über das Sündenbekenntnis hinausführt und die gläubige Bitte um Vergebung bringt, hinter der nicht noch einmal mit dem Sündenbekenntnis begonnen werden soll.

Die *Beichtfragen* sollen verhindern, daß die Beichtenden stumme Zuhörer des vom Beichtiger (oder Lektor) gesprochenen Sündenbekenntnisses bleiben. In den Fragen kann nichts enthalten sein, was nicht schon das Beichtgebet charakterisiert, also
1. das Bekenntnis der Sünde,
2. die Bezeugung der Reue,
3. die Bitte um Gnade, unter Umständen noch
4. die Bitte um Kraft zur Besserung.

Die Beichtfragen dürfen aber nicht auf ein *Gelübde* zur Besserung abzielen, etwa in dem Sinn: „. . . Wollt ihr euer Leben bessern . . ." Die Tendenz dieser Frage ist zunächst zu bejahen. Auch die Einzelbeichte hat das Bekenntnis: „Ich will mich bessern." Wer von der Sünde, die in der Vergangenheit liegt, loskommen will, muß auch von der Sünde, die in der Zukunft liegt, frei sein wollen. Aber eine derartige *Frage* ist aus seelsorgerlichen Gründen bedenklich. Sie könnte mißverstanden werden als eine neue Bedingung zur Sündenvergebung neben Reue und Glauben, wobei der Anschein erweckt werden kann, der letzte Grund für die Sündenvergebung liege nicht mehr in der Barmherzigkeit Gottes als vielmehr im guten Willen des Menschen und in seiner Bereitschaft, sich zu bessern. Gerade für Menschen mit einem zarten Gewissen können durch solche Formulierungen Sperren aufgebaut werden, die den Zugang zur Absolution behindern. „Natürlich darf ein solches Stück wie die Heiligung des Lebens nicht von der Beichte ausgeschlossen sein, es gehört vielmehr unaufgebbar dazu; aber es gehört in die Beichtvermahnung, in das Bekenntnis, in das Gebet, in das Votum nach der Beichte." (Mahrenholz)

Im Blick auf die Formulierung der Fragen erscheint aber noch etwas anderes notwendig, nämlich den Beichtenden um seiner Vergebungsgewißheit willen daran zu erinnern, daß er durch den Beichtiger *Gottes* Vergebung empfängt. Darum noch die Frage: „Glaubst du auch, daß die Vergebung, die ich dir zuspreche, Gottes Vergebung ist?" (Martin Luther 1531). Es kann also nicht nur darum gehen, daß der Beichtende an Gottes grundsätzliche Vergebungsbereitschaft glaubt, sondern daß er sich von der Einsetzung des Schlüsselamtes her durch den Beichtiger persönlich von Gott angeredet und absolviert weiß.

Für die *Absolution* ist die indikativische Form gewählt worden. „Luther hat sich für eine indikativische Formel ohne Bedingungen, ohne Retention oder dergl. entschieden, nicht etwa, weil sie die überlieferte, sondern weil sie die tröstlichste und gewisseste ist. Wir haben lang überlegt, ob man nicht neben die indikativischen Fassungen etwa eine Gebetsformel, wie sie die Alte Kirche hatte, stellen sollte. Aber wir sind uns doch darüber klargeworden, daß man an dieser Stelle nicht hinter Luther zurückgehen kann, selbst wenn die Alte Kirche noch keine indikativischen Absolutionsformeln gekannt hat." (Mahrenholz) Außerdem sorgen die Formel der *Beichtannahme:* „Gott sei euch gnädig und stärke euren Glauben" und das die Absolution einleitende *Votum:* „Wie ihr glaubet, so geschehe euch" in ihrer optativischen Gestalt dafür, daß die Vergebung nicht mechanisch und magisch mißverstanden, sondern als ein von Gott zu erbittendes Geschehen erkannt wird.

Zwischen den beiden Absolutionsformeln: „Ich spreche euch frei, ledig und los . . ." und: „Ich verkündige euch die Vergebung der Sünden" besteht theologisch keinerlei Unterschied.

Es unterstreicht wiederum den persönlichen und seelsorgerlichen Charakter der Beichte, wenn in der Gemeinsamen Beichte die Beichtenden in Gruppen an den Altar treten und dort unter Handauflegung den Zuspruch der Vergebung empfangen.

In den *Schlußvoten* („Der Herr verleihe euch . . .", „Der Gott des Friedens heilige euch . . .") kommt noch einmal der Gedanke der Besserung des Lebens, der in den Beichtfragen fehl am Platz wäre, zu seinem Recht.

6. Der Öffentliche Bußgottesdienst

Wie schon in Agende I ein besonderer Bußgottesdienst (für den Hauptgottesdienst ohne heiliges Abendmahl am Karfreitag, an Buß- und Bettagen und an Bittagen) vorgesehen ist (siehe Seite 176 ff.), so bringt auch Agende III eine gleichartige Ordnung des „Öffentlichen Bußgottesdienstes", zu dem *aus besonderem Anlaß* aufgerufen werden kann. Der Schwerpunkt liegt – im Gegensatz zur Beichte – nicht auf der Gnadenverkündigung, die, weil es sich um einen öffentlichen Gemeindegottesdienst handelt, hier nur als Absolutionswunsch, nicht aber als Absolution gesprochen werden kann, sondern auf dem von der ganzen Gemeinde vollzogenen öffentlichen Bußbekenntnis.

Darum ist ein Hauptbestandteil dieser Ordnung die Offene Schuld.

Der Gottesdienst wird eingeleitet mit einem aus dem Stundengebet herausgewachsenen Gebetsteil: Kyrie – Vaterunser – Bußpsalm (Ps. 51, 3. 4. 6a. 12 und Agnus Dei) – Kollekte. An die Stelle der nun folgenden Schriftlesungen kann auch die Lesung der Zehn Gebote treten. Die sich an die Predigt anschließende Offene Schuld kann nach dem Allgemeinen Sündenbekenntnis der Gemeinde weitergeführt und konkretisiert werden, indem besondere Versäumnisse (z. B. bei der Verkündigung des Wortes Gottes, im Dienst der Kirche, in der diakonischen Arbeit, im Wirken für den Frieden usw.) genannt werden. Es kann und soll dieses Sündenbekenntnis vom jeweiligen Anlaß her vom Liturgen frei gestaltet werden. Dem Absolutionswunsch werden (je nach dem Anlaß wechselnde) biblische Trostworte angefügt. Vor dem Segen (an der Stelle des Allgemeinen Kirchengebetes) wird die Litanei gebetet.

13. Kapitel

DIE TRAUUNG

1. Grundsätzliches

„Weil Hochzeit und Ehestand ein weltlich Geschäft ist, gebührt uns Geistlichen oder Kirchendienern nichts darin zu ordnen oder regieren, sondern lassen einer jeglichen Stadt und Land hierin ihren Brauch und Gewohnheit, wie sie gehen." Dieser Satz, mit dem Luther sein Traubüchlein aus dem Jahre 1529 einleitet, stellt von vornherein klar, was die kirchliche Trauung nicht ist und nicht sein darf: Die Ehe ist kein Sakrament; sie ist kein Bestandteil der durch Jesus Christus aufgerichteten Gnadenordnung Gottes, sondern gehört hinein in die Schöpfungsordnung Gottes. „Die Ehe war da, bevor die Kirche da war." (Mahrenholz) Insofern die Ehe öffentlich-rechtliche Bedeutung hat, ist sie in den Verantwortungsbereich der weltlichen Obrigkeit hineingestellt.

„Aber so man von uns begehrt, vor der Kirchen oder in der Kirchen sie zu segnen, über sie zu beten oder sie auch zu trauen, sind wir schuldig, dasselbe zu tun", fährt Luther fort. Insofern zwei Eheleute getaufte Christenmenschen sind, die ihre Ehe unter Gottes Gebot und Verheißung zu führen bereit sind, wird die Gemeinde Christi ihre die Ehe eingehenden Glieder zur Verantwortung vor Gott rufen, ihnen Gottes Willen über die Ehe bezeugen und für sie Gottes Segen erbitten. In ihrer geschichtlichen Entwicklung ist die kirchliche Trauung weithin auch zu einem Akt mit bürgerlich-rechtlichen Folgen geworden. Diese Tatsache war an den bis in die jüngste Vergangenheit praktizierten Trauordnungen erkennbar. Das Formular von Agende III trägt der von Luther neu in Erinnerung gerufenen Wahrheit Rechnung, daß die kirchliche Trauung nicht mit der Eheschließung identisch ist, sondern diese voraussetzt und deren Konsequenzen im Leben getaufter und glaubender Christen bewußt und verpflichtend macht.

2. Die geschichtliche Entwicklung

a) Die Zeit vor der Reformation

Wenn es auch im Judentum und Heidentum die verschiedenartigsten Trauungsriten gab, so wird für die Christenheit der ersten Jahrhunderte kein eigener Trauungsritus bezeugt. Man schloß sich dem für das römische Weltreich geltenden Grundsatz an: Consensus facit nuptias. Im übrigen hatte es mit den jeweils geltenden Sitten sein Bewenden. Die Eheschließung war damals und noch für lange Zeit eine vorstaatliche Ordnung, die von der Sippe oder Familie gehandhabt wurde. Die christliche Gemeinde war zunächst nur insoweit beteiligt, als der Bischof darüber befand, daß keine Hindernisse (z. B. Zweitehe, Verwandtschaftsehe) der beabsichtigten Eheschließung im Wege standen (bezeugt durch Ignatius und Tertullian). Weiterhin geschah es, daß durch die Brautleute ein Opfer im Gottesdienst dargebracht und daß für sie gebetet wurde. Aber weder dadurch noch durch die alsbald bezeugte Segnung des Ehebundes (Benediktion) wird die Ehe konstituiert. Wenn sich auch noch weitere christliche Sitte ausbildete (Verschleierung, Bekränzung, Segnung der Ringe), so ändert das nichts daran, daß die Eheschließung ein Akt vor und neben diesen kirchlichen Gebräuchen war. Papst Nikolaus I. (858–867) hat in einem Brief an die Bulgaren (866) ausdrücklich die Behauptung der griechischen Kirche zurückgewiesen, daß es Sünde sei, wenn die kirchliche Benediktion unterlassen werde. Die kirchliche Feier war und blieb freie Sitte.

Inzwischen hatte sich allerdings vom germanischen Brauchtum her ein neuer Gesichtspunkt für die Eheschließung ergeben. Im deutsch-rechtlichen Bereich ist eine starke Beteiligung der Familien und Sippen bei der Eheschließung zu beobachten. Es geht um eine „Umsippung" der Braut. Die Braut ist nicht Subjekt, sondern Objekt der Verlobung, die zwischen dem „Muntwalt", d. h. dem Mann, der die vormundschaftliche Gewalt über das Mädchen ausübt (Vater oder Vormund), und dem um das Mädchen werbenden Mann vollzogen wird. Später, als die Frau Verfügungsrecht über sich selbst erhält, schließt die Braut selbst den Verlobungskontrakt, dem Vormund steht aber immer noch die Zustimmung zur Verlobung zu. Mit diesem *Consensus* war die Ehe rechtlich geschlossen. Die „Verlobung" war dabei also nicht wie bei der Verlobung im modernen Verständnis ein die Eheschließung vorbereitender Akt, sondern die erste Stufe der Eheschließung selbst. Es folgte dann die Copulatio, der Akt der Übergabe und „Anvertrauung" des Mädchens an den Ehemann (traditio puellae). Durch diese „Trauung" war die Ehe juristisch geschlossen. Der Heimführung der Braut und der Brautnacht folgte am nächsten Morgen die kirchliche Segnung (vgl. Siegfried und Kriemhild). Trauung und kirchliche Segnung waren also noch nicht wie heute ein und dasselbe.

Die Eheschließung war bereits *vor* der kirchlichen Segnung vollzogen. Die Benediktion wurde nicht als ein abschließender Teilakt eines sich über mehrere Stationen erstreckenden juristischen Vorgangs („gestrecktes Rechtsgeschäft") verstanden. Insoweit hatte die Segnung im deutsch-rechtlichen Bereich dieselbe Stellung inne wie im römischen Bereich, da die eigentliche Eheschließung nach wie vor eine weltliche Handlung blieb.

Ein bedeutsamer Wandel setzte im 11. Jahrhundert ein. Nicht mehr wurde nur die Frau dem Mann, sondern es wurden beide einander anvertraut. Diese „Trauung" vollzog dann auch nicht mehr der Vater oder Vormund der Braut, sondern ein von den Brautleuten Beauftragter, sei es ein naher Verwandter oder vornehmer Bekannter. Und das wurde nun weithin der Geistliche. Die Kirche übernahm auch das „Zusammengeben", wobei oft auf Tob. 7, 15 Bezug genommen wurde, und übte dieses Amt im späten Mittelalter ausschließlich aus. Die Laientrauung wurde verboten, wenn sie auch bis ins 16. Jahrhundert hinein vorkam. In dieser Zeit nahm die Kirche auch Einfluß auf die Formen der Eheschließung. Das bedeutete in einer von Rom aus regierten Kirche ein stärkeres Eindringen des römischen Rechts. Der Mutuus Consensus der Brautleute bekam nun auch in Deutschland seine die Ehe konstituierende Bedeutung. In der vom Priester vorgenommenen Copulatio erfolgte dann die feierliche öffentliche *Bestätigung* der Ehe als eines öffentlichen Standes. Diese Copulatio war freilich nicht mehr das, was sie einmal war. Der Priester gebrauchte statt der Formel „Ego conjugo vos", die anfänglich noch in Übung war, Formeln, die das Bestätigen (confirmare) des Ehebundes oder Zusammensprechen (pronuntiare) der durch ihren Konsens verbundenen Eheleute zum Inhalt hatten. Damit war auch ein bezeichnender Ortswechsel verbunden. Die frühmittelalterliche Kopulation fand im Hause statt. Nunmehr wurde sie an die Kirchentüre verlegt. An sie schloß sich zumeist unmittelbar die Benediktion in der Kirche an.

Die Entwicklung lief außerhalb Deutschlands vielfach anders. Für den Bereich der römischen Kirche wurden die Trauungszeremonien erst im Tridentinum (Kanon „Tametsi") einheitlich geregelt. Die Ehe soll „vor dem Priester in Gegenwart zweier oder dreier Zeugen" geschlossen werden. Der Priester hat dabei keine aktive Funktion. Er versichert sich des Nichtvorhandenseins ehehindernder Tatbestände und des mutuus consensus der Brautleute. Für die Trauformel werden mehrere Möglichkeiten zugestanden. Sowohl der Trauakt als auch die Brautmesse (mit dem Brautsegen) werden jetzt *in* der Kirche vor dem Altar gehalten. Als Voraussetzung ist dabei festzuhalten, daß die Ehe nach römischem Kirchenrecht ein Sakrament ist und daß jeder römisch-katholische Christ sich bei seiner Eheschließung den Vorschriften des kanonischen Rechts zu unterwerfen hat, d. h. aber, daß nur vor einem Priester seine Ehe rechtsgültig geschlossen werden kann. Die Gültigkeit der Ziviltrauung hat darum die römische Kirche für ihre Glieder immer bestritten.

b) Luthers Traubüchlein

Luthers Traubüchlein wollte zunächst einmal eine kräftige Erinnerung daran sein, was an der Trauung „weltlich" und was an ihr „geistlich" ist. Der Begriff „weltlich" darf hier nicht im abwertenden Sinn gebraucht werden. „Weltlichkeit" der Ehe schließt nicht aus, daß die Ehe doch etwas Heiliges, von Gott Gestiftetes ist. Auch die Ehe ist „unter Gott" wie alles Gute, das aus Gottes Hand kommt. Nur gehört sie nicht der Gnadenordnung, sondern wie z. B. auch der Staat der Schöpfungs- und Erhaltungsordnung Gottes an. Luther unterscheidet darum in seinem Traubüchlein von 1529 zwei Akte: den Akt der Kopulation und den Akt der Benediktion. Diese beiden Akte werden dann auch im einzelnen entfaltet.

Beim Akt der *Kopulation* handelt der Pfarrer als Beauftragter der öffentlichen Ordnung. Er tut das gleichsam aushilfsweise, „wiewohl ich lieber wollte der Sache überhoben sein, daß die Fürsten solches zu tun verschafften". Dabei sieht Luther im Anschluß an die überkommene Sitte vor:
1. die öffentliche Wiederholung der Konsensfragen (z. B. „Hans, willst du Greten zum ehelichen Gemahl haben?" „Ja.");
2. den Wechsel der Trauringe;
3. das Zusammenfügen der Hände mit dem biblischen Votum (Matth. 19, 6b);
4. das Zusammensprechen: „Weil denn N. und N. einander zur Ehe begehren und solches hie öffentlich vor Gott und Welt bekennen, darauf sie die Hände und Trauringe einander gegeben haben, so spreche ich sie ehelich zusammen im Namen des Vaters und des Sohnes und des heiligen Geistes. Amen." Das „Zusammensprechen" hat bei Luther noch einen deklarativen Sinn (pronuntiare = öffentlich bekanntmachen). Erst in der Zeit der Aufklärung hat man „Zusammensprechen" konstitutiv, im Sinne von „zusammengeben" oder „zusammenfügen" verstanden.

Dieser erste Teil von Luthers Trauordnung hat keine allgemeine und verbindliche Bedeutung erlangt. Luther hat darauf auch gar keinen Wert gelegt. „So manches Land, so manche Sitte." (Luther) Die Kirchenordnungen der Reformationszeit weisen hier eine bunte Mannigfaltigkeit auf.

Dagegen liegt der andere Teil der Trauung, der Akt der Benediktion, Luther sehr am Herzen. Hier handelt der Pfarrer im Vollzug seines Amtes als Diener am Wort. Die Benediktion besteht aus Schriftlesung und Gebet (vgl. 1. Tim. 4,5). Luther schlägt als Lesungen vor: 1. Mose 2, 18. 21-24 (die Stiftung der Ehe); Eph. 5, 25-29 (das Gebot Gottes über die Ehe); 1. Mose 3, 16-19 (das Kreuz der Ehe); 1. Mose 1, 27.28.31a; Spr. 18, 22 (der Trost der Ehe). Das Gebet ist in Form einer Kollekte gehalten mit der Bitte um Bewahrung der Ordnung und des Segens der Ehe. Eine eigene Segnungsformel kennt Luther nicht (vgl. auch die Segnung bei der Taufe und bei der Ordination).

In dieser Ordnung sind weithin entscheidende Neuansätze in der Gestaltung der Benediktionshandlung zu erkennen. Sie liegen zunächst einmal darin, daß Luther die Segnung aus der Brautmesse herausgenommen und für sich gestellt hat. Weiter darin, daß er die Vielzahl der Gebete und Segenswünsche auf *ein* Segensgebet reduziert hat. Ferner hat er dieses Gebet mit dem vorausgehenden Wort der Heiligen Schrift zu einem einzigen Akt verklammert. So wie am Anfang der Taufe, des Abendmahls, der Beichte die Worte des Befehls und der Verheißung Gottes zu stehen kommen, durch die es überhaupt erst sinnvoll ist, zu taufen, die Kommunion zu spenden, zu absolvieren, so müssen auch bei der kirchlichen Trauung – selbst dann, wenn diese nicht wie die Sakramente und das Amt der Schlüssel auf einen unmittelbaren göttlichen Auftrag, sondern auf menschliche Ordnung zurückgeht – die Stiftungs- und Verheißungsworte der Ehe gesprochen werden, denen zufolge Eheleute Gottes Segen für ihre Ehe erbitten dürfen.

Von einer „Predigt" spricht Luther im Traubüchlein nicht. Doch sind von ihm selbst eine Anzahl von Hochzeitspredigten erhalten, woraus zu ersehen ist, daß ihm an einer Predigt durchaus gelegen war. Diese Predigten sind nicht eigentlich Traureden, also Ansprachen an das Brautpaar, sondern Predigten über den Ehestand, die der ganzen versammelten Gemeinde gelten.

c) Die Zeit nach der Reformation

Die Luther folgenden Kirchenordnungen nehmen die im Traubüchlein gegebenen Vorschläge auf. Es kommt dabei aber doch zu folgenschweren Veränderungen und Verschiebungen. Es ist noch nichts dagegen einzuwenden, daß sich aufs neue eine Aufgliederung des Segnungsgebetes bemerkbar macht in dem Sinn, daß man an das Gebet eine spezielle, auf das Brautpaar bezogene *Segensformel* anschließt, u. a. den Aaronitischen Segen. Solange diese Formel „keine über das Segensgebet hinausgehende Dignität besitzt" (Mahrenholz), solange ihr nicht eine zusätzliche, bewirkende oder gar die Eheschließung vollziehende Kraft zugeschrieben wird, solange sie vielmehr nur die personale Zuwendung des Segens Gottes an bestimmte Menschen zum Ausdruck bringt, kann sie unbedenklich und mit guten Gründen stehen bleiben.

Problematischer ist, daß die Schriftlesungen, wenn sie nicht überhaupt unterdrückt wurden (Württemberg, Sachsen), innerhalb der Ordnung so weit vom Segnungsgebet abgesetzt wurden, daß der innere Zusammenhang zwischen beiden, auf den Luther großen Wert gelegt hatte, nicht mehr erkennbar war. Diese Zerreißung zweier eng zusammengehöriger Stücke wurde aber dadurch verursacht, daß in die Benediktionshandlung Teile der Kopulationshandlung eingeschoben wurden.

Das aber ist die dritte und gravierendste Abweichung von Luthers Konzeption. Sie führte schließlich zu einer völligen Verdunkelung dessen, was evangelische Trauung sein soll. Voraussetzung dafür war, daß die Kopulation, obwohl Luther sie als Opus alienum der Kirche empfunden hatte, in den Kirchenordnungen steigende Bedeutung gewann. In der berechtigten Abwehr der heimlichen Ehen, die nur durch den beiderseitigen Konsens zustande kommen, wurde die Kopulation als ein verpflichtendes Stück der Eheschließung gefordert, weil der „Prediger" es sei, durch den „Ehe öffentlich vollzogen werden soll", wie es „die althergebrachte Ordnung" ist (Ludwig Dunte 1634). Die Mitwirkung des Predigers war also weniger für die (in den Bereich des 6. Gebots gehörende) Eheschließung konstitutiv

als dafür, daß der „öffentlichen Ordnung" Genüge geschieht. Diese aber tangiert das 4. Gebot („... die Eltern und *Herren* nicht verachten ...").
In den Kirchenordnungen zeichnen sich drei Formen des Verhältnisses von Kopulation und Benediktion ab:
a) Kopulation und Benediktion werden identisch. Einsegnung der Ehe ist zugleich öffentliche Bestätigung der Ehe, wobei vorläufig noch die Segnung dominiert.
b) Die Stücke der Kopulation und Benediktion werden miteinander vermischt. Damit wird eine Verschmelzung beider Akte eingeleitet.
c) Die Unterscheidung von Kopulation und Benediktion wird festgehalten. Aber beide werden unmittelbar nacheinander in der Kirche gehalten. Mehr und mehr verschwindet die Unterscheidung, daß die Kirche im einen Fall als weltlicher und im anderen Fall als göttlicher Mandatsträger handelt. Mehr und mehr wird die Kopulation als ein von Gott gebotener Akt entfaltet, in dem die Kirche im Namen des dreieinigen Gottes Mann und Frau in den Ehestand „zusammengibt" oder „zusammenspricht". Die kirchliche Trauung wird zum Staatsgesetz für jeden, der heiraten will.

Es kann nicht Aufgabe dieses kurzen geschichtlichen Abrisses sein, die verwickelten zivil- und kirchenrechtlichen Fragen der Zeit des 17. und 18. Jahrhunderts hier darzustellen. Aber auf jene entscheidende Wendung muß hingewiesen werden, die darin bestand, daß sich der moderne Staat ausbildete, der die Lösung der Rechtsfragen der Eheschließung für sich beanspruchte. Das bedeutet im Staatskirchentum zunächst freilich, daß der Staat die Kirche ermächtigte, ja sie gewissermaßen beauftragte, die Eheschließung zu vollziehen und dabei Konsens, Kopulation und Benediktion in einem einzigen Akt zusammenzufassen. (Es störte dabei nicht, daß die Handlung nach wie vor „Im Namen Gottes des Vaters..." vollzogen wurde und nicht auch „Im Namen des Staates".) Die Verlobung wandelte sich nunmehr aus einem rechtsgültigen Akt (consensus) zu einem privaten Vorbereitungsakt auf die künftige Ehe. Sie hat von nun an keine rechtliche Bedeutung mehr (höchstens zivilrechtliche Bedeutung) und kann gelöst werden.

„Diese alle bisherigen Schwierigkeiten auf einfache Weise beseitigende und die Einaktigkeit des staatlich-kirchlichen Eheschließungsvorgangs fixierende Lösung setzte sich auch anderwärts rasch durch und bestimmt bis heute die öffentliche Meinung in Deutschland. Sie lag in Luthers Linie, soweit es sich um die Klärung, Vereinfachung und eindeutige Gestaltung des Eheschließungsrechtes handelte, während die These, daß die Handlung im Auftrage des Staates erfolgt, sowie die Einaktigkeit der Handlung, die Kopulation und Segnung in eins setzt und damit zwangsläufig die Benediktion durch die Kopulation in den Hintergrund drängen läßt, weit von Luthers Anschauung wegführte." (Mahrenholz)

Es gab aber auch den anderen Fall, daß dort, wo ein geschlossenes Staatskirchentum nicht mehr aufrechtzuerhalten war und darum die Gedanken der Aufklärung rasch Eingang fanden, vom Staat die „Zivilehe" eingeführt wurde, sei es als fakultative Zivilehe (Holland 1580, England

1836) oder als obligatorische Zivilehe (England 1653, nur vorübergehend; Frankreich 1792, Italien 1865). Im letzteren Fall hat der Staat das Mandat an die Kirche zur Eheschließung zurückgenommen und damit von sich aus die notwendige Trennung weltlicher und kirchlicher Funktionen herbeigeführt, die von der Bibel her allein zu rechtfertigen ist. Die obligatorische Zivilehe ist freilich bis zum heutigen Tage noch nicht überall selbstverständlich. Spanien und die skandinavischen Länder z. B. haben immer noch die „Notzivilehe" für solche, die keiner anerkannten Kirche angehören oder sich aus irgendwelchen Gründen nicht kirchlich trauen lassen wollen.

In Deutschland hat die Zivilehe in den Rheinlanden schon im Zusammenhang mit der französischen Besetzung um die Wende des 18. zum 19. Jahrhundert Eingang gefunden. Noch während des 19. Jahrhunderts wurde um die Wiedereinführung bzw. Beibehaltung der früher üblichen Praxis gekämpft. Im „Kulturkampf" jedoch wurde ab 1875 dem Standesbeamten der juristische Vollzug der Eheschließung übertragen. Er bestand darin, daß der Standesbeamte nach der Bejahung der Konsensfragen aussprach (Deklaration), daß die Verlobten „kraft dieses Gesetzes (§ 1318 BGB) nunmehr rechtmäßig verbundene Eheleute seien".

Diese Regelung, die seit mehr als hundert Jahren in Geltung ist und von der katholischen Kirche zumindest für ihre Glieder grundsätzlich abgelehnt wird, faktisch aber hingenommen werden muß, wurde lange Zeit auch beim evangelischen Kirchenvolk weithin als Unfreundlichkeit des Staates gegenüber der Kirche ausgelegt, z. T. auch mit theologischen Gründen abgelehnt (z. B. Kliefoth), in Wahrheit aber war sie nun die Verwirklichung von Luthers Vorschlägen im Traubüchlein. Die Eisenacher Konferenz der deutschen evangelischen Kirchenregierungen von 1875 hat das auch anerkannt. Die evangelischen Trauordnungen hätten dann aber auf diese neue Sachlage hin umgestaltet werden müssen. Das geschah zumeist nicht. Man erwog zwar Neufassungen der Traufragen und der Trauformel, ohne zu bedenken, daß gerade die Trauformel inzwischen gegenstandslos geworden war. Was herauskam, waren vielfach Kompromißformeln. Die Anregung, „die Segnung der geschlossenen Ehe im Namen des dreieinigen Gottes" in den Vordergrund zu stellen, wurde vielfach nicht aufgenommen.

Als Beispiel für die bis 1962 gebrauchten vielgestaltigen Trauformulare seien hier die Traufragen und die Trauformel der bayerischen Agende zitiert:
Anrede an das Brautpaar: Ihr seid hier erschienen, euch im Namen des dreieinigen Gottes trauen zu lassen . . .
Frage: Darum frage ich dich, N., vor Gottes Angesicht und vor diesen Zeugen auf dein Gewissen: Willst du diese hier gegenwärtige N. (hier war der Mädchenname vorgesehen) als deine christliche Ehefrau haben und behalten und ihr alle eheliche Liebe und Treue erzeigen in guten wie in bösen Tagen, bis der Tod euch scheidet, so sprich Ja. (Dieselbe Frage wurde, entsprechend abgeändert, an die Frau gerichtet.)
Ringwechsel.

Das Zusammensprechen (während das Paar kniet): Nachdem ihr vor Gottes Angesicht euch eheliche Liebe und Treue und christliche Führung eurer Ehe gelobt habt, spreche ich als ein verordneter Diener der christlichen Kirche euch zusammen im Namen † Gottes des Vaters ... Was Gott zusammengefügt hat ... (Matth. 19, 6b.)

In Agende III wird die standesamtliche Eheschließung als legitime Ordnung vorausgesetzt. Auf dem Deutschen Evangelischen Kirchentag 1955 sah man sich berechtigt, festzustellen: „Auch das, was dort (auf dem Standesamt) geschieht, hat sein Gewicht nicht nur für die bürgerliche Gesellschaft, sondern auch vor Gott, und die Kirche hat keinen Anlaß, dies Gewicht zu verringern." Das ist in der gegenwärtigen Theologie keineswegs unbestritten. Es wird die Auffassung vertreten, daß das, „was das säkulare Recht jeweils Ehe nennt, sich auch nicht annähernd mit dem decken kann, was das Neue Testament mit Ehe meint". (H. Goltzen)

Die Problemstellung hat sich seitdem verschärft. Im Zuge der sog. sexuellen Revolution wird die Ehe im herkömmlichen Verständnis grundsätzlich in Frage gestellt. Die Grenzen zwischen Ehe und Nicht-Ehe verwischen sich gerade aufgrund des unbedenklich geübten vor- und außerehelichen Geschlechtsverkehrs in zunehmendem Maße. Die „Ehe ohne Trauschein", also die eheähnliche Lebensgemeinschaft ohne die Übernahme einer öffentlichen und rechtlichen Verantwortung für den Partner, wird in der Öffentlichkeit zumeist unbedenklich akzeptiert. (Seit dem Wegfall des sog. Kuppeleiparagraphen wird sie vom Gesetzgeber nicht mehr behindert, aber auch nicht legalisiert.) Das neue Ehe- bzw. Familienrecht in der Bundesrepublik Deutschland hat bei der Ehescheidung an die Stelle des Schuldprinzips das Zerrüttungsprinzip gesetzt, womit manche von außen kommenden, bislang aber doch als hilfreich empfundenen Sicherungen der ehelichen Gemeinschaft dahingefallen sind.

Die Kirche sieht sich damit einer Reihe von Erwartungen und Zumutungen ausgesetzt, z. B. ob in der Traufrage auf die Formel „bis der Tod euch scheidet", verzichtet werden kann. Diese Formel kann zwar theologisch nicht zwingend gefordert werden, ergibt sich aber aus dem Verständnis der christlichen Ehe eindeutig. Die Forderung, diese Formel preiszugeben, macht sie nunmehr zu einer Nota confessionis. Oder: Manche in einer eheähnlichen Verbindung lebenden Christen erwarten sich für ihr Zusammenleben einen von der Kirche vollzogenen Segnungs- und Fürbittakt mit Berufung darauf, daß die vom Staat vollzogene standesamtliche Trauung keine biblisch geforderte Notwendigkeit sei. Oder: Die Zahl der Geschiedenen ist sprunghaft angestiegen. Wenn auch (im Unterschied zu früher) nur eine kleine Minderheit der Geschiedenen für die neue Ehe die kirchliche Trauung erbittet, so ist die Kirche doch gefragt, nach welchen Kriterien sie die Wiedertrauung gewährt oder versagt. Die früher einseitig juristisch geklärte „Schuldfrage" kann keinesfalls mehr das ausschlaggebende Moment sein.

Es ist schwer abzusehen, wohin die Entwicklung führt. Im Falle einer zunehmenden Pervertierung staatlicher Ehegesetzgebung hat die Kirche solange wie möglich ihre gesellschaftsdiakonische Verantwortung wahrzunehmen und auf die Wiederherstellung einer das christliche Eheverständnis ermöglichenden staatlichen Ordnung zu dringen. Noch kann die Kirche davon ausgehen, daß dem staatlichen Recht eine Eheauffassung zugrunde liegt, die in der Ehe „die rechtlich anerkannte, einpaarige, ungeteilte, intimste und auf Dauer eingestellte Verbindung von Mann und Frau" (Siegfried Reicke) sieht. Damit sind die äußersten Grenzen für das, was christlicher Glaube unter Ehe versteht, abgesteckt. Bei der rechtsgültigen Eheschließung wird nichts weiter als der ungezwungene Ehekonsens und das Fehlen von Ehehindernissen öffentlich festgestellt. Auf dieser Grundlage würde die Bezugnahme auf die rechtsgültige Eheschließung für die evangelische Kirche erst dann problematisch, wenn die staatliche Ehegesetzgebung solche Eheschließungen verbieten würde, die nach kirchlichem Urteil erlaubt sind.

Es ist nicht ausschlaggebend, wie weit sich der Staat, der Gesetzgeber oder der Standesbeamte als Vollstrecker einer göttlichen Ordnung (im Sinne von Röm. 13) verstehen, wenn sie in der Tat Gottes Ordnungen vollziehen. Genauso bleibt das tägliche Brot Gottes Gabe, auch wenn die, die es beschaffen und empfangen, es nicht mehr als solche Gabe Gottes erkennen und bedanken. Um so wichtiger ist die Aufgabe der Verkündigung bei der kirchlichen Trauung, die Ehe als Ordnung und Gabe Gottes bewußt zu machen, darüber hinaus aber zu verdeutlichen, daß die von Christen geschlossene Ehe vom Gottesgeheimnis der Liebe Jesu Christi zu seiner Gemeinde lebt, das sich in ehelicher Liebe und Treue widerzuspiegeln vermag (Eph. 5, 32).

Die Fragen, die die Nupturienten vor dem *Standesamt* beantworten, betreffen ihren beiderseitigen *Consensus,* also ihren gemeinsamen Willen, die Ehe einzugehen. Die Fragen, die sie in der kirchlichen Trauung beantworten, rücken diesen Consensus unter die Verantwortung vor Gott und zielen damit auf eine *Confessio,* d. h. auf das Ja dazu, daß sie den Ehegatten aus Gottes Händen annehmen und mit ihm die Ehe führen wollen nach Gottes Gebot und Verheißung.

Die bayerische Fassung von Agende III hat unterschiedlichen Trauungsauffassungen insofern Rechnung zu tragen versucht, als sie vor der Segnung eine Formel des Zusammensprechens zuläßt. Der Satz „Im Namen des dreieinigen Gottes spreche ich euch zusammen" ist aber ein Fremdkörper in der theologischen Konzeption der Trauordnung. Wenn das, was mit dem „Zusammensprechen" gemeint ist, nicht konstitutiv, sondern deklarativ verstanden werden soll, wäre es unverfänglicher, der Segnung etwa die Feststellung vorausgehen zu lassen: „Gott hat euch in der Ehe aneinander gewiesen." Um der Eindeutigkeit kirchlichen Segenshandelns willen sollte am besten auf diesen Einschub verzichtet werden.

3. Die Ordnung der Trauung

In den einleitenden Rubriken wird festgestellt, daß die Trauung in der Regel als öffentlicher Gemeindegottesdienst in der Kirche stattfindet. Eine stille (geschlossene) Trauung unter Verzicht auf Glockengeläut und Trauzug ist eigentlich nur im Ausnahmefall gerechtfertigt, z. B. wenn eine Trauung in einer „geschlossenen Zeit" (Karwoche) aus irgendwelchen Gründen zwingend notwendig und unaufschiebbar ist. („Geschlossene Zeiten" waren im 16. und 17. Jahrhundert die ganze Fastenzeit und die Adventszeit. Auch die drei großen Feste des Kirchenjahres, manchmal sogar samt der ihnen folgenden Woche, oder auch alle Sonntage wurden von Trauungen freigehalten, um zu verhindern, daß diese Tage durch „ausgelassene Lustbarkeiten" entheiligt würden.)

Es würde dem Verständnis der Trauung als einem öffentlichen Gemeindegottesdienst entsprechen, wenn nicht am gleichen Tag in der gleichen Kirche mehrere Trauungen nacheinander gehalten würden, sondern wenn sie in einen Trauungsgottesdienst mit einer gemeinsamen Traupredigt zusammengefaßt werden könnten, wobei nur die Fragen und die Segnung für jedes Brautpaar gesondert erfolgen würden. Daß dies zumeist nicht durchführbar ist, ist Beweis dafür, daß die Trauung im Verständnis der Gemeindeglieder eben doch vornehmlich ein das Brautpaar und dessen Familien angehendes Ereignis ist, dessen Kern die seelsorgerliche Begleitung der davon betroffenen Menschen über eine Lebensschwelle hinweg ist.

Die Agende weist auf die gute Tradition hin, daß im Anschluß an die Trauung eine Abendmahlsfeier gehalten werden kann. Daran würde deutlich, daß die neue Ehe (bzw. spätere Familie) in die Sakramentsgemeinschaft der Gemeinde eingefügt werden soll. Die Beichte könnte dann am Morgen des Hochzeitstages oder an einem der vorhergehenden Tage gehalten werden. Die Beichte könnte aber auch unmittelbar dem Abendmahl vorausgehen.

Daß „Aufgebot" und „Fürbitte" im Hauptgottesdienst des vorhergehenden Sonntags erfolgen, bedeutet, daß das Pfarramt die (keineswegs selbstverständliche) Entscheidung gefällt hat, daß das die Trauung begehrende Paar zur kirchlichen Trauung zugelassen werden kann. An dieser Stelle schlägt also noch das Ordnungsdenken vergangener Zeiten durch, das in der kirchlichen Trauung vor allem einen Rechtsakt gesehen hat. Es ist zu wünschen, daß bei der „Proklamation" die Einladung an die Gemeinde zur Fürbitte und zur Teilnahme am Gottesdienst stärkeres Gewicht bekommt.

Der Pfarrer kann bei der Abholung des Trauzuges an der Kirchentüre die Feier einleiten mit dem Votum Ps. 124, 8 und einer Einladung, die darauf hinweist, daß wir in der Trauung „Gottes Wort über den Ehestand hören, den Beistand des Heiligen Geistes für das Brautpaar erbitten und es im Namen des Dreieinigen Gottes segnen".

Der Gottesdienst nimmt folgenden Verlauf:
Einzug in die Kirche (unter Orgelspiel)
    Friedensgruß (und Begrüßung, falls nicht schon an der Kirchentüre geschehen)
    Biblisches Votum
    Gebet oder Psalm

Predigt und Lied
Schriftlesungen
Trauverpflichtung
Ringwechsel und Trauformel
Einsegnung und Fürbitten
Entlaßsegen
Im einzelnen:

Gegenüber der *In-nomine-Formel* am Anfang wird immer wieder Zurückhaltung empfohlen, weil sie den Eindruck erwecken könnte, die Handlung würde durch einen Amtsträger, „der sich auf seinen Auftrag beruft und kraft seines erneut proklamierten Mandats tätig wird" (Mahrenholz), konstituiert. Der Friedensgruß (Joh. 20), mit dem der auferstandene Heiland seine Jünger grüßte, bringt dagegen besser das Zusammenwirken von Amt und Gemeinde zum Ausdruck. Er begegnet dem Mißverständnis, als würde nur der Pfarrer (und sozusagen in Anwesenheit eines „Publikums") die Amtshandlung vornehmen.

Das *Eingangsgebet* ist als ein das Eingangslied und das Votum zu einem kleinen Eingangsteil abrundendes Gebet in Kollektenform geschaffen worden. Auch ein passender Psalm kann die Stelle des Eingangsgebetes einnehmen (Psalm 100; 105; 119; 138; 145 jeweils in Auswahl). Die Gemeinde nimmt das Psalmgebet mit „Amen" auf. Wird der Psalm vom Pfarrer mit „Ehre sei dem Vater..." beschlossen, so kann die Gemeinde auch den Vers „Wie es war im Anfang... Ewigkeit. Amen" sprechen.

Das *Lied* (nicht nur eine Strophe) *nach der Predigt* soll, wie das Predigtlied im Hauptgottesdienst, die Aufnahme und betende Weiterführung der Predigtgedanken durch die Gemeinde darstellen. Gerade an dieser Stelle sollte nicht (zugunsten solistischer Musik) auf ein Gemeindelied verzichtet werden.

Von den Schriftlesungen ab werden die Stücke aus Luthers Traubüchlein aufgenommen. Dementsprechend stehen sie nicht vor der Predigt, sondern werden nach ihr mit dem Segnungsakt verbunden.

Die für die Trauung konstitutiven *Schriftlesungen* sind: 1. Mose 1,27 (28); 2,18; Matth. 19,4b-6; Eph. 5,21-23. 25-26a. 30. Daneben können Schriftlesungen treten, die mehr allgemein von der christlichen Liebe reden (Joh. 14; 15; 17; Röm. 12; 1. Kor. 13; Eph. 4; Kol. 3; 1. Joh. 4) oder auf den Schöpfungscharakter der ehelichen Liebe hinweisen (Spr. 18, 22; Hoheslied 8,6b.7a).

Das Wort vom Kreuz des Ehestandes (1. Mose 3,16-19), auf das Luther in seinem Traubüchlein nicht verzichtet hat, ist als unkommentierte Textlesung schwer verständlich. Schon die Erstfassung von Agende III hat den Vorschlag gemacht, nur umschreibend darauf Bezug zu nehmen.

Was bis vor kurzem noch absolut selbstverständlich war, wird für die gegenwärtigen Trauagenden zum Problem: nämlich die Frage, wieweit die

Worte vom Kindersegen und der Auftrag, das Leben weiterzugeben, unkommentiert ausgesprochen werden können. Ebenso bedürfen Bibelworte, die die Unterordnung der Frau unter den Mann zum Inhalt haben, der Interpretation. Auf die sich stellenden Fragen sollte unbedingt im Traugespräch und nach Möglichkeit in der Trauverkündigung eingegangen werden.

Die Schriftlesungen können, etwa dann, wenn sich die Predigt auf Grund besonderer Gegebenheiten bestimmten seelsorgerlichen Fragen zuwenden muß, zu einem Summarium zusammengefaßt werden, d. h. erläuternd miteinander verbunden werden.

Die Trauverpflichtung. Sie kann entweder, wie es den Ordnungen der letzten Jahrzehnte entspricht, die Elemente des Consensus und der Confessio (im Falle der Trauung auch des Gelöbnisses) miteinander verbinden (1. Form) oder sich ganz auf das Merkmal der Confessio (einschließlich Gelöbnis) beschränken (2. Form).

1. Form:

Sie wird eröffnet mit der Feststellung, daß die Ehe eine gute und gnädige Gabe Gottes ist und daß Gott auch die nunmehr geschlossene Ehe schützen und segnen will. Die Frage richtet sich sowohl darauf, daß die Ehegatten sich einander auch vor Gott annehmen, als auch darauf, daß sie ihre Ehe nach Gottes Gebot und Verheißung führen wollen.

Der Inhalt der Frage könnte auch von beiden Ehegatten als „Erklärung" dem Pfarrer, der den Text (dezent und leise) vorspricht, nachgesprochen werden. Für solche Erklärungen, die in der evangelischen Tradition ein Novum darstellen, werden folgende Formulierungen in Vorschlag gebracht: „Ich nehme dich, N., zur Frau. Ich will mein Leben mit dir teilen im Geben und Empfangen, im Ansprechen und Zuhören, im Teilgeben und Teilnehmen. Was auch das Leben bringt, ich will dir treu sein mein Leben lang. Gott helfe mir." Zwar begegnen wir hier nicht mehr den traditionellen Formeln „In guten wie in bösen Tagen" und „Bis der Tod uns scheidet". Doch sind sie der Sache nach zum Ausdruck gebracht.

2. Form:

Sie eignet sich auch für sog. Nachtrauungen. Als Bekenntnis gefaßt – sie ist aber auch in der Form der Anrede oder der Frage möglich – hat sie folgenden Wortlaut: „Wir wollen in unserer Ehe nach Gottes Willen fragen und auf seine Güte vertrauen, in Freude und Leid beieinander bleiben unser Leben lang. Wir wollen gemeinsam für andere dasein und tun, was dem Frieden dient. Dazu helfe uns Gott!"

Bei der Anrede sollte bereits der Ehename (nach Wunsch mit dem Zusatz „geborener" oder „geborene") genannt werden.

Der *Ringwechsel* ist fakultativ, da er ursprünglich nichts mit der kirchlichen Trauung zu tun hatte. Doch kann er als guter Brauch stehenbleiben, wenn er nicht durch irgendwelche weiheähnliche Formeln überhöht wird. Ausgehend vom katholischen Brauchtum wird manchmal auch für die evangelische Trauung vorgeschlagen, daß sich die Brautleute beim Anstecken der Ringe gegenseitig zusprechen: „Trag diesen Ring als Zeichen deiner Treue!"

Die *Trauformel* Matth. 19, 6b hat bestätigenden Charakter und wird gesprochen, während der Pfarrer seine rechte Hand auf die ineinandergelegten Hände des Brautpaares legt.

„Dadurch wird noch einmal unterstrichen, daß es hier nicht darum geht, den Segen zwei Menschen zu erteilen, die, etwa wie zwei Konfirmanden, zufällig nebeneinander stehen, sondern daß es sich um die Segnung der Eheleute *in einem Stande* handelt, der sie für die Dauer ihres irdischen Lebens miteinander verbindet." (Mahrenholz) Die Eheleute bleiben dabei stehen. Ein Niederknien schon an dieser Stelle würde einer falschen Sakralisierung der Handreichung Vorschub leisten. Außerdem ist es das Natürliche, daß man sich beim Gegenüberstehen die Hand reicht, während man nebeneinander kniend die Hände faltet.

Zur *Einsegnung* kniet das Paar nieder. Das Segensgebet kann der Pfarrer zum Altar hin gewendet oder unter Handauflegung sprechen. „Mit Luther wird am Segnungsgebet an dieser Stelle festgehalten. Dieses Gebet ist nicht ein Gebet zum Abschluß der Handlung, wie man heute vielfach meint, sondern die eigentliche Mitte des Segens." (Mahrenholz) Dem speziellen Segensgebet geht das Vaterunser voraus (zur Voranstellung des Vaterunsers s. S. 210). „Wenn man diese Reihenfolge längere Zeit hindurch geübt hat, wird man spüren, was es auch für Pfarrer und Gemeinde bedeutet, wenn am *Anfang* des Gebetes das Vaterunser steht, wie von dem Inhalt des Herrengebetes aus das nachfolgende spezielle Gebet angefüllt und in ein bestimmtes Licht gerückt wird, wie man sich in dem speziellen Gebet ‚gezielt' auf das Anliegen beschränken kann, das der Kasus erfordert, und wie es dann auch nicht vieler Worte bedarf, um das sachlich Wichtige und Richtige zu sagen." (Mahrenholz) Die Agende bietet vier verschiedene Gebete an, eines davon besonders für Nachtrauungen.

Das Segenswort, das sich in Luthers Traubüchlein nicht findet, ist als Zusammenfassung und Verdeutlichung des Segensgebetes seit langem in Übung und auch für die neue Trauungsordnung festgehalten worden. Mehrere Formeln stehen zur Auswahl. Durchgehend ist die anfechtbare Fassung „Ich segne euren Ehebund" vermieden und dafür die Wunschform „Gott segne . . ." gewählt worden. Angestrebt wird auch folgende Form des Segnens: Der Pfarrer eröffnet und beschließt die Segnung; dazwischen sprechen Angehörige und Freunde ein Segensvotum.

Mit dem Lied (oder der Liedstrophe) kann die Gemeinde selbst an der fürbittenden Segnung teilhaben oder diese lobend und dankend abschließen.

Während das Segnungsgebet, das ausschließlich auf das Ehepaar bezogen ist, in der knappen Kollektenform gesprochen wird, soll das am Schluß der Handlung stehende *Fürbittgebet,* das alle Eheleute und darüber hinaus die ganze Gemeinde Christi mit einschließt, ausführlicher gestaltet sein. An ihm wird erkennbar, daß die Trauung Gemeindegottesdienst ist.

Wie die Fürbitten im Hauptgottesdienst kann dieses Gebet auch in der Form der Ektenie oder des Diakonischen Gebetes gesprochen werden.

Nach dem an die ganze Gemeinde gerichteten trinitarischen Segen verläßt der Trauzug während des Orgelnachspiels die Kirche. Wenn sich an die Trauung die Feier des heiligen Abendmahls anschließt, so folgen auf das Dank- und Bittgebet (eine Liedstrophe und) die das Präfationsgebet einleitenden Versikel. Das Präfationsgebet ist entweder das allgemeine oder das dem Kirchenjahr entsprechende. Für die Schlußkollekte ist ein auf die Trauung bezogener Text vorgesehen.

14. Kapitel

DAS BEGRÄBNIS

1. Zur Geschichte des Begräbnisses

a) Die Zeit vor der Reformation

Für die christliche Gemeinde war es von Anfang an eine Selbstverständlichkeit, daß ihr die Bestattung der verstorbenen Gemeindeglieder als ein Gebot der *Liebe* aufgetragen sei. Im Unterschied zum heidnischen Brauchtum war darum das Begräbnis Sache nicht nur der Familie, sondern auch der christlichen Gemeinde, die u. U. ganz für die Bestattung verarmter Gemeindeglieder aufkam. Die äußeren Formen dürften sich zunächst wenig von den jüdischen und heidnischen Gebräuchen unterschieden haben. Man schloß den Toten Augen und Mund, wusch sie und bekleidete sie mit der weißen Tunika (Bischöfe, Mönche usw. auch mit der Amtstracht). Die Beerdigung erfolgte noch am Todestage. Die Christengemeinden legten alsbald für ihre Glieder eigene Begräbnisplätze (coemeteria) an. Die Totenklage (vgl. auch Mark. 5,38) ist für Stephanus, den ersten christlichen Märtyrer, bezeugt (Apg. 8,2). Die bei den Römern mehr und mehr um sich greifende Sitte der Leichenverbrennung wurde abgelehnt, sicher im Anschluß an die jüdische Sitte und an die Tatsache, daß auch Jesus in ein Grab gelegt worden war. Ebenso werden Schriftstellen wie 1. Kor. 6,19 und 1. Kor. 15,35 ff. eine Veranlassung dazu geboten haben. Doch wurde der Glaube an die Auferstehung durch die Verbrennung von Märtyrern nicht in Frage gestellt.

Neben der Bezeugung der Liebe zu dem Verstorbenen wurde die Bestattung aber auch Zeugnis des *Glaubens* an die Auferstehung. Nicht mehr die Totenklage (neniae), sondern die Freude der Auferstehungshoffnung, wie sie durch Christi Auferweckung begründet war, bestimmte in den entsprechenden Psalmen und Hymnen mehr und mehr das christliche Leichenbegängnis. Der Todestag des Christen wurde als sein Geburtstag zum ewigen Leben bezeichnet. Liturgische Begräbnisordnungen sind aus der Frühzeit der christlichen Kirche nicht bekannt.

Seit dem 4. Jahrhundert sind christliche *Grabreden* überliefert. Sie waren allerdings, dem Vorbild der heidnischen Laudatio funebris folgend, keine Verkündigung des Evangeliums, sondern Würdigungen hervorragender Persönlichkeiten. Sie blieben zunächst noch die Ausnahme. Freilich wird nun deutlich, daß das Element der Totenehrung und des *Totengedächtnisses* mehr und mehr in den christlichen Kultus eindringt. Man gedachte der Toten außer am Begräbnistag auch am 3., am 30. und am 40. Tage nach dem Tode sowie am Jahrestag (Anniversarium); dabei wurden auch Agapen an den Gräbern gehalten.

Das Totengedächtnis wurde nun aber auch mit einer *Fürbitte* für die Toten verbunden, und diese wiederum führte dazu, daß man für die Toten *Opfer* (oblationes pro defunctis) darbrachte, um ihr Los im Jenseits bzw. im Purgatorium (Fegefeuer) zu verbessern und ihnen zur Läuterung zu verhelfen. Das war eine natürliche Folge der sich mehr und mehr durchsetzenden Meßopfertheologie. Die Eucharistie wurde als Gnadenmittel auch für die Toten gehalten. (Es gab in Afrika und Gallien eine Zeitlang sogar den Brauch, den Toten die Hostie in den Mund oder wenigstens in den Sarg zu legen, doch wurde dies verboten.) Die Totenmessen oder Seelenmessen (missae pro defunctis) haben vom Anfangswort des Introitus her auch den Namen „Requiem" (vgl. in der Vulgata 4. Esra 2, 34. 35). Die Epistel war 1. Thess. 4, 12-17, das Evangelium Joh. 11, 21-27. Dazwischen stand die Sequenz „Dies irae, dies illa". Das Agnus Dei wurde mit der Bitte versehen: „Dona eis requiem (sempiternam)". Die griechisch-katholische Kirche kennt keine Totenmesse, dafür aber einen liturgisch reich gestalteten Gebetsgottesdienst im Sterbehaus, in der Kirche und auf dem Friedhof.

Auch in der römischen Kirche wurde es üblich, die Toten vor dem Begräbnis zu einer Totenfeier (mit Totenwachen) in die Kirche zu bringen, ein im Mönchtum entstandener Brauch. Am Sarg wurden dann bis zum nächsten Tag die entsprechenden Stundengebete gesprochen (Totenvesper und Totenvigilien). Daraus entstand das Officium defunctorum. Seit dem 6. Jahrhundert ist das Vorantragen eines Kreuzes beim Leichenbegängnis bezeugt, ebenso das Läuten der Glocken, die zum Gebet für den Toten auffordern. Die Bestattung erfolgte, im Gegensatz zu den nächtlichen Begräbnissen der Heiden, am Tage. Aber auch dabei waren Lichter und Fackeln in Gebrauch, die den Auferstehungssieg symbolisieren sollten. Ebenso wurde Weihrauch verwendet. Die Toten wurden mit Blickrichtung nach Osten bestattet.

Im germanischen Bereich hat die Kirche die Abschaffung der Leichenverbrennung z. T. gewaltsam durchsetzen müssen. Begräbnisplätze wurden um die Kirche herum angelegt. Nur vornehme Personen wurden in der Kirche bestattet. Die Toten sollten in „geweihter" (mit Weihwasser besprengter) Erde ruhen.

Hatte im 1. Jahrtausend der Christenheit vor allem die Auferstehungshoffnung und das österliche Triumphlied der Kirche die Begräbnisordnungen bestimmt, so trat vom hohen Mittelalter an ein Wandel ein. Das Miserere und De profundis, die Fürbitte für die Toten im Fegfeuer, Schwarz als liturgische Farbe, das alles trat nun mehr in den Vordergrund und hat die Leichenbegängnisse bis in unser Jahrhundert hinein geprägt. Die Begräbnisordnung der römisch-katholischen Kirche (Exequien) war im Rituale Romanum 1614 festgelegt worden. 3 Abschnitte wurden unterschieden:

1. *Im Sterbehaus*
   Ps. 130 (der Psalm schloß wie alle bei den Exequien gebeteten Psalmen mit den Worten: „Requiem aeternam dona eis, Domine, et lux perpetua luceat eis"), Kyrie, Vaterunser, Bitte um Absolution, Prozession zur Kirche (Ps. 51).
2. *In der Kirche*
   Beim Eintritt in die Kirche das Subvenite (Bitte an die Heiligen und Engel, die Seele des Toten in die himmlische Herrlichkeit zu geleiten). Der Sarg wurde so vor dem Altar aufgestellt, daß bei der Leiche eines Nicht-Priesters die Füße zum Altar gerichtet waren, bei einem Priester aber umgekehrt zum Volk hin, „als ob er Dominus vobiscum sagen wollte" (Müller-Umberg, Zeremonienbüchlein).
   a) Toten-Officium.
      Es enthielt (gekürzt) die wichtigsten Stücke der Vesper, Matutin und Laudes.
   b) Seelenmesse (Requiem),
      ihr folgte gegebenenfalls eine Trauerrede (fakultativ).
   c) Absolution (in deprekativer Form):
      Libera me, Domine, de morte aeterna ... mit Kyrie und Vaterunser.
   d) Besprengung und Beräucherung des Sarges, danach Gebet.
      Prozession zum Friedhof (Antiphon „In paradisum" und Ps. 116).
3. *Auf dem Friedhof*
   a) Falls nötig, Grabweihe durch Gebet mit Weihwasser und Weihrauch.
   b) Versenkung des Sarges (nach anderer Praxis auch erst nach dem Weggang des Zelebranten).
   c) Benedictus (Luk. 1, 68-79) mit Antiphon Joh. 11, 25.
   d) Ansprache (falls nicht schon in der Kirche gehalten, fakultativ).
   e) Stille Fürbitte für den Verstorbenen.
   f) Vaterunser und Großes Fürbittengebet.
   g) Besprengung und Inzensation des Sarges.
   h) Erdwurf
   i) Kreuzesbezeichnung
   k) Fürbittgebet, Ave Maria und Schlußvotum.

Wurde die Seelenmesse erst nach der Beerdigung (oder am Jahrestag) gehalten, wurde in der Kirche eine Tumba (ein Katafalk) anstelle des Sarges aufgestellt. (Unter „Tumba" versteht man entweder einen über dem Grab in der Kirche aufgerichteten Sockel anstelle der sonst in den Boden eingelassenen Grabplatte oder eine verhängte Bahre, die das Vorhandensein eines Sarges vortäuscht oder mit einem leeren Sarg versehen ist.) Die römische Kirche unterschied eine Absolution „corpore praesente" und „corpore absente". Man sprach aber auch von einer Präsenz der Leiche („moraliter praesens"), wenn diese aus gewichtigen Gründen nicht in die Kirche gebracht werden konnte und sie noch nicht länger als zwei Tage bestattet war.

Im II. Vatikanischen Konzil wurde eine Neuordnung der kirchlichen Begräbnisfeier beschlossen und 1969 eingeführt. Sie stellt die Auferstehungshoffnung wieder in den Mittelpunkt der Handlung. Auch die Messen für Verstorbene sind entsprechend reformiert worden.

b) Die Zeit seit der Reformation

In den reformatorischen Kirchen vollzog sich gerade für die Begräbnisordnungen ein scharfer Bruch mit den bisherigen Gepflogenheiten und Auffassungen. Die Begräbnisordnungen des 16. Jahrhunderts bieten ein Bild fast verwirrender Mannigfaltigkeit. Einig ist man sich im Negativen.

CA XXIV (Von der Messe) protestiert gegen den Versuch, auf das Schicksal der Verstorbenen im Jenseits irgendwie einzuwirken. Man hat „die Messe zu einem Opfer gemacht für die Lebendigen und Toten, dadurch Sünde wegzunehmen und Gott zu versühnen". Die Messe als Totenmesse wird darum abgeschafft. Ebenso wird das Gebet für die Toten auf das vom Evangelium her vertretbare Maß zurückgeführt und vor allem in den privaten Bereich verwiesen. „Für die Toten, weil die Schrift nichts davon meldet, halte ich, daß aus freier Andacht nicht Sünde sei, so oder dergleichen zu bitten: Lieber Gott, hats mit der Seele solche Gestalt, daß ihr zu helfen sei, so sei ihr gnädig usw. Und wenn solches einmal geschehen ist oder zwei, so laß es genug sein." (Luther)

Dagegen soll die Botschaft von der Auferstehung der Toten bei dem Begräbnis kräftig zur Geltung gebracht werden. „Es ist uns alles zu tun um diesen Artikel von der Auferstehung, daß er fest in uns gegründet werde, denn er ist unser endlicher, seliger, ewiger Trost und Freude wider den Tod, Hölle, Teufel und alle Traurigkeit" (Luther). Aber auch der Liebe zu dem Verstorbenen soll Rechnung getragen werden. „Die Begräbnisse sollen ehrlich mit der Nachbarschaft und Freundschaft gehalten werden, daß wir bei solchen Begräbnissen anzeigen die Liebe, die wir gegen die Unseren haben" (Pommern 1535). Schließlich soll die Bestattung auch jedem, der an ihr teilnimmt, zur Mahnung an das eigene Ende dienen und ihn zur Bitte um ein seliges Ende anleiten.

Von daher sind die Lesungen, Lieder und Gebete bestimmt, die beim Leichenbegängnis gehalten werden. Die Lesungen sind oft der Totenmesse entnommen. Mehr und mehr rückt dann eine Ansprache in den Mittelpunkt der Beerdigungshandlung. In den äußeren Formen schlossen sich die Kirchenordnungen weithin an die bisherigen Gepflogenheiten an (Glockengeläut, Totengeleit durch die Gemeinde, Vorantragen eines Kreuzes). Man kannte die Möglichkeit, daß die gottesdienstliche Handlung nur am Grab stattfindet, aber auch die andere, daß der Handlung am Grab ein liturgischer Akt in der Kirche vorausgeht oder nachfolgt. Für öffentliche, unbußfertige Sünder, für Selbstmörder und ungetaufte Kinder, dann auch für die Armen, gab es ein „stilles" Begräbnis.

Für die Ansprache entwickelten sich verschiedene Typen:
a) Die Leichenpredigt (in der Kirche von der Kanzel aus) mit Lebenslauf.
b) Die „Standrede", die am Grab gehalten wurde.
c) Die „Abdankung", eine kürzere Rede am Altar der Kirche, auch „Parentation" genannt (von parentalia, ursprünglich im römischen Heidentum eine den verstorbenen Eltern dargebrachte Opferhandlung, dann allgemein: Totenfeier).
d) Bei der sog. „Segensleiche" hatte es mit liturgischen Stücken sein Bewenden. Eine Ansprache wurde nicht gehalten.

Gerade beim Begräbnis wurden in zunehmendem Maße Unterschiede nach der sozialen Stellung des Verstorbenen gemacht. Das blieb bis in das 20. Jahrhundert hinein erkennbar. Die Unterschiede wirkten sich nicht nur im äußeren Aufwand, sondern auch in der liturgischen Gestaltung aus. Diese Differenzierung nahm in der Barockzeit ihren Anfang. Die allgemeine Zeitstimmung kam dem sehr entgegen. Im Zusammenhang damit trat auch der Gedanke zurück, daß es die *christliche Gemeinde* ist, die ihre Toten bestattet. Die Beteiligung der Gemeinde war ohnehin schon stark zurückgegangen, zumal ihr auch keine liturgischen Funktionen mehr zugeteilt waren, sondern sie nur „dem Toten die letzte Ehre" zu erweisen hatte. Das Begräbnis wurde Privatsache, Angelegenheit der Familie. In den Städten war es Zeichen besonderer Vornehmheit, das Begräbnis „in aller Stille" und unter Ausschluß der Öffentlichkeit zu halten. Selbst auf die Mitwirkung des Pfarrers wurde bisweilen verzichtet. Das hat sich im 19. Jahrhundert wieder gebessert. Doch ist, wie man z. B. an dem Wunsch nach gottesdienstfremder Musik bei Beerdigungen erkennen kann, die Einstellung noch weit verbreitet, die Bestattungsfeier sei die Privatangelegenheit der Angehörigen des Verstorbenen, die mit ihren Erwartungen den Inhalt des Geschehens bestimmen dürften. Hier zeichnet sich dann auch die Gefahr ab, daß die Beerdigungsansprache eines Pfarrers in erster Linie die Gefühle der Trauernden wiedergibt und die christliche Auferstehungsbotschaft mehr oder weniger beiläufig erscheint.

Im 19. Jahrhundert entstanden wie für den Hauptgottesdienst so auch für das Begräbnis viele neue Ordnungen, mit denen zahlreiche Mißstände abgestellt wurden. Ein für die Reformationszeit kaum bezeugter Ritus bekam nun besonderes Gewicht. Es war die „Einsegnung". Man übte wohl gelegentlich den aus der Ostkirche über Schweden und England auch in Deutschland eingeführten Brauch, in das offene Grab Erde zu werfen mit den Worten: „Du bist Erde und sollst zu Erde werden" (1. Mose 3,19 c). An dieser Stelle bildete sich also eine Anrede des Toten aus. Sie wurde erweitert zu dem fürbittenden Wunsch: „Jesus Christus möge (wird) dich auferwecken am Jüngsten Tage." Im 19. Jahrhundert bildete sich aus diesen Elementen der Anrede und der Fürbitte eine Segensformel aus. In manchen Gebieten kannte man daneben noch die „Aussegnung", die im Trauerhaus vor der Überführung des Toten zur Aufbahrung im Friedhof gehalten wurde. Diese Aussegnung war herausgewachsen aus dem Valetsegen, den man Sterbenden oder unmittelbar zuvor Gestorbenen erteilte (vgl. die „Handreichung für den seelsorgerlichen Dienst" S. 75 ff. u. 93 ff.).

Die „Einsegnung" sollte alsbald ein wesentliches Stück der evangelischen Begräbnisliturgie werden. Mit ihr ist zumeist der dreifache Erdaufwurf verbunden. Man sprach auch dann von einer „Einsegnung", wenn das Wort „segnen" vermieden wurde. Es konnte dabei etwa heißen: „. . .

wir befehlen ihn der Gnade Gottes und legen seinen Leib in Gottes Akker... Er ruhe in Frieden!" Man gebrauchte auch die Formel: „Ich segne dich ein zu deiner Ruhe im Namen..." oder „Er ruhe im Frieden unter der gnädigen Hand des Vaters..." Es gibt also die „Einsegnung" als fürbittenden Wunsch (mit und ohne „Im Namen des Vaters...") und als indikativische Segnung in der Ich-Form. Wilhelm Löhe hat auf die Wir-Form Wert gelegt. „... segnen (später: legen) wir seinen Leib in Gottes Acker..." Er lehnt sich damit an das Common Prayer Book an. Dort heißt es: „... übergeben wir seinen Leib..." Viele Agenden führten an dieser Stelle den unevangelischen Leib-Seele-Dualismus ein: Der Leib soll wieder zur Erde werden, die Seele wird der Barmherzigkeit Gottes anbefohlen.

2. Die Ordnung des Begräbnisses

Die Bezeugung des Glaubens und der Liebe ist auch der Maßstab für eine evangelische Begräbnisordnung. „Die Liebe der Gemeinde zu dem aus ihrer Mitte abgerufenen Gemeindeglied wird in allen Stücken des Begräbnisses zum Durchbruch kommen müssen. Die Gemeinde nimmt Abschied, indem sie ihren Glauben an die Auferstehung bezeugt." (Otto Dietz)

Man hat die Frage gestellt, ob das Begräbnis primär ein Handeln an dem Toten oder an den Leidtragenden sei. Damit wird eine irreführende Alternative aufgerichtet. Natürlich neigt man und mit Recht sofort dazu, diese Frage zugunsten der Lebenden, also der Leidtragenden, zu beantworten. Dabei könnte übersehen werden, daß der konkrete Anlaß eben doch der Tod eines Gemeindegliedes ist. Ein Toter ist da, der nicht übergangen werden darf. Sein Leib ist nicht irgendein „Etwas", nicht ein Ding, das wie auch immer pietätvoll beseitigt werden muß. Der Verstorbene war dazu gewürdigt, in den Leib Christi eingefügt zu werden und selbst ein Tempel des Heiligen Geistes zu sein (1. Kor. 6,19). Wie bei Christus die neue Leiblichkeit des Auferstandenen eine Kontinuität mit seiner irdischen Leiblichkeit aufweist, wenn sie auch nicht mit ihr gleichzusetzen ist (Luk. 24,39-43; Joh. 20,27), so ist auch unser vergänglicher Leib auf eine neue Schöpfung in der Auferstehung bezogen. Die Fürbitte für den Toten und das fürbittende Segenswort über dem Toten ist in der Bestattungsliturgie durchaus legitim.

Natürlich liegt der Sinn der kirchlichen Bestattung auch darin, den Gliedern der christlichen Gemeinde, die durch den Tod eines Angehörigen betroffen sind, helfend beizustehen. Die menschliche Zuwendung und brüderliche Anteilnahme, die die Kirche den Trauernden schuldig ist („Weinet mit den Weinenden" Röm. 12,15), schließt das seelsorgerlich tröstende Wort, das helfende und verstehende Gespräch sowie brüderliche Dienste vor und nach der Bestattung ein. Aber gerade bei der Bestattung selbst soll der Trost des Evangeliums der Beistand schlechthin sein, den in dieser besonderen Notlage nur wenige persönlich zuzusprechen imstande sind. Über die unmittelbar Betroffenen hinaus werden sodann bei dem Begräbnis alle Beteiligten mit der Wirklichkeit ihres eigenen Todes konfrontiert und darauf vorbereitet.

Bei aller Beachtung der verschiedenen die Bestattung prägenden Elemente wird eine besondere Gestaltungsaufgabe darin liegen, das Begräbnis als einen Gottesdienst der im Namen Jesu versammelten Gemeinde wiederzugewinnen. Die Gemeinde kann und soll durch Lieder, durch das Amen nach Voten und Gebeten, im wechselweise gebeteten Psalm sowie durch Bittrufe bei der Ektenie und der Litanei aktiv in die Begräbnisliturgie miteinbezogen werden. Der Pfarrer ist gerade auch bei dem Begräbnis „Episkopos" (d. h. Aufseher), der die Feier zu leiten hat und während des Begräbnisgottesdienstes dafür verantwortlich ist, daß nicht gegen Schrift und Bekenntnis gehandelt wird. Das gilt besonders für die Ansprachen und Musikeinlagen, die von Personen ausgeführt werden, die nicht in kirchlicher Verantwortung stehen. Falls es trotz Rücksprache mit den Angehörigen nicht zu vermeiden ist, daß am Grabe in einer Weise gesprochen und gehandelt wird, die mit dem christlichen Glauben unvereinbar ist, wird sich der Pfarrer besser nach der Beendigung der kirchlichen Feier vom Grabe zurückziehen, als durch seine Anwesenheit Vorgänge zu decken, die dem Evangelium zuwiderlaufen.

Bei der Abfolge der Bestattungsliturgie ist zu bedenken, daß sich das gottesdienstliche Geschehen auf mehrere Stationen verteilen kann:
1. Trauerhaus oder Leichenhalle
2. Kirche oder Friedhofskapelle
3. Grab

Je nach den örtlichen Gepflogenheiten kann 1.) oder 2.) entfallen, kann die Handlung am Grabe (3.) der Feier in der Kirche (2.) vorausgehen, kann die Begräbnishandlung überhaupt nur am Grabe (3.) stattfinden. Im folgenden wird von der Reihenfolge Trauerhaus − Kirche − Grab − ausgegangen. Die Agende trägt aus Gründen der Übersichtlichkeit den verschiedenen Möglichkeiten durch entsprechende Formulare Rechnung.

1. Der Ausgang vom Trauerhaus (oder von der Leichenhalle):
(Gemeindelied oder Chor) − Friedensgruß − Kollektengebet − Aufforderung zum Gang in die Kirche (Kapelle) oder zum Grabe, mit Friedensgruß. Auf dem Wege kann Gemeinde- oder Chorgesang erfolgen.
2. In der Kirche
Friedensgruß − Eingangslied − Eröffnung − Eingangsvotum − Psalmgebet − Verkündigung: Schriftlesung, (Lied oder Chorgesang) Lebenslauf, Predigt, Predigtlied − Gebet − Aufforderung zum Gang zum Grab.

3. Am Grabe:
Einsenken des Sarges (während eines Gemeindeliedes) – Votum – Bestattungsformel – In paradisum – Schriftlesung – Vaterunser und Schlußgebet – Credo – Lied 75 (Christ ist erstanden) – (Abkündigungen) – Segen.

Im einzelnen:
1. Die Eröffnung. Sie hat die Aufgabe der „Abholung". Etwa: „Wir sind zusammengekommen, um N. zu seiner letzten Ruhe zu geleiten. Wir wollen bedenken, was Gott uns mit ihm gegeben und genommen hat und ihn der Barmherzigkeit Gottes anbefehlen. Wir suchen gemeinsam Trost aus Gottes Wort." Solche Eröffnungen sind natürlich fakultativ. Der Pfarrer muß sie von der Situation her entsprechend umformulieren. Die Gefahr, daß solche Eröffnungen sprachlich ausufern, muß gesehen werden.
2. Die Voten. Ein Votum kann nach dem einleitenden Friedenswunsch gesprochen werden. Weitere Voten sind dort sinnvoll, wo sie nach einem Ortswechsel (in der Kapelle, am Grabe) den Fortgang der gottesdienstlichen Handlung markieren. Neben allgemeinen Voten sind auch solche für besondere Zeiten und Anlässe angeboten.
3. Die Lieder der Gemeinde. Dem Gemeindegesang, der an vielen Stellen der Begräbnisliturgie (wenn oft auch nur fakultativ) vorgesehen ist, kommt große Bedeutung zu. Die unerfreuliche Praxis der bisherigen Begräbnismusik (Soloeinlagen mit weltlicher Musik, bezahlte Friedhofsänger oder Männerquartette) konnte in den zurückliegenden Jahren etwas abgebaut werden. Auch zum Begräbnis gehört das Lied der Gemeinde und der Cantus-firmus-gebundene Orgelchoral. Die vielen glaubensstarken Choräle vom Sterben und Auferstehen, die in sonstigen Gemeindegottesdiensten zwangsläufig zurücktreten, sollen hier wieder kräftig in das Bewußtsein der Gemeinde gerufen werden. Es empfiehlt sich das Auflegen des Evangelischen Kirchengesangbuchs oder eines Auszugs der entsprechenden Lieder in der Friedhofskapelle oder in der Kirche. Das Lied „Christ ist erstanden" sollte (vor dem Schlußsegen) zum festen Bestandteil der Begräbnisliturgie werden.
4. Die Lesungen. Sie sollen vom Trost und der Hoffnung der Auferstehung künden. Die Lesung in der Kirche kann auch auf die Kirchenjahreszeit abgestimmt sein. Besonders gewichtig ist die Lesung unmittelbar nach Bestattung und Einsegnung, weil sie nach vorwärts auf die Auferstehung der Toten weist. „Christen haben Ostern im Rücken und die Auferstehung vor Augen." (Otto Dietz) Als besonders tragfähig und einprägsam haben sich bewährt: 1. Kor. 15, 42b-44a und 55-57; 1. Thess. 4, 13. 14. (15-17) 18; Röm. 14, 7-9; Offb. 21, 1. 3-5a.
5. Die Predigt. Schon die Bezeichnung mahnt daran, daß bei aller Liebe dem Verstorbenen gegenüber seine Person und sein Leben nicht den

Gegenstand oder Mittelpunkt der Verkündigung bilden dürfen. Die Aufgabe des Predigers wird erleichtert, wenn zuvor ein Lebenslauf des Verstorbenen gelesen wird, auf dessen Abfassung der Prediger selbstverständlich Einfluß zu nehmen hat. Der Lebenslauf könnte auch von einem Angehörigen oder von einem Gemeindeglied verlesen werden. Die der Agende beigegebenen Vermahnungen werden wohl nur in Ausnahmefällen anstelle der Predigt gelesen werden.

6. Die Gebete. Der die Handlung in der Kirche eröffnende Psalm sollte nicht als „Schriftlesung" verstanden werden, sondern deutlich als Gebet gekennzeichnet sein. Neben dem klassischen Sterbe- und Bestattungspsalm 130 sind auch viele andere Psalmen verwendbar, die die Ohnmacht, Todverfallenheit und Erlösungsbedürftigkeit des Menschen zum Inhalt haben. Will man daran erinnern, daß es sich hier ursprünglich um einen Bußpsalm des Sterbenden handelte, könnte die Einleitung lauten: „Wir leihen dem Toten unsere Stimme und beten für ihn mit den Worten des . . . Psalm." Sonst müßte die Aufforderung etwa lauten: „Lasset uns bedenken, daß wir sterben müssen, und aus Gottes Wort (also) beten:" oder ganz schlicht: „Wir beten den . . . Psalm."

Das Bittgebet nach dem Predigtlied ist dem Allgemeinen Kirchengebet im Hauptgottesdienst vergleichbar. Es enthält in der Regel einen Dank für das Leben des Verstorbenen und für alles, was Gott an ihm und durch ihn Gutes getan hat. Auch die Fürbitte für den Toten ist trotz der Zurückhaltung, die die Reformatoren in dieser Frage mit Recht übten, nicht weggefallen. Sie bezieht sich in knappen Sätzen auf die Gnade im Gericht, auf Sündenvergebung und Auferweckung zum ewigen Leben. (Eine ähnliche Fürbitte kehrt auch in der Bestattungsformel wieder.) Keinesfalls darf die Fürbitte für die Angehörigen fehlen. Sie geht über in die allgemeine Bitte um Ergebung in Gottes Willen, um Ausrichtung des Lebens auf die Ewigkeit und um den Glauben an die Überwindung des Todes. Manche Gebete enthalten auch die Fürbitte für den, „den du als Nächsten aus unserer Mitte abrufen wirst". Eine Reihe von Gebeten tragen als Kasusgebete besonderen Umständen Rechnung. (Katastrophen, Selbstmord, Tod bei geistiger Umnachtung usw.) Das Fürbittgebet kann auch als Ektenie gestaltet sein.

Das Kollektengebet beim Ausgang vom Trauerhaus ist eine Bitte um die Erkenntnis der Vergänglichkeit und um die Kraft der Zuwendung zur Ewigkeit. Das Kollektengebet nach dem Vaterunser am Grabe enthält die Bitte um die Auferstehung zum Leben.

7. Die Bestattungsformel:
Die Bestattungsformel ist der Formel aus dem Common Prayer Book nachgebildet. In ihr soll der Name des Verstorbenen in Rückbeziehung

auf die Taufe (Jes. 43, 1) genannt werden. Die früher geläufige Formel „Nachdem es dem allmächtigen Gott gefallen hat . . ." wird heute als mißverständlich und unangemessen empfunden. Deshalb hat man formuliert: „Der allmächtige Gott hat nach seinem unerforschlichen Ratschluß und Willen unseren Bruder/unsere Schwester N. N. aus diesem Leben abgerufen." Oder: „Der Herr über Leben und Tod hat N. N. sterben lassen." Oder ganz kurz: „Wir bestatten N. N."
Der dreimalige Erdwurf erfolgt nach Bezugnahme auf 1. Mose 3, 19b mit den Worten: „Erde zur Erde, Asche zur Asche, Staub zum Staube." (Vgl. dazu Hiob 34, 15; Ps. 104, 29; Pred. 3, 20.)
Sollen die Symbolwörter „Staub und Asche" vermieden werden, kann der dreifache Erdwurf auch verbunden werden mit den Worten: „Von Erde bist du genommen, zu Erde sollst du werden, Gott vollende an unserm Bruder, was er in der Taufe begonnen hat." Die Bestattungsformel mündet also in eine Fürbitte um Gnade im Gericht und um Erlösung zum ewigen Leben. Diese kann auch als Friedenswunsch im Namen des dreieinigen Gottes („Friede sei mit ihm von Gott dem Vater . . .") gestaltet sein.

Umstritten ist die Frage, ob dieser Friedenswunsch statt in der 3. Person auch als „Einsegnung", d. h. als persönliche Anrede in der 2. Person erfolgen darf („Friede sei mit dir von Gott dem Vater . . ."). Man hat dagegen eingewendet, ein Toter sei nicht mehr ansprechbar. Die Anrede gehe möglicherweise von dem dualistisch-naturalistischen Gedanken aus, daß der ins Grab gelegte Leib am Tage der Auferstehung mit der Seele wieder vereint werde, er also den Keim der Auferstehung in sich trage. Die Befürworter der Einsegnung berufen sich darauf, daß im Sarg nicht der verwesende Leib liegt, sondern der Leib, der durch Taufe und Abendmahl zum Gefäß des ewigen Lebens geworden ist. „Dem Glied am Leibe Christi, dem Gefäß der Zoë (= das Leben Christi) gilt der Segen." (Otto Dietz) Damit wird dem Urteil Gottes nicht vorgegriffen, so wenig wie das bei der Segnung Lebender geschieht. Doch ist man sich darüber im klaren, daß diese letzte Anrede ein Grenzfall ist. Die Agende läßt die Frage offen. Bei allen Formeln ist aber die Ichform für den Segnenden vermieden. (Im Unterschied zu Taufe und Absolution liegt hier kein ausdrückliches Mandat Gottes vor.)

Der Bestattungsformel kann die (gesprochene oder gesungene) Fürbitte „In paradisum" angefügt werden. Sie ist in viele Sterbelieder eingegangen (vgl. EKG 320). „Ins Paradies geleite dich der Engel Chor, bei deiner Heimkehr nehme dich auf der Märtyrer Schar und sie führe dich heim in die heilige Stadt Jerusalem. Der Chor der Engel nehme dich auf, und mit Lazarus, dem einst so Armen, gebe dir Gott den ewigen Frieden."

8. Das Apostolische Glaubensbekenntnis. Es kann zum Schluß des Begräbnisses gesprochen werden in Erinnerung daran, daß die Glieder der abschiednehmenden Gemeinde gemeinsam mit dem Entschlafenen durch die Taufe der christlichen Kirche eingefügt worden sind.

Bei *Feuerbestattungen* wird analog zur „Bestattungsfeier nur am Grabe" gehandelt. Bei der Bestattungsformel ist die Bezugnahme auf

„Gottes Acker" oder dergleichen natürlich nicht möglich. Die Agende sieht dafür die neutrale Formel vor: „Wir geben seinen Leib dahin..." Der nicht in Betracht kommende Erdwurf wird nicht anderweitig (etwa durch Blumenwurf) ersetzt.

Die *Urnenbeisetzung* wird kirchlich begangen, wenn bei der Einäscherung keine kirchliche Feier gehalten wurde. Dafür wird das Formular „Nur am Grabe" gebraucht. Wenn der Pfarrer, etwa im Falle der Feuerbestattung in einem auswärtigen Krematorium, die nächsten Angehörigen auf ihren Wunsch zur Urnenbeisetzung begleitet, wird sein seelsorgerlicher Dienst aus Psalmgebet, Bestattungswort, Schriftlesung, Gebet und Segen bestehen.

Die sog. „Aussegnung im Haus" ist unter der Überschrift „Der Dienst im Trauerhause" in der „Handreichung für den seelsorgerlichen Dienst" zu finden. Neben Gebeten und Schriftlesungen steht hier der „Valet-Segen" im Mittelpunkt.

15. Kapitel

WEITERE AMTSHANDLUNGEN

1. Das heilige Abendmahl bei Kranken und Sterbenden

Agende III bringt drei Formulare: Kommunion bei einem Kranken, Kommunion bei einem Sterbenden, Feier des heiligen Abendmahls in Krankenhäusern und Anstalten.

Grundsätzlich ist hier auf das zu verweisen, was zur Ordnung des heiligen Abendmahls bereits in Agende I gesagt ist. U.U. kann das heilige Abendmahl in Krankenhäusern und Anstalten nach der Ordnung des Hauptgottesdienstes mit Predigt und heiligem Abendmahl oder nach der Ordnung der Feier des heiligen Abendmahls außerhalb des Hauptgottesdienstes gehalten werden. In anderen Fällen (bei einem einzelnen Kranken oder bei einem Sterbenden) ist die Abendmahlsliturgie auf die wichtigsten Stücke reduziert. Am Anfang steht eine Anrede des Kranken, die an die besondere Situation anknüpft. Mit der Kommunion eines Sterbenden ist die Kurzform einer allgemeinen Beichte verbunden. Brot und Wein können auch jeweils nach dem betreffenden Abschnitt der Einsetzungsworte ohne Spendeformel ausgeteilt werden. Das Agnus Dei (fakultativ) wird dann nach der Austeilung gebetet. Bei einem Sterbenden kann nach der Postcommunio das Nunc dimittis (Luk. 2, 29–32) gebetet und dem Sterbenden unter Handauflegung ein segnendes Wort (1. Thess. 5, 23. 24) zugesprochen werden.

Hilfreich sind bei solchen Anlässen die beigegebenen Rubriken, die für die besonderen Umstände, unter denen bei Kranken oder Sterbenden das Sakrament gefeiert wird, klärende Hinweise geben.

2. Der Übertritt zur evangelisch-lutherischen Kirche

Der Übertritt eines getauften Christen, der bisher einer anderen Konfession angehört hat, zur evangelischen Kirche wird dadurch vollzogen, daß dieser am heiligen Abendmahl der evangelisch-lutherischen Kirche teilnimmt. Dieser Teilnahme geht die *Zulassung* zum Abendmahl und dieser wieder eine vorbereitende *Unterweisung* voraus. Beides könnte im Bereich der persönlichen Seelsorge geschehen. So hat man es jahrhundertelang in den Kirchen der Reformation gehandhabt, so daß eigene Ordnungen für den Übertritt nicht überliefert sind. Unter besonderen Umständen wird auch weiterhin die Erklärung des Übertretenden vor dem Pfarrer genügen, wenn sich daran der Empfang des heiligen Abendmahls anschließt.

Aber um der *Ortsgemeinde* willen und wegen des *Öffentlichkeitscharakters* der Gliedschaft in der evang.-luth. Kirche ist eine der Konfirmation verwandte Feier, die den ersten Abendmahlsgang *vorbereitet,* also nicht für sich allein stehen kann, wünschenswert. Die Übertrittsordnungen, die seit dem 19. Jahrhundert in den Agenden auftauchen, setzten freilich die Akzente anders. Sie legten Wert auf umfangreiche Befragungen, auf feierliche Gelübde und auf eine konstitutive Aufnahmeformel. („Auf dieses dein Bekenntnis und Gelübde nehme ich dich kraft meines Amtes auf in die Gemeinschaft der Kirche.") Schon die Bezeichnung „Aufnahme" ist mißverständlich. Die Gliedschaft in der Kirche ist nach CA VII weiter zu fassen als die Zugehörigkeit zu einer Konfession. Insofern gilt es ernstzunehmen, daß der Getaufte bereits Glied der Kirche Christi ist, aber innerhalb der Kirche zu einer anderen Konfession übergeht. – In den älteren Agenden ist übrigens von der nachfolgenden Teilnahme am heiligen Abendmahl oft gar nicht die Rede.

Sinn der Übertrittshandlung ist die Bekundung des Willens zum Übertritt und das Bekenntnis zur Lehre der evang.-luth. Kirche. Dieses Bekenntnis soll dann getragen sein vom fürbittenden Gebet der Gemeinde. Agende III sieht vor, daß die vorbereitende Handlung entweder im Hauptgottesdienst (nach dem Lied zum Dankopfer) oder in einer besonderen Feier vor den Kirchenvorstehern stattfindet.

Sie hat folgenden Aufbau:
Friedensgruß
Vorstellung des Übertretenden mit dem Hinweis, daß er durch die Teilnahme am heiligen Abendmahl in die Gemeinschaft der evangelisch-lutherischen Kirche aufgenommen werden soll.
Schriftlesung (Joh. 8, 31–32; Röm. 3, 20–28; 10, 9–13; 1. Kor. 1, 23–31; 2. Kor. 4, 5–10; 1. Tim. 6, 11b–16; 2. Tim. 3, 14–17).
Auslegung der vorangegangenen Schriftlesung oder eines anderen Schriftwortes.
Gemeindelied
  Schriftlesung, Auslegung und Lied können auch entfallen (zumal im Hauptgottesdienst).
Frage: „Vor dieser Gemeinde (Vor diesen Zeugen) frage ich dich, lieber Bruder (liebe Schwester): Bekennst du dich zur reinen Lehre des Evangeliums von Jesus Christus und willst du in die Gemeinschaft der evangelisch-lutherischen Kirche aufgenommen werden, so antworte: Ja, durch Gottes Gnade."
Antwort: „Ja, durch Gottes Gnade".
  Analog zur Konfirmation ist hier auf ein Gelübde verzichtet und die Antwort auf die Bitte um Gottes Gnade abgestimmt.
Vaterunser (entfällt im Gemeindegottesdienst an dieser Stelle)
Gebet
Segensvotum (wie bei der Konfirmation)
Fortsetzung des Gemeindegottesdienstes oder Segen.
Der Übertretende nimmt sobald wie möglich am heiligen Abendmahl teil.
  Analog zur Erwachsenentaufe wäre zu wünschen, daß der Kreis der Menschen, die den Übertretenden bei diesem wichtigen Schritt geistlich begleiten, auch an der gottesdienstlichen Handlung beteiligt wird.

3. Die Wiederaufnahme in die Kirche

Die Wiederaufnahme dessen, der sich von seiner Taufe und der christlichen Gemeinde losgesagt hat, diesen Schritt aber bereut und in die Gemeinschaft der Kirche zurückkehren zu dürfen bittet, kann der Kirchlichen Lebensordnung zufolge „nur in Verbindung mit Beichte und Absolution" geschehen. Die „Rückkehr zur Taufe" vollzieht sich im Christenleben immer durch Reue und Buße, erst recht dann, wenn einer sich öffentlich und ausdrücklich von der Taufe losgesagt hat, ohne daß er sie dadurch ungeschehen machen konnte. Insofern liegen hier die Dinge anders als beim Übertritt, der als Konfirmationsakt *dem Abendmahl vorausgeht*, während die Wiederaufnahmehandlung *der Beichte nachfolgt* und freilich dann auch wieder den Gang zum Abendmahl vorbereitet.

Um die Beziehung zur realen Ortsgemeinde deutlich zu machen und der Fürbitte Raum zu geben, wäre es konsequent, diese Feier im Gemeindegottesdienst (nach dem Lied zum Dankopfer) zu halten. Man wird Verständnis dafür aufbringen müssen, daß der Wiederaufzunehmende eine große Öffentlichkeit scheut. In jedem Fall sollte die Wiederaufnahme in Gegenwart von Zeugen (Kirchenvorstehern) gehalten werden. Nur bei Vorliegen besonderer Umstände (Erkrankung des Wiederaufzunehmenden) kann davon Abstand genommen werden. Der Handlung geht die Gemeinsame Beichte oder, in diesem Falle noch besser, die Einzelbeichte voraus.

(Lied)
Friedensgruß
Vorstellung des Wiederaufzunehmenden mit der Feststellung, daß der Betreffende in der Beichte Gottes Vergebung empfangen hat und jetzt in die Gemeinschaft der Kirche wieder aufgenommen werden soll.
Schriftlesung (Joh. 15, 1–8; Hebr. 10, 19. 20a. 22–25).
Auslegung der vorangegangenen Schriftlesung oder eines anderen Schriftwortes.
Gemeindelied
    Schriftlesung, Auslegung und Lied können auch entfallen (zumal im Hauptgottesdienst)
Vaterunser (entfällt im Gemeindegottesdienst an dieser Stelle)
Gebet
Bestätigendes Votum in Gestalt einer Rekonziliationsformel: „... Ich nehme dich wieder an zur Gemeinschaft am Evangelium, an den heiligen Sakramenten und an allem, was durch Gottes Wort der Kirche anvertraut und den Gläubigen zugesprochen ist. Im Namen † des Vaters und des Sohnes und des Heiligen Geistes."
Fortsetzung des Gemeindegottesdienstes oder Segen.

Im Unterschied zum Übertritt ist hier auf eine Frage an den Wiederaufzunehmenden verzichtet, da die Beichtfrage und das Absolutionswort einer Überhöhung weder bedürfen noch fähig sind. Andererseits ist ein bestätigendes Votum eingefügt, da die Wiederaufnahme nicht eine vorbereitende, sondern eine abschließende Handlung ist.

Auch bei dieser Feier könnten Gemeindeglieder, die dem Wiederaufzunehmenden im Glauben besonders verbunden sind, durch Schriftlesungen, Fürbitten und Segensworte an der Handlung beteiligt werden.

4. Die gottesdienstliche Feier von Gedächtnistagen

Die Agende sieht Formulare vor für das Gedächtnis der Konfirmation, der Trauung und der Ordination. In der Regel wird es sich um 50jährige Jubiläen handeln. Beim Ehejubiläum wird auch die diamantene (60 Jahre), die eiserne (65 Jahre) und die Gnadenhochzeit (70 Jahre) Anlaß zur gottesdienstlichen Begehung sein. Dasselbe hat sich auch für die Konfirmation eingebürgert. Bei ihr wird darüber hinaus auch die 25jährige Wiederkehr des Konfirmationstages gefeiert.

Die Bibel kennt solche Jubiläumsfeiern nicht. (Das Jubel- oder Halljahr des Alten Testaments – 3. Mose 25, 8ff. – hatte einen anderen Sinn: Jeder Israelit sollte nach 50 Jahren wieder seinen angestammten Besitz zurückerhalten und von allen Schuldverpflichtungen frei sein. Das Halljahrgesetz ist aber nirgends durchgeführt worden und hatte wohl einen eschatologisch-messianischen Sinn.) Die katholische Kirche kennt seit dem Jahr 1300 ein „Jubeljahr" (Heiliges Jahr), in dem besondere „Ablässe" bewilligt werden.

Die Gedächtnisfeiern innerhalb der evangelischen Kirche beziehen sich auf ein zurückliegendes kirchliches oder persönliches Ereignis. Soweit es sich um kirchliche Gedenktage handelt, sind sie im Proprium von Agende I schon berücksichtigt: Gedenktag der Augsburger Konfession, Gedenktag der Reformation, Gedenktag eines Lehrers der Kirche, Gedenktag der Kirchweihe.

Die Feier von Gedächtnistagen in Agende III ist auf Jubiläen einzelner Christen ausgerichtet. Während früher nur die Standesjubiläen eine Rolle spielten (Goldene Hochzeit, Krönungs- oder Regierungsjubiläum, Ordinationsjubiläum), erfreut sich seit einigen Jahrzehnten das Konfirmationsjubiläum besonderer Beliebtheit. Die Gefahr solcher Gedächtnistage liegt auf der Hand: Es könnte sein, daß eine derartige Feier nicht zur Ehre Gottes, sondern zur Ehre von Menschen gehalten wird. Es könnte ferner sein, daß diese Feier eine Wiederholung, Erneuerung und Bestätigung der Ursprungshandlung wird, daß also durch das liturgische Formular der Anschein erweckt wird, als ob Konfirmation, Trauung und Ordination nach 50 Jahren neu vollzogen werden könnten oder müßten.

In Wahrheit kann eine Gedächtnisfeier nur die dankbare Erinnerung an Gottes gnädige Führung, den Aufruf zu neuer Treue und die Bitte bzw. Fürbitte um Gottes Schutz und Segen auch in der kommenden Zeit enthalten. Deshalb sind bestimmte Stücke der einstigen Handlung in der Gedächtnisfeier nicht am Platz:

1. Die Fragen des Pfarrers und die Antwort der Jubilare. Es „geschieht" ja in der Erinnerungsfeier nichts, was für das Leben der Gemeinde oder der einzelnen einen neuen Tatbestand schafft. Auch wenn diese Fragen mit Absicht bedeutungslos gehalten sind (sog. „Theater"-Fragen) – und gerade dann –, sind sie abzulehnen.
2. Gelübdeähnliche Formulierungen sind schon für die Konfirmation selbst abgelehnt worden und haben darum auch hier kein Recht.
3. Vollzugsformeln („Ich bestätige den Ehebund bzw. eure Konfirmation") sind aus den oben angegebenen Gründen gleichfalls nicht vertretbar.
4. Gesten, die ursprünglich einen Sinn hatten (Händereichen bei der Trauung, gruppenweiser Gang zum Altar, Anrede jedes einzelnen) sind bei Gedächtnisfeiern ohne Sinn und Inhalt.
5. Die Einzelsegnung würde gerade beim Konfirmations- und beim Ordinationsgedächtnis den Eindruck einer Wiederholung der einstigen Handlung bieten. Eine Gesamtsegnung der Jubilare vor dem Gebet in Form eines fürbittenden Votums ist nicht zu beanstanden. Ebenso ist beim Gedächtnis der Trauung eine Segnung des Paares am Schluß der Handlung vor dem allgemeinen Segen gegen das Mißverständnis gefeit, eine Erneuerung der „Einsegnung der Ehe" zu sein.

In den Ordnungen ist darauf Bedacht genommen, daß sie in den sonntäglichen Hauptgottesdienst einbezogen werden. Sie werden nach dem Lied zum Dankopfer eingefügt. (Das Gedächtnis der Trauung ist auch „als besondere Handlung" vorgesehen.) Die Gedächtnisfeier im Hauptgottesdienst muß aber auf das ihr zukommende Maß beschränkt bleiben. Eine Änderung des Sonntagspropriums ist nicht angezeigt. Die Zuwendung zu den Jubilaren hat in der Predigt ihren legitimen Ort.

Das Besondere der Handlung sind die Vorstellung der Jubilare, eine Vermahnung, ein Segensvotum und ein Fürbittgebet, das gesondert stehen oder auch Einschub in das Allgemeine Kirchengebet sein kann. Daneben werden im Gesamtablauf die Wortverkündigung und die Danksagung (Lied oder Psalm) zu ihrem Recht kommen müssen. Eine eigene, auf das Gedächtnis bezogene Ansprache ist nicht vorgesehen. Das ist nur in einer Feier außerhalb des Hauptgottesdienstes sinnvoll. Besondere Schriftlesungen sind nur vorgesehen, wo das Jubiläum „als besondere Handlung" gehalten wird.

Der Einzug der Jubilare und die Verlesung der Namen, wobei auch der Abwesenden und Heimgegangenen gedacht wird, haben als Erinnerung und Vergegenwärtigung der einstigen Feier ihr Recht. Bei dem Gedächtnis der Ordination sollte der Jubilar im Gottesdienst mitwirken etwa als Lektor oder Altardiakon bei der Spendung des Abendmahls.

IV. TEIL

Die Ordinations-, Einsegnungs-, Einführungs- und Einweihungshandlungen

Die Ordinations-, Einsegnungs-, Einführungs- und Einweihungshandlungen gehören zu den Amtshandlungen im weiteren Sinn. Die Ordinations-, Einsegnungs- und Einführungshandlungen sind auf Träger kirchlicher Ämter oder Dienste und auf die ihnen zugewiesene Gemeinde bezogen, die Einweihungshandlungen gelten Gebäuden und Gegenständen, die in kirchlichen Gebrauch genommen werden sollen, dann aber auch Baulichkeiten, die dem Schutz und Segen des dreieinigen Gottes anbefohlen werden sollen.

16. Kapitel

DIE ORDINATIONS-, EINSEGNUNGS- UND EINFÜHRUNGS-HANDLUNGEN

1. Grundsätzliches

Die Ordinations-, Einsegnungs- und Einführungshandlungen unterscheiden sich von den bisher beschriebenen Kasualien dadurch, daß ihr Anlaß durch den Beschluß oder die Entscheidung eines kirchlichen Organs gegeben ist, d. h. also, daß sie zunächst aus einem kirchenrechtlichen Akt hervorgehen und insofern nur als die feierliche liturgische Entfaltung eines juristischen Tatbestandes erscheinen. Darum können sie nicht als heilsnotwendige gottesdienstliche Handlungen bezeichnet werden, wenn auch die Ordination als ein biblisch begründeter Vorgang eine Sonderstellung einnimmt und als ein für die Ordnung der Kirche konstitutives Handeln verstanden sein will.

Der Umstand, daß die Anlässe sehr verschiedengewichtig sind, darf nicht dazu führen, die Segenshandlungen als überflüssige Adiaphora abzuwerten. Wenn schon alle Dinge des täglichen Lebens „zu Gottes Ehre" und „im Namen Jesu" geschehen sollen (1. Kor. 10, 31; Kol. 3, 17), wenn schon alle Dinge „geheiligt werden durch das Wort Gottes und Gebet" (1. Tim. 4, 5), dann können erst recht die Dinge, die das Leben einer christlichen Gemeinde betreffen und es (wie bei der Amtseinführung des Pfarrers) zumeist entscheidend prägen, nicht allein durch einen Verwaltungsakt rechtskräftig sein, sondern sie sollen unter die Verheißung und den Segen Gottes gestellt werden. Beides aber wird nirgends anders geschenkt als dort, wo die Gemeinde sich im Namen Jesu versammelt und um die Gaben des Heiligen Geistes bittet, also im Gottesdienst.

So gewinnen die Ordinations-, Einsegnungs- und Einführungshandlungen für den in das geistliche Amt oder in einen kirchlichen Dienst an einer bestimmten Gemeinde Gewiesenen eine große seelsorgerliche Bedeutung, weil er sich von mehr als einer kirchenbehördlichen Entscheidung getragen wissen darf (1. Tim. 4, 14). Aber auch die beteiligte Gemeinde weiß sich gerufen, den im geistlichen Amt oder in einem kirchlichen Dienst Stehenden um Jesu willen anzunehmen und sich seinen Dienst im Glaubensgehorsam gefallen zu lassen (Eph. 5, 21; 1. Petr. 5, 5). Es kann sich hier also nicht um eine eigenständige gottesdienstliche Handlung mit der Verleihung einer besonderen Amtsgnade oder gar um ein Sakrament handeln, dagegen aber doch um eine in den öffentlichen Gottesdienst eingelassene *Segenshandlung*, die auf eine bestimmte Person gerichtet ist und die, wie jeder Zuspruch des Segens, sakramentalen Charakter hat, also im Glauben empfangen und im Unglauben abgewiesen werden kann.

2. Die Ordination

a) Zur Theologie der Ordination

Die Ordination ist die Berufung eines getauften Christen in das geistliche Amt. Das geistliche Amt ist im Werk und im Auftrag Christi gegeben (2. Kor. 5, 18–20): Die Jünger Christi haben das Evangelium zu verkündigen, die Sakramente und das Schlüsselamt zu verwalten (Matth. 28, 18–20; 1. Kor. 11, 23–25; Joh. 20, 21–23). In den Jüngern ist dieser Auftrag der ganzen Kirche Jesu Christi übertragen.

Jeder Christ ist im allgemeinen Priestertum aller Gläubigen (1. Petr. 2, 9; Offb. Joh. 1, 6) gerufen, das Evangelium da zu bezeugen, wo Gott ihn hingestellt hat, in und neben der Arbeit seines irdischen Berufs. Daneben aber stehen von Anfang an Christen, die über das allgemeine Priestertum hinaus zu einem besonderen Amt „berufen und ausgesondert sind, um durch ihre Haushalterschaft der Geheimnisse Christi der Kirche zu dienen und sie zuzurüsten" (Kommission für Glaube und Kirchenverfassung des Ökumenischen Rats Accra 1974). Das ordinierte Amt kann nur im unauflöslichen Zusammenhang mit dem allgemeinen Amt des ganzen Gottesvolkes verstanden und ausgeübt werden. Das Spezifische des besonderen Amtes ist der Bezug auf die Gemeinde. Der Inhaber des geistlichen Amtes hat mehr als andere Gemeindeglieder die Aufgabe, die Gemeinde durch Wort und Sakrament zu sammeln und aufzuerbauen und die gottesdienstliche Gemeinschaft zu leiten (Episkopé = Dienst des „Aufsehers" im Sinn von Apg. 20, 28; 1. Petr. 5, 2). Aus diesem Dienstamt an der Gemeinde darf keine geistliche Höherstellung abgeleitet werden. Der Amtsträger braucht die Mitarbeit, die Unterstützung und Ermutigung durch die Gemeinschaft wie umgekehrt die Gemeinschaft das besondere Amt braucht, das der Koordinierung und Einigung der verschiedenen Gaben in der Gemeinschaft, wie auch der Ermöglichung und Stärkung des Dienstes des ganzen Gottesvolkes dient. Die Autorität, die der Amtsträger ausübt, ist nicht sein individueller Besitz, sondern gehört zur ganzen Gemeinschaft, in der und für die der Amtsträger ordiniert wird. Darum schließt sie in ihrer Ausübung die Beteiligung der ganzen Gemeinde ein. Aber auch dann ist sie immer noch eine von Christus ausgehende, von ihm legitimierte und vor ihm zu verantwortende Autorität (Joh. 20, 21 ff.; Eph. 4, 11 f.).

Die Aussonderung durch Gott zu diesem besonderen Amt erfordert von seiten der Kirche eine Anerkennung. Sie findet sich in ihren Grundelementen bereits in apostolischer Zeit als „Gebet und Auflegen der Hände" (Apg. 6, 6; 13, 3; 1. Tim. 4, 14; 2. Tim. 1, 6f.). Man hat diese Aussonderung später Ordination genannt. Die lutherische Reformation hat sich ausdrücklich zu dieser Ordnung der Berufung in das Amt bekannt. Das Augsburgische Bekenntnis stellt in Artikel 14 fest: Niemand soll das kirchliche Amt wahrnehmen, der dazu nicht „ordnungsgemäß berufen" (rite vocatus) ist. (Mit „berufen" wurde dabei ein umfassender Vorgang bezeichnet, der u. a. die Prüfung, Wahl, Berufung und Ordination des Pfarrers einschloß.) Auch Luther stellte fest, daß es zur Ausübung des Amtes keiner besonderen geistlichen Qualität, wohl aber des ordentlichen Auftrags bedarf: „Alles, was aus der Taufe gekrochen ist, mag sich rühmen, daß es zum Priester, Bischof, Papst geweiht sei – obwohl nicht einem jeglichen gebührt, solch Amt zu üben." Für das kirchliche Amt, das im Unterschied zum allgemeinen Priestertum aller Gläubigen in der Bindung an eine *Gemeinde* und *öffentlich* ausgeübt wird, sind deshalb noch zwei Merkmale charakteristisch geworden:

1. Die Amtsträger haben das Amt zu ihrem *Lebensberuf* gemacht, so wie Christus bestimmte Menschen aus ihrer bisherigen beruflichen Bindung herausgelöst hat (Mark. 1, 16–20; vgl. dagegen Mark. 5, 18–19). Sie empfangen darum auch von der Gemeinde als Lohn ihres Dienstes ihren Lebensunterhalt (Matth. 10, 10; 1. Tim. 5, 17–18; dagegen Paulus, der auf dieses von ihm nicht bestrittene Recht freiwillig verzichtet hat; Phil. 4, 15; 1. Thess. 2, 9). In Notzeiten kann der Amtsträger gezwungen sein, sich neben seinem Amt seinen Lebensunterhalt zu verdienen.
2. Die Amtsträger üben das Amt in der Regel *lebenslänglich* aus. Erst Gott setzt, wenn die körperliche und geistige Kraft erlahmt oder der Tod eintritt, dem Amt ein Ende. (Das schließt nicht aus, daß einer, der nicht mehr in der Vollmacht und Verpflichtung des Amtes stehen kann oder will, dieses Amt zurückgibt oder daß die Gemeinde dieses Amt zurücknimmt, wenn der Amtsträger sich endgültig als unfähig, unwillig oder unwürdig erwiesen hat.)

Das „Amt" wird im Neuen Testament zumeist mit dem umfassenden Begriff „Diakonia" (= ministerium) bezeichnet. Für den Amtsträger finden sich die Bezeichnungen Apostel, Bischof, Hirte, Presbyter, Diakon. Der Träger des Amtes mag auch heute mit den verschiedensten Bezeichnungen belegt werden (Pastor, Hirte, Pfarrer, Lehrer, Ältester, Presbyter, Bischof, Evangelist, Geistlicher, Vater bzw. Pater). Es darf daraus aber nicht eine Mehrzahl von Ämtern gefolgert werden.

In dem einen Amt ist eine Vielzahl von Funktionen enthalten: Predigen, Seelsorge üben, taufen, Abendmahl spenden, im Glauben unterweisen, Lehre unterscheiden, Kirchenzucht üben, die Gemeinde leiten. Es kann sein, daß Amtsträger auf Grund ihrer besonderen Gaben und aus Gründen der Arbeitsteilung einen Teil dieser Aufgaben bevorzugt oder ausschließlich ausüben (z. B. Lehrtätigkeit). Das darf aber nicht zu der Auffassung verleiten, als gäbe es mehrere verschiedenartige Ämter *nebeneinander*.

Auch das *Bischofsamt* ist nicht ein besonderes Amt über dem auf die Gemeinde bezogenen geistlichen Amt, sondern es empfängt seine Eigenart von den besonderen Aufgaben, die dem Pastor pastorum und dem

„Aufseher" über einen viele Ortsgemeinden umfassenden Kirchenbezirk (Landeskirche, Diözese) gestellt sind. Insofern repräsentiert der Bischof (neben der Synode) die Kirche als eine die Ortsgemeinde übergreifende universale Größe. Wie der Pfarrer allein schon durch sein Dasein als Integrationsfigur der Ortsgemeinde in Erscheinung tritt und Menschen zur Gemeinde sammelt, so bringt der Bischof die Zusammengehörigkeit und Verbundenheit der vielen Einzelgemeinden in der Gesamtkirche zum Bewußtsein. Im Bischof hat diese Kirche dann auch ihren Sprecher, der zur Einheit mahnt.

Es kann sein, daß dem Amtsträger Helfer unterstehen, die, ohne die ganze Verantwortung des Hirtenamtes auf sich genommen zu haben, den Pfarrer doch in seinem Aufgabenbereich, in der Armenpflege, in Verwaltungsfragen, im Unterricht, in der Jugendbetreuung usw. unterstützen (Diakone, Diakonissen, Katecheten, Jugendleiter usw.). Diese Funktionen bewegen sich zwischen dem Bereich des allgemeinen Priestertums und dem Bereich des geistlichen Amtes. Hieraus darf nicht ein hierarchisches *Übereinander* der Ämter und Dienste gefolgert werden.

Keinesfalls geschieht die Berufung in das Amt nur in der Amtshandlung der Ordination. Der Ruf in das Amt ist ein sich über lange Zeit hinweg erstreckendes Geschehen. Dazu gehört auch, daß der zukünftige Amtsträger „sich gerufen weiß" und daß er in solchem Wissen seelsorgerlich bestärkt worden ist. In vielfältiger Weise wird dieser Ruf immer wieder neu ergehen und immer wieder neu beantwortet werden. Diese Antwort wird in der inneren und äußeren Zurüstung auf das Pfarramt konkret. Sie setzt sich fort in der Bitte an die Kirche um Aufnahme in das geistliche Amt. Die Kirche wird sich vergewissern, daß dem Ordinanden die zur Amtsführung nötigen Gaben verliehen sind (Charisma der Lehre und der Liebe, 1. Tim. 3, 1–7), bis schließlich im Ordinationsakt sich diese Berufung *vollendet*. Im Zuspruch des kirchlichen Ordinators bestätigt Christus die Berufung. Man kann das Amt sich nicht selbst nehmen, sondern man empfängt es aus den Händen der Kirche.

Die Kirche „ordnet" aber in das Amt nur so, daß sie zugleich auch die Gaben des Heiligen Geistes zuspricht, die der Ordinand zur Führung des Amtes braucht, und daß sie ihm die konkrete Aufgabe anweist, die er zu erfüllen hat, d.h. sie „segnet" und „sendet" auch in der Ordination. Ordnen, segnen und senden sind die drei Bestandteile, die in jedem Ordinationsformular ausgeprägt sein müssen.

„Segnen" bedeutet: Die Kirche setzt nicht nur Gaben voraus, sondern spricht auch die Gaben des Heiligen Geistes zu. Dieses fürbittende Segenswort ist im Neuen Testament oft (nicht immer) mit der Gebärde des *Handauflegens* verbunden, die zwar dem Segensworte grundsätzlich nichts mehr hinzufügen kann, aber das, worum es im Segen geht, auch in einem begleitenden Zeichen sichtbar macht.

„Senden" bedeutet: Der Ruf in das Amt und die Verheißung für das Amt wird sofort konkret im Blick auf die von der Kirche gestellte pastorale Aufgabe. Es geht in der Ordination nicht um eine Übertragung von Rechten (sacerdotium), die auch dann, wenn von ihnen nicht Gebrauch gemacht wird, in Geltung sind, sondern es geht um eine Inpflichtnahme, die die Verantwortung des Amtes in sich schließt (ministerium).

Das Amt wird nicht von einem einzelnen übertragen, sondern von der Kirche, die als „Einheit von Amt und Gemeinde" zu denken ist. Daraus folgt, daß Ordinationsgebete und -formeln vom „Wir" bestimmt sein sollten („Wir segnen, ordnen und senden dich") und daß bei der Handauflegung sich dieses Wir als Zusammenwirken von ordinierten und nicht ordinierten Gemeindegliedern darstellen sollte.

b) Zur Geschichte der Ordination

Aus der Zeit der ersten Christenheit sind uns keine Ordinationsformulare erhalten. Doch weisen mehrere neutestamentliche Stellen auf eine in den Grundzügen übereinstimmende Ordinationspraxis hin: 1. Tim. 4, 12–16; 5, 22; 2. Tim 1, 6; Apg. 6, 6; 13, 2–4; 14, 23.

In dem Maße, wie sich in den ersten nachchristlichen Jahrhunderten ein vom Neuen Testament abweichendes Priester- und Opferverständnis herausbildete, erhielt auch die Ordination einen neuen Sinn. Sie wurde, ohne daß damit schon der Dienst in einer bestimmten Gemeinde verbunden war, die Aufnahme in den Orden (ordo) der geweihten Priester (Kleriker), die im Unterschied von den Laien allein zur Leitung der Kirche und zur Vornahme kultischer Handlungen befähigt und befugt sind (potestas ordinis, potestas iurisdictionis). Es wurde festgelegt, daß die Ordination nur durch den mit der Weihegewalt versehenen Bischof vollzogen werden kann. Da nur das Bischofsamt über die uneingeschränkte Weihe- und Jurisdiktionsgewalt verfügt, hat der Priester als Gemeindepfarrer seine Vollmachten eben nur als Beauftragter seines „Ordinarius". Nur wer durch einen Bischof zum Priester geweiht ist, steht nach Meinung der römischen Kirche in der wahren apostolischen Tradition. Hier liegt der Grund dafür, daß die römisch-katholische Kirche das Amt der evangelischen Kirche nicht anerkennen zu können meint. Die Priesterweihe verleiht einen Character indelebilis (unzerstörbares Kennzeichen) und befähigt zum Vollzug aller Weiheakte, die nicht ausdrücklich der höheren Stufe des Bischofs vorbehalten sind. Hierbei ist in erster Linie an die Wandlungsvollmacht (Transsubstantiation) zu denken. Die Ordination wurde zu einem der sieben Sakramente; ihr äußeres Zeichen ist die Handauflegung.

Die Reformation hob mit dem Priesterstand (Klerus) auch das Sakrament der Ordination auf und gab der Ordination ihren neutestamentlichen Sinn zurück: Berufung in das geistliche Amt, verbunden mit der Anempfehlung (commendatio) des Berufenen an eine bestimmte Gemeinde, Luther: „Wenn er aber ein Priester durch die Taufe geboren ist, so kommt darnach das Amt und machet einen Unterschied zwischen ihm und anderen Christen. Denn da müssen aus dem ganzen Haufen der Christen etliche genommen werden, so da sollen anderen vorstehen, welchen dann Gott sonderliche Gaben und Geschicklichkeit dazu gibt, daß sie zum Amt taugen ... Denn ob wir wohl alle Priester sind, so können und sollen wir doch darum nicht alle predigen oder lehren oder regieren; doch muß man aus dem ganzen Haufen etliche aussondern und wählen, denen solches Amt befohlen werde. Und wer solches führt, der ist nun nicht des Amts halber Priester (wie die anderen alle sind), sondern ein Diener der anderen alle. Und wenn er nicht mehr predigen und dienen kann und will, so tritt er wieder in den gemeinen Haufen, befiehlt das Amt einem anderen und ist nicht anders denn ein jeglicher gemeiner Christ. Siehe, also muß man das Predigtamt oder das Dienstamt scheiden von dem gemeinen Priesterstand aller getauften Christen. Denn solch Amt ist nicht mehr, denn ein öffentlicher Dienst, so etwa einem befohlen wird von der ganzen Gemeinde, welche alle zugleich Priester sind."

In den Anfängen der Reformation verstand man die Ordination als einen Akt, der jedes Mal zu wiederholen ist, wenn ein Pfarrer ein neues Pfarramt in einer neuen Gemeinde übernimmt. Dieser Fall war in der Alten Kirche, wo ein einmal berufener Pfarrer bis an sein Lebensende in derselben Gemeinde verblieb, noch nicht gegeben. (Von daher hat sich übrigens die Unwiederholbarkeit des römischen Ordinationssakramentes entwickelt.) In der lutherischen Kirche ergab sich alsbald die Aufteilung in Ordination und Introduktion (Installation). Während letztere nun die Anempfehlung an eine bestimmte Gemeinde darstellt (commendatio) und in einen speziellen Pflichtenkreis einweist, gibt die Ordination dem Pfarrer am Anfang seiner Amtstätigkeit die grundsätzliche Vollmacht der Wortverkündigung und Sakramentsverwaltung in der Gesamtkirche. Darum war mit der Ordination auch die Lehrverpflichtung auf das der Gesamtkirche zugrundeliegende Glaubensbekenntnis verbunden.

Luther selbst hat in den Jahren 1536 bis 1539 Ordinationsformulare entworfen, nach denen auch die Ordination in Wittenberg vollzogen wurde. Sie findet innerhalb des Gemeindegottesdienstes statt und setzt nach der Predigt ein:

1. Gebet für die Ordinanden, nach dem diese an den Altar treten
2. „Veni sancte spiritus" und Ps. 51, 12; Kollekte
3. Schriftlesungen (1. Tim. 3, 1–7; Apg. 20, 28–31)
4. Kurze Vorhaltung der Pflichten mit Frage und Antwort
5. Handauflegung mit Vaterunser und Gebet
6. Schriftlesung (1. Petr. 5, 2–4)
7. Segen
8. Schlußlied
9. Kommunion der Ordinierten mit der Gemeinde.

In dieser Form wurde die Ordination, wenn auch mit kleinen Abweichungen und Änderungen, in den Agenden der evangelischen Landeskirchen festgelegt. (Nur Hessen hat eine eigene Form entwickelt. In Württemberg gab es bis in die Mitte des 19. Jahrhunderts keine Ordination.) Das theologische Verständnis der Ordination war in der lutherischen Orthodoxie nicht einhellig. Teils sah man in ihr die Approbatio (die Bestätigung) der Berufung, teils aber auch nur die Publicatio approbationis (die öffentliche Bezeugung der bereits im kirchenrechtlichen Akt geschehenen Bestätigung im Amt).

Die reformierte Amtsauffassung stimmte mit Luther in der Ablehnung der römischen Priester- und Opfervorstellung überein, unterschied sich von ihm aber in der Auffassung von der Mehrgestaltigkeit des geistlichen Amtes (drei- bzw. vierfaches Amt: Pastoren, Doktoren, Presbyter, Diakone). Unionsbestrebungen und ökumenische Begegnungen haben die Diskussion über das geistliche Amt immer wieder aufflammen lassen (schon im 19. Jhdt.). Die Ordinationsformulare aus neuerer Zeit sind von der Absicht gekennzeichnet, unierte und lutherische Amtsvorstellungen miteinander zu verbinden.

c) Das Ordinationsformular

Die in Band IV des Agendenwerks der VELKD festgelegte Ordnung der Ordination baut auf Luthers Ordinationsformular auf. Die Ordination wird im öffentlichen Gemeindegottesdienst (nach Möglichkeit an einem Sonn- oder Feiertag) vollzogen. Sie wird durch den Bischof oder einen anderen Beauftragten der Kirchenleitung (Kreisdekan, Landessuperintendent) und zwei ordinierte Geistliche als Assistenten vorgenommen. Außerdem können auch nicht ordinierte Gemeindeglieder (Kirchenvorsteher, Gemeindeälteste) assistieren. Es wird das Amt also nicht wie in der katholischen Hierarchie von Person zu Person übertragen, sondern die Kirche als ganze (Gemeinde mit Einschluß der Amtsträger) vollzieht die Berufung in das Amt. (Darum auch die Wir-Form in der Ordinationsformel.)

Während in Agende IV, Fassung 1951, die Ordination nach dem Allgemeinen Kirchengebet eingefügt wurde, ist man inzwischen dazu übergegangen, die Ordinationsansprache an die Stelle der Predigt zu rücken. Zu Beginn der Predigt oder am Anfang des Gottesdienstes wird der Ordinand der Gemeinde namentlich vorgestellt. Nach der Predigt nimmt die Ordinationshandlung folgenden Verlauf:
(Predigtschlußgebet)
Ankündigung der Ordinationshandlung
Bittlied um den Heiligen Geist (EKG 97–99)
Schriftlesungen durch die beiden Assistenten

Evangeliumslesungen: Matth. 28, 18b–20
Joh. 20, 21–23
Epistolische Lesungen: 2. Kor. 5, 19–20
Eph. 4, 11–13
(1. Tim. 3, 1; 4, 12–13)
(1. Tim. 6, 11–12)
Verpflichtungsfrage und -antwort
Vaterunser und Gebet über dem Ordinanden (mit Handauflegung)
Ordinationsformel
Sendungswort.

Im einzelnen:
Fragen der *Bezeichnung.* Während Agende IV in ihrer Orginalfassung von 1951 noch eindeutig vom „Amt der Kirche" sprach, wird in späteren revidierten Fassungen etwas von der Ordinationskrise spürbar, die das theologische Gespräch Ende der sechziger Jahre kennzeichnete und bei einer Reihe von Pfarramtskandidaten zur Ordinationsverweigerung führte. So entstanden in überarbeiteten Fassungen Kompromißformulare, die daneben auch von der Absicht bestimmt waren, eine möglichst weitgehende Gemeinsamkeit mit den in der Arnoldshainer Konferenz zusammenarbeitenden unierten und reformierten Kirchen herzustellen. So wird dann vom „Amt der öffentlichen Verkündigung und Sakramentsverwaltung" oder von der „Ordination zum Pfarrer" gesprochen. Ebenso ist vom „Amt, das dir anvertraut wird" oder noch allgemeiner vom „Dienst (Amt) eines Pfarrers" die Rede. In der Fassung von 1979 wird schließlich bei der Ordinationsformel vom „Dienst im Amt der Kirche (das Evangelium von Jesus Christus öffentlich zu verkündigen und die Sakramente zu verwalten)" gesprochen.

Zweifellos läßt sich aus dem Neuen Testament keine eindeutige und ausschließliche Bezeichnung für den hier gemeinten besonderen Auftrag erheben. Doch wirkt es verwirrend, wenn allzuviele Begriffe nebeneinander gebraucht werden. Wenn schon, dann kommt die Bezeichnung „Dienst im Amt der Kirche" dem, was das Neue Testament damit meint, am nächsten.

In Luthers Ordinationsordnung und (fakultativ) auch noch in der Fassung von 1951 stand zu Beginn der Ordinationshandlung als weitausholende Fürbitte die *Litanei* (EKG 138). Daß auf sie jetzt verzichtet wird, hat seinen Grund vor allem in ihrer veralteten Sprachgestalt.

Das *Bittlied um den Heiligen Geist* geht zurück auf den in der Alten Kirche vom Bischof angestimmten Hymnus „Veni Creator Spiritus".

In den aus dem Mittelalter stammenden Ordnungen sind *Schriftlesungen* unbekannt. Luther hat sie neu eingeführt. Doch hat man über die Vorschläge Luthers hinaus weitere Schriftlesungen, die sich von der Sache her anbieten und zum Teil auch in reformatorischen Ordnungen belegt sind, aufgenommen. (Apg. 20 ist jetzt für die Installation vorgesehen.)

Die *Ordinationsfrage* bezieht sich auf die Bereitschaft zur treuen Ausübung des Amtes gemäß der Heiligen Schrift und dem evang.-luth. Bekenntnis (rechte Predigt und Sakramentsverwaltung, Wahrung des Beichtgeheimnisses, gottgefälliger Lebenswandel). Das in der mittelalterlichen Kirche der Frage vorausgehende Glaubensverhör hat Luther wieder gestrichen. Die Entscheidung über die Befähigung zum Amt ist in der Tat schon vorher gefallen. Auch auf eine weitschweifige Aufzählung der Pflichten bzw. Aufgliederung in mehrere Fragen ist verzichtet. Die Antwort des Ordinanden ist nicht nur ein kurzes „Ja", sondern lautet ausführlicher: „Ja. Dazu helfe mir Gott durch Jesus Christus in Kraft des Heiligen Geistes." Der Handschlag hat nur bei der Einführung der Kirchenvorsteher und Synodalen einen Sinn.

In Anlehnung an das Formular der Priesterweihe ist man auch dazu übergegangen, die Fragen aufzugliedern, sie mit einem „Bist du bereit ..." einzuleiten und mit dem „Ich bin bereit ..." beantworten zu lassen.

In den von reformierter und unierter Tradition beeinflußten Ordinationsformularen kennt man an dieser Stelle auch einen inhaltsreichen „Vorhalt", der die vielfältigen Pflichten und Aufgaben des Ordinanden möglichst umfassend darstellen soll.

Gemäß 1. Tim. 4, 5 soll zum „Wort Gottes" (Predigt, Lesungen, Ordinationsfrage) das *„Gebet"* treten. Im Unterschied zur römischen Ordnung hat Luther (wie auch bei Weihehandlungen) das Vaterunser zum Ordinationsgebet bestimmt. Da der Ordinand dazu knien soll, wird dieses Gebet als fester Bestandteil der Ordinationshandlung erkennbar. Aus guten Gründen ist dem Vaterunser dann aber doch noch ein speziell auf die Ordination Bezug nehmendes Gebet angefügt worden. Das Vaterunser und das nachfolgende Gebet werden über dem Ordinanden mit Handauflegung des Ordinators und der Assistenten gesprochen (also zur Gemeinde hin, so daß diese damit den Kreis der um den Ordinanden versammelten Beter schließt). An die Stelle des von Luther stammenden Kollektengebetes, das in Beziehung zu den ersten drei Vaterunserbitten stand, sind nun mehrere neuformulierte Gebete getreten. Wie die *Handauflegung* zum Segenswort treten kann, tritt sie (biblischem Vorbild folgend) hier nun auch zum Wort des Gebets und der Fürbitte (Apg. 13, 3; 1. Tim 4, 14; 5, 22; 2. Tim. 1, 6), zumal da das Gebet hier zugleich die Funktion des Segens hat. Von daher hat man (dem ostkirchlichen Sprachgebrauch folgend) in altlutherischen Agenden die Ordination oft als „Auflegen der Hände" bezeichnet.

Nach der Schriftlesung und dem Gebet bedarf es eigentlich keiner besonderen *Ordinationsformel* mehr. Die Ordination ist schriftgemäß vollzogen. Luther kannte in seiner Ordnung eine solche Formel nicht, ebensowenig wie er für den Tauf- und Trausegen in den entsprechenden Ordnungen ein eigenes Votum vorsah, sondern die Segnung in dem fürbittenden

Gebet (unter Handauflegung) aufgehen ließ. Dennoch empfiehlt es sich, in einer Zeit, der die Segnung in Form eines fürbittenden Gebets nicht mehr geläufig ist, dem Beispiel mancher reformatorischen und aller gegenwärtigen Agenden folgend, diese Formel anzufügen, in der das Geschehen der Ordination noch einmal in der Ausrichtung auf die Person des Ordinanden zusammengefaßt ist. Sie lautet in der Erstfassung der Agende von 1951: „Mein Bruder N. N., kraft der Vollmacht, die Jesus Christus seiner Gemeinde gegeben hat, überantworten wir dir durch Gebet und Auflegung unserer Hände das Amt der Kirche, wir segnen, ordnen und senden dich zum Dienst am Wort und Sakrament im Namen † des Vaters und des Sohnes und des Heiligen Geistes." Assistenten: „Amen."

Aus sprachlichen Gründen hat man später das Wort „Überantworten" in „Übertragen" und das Wort „Ordnen" in „Ordinieren" umgewandelt.
Eine Neufassung dieser Ordinationsformel lautet: Christus spricht: „Gleich wie mich der Vater gesandt hat, so sende ich euch. Im Gehorsam gegen diesen Auftrag, den der Herr seiner Kirche gegeben hat, und im Vertrauen auf seine Verheißung berufen und senden wir dich zum Dienst im Amt der Kirche (das Evangelium von Jesus Christus öffentlich zu verkündigen und die Sakramente zu verwalten.) Im Namen des Vaters ..."

Danach sprechen die Assistenten (unter Handauflegung) jeweils ein Bibelwort als Segenswunsch. Der Ordinator schließt ab mit den Worten: „Der Herr segne dich, er segne deinen Dienst an allen, die dir anbefohlen sind."

Das ursprünglich vorgesehene *Sendungswort* „So gehe nun hin und weide die Herde Christi..." (1. Petr. 5, 2–4) ist in der revidierten Fassung unverständlicherweise nicht mehr vorgesehen.

Mit einem Lied (etwa dem Credolied, falls das Glaubensbekenntnis nicht schon vor der Predigt gesprochen wurde) wird der Gottesdienst fortgesetzt und führt dann zum Allgemeinen Fürbittgebet oder zu den Präfationsversikeln weiter.

Wird die Ordination mit der Einführung in eine Pfarrstelle verbunden, so werden die Verlesung der Ernennungsurkunde, die Fragen an die Kirchenvorsteher und die Nennung der Kirchengemeinde, an die der Pfarrer gewiesen wird, in das Ordinationsformular einbezogen.

Neugeschaffen wurde das Formular der *Bestätigung einer Ordination*. Dazu wird festgestellt: Wenn ein Geistlicher aus einer nicht evangelisch-lutherischen Kirche übergetreten ist und, nachdem alle sonstigen Voraussetzungen für die Anstellungsfähigkeit gegeben sind, als Pfarrer in der evangelisch-lutherischen Kirche Dienst tun soll, so muß in jedem Einzelfall geprüft werden, ob er bereits gültig ordiniert wurde. Ist dies der Fall, so findet keine erneute Ordination statt, sondern es wird an die einmal empfangene Sendung zum Dienst mit Wort und Sakrament erinnert, diese Ordination bestätigt und der Pfarrer auf das Bekenntnis der evangelisch-lutherischen Kirche verpflichtet.

Dann wird das Ordinationsformular in zweifacher Weise abgewandelt. Bei der Vorstellung kann es etwa heißen: „Bruder N. N. hat den Ruf zum

Dienst mit Wort und Sakramenten zuerst als Glied der ... Kirche empfangen und angenommen. Er soll heute (nachdem seine Zeit der Vorbereitung und Zurüstung abgelaufen ist) als Pfarrer (Pastor) der evangelischlutherischen Kirche berufen und gesegnet werden. Wir wollen ihn an den Ruf, den er empfangen hat, erinnern und ihn, nachdem er sich auf das Bekenntnis der evangelisch-lutherischen Kirche verpflichtet hat, für seinen neuen Dienst unter Gebet und Handauflegung segnen."

Bei der Ordinationsformel muß es dann sinngemäß heißen: „... bestätigen wir dich als Diener im Amt der Kirche und senden dich aufs neue, (in dieser Gemeinde N. als Pfarrer) das Evangelium von Jesus Christus öffentlich zu verkündigen und die Sakramente zu verwalten. Im Namen des Vaters ..."

3. Die Einsegnungshandlungen

Es ist angemessen, nach der Grundordnung der Ordination zu verfahren, wenn ein Glied der Kirche nicht zum vollen und ganzen Amt gerufen wird, sondern in einen Dienst gestellt wird, der dem geistlichen Amt helfend zu- oder untergeordnet ist. So sind für den Dienst der Diakonissen, Diakone, Katecheten, Gemeindehelfer, Kirchenmusiker usw. Einsegnungshandlungen vorgesehen. Auch der Ruf in diese Aufgaben kann nur so geschehen, daß die Kirche ordnend, segnend und sendend den Berufenen die Gewißheit der göttlichen Berufung zuspricht und über ihnen die Kraft Gottes für ihren Dienst erbittet. Wenn auch der Aufriß der Ordnung dabei immer der gleiche bleibt, so ist es doch hilfreich, wenn die Agende nicht nur allgemeine Hinweise gibt, sondern das Material übersichtlich und sofort anwendbar darbietet.

Die *Vorstellung* hat etwa den Wortlaut: Laßt uns nun N.N., nachdem seine Zeit der Vorbereitung beendet ist, zum Dienst eines ... einsegnen, indem wir Gottes Wort hören, ihm die Hand auflegen und über ihm beten.

Als *Schriftlesungen,* die von Assistenten gelesen werden können, sind vorgesehen:
Allgemein: Joh. 12, 26; Joh. 15, 9–12; Röm. 12, 1–8; Eph. 4, 1–3; 2. Petr. 1, 3.5–7
Bei Diakonissen: Matth. 25, 1–13
Bei Diakonen: Apg. 6, 1–7
Bei Katecheten: 1. Tim. 5, 2.4–6; 5. Mos. 11, 18–21
Bei Kirchenmusikern: Kol. 3, 12–17

Der *Verpflichtungsfrage* folgt die Antwort: Ja, mit Gottes Hilfe. Auf eine (in der Agende von 1951 noch enthaltene) *Einsegnungsformel* wird jetzt verzichtet. Nachdem die Assistenten durch Handauflegung noch je ein biblisches Segenswort gesprochen haben, schließt der Bischof bzw. sein Beauftragter die Handlung ab mit den Worten: „Wir senden dich zum Dienst. Der Herr † sei mit dir."

4. Die Einführung eines Pfarrers (Die Installation)

Die Installation (Introduktion) weist einen ordinierten Pfarrer, dem grundsätzlich die Vollmacht zur Wortverkündigung und Sakramentsverwaltung in der durch ein einheitliches Bekenntnis zusammengeschlossenen Gesamtkirche übertragen ist, in eine bestimmte Gemeinde oder einen bestimmten Arbeitsbereich. Darum liegt bei der Installation besonderes Gewicht auf der Commendatio, auf der Hinweisung an die Gemeinde, die ihrerseits durch ihre gewählten Vertreter erklärt, diesen Pfarrer als ihren Hirten und Seelsorger achten und ehren zu wollen.

Während die Ordination (mit Ordinationsansprache) zumeist die Stelle der Predigt einnimmt, muß die Einführung noch vor der Predigt stattfinden, da der einzuführende Pfarrer später die Antrittspredigt übernimmt. Die Einführung schließt sich an das Credo an, wobei auf eine vorausgehende Lesung verzichtet werden kann.

Zusätzlich zur Ordination wird nach der Vorstellung die Ernennungsurkunde verlesen. Die Ansprache soll sich in ganz besonderem Maße auch an die Gemeinde wenden. Als Schriftlesungen werden genannt: Luk. 10, 16; Matth. 18, 18; Apg. 20, 28; 2. Tim. 2, 1–3.5 oder eine andere geeignete Lesung aus den Episteln.

Eine Verpflichtungsfrage, die an den Pfarrer gerichtet eine Rückbeziehung auf die Ordination enthält, ergeht auch an die ihn aufnehmende und mit ihm zusammenarbeitende Gemeinde, die durch die Kirchenvorsteher repräsentiert wird. Sie ist herausgewachsen aus der altkirchlichen Acclamatio populi.

„Es handelt sich bei der Acclamatio populi nicht um eine persönliche Gehorsamsverpflichtung gegenüber einem Amtsträger, sondern um das Ja der Gemeinde zu der Anempfehlung, zu der Commendatio, die ein wesentliches Stück der Einführungshandlung ist. Das, was gelobt wird, ist Ehrerbietung im Sinne des Vierten Gebotes." (Mahrenholz)

Die dem Gebet folgende Einführungsformel hat den Satz: „Ich weise dich an sie und sie an dich. Diene ihr in der Furcht Gottes mit Liebe und Treue!" Somit wird auch der Pfarrer an die „Ehrerbietung im Sinne des Vierten Gebots" und gemäß Röm. 12, 10b erinnert.

Dieser Segenshandlung wird nun (zusätzlich zu der Fassung von 1951) noch ein mahnendes und fürbittendes Wort an die Gemeinde angefügt: „Bedenkt, daß wir alle auf Grund der Taufe zum Zeugnis und Dienst in der Welt berufen sind ...!"

Ebenso ist es ein neu eingeführter Brauch, daß der Vertreter des Kirchenvorstands an dieser Stelle mit zwei knapp gefaßten Sätzen den neuen Pfarrer grüßt und ihm Freude und Segen zu diesem Dienst wünscht. Ausführliche Grußworte, die den liturgischen Rahmen sprengen, sind hier noch nicht am Platze.

Bei der Einführung eines *Pfarrers in einen besonderen kirchlichen Dienst* (in besonderen kirchlichen Arbeitsbereichen, in Anstalten, im Lehramt, im kirchlichen Verwaltungsdienst usw.) wird die Verpflichtungsfrage an die Mitglieder des den Arbeitsbereich repräsentierenden Gremiums des Einzuführenden gestellt. Einzelne aus diesem Kreis wirken als Assistenten mit.

Bei der Einführung eines *Dekans (Superintendenten, Propstes)* werden die Mitglieder des Dekanatsausschusses (Kirchenkreisvorstandes, Propsteivorstandes) und die Pfarrer des Aufsichtsbezirks in die Frage einbezogen.

Bei der Einführung eines *Bischofs* oder *Kreisdekans (Landessuperintendenten, Prälaten)* werden die Pfarrer der Landeskirche bzw. des Sprengels, gegebenenfalls Vertreter der Synode mit einbezogen. Das Amtskreuz wird dem Eingeführten nach den Segensworten umgelegt.

5. Weitere Einführungshandlungen

Agende IV bietet weitere Einführungsformulare für den Dienst von nichtordinierten Gemeindegliedern an, die denselben Aufbau wie die Installationshandlungen haben. Dabei ist an Diakone, Diakonissen, Katecheten, Kirchenmusiker, Lektoren, Gemeindehelfer, Küster usw. gedacht. Die Einführung nimmt ein Pfarrer im Hauptgottesdienst vor. Vor der erfolgten Einführung soll der Einzuführende in der Gemeinde seinen Dienst noch nicht ausüben. Kirchenvorsteher oder andere Mitarbeiter können als Assistenten mitwirken. Als Schriftlesungen sind wahlweise vorgesehen: Ps. 150; Jes. 55, 8–11; Luk. 16, 10; Joh. 15, 1–5; Röm. 12, 6–8; 1. Kor. 12, 4–6; Kol. 3, 15–17; 1. Petr. 4, 10–11.

Es ist sinnvoll, neben der Überreichung einer Urkunde dem Lektor die Bibel, dem Küster die Kirchenschlüssel usw. zu übergeben. Im weiteren Verlauf des Gottesdienstes soll der Eingeführte nach Möglichkeit mitwirken.

Bei der Einführung der Kirchenvorsteher und Synodalen ist in Verbindung mit der Antwort „Ja, mit Gottes Hilfe" der Handschlag vorgesehen. „Der Handschlag gehört in die Sphäre des Rechtes. Er ist unnötig bei den Ämtern, deren Träger durch eine Bestallungsurkunde oder durch einen Anstellungsvertrag auf dieser Ebene verpflichtet werden. Bei den synodalen Ämtern aber liegen die Dinge anders, da es sich hier um Wahlämter auf Zeit handelt, über die in der Regel weder eine Urkunde ausgefertigt noch ein Vertrag abgeschlossen wird. Bei diesen Ämtern schließt die gottesdienstliche Verpflichtung zugleich die Rechtsverpflichtung ein." (Mahrenholz)

Die „Vorstellung eines nicht fest angestellten Geistlichen oder sonstigen Mitarbeiters" kann in entsprechend schlichter Form vor sich gehen (keine Hinzuziehung von Assistenten, kein feierlicher Einzug). Ebenso entfällt die Verpflichtungsfrage.

Die Feier der „Aussendung kirchlicher Amtsträger" findet statt, wenn kirchliche Anstalten (Missionsanstalten, Diakonissenmutterhäuser u. a.) die von ihnen ausgebildeten Amtsträger unmittelbar in den kirchlichen Dienst entsenden oder wenn kirchliche Amtsträger in das Ausland, auf das Missionsfeld oder in die Diaspora entsandt werden, ohne daß am Platz ihrer künftigen Tätigkeit eine kirchliche Einführung stattfindet. Die Ordnung der Aussendung entspricht der jeweils in Frage kommenden Einführungshandlung, wobei der Wortlaut der Vorstellung, der Verpflichtungsfrage und der Bestätigungsformel sinngemäß abgewandelt werden muß.

17. Kapitel

DIE EINWEIHUNGSHANDLUNGEN

Bei den Einweihungshandlungen ist zu unterscheiden zwischen Feiern, bei denen Gebäude und Gegenstände in kirchlichen Gebrauch genommen werden sollen, und den Feiern, bei denen Baulichkeiten (Wohnhäuser, Schulen usw.) dem Schutz und Segen Gottes anbefohlen werden.

1. Die Einweihung gottesdienstlicher Gebäude oder Gegenstände

Schon das Alte Testament kennt eine „Heiligung" oder „Weihe" bestimmter Personen und Sachen, die fortan dem profanen Gebrauch entzogen und für den Gottesdienst ausgesondert sein sollen. Dahinter steht der Gedanke der Dedicatio, daß der oder das Geweihte ganz und gar dem „Gottesdienst" hingegeben sein soll (1. Sam. 1, 28; 2. Mose 29, 36–37).

Der Begriff „heilig" oder „geweiht" schließt darum zunächst gar nicht eine Qualifikation ein, sondern bedeutet einfach die Aussonderung für Gott und die ausschließliche Zugehörigkeit zu Gott (vgl. 3. Mose 20, 23–26). Für den „geheiligten" Menschen folgt aus diesem Tatbestand die sittliche Verpflichtung der „Heiligung". Die Gemeinde Christi ist im Neuen Testament die Gemeinde der „Heiligen" und „Auserwählten", die durch ihre Taufe allesamt zu „Priestern" und zum Kampf der Heiligung berufen sind (1. Petr. 2, 10; 1. Kor. 1, 2; 1. Thess. 4, 3).

In der Folgezeit wurde der Begriff der geweihten Personen auf den „geistlichen Stand" eingeschränkt, also auf die Priester, Bischöfe und Äbte, die ihrerseits mit einer besonderen Weihegewalt ausgestattet sind. Daneben wurde die Weihe von Sachen, die ausschließlich zum sakralen Gebrauch bestimmt sind, entwickelt. Ein Mißbrauch dieser Sache bedeutet ein Sakrileg. Denn die (meist mit Weihwasser vollzogene) Benedictio constitutiva verleiht der geweihten Sache einen sakralen Charakter, so daß durch die Weihe nicht nur die Bestimmung, sondern die Beschaffenheit dieser Sache verändert wird. Der sakrale Charakter kann dem geweihten Gegenstand durch „Pollusio" (Befleckung) oder „Exsecratio" (Entweihung) genommen werden. Davon zu unterscheiden ist die Weihe von Weihwasser, Taufsalz, der Osterkerze, der Asche, der Palmen, Kräuter usw., die den betreffenden Gegenständen zwar auch einen sakralen Charakter verleiht, doch dürfen diese geweihten Gegenstände „aus einem gerechten Grund" ohne Sakrileg auch für andere Zwecke verwandt werden.

Gegen dieses dingliche und als magisch empfundene Weiheverständnis ist Luther mit großer Entschiedenheit aufgetreten (Schmalkaldische Artikel, Teil 3, Art. 15). In den lutherischen Kirchenordnungen wurden ausdrücklich alle derartigen Beschwörungen, Segnungen und Weihungen verworfen. Damit brach man auch mit der römischen Tradition, diese Handlungen als „Sakramentalien" zu bezeichnen und ihnen damit eine Zwischenstellung zwischen dem „Wort" und den dem „Wort" überlegenen „Sakramenten" zuzuweisen. Luther hat es aber für durchaus angemessen gehalten, daß liturgische Gebäude oder Geräte unter Wort Gottes und Gebet in Gebrauch genommen werden. Von den geistlichen Gewändern z. B. sagt er: „Ich wollt auch gerne, daß man sie weder weihet noch segnet, als sollten sie hinfort heiliger sein denn andere Kleider; es wäre denn, daß man ein gemeinen Segen brauchen wollt, dadurch mit Wort und Gebet, wie die Schrift lehrt (1. Timoth. 4) alle gute Gottes Kreatur geheiligt wird, sonst ist's ein lauter Aberglaube und gottlos Wesen."

So konnte er bei der Einweihung der ersten evangelischen Kirche (Torgauer Schloßkirche 1544) nach der Predigt sagen: „Nun ihr, lieben Freunde, dieses Haus habt helfen besprengen mit dem rechten Weihwasser *Gottes Worts,* so greifet nun auch mit mir an das Rauchfaß, d. i. *zum Gebet* und laßt uns Gott anrufen und beten!"

Nach evangelischem Verständnis ist eine Weihe nur sinnvoll, wenn sie im Zusammenhang mit dem ersten Gebrauch steht. Dabei muß die Bezeichnung „Weihe" vor Mißverständnis bewahrt bleiben und gemäß ihrem ursprünglichen Sinn als „Dedicatio", als „Zueignung", als „Aussonderung zum gottesdienstlichen Gebrauch" interpretiert werden.

Agende IV bringt Einweihungsformulare für die Grundsteinlegung einer Kirche, für die Weihe einer Kirche, eines Altars, eines Taufsteins, einer Orgel, für die Glockenweihe und Ingebrauchnahme neuer Tauf- oder Abendmahlsgeräte, für die Einweihung eines kirchlichen Gebäudes, in dem regelmäßig Gottesdienst gehalten wird, und eines Friedhofs oder einer Friedhofskapelle.

2. Die Einweihung sonstiger Baulichkeiten

Bei der Einweihung sonstiger Baulichkeiten, z. B. bei der Einweihung eines Gemeindehauses ohne gottesdienstliche Funktion, eines Wohnhauses, eines Schulhauses oder einer Bildungseinrichtung, einer Kindertagesstätte, eines Altenwohnheims, eines Krankenhauses, kann es sich nicht um eine „Dedicatio" handeln. Von 1. Tim. 4, 4 her rechtfertigt Luther aber, daß man „Gottes Wort, Segen und Gebet über die Kreatur spräche, wie die Kinder über Tische tun, und über sich selbst, wenn sie schlafengehen oder aufstehen", unter der Voraussetzung, daß damit die Kreatur nicht „neue Kraft und Macht" erhält. So wie in den Tischgebeten für Gottes Gaben gedankt und darum gebetet wird, daß Gott diese Gaben und die, die sie empfangen, segnen möge, so kann alles, was im weiteren Sinn zum „täglichen Brot" gehört, in solches Beten eingeschlossen werden. Voraussetzung dafür ist, daß diese Gaben nicht an sich gesegnet werden (Realbenediktion), sondern daß sie immer im Zusammenhang mit denen gesehen werden, die sich ihrer gläubig als Gottes guter Gabe bedienen. Sofern sich „Weihehandlungen" auf Gegenstände richten, kann der fürbittende Segen nie von den Menschen abgelöst werden, die mit diesen Gegenständen umgehen.

Insofern ist das evangelische Segensgebet zu unterscheiden von der römischen Benedictio invocativa, die zwar das Geweihte in seinem profanen Gebrauch beläßt, aber doch eine Realbenediktion ist und in jedem Falle als wirksam angesehen wird, abgesehen davon, wieweit die Empfänger und Benützer dieser Sache als Glaubende dazu ein Verhältnis haben. In der „Weihe an Maria" oder „an ihr unbeflecktes Herz" ist gelegentlich ein ganzes Land (auch ein von evangelischen Christen bewohntes Land) als Maria gehörig bezeichnet worden.

Die evangelische Kirche wird bei solchen „Weihehandlungen" mit besonderer Behutsamkeit zu Werke gehen müssen. Sie wird dort zur Stelle sein, wo ihr Dienst der Segnung aus geistlichen Motiven heraus erbeten wird. Sie darf sich aber nicht zur religiösen Verbrämung weltlicher Vorgänge mißbrauchen lassen. Eine Fahnenweihe ist nicht statthaft. Wenn eine Gefallenengedenkstätte der Öffentlichkeit übergeben und aus diesem Anlaß der Dienst des Pfarrers gewünscht wird, so ist es angemessen, daß der Pfarrer eine Andacht hält, wobei Lesungen und Gebete für einen Gottesdienst zum Gedächtnis der Entschlafenen (gemäß Agende I und III) verwendet werden können.

Die Bezeichnung „Einweihung" ist bei solchen Fürbitt- und Segenshandlungen im strengen theologischen Sinn nicht mehr gerechtfertigt. Doch hat sich im allgemeinen Sprachgebrauch das Wort „Einweihung" seit langem auf jede allgemeine Ingebrauchnahme ausgedehnt, so daß sich die Agende wohl in der Überschrift dieser Bezeichnung bedient. Im liturgischen Text jedoch wird das Wort „einweihen" vermieden. Es heißt dann vielmehr, daß „wir dieses Haus (diese Schule, diese Brücke usw.) unter Gottes Schutz und Segen stellen" wollen.

3. Das Formular

Alle Einweihungshandlungen sind in gleichartiger Weise aufgebaut:
Gruß und Einleitung – Ansprache – Schriftlesung – Vaterunser und Gebet – Friedensgruß.

a) Die Einleitung

In der Einleitung muß zum Ausdruck kommen, worum es in der folgenden Weihehandlung geht. Dabei legt sich die Bezugnahme auf 1. Tim. 4, 5 nahe.

Etwa: Der Apostel des Herrn spricht: „Alles wird geheiligt durch das Wort Gottes und Gebet." Darum wollen wir jetzt diese N. Kirche weihen (ihrer Bestimmung übergeben), indem wir Gottes Wort hören und zu ihm beten...

Oder: Unser Herr Jesus Christus lehrt uns im Vaterunser bitten und danken für alles, was zu unserm Leben gehört, für Haus und Arbeitsstätte, für Gesundheit und tägliches Brot (und der Apostel des Herrn spricht: „Alles wird geheiligt durch das Wort Gottes und Gebet"). Darum wollen wir jetzt dies ... (Bezeichnung des Gebäudes) seiner Bestimmung übergeben, indem wir Gottes Wort hören und zu ihm beten.

Ist die Einweihungshandlung nicht in die Ordnung des Hauptgottesdienstes eingebettet, kann sie selbstverständlich mit Lied, Chorgesang oder Posaunenspiel eröffnet werden.

Zu Beginn der *Grundsteinlegung* ist Psalm 122 in Auswahl oder ein Gebet vorgesehen. Bei der *Einweihung einer Kirche* geht eine *Feier an der alten gottesdienstlichen Stätte* voraus. Der Gottesdienst oder die Andacht mündet in ein Gebet, in ein Geleitwort und in Lied 141, 3 (Unsern Ausgang segne Gott ...). Im Zug zur neuen Kirche werden die Bibel, die Agende und die heiligen Geräte mitgeführt. Vor dem Haupteingang wird nach einem Lied der Kirchenschlüssel vom leitenden Baumeister dem Pfarrer oder Vorsitzenden des Kirchenvorstands übergeben, der ihn dem Mesner (Küster) weiterreicht. Dieser öffnet mit den Worten: „In Jesu Namen schließe ich die Tür auf" die Kirche. Dann wird die Kirche in geordnetem Zug von der Gemeinde betreten. Wenn für die liturgischen Geräte und Bücher besondere Weiheformeln gesprochen werden sollen, werden sie zunächst seitwärts abgestellt und erst später an ihren Platz gebracht. Im anderen Fall werden sie sogleich an ihre Stelle gebracht. Bei der Einweihung eines Betsaales (einer Kapelle) in der Diaspora oder in einer Anstalt, die sonst wie die Einweihung einer Kirche vorgenommen wird, versammeln sich die Teilnehmer sofort im Betsaal.

Der *Glockenweihe* geht die Feier der *Glockeneinholung* voraus. Ist der Zug mit den geschmückten Glocken am Glockenturm angekommen, findet eine kleine Feier mit Votum, biblischem Textwort, Ansprache, Vaterunser, Gebet, Segen statt. In der Ansprache werden die Glocken vorgestellt, ihre Namen, Inschriften, eventuell Stifter und die Zweckbestimmung der einzelnen Glocken genannt. Die Auslegung eines Schriftwortes (Glockeninschriften!) soll den stets an uns ergehenden Ruf Gottes in Erinnerung bringen.

b) Die Lesung

Die *Schriftlesungen* sind den Anlässen entsprechend ausgewählt. Bei der Grundsteinlegung folgt nach der Schriftlesung die *Verlesung und die Einmauerung der Urkunde*.

c) Das Gebet

Als das eigentliche *Weihegebet* hat Luther das Vaterunser eingeführt. Doch kann dies, wenn es im Gottesdienst ohnehin an anderer Stelle erscheint, weggelassen werden. Denn jeder Einweihungshandlung sind nun auch spezielle Gebete beigegeben. Sollten diese für einen besonderen Fall nicht geeignet sein, so muß der Pfarrer eigene Gebete nach folgendem

Muster gestalten: „Auf den Dank für die glückliche Vollendung des Baues folgt die Bitte um Bewahrung und Schutz für die, die die Baulichkeit benutzen (z.B. eine Brücke) oder in ihr arbeiten (z.B. Rathaus, andere öffentliche Gebäude und dergl.). Daran schließt sich die Bitte, daß das Gebäude allezeit zur Ehre Gottes und zum Nutzen der Menschen gebraucht werden möge" (Ag. IV).

d) Die Vollzugsformel

Sie kann nur dann das Wort „Weihen" enthalten, wenn es sich um Aussonderung zum liturgischen Gebrauch handelt. Sie bringt nichts Neues zu dem in Lesung und Gebet sich ereignenden Vorgang der Segnung hinzu. Die deklaratorische Schlußformel wird darum inhaltlich mit der die Handlung einleitenden Formel verbunden, so daß die beiden Formeln einen Rahmen um Verkündigung und Gebet bilden. Als ein Element der Selbstvergewisserung der Gemeinde sollte auf diese Formel nicht verzichtet werden. Sie kann indikativisch und optativisch gefaßt sein: „Weil wir nun zum ersten Mal in dieser neuen N. Kirche Gottes Wort gehört und zu ihm gebetet haben, *ist* sie dem Dienst Gottes geweiht." Oder: „Nachdem wir Gottes Wort gehört und zu ihm gebetet haben, sei diese N. Kirche nunmehr dem Dienst Gottes geweiht. Im Namen des Vaters ..." Eine direkte Anrede des Gebäudes „Ich weihe dich ..." ist unter allen Umständen zu vermeiden.

Bei der Weihe einer neuen Kirche kann die Weiheformel je nach Ausgestaltung des Gottesdienstes an verschiedenen Stellen ihren Platz haben. Drei Möglichkeiten sind vorgesehen.

Form A: Dem Gottesdienst vorangestellte schlichte Form. Die Kirche wird insgesamt dem Dienst Gottes geweiht. In dem auf das Vaterunser folgenden Gebet werden bestimmte Bitten entfaltet im Blick auf das, was von Kanzel, Taufstein, Altar, Orgel und Glocken her für die Gemeinde geschehen möge. Die Vollzugsformel leitet über zum Gloria in excelsis.

Form B: Dem Gottesdienst vorangestellte entfaltete Form. Nicht nur für die Kirche als ganze, sondern auch für Altar (mit Paramenten, Leuchtern, Abendmahlsgeräten und Agende), Taufstein (mit Taufschale und Taufkanne), Orgel und Glocken wird vom Bischof die jeweilige Bestimmung genannt. Ein Kirchenvorsteher liest dazu einen biblischen Abschnitt, ein anderer spricht ein darauf bezogenes Gebet. Die Lesungen und Gebete münden in die Vollzugsformel, die wiederum die Brücke zum Gloria bildet.

Form C: Die Einweihung wird als Hauptgottesdienst gehalten, mit dem Unterschied, daß dem Gottesdienst ein einleitendes Wort vorausgeht: Der Apostel des Herrn spricht: „Alles wird geheiligt durch das Wort Gottes und Gebet." Darum wollen wir jetzt diese N. Kirche dadurch weihen, daß wir erstmals in ihr tun, wozu sie bestimmt ist ... Im Fürbittgebet können dann die auf eine Weihe bezogenen Anliegen besonders entfaltet werden. Nach Abschluß der Abendmahlsfeier und vor einem die Entlassung und den Schlußsegen einleitenden Lobgesang (EKG 137; 228) spricht der Bischof: „Weil wir jetzt zum ersten Mal in dieser neuen N. Kirche den Gottesdienst gefeiert haben, ist sie nun dem Dienst Gottes geweiht. Darum laßt uns zuletzt Gott die Ehre geben und ihn preisen mit unserem Lobgesang."

Die Ordnung der Grundsteinlegung kennt keine Vollzugs- oder Weiheformel. Pfarrer, Kirchenvorsteher, Baumeister und Ehrengäste treten nach dem Vaterunser und einem Gebet zum Grundstein und vollziehen nach einem Bibelwort die üblichen (drei) Hammerschläge.

Bei der Weihe eines *Friedhofs* und einer *Friedhofskapelle,* die auch von nichtchristlichen Religionsgemeinschaften benützt werden, und bei der Einweihung *sonstiger Baulichkeiten oder Anlagen,* lautet die Vollzugsformel: „Nachdem wir Gottes Wort gehört und zu ihm gebetet haben, befehlen wir dies ... (der Gnade bzw.) dem Schutz unseres Gottes (er segne alle, die hier ein- und ausgehen). Das Wort „weihen" oder „einweihen" ist hier zu vermeiden.

e) Der Abschluß

Die Weihehandlung sollte mit einem passenden Lied abgeschlossen werden, mit dem auch die Gemeinde sich die Bitte um Segen und den Dank für alle gnädige Führung und Bewahrung zu eigen macht. Daß von einer geweihten Kanzel dann wirklich alsbald gepredigt, an einem geweihten Taufstein getauft, an einem geweihten Altar das heilige Abendmahl gefeiert wird, sollte sich von selbst verstehen. Die Orgel und die Glocken sollen bis zur Weihehandlung im Gottesdienst schweigen. Wenn ein neu angelegter Friedhof oder eine neu erbaute Friedhofskapelle nicht im Zusammenhang mit einer Beerdigung eingeweiht wird, ist die Einweihung an einem besonderen Tage (Ostern, Gedenktag der Entschlafenen) sachgemäß.

f) Die Einbindung der Weihehandlung in eine weltliche Feier

Bei der Einweihung öffentlicher Bauwerke kommt es häufig zum Zusammenwirken mit einem Pfarrer zumeist der römisch-katholischen Kirche. Außerdem ist die kirchliche Handlung nur Teil einer Feier, die im wesentlichen von anderen Veranstaltern geprägt wird. Hier muß darauf geachtet werden, daß sich die Pfarrer verschiedener Konfessionen rechtzeitig absprechen und daß die weltlichen Reden und Handlungen nicht im Gegensatz zu Verkündigung und Auftrag der Kirche stehen. Der Beitrag des evangelischen Pfarrers sollte auf jeden Fall Verkündigung und Gebet umfassen. Für einen gemeinsam zu sprechenden Schlußsegen sind verschiedene mehrgliedrige Fassungen vorgesehen.

ANHANG

Erklärung liturgischer und kirchenmusikalischer Fachausdrücke und Fremdwörter

Aaronitischer Segen: die dem Hohenpriester Aaron aufgetragene biblische Segensformel (4. Mose 6, 24–26), steht am Schluß des evang. Hauptgottesdienstes

Abaton (das): das „Unzugängliche", die Apsis (siehe dort)

Abkündigungen: Mitteilungen an die Gemeinde, die eine aus der *Verkündigung* sich ergebende Folgerung und Konkretisierung darstellen (z. B. Aufruf zum Dankopfer), deren Inhalte über den Zweck der Information hinaus der *Fürbitte* der Gemeinde empfohlen werden sollen (z. B. Nennung der getauften, getrauten und bestatteten Gemeindeglieder), die als Ausformung von *Segnung und Sendung* zu bestimmten missionarischen und diakonischen Diensten aufrufen und zu gemeindlichen Zusammenkünften einladen. Ihr Platz ist darum sinnvollerweise nicht am Anfang, sondern zwischen Wort- und Schlußteil des Gottesdienstes. Im evang. Gottesdienst sind sie nach dem Predigtlied und vor dem Allg. Kirchengebet eingeordnet. Die röm.-kath. Gemeindemesse hat „kurze Verlautbarungen" zu Beginn der Entlassung

Abrenuntiation (die): die Absage an den Teufel; ein Bestandteil der alten Taufliturgie

Absolution: die Lossprechung von der Sünde nach der Beichte

A-cappella: Vokalgesang ohne Instrumentenbegleitung

Accentus: der einfache Sprechgesang in der Gregorianik (Gegensatz: Concentus)

Acoluthus:
1. = Comes (siehe dort)
2. der „Begleiter" (des Bischofs), liturgisches Amt in der Alten Kirche; in der röm. Kirche heute Durchgangsstufe zum Priesteramt (4. von 7 Weihegraden)

Adiaphora (Mehrz.; Einzahl: das Adiaphoron): „Mitteldinge"; Dinge und Handlungen, die weder geboten noch verboten sind

Advent (der): die Ankunft (Christi); Name der vorweihnachtlichen Rüstzeit

Agape (die): „Liebe"; das der Sättigung dienende Liebes- und Gemeinschaftsmahl der Urgemeinde; ursprünglich mit dem Altarsakrament verbunden

Agende (die): Buch der gottesdienstlichen Handlungen

Agnus Dei (das): der Gesang „Christe, du Lamm Gottes" zum Anfang der Abendmahlsausteilung

Akklamation: Zustimmung, Beifall; in der Liturgie formelhaft geprägt: z. B. „Amen", „Gott sei ewig Dank"

Akzeß (der): „das Herzugehen"; Rüstgebetsakt des kath. Klerus in der Sakristei; nicht obligatorisch

Alba (die): langes weißes liturgisches Gewand

aliturgisch: „ohne Gottesdienst"; aliturgische Tage sind Tage, an denen keine Messen stattfinden

Allegorie (die): Einkleidung geistiger Wahrheiten und Begriffe in biblische Gestalten

Alleluja: siehe Halleluja

Allerheiligen: am 1. Nov., Fest zum Gedächtnis aller Heiligen

Allerheiligstes: im jüdischen Tempel der innerste Raum mit der Bundeslade; in der röm. Messe die Hostie nach der Wandlung (lat.: sanctissimum)

Allerseelen: am 2. Nov., röm.-kath. Gedächtnistag für alle Verstorbenen

Alpirsbacher Kreis: evang. liturgischer Arbeitskreis; führend: Friedrich Buchholz

Altar: = alta ara, Altaraufsatz; im heidnischen, alttestamentlichen, griech. und röm. kath. Gottesdienst die Opferstätte, im evang. Gottesdienst der „Tisch des Herrn", die Stätte des hl. Abendmahls, des Gebetes und des Segens

Altarbekleidung: siehe Paramente

Altargesang in der evang. Kirche die deutschsprachige Gregorianik der luth. Reformation, einschließlich der Weisen des im Altarraum singenden Chores

Altarsakrament: das hl. Abendmahl

alternatim (adv.): abwechselnd; wechselweiser Gesangsvortrag eines liturgischen Stückes (auch Liedes) durch verschiedene Ausführende

Ambon (der): Vorstufe der Kanzel in der frühchristlichen Kirche

Amen: (hebr.) „so sei es!", „es steht fest!"; liturg. Formel der Bekräftigung und Anerkennung der von einem anderen vorgesprochenen Rede

Amikt (das): weißes Halstuch der liturgischen Gewandung

Amt: die gesungene röm. Messe (in Luthers deutscher Messe: die Konsekration)

Amt, Geistliches: der Auftrag und die Vollmacht, das Evangelium zu predigen, die Sakramente zu verwalten, die christliche Gemeinde zu leiten

Anamnese (die): Teil des altkirchlichen eucharistischen Hochgebets: die Erinnerung an die Heilstat Gottes in Christus

Anaphora (Mehrz.): die Darbringung; der griech. Name für das eucharistische Hochgebet (bzw. die Präfation)

Anathema (das): Verfluchungsformel (vgl. 1. Kor. 16,22)

Anglikanische Kirche: die seit 1534 von Rom unabhängige engl. Staatskirche (mit im wesentlichen reformierter Lehre)

Antependium: der Altarbehang, der als breiter Streifen in der Mitte des Altars herabhängt (nach liturgischen Farben wechselnd), ein Teil der Paramente

Anthem (engl.): die Hymne; in der engl. Kirche die nichtliturgische Chormusik in der Volkssprache

antiliturgisch: dem gottesdienstlichen Handeln und der gottesdienstlichen Ordnung gegenüber ablehnend

antiphonal: im Wechselgesang zwischen 2 (Halb-)Chören

Antiphonale (das) oder *Antiphonar* (das): die Melodiensammlung des kath. Stundengebets (Offizium); bevor es ein Missale gab, bezeichnete man sich im hohe Mittelalter hinein mit Antiphonar das liturgische Buch, das die Meßgesänge für die Schola cantorum enthielt. Als dann auch die Sologesänge der Messe in dieses Buch aufgenommen wurden, gab man ihm den Namen „Graduale"

Antiphon(e) (die): „Gegenton"; im gregorianischen Choral der den Psalm umrahmende Leitvers, der den Grundgedanken und die Tonart des Psalms angibt; auch Bezeichnung für ein selbständiges Gesangstück im Stil der Psalmenantiphonen

Apokalypse (die): die Offenbarung (im besonderen die Offenbarung St. Johannis)

Apokryphen (Mehrz.): alttestamentliche Bücher, die sich nicht im hebr. Alten Testament, wohl aber in der griech. und lat. Übersetzung finden; die luth. Kirche stellt sie den Schriften des Kanons nicht gleich

Apologie: „Verteidigung"; die Verteidigungsschrift der Confessio Augustana 1530; Bekenntnisschrift der luth. Kirche

Apologien: Sündenbekenntnisse in den römischen Rüstgebeten

Apostel: Sendbote Christi (von ihm unmittelbar berufen)

Apostolicum (das): das erste ökumenische christl. Glaubensbekenntnis, angeblich von den Aposteln formuliert; stammt aus der 2. Hälfte des 2. Jahrhunderts; ursprünglich war es das Taufbekenntnis; es wurde in neuerer Zeit auch in den Hauptgottesdienst übernommen, wo es (anstelle des Nicaenum) als Credo gebetet werden kann

Apostolische Konstitutionen: Kirchenordnung aus dem 4. Jahrhundert

Apostolisches Glaubensbekenntnis: siehe Apostolicum

Apostolus: liturgische Bezeichnung für die Gesamtheit der apostolischen Briefe

Apsis (die): halbkreisförmiger Chorabschluß in der Basilika; Raum für Altar und Priesterschaft

Arkandisziplin: die Geheimhaltung bestimmter sakraler Lehren und Gebräuche

Aschermittwoch: der 1. Tag der Fastenzeit

Aspersio (die): „das Besprengen"; eine Taufe in der Form bloßen Besprengens; sie sollte vermieden werden, um der Verflüchtigung des Taufsakramentes zu wehren

Asteriscus (der): das Sternchen, das bei der Psalmodie die Vershälfte, bzw. bei der Antiphon den Einsatz des ganzen Chores nach der Intonation anzeigt. In der orthodoxen Kirche: ein kreuzförmiger

Metallstreifen, welcher über den Diskus (= Abendmahlsteller) gestellt wird

Athanasianum: das dritte ökumenische Glaubensbekenntnis, angeblich vom Bischof Athanasius stammend, in Wahrheit aus dem 5. Jahrhundert; kein liturgisches Gemeindebekenntnis

Atrium: der Vorhof einer Basilika

Augsburger Bekenntnis: siehe Confessio Augustana

Augustana: siehe Confessio Augustana

Aureole (die): siehe Nimbus

Aussegnung: siehe Segen

Ave Maria (das): röm.-kath. Mariengebet, gebildet aus Luk. 1,28; 1,42 und einer Bitte um Fürbitte

Bäffchen (Beffchen) (das): (Herkunft des Wortes unklar) die seit der Barockzeit zum Talar der evangelischen Geistlichen getragene Bedeckung des Halsausschnittes (2 viereckige weiße Stoffstücke, aneinandergenäht)

Bahnlesung: fortlaufende Lesung eines biblischen Textes, bei der bestimmte Partien regelmäßig übersprungen werden

Bann (der): Ausschluß aus der Gemeinschaft der Kirche solange, bis der Gebannte bußfertig ist

Baptisterium (das): ein eigens der Taufe dienender Kirchenbau, meist als Zentralbau; er war besonders in der Zeit zahlreicher Erwachsenentaufen, also von etwa 300 ab bis zum frühen Mittelalter, notwendig

Barett (das): im Mittelalter flache Kopfbedeckung, heute noch ein Teil der Amtstracht von Geistlichen und Richtern

Basilika (die): „Königshalle"; langgestreckter, rechteckiger Kirchenbau der konstantinischen Zeit, in Mittelschiff und Seitenschiffe gegliedert, in einer Apsis endend, später von einem Querschiff gekreuzt; die Grundform, von der die Entwicklung des abendländischen Kirchenbaues ihren Ausgang nahm

Beichte (die): das Bekenntnis begangener Sünden mit dem Wunsch, die Absolution Gottes zu erlangen

Bema (das): die Stufe, die zum Altarraum hinaufführt; bisweilen hat der ganze Altarraum diesen Namen

Benedicamus: „Lasset uns preisen (den Herrn)"

Benedicite: der Gesang der drei Männer im Feuerofen; ein Buch der Apokryphen

Benedictus (das): „Gelobet sei (der Herr)!" 1. der Lobgesang des Zacharias (Luk. 1,68–79), Canticum der Matutin; 2. der Lobgesang des Volkes beim Einzug Jesu in Jerusalem (Matth. 21,9: „Gelobet sei, der da kommt im Namen des Herrn. Hosianna in der Höhe!"); in der Messe die Fortsetzung des Sanctus

Benediktiner: der von Benedikt von Nursia († 549) gegründete Mönchsorden, der Gebet und Arbeit als Grundforderungen hat; ein um die Liturgieforschung sehr verdienter Orden

Benediktionen: in der katholischen Kirche Segnungen (im Volksmund ungenau auch „Weihen" genannt), eine mit einem sichtbaren Zeichen (z. B. Weihwasser) verbundene Fürbitte für Personen, Tiere und Gegenstände; siehe auch Eulogie

Berneuchener Bewegung: ein für die kirchliche (auch gottesdienstliche) Erneuerung arbeitender evangelischer Kreis (seit 1923)

Beuron: Benediktinerkloster, von dem ein weitgreifender Einfluß zur Pflege der katholischen Liturgie ausgeht (Schotts Meßbuch)

Bibel: „das Buch (der Bücher)"; die Heilige Schrift

Bicinium (das): unbegleitete Vokalkomposition für zwei Singstimmen

Bilderwand: in der orthodoxen Kirche ein den Gottesdienstraum (zwischen Gemeinde und Altar) trennender Aufbau von Ikonen

Birett (das): (viereckige) Kopfbedeckung katholischer Geistlicher

Bischof: eigentl. „der Aufseher"; NT: der Hirte über eine ihm anvertraute Christengemeinde (Apg. 20,28; vielfach gleichbedeutend mit Presbyster [= Ältester]; katholisch: durch besondere Weihe übertragenes hierarchisches Amt, das die oberste Kirchengewalt für ein bestimmtes Gebiet in sich schließt; evangelisch: bei Luther gleichbedeutend mit „Pfarrer"; heute: der zur Leitung

eines größeren kirchlichen Bereichs berufene Geistliche
Bistum (das): der dem katholischen Bischof übertragene Sprengel
Brevier (das): eigentl. „Inhaltsverzeichnis, Auszug"; bis zur Liturgiereform die Bezeichnung des liturgischen Buches, in dem die Texte des Stundengebetes der römischen Kirche zusammengefaßt sind
Brotbrechen: Bezeichnung für das urchristliche Abendmahl (Apg. 2, 42. 46)
Brotseite: die (vom Schiff aus gesehen) linke Seite des Altars, auf die das sakramentale Brot gelegt wird
Brumalien: altrömisches Fest am 25. XII. aus Anlaß des kürzesten Tages
Buße: katholisch: Sakrament der Sündenvergebung; evangelisch: innere Umkehr zu Gott

(Unter C nicht aufgeführte Stichworte finden sich unter K oder Z)

Caecilia: katholische Heilige † 230 (Fest am 22. XI.), seit dem 5. Jhdt. als Märtyrerin verehrt, seit dem 15. Jhdt. Patronin der Musik
Caecilianismus: eine kirchenmusikalische Reformbewegung der katholischen Kirche im 19. Jhdt., die sich die Überwindung der Verweltlichung der Kirchenmusik sowie die Pflege des gregorianischen Chorals und der altklassischen Polyphonie zur Aufgabe gestellt hatte
Caeremoniale (das): Zeremonienbuch
Campanile (der): der Glockenturm
Cancelli: die Schranken, die in der Alten Kirche das Kirchenschiff und den Chorraum voneinander trennten (siehe auch Kanzel); heute nennt man diese Schranken Lettner
Canon Missae: siehe Kanon
Cantate Domino: „Singet dem Herrn!"
Cantatorium (das): in der römischen Kirche des frühen Mittelalters das Buch, das die den Cantor (oder auch mehrere Solosänger) betreffenden liturgischen Stücke enthält
Canticum (das): biblisches Lied (in Psalmform), das nicht im Psalter enthalten ist; man unterscheidet 11 alttestamentliche und 3 neutestamentliche Cantica (letztere in Luk. 1 u. 2)
Canticum canticorum: das Hohelied Salomos
Cantio (die): das einstimmige lateinische Lied des Mittelalters, meist geistlichen Inhalts
Cantio sacra: vom 16. Jhdt. ab jede mottetische Komposition lateinischer Texte
Cantionale (das): das Chorbuch für den einstimmig singenden gregorianischen Chor
Cantor (der): der (Vor-)Sänger im Gottesdienst und musikalische Führer des Chores
Cantus: der Gesang
Cantus firmus: eine bereits bestehende Melodie, die unverändert oder verziert einer kontrapunktischen Komposition zugrunde gelegt wird; in der Zeit der Reformation wurde der c. f. meist in die Mittelstimme, in den Tenor gelegt
Cantus planus: andere Bezeichnung für den „Choral" der katholischen Kirche
Capitellum: ein aus Psalmversen gebildetes Fürbittgebet
Capitulare (das): Verzeichnis der gottesdienstlichen Schriftlesungen
Capitulum: der Bibelabschnitt
Casula (Casel) (die): ein über der Alba getragener, aus kostbarer Seide bestehender Überwurf, mit Symbolen versehen
Cathedra (die): Bischofssitz in der Basilika am Scheitelpunkt der Apsis
Cembalo: vom 16.–18. Jhdt. weitverbreitetes Tasteninstrument, bei dem die Saiten durch Kiele angerissen werden; Vorläufer des Klaviers
Cento: „Flickwerk, zusammengenähte Decke"; der Ostkirche eigentümliche Schriftlesung, die aus mehreren Abschnitten zusammengefügt ist, die in verschiedenen biblischen Büchern stehen oder, wenn sie einem einzigen entnommen sind, dort in anderem Zusammenhang oder anderer Reihenfolge stehen
Charisma (das): „Gnadengabe"; die Begabung mit dem Heiligen Geist
Cheironomie (die): die durch die Hand bzw. Stellung der Finger ausgeführte und bewirkte Leitung des Chores; bis ins Mittelalter hinein üblich

Cherub (der): Engelwesen der Bibel (1. Mose 3,24; Ps. 18,11)

Cherubikon (das): Hymnus der Ostkirche aus dem 6. Jhdt.

Chor (der):
1. eine Gruppe von Singenden;
2. das von einer solchen Gruppe auszuführende Werk;
3. in den Kirchen der Ort, an dem der Chor seinen Platz hatte (Altarraum); manchmal wird auch die Orgelempore „Chor" genannt

Choral:
1. Sammelbegriff für den von Papst Gregor I. geordneten einstimmigen, lateinischen liturgischen Gesang der röm.-katholischen Liturgie
2. evangelisch: das Kirchenlied

Chorgebet: das von einer Gebetsgemeinschaft getragene, in liturgischen Formen regelmäßig geübte Gebet

Chrisma auch *Chrisam:* aus Olivenöl und Balsam gemischtes Öl, das in der römischen und orientalischen Kirche zu liturgischen Salbungen, bes. bei der Taufe, bei der Firmung und der Bischofweihe, verwendet wird; Symbol des Heiligen Geistes

Christologie: die theologische Lehre von der Person und dem Werk Jesu Christi

Christus: eigentl.: „der Gesalbte" (hebr.: Messias); biblischer Titel für den König, im besonderen für den verheißenen König der Endzeit

Ciborium:
1. ein Altaraufbau der katholischen Kirche: ein auf 4–6 Säulen ruhender kleiner Baldachin, an welchem in der Alten Kirche ein kleines taubenförmiges Gefäß mit konsekrierten Hostien für die Krankenkommunion hing;
2. verschließbarer Behälter, der bei der römischen Messe Verwendung findet, aus dem bei der Kommunion der Laien die Hostien genommen werden;
3. in der evangelischen Kirche oft Bezeichnung für die Hostienbüchse, in der die Hostien auf dem Altar bereitgestellt werden

Cingulum (das): der Gürtel der liturgischen Amtstracht

Codex (der): die Handschrift, das handgeschriebene Buch

Codex iuris canonici: das Gesetzbuch der katholischen Kirche (1918)

Collatio (die): eigentl.: „das Zusammengetragene"; geistliches Gespräch, Gebet, kurze geistliche Ansprache; in der Komplet: einleitender Teil vor dem Ingressus

Comes (der): ein Perikopenverzeichnis mit ausgeschriebenen Texten

Commemoratio (die): das Gedächtnis eines Heiligen; wenn in der römischen Kirchenjahresordnung ein Heiligentag von einem wichtigeren Festtag verdrängt wird, wird ein auf den Heiligentag bezogenes Gebet oder sonstiges Gedenken in die Messe eingeschoben

Common Prayer Book (engl.): „das Buch gemeinsamen Gebets", das Liturgiebuch der anglikanischen Kirche, enthaltend die Gottesdienstordnung, einen Katechismus, 39 Glaubensartikel und den Psalter

Communio (die): „die Gemeinschaft";
1. das heilige Abendmahl;
2. der Akt der Austeilung des Altarsakraments;
3. der Gesang, der während (bzw. in der römischen Messe auch nach) der Austeilung des Sakraments erfolgt

Complet (die) oder *Completorium* (das): der letzte Gottesdienst des Stundengebets vor dem Schlafengehen

Concentus (der): der musikalisch bewegte liturgische Gesang des Cantors und des Chores (siehe Accentus)

Concha (die): „die Muschel" (siehe Apsis)

Conclusio (die): der in eine feste Formel gefaßte Gebetsschluß (Berufung auf Christus, der Lobpreis der Dreieinigkeit), auf den die still mitbetende Gemeinde mit Amen antwortet

Confessio (die): das (Glaubens-)Bekenntnis; auch Sündenbekenntnis; im Kirchenbau nannte man Confessio das unter dem erhöhten Altar gelegene Grab eines Confessors oder Märtyrers (Petrusgrab in Rom)

Confessio Augustana: das von Melanchthon verfaßte, auf dem Reichstag zu Augsburg 1530 vorgetragene Bekenntnis der Anhänger der lutherischen Reformation

Confessor (der): Christ, der in Verfolgungszeiten um seines Glaubens willen schweres Leid (Folter, Gefängnis) zu tragen hatte

Confiteor (das): „Ich bekenne"; das Sündenbekenntnis

Contestatio (die): feierliche Bezeugung der Größe Gottes; Name der Präfation in der altgallikanischen Liturgie

Continuo (das): (eigentl.: Basso continuo) Baßstimme, die einer oder mehreren selbständigen Stimmen zugrunde gelegt ist und bei der die dazugehörige Harmonie durch Ziffern ausgedrückt wird; ausgeführt wird diese Stimme durch ein tiefes Instrument (z. B. Violoncello) und ein Tasteninstrument (Cembalo)

Corporale: (eigentl.: „das Leibtuch") die über das Brot (und bisweilen auch über den Kelch) des Abendmahles gebreitete Decke; in der römischen Kirche ein weißes Linnen, auf dem bei der Messe der Kelch steht und auf das nach der Wandlung die Hostie gelegt wird

Corpus Christi: der Leib Christi

Corpus iuris canonici: kirchliches Gesetzbuch aus dem Mittelalter

Credo: „Ich glaube", das Glaubensbekenntnis; in der römischen Messe steht das Credo *nach* der Predigt, bzw. wenn nicht gepredigt wird, nach der Evangeliumslesung, im evangelischen Gottesdienst zwischen Schriftlesung und Predigt; es ist der dritte Ordinariumsgesang mit dem Wortlaut des (lateinischen) Nicänischen Bekenntnisses

Crucifixus: Kreuz mit der plastischen Darstellung des Gekreuzigten

Crux commissa: „aneinandergefügtes Kreuz"; das Kreuz in Gestalt eines „T"; das griechische Kreuz

Crux immissa auch *Crux capitata:* „ineinandergefügtes Kreuz", bzw. mit einem Kopfteil versehenes Kreuz, das lateinische Kreuz, bei dem sich 2 Balken von ungleicher Länge kreuzen

Cuppa (die): die Schale des Abendmahlskelches

Custos (der): „Wächter"; im gregorianischen Choral ein kleines Notenzeichen, das am Ende jeder Zeile die Höhe der 1. Note der folgenden Zeile angibt

Darstellung Jesu im Tempel: siehe Marientage

Dekalog (der): „Zehn-Wort"; die 10 Gebote (2. Mose 20)

Dekan (Dechant): eigentl. Vorgesetzter von Zehn; röm.-kath.: Bezeichnung verschiedener Ämter und Würden; evang. (hauptsächlich Süddeutschland): der Pfarrer, der an der Spitze eines mehrere Pfarreien umfassenden Bezirkes steht (heißt in anderen Landeskirchen Superintendent oder Propst); Universität: der aus den ordentlichen Professoren für eine befristete Zeit gewählte Vorsitzende einer Fakultät

Denomination (die): „Benennung"; neutrale Bezeichnung für „religiöse Gemeinschaft" (vor allem in USA)

Deo gratias: „Dank sei Gott!" in der römischen Messe Antwort der Gemeinde auf die Epistellesung und die Ankündigung der Entlassung

Dermung (die): (von terminare = festsetzen, bestimmen) in Luthers Deutscher Messe Bezeichnung für die Konsekration

de tempore: der (Kirchenjahres-)Zeit gemäß; eine de-tempore-Lesung ist z. B. eine Lesung, die für einen bestimmten Tag im Kirchenjahr vorgesehen ist (siehe auch Proprium)

de-tempore-Lied: siehe Graduallied

Deutsche Messe: die in deutscher Sprache gehaltene Messe; der bekannteste Entwurf einer „Deutschen Messe" stammt von Luther aus dem Jahre 1526

Deutsches Requiem: oratorisches Werk für Soli, Chor und Orchester von Johannes Brahms (1833–97); im Gegensatz zu anderen, lateinischen Requiemsvertonungen ist der Text vom Komponisten frei aus der Heiligen Schrift (Luthertext) ausgewählt worden

Diakon (der): „Diener", Urkirche: allg. der Diener Christi, bzw. der Gehilfe des Bischofs; in der Gegenwart, evang.: der dem Pfarramt beigegebene, ausgebildete, hauptberufliche Helfer, vornehmlich für soziale Aufgaben; kath.: das Amt des Diakons ist Durchgangsstufe zum Priesteramt; es ist der sechste von den sieben Weihegraden, die bis zur Priesterweihe zu

durchlaufen sind; seit 1963 wieder als eigenständiges Amt eingeführt
Diakonisches Gebet: liturgisches Gebet, bei dem ein „Diakon" (im allg. Sinn, also ein dafür geeignetes Gemeindeglied) die Anliegen nennt, der Liturg betet dafür eine Kollekte, die die Gemeinde mit Amen abschließt und bekräftigt
Diakonisse (die): die in der Gemeinde- und Krankenpflege, Kindererziehung und Jugendfürsorge tätige, in Diakonissenmutterhäusern ausgebildete Frau
Dialog (der): Gespräch zwischen mehreren Personen in der dramatischen Kunst; in der evangelischen Kirchenmusik des 17. Jahrhunderts beliebte Sonderform des geistlichen Konzerts, bei dem biblische Sprüche unter Weglassung des Erzähltextes (z. B. der Osterdialog) oder biblische Wahrheiten in Gesprächsform komponiert werden (die bekanntesten Dialoge von Heinrich Schütz)
Diaspora (die): die Zerstreuung; die religiöse Minderheit, die inmitten andersgläubiger Umwelt lebt
Diastema (das): der Abstand zweier Töne
Didache (die): die Zwölf-Apostel-Lehre; eine Kirchenordnung der nachapostolischen Zeit (mit wichtigen Aufschlüssen über die damaligen gottesdienstlichen Gepflogenheiten)
Dies irae: „Tag des Zornes..."; mittelalterliche Sequenz, die die Ereignisse des Jüngsten Gerichts schildert; Teil des Requiems (Totenmesse)
Differentia (die): „der Unterschied"; in der Psalmodie andere Bezeichnung für „Schlußkadenz" (die in der katholischen Gregorianik die verschiedensten Formen haben kann)
Diözese (die): = Bistum (siehe dort)
Diptychon (das): (doppelt gefaltet) 1. im frühchristlichen Gottesdienst im Gottesdienst der Ostkirche miteinander verbundene, zusammenklappbare Täfelchen, auf denen die Namen meist schon verstorbener Christen verzeichnet sind, für die im Gottesdienst gebetet werden soll; 2. im Mittelater ein zweiteiliger Flügelaltar
Diskant (der): Singstimme, die als höhere Gegenstimme die Hauptstimme (Cantus firmus) kontrastierend begleitet; später einfach Bezeichnung für die gesungene Oberstimme (hoher Sopran)
Diskus (der): Teller, auf dem im orthodoxen Gottesdienst das heilige Brot liegt; (unterscheidet sich von unserer Patene durch einen kleinen Fuß)
Distribution (die): die Austeilung des heiligen Abendmahls
Divisio maior (die): im gregorianischen Choral die Satzpause oder Ganzpause; ein senkrechter Strich durch die Notenlinien (tief Atem holen!)
Divisio minor: die Halbpause; ein die zwei mittleren Linien senkrecht schneidender Strich (leicht Atem holen!)
Divisio minima: ganz kleine Pause; der die oberste Linie senkrecht schneidende Strich (wenn nötig ganz flüchtiges Atemholen!)
Dogma (das): Meinung, Beschluß, Verordnung; kath.: kirchlicher Lehrsatz, der geglaubt werden muß; evang.: die in einer Kirche geltende Glaubenslehre (Bekenntnis)
Dogmatik (die): die Wissenschaft vom Dogma
Dom: die Haupt- und Bischofskirche einer Diözese
Dominante (die): 1. der Dreiklang über dem fünften Ton der Tonleiter; 2. in der gregorianischen Psalmodie die Tuba oder der Tenor (siehe dort)
Dominica (dies) (die): der Sonntag
Dominus vobiscum: „Der Herr sei mit euch"; die lateinische Form der Salutation; Antwort: Et cum spiritu tuo („und mit deinem Geist")
Doppelstrich: die im gregorianischen Choral senkrecht die vier Notenlinien schneidenden Striche, die das Ende eines Stückes oder eines seiner Hauptteile anzeigen
Doxologie (die): lobpreisende Schlußformel eines Gebets oder einer Schriftlesung, auf die mit Amen geantwortet wird (vgl. den Schluß des Vaterunsers)
Dreieinigkeit (Dreifaltigkeit): die christliche Grundaussage von dem sich als Vater, Sohn und Heiliger Geist erschließenden einen Gott; in der christlichen Kunst oft als „Gnadenstuhl" dargestellt: Gott Vater auf dem Thron hält das Kreuz mit dem

Sohn vor sich, während die Taube des Heiligen Geistes darüber schwebt; später wurde die Dreieinigkeit auch durch das Symbol des gleichseitigen Dreiecks dargestellt

Dreikönigsfest: volkstümliche katholische Bezeichnung für den Epiphaniastag (Erscheinung des Herrn)

E*cclesia* (die): die Kirche, die Gemeinde Jesu Christi

Einheitsübersetzung: eine in der katholischen Kirche (unter Mitwirkung evangelischer Theologen) ausgearbeitete und für verbindlich erklärte Bibelübersetzung; sie soll das Nebeneinander verschiedener Bibelübersetzungen beenden und wird im deutschen Sprachraum um der ökumenischen Gemeinsamkeit willen auch den nichtkatholischen Kirchen als einheitlicher Bibeltext empfohlen

Einsegnung: siehe Segen, Konfirmation

Eisenacher Regulativ: ein im Jahre 1861 aufgestelltes Programm für die Grundsätze evangelischen Kirchenbaus

Eisodos (die): der (zweimalige) feierliche Einzug in der Liturgie der Ostkirche

EKD (die): die Evangelische Kirche in Deutschland; ein Bund bekenntnisbestimmter (lutherischer, reformierter, unierter) Kirchen, in welchem die bestehende Gemeinschaft der evangelischen Christenheit in der Bundesrepublik Deutschland sichtbar wird

Eklogadie (die): ein aus einem Zusammenhang herausgenommenes Stück eines biblischen Buches (im allgemeinen dasselbe wie „Perikope")

Ektenie (die): bestimmte Form des Allgemeinen Kirchengebets: Der Vorbeter nennt verschiedene Gebetsanliegen, die die Gemeinde mit einem Bittruf (etwa „Herr, erbarme dich") aufnimmt

Element (das): siehe Gestalt

Elevation (die): in der römischen Messe das Emporheben von Brot und Kelch nach der Wandlung, zum Zweck der Anbetung durch das Volk. Von der Reformation zuerst umgedeutet, dann zur Vermeidung von Mißverständnissen abgelehnt

Embolismus (der): „Einschaltung"; die Weiterführung der 7. Bitte im Vaterunser der römischen Messe

Emporen: die Galerien in den Kirchen

Enchiridion (das): kurzgefaßtes Handbuch; die ersten Gesangbücher der Reformation wurden z.T. Enchiridien genannt: z.B. Erfurter Enchiridion 1524; das Nürnberger E. 1525

Engel (der): „der Bote"; überirdische Kreatur Gottes, die nach biblischem Zeugnis im unaufhörlichen Dienst seines Willens und in ewiger Anbetung steht

Enzyklika (die): Rundschreiben des Papstes an die Katholiken der Welt

Epiklese (die): „Herabrufung"; Bitte um Herabsendung des Heiligen Geistes auf Brot und Wein des Abendmahls; durch sie wird in der ostkirchlichen Liturgie die Wandlung bewirkt; in der Lutherischen Agende ist die Epiklese als Bestandteil des Eucharistischen Gebets nicht auf die sakramentalen Gaben, sondern auf die Empfänger des Sakraments bezogen

Epinikion (das): „Siegeshymnus"; griechisch-orthodoxe Bezeichnung für das Sanctus

Epiphaniastag: der Tag der Erscheinung des Herrn (6. Jan.)

Episcopus (der): „Der Bischof"; siehe dort

Epistel (die):
1. Brief (des Neuen Testaments);
2. der aus den neutestamentlichen Briefen (einschließlich der Apostelgeschichte und der Offenbarung des Johannes) ausgewählte und im Gottesdienst verlesene Schriftabschnitt (vor der Lektionsreform gehörten auch einige alttestamentliche Perikopen zur Epistelreihe)

Epistelseite: die (vom Schiff aus gesehen) rechte Seite des Altars, von der aus in der römischen Messe die Epistel gelesen wird (Kelchseite)

Epistolarium (das): Verzeichnis der gottesdienstlichen Epistellesungen mit beigefügtem Text

Erweckungsbewegung: das Erwachen neuen Glaubenslebens in den christlichen Gemeinden (in Deutschland besonders am Anfang des 19. Jahrhunderts)

Erzbischof: Titel in der römischen, anglikanischen und skandinavisch-lutherischen

Kirche: der „erste" Bischof einer Kirchenprovinz, dem u. U. andere Bischöfe unterstehen

Eschatologie (die): die Lehre der Kirche von den letzten Dingen (Tod, Auferstehung, Gericht, ewiges Leben)

eschatologisch: auf die letzten Dinge bezogen

Estomihi: Name des Sonntags vor der Fastenzeit

Ethik (die): die Wissenschaft vom Ethos

Ethos (das): die Sitte, die Sittlichkeit; das rechte Handeln und Verhalten

Eucharistie (die): „Danksagung"; Bezeichnung für das heilige Abendmahl (abgeleitet von dem das heilige Mahl einleitenden Dankgebet Mark. 14,23 Urtext; siehe auch Eulogie)

Eucharistisches (Hoch-)Gebet: die altkirchliche Form der Abendmahlsliturgie, bei der in einem Gebetsakt Präfation, Sanctus, Epiklese, Einsetzungsworte, Anamnese und Doxologie aneinandergefügt sind

Euchologium (das): das Gebetbuch; die Gebetssammlung (Name des Hauptritualbuches der Ostkirche)

Eulogie (die): allgemein:
„ein in der Form und mit der Absicht des Segens gesprochenes Dankgebet" (Th. Harnack); die Eulogie oder Benediktion hat also immer eine doppelte Blickrichtung: Dank und Lob gegen Gott – Segen auf Menschen und Gaben Gottes (z. B. Brot und Wein; vgl. die segnenden Tischgebete);
im besonderen:
1. das hl. Abendmahl (abgeleitet von dem Segensgebet Mark. 14,22 Urtext; siehe auch Eucharistie);
2. das bei den urchristlichen Liebesmahlen vor der Eucharistie verzehrte Brot;
3. das beim Abendmahl übriggebliebene nichtkonsumierte Brot, das in bestimmten Gegenden den Nichtkommunikanten gereicht wird

Evangeliarium (das): Verzeichnis der gottesdienstlichen Evangelienlesungen mit beigefügtem Text

Evangelienharmonie (die): die Zusammenfassung der vier Evangelien zu einem einzigen einheitlichen Bericht über das Leben Jesu

Evangelienseite: die (vom Schiff aus gesehen) linke Seite des Altars, von der aus in der römischen Messe das Evangelium gelesen wird (Brotseite)

Evangelisation (die): die missionarische Verkündigung des Evangeliums durch evangelische Gemeinschaften (außerhalb des Gemeindegottesdienstes)

evangelisch: auf das Evangelium gründend; Selbstbezeichnung der von der Reformation des 16. Jahrhunderts geprägten Konfessionskirchen

Evangelist (der):
1. der Schreiber eines der vier Evangelien;
2. die den Erzählertext vortragende Gesangspartie einer in Musik gesetzten biblischen Historie (z. B. Matth.-Passion, Auferstehungshistorie);
3. Prediger der evang. Erweckungsgemeinden

Evangelium (das):
1. die frohe Botschaft (der Gesamtinhalt der christlichen Verkündigung);
2. einer der vier neutestamentlichen Berichte vom Leben, Leiden, Sterben und Auferstehen Jesu Christi;
3. der aus einem der vier Evangelien ausgewählte und im Gottesdienst verlesene Schriftabschnitt

Ewiges Licht: die in jeder römisch-kath. Kirche ununterbrochen in der Nähe des Allerheiligsten brennende Lampe, Zeichen der „Anwesenheit Christi" im Tabernakel

Ewigkeitssonntag: der letzte Sonntag im Kirchenjahr

Exaudi: Name des Sonntags vor Pfingsten

Exegese (die): die nach wissenschaftlicher Methode geschehende Auslegung biblischer Texte

Exequien: siehe Exsequien

Exerzitien: geistliche Übungen der röm. Kirche

Exhortation (die): „Vermahnung" (sie tritt in Luthers Deutscher Messe und späteren lutherischen Ordnungen an die Stelle der Präfation)

Exkommunikation (die): der Ausschluß aus der Gemeinschaft (und damit vor allem vom Abendmahl) einer Kirche

Exordium (das): „der Anfang", „die Einleitung" (einer Predigt)
Exorzismus (der): die Beschwörung, Vertreibung böser Geister (vgl. Mark. 5,8); Bestandteil der alten Taufliturgie, bei der durch eine feierliche Beschwörungsformel die Teufelsbesessenheit der menschlichen Natur bekämpft wird; von Luther in vereinfachter Form beibehalten, später als Adiaphoron erklärt, dann aufgegeben
Exorzist (der): der den Exorzismus Vollziehende; er hatte in der Alten Kirche als Assistent des taufenden Priesters ein eigenes Amt; in der röm. Kirche heute Durchgangsstufe zum Priesteramt (dritter von den sieben Weihegraden)
Exsekration (die): die Verfluchung, der Bann; in der röm. Kirche die Entweihung eines geweihten Gegenstandes (z.B. Altar) auf Grund aufgetretener Schäden und Mängel; sie macht eine Wiederkonsekration notwendig
Exsequien (Mehrz.): die in der kath. Kirche zum Begräbnis gehörenden liturgischen Handlungen und Gebete
Exsultet: Gesang zur Weihe der Osterkerze im römischen Osternachtsgottesdienst

Fakultativ: dem Belieben überlassen, wahlfrei
Fasten (das): die außergewöhnliche, zeitlich beschränkte Enthaltsamkeit von Essen und Trinken, Geschlechtsverkehr, Vergnügungen und Unterhaltungen; Absichten und Wirkungen: Reue über die Hingabe an die Welt, Buße wegen dabei begangener Sünden; Einkehr in den Willen Gottes mit den Menschen; Bereitung auf seine großen Taten; Verstärkung des Gebets; Sammlung aller geistigen und geistlichen Kräfte (G. Kunze)
Fastenzeit: die 46 Tage vor Ostern am Aschermittwoch beginnende Bußzeit, in der die Kirche sich auf das Gedächtnis des Sterbens und Auferstehens Christi rüstet
Feierabendmahl: Abendmahlsfeier in offener Form; in ihr treten besonders die Gestaltungselemente der Kommunikation der kreativen Festlichkeit und des Weltbezugs in Erscheinung (seit dem Kirchentag 1979)

Feria (die): der Wochentag (lat. Kirchensprache)
Figuralchor: der die Figuralmusik ausführende mehrstimmige Motettenchor
Figuralmusik: der im Gegensatz zum einstimmigen gregorianischen Choral durch Figuren gekennzeichnete kontrapunktische Satz
Finalis (die): siehe Terminatio
Firmung (die): Sakrament der röm. Kirche (nur vom Bischof zu vollziehen), das den jungen Christen im Glauben stärken und ihm die Gnade der Standhaftigkeit verleihen soll
Fistula (die): Saugröhrchen, das früher in der kath. Kirche beim Abendmahl unter beiderlei Gestalt Verwendung fand; heute dem päpstlichen Pontifikalamt vorbehalten
Formula Concordiae (die): Bekenntnisschrift der luth. Kirche aus dem Jahre 1577, in der theologische Streitfragen geklärt wurden
Formula Missae (die): von Luther entworfene evangelische Gottesdienstordnung (1523)
Friedenskuß: Brauch der Urchristenheit beim hl. Abendmahl (Röm. 16,16); der Kuß wurde geübt von Mann zu Mann und Frau zu Frau; daran erinnert heute noch der Friedenswunsch (Pax) vor der Austeilung des Abendmahls; die kath. Kirche kennt den Altarkuß und den „amplexus" (Umarmung) der Kleriker bei der Kommunion
Fronleichnam: der „Herrn-Leib"; röm.-kath. Bezeichnung für die verwandelte Hostie; das Fronleichnamsfest ist am Donnerstag nach dem Trinitatisfest
Frontale (das): (das Stirntuch) der Altarbehang, der die ganze Breite des Altars bedeckt; ein Teil der Paramente; nach liturgischen Farben wechselnd
Fußwaschung: Sitte des alten Orients (vgl. Joh. 12,1ff.); von einzelnen als Sakrament angesehen; gehört in der röm. Kirche zu den Sakramentalien und ist am Gründonnerstag in den Pfarrkirchen gestattet

Gallikanische Liturgie: neben der römischen Liturgie der andere wesentliche Liturgietyp der abendländischen Kirche, der sich vom 6. bis zum 9. Jahrhundert im spanischen, gallischen, keltischen und Mailänder Bereich entfaltete und sich durch große Weitschweifigkeit, Buntheit, Bewegtheit und Klangfreudigkeit auszeichnete; er wurde schließlich vom römischen Typus unterdrückt, nicht ohne daß dieser von ihm wesentliche Merkmale übernommen hätte

Geistlicher: gleichbedeutend mit „Pfarrer"; unsachgemäße Bezeichnung, da alle wahren Christen „geistlich" sind (Röm. 8,9)

Generalbaß (der): siehe Continuo

Geschlossene Zeit: bestimmter Zeitabschnitt im Kirchenjahr (Advents-, Fastenzeit), in welchem sich um seines Bußcharakters willen das Feiern fröhlicher Feste von selbst verbietet

Gesetz:
1. siehe Thora;
2. Sammelbegriff für die ganze alttestamentliche Gottesoffenbarung (im Gegensatz zum Evangelium Jesu Christi, vgl. Joh. 1,17)

Gestalt: Bezeichnung für das „sichtbare Zeichen" im hl. Abendmahl (Brot oder Wein); siehe auch „Sub utraque specie"

Glocke: metallenes Schlaginstrument von kelchartiger Form, bei dem das Anschlagen mit Hammer oder Klöppel einen kräftigen, hallenden Ton erzeugt; seit dem frühen Mittelalter im Gebrauch der christlichen Kirche; ruft zumGottesdienst und Gebet

Gloria in excelsis: die große Doxologie, das große Gloria: „Ehre sei Gott in der Höhe..."; Luk. 2,14 mit einer hymnischen Fortsetzung: „Wir loben dich..."; der 2. Ordinariumsgesang (folgt auf das Kyrie)

Gloria patri: die kleine Doxologie: „Ehre sei dem Vater und dem Sohne..."; der ein christliches Psalmgebet abschließende Lobpreis des dreieinigen Gottes

Gloria tibi Domine: „Ehre sei dir, Herr!"; in der Messe kurzes Gesangsstück nach der Ankündigung des Evangeliums

Gloriole (die): siehe Nimbus

Glossolalie (die): siehe Zungenreden

Gnosis (die): „die Erkenntnis"; religiöse Bewegung, die die Erlösung des Menschen von der Erkenntnis überrationaler göttlicher Wahrheiten abhängig macht; sie gab es im 1. u. 2. Jahrh. n. Chr. auch in christlicher Prägung, wurde aber für häretisch erklärt

Gotik (die): Kunststil des hohen und späten Mittelalters (12.–16. Jahrh.), für den die vertikale Gliederung (Spitzbogen) und die Auflösung der Masse (steinernes Maßwerk) kennzeichnend war und dem der Kirchenbau großartige Zeugnisse verdankt (Kölner Dom)

Gottesdienst:
1. der Inbegriff christlichen Glaubens und Lebens (1. Gebot; Matth. 22, 36–40; Röm. 12,1);
2. die Versammlung der christlichen Gemeinde im Namen Jesu (= Liturgie)

Gotteskasten: siehe Opferstock

Graduale (das):
1. in der röm. Messe der auf die Epistellesung folgende „Stufen"-Psalm(teil); so genannt, weil der Vorsänger dabei auf einer Stufe des Ambons stand; ursprünglich responsorial ausgeführt;
2. Libellum graduale; seit dem 12. Jahrhundert geläufige Bezeichnung für das die gregorianischen Meßgesänge enthaltende Buch; den Hauptteil bildet das Proprium; das Kyriale ist nur ein kleiner Anhang

Graduallied: das im deutschen evangelischen Gottesdienst an die Stelle des Graduale tretende Lied zwischen den Schriftlesungen (auch Haupt-, De-tempore-, Sonntags- oder Wochenlied genannt), das meist vom Evangelium her ausgewählt ist (aber auch mit Beziehung zur Epistel) und als Propriumsstück für jeden Sonntag und Festtag feststeht

Gratias agamus: „Lasset uns danksagen!"; Ankündigung der Präfation

Gregorianischer Choral: siehe Choral

Gregorianik (die): siehe Choral

Gründonnerstag: der Donnerstag der Karwoche, Tag der Einsetzung des hl. Abendmahls

Häresie (die): die von der offiziellen Kirchenlehre abweichende Meinung

Häretiker (der): Anhänger ketzerischer Lehren; Irrlehrer

Halleluja: hebr. „Lobet den Herrn!" lat.:

Alleluja; in den Psalmen häufig wiederkehrender Ruf, mit dem die Gemeinde einem Vorsänger antwortete; in der Messe wurde das Halleluja zusammen mit dem Hallelujavers (Psalmvers) ein Propriumsstück, das auf das Graduale folgt (Allelujalied); in der evang. Gottesdienstordnung steht das Halleluja nach der Epistel vor dem Graduallied

Handauflegung: Gebärde des Segens und der Mitteilung des Hl. Geistes (Mark. 10, 16; Apg. 8,17; 2. Tim. 1,6)

Handlungen, kirchliche: siehe Kasualien

Hauptgottesdienst: der evang. Gottesdienst, der am Sonn- oder Feiertag für die ganze Gemeinde gehalten wird und alle Wesensmerkmale des christlichen Gottesdienstes (Predigt, Gebet, Lied, Dankopfer, Abendmahl) in sich vereinigt; siehe auch Nebengottesdienst

Hauptlied: siehe Graduallied

heilig: bibl. Wesensbezeichnung Gottes (Jes. 6,3); dann aber auch: gottgehörig, ausgesondert für Gott (3. Mose 19,2); im NT sind die „Heiligen" die durch Christus erlösten Menschen (Apg. 9,32; 1. Petr. 2,9), in der röm. Kirche sind es im engeren Sinne alle die verstorbenen Christen, die auf Grund ihres besonders frommen Lebens vom Papst heiliggesprochen wurden und offiziell verehrt werden

Heiligenschein: siehe Nimbus

Heimsuchung Mariae: siehe Marientage

Hierarchie (die): die pyramidenartig aufgebaute Rangordnung der geistlichen Ämter in der röm. Kirche, die von den niederen Weihen über Priester, Bischöfe, Erzbischöfe bis hinauf zum Papst reicht

Himmelfahrt Christi: sie wird gefeiert am 40. Tage nach Ostern (Apg. 1,3), am Donnerstag nach Rogate

Himmelfahrt Mariae: ein unevangelisches Fest der röm. Kirche (am 15. VIII.), an dem das päpstliche Dogma von der leiblichen Himmelfahrt der Maria (1950) gefeiert wird

Historia (die): „die Geschichte", „die Erzählung", dann auch die biblische Geschichte, die Heilsgeschichte; neben der Vertonung der Leidensgeschichte (meist Passion genannt) wurden gerade die Oster- und Weihnachtshistorie zu festen Typen der evangelischen Kirchenmusik

Hochamt: siehe Missa solemnis

Hochkirchliche Vereinigung: 1918 von Friedrich Heiler begründete liturgische Bewegung, die sich um eine „evangelische Katholizität" bemüht

Homiletik (die): die Lehre von der Predigt

Homiliar (das): Sammlung von Predigten oder Schriftauslegungen

Homilie (die): die Predigt (die Vers für Vers einen biblischen Text abhandelt)

Horen (Mehrz.): „die Stunden"; die dreistündlichen Gebetsgottesdienste der röm. Kirche, zusammengefaßt im Brevier, in Klöstern als Chorgebet gehalten

Hosianna: hebr. „Hilf doch!"; Huldigungsruf des Volkes Israel (Psalm 118, 25.26) zur Begrüßung des messianischen Königs vgl. Matth. 21,9); dieser Ruf ist zusammen mit dem Benedictus, das dem Sanctus angefügt ist, in die Liturgie eingegangen

Hostie (die): (das Opfertier) das (ungesäuerte) Brot des hl. Abendmahls, aus reinem Weizenmehl mit Wasser zu dünnen Scheiben gebacken

Hymnarium (das): Sammlung kirchlicher Hymnen

Hymnologie (die): die Lehre vom Hymnus, vom Kirchenlied

Humerale (das): weißes Schultertuch der liturgischen Kleidung

Hymnus (der) der Gesang, der Lobgesang (zu Gott); ist formal vom Psalm und Kirchenlied unterschieden; im Stundengebet ist nach der Schriftlesung ein Hymnus eingeordnet; in der evang. Kirche wird meist ein Kirchenlied in die Funktion des Hymnus eingesetzt

Homophonie (die): Kompositionstechnik: akkordisch-harmonische Schreibweise, bei der alle Stimmen einer melodieführenden Hauptstimme dienen müssen (siehe auch Kantionalstil)

Jähtaufe (Jachtaufe): die wegen bestehender Lebensgefahr in aller Eile vollzogene Taufe

Jahwe: (fälschlicherweise auch „Jehova") der Name Gottes im AT; eigentlich „der Seiende", „der, der ist"; (Luther übersetzt immer „der Herr", (früher auch „HErr" geschrieben) vgl. 2. Mose 3, 13–14

Jehova: siehe Jahwe

Jerusalem: die Hauptstadt des Volkes Israel; die „Stadt Gottes" im Alten Bund; das neue Jerusalem" (Offb. 3,12; 21,2) ist die in der Ewigkeit vollendete Gemeinde der Heiligen

Jesuiten: Name der Mitglieder eines 1534 von Ignatius von Loyola gegründeten Ordens (Societas Jesu, abgekürzt S.J.); Hauptziele: Jugenderziehung, Bekehrung der Ungläubigen (Heidenmission, Gegenreformation); straffe militärische Organisation

Jesus: hebr. Name: „Gott hilft"; der irdische Name des menschgewordenen Gottessohnes (Matth. 1,21; Luk. 1,31)

Immanuel: hebr. Name: „Gott mit uns" (Jes. 7,14; Matth. 1,23)

Ikone (die): in der morgenländischen Kirche ein auf Holz gemaltes oder geschnitztes Tafelbild, auf dem heilige Personen oder Begebenheiten dargestellt sind; nach vollzogener Weihe wird dem Bild als dem Abbild vom Vorbild kultische Verehrung dargebracht

Ikonostase (die): siehe Bilderwand

Improperien (Mehrz.): Klagevorwürfe Gottes an sein Volk, gesungen im Wechsel von Vorsängern und Chören (Teil des Karfreitagsgottesdienstes)

Index (librorum prohibitorum): das Verzeichnis der vom Papst für jeden Katholiken verbotenen Bücher (1. Zusammenstellung 1559)

Index, Indiculus (lectionum, evangeliorum, epistolarum): Verzeichnis der gottesdienstlichen Schriftlesungen (ohne beigefügten Text) (= Capitulare)

Inful (die): siehe Mitra

Infusio (die): die Begießung; die heute in den christlichen Kirchen übliche Form der Taufe

Ingressus (der): „der Eingang"; Versikel mit Gloria Patri und Halleluja am Anfang des Tageszeitengebets

Initium (das): „der Anfang"; die Anfangstöne eines Psalmtonmodells, die vom Schlußton der Antiphone zur Tuba überleiten; sie werden darum (mit Ausnahme des 9. Tones) nur gesungen, wenn die Antiphon vorausgegangen ist (in der Regel jetzt auch zu Beginn des Gloria Patri)

Inkarnation (die): die Fleischwerdung, die Menschwerdung Christi; das Wunder der Weihnacht (vgl. Joh. 1,14 und das Nicaenum)

Inspiration (die): die Eingebung, die Erleuchtung mit dem Hl. Geist

Installation (die): Einführung in ein Amt; speziell die gottesdienstliche Handlung, in der ein Pfarrer an eine bestimmte Gemeinde gewiesen wird

Intervall (das): der Abstand zweier Töne nach ihrer Höhe oder Tiefe

Intonation (die): „Einstimmung";
1. in der Gregorianik, die vom Liturgen oder Vorsänger allein ausgeführte 1. Zeile eines Gesangs, die Tonhöhe, Tonart und Zeitmaß angibt (vgl. die Intonation des Gloria in excelsis);
2. ein kurzes Orgelvorspiel zur Angabe der Tonhöhe für den nachfolgenden Gesang;
3. die Einstimmung eines Instruments (Orgel) zur Klangreinheit

Introitus (der): „der Eingang"; Psalm (oder Psalmteil), der als Eingangslied der Messe gesungen wird; er wird eingerahmt von der Antiphon und dem Gloria Patri. In der evangelischen Kirche steht neben ihm oder an seiner Stelle das Eingangslied

Invitatorium (das): die Einladung, Aufforderung zum Gotteslob; Teil der Matutin (Psalm 95 mit Antiphon); in das evang. Tageszeitengebet nicht eingegangen

Invokavit: Name des 1. Sonntags in der Fastenzeit

Inzensation (die): die im griech. und röm.-kath. Gottesdienst übliche liturgische Beräucherung mit Weihrauch

Johannistag: Tag des Johannes des Täufers, am 24. VI.; Gedächtnis seiner Geburt; das Gedenken seiner Enthauptung liegt in der röm. Kirche auf dem 29. VIII. (der Tag des Evangelisten und Apostels Johannes ist am 27. XII.)

Isometrie (die): das „Gleich-Maß"; die Vereinfachung alter reformatorischer Kirchenliedweisen dadurch, daß man die verschiedenen Notenwerte (Polyrhythmie) in gleichmäßige Notenwerte umsetzt (siehe EKG 201; 330)

Israel: Zweiter Name des Jakob, des Sohnes Isaaks (1. Mose 32,29); von ihm erhielt das Volk, das dem Abraham als Nachkommenschaft verheißen war, diesen Namen; nach der Reichsteilung (933 v. Chr.) wird das Südreich (2 Stämme) Juda genannt und das Nordreich (10 Stämme) Israel (1. Kön. 12, 19.20); die Christenheit versteht sich als das neue Israel, als das auserwählte Volk des Neuen Bundes, an dem sich Gottes Verheißungen erfüllen werden (EKG 195, 4–5)
Israel ist nunmehr auch die Bezeichnung für den 1948 gegründeten republikanischen jüdischen Staat im Südteil des früheren Palästina

Ite missa est: „Gehet hin, (die Gemeinde) ist entlassen!"; die Ankündigung der Entlassung in der römischen Messe

Jubal: biblische Gestalt (1. Mose 4,21), die der Stammvater der Saiten- und Flötenspieler genannt wird; von dem hebr. Namen her sind die lateinischen und deutschen Wörter „jubilare, jubeln, jubilieren" usw. abgeleitet

Jubilate: Name des 3. Sonntags nach Ostern

Jubilus (der): die beim Schluß-A des Halleluja gesungenen langen Tonfolgen, denen später eigene Texte unterlegt wurden (Sequenzen)

Judika: Namen des 5. Sonntags in der Fastenzeit, der die „Passionszeit" im engeren Sinn einleitet (auch Passionssonntag)

Jüngster Tag: der letzte Tag, der die Aufhebung aller Zeit, das Kommen Christi, das endgültige Gericht und die Aufrichtung seiner vollkommenen ewigen Herrschaft bringt

(Unter K nicht aufgeführte Stichworte finden sich unter C)

Kadenz (die): musikalische Schlußformel; 1. in der Gregorianik = terminatio, differentia (siehe dort!); 2. im mehrstimmigen Satz die geregelte Abfolge bestimmter Harmonien als Schlußwendung; 3. im Solo-Instrumentalkonzert: frei improvisierte virtuose Entfaltung des Themenmaterials durch das Soloinstrument kurz vor dem Abschluß

Kalendarium (das): kalendarisches Verzeichnis der Kirchenjahreslesung mit verschiedenen Sonn- und Festtagen

Kanon (der): (= Maßstab, Richtschnur); 1. die für den christlichen Glauben als normativ anerkannten Schriften des Alten und Neuen Testaments; 2. in der römischen Messe von 1570 eine Gruppe von (leise gesprochenen) Gebeten zwischen Sanctus und Vaterunser, die die Wandlungsworte umrahmen und den bittenden Anspruch des Menschen um gnädige Annahme des Meßopfers zum Ausdruck bringen; nunmehr identisch mit dem Eucharistischen Hochgebet; 3. das Verzeichnis der Heiligen; 4. die Satzungen des röm.-kath. Kirchenrechts; 5. in der Musik: Komposition für mehrere Stimmen, die bei gleicher Melodieführung nacheinander einsetzen

Kanoniker: die nach einer festen geistlichen Ordnung zusammenlebenden Kleriker

Kantate: 1. Name des 4. Sonntags nach Ostern; 2. in der evang. Kirchenmusik ein aus mehreren Formelementen (Motette, konzertierende Stücke, Arie, Rezitativ, Arioso, Kirchenlied) zu einem einheitlichen Ganzen verbundenes Werk für Soli, Chor und Orchester, das ein bestimmtes Thema christlicher Verkündigung meditativ entfaltet; daneben gibt es auch die „weltliche" Kantate

Kantionalstil: schlichter, vierstimmiger Kirchenliedsatz, bei dem die Melodie (zunächst im Tenor, später) im Sopran liegt und alle Begleitstimmen der Melodiestimme rhythmisch gleichgeschaltet werden (etwa seit 1580)

Kantor (der): der (Vor-)Sänger, der den gottesdienstlichen Gesang der Gemeinde und den liturgischen Chor (Schola) zu führen hat (Intonation); zu seinen Aufgaben gehört heute in der Regel die Leitung des Figuralchors (Kirchenchor) und das Orgelspiel im Gottesdienst; doch sollten die ursprünglichen Aufgaben seines Amtes nicht vernachlässigt werden

Kantorei (die): der dem Kantor unterstehende, vokal und instrumental musizierende Kreis

Kanzel (die): die erhöhte, mit einer Brüstung versehene Predigtstätte; sie hat ihren Namen von den Cancelli (Schranken), die früher Schiff und Chorraum der Kirche voneinander trennten und an denen sie ursprünglich ihre Aufstellung fand
Kanzelpultdecke: der am Kanzelpult angebrachte, nach liturgischen Farben wechselnde Behang; ein Teil der Paramente
Kapelle (die): 1. gottesdienstlicher Nebenraum einer Kirche; 2. Schar von Sängern oder Instrumentalisten
Kapitel (das): 1. Abschnitt eines literarischen Werkes; 2. kurzer Bibelabschnitt von der Länge eines Verses (Lektionsersatz in manchen Horen); 3. die Gesamtheit der Geistlichen eines Kirchenbezirks
Kapitell (das): der oberste, krönende (und darum verzierte) Teil eines Pfeilers oder einer Säule
Kaplan (der): Hilfsgeistlicher in der röm.-kath. Kirche
Kardinal (der): hoher Würdenträger der röm. Kirche; das Kollegium der Kardinäle wählt den Papst
Karfreitagsgebet: andere Bezeichnung für das sog. Diakonische Gebet (s. d.)
Karwoche (-freitag, -samstag): („karen" ahd.: Klage, Trauer) die vorösterliche Woche mit dem Gedächtnis des Leidens und Sterbens Jesu
Kasel (die): siehe Casula
Kasualien: Amtshandlungen, die nicht regelmäßig, sondern nur im gegebenen Fall vorzunehmen sind: Taufe, Segnung der Mutter, Konfirmation, Beichte und Absolution, Trauung, Krankenkommunion, Beerdigung; man kann dazu auch die Ordinations-, Installations-, Einsegnungs- und Einweihungshandlungen rechnen
Katakomben: unterirdische Grabanlagen der Christen zur Zeit der Alten Kirche
Katechese (die): die kirchliche Unterweisung
Katechet (der): der im christlichen Glauben unterweisende Lehrer
Katechetik (die): die Lehre von der kirchlichen Unterweisung

Katechismus (der): Lehrbuch der kirchlichen Unterweisung; am bekanntesten der Große und Kleine Katechismus Luthers
Katechismusgottesdienst: eine in der Reformationszeit geschaffene Gottesdienstform (vor allem für die Jugend), bei der in der Form des Predigtgottesdienstes oder der Hore Teile des Lutherschen Katechismus Predigttext waren und nach der Predigt abgefragt oder gemeinsam aufgesagt wurden
Katechumenat (der): die Zeit der christlichen Unterweisung, die der (Erwachsenen-)Taufe vorangeht
Katechumene (der): Taufschüler, der im christlichen Glauben unterwiesen wird
Katechumenenmesse: der 1. Teil der Messe (Wortteil; vor der Kommunion), zu dem Taufschüler zugelassen waren
Kathedrale (die): (erz-)bischöfliche Hauptkirche, gleichbedeutend mit Dom und Münster (siehe auch Cathedra)
katholisch: „weltweit", „allgemein"; Wesensmerkmal der christlichen Kirche (vgl. das Nicaenum); heute wird vor allem das römische Kirchentum abkürzend so bezeichnet; die Katholizität der Kirche wird deshalb meistens mit der Bezeichnung „ökumenisch" geltend gemacht
Katholische Briefe: Sammelbezeichnung für 7 neutestamentliche Briefe, die nur hinsichtlich ihres Absenders, aber nicht nach den Adressaten näher bezeichnet sind (z. B. Petrusbriefe)
Kelchentziehung: die im Gegensatz zur urchristlichen und evangelischen Praxis erfolgende Beschränkung der Laienkommunion auf das Brot in der römischen Messe (siehe auch „sub utraque specie")
Kelchseite: die (vom Schiff aus gesehen) rechte Seite des Altars, auf die der Abendmahlskelch gestellt wird
Ketzer: Anhänger einer kirchlichen Irrlehre (= Häretiker)
Kindergottesdienst: der eigens für Kinder gehaltene und auf das kindliche Verständnis abgestellte Gottesdienst, der liturgisch einen vereinfachten (abendmahlslosen) Hauptgottesdienst darstellt
Kirche: (griech.) „dem Herrn gehörig":

1. die Gemeinschaft der getauften Christen; 2. das christliche Gotteshaus; 3. der christliche Gottesdienst
Kirchenbuch: 1. Gottesdienstordnung (= Agende); 2. Register kirchlicher Amtshandlungen
Kirchenjahr: der am 1. Advent beginnende, von bestimmten Festen geordnete und das gottesdienstliche Leben prägende Jahrkreis des liturgischen Lebens
Kirchenordnung: in der Reformationszeit (und später) Vorschriften über das gottesdienstliche Leben und die kirchliche Unterweisung (vgl. die Brandenburg-Nürnberger Kirchenordnung 1533); heute gleichbedeutend mit Kirchenverfassung
Kirchliche Handlungen: siehe Kasualien
Kirchspiel: Bezirk einer Pfarrei
Kirchner: siehe Küster
Klerus (der): (eigentl. „das Los", „das Erbteil") die Priesterschaft (weil der Kleriker Gott „als sein Los und seine Erbschaft" besitzt; 4. Mose 18,20; siehe auch Apg. 1,7.26)
Klingelbeutel: sackförmiger Tuchbehälter an einer Stange zur Einsammlung der Geldgaben im Gottesdienst; damit sein Herankommen bemerkt wird, war er früher mit einem Glöckchen versehen
Kniebeugen: urchristlich bezeugte liturgische Gebärde, in der römischen Kirche allgemein geübt, besonders auch zur Verehrung des Allerheiligsten; in der evangelischen Kirche seit der Aufklärung weitgehend abgeschafft, jetzt nur bei besonderen Anlässen üblich (Einsegnung, Kommunion)
Kollekte (die): 1. das in eine bestimmte knappe Form gefaßte Gebet (meist als Zusammenfassung eines vorausgehenden längeren Gebetsaktes; z.B. in der Messe am Schluß des Eingangsteils); 2. Einsammlung kirchlicher Opfergaben
Kollektenton: siehe Orationston
Kommunion (die): siehe Communio
Kommunikant: der die Kommunion (das hl. Abendmahl) Empfangende
Konfession (die): siehe Confessio
Konfitent (der): der Beichtende
Konfirmation: die Feier der „Einsegnung", bei der für (junge) Christenmenschen, die sich nach empfangener Unterweisung zu ihrer Taufe und zum christlichen Glauben öffentlich bekannt haben, die Gabe des Hl. Geistes erfleht wird
Konkordienbuch: „Eintrachtsbuch"; die 1580 erfolgte Zusammenstellung von Bekenntnisschriften, die zur einigenden Grundlage der evangelisch-lutherischen Kirche erklärt wurde
Konkordienformel: siehe Formula Concordiae
Konsekration (die): die Aussonderung der Abendmahlselemente zu Trägern des Leibes und Blutes Christi durch das Sprechen der Einsetzungsworte über ihnen (Teil der Abendmahlsliturgie); in der römischen Messe erfolgt bei der Konsekration die Wandlung; in der Ostkirche findet die Konsekration (und damit Wandlung) schon bei der Epiklese statt; in der römischen Kirche bedeutet K. ferner auch die Einkleidung von Nonnen durch den Bischof und die Weihe von Personen (z.B. Priestern) und Sachen (z.B. Glocken) durch einen Bischof
Konsistorium (das): in der evangelischen Kirche die zentrale Leitung einer Landeskirche (Bayern: Landeskirchenrat)
Kontemplation (die): die Betrachtung, das innere Schauen, die Versenkung in religiöse Wahrheiten (besonders in der Mystik)
Kontrafaktur (die): die Umwandlung eines weltlichen Volksliedes in ein geistliches Lied, wobei oft nur einzelne Worte ausgewechselt oder geistlich gedeutet werden (vgl. „Innsbruck, ich muß dich lassen" und „O Welt, ich muß dich lassen")
Kontrapunkt (der): in der Musik die Kunst der mehrfachen Stimmführung, wobei die einzelnen Stimmen selbständig laufen (siehe: Linearität) und doch harmonisch aufeinander bezogen sind
Konversion (die): der Übertritt von einer christlichen Konfession zu einer anderen
Konvikt (das): Haus des gemeinsamen Lebens
Konzert, Geistliches: eine die Motette des 16. Jahrhunderts ablösende Kunstform der geistlichen Musik, in der im Sinne des monodischen Stiles auf dem Fundament eines Generalbasses mehrere selbständige

Stimmen (vokal und instrumental) neben- und gegeneinander gesetzt sind; besonders bei Prätorius, Schütz, Schein, Scheidt; das „Konzert" ging später in der Form der Kantate auf; mit Konzert bezeichnet man vom 18. Jahrhundert an auch das Musikstück für Soloinstrumente und Orchester, sowie eine öffentliche Musikaufführung überhaupt

Konzil (das): Kirchenversammlung

Kopulation (die): das „Zusammengeben" zweier Brautleute, durch das die Ehe konstituiert wird; in vorstaatlichen Ordnungen ein von der Sippe vollzogener Akt, später stellvertretend für die Sippe bzw. staatliche Ordnung von der Kirche wahrgenommen; die standesamtliche Eheschließung der Gegenwart kennt keine Kopulation; die Ehe wird durch den vor dem Standesbeamten öffentlich ausgesprochenen Konsensus (übereinstimmende Willenserklärung) der Brautleute konstituiert; die Kirche hat keinen Auftrag zur Kopulation; sie predigt in der kirchl. Trauung den Willen Gottes über die Ehe und bezeugt den Brautleuten, daß Gott sie zusammengefügt und einander anvertraut hat (praedicatio), sie nimmt das Ja des Brautpaares zur Ehe als einer Ordnung Gottes entgegen (confessio) und befiehlt das Paar dem Segen Gottes (benedictio)

Krankenkommunion: die schon im 2. Jahrhundert aufkommende Sitte, den Kranken die bei der Eucharistie geweihten Elemente ins Haus zu bringen; in der evangelischen Kirche ist die K. eine in sich geschlossene, kleine Abendmahlsfeier im Krankenzimmer (womöglich in der Familiengemeinschaft)

Kreuzschlagen: eine in der römischen Kirche im liturgischen wie privaten Gebrauch sehr häufig angewandte Gebärde, die in der lutherischen Kirche viel sparsamer gebraucht wird (begleitende und verdeutlichende Geste bei Segens-, Konsekrations- und Absolutionshandlungen), die Selbstbekreuzigung ist in der luth. Kirche nicht mehr üblich (trotz Luthers Hinweis beim Morgen- und Abendsegen); die reformierte Kirche hat das Kreuzschlagen überhaupt abgeschafft

Kreuzweg: (seit dem Spätmittelalter) die Darstellung des Passionsweges Jesu vom Richthaus bis Golgatha in 14 Stationen, entweder an den Wänden einer Kirche oder an einem zu einer Kirche oder Kapelle führenden Weg angebracht; die Darstellung, in die sich auch legendäre Züge hineinverwoben haben (Schweißtuch der Veronika, dreimaliger Fall unter dem Kreuz), will zu einer meditativen Kreuzesnachfolge anleiten

Krippe: figürliche Darstellung der Geburt Christi, wie sie in Häusern und Kirchen zur Weihnachtszeit Aufstellung findet; im übertragenen Sinne wird in der kath. Kirche auch die Darstellung anderer Ereignisse aus dem Leben Jesu (Kindheit Jesu, Leiden, Sterben, Begräbnis) „Krippe" genannt

Kruzifix: siehe Crucifixus

Krypta (die): bedeckter Gang, Gruftkapelle unter dem Altar (besonders romanischer Kirchen)

Küster (der): (von lat. custos „der Wächter") ihm obliegt die Fürsorge für die äußere Ordnung des Gottesdienstes (in Süddeutschland auch „Mesner" von mansionarius „Hausverwalter"); früher waren mit dem Küsteramt noch andere kirchliche Dienste, vor allem die religiöse Unterweisung der Jugend verbunden

Kultus (der): „die Verehrung"; der Gottesdienst

Kurie (die): der päpstliche Hofstaat

Kurrende (die): kirchlicher Schülerchor, der umherziehend vor den Häusern um Almosen sang; heute auch allgemeine Bezeichnung für einen kirchlichen Jugendchor

Kurzmesse: siehe Missa brevis

Kuß, heiliger: im urchristlichen Gottesdienst geübte Sitte des Kusses von Mann zu Mann und Frau zu Frau (Röm. 16, 16); heute noch Ostersitte in der Ostkirche; in der römischen Messe gibt es den Kuß des Altars, des Evangelienbuchs, des Kreuzes, in der Ostkirche den Kuß der Ikonen

Kyriale (das): das Buch der gregorianischen Ordinariumsgesänge (ein Teil des Graduale)

Kyrie (das): der 1. Ordinariumsgesang der

Messe: Herr, erbarme dich! Christe erbarme dich! Herr, erbarme dich! (in der röm. Messe neunmal)
Kyrie eleison: (griech.) „Herr, erbarme dich!"
Kyrieruf: der kehrreimartig wiederkehrende Ruf „Herr, erbarme dich" oder „Erbarm dich, lieber Herre Gott" in einem längeren Gebetsakt
Kyrios (der): „der Herr"; die Gesamtheit der 4 Evangelien: die Stimme Jesu Christi (im Gegensatz zu „Apostolus")

Labarum (das): die seit Kaiser Konstantin (312) benützte Kreuzesfahne mit dem Monogramm Christi (XP); wurde in der altchristlichen Kunst als Symbol verwendet
Lätare: Name des 4. Sonntags in der Fastenzeit
Laie: nach röm.-kath. Auffassung Angehöriger des einfachen Kirchenvolkes im Unterschied zum Priesterstand; dann auch allgemeine Bezeichnung für den Nichtfachmann
Lamechlied: der Rachegesang des Lamech (1. Mose 4, 23-24)
Lamentationes: die Klagelieder (z. B. des Jeremia); der latinisierte griech. Ausdruck dafür ist „Threni"
Laudamus te: „Wir loben dich"; die hymnische Fortsetzung des Gloria in excelsis (siehe dort)
Laudes (Mehrz.): „der Lobgesang", eine der Horen des röm. Breviers (am frühen Morgen)
Laus tibi, Christe: „Lob sei dir, o Christe"; Antwort der Gemeinde auf die Evangeliumslesung der röm. Messe
Lectio continua: die Schriftlesung in fortlaufender Reihenfolge
Lectio selecta: die Schriftlesung in Auswahl
Legendarium (das): Legendensammlung
Legende (die): mit stark wunderhaften Zügen ausgestatteter Bericht aus dem Leben von Heiligen
Leise (die): ursprünglich einstrophiges Gemeindelied, mit einem „Kyrieleis" abgeschlossen, das an der Stelle des Kyrie gesungen wurde
Leiturgia: das griech. Urwort des latinisierten Begriffs „Liturgie" (siehe dort)

Lektion (die): die Lesung (der Hl. Schrift)
Lektionar (das): Zusammenstellung aller gottesdienstlichen Schriftlesungen des ganzen Kirchenjahres (= Comes)
Lektionston: gregorianisches Tonmodell für die Ausführung der Schriftlesung im melodischen Sprechgesang
Lektor (der): „der (Vor-)Leser"; das Amt des Vorlesers im altkirchlichen Gottesdienst verschwand allmählich; es wurde zur Durchgangsstufe zum Priesteramt (dritter von den sieben Weihegraden); in der lutherischen Agende ist dem Lektor (einem dazu befähigten und ausgewählten Gemeindeglied) wieder seine ursprüngliche Aufgabe bei den Schriftlesungen, Abkündigungen und Gebeten zurückgegeben; der Lektor kann auch mit der Abhaltung des ganzen Gottesdienstes beauftragt werden (Lesepredigt)
Leonianum (das): ein angeblich auf Papst Leo I. zurückgehendes Sakramentar, das aber erst aus der Zeit um 600 stammt; wichtige Quelle für die Geschichte der röm. Messe
Lesepult: das Lesepult war im Gottesdienst zunächst die Vorform der Kanzel (am Lettner aufgestellt); oft in reicher künstlerischer Ausgestaltung; heute dient es zum Auflegen der Bücher für Schriftlesungen, Abkündigungen und Diakonische Gebete
Lettner (der): (abgeleitet von lectorium „das Lesepult") den Altarraum und das Längsschiff voneinander trennende Gitterwand; an ihr war früher das Lektorium aufgestellt
Levit (der): Angehöriger des Stammes Levi; die Leviten waren nach 4. Mose 18 ausersehen, den Kultus zu vollziehen; nach der Babylonischen Gefangenschaft waren die Leviten als untergeordnete Tempeldiener von den Priestern unterschieden (Hes. 44, 9-14; Luk. 10, 31-32)
Liber usualis: Liturgiebuch der röm. Kirche, das das Missale und Brevier umfaßt
Lichtmeß: volkstümliche Bezeichnung für den „Tag der Darstellung des Herrn" (2. Febr.); siehe auch Marientage
Liedmotette (die): siehe Motette
Ligatur (die): die Bindung zweier oder mehrerer Töne (in der Gregorianik:

Neume), die *einem* Vokal unterlegt sind und nicht auf mehrere Vokale aufgeteilt werden dürfen

Linearität: Kompositionsprinzip (der Kirchenmusik in der Zeit bis Bach und in der Gegenwart); dem in sich folgerichtigen Ablauf jeder Einzelstimme wird im Gegensatz zur bloßen harmonischen und akkordlichen Satztechnik besondere Aufmerksamkeit geschenkt

Litanei (die): griech. „Bittgebet"; längeres Fürbittgebet, bei dem der Chor (oder Liturg) die Anliegen nennt und die Gemeinde refrainartig mit verschiedenen Bittrufen antwortet (EKG 138)

Liturg (der): der den Gottesdienst leitende und für die Ordnung des Gottesdienstes verantwortliche Pfarrer

Liturgie (die): griech.: „Dienstleistung"; im griech. Alten Testament: der Vollzug des Opfergottesdienstes; Ostkirche: die hl. Messe; seit dem 16. Jahrh. allg. Bezeichnung für die Ordnung des christlichen Gottesdienstes (einschließlich Predigt)

Liturgik (die): die Lehre vom Gottesdienst

Liturgiker (der): der Liturgiewissenschaftler

Liturgische Bewegung: Bezeichnung für die vielfältigen Bemühungen in den verschiedenen Konfessionen um eine Neuordnung und ein neues Verständnis der zeitweise vernachlässigten liturgischen Ordnung

Liturgische Farben: Farben, die die Bedeutung einer Kirchenjahreszeit oder eines besonderen Festtages symbolisch darstellen sollen; weiß: die Christusfarbe; rot: die Farbe der Kirche; grün: die Farbe des Lebens (ungeprägte Zeiten); violett: die Farbe der Buße; schwarz: die Farbe der Trauer

Losungen (die): die in der „Brüdergemeine" für jeden Tag ausgewählten Bibelsprüche

Lumen Christi (das): dreimaliger Wechselgesang beim Einzug zur Feier der Osternacht

Lunula (die): ein halbmondförmiger Halter, der in der Monstranz (griech. Kirche: in einer Glaspyxis) das heilige Brot aufrechthält

Madrigal (das): ursprünglich Hirtenlied, später kunstvolles Chorlied

Märtyrer (der): der (Blut-)Zeuge Jesu Christi

Magnificat (das): der Lobgesang der Maria (Luk. 1, 46–55); Canticum der Vesper

Mandorla (die): der eine ganze Person umgebende, ovalgeformte, an den Enden zugespitze Heiligenschein (siehe auch Nimbus)

Manipel (die): ein kleiner Stoffstreifen am linken Unterarm der röm. Priestergewandung

Manual (das): die von den Händen gespielte Tastenreihe bei der Orgel (Gegensatz: Pedal); die Orgel hat in der Regel mehrere Manuale

Manuale (das): „Handbuch"; älterer Name für Rituale, das Zeremonienbuch der röm. Kirche

Maranatha: (1. Kor. 16,22) „Unser Herr komme" oder „Unser Herr ist gekommen"; wahrscheinlich liturgischer Ruf beim Abendmahl der Urchristenheit

Marientage: 2. Febr., Tag der Darstellung des Herrn (Lichtmeß); 25. März, Tag der Verkündigung Mariä; 2. Juli, Tag der Heimsuchung Mariä; die luth. Kirche hat aus der Fülle der röm. Marienfeste nur die biblisch begründeten Marientage herausgegriffen; sie begeht sie im Blick auf Christus: Gal. 4,4.5; die liturgische Farbe ist weiß

Martyrologium (das): Lebensbeschreibungen christlicher Märtyrer

Matutin (die): in der Horenordnung der 1. Gebetsgottesdienst des Tages am frühen Morgen, auch Mette (Morgengebet) genannt

Mediante (die):
1. in der Gregorianik gleichbedeutend mit Mediatio = Mittelschluß (siehe dort);
2. in der Harmonik der Mittelton des Dreiklangs und der über diesem Ton aufgebaute Dreiklang

Mediatio (die): siehe Mittelkadenz

Mediatio correpta: (verkürzter, geraffter Mittelschluß) die wegen einer endbetonten Silbe verkürzte Mittelkadenz im Psalmtonmodell

Meditation (die): „das Nach-Denken", das Sich-Konzentrieren als geistliche Übung;

der Erkenntnisweg der inneren Erfahrung, auf dem (biblische) Wahrheiten nicht nur vom Verstand, sondern von den unbewußten Tiefenschichten der Seele erfaßt werden
Melisma (das): in der Gregorianik die auf einem Vokal gesungene Tonfolge
Melodie (die): eine in sich geschlossene Abfolge von Tönen, die in einer harmonischen und rhythmischen Ordnung aufeinander bezogen sind
Memoria (die): „das Gedächtnis", „die Erinnerung; auch Bezeichnung für ein Altargrab; siehe Confessio
Mensa (die): „der Tisch"; die Altarplatte
Mensur (die): bei Blasinstrumenten und Orgelpfeifen das Verhältnis von Weite zu Länge
Mensuralnotation (die): die seit dem 12. Jahrhundert sich durchsetzende Notenschrift, in der im Unterschied zur gregorianischen Notation die Zeitwerte der Töne deutlicher unterschieden und bezeichnet werden können
Mesner (der): siehe Küster
Messe (die): Bezeichnung für den im Mittelalter im abendländischen Raum gewachsenen christlichen Hauptgottesdienst (mit Wort- und Sakramentsteil)
Messias (der): der „Gesalbte" (griech.: Christos), der König (und Erlöser)
Meßopfer: Ansatzpunkt für Luthers Kritik an der römischen Messe, insofern das Altarsakrament als Opfer des Priesters an Gott zur Erlangung der Gnade verstanden wird; im Tridentinum als Vergegenwärtigung des Kreuzopfers Christi interpretiert
Metrik (die): in der Musik die Lehre vom Metrum, d.h. vom Takt und den Akzenten
Metropole (die): die (politische oder kirchliche) Hauptstadt eines Gebietes
Metropolit (der): der Erzbischof
Mette (die): siehe Matutin
Michaelistag: Tag des Erzengels Michael und aller Engel (Offb. 12, 7ff.), am 29. Sept.
Ministrant (der): liturgischer Helfer bei der Feier der röm. Messe
Misericordias Domini: Name des 2. Sonntags nach Ostern

Missa (die): siehe Messe
Missa brevis: die Kurzmesse (bestehend aus Kyrie und Gloria)
Missa cantata: Bezeichnung für die Hauptmesse des Sonntags, wenn sie zwar gesungen wird, aber wegen des Fehlens weiterer Kleriker nur von *einem* Pfarrer gehalten werden kann
Missa lecta: Bezeichnung für die stille, gelesene Messe
Missa praesanctificatorum: die Messe der vorherverwandelten Opfergaben; in der röm. Messe des Karfreitags darf das Meßopfer nicht gehalten werden; es werden aber die am Vortag verwandelten Hostien in der Kommunion genossen
Missa privata: eine missa lecta, für die die Gegenwart der Gemeinde nicht pflichtmäßig ist
Missa solemnis (auch *publica*): Bezeichnung für die am Hochaltar gehaltene Hauptmesse eines Sonn- und Festtages, unter Mitwirkung mehrerer Kleriker und des Chores (= Hochamt)
Missa votiva: eine Messe, die auf besonderen Wunsch für besondere Anliegen gehalten wird und an die Stelle der Tagesmesse tritt
Missale (das): das alle Texte der Messe zusammenfassende Buch der röm. Kirche
Mission (die): „die Sendung"; die Evangeliumspredigt unter Nichtgetauften mit dem Ziel, diese für Christus und seine Kirche zu gewinnen
Missionsharfe: beliebtes geistliches Liederbuch des 19. Jahrhunderts (nicht für den gottesdienstlichen Gebrauch)
Mitra: in der röm. Priestergewandung: Bischofsmütze
Mittagsgebet: siehe Sext
Mitteldinge: siehe Adiaphora
Mittelkadenz: der Halbschluß im gregorianischen Psalmtonmodell
Mixtur (die): Orgelregister, bei dem nicht nur der Grundton erklingt, sondern auch bestimmte Obertöne (Quint, Terz, Septime) mit zum Erklingen gebracht werden
Modulation (die): der Wechsel von einer Tonart zur anderen
Monodie (die): die Ende des 16. Jahrhunderts in Italien entstandene Musizierweise der begleiteten solistischen Ein-

stimmigkeit (siehe auch Continuo und Konzert, Geistliches)

Monogramm Christi (das): die in der christl. Kunst viel verwendeten griechischen Anfangsbuchstaben des Wortes „Christus": X und P (für Ch und R)

Monstranz (die): liturgisches Gerät der kath. Kirche, aus dem Reliquienbehälter der Gotik hervorgegangen; ein auf einem Ständer stehender Glasbehälter, in dem die geweihte Hostie aufrechtstehend zu sehen ist; die Monstranz findet für gewöhnlich im Tabernakel Aufnahme

Motette (die): die vom 12. bis 17. Jahrhundert viel gebrauchte Form der polyphonen vokalen (und instrumental gestützten) Komposition geistlicher Spruchtexte. Aber auch die reformatorischen Kirchenliedweisen wurden schließlich motettisch verarbeitet (Liedmotette)

Münster (das): bes. in Süddeutschland gebräuchliche Bezeichnung für Dome

Mulier taceat...: „Das Weib schweige (in der Gemeinde)" (1. Kor. 14,34); mit Berufung auf diese Regel fanden bis ins 18. Jahrhundert nur Knabenstimmen statt der Frauenstimmen in der Kirchenmusik Verwendung

Musae Sioniae: „Die Musen von Zion", Titel des neunbändigen Hauptwerkes von Michael Prätorius, enthaltend Chorwerke im liedmotettischen und Kantionalstil

Musica sacra: „heilige Musik", die Kirchenmusik

Mysterium (das): „das Geheimnis", die lat. Bibel gibt dieses griech. Wort mit „sacramentum" wieder

Mystik (die): Erscheinungsform des religiösen Lebens: der Versuch, durch Versenkung mit dem göttlichen Wesen ganz eins zu werden

Narthex (der): (eigentl. das Rohr einer Doldenpflanze) Bezeichnung für die kleine Zwischenhalle zwischen Kirchenschiff und Vorhalle der Basilika

Nebengottesdienst: der evang. Gottesdienst, der nur für einen Teil der Gemeinde gedacht ist und in dem ein Element (Wortverkündigung oder Gebet) betont hervortritt

Negro-Spirituals: siehe Spirituals

Neume (die): in der Gregorianik die Verbindung von zwei oder mehr Noten zu einer geschlossenen Tongruppe

Nicaeno-Constantinopolitanum (Nicaenum): das 2. ökumenische christliche Glaubensbekenntnis, aus dem 3. und 4. Jahrhundert stammend; Teil der Messe

Nimbus (der): der Heiligenschein (in der bildenden Kunst); Strahlenkranz oder Lichtschein um das Haupt oder den ganzen Körper nach dem Grad der Heiligkeit genau abgestuft

Nocturn (die): „nächtlicher Gottesdienst", Teil der Matutin

Nodus (der): („Knoten", „Gelenk") der Schaft des Abendmahlskelchs, der den Fuß und die Schale miteinander verbindet

Non (die): in der Horenordnung der um „die 9. Stunde" (15 Uhr) gehaltene Gebetsgottesdienst

Notation: die Notierung der Töne, die in der Kirchenmusikgeschichte in dreierlei Weise erfolgt ist: als Choralnotation (Gregorianik), Tabulaturnotation und Mensuralnotation

Nottaufe: eine wegen Lebensgefahr des Täuflings von einem nichtordinierten Christen (unter Beschränkung auf die notwendigsten Stücke) vollzogene Taufe

Nunc dimittis: der Lobgesang des Simeon (Luk. 2,29–32), Canticum der Complet

Oblate (die): „das Geopferte"; im evang. Sprachgebrauch gleichbedeutend mit Hostie (siehe dort); in der kath. Kirche Bezeichnung für die Weizenmehlscheibe *vor* der Wandlung; nach der Wandlung heißt sie Hostie

Oblationen: Opfergaben; in der Alten Kirche die zur Eucharistie mitgebrachten Brot- und Weingaben, später Natural- und dann Geldgaben für den Unterhalt der Kirche; heute (in der röm. Kirche) freiwillige Geldopfergaben bei Totenmessen und Weihen

Obsignatio crucis (die): die Bezeichnung des Täuflings mit dem Kreuzzeichen; Teil der Taufliturgie

Ökumene (die): die weltweite Christenheit (ökumenisch = katholisch); die röm.-kath. Kirche hält sich von dem mit Ökumene bezeichneten losen Zusammenschluß aller christlichen Kirchen in der Welt fern

Ölberg: Bergzug bei Jerusalem; Schauplatz der Gefangennahme und Himmelfahrt Jesu; in der kath. Kirche Bezeichnung für die figürliche Darstellung der Ölbergpassion Jesu in einer ihrer Phasen (z.B. Gebet, Verrat, Gefangennahme); diese Szene wird ähnlich der „Krippe" in einer Seitennische oder im Vorraum der Kirche aufgebaut

Offene Schuld: das im mittelalterlichen Meßgottesdienst gewachsene allgemeine Sündenbekenntnis der Gemeinde im Anschluß an die Predigt mit dem fürbittenden Vergebungswunsch des Predigers

Offertorium (das): in der röm. Messe das „Opferungslied"

Officium (das): „das Amt", das Stundengebet der röm. Kirche (siehe Horen)

Oktav (die): der Zeitraum von acht Tagen nach einem kirchlichen Fest, an dessen Ende (eine Woche danach) der Inhalt des Festes noch einmal gottesdienstlich dargeboten wird

Okuli: Name des 3. Sonntags in der Fastenzeit

Opferstock (Gotteskasten): in der Nähe der Kirchentüre angebrachter Behälter für die freiwilligen Geldgaben der Gemeinde

Opus operatum: das durch den bloßen Vollzug gültige Werk, unabhängig von der inneren Einstellung dessen, der es vollzieht (wichtiger Begriff der kath. Sakramentslehre)

Oratio (die): „das Gebet"; in der röm. Messe Bezeichnung für das Kollektengebet vor der Epistel

Orationar (das): Gebetbuch; Zusammenstellung aller Gebete der röm. Messe (Vorläufer des Missale)

Orationston: gregorianisches Tonmodell für die Ausführung der Gebete im Sprechgesang

Oratorium (das):
1. Kirchenbau: Kapelle oder Grabkapelle, später nichtöffentlicher Betraum mit Blick auf den Altar
2. Kirchenmusik: geistliches (manchmal auch weltliches) Chorwerk (mit Orchester und Solisten) episch-lyrischer Art

Ordinarium (das): die Gesamtheit der liturgischen Stücke, die im röm. Meßgottesdienst unabhängig von der Kirchenjahreszeit feststehen (Gegensatz: Proprium)

Ordination (die): der Akt der Einordnung, Segnung und Sendung in das geistliche Amt

Ordo (der):
1. = Ordinarium, aber auch die Ordnung der Messe insgesamt
2. der Orden (z.B. Mönchsorden), der Stand

Oremus: „Lasset uns beten!"

Organist: der Orgelspieler, der in der kirchenmusikalischen Praxis zumeist auch das Amt des Kantors mitzuverwalten hat.

Organo pleno: voller Orgelklang

Organum (das):
1. die Orgel
2. älteste mehrstimmige Musik des Mittelalters

Orgel: von „organon" (griech.) „das Werkzeug"; Tasteninstrument mit Pfeifen, die durch verdichtete Luft zum Erklingen gebracht werden

Orgelchoral: kunstvolle Verarbeitung eines Kirchenlied-Cantus-firmus in einem mehrstimmigen Satz für Orgel

Orgelpunkt: langausgehaltener Baßton, über dem sich andere Stimmen frei bewegen, ohne an eine bestimmte Tonart oder Harmonie gebunden zu sein

Orgelregister: siehe Register

Orientierung: (im Kirchenbau) die „Ostung"; die Ausrichtung des Kirchenbaus nach Osten

Orthodoxe Kirche: Selbstbezeichnung der den röm. Primat ablehnenden Ostkirche

Orthodoxie (die): die Rechtgläubigkeit, die reine Lehre

Osterkerze: in der Ostervigil feierlich entzündete Kerze, die den auferstandenen Christus symbolisiert; sie brennt während der Gottesdienste der österlichen Freudenzeit auf einem Leuchter neben dem Altar und wird nach dem Evangelium des Himmelfahrtstages gelöscht

Ostern: das Fest der Auferstehung Jesu Christi; am 1. Sonntag nach dem 1. Frühlingsvollmond

Ostiarius: „der Türhüter"; liturgisches Amt

in der Alten Kirche; in der röm. Kirche heute Durchgangsstufe zum Priesteramt (erster von den sieben Weihegraden)

Palestrina-Ideal: die Erhebung des A-cappella-Stiles des Palestrina-Zeitalters (16. Jahrhundert) zum idealen Stil der Kirchenmusik (im 19. Jahrhundert)
Palla (die): (= Gewand) Deckchen, mit dem der Abendmahlskelch bedeckt wird
Pallium (das): Abzeichen der erzbischöflichen Würde; besteht aus einer weißwollenen Binde, die mit schwarzen Kreuzen bestickt ist und um die Schultern gelegt wird
Palmarum (Palmsonntag): Name des sechsten Sonntags in der Fastenzeit, der die Karwoche einleitet
Papst: der Bischof von Rom, zugleich Oberhaupt der röm.-kath. Kirche, dem von seiner Kirche unfehlbare Lehrautorität zugesprochen ist (seit 1870)
Paramente: („das Bereitete"; vielleicht auch von parare mensam = den Tisch bereiten) im weiteren Sinn: Kirchenschmuck oder die hl. Geräte, Gewebe und Gewänder; im engeren Sinn: die Bekleidung des Altars und der Kanzel (siehe auch Antependium und Frontale)
Paraphrase (die): „Umschreibung" eines Textes mit anderen Worten; vgl. die Vaterunser-Paraphrase Luthers in der Deutschen Messe
Paränese (die): die Ermahnung
Parentation (die): (eigentl. die Totenfeier, von lat. parentare „den Eltern ein Totenopfer bringen") die Leichenrede (vor allem mit Lebenslauf des Verstorbenen)
Parochie (die): „die Pfarrei"; ein umgrenzter Bezirk, dessen Bewohner einem bestimmten Pfarrer zur geistlichen Betreuung zugewiesen sind
Parodie (die): die Umwandlung eines weltlichen Textes in einen geistlichen Text unter Beibehaltung der ursprünglichen Musik, ein gerade bei J.S. Bach häufig zu beobachtendes Verfahren (vgl. auch Kontrafaktur)
Parusie (die): die Anwesenheit, Herbeikunft, Wiederkunft Christi
Passacaglia: Musikstück (ursprünglich Tanzlied) als Variationenform über ein im Baß ständig wiederkehrendes Thema (Dreivierteltakt)
Passah: (eigentl. Pessach = „das verschonende Vorübergehen") jährliches Hauptfest des Volkes Israel, an dessen Beginn zur Erinnerung an die Vorgänge bei der Befreiung aus Ägypten (2. Mose 12) das Passahmahl (ein Lamm, ungesäuertes Brot [Mazzen], bittere Kräuter) von der Hausgemeinde verzehrt wird; das Fest beginnt am ersten Frühlingsvollmond und dauert acht Tage; in der Lutherbibel „Ostern" oder „Fest der süßen Brote" genannt
Passion: „das Leiden" (Jesu Christi); in der Kirchenmusik die Vertonung der Leidensgeschichte (Schütz, Bach)
Passionar (das): liturgisches Buch mit der Zusammenfassung der Texte der Passionsgeschichte für das Stundengebet
Passionssonntag: siehe Judika
Passionszeit: in der evang. Kirche gebräuchliche Bezeichnung für die „Fastenzeit" (siehe dort); im strengen Sinn setzt die Passionszeit erst am „Passionssonntag" (Judika) ein
Pastor (der): siehe Pfarrer
Pastorale (das): liturg. Buch der röm. Kirche, das die kirchl. und seelsorgerlichen Handlungen des Pfarrers zusammenfaßt
Pate: Taufzeuge und Mitverantwortlicher für die christliche Erziehung eines getauften Kindes
Patene (die): Altarteller, auf dem die Hostien liegen
Pater noster: „Vater unser"
Patriarch (der): der „Erzvater" (Abraham, Isaak, Jakob); auch Titel bestimmter, mit kirchl. Vorrang ausgestatteter Bischöfe (z.B. Jerusalem, Rom, Antiochien)
Pax (die): „der Friede (des Herrn sei mit euch allen)"; der Friedensgruß unmittelbar vor der Austeilung des hl. Abendmahls; im Zusammenhang damit spendete man sich in der Alten Kirche den Friedenskuß
Pectorale (das): Brustkreuz; Würdezeichen des röm.-kath. Bischofs
Pedal (das): die mit den Füßen gespielte Tastenreihe bei der Orgel (Gegensatz: Manual)

Pentatonik (die): Melodik im Rahmen fünfstufiger Tonleitern (ohne Halbtöne)

Perikopen: „rundherum abgeschnittene Stücke"; Abschnitte der Bibel, die durch kirchl. Ordnung für die gottesdienstliche Lesung an bestimmten Sonn- und Festtagen festgelegt sind, je eine aus den Evangelien und eine aus den Episteln (bisweilen auch aus dem Alten Testament). Neben der altkirchlichen Perikopenreihe gibt es auch neuere, die aber keine Allgemeinverbindlichkeit erlangt haben.

Per omnia saecula saeculorum. Amen: „von Ewigkeit zu Ewigkeit. Amen."; Schlußformel der lat. Gebete der röm. Messe

Pes (der):
1. der Fuß des Abendmahlkelchs;
2. in der Gregorianik die Verbindung des tieferen Tones mit einem höheren (auch Podatus genannt)

Pfarrer: Bezeichnung für den Inhaber des geistl. Amtes, also für den „Hirten" (= Pastor) der Gemeinde Christi

Pfingsten: eigentl.: der „50." Tag nach Ostern, Abschluß der österlichen Freudenzeit; Fest der Ausgießung des Hl. Geistes

Phileolus (auch Pilleolus): das kleine runde Scheitelkäppchen der röm. Priester; Papst: weiß, Kardinäle: rot, Bischöfe: violett, sonst schwarz

Photizomenat (der): in der Alten Kirche die den Katechumenat abschließende letzte Zeit der Vorbereitung auf die Taufe (mit einer besonderen Taufunterweisung)

Pietismus: kirchl. Erneuerungsbewegung als Reaktion auf die Orthodoxie; sie betont mehr als die rechte Lehre das rechte Leben der Frömmigkeit (vor allem in den Jahren 1675 bis etwa 1750)

Piscina (die) in der Frühzeit der Kirche großes Taufbecken im Baptisterium für die Erwachsenentaufe

Pluviale (das): ein fußlanger, vor der Brust befestigter Mantel der kath. Priestergewandung

Pneuma (das): der (Heilige) Geist

Pönitenten: die „Büßenden"

Pönitenz (die): die Bußübung; die Übernahme der von der Kirche verordneten Bußstrafen

Polyhymnia: in der griech. Antike die Muse des Gesanges

Polyphonie (die): „Vielstimmigkeit", bei der die Stimmen mehr oder weniger selbständig sind (Gegensatz: Homophonie)

Polyrhythmik (die): die Verschiedenartigkeit der Notenwerte, die eine bewegte, spannungsgeladene Melodieführung bewirkt (Gegensatz: Isometrie)

Pontifex (der): der „Brückenbauer", der Priester; Titel eines röm.-kath. Bischofs; Pontifex maximus ist der Titel des Papstes

Pontificale (das): das liturg. Buch der röm. Kirche, das die vom Bischof zu vollziehenden Handlungen enthält

Pontifikalamt: die von einem Bischof in besonders feierlicher Form gehaltene Messe

Portativ (das): kleine tragbare Orgel

Posaune: Blechblasinstrument mit einer Tonveränderung durch Zugvorrichtung; die Posaune hat zusammen mit anderen Blechblasinstrumenten (Trompete, Tenorhorn) im „Posaunenchor" ihre große Bedeutung (neben der Orgel) für die Kirchenmusik; liturgische Bläsermusik ist vor allem im Freien notwendig (Turmmusik, Begräbnis, Volksmission)

Positiv (das): aufstellbare Orgel für kleine Räume

Postcommunio (die): die Schlußkollekte nach der Austeilung des hl. Abendmahls

Postille (die): die Erklärung eines (bibl.) Textes, später gleichbedeutend mit Predigt oder Homilie

Postludium (das): „das Nachspiel"

Post-Sanctus-Gebet: = die Epiklese (siehe dort)

Praeambulum (das): „das Vorspiel", die Einleitung

Praeconium paschale (das): „Österlicher Lobgesang zum Anfang der Osternachtfeier („Exsultet")

Präfation (die): das Lob- und Dankgebet am Anfang des Abendmahlsteils (einmündend in das Sanctus)

Prälat (der): Amtsbezeichnung in der evangelischen und kath. Kirche für einen Pfarrer in kirchenleitender Funktion

Präludium (das): „das Vorspiel"

Praxis pietatis melica: „Übung der Gottseligkeit im Lied"; Titel einer weitverbreiteten Kirchenliedersammlung des 17. u. 18. Jahrhunderts von Johann Crüger mit vielen Paul-Gerhardt-Liedern

Preces (Mehrz.): die im Tageszeitengottesdienst dem Vaterunser folgenden, im Wechsel zwischen Liturg und Gemeinde gebeteten Fürbitten

Predella (die): friesartiges Bild in der Sockelpartie der spätgotischen Altäre

Predigt: die einen bibl. Text auslegende, auf eine versammelte Gemeinde bezogene und in die Liturgie eingeordnete freie Verkündigung des Evangeliums

Presbyter (der): „der Älteste"; im Alten Bund die Mitglieder des Hohen Rates (Matth. 26,57); in der ersten Christengemeinde Bezeichnung für Gemeindeglieder, die auf Grund ihrer geistlichen Erfahrung mit besonderen Diensten und besonderer Verantwortung betraut waren (1. Petr. 5,1); in den reformierten Gemeinden die Kirchenältesten, denen neben den Pfarrern die Leitung der Gemeinde obliegt

Presbyterium:
1. das Kollegium der Presbyter
2. Platz der Presbyter (= Apsis, siehe dort)

Priester: Mittler zwischen Gott und Mensch (in Form der Darbringung von Opfern); im Neuen Testament wird Jesus als der einzige und endgültige (Hohe-)Priester dargestellt (z.B. Hebr. 7,23-28); daneben werden auch alle getauften Christen als Priester bezeichnet (1. Petr. 2, 9; Offb. 1,6), die durch Christus unmittelbar mit Gott verbunden sind; die röm.-kath. Kirche kennt dessenungeachtet (in Analogie zum Alten Testament) einen mit besonderer Weihegewalt ausgestatteten Priesterstand (= Klerus)

Prim (die): in der Horenordnung der um „die erste Stunde" (6 Uhr morgens) gehaltene Gebetsgottesdienst

profan: „unheilig", weltlich

Proklamation: „die öffentliche Bekanntgabe"; in den Abkündigungen der Liturgie versteht man darunter insbesondere die Bekanntgabe der die kirchliche Trauung begehrenden Brautpaare

Pronaus: der die Predigt im mittelalterlichen Meßgottesdienst umgebende liturgische Rahmen, der sich schließlich verselbständigte und zur Grundlage des Predigtgottesdienstes wurde

Prophet: im Alten Testament Verkündiger des Willens Gottes in die konkrete Zeitsituation hinein

Proprium: die Gesamtheit der liturgischen Stücke, die im Meßgottesdienst entsprechend der Kirchenjahreszeit wechseln (Gegensatz: Ordinarium)

Propst (der): (von „praepositus") der Vorgesetzte; kirchlicher Amtstitel (siehe auch Dekan)

Proskomidie (die): „Die Zurüstung"; der Eingangsteil der griech. Liturgie

Prosphonese (die): Gebetsform, bei der der Vorbeter allein das ganze Gebet spricht und die Gemeinde nur das Amen anfügt

Protestanten: die seit der Protestation von Speyer 1529 für die Anhänger Luthers geprägte Bezeichnung; heute Sammelbegriff aller nichtorthodoxen und nichtkatholischen Kirchen und Gemeinschaften

Prozession: ein liturgischer Umzug

Prozessionspsalm: der während eines Ein- oder Umzuges vom Chor gesungene Psalm (beim Einzug, Dankopferumgang, Gang zum Tisch des Herrn)

Psalm (der): Lied; im besonderen die 150 Gebetslieder des bibl. Psalters (siehe dort)

Psalmodie (die): der Psalmengesang (in Form des gregorianischen Chorals)

Psalmton: ein bestimmtes gregorianisches Tonmodell für die Ausführung der Psalmen im Sprechgesang

Psalter (der):
1. Musikinstrument (vergleichbar der Zither oder Harfe)
2. Sammlung bibl. Psalmen, die in den Kanon des Alten Testaments aufgenommen worden sind

Pyxis (die): die Büchse, aus der sich das Ciborium (siehe dort unter 2.) entwickelt hat

Quadragesimalia (Mehrz.): tägliche Predigten der Fastenzeit

Quadragesimalzeit: die 40tägige Fastenzeit vor Ostern
Quasimodogeniti: der 1. Sonntag nach Ostern (auch „Weißer Sonntag")
Quatember: Fasttage, die viermal im Jahr etwa zu Beginn der 4 Jahreszeiten begangen werden
Quempas: „Quem pastores laudavere"; mittelalterliches Weihnachtslied (verdeutscht „Den die Hirten lobten sehre"), EKG Nr. 20
Quinquagesimae: (auch „Estomihi" genannt) letzter Sonntag der Vorfastenzeit
Qui pridie: das röm. Konsekrationsgebet mit den Worten der Abendmahlseinsetzung

Rationale (das): Schultertuch, das von einigen röm.-kath. Bischöfen Deutschlands getragen wird
Rationalismus: die Bewegung des „Vernunftglaubens", besonders vorherrschend im 18. Jahrhundert
Reformation: „die Erneuerung" der Kirche (durch Martin Luther) im 16. Jahrhundert
Reformationsfest: der Gedenktag der Reformation, meist am 31. Oktober oder am nachfolgenden Sonntag
reformiert: „erneuert"; im besonderen das auf der Reformation Zwinglis und Calvins aufbauende Kirchentum
Refrain (der): der Kehrreim, Kehrvers; der am Ende jeder Liedstrophe gleichbleibende (gemeinsam zu singende) Liedteil, der das ganze Lied thematisch trägt
Regal (das): eine Reihe gleichartiger Orgelpfeifen, aber von verschiedener Länge und daher von verschiedener Tonhöhe
Reichslieder: Titel des weitverbreiteten Liederbuchs der (pietistisch geprägten) Gemeinschaftsbewegung
Rekonziliation: „die Versöhnung"; die Wiederaufnahme der öffentlichen Büsser in die Abendmahlsgemeinschaft der Kirche
Relativische Prädikation: der der Gebetsanrede (z.B. Vater unser) folgende Nebensatz, der eine Aussage über das Wesen und Handeln Gottes macht (z.B. der du bist im Himmel); besonders im Kollektengebet; sie wird als sprachlich veraltet empfunden und darum meist in einen Hauptsatz umgewandelt
Religion: die „Bindung" des Menschen an das Überweltlich-Göttliche
Reliquien: in der röm. Kirche „Überreste" von Leibern der Heiligen oder durch deren Berührung geheiligte Gegenstände
Reminiszere: Name des 2. Sonntags in der Fastenzeit
Renaissance: „Wiedergeburt"; kulturgeschichtliche Bewegung, vor allem im 15. und 16. Jahrhundert, die mit der Wiederaufnahme antiker Kulturen ein neues (autonomes) Lebensgefühl (mit Loslösung von der Bindung an die bibl. Autorität) ausprägte
Reperkussionston: siehe Tuba 2.
Requiem (das): Totenmesse in der röm. Kirche (genannt nach dem Anfangswort des Introitus); siehe auch Totenmesse
Res mediae (Mehrz.): „die Mitteldinge" (= Adiaphora, siehe dort)
respondieren: antworten
responsorial: im Wechselgesang zwischen Vorsänger und Gemeinde (Gegensatz: antiphonal)
Responsorium: ein Wechselgesang, der zwischen einem oder mehreren Vorsängern und dem Volk (= Gemeinde) wechselt; also kein Wechselgesang zwischen 2 Chören
Responsorium breve: der auch in das evang. Tageszeitengebet übernommene "Wechselgesang" nach der Schriftlesung (Gegensatz: Resp. prolixum)
Responsorium missae (auch Responsorium graduale): die ursprüngliche Bezeichnung für das Graduale; sie weist daraufhin, daß das Graduale ursprünglich ein durch Responsen der Gemeinde unterbrochener Psalm war
Responsum: „die Antwort"; kurzes liturgisches Stück der Gemeinde, das refrainartig als Antwort dem Liturgen, Lektor oder Kantor zugesungen wird
Restauration: „Wiederherstellung"; oft abwertend gebraucht: Wiederherstellung überholter, veralteter Zustände
Retabelaltar: ein Altar mit hoher Rückwand (Retrotabulum); Hochaltar
Retention: „das Zurückbehalten" der Absolution (vgl. Joh. 20,23b)

Rezitation: (künstlerischer) Vortrag eines vorgegebenen Textes

Rezitativ: im Sprechgesang ausgeführtes Musikstück, das (im Gegensatz zur Arie) ganz auf die verständliche Deklamation des Textes ausgerichtet ist

Ricercar(e) (das): mehrstimmige Instrumentalkomposition des 16. und 17. Jahrhunderts, Vorform der Fuge

rite (Adv.): „in üblicher Weise", dem Brauch entsprechend

Rituale (das): das liturgische Buch der röm.-kath. Kirche, das die vom Priester zu vollziehenden Handlungen enthält

Ritus (der): „der (liturgische) Brauch"; auch die Gesamtheit der gottesdienstlichen Texte und Handlungen

Römische Kirche: der Teil der Christenheit, der die Unterordnung unter die Lehr- und Regierungsgewalt des Bischofs von Rom als des angeblichen Amtsnachfolgers des Petrus als heilsnotwendig praktiziert und fordert

Rogate: Name des 5. Sonntags in der österlichen Freudenzeit

Romanum: das alte römische Taufbekenntnis, die Vorstufe des Apostolischen Glaubensbekenntnisses

Rosenkranz: in der röm. Kirche:
1. Gebetsschnur, an deren Perlen sich die Zahl der gesprochenen Gebete überprüfen läßt;
2. die außerliturgische Gebetsform selbst, die verschiedene Gebete und Betrachtungen miteinander verbindet

Rubriken: (rotgedruckte) Anweisungen in der Agende für den rechten Vollzug liturgischer Handlungen

Rückpositiv: ein „im Rücken des Organisten" stehendes, also räumlich von der Hauptorgel abgesetztes kleines Orgelwerk, das von einem eigenen Manual aus gespielt wird

Rüstgebet: das Vorbereitungsgebet auf den Gottesdienst, das von jedem Beteiligten allein, aber auch von einem Kreis gottesdienstlicher Amtsträger oder von der ganzen Gemeinde gehalten werden kann, im letzteren Falle jedoch einer besonderen liturgischen Ausformung bedarf

Sabbat (der): der 7. Tag der Woche, der in der Ordnung des Alten Bundes als Tag der Ruhe und Arbeitsenthaltung gesetzlich streng geregelt war

Sacramentar(ium) (das): liturgisches Buch des früheren Mittelalters, das als Vorläufer zum Missale nur die vom Priester gebeteten Meßtexte enthielt

Sacrarium: siehe Sanctuarium

Sacrificium: „das Opfer", eine Gabe des Menschen an Gott; zu unterscheiden sind Sühn- und Dankopfer; nur letzteres ist im evang. Gottesdienst berechtigt (siehe auch Meßopfer)

Säkularisation: „die Verweltlichung"; die Überführung von Kirchengut in den Besitz der weltlichen Hand

Säkularisierung: siehe Säkularisation; auch Bezeichnung für „Entkirchlichung"

Sakrament: eine heilige, von Christus selbst eingesetzte Handlung, bei der unter sichtbaren irdischen Zeichen unsichtbare geistliche Gnadengüter vermittelt werden; die griech.- und röm.-kath. Kirche kennt 7, die evang. Kirche 2 Sakramente (Taufe und Abendmahl)

Sakramentalien: geweihte Sachen (Öl, Weihwasser) und Weihehandlungen der röm. Kirche, durch die, ähnlich den Sakramenten, Heilsgaben vermittelt werden

Sakramentshäuschen: steinernes Gehäuse seitlich des Hauptaltars zur Aufbewahrung der geweihten Hostie, künstlerisch gestaltet, bes. im 15. und 16. Jahrhundert (Nürnberg, St. Lorenz)

Sakristei: (secretarium = „geheimer Ort") Nebenraum der Kirche, der der Aufbewahrung und Zurüstung der gottesdienstlichen Geräte, Bücher, Gewänder usw., sowie der stillen Vorbereitung der Liturgen, dann aber auch der Einzelbeichte oder kleinen gottesdienstlichen Handlungen dient

Salbung (mit Öl): als kultische Handlung (Weihe, Segnung) schon im A.T. bezeugt (1. Mose 28,18; 1. Sam. 10,1); spielt im röm. Kultus eine Rolle z.B. bei der Firmung und der Krankensalbung

Salutation: der liturgische Gruß: „Der Herr sei mit euch!" (Antwort: „und mit deinem Geist!")

Sanctissimum: „das Allerheiligste"; in der

röm.-kath. Kirche die Hostie nach der Wandlung
Sanctuarium: heiliger Raum (Sakristei), auch Altarraum (siehe Apsis)
Sanctus:
1. „heilig",
2. Teil der Messe: der Gesang „Heilig, heilig, heilig..." (Jes. 6) als Fortsetzung der Präfation
Sarkophag (der): Monumentalsarg (oft auch Scheinsarg) aus Stein
Schaube (die): langer, weiter und faltiger Mantel; z. Z. Luthers die Tracht der Gelehrten; aus ihr entwickelte sich der Talar als Amtstracht der evang. Geistlichen
Schiff (der Kirche): der langgestreckte Hauptraum des Kirchengebäudes (symbolische Beziehung zum „Schiff der Kirche", Mark. 4,35ff.; 1. Mose 6,14ff.); man unterscheidet Haupt- (oder Längs-) Schiff, Querschiff, Seitenschiff; im Mittelalter war der Altarraum dem Klerus vorbehalten, das Schiff war für das „Volk"
Schilfmeerlied: der Lobgesang des Mose (2. Mose 15,1ff.); Canticum des A.T.
Schlüsselgewalt: die von Christus seinen Jüngern verliehene Vollmacht, Sünden zu vergeben oder nicht zu vergeben (Joh. 20,22ff.)
Schmalkalidische Artikel: von Luther für den Schmalkaldischen Bund verfaßte Darstellung der evang. Lehre; sollte als Gesprächsgrundlage für das bevorstehende Konzil dienen; Teil des Konkordienbuches
Schola (die): „die Schule"; ein (aus Schülern bestehender) einstimmig singender, liturgischer Chor, der sich beim antiphonalen Singen in 2 Halbchöre teilt, die vom „Cantor" und vom „Succentor" angeführt werden
Schriftlesung: die Verlesung eines biblischen Abschnittes (im Gottesdienst), zumeist im Anschluß an eine Ordnung der Lesungen
Sedile (das): „der Sitz", der Klappsitz im Chorgestühl
Segen: (signare signo crucis" = „zeichnen mit dem Zeichen des Kreuzes") fürbittender Zuspruch des Heiles Gottes, auf einer „Schwelle" gesprochen, also wenn der zu Segnende in eine neue Situation hinein entlassen wird (Segen nach dem Gottesdienst, „Einsegnung" der Konfirmanden, „Aussegnung" des Verstorbebenen); der Segen wird meist von Gebärden (Kreuzzeichen) begleitet
Sela: in den Psalmen Vortragsbezeichnung ungewisser Bedeutung; vielleicht Hinweis auf musikalisches Zwischenspiel
Seligpreisungen: die Worte Jesu Matth. 5, 3–10 (Einleitung der Bergpredigt)
Selbstkommunion: die bei dem Fehlen weiterer Pfarrer notwendig werdende Übung, daß der das Abendmahl verwaltende Pfarrer sich selbst die Kommunion reicht; von der luth. Theologie zwar nicht abgelehnt (siehe auch Agende I), aber als Ansatzmöglichkeit für die röm. Auffassung einer priesterlichen Mittlerhandlung mit Zurückhaltung behandelt
Septuagesimae: 1. Sonntag der Vorfastenzeit
Septuaginta (die): „siebzig"; die erste griech. Übersetzung des Alten Testaments, die von 70 Übersetzern gemacht worden sein soll
Sepulchrum (Sepulcrum): „Grab"; das Reliquiengrab; Behälter der für jeden röm.-kath. Altar geforderten Reliquien
Sequenz (die): „Folge"
1. in der Kompositionstechnik die Wiederholung einer Tonfolge von verschiedenen Tonstufen aus;
2. in der Hymnologie ein aus den Melismen über dem Schluß-A des gregorianischen Halleluja herausgewachsenes Kirchenlied (mit dreizeiligen Strophen: z. B. „Dies irae" oder EKG Nr. 101)
Seraph (der) (Mehrz.: Seraphim): mit 6 Flügeln erscheinendes Engelwesen (Jes. 6,2)
Sermon (der): „die Rede", die Predigt, die Auslegung eines biblischen Textes
Sermonar (das): liturgisches Buch der röm. Kirche, in dem die Väterlesungen für das Stundengebet zusammengestellt waren
Sexagesimae: 2. Sonntag der Vorfastenzeit
Sext (die): in der Horenordnung der um „die sechste Stunde" (12 Uhr mittags) gehaltene Gebetsgottesdienst; im luth. Tageszeitengottesdienst „Mittagsgebet"

Signatio crucis (Signum crucis): das segnende Kreuzeszeichen (siehe auch Kreuzschlagen und Segen)

Silvester: Bischof von Rom; Gedenktag am 31. Dezember

Skrutinien (Mehrz.): in der Alten Kirche die Prüfung der Katechumenen auf ihre Taufwürdigkeit

Soliloquenten: die Einzelsänger (Solisten) bei bibl. Historienkompositionen (im Gegensatz zu den Turbae)

Solmisation: das im Mittelalter geschaffene Tonnamensystem: Do-Re-Mi-Fa-Sol-La-Si

Sonntag: der erste Tag der Woche (im säkularen Bereich wurde inzwischen der Montag zum ersten Tag der Woche bestimmt); Tag der Auferstehung Jesu; Tag der gottesdienstlichen Versammlung der Gemeinde Christi

Sonntagslied: siehe Graduallied

Spirituals (engl.): geistliche Lieder der Neger in Nordamerika; im 19. Jahrhundert aus der Begegnung der Negerkultur mit der Kultur der Weißen (oft spontan) entstanden; in ihnen liegen die Urzellen der Jazzmusik

Stabat mater: „Es stand die Mutter..."; Anfang einer mittelalterlichen Sequenz, die im 18. Jahrhundert in das Missale Romanum aufgenommen wurde, mehrfach neukomponiert

Staffelgebet: siehe Stufengebet

Statio (Stationskirche): das Zusammenkommen der röm. Christengemeinde mit dem Papst zum Gottesdienst in einer vorher bekanntgegebenen Kirche

Sterbesakramente: die Sakramente der röm. Kirche, die zur Vorbereitung auf das Sterben gespendet werden (Buße, Kommunion, Krankensalbung)

Stipes (der): der Unterbau des Altars, der die Mensa, die Altarplatte, trägt

Stola (die): Teil der liturg. Gewandung: ein langer, mit 3 Kreuzen versehener, breiter Stoffstreifen in der Farbe der Casel; wird in der kath. Kirche nach dem hierarchischen Grad verschieden getragen

Strophe: „die Wendung"; aus verschiedenen Verszeilen bestehendes dichterisches Gefüge; mehrere gleichgebaute Strophen ergeben ein Lied (siehe auch Versus)

Strukturdenkschrift: die von der Luth. Liturg. Konferenz herausgegebene Studie „Versammelte Gemeinde; Struktur und Elemente des Gottesdienstes" (1974); im Blick auf Revisionen der Agende wird das Problem „Einheit und Vielfalt im Gottesdienst" unter den Stichworten „gleichbleibende Grundstruktur und Ausformungsvarianten" abgehandelt

Stufengebet: am Anfang der röm. Messe an den Stufen des Altars vom Priester und den Ministranten gebeteter Rüsttakt (Ps. 43 und Confiteor)

Stundengebet: siehe Horen

Submersio (die): „das Untertauchen"; die in den ersten nachchristlichen Jahrhunderten oft geübte Form der christl. Taufe

Subsellia (Mehrz.): die für die Priester an den Wänden der frühkirchlichen Apsis stehenden Bänke

Sub utraque specie: „unter beiderlei Gestalt"; damit wird ausgedrückt, daß im hl. Abendmahl Brot *und* Wein den Kommunikanten ausgeteilt werden

Succentor: der „Unterkantor", der den 2. Halbchor beim antiphonalen Singen führende Vorsänger (den 1. Halbchor führt der Cantor)

Suffragium: Anrufung der Heiligen um ihre Fürbitte

Summarie: kurze Zusammenfassung vorgelesener Bibelabschnitte

Sumtio (Sumptio): der Empfang (von Brot und Wein im Abendmahl)

Superintendent: siehe Dekan

Superpelliceum: für bestimmte Handlungen vorgeschriebenes röm. Priestergewand

Sursum corda: „Die Herzen in die Höhe!", die Präfation einleitender Ruf

Suspirium: „(Gebets-)Seufzer", kurzes (stilles) Gebet

Symbol: „Erkennungszeichen";
1. stellvertretendes Zeichen, das einen Sinnzusammenhang bildlich („Sinnbild") ausdrückt (z. B. das Lamm als Symbol Christi);
2. Symbolum fidei = das Glaubensbekenntnis

Symbolische Bücher: Bekenntnisschriften, z. B. das Konkordienbuch
Synagoge: „Versammlung"
1. Versammlungshaus für den jüdischen (Lehr-)Gottesdienst
2. die jüdische Glaubensgemeinschaft (im Unterschied zur „Kirche")
Synapte (die): („zusammengefügt") frühchristliche Form des Allg. Kirchengebets, bei dem ähnlich der Ektenie von einem einzelnen Gebetsanliegen genannt und von der Gemeinde mit einem „Herr, erbarme dich" aufgenommen werden
Synaxis (die): „die Versammlung", entspricht etwa dem lat. Wort „communio"; altkirchl. Bezeichnung für die Abendmahlsfeier, auch für die „Vereinigung" des Christen mit Christus im Altarsakrament
Synode (die): „die Zusammenkunft"; Versammlung ausgewählter Vertreter zur Beratung kirchl. Angelegenheiten
Synopse (die): „Zusammenschau", vergleichende Übersicht; die Nebeneinanderstellung der gleichartigen Texte der ersten 3 Evangelisten
Synoptiker: die Evangelisten Matthäus, Markus und Lukas, deren Bücher aus einer gemeinsamen Textgrundlage herausgewachsen sind

Tabernakel (das): in der röm. Kirche ein kleiner Schrein, der der Aufbewahrung der geweihten Hostie dient; die Bestimmung, daß er mit dem Altar fest verbunden sein müsse, wurde mit der Liturgiereform aufgehoben
Tabulatur (die):
1. Regeln des mittelalterlichen „Meistergesangs"
2. Instrumentalnotenschrift des 14.–18. Jahrhunderts
Tageszeitengottesdienst: ein aus den Horen herausgewachsener evang. Werktagsgottesdienst, dessen Schwerpunkt auf dem gemeinsamen Gebet liegt
Talar (der): (talus = der Knöchel) das (bis zu den Knöcheln reichende) schwarze liturgische Gewand in der evang. Kirche Deutschlands
Taufe: (von „tauchen" oder „tiefen") das mit dem äußeren Zeichen des Wassers vollzogene Sakrament, durch das ein Mensch in die Kirche Christi eingegliedert wird und die Verheißung des Hl. Geistes empfängt (Matth. 28,19ff.)
Te Deum (laudamus): „Herr Gott, dich loben wir"; der Anfang eines feierlichen Lobpreises des dreieinigen Gottes, der in seiner Urgestalt wohl auf die Zeit des Bischofs Ambrosius von Mailand († 397) zurückgeht; daher auch „ambrosianischer Lobgesang"; von Luther verdeutscht; Wechselgesang zwischen 2 Chören; kann in der Matutin an die Stelle des „Benedictus" treten
Tempus clausum: „die geschlossene Zeit"; Bußzeiten der Kirche (Advents- und Fastenzeit), in denen Christen sich weltlicher Vergnügungen enthalten sollten
Tenor:
1. in der Gregorianik gleichbedeutend mit Tuba = Reperkussionston
2. Stimmlage
Terminatio: Tonfolge, die die Schlußkadenz eines gregorianischen Psalmtonmodells bildet (siehe auch Differentia)
Terz: in der Horenordnung der um „die 3. Stunde" (9 Uhr morgens) gehaltene Gebetsgottesdienst
Testament: der letzte Wille, das Gebot, die Anordnung (in der lat. Bibel oft auch „der Bund", den Gott mit den Menschen schließt); Zentralbegriff des Abendmahlsberichts (Matth. 26, 28); Einteilung der Bibel in Altes und Neues Testament
Testimonium: „das Zeugnis"; Bezeichnung für ein Altargrab (siehe Confessio)
Theologie: die Lehre von Gott
Theophanie: „die Gotteserscheinung"; in der Ostkirche Name des Epiphaniasfestes
Thora: „das Gesetz"; man verstand darunter insbesondere die 5 Bücher Mose, die zusammen mit den „Propheten" (die übrigen Bücher des A.T.) zur Zeit Jesu das Alte Testament bezeichneten (vgl. Matth. 5,17; 22,40)
Threni (Mehrz.): siehe Lamentationes
Thurifex: der Träger des Weihrauchfasses
Tiara (die): ein mit 3 Kronenstreifen gezierter, spitz zulaufender Hut; früher liturg. Kopfbedeckung des Papstes

Toccata: Musikstück für Tasteninstrumente; charakteristisch ist der Wechsel von Akkord- und Passagenwerk mit eingestreuten fugierten Zwischenpartien

Ton: ein aus regelmäßigen Luftschwingungen resultierender Klang

Tonika:
1. der Dreiklang über dem 1. Ton der Tonleiter;
2. in der gregorianischen Psalmodie der Grundton (= Schlußton der Antiphon)

Tonus peregrinus: „der Pilgerton"; der 9. Psalmton

Tonus simplex: der einfache Versikelton mit dem Terzfall zum Schluß

Tora: siehe Thora

Totenmesse: röm. Messe, die für die Seelenruhe Verstorbener gefeiert wird; man hofft, kraft dieses Meßopfers die Zeit der Fegfeuerstrafen zu verkürzen

Totenofficium: die wichtigsten Stücke der nächtlichen Horen, die am Sarg eines Verstorbenen gebetet werden

Totensonntag (Totenfest): volkstümliche Bezeichnung für den letzten Sonntag im Kirchenjahr (seit 1816), jetzt „Ewigkeitssonntag"; der „Gedenktag der Entschlafenen" würde freilich besser an einem der vorausgehenden Sonntage begangen

Tractus: der in den Bußzeiten anstelle des Halleluja in der röm. Messe stehende Gesang, der nicht responsorial, sondern „in einem Zug" durchgesungen wird

Tradition: „die Überlieferung", in der röm. Kirche Quelle der Kirchenlehre neben der Hl. Schrift; in der evang. Kirche die Fülle der durch die Geschichte weitergegebenen Glaubenszeugnisse (z.B. auch der Liturgie), die ständig am Evangelium zu prüfen sind

Transposition: die Versetzung eines Musikstückes in eine andere Tonart

Transsubstantiation: in der röm. Messe die (Ver-)Wandlung von Brot und Wein in Leib und Blut Christi

Trauung: die kirchl. Einsegnung eines Brautpaares (siehe auch Kopulation)

Tremulant: eine Vorrichtung in der Orgel, die den Orgelton mehr oder weniger stark oder rasch vibrieren läßt

Tribunal: (richterlicher) Sitz des Bischofs in der frühkirchlichen Apsis

Tricinium: Komposition für 3 selbständige Stimmen

Tridentinum: das Konzil von Trient 1545 bis 1563, in dem die röm. Kirche offiziell auf Luthers reformatorische Lehre reagierte

Triduum: die letzten Tage der Karwoche (Gründonnerstag, Karfreitag, Karsamstag)

Trinität: siehe Dreieinigkeit

Trinitatisfest: Fest der hl. Dreieinigkeit am Sonntag nach Pfingsten

Triptychon: dreiteiliges, thematisch zusammenhängendes Gemälde

Trishagion: in der griech. Liturgie die Anrufung des dreimal heiligen Gottes mit der Bitte um Erbarmen (nicht zu verwechseln mit dem Sanctus)

Triumphat: der vielstrophige doxologische Gemeindeabschluß des Praeconium paschale bei den Böhmischen Brüdern

Tropar (das): liturg. Buch, das die gesamten Tropen enthält

Tropus (Trope):
1. mittelalterliche Bezeichnung der Kirchentonart;
2. freie, meist von einem Feiertag ausgehende Einfügung in einen feststehenden liturgischen Text, z.B. Relativsätze zwischen dem „Kyrie" und dem „eleison"

Tuba:
1. Instrument; in der alten Zeit: gerade Trompete; heute: tiefes Bügelhorn;
2. = Reperkussionston; der beim Psalmtonmodell mehrmals nacheinander erklingende Ton, auf dem der Hauptteil der Worte gesungen wird und an den sich eine kurze Folge verschiedener Töne als Schlußwendung anfügt

Tumba: über einem Grab errichteter rechteckiger Sockel anstelle einer Grabplatte; auch Bezeichnung für eine Scheinbahre

Tumulus: „das Grab"; im röm.-kath. Altar das Märtyrergrab oder der Reliquienort

Tunicella (die): liturg. Gewand der Subdiakone

Turbae (Mehrz.): „die Volksmassen"; die chorisch gesungenen Texte des Volkes in biblischen Historienkompositionen

Una Sancta: „eine heilige Kirche"; Teil des Nicaenischen Glaubensbekenntnisses; eine auf den Zusammenschluß aller christl. Konfessionen gerichtete Bewegung
Union: „Vereinigung"; in der deutschen Kirchengeschichte der durch König Friedrich Wilhelm III. bewirkte Zusammenschluß der luth. und reformierten Gemeinden, zunächst in Altpreußen
Unisono: einstimmig
Unschuldige Kindlein, Tag der: 28. Dez. Evangelium: Matth. 2,13–18 (der bethlehemitische Kindermord)

Väterlesung: Verlesung einer von einem bedeutenden Lehrer der Kirche stammenden biblischen Textauslegung
Valetsegen: das (unter Handauflegung) einem Sterbenden zugesprochene Segenswort
Variante: die im Vergleich zur ursprünglichen Form leicht abgeänderte Fassung
Vasa sacra (Mehrz.): „heilige Geräte"; die im Gottesdienst gebrauchten Geräte (z. B. Abendmahlskelch)
Vaterunser: das Herrengebet Matth. 6, 9–13; Luk. 11,1–4
Vaticanum: das Vatikanische Konzil der röm. Kirche, I.: 1869–70; II.: 1962–65
VELKD: Vereinigte Evang.-Luth. Kirche Deutschlands
Velum: Tuch zur Bedeckung der Abendmahlsgeräte
Vere dignum: „Wahrhaftig würdig"; der Anfang des Präfationsgebetes
Versikel: „Verschen"; einzelner Psalmvers, der als kurzer Wechselspruch der Gottesdienstordnung eingefügt ist; oft Einleitung zu einem Gebet, z. B. der Versikel nach der Kommunion „Danket dem Herrn..."
Versus (Vers): „die Reihe", „die Zeile"; in der Dichtung die metrische Einheit von einigen Takten oder Versfüßen, natürlich begrenzt durch die Atempause des Vortragenden, im Schriftbild durch Zeilenabschluß; auch die kleinsten Textabschnitte der Bibel nennt man seit dem 16. Jahrhundert Verse; da auf ihnen (bes. bei Psalmen) bisweilen die Strophen geistlicher Lieder aufgebaut sind, werden auch diese Verse genannt

Vesper (die): in der Horenordnung der abendliche Gebetsgottesdienst nach Abschluß der Tagesarbeit (gegen 18 Uhr)
Vesperale (das): das die Vespergesänge zusammenfassende Buch
Viaticum: „das Reisegeld", „die Wegzehrung"; in der kath. Kirche das kurz vor dem Tod gespendete letzte Abendmahl, das unter erleichterten Bedingungen empfangen werden kann
Vigil (die): „die Nachtwache"; ein ursprünglich die ganze Nacht hindurch währender, dann in den Nachtstunden abgehaltener Gottesdienst, der die Vorfeier eines großen Festes (z. B. Christus- und Apostelfeste) ist; Ausgangspunkt war die Ostervigil, in der man der Wiederkunft Christi entgegenwachte
Vikar: „Stellvertreter", „Ersatzmann"; in der evang. Kirche der Kandidat für das geistliche Amt, der in die Funktion eines Pfarrers eingewiesen und eingeübt wird
Visitation: der „Besuch" eines mit „bischöflichen" Funktionen ausgestatteten Geistlichen in dem ihm zur Aufsicht übertragenen Bezirk; dieser nicht nur den Pfarrern, sondern auch den Gemeinden geltende Besuch dient sowohl der Überprüfung (rechte Lehre und Sakramentsverwaltung, Gemeindearbeit) als auch der geistlichen Stärkung und Tröstung
Vokalmusik: von der menschlichen „Stimme" ausgeführte Musik
Vokation: „die Berufung"
Votivmesse: siehe Missa votiva
Votum: „das Gelübde"; der Gebetswunsch, das zugesprochene Bibelwort
Vulgata (die): die „allgemein verbreitete" lateinische Bibelübersetzung (von Hieronymus ausgearbeitet); die offizielle röm.-kath. Bibel

Wallfahrt: die in der röm. Kirche ebenso wie in heidnischen Religionen herrschende Sitte, eine Reise zu einer „heiligen Stätte" zu unternehmen, von der man sich eine Gnadenmitteilung erhofft; Reise und Besuch des „Heiligtums" bilden eine kultische Handlung; von der Reformation abgelehnt
Wandlung: siehe Transsubstantiation

Weihe: die Aussonderung und Hingabe zum Dienst für Gott, z. B. die Weihe eines Gebäudes als „Gotteshaus" (Kirchweihe); jede Weihe ist ein gottesdienstlicher Akt mit Schriftlesung und Gebet; dabei *kann* ein äußeres Zeichen (Handauflegung, Kreuzeszeichen) sichtbar machen, daß ein Mensch oder eine Sache in besonderer Weise in den Herrschafts- und Segensbereich Christi gestellt wurde; nach kath. Weiheverständnis verleiht die Weihe u. U. der Person oder Sache einen besonderen sakramentalen Charakter

Weihnachten: die 12 (Tage und) Nächte vom Christfest (25. Dez.) bis zum Epiphaniasfest (6. Jan.); im gegenwärtigen Sprachgebrauch werden das Christfest (25./26. Dez.) und der Abend des 24. Dez. als „Weihnachten" bezeichnet

Weihrauch: der beim Erhitzen eines bestimmten Harzes entstehende aromatische Rauch; vielfach im Heidentum wie auch im A. T. profan und kultisch verwendet; im Christentum seit dem 4. Jahrhundert eingeführt, in den protestantischen Kirchen abgeschafft; er dient zur Erhöhung der gottesdienstlichen Feierlichkeit; aufsteigender Rauch gilt als Symbol des Gebets, die Beräucherung einer Person als Ehrenbezeugung

Weihwasser: in der griech.- und röm.-kath. Kirche vom Priester unter Gebet geweihtes Wasser, dem Salz beigemischt ist; es soll als Sinnbild der inneren Reinigung dienen und wird bei fast allen Segnungen von Personen und Gegenständen verwendet

Weißer Sonntag: der 1. Sonntag nach Ostern (auch Quasimodogeniti); an ihm trugen in der Alten Kirche die Täuflinge der Osternacht zum letzten Male ihre weißen Taufkleider

Westerhemd: das weiße Taufgewand, das die Täuflinge (von ihrer Taufe in der Osternacht bis zum „Weißen Sonntag") trugen, zum Zeichen der durch Christus gewirkten Reinheit; heute wird mancherorts der Taufschleier so genannt und dem Täufling nach dem Taufakt mit Gal. 3,27 aufgelegt

Wiesbadener Programm: ein im Jahre 1891 aufgestelltes Programm für die Grundsätze evangelischen Kirchenbaus (gegen das Eisenacher Regulativ gerichtet)

Wochenlied: siehe Graduallied

(Unter Z nicht aufgeführte Stichworte finden sich unter C)

Zebaoth (lat.: Sabaoth): (Herr oder Gott) „der Heerscharen", darunter sind die himmlischen Heere (Engel, Sterne, himmlische Chöre) zu verstehen

Zelebrieren: „feiern"; in der röm. Kirche: das Meßopfer feiern, die Messe lesen

Zentralbau: Kirche mit einem kreisförmigen oder achteckigen Grundriß

Zeremonie: „feierliche Handlung"

Zimbelstern: ein an der Orgel angebrachter kleiner Stern, der, in drehende Bewegung versetzt, ein kleines Glockenspiel auslösen kann

Zion (lat.: Sion): Name der alten Jebusiterburg in Jerusalem, von David erobert; Bezeichnung auch für den Tempelberg, für die ganze Stadt und deren Einwohner

Zömeterialkirche: über einer Grabstätte (coemetérium) errichtete Kirche

Zungenreden: eine im Neuen Testament (z. B. 1. Kor. 14) bezeugte Form geisterfüllten Redens, das ein unverständliches Lallen und Stammeln gewesen sein muß, aber den Zungenredner als einen von der Fülle der Gaben des Hl. Geistes Überwältigten erkennen ließ, in dessen Worten sich Geheimnisse der himmlischen Welt offenbarten; Paulus ließ das Zungenreden nur gelten, wenn diesem eine Deutung folgte

Zungenregister: Orgelpfeifen, bei denen durch den Wind ein federndes Metallblättchen in Schwingung versetzt wird, die sich auf die Luftsäule in der Pfeife überträgt; die Tonhöhe hängt dabei also nicht von der Länge der Pfeife, sondern von der Geschwindigkeit der Schwingung ab

Zwölfapostellehre: siehe Didaché

LITERATURHINWEISE

Insgesamt

Jahrbuch für Liturgik und Hymnologie. Kassel 1955 ff.

J. A. Jungmann, Missarum Sollemnia. Eine genetische Erklärung der römischen Messe. 2 Bände. Wien ²1949.

A. G. Martimort (Hg.), Handbuch der Liturgiewissenschaft (kath.). 2 Bände. Freiburg, Basel, Wien 1963/65.

K. F. Müller/W. Blankenburg (Hg.), Leiturgia. Handbuch des evangelischen Gottesdienstes. 5 Bände. Kassel 1954 ff.

W. Nagel/E. Schmidt, Der Gottesdienst, im Handbuch der Prakt. Theologie, 2. Band, Berlin (DDR) 1974.

G. Rietschel/P. Graff, Lehrbuch der Liturgik. 2 Bände in einem Band. Göttingen 1951/52.

Siehe auch die einschlägigen Artikel in den theologischen Lexika. Auf die Nennung der einschlägigen Agenden im offiziellen Gebrauch wurde verzichtet.

Einleitung: Der christliche Gottesdienst

P. Brunner, Zur Lehre vom Gottesdienst der im Namen Jesu versammelten Gemeinde, in: Leiturgia I, S. 83–164.

G. Schmidtchen/M. Seitz, Gottesdienst in einer rationalen Welt. Religionssoziologische Untersuchungen im Bereich der VELKD. Stuttgart 1973.

M. Seitz/L. Mohaupt (Hg.), Gottesdienst und öffentliche Meinung. Stuttgart 1977.

W. Stählin, Liturgie – was ist das eigentlich? München 1975.

1. Kapitel: Die Geschichte des Hauptgottesdienstes

P. Graff, Geschichte der Auflösung der alten gottesdienstlichen Formen in der evangelischen Kirche Deutschlands. 2 Bände. Göttingen 1937/39.

W. Herbst (Hg.), Quellen zur Geschichte des evangelischen Gottesdienstes von der Reformation bis zur Gegenwart. Göttingen 1968.

W. Nagel, Geschichte des christlichen Gottesdienstes. Berlin 1962.

R. Stählin, Die Geschichte des christlichen Gottesdienstes von der Urkirche bis zur Gegenwart, in: Leiturgia I, S. 1–82.

H. A. J. Wegman, Geschichte der Liturgie im Westen und Osten. Regensburg 1979.

2. Kapitel: Der gottesdienstliche Ort

G. Langmaack, Der gottesdienstliche Ort, in: Leiturgia I, S. 365–436.

G. Langmaack, Evangelischer Kirchenbau im 19. und 20. Jahrhundert in Deutschland. Kassel 1971.

P. Poscharsky, Ende des Kirchenbaus? Stuttgart 1969.

3. Kapitel: Die gottesdienstliche Zeit

Th. Knolle/W. Stählin, Das Kirchenjahr. Kassel 1934.

G. Kunze, Die gottesdienstliche Zeit, in: Leiturgia I, S. 437–535.

4. Kapitel: Ordinarium und Proprium

Ch. Mahrenholz, Kompendium der Liturgik, bes. S. 23–47. Kassel 1963.

H. von Schade, Perikopen. reihe gottesdienst 11. Hamburg 1978.

R. Zerfaß/A. Mauder, Der Lektor – Auftrag und Dienst (Feiernde Gemeinde 5). Hamburg 1980.

5. Kapitel: Die Musik des Gottesdienstes

Ch. Albrecht, Einführung in die Hymnologie. Göttingen 1973.

W. Blankenburg, Der gottesdienstliche Liedgesang der Gemeinde, in: Leiturgia IV, S. 559 bis 660.

W. Blankenburg, Der mehrstimmige Gesang und die konzertierende Musik im evangelischen Gottesdienst, in: Leiturgia IV, S. 661–719.

F. Blume u. a., Geschichte der evangelischen Kirchenmusik. Kassel ²1965.

O. Brodde, Evangelische Choralkunde (Der gregorianische Choral im evangelischen Gottesdienst), in: Leiturgia IV, S. 343–557.

W. Ehmann, Das Bläserspiel, in: Leiturgia IV, S. 805–856.

K. G. Fellerer (Hg.), Geschichte der katholischen Kirchenmusik. 2 Bände. Kassel 1972/78.

H. Klotz, Die kirchliche Orgelkunst, in: Leiturgia IV, S. 759–804.

Ch. Mahrenholz, Das Evangelische Kirchengesangbuch. (Ein Bericht über seine Vorgeschichte, sein Werden und die Grundsätze seiner Gestaltung.) Kassel 1950.

Ch. Mahrenholz/O. Söhngen/O. Schlißke (Hg.), Handbuch zum Evangelischen Kirchengesangbuch. Bis jetzt 6 Bände. Göttingen 1953 ff.

K. F. Müller, Der Kantor. Sein Amt und seine Dienste. Gütersloh 1964.

W. Opp (Hg.), Handbuch des kirchenmusikalischen Dienstes im Nebenamt. Berlin ²1977.

W. Reindell, Die Glocken der Kirche, in: Leiturgia IV, S. 857–887.

O. Söhngen, Theologie der Musik. Kassel 1967.

O. Söhngen, Theologische Grundlagen der Kirchenmusik, in: Leiturgia IV, S. 1–267.

E. Valentin/F. Hofmann (Hg.), Die Evangelische Kirchenmusik. Handbuch für Studium und Praxis. Regensburg 1967.

6. Kapitel: Der Hauptgottesdienst

J. Beckmann, Das Proprium Missae, in: Leiturgia II, S. 47–86.

O. Dietz, Das Allgemeine Kirchengebet, in: Leiturgia II, S. 417–452.

O. Dietz, Unser Gottesdienst. Ein Hilfsbuch zum Hauptgottesdienst nach Agende I für evangelisch-lutherische Kirchen und Gemeinden. München ²1983.

K. Frör, Salutationen, Benediktionen, Amen, in: Leiturgia II, S. 569–597.

O. Jordahn/A. Mauder (Hg.), Feiernde Gemeinde. Hamburg 1978 ff.
 Heft 1 Bekenntnis und Bekennen im Gottesdienst
 Heft 3 Eröffnung und Anrufungen
 Heft 4 Wort Gottes und Antwort der Gemeinde

B. Klaus, Die Rüstgebete, in: Leiturgia II, S. 523–567.

H.-L. Kulp, Das Gemeindegebet im christlichen Gottesdienst, in: Leiturgia II, S. 355–415.

G. Kunze, Die Lesungen, in: Leiturgia II, S. 87–180.

Ch. Mahrenholz, Kompendium der Liturgik des Hauptgottesdienstes. Kassel 1963.

K. F. Müller, Das Ordinarium Missae, in: Leiturgia II, S. 1–45.

A. Niebergall, Die Geschichte der christlichen Predigt, in: Leiturgia II, S. 181–353.

W. Reindell, Die Präfation, in: Leiturgia II, S. 453–521.

K. B. Ritter, Die eucharistische Feier. Die Liturgie der evangelischen Messe und des Predigtgottesdienstes. Kassel 1961.

Ch. Mahrenholz/H. v. Schade/F. Schulz (Hg.), reihe gottesdienst, Hamburg 1969 ff.
 1 Kirchengebete
 2 Kollektengebete 1 (O. Dietz)
 3 Kollektengebete 2 (O. Dietz)
 4 Abendmahlsordinarium
 5 L. Mohaupt, Feiern – Hören – Handeln
 8/9 Gebete
 10 Gottesdienst als Gestaltungsaufgabe (Strukturdenkschrift!)
 12 Fürbittengebete für den Gottesdienst der Gemeinde (O. Dietz)

J. Stalmann, Tagesordnungspunkt Gottesdienst. TOP 6. Hannover 1984.

7. Kapitel: Die sonstigen Predigt- und Abendmahlsgottesdienste

F. K. Barth u. a., Gottesdienst menschlich. Eine Agende. 2 Bände. Wuppertal ^{3}1977/1980.

W. Jetter, Symbol und Ritual. Anthropologische Elemente im Gottesdienst. Göttingen 1978.

G. Kugler/H. Lindner, Familiengottesdienste. Gütersloh 1971.

G. Kugler/H. Lindner, Neue Familiengottesdienste. 4 Bände. Gütersloh 1973 ff.

G. Kugler, Feierabendmahl. Gütersloh 1981.

G. Kugler u. a., Kommentargottesdienste. Gütersloh 1972.

W. Longardt, Neue Kindergottesdienstformen. 2 Bände. Gütersloh/Freiburg 1973/76.

H. Nitschke (Hg.), Gottesdienst '80. Gütersloh 1980.

K. Rommel, Familien im Gottesdienst. Lahr ^{2}1975.

D. Sölle/F. Steffensky, Politisches Nachtgebet in Köln. 2 Bände. Stuttgart/Mainz 1969/71.

D. Trautwein, Lernprozeß Gottesdienst. Gelnhausen 1972.

VELKD, Abendmahl mit Kindern (mit Beiträgen von J. Jeziorowski, B. Hasselmann, A. Mauder) Feiernde Gemeinde 2. Hamburg 1978.

E. Weismann, Der Predigtgottesdienst und die verwandten Formen, in: Leiturgia III, S. 1–97.

8. Kapitel: Die Tageszeitengottesdienste

O. Brodde (Hg.), Chorgebet. Kassel 1953.

W. Goltzen, Der tägliche Gottesdienst. Die Geschichte des Tagzeitengebets, seine Ordnung und seine Erneuerung in der Gegenwart. In: Leiturgia III, S. 99–296.

A. Mauder (Hg.), Evangelisches Tagzeitenbuch. Kassel ³1979.

J. G. Mehl (Hg.), Der tägliche Gottesdienst in Haus, Schule und Kirche. Zeilitzheim 1953.

10.–15. Kapitel: Zu den Amtshandlungen insgesamt

H. D. Bastian/D. Emas/P. Krusche, Taufe, Trauung und Begräbnis. München 1978.

F. K. Barth u. a., Gottesdienst menschlich. 2 Bände. Wuppertal ³1977/1980.

E. L. Brand, Kirche als Familie. reihe gottesdienst 6. Hamburg 1976.

H. H. Jenssen, Die kirchlichen Handlungen, in: Handbuch der Praktischen Theologie, S. 139–195. Berlin (DDR) 1974.

G. Kugler/H. Lindner, Trauung und Taufe: Zeichen der Hoffnung. München 1977.

10. Kapitel: Die heilige Taufe

B. Jordahn, Der Taufgottesdienst im Mittelalter bis zur Gegenwart, in: Leiturgia V, S. 349 bis 640.

G. Kretschmar, Die Geschichte des Taufgottesdienstes in der alten Kirche, in: Leiturgia V, S. 1–348.

E. Schlink, Die Lehre von der Taufe, in: Leiturgia V, S. 641–808.

11. Kapitel: Die Konfirmation

K. Frör (Hg.), Confirmatio. Forschungen zur Geschichte und Praxis der Konfirmation. München 1959.

K. Frör (Hg.), Zur Geschichte und Ordnung der Konfirmation in den lutherischen Kirchen. München 1962.

H. Nitschke (Hg.), Konfirmation (Gottesdienst mit Konfirmanden). Gütersloh ²1979.

12. Kapitel: Die Beichte

K. B. Ritter/W. Stählin (Hg.), Die Ordnung der Beichte. Kassel 1952.

W. Uhsadel, Evangelische Beichte in Vergangenheit und Gegenwart. Gütersloh 1964.

13. Kapitel: Die Trauung

Ch. Mahrenholz, Die Neuordnung der Trauung. Berlin 1959.

H. Nitschke (Hg.), Trauung. Gottesdienstmodelle, Gebete, Voten, Predigten, Besinnungen, Anleitungen. 2 Bände. Gütersloh 1975/79.

14. Kapitel: Die Bestattung

H. Maser, Die Bestattung. Gütersloh 1964.

16. Kapitel: Die Ordinationshandlungen

G. Müller-Fahrenholz (Hg.), Eine Taufe, Eine Eucharistie, Ein Amt. Frankfurt a. Main 1976.

Gemeinsame röm.-kath./evang.-luth. Kommission (Hg.), Das geistliche Amt in der Kirche. Paderborn 1981.

R. Mumm u. a. (Hg.), Ordination und kirchliches Amt. Witten/Paderborn 1976.

A. Völker u. a., Ordination heute. Kassel 1972.

Ein wertvolles Geschenk

Evangelisches Kirchengesangbuch

Ausgabe für die
Evangelisch-Lutherische Kirche
in Bayern

Normalausgaben, Taschenausgaben,
Großdruckausgaben

Zum Evangelischen Kirchengesangbuch

Orgelchoralbuch Band I
Grundausgabe
mit Sätzen in hoher Tonlage

Orgelchoralbuch Band II
Sätze in tieferer Tonlage

Mit dem neuen Choralbuch II erhalten die Organisten ein gelungenes Modell fortentwickelter kantionaler Begleitpraxis. Die neuen drei- und vierstimmigen Begleitsätze sind in einem flüssigen, gemäßigt modernen Stil geschrieben und auch für Laienorganisten technisch ohne Schwierigkeiten zu bewältigen.
Beide Bände bilden eine Einheit.

Evangelischer Presseverband für Bayern
Birkerstraße 22, 8000 München 19